郭齐勇　主编

中国哲学通史

宋元卷

上册

田文军
文碧芳

等

著

A
HISTORY
OF
CHINESE
PHILOSOPHY

江苏人民出版社

图书在版编目（CIP）数据

中国哲学通史. 宋元卷：上下册/田文军，文碧芳著. --
南京：江苏人民出版社，2023.8
ISBN 978 - 7 - 214 - 28237 - 8

Ⅰ. ①中… Ⅱ. ①田… ②文… Ⅲ. ①哲学史－中国
－宋元时期 Ⅳ. ①B2

中国版本图书馆 CIP 数据核字(2023)第 125343 号

中国哲学通史

郭齐勇　主编

宋元卷：上下册

田文军　文碧芳　等著

策　　　划	府建明	
责 任 编 辑	金书羽　孟　璐	
装 帧 设 计	周伟伟	
责 任 监 制	王　娟	
出 版 发 行	江苏人民出版社	
地　　　址	南京市湖南路 1 号 A 楼，邮编：210009	
照　　　排	江苏凤凰制版有限公司	
印　　　刷	苏州市越洋印刷有限公司	
开　　　本	652 毫米×960 毫米　1/16	
印　　　张	460.5	
字　　　数	6126 千字	
版　　　次	2023 年 8 月第 1 版	
印　　　次	2023 年 8 月第 1 次印刷	
标 准 书 号	ISBN 978 - 7 - 214 - 28237 - 8	
定　　　价	1980.00 元（全 20 册）	

（江苏人民出版社图书凡印装错误可向承印厂调换）

目　录

导　论

中国哲学的发展,有两个历史时期受到学术界普遍关注:其一是先秦时期,其二是宋元时期。先秦时期,诸子蜂起,以儒、墨、道、法、名家以及阴阳家为代表的诸子百家,各自建构自己的理论系统,形成了其后中国哲学历史发展的基点与源头;宋元时期,道学兴起,其理论融摄儒、释、道三家之学,思想系统升华到了更高的理论层次与认识层次,使中国哲学发展进入了一个新的历史时期。因此,在中国哲学史研究中,人们对宋元哲学的研究倾注了极大的热情,学术成果丰硕繁富。但是,如何研究宋元哲学,怎么样理解宋元哲学的衍生发展、学派分化、学术旨趣、历史价值等方法学层面的问题,仍然是需要继续探讨的课题。这里记下一些我们对这类问题的思考,以为本卷导论。

一、宋元时期的儒学与道学

在中国社会历史的演进发展中,唐代以后曾经历短暂的分裂局面。公元960年北宋王朝建立,结束了中国历史上"五代""十国"的局面。从北宋王朝的建立到南宋王朝的覆亡,其间经历三百多年时间。公元1275年,蒙古民族建立元朝。九十多年以后,元朝又为明王朝所取代。宋元两代在中国历史上存续的时间长达四百多年。宋元时期,中国的社会历史文化得到了长足的进步与发展。社会历史文化的进步与发展使得宋元时期的哲学也得到了拓展与更新,形成了独特的理论形态与思想系统。

宋元时期的哲学,不论是其学术追求还是理论形态,主要是以更新与拓展儒学的形式来完成的。这种更新与拓展,既涵括哲学家们对儒学自身发展的历史总结,又涵括哲学家们对佛学、道家、道教的批判、借鉴与吸纳。北宋时期,道学的兴起即是这种以融会儒、佛、道之学为特征的儒家哲学形成的标志。梁启超考察儒家哲学,曾经指出东、西方哲学在理论意趣方面存在的差异,认为研究儒家哲学应具备自身的方法意识。他说:

> 单用西方治哲学的方法,研究儒家,研究不到儒家的博大精深处。最好的名义,仍以"道学"二字为宜。先哲说:"道者,非天之道,非地之道,人之所谓道也。"又说:"道不远人,远人不可以为道。"道学只是做人的学问,与儒家内容最吻合。但是《宋史》有一个《道学传》,把道学的范围,弄得很窄,限于程朱一派。现在用这个字,也易生误会,只好亦不用他。①

基于这样的观念,梁启超主张将儒家哲学表述为"儒家道术"。在梁启超看来,这样的表述更符合儒家哲学的实际。

在梁启超的这种论述中,有两点值得我们在考察宋元哲学的时候留意与参考:其一是他以中国传统的学术观念考察儒学,将儒家哲学称为"儒家道术"。这表明他在考察儒家哲学时,意识到应将一般意义上的儒学与儒家哲学进行区别。梁启超的这种方法意识在中国哲学史研究中是值得借鉴的。因为,在现代学术研究中,对于儒学,我们可以从哲学的角度进行考察,也可以从伦理、政治、经济等其他学科的角度进行考察,

---

① 梁启超:《儒家哲学》,第 5 页,长沙,岳麓书社,2010。

具体视角可有所不同。其二是梁启超虽然认为宋代所谓的道学范围"限于程朱一派",主张不以道学概指儒家哲学,但他所理解的"宋儒道学",不论在何种意义上皆在宋代儒家哲学的范围,而且在梁启超看来,道学本来即是一个最适宜指称儒家哲学的概念。由此可见,梁启超考察儒家哲学,不仅对儒学与儒家哲学进行区别,对宋代儒学与宋代儒家哲学也进行了区别。他肯定儒学与儒家哲学的联系与区别,将儒学与儒家哲学置于不同的视域中进行考察,为我们考察宋元时期中国哲学的历史发展提供了具体的方法学启示:对儒家哲学的考察应有别于一般的考察儒学,用中国传统的学术术语来表达对儒家哲学的考察,其内容与范围主要在"儒家道术";在儒家哲学的系统中,作为其重要组成部分的宋代儒家哲学自成格局,建构了自身独特的理论系统,而道学这一概念则典型地概括了宋代儒家哲学的理论特征,实是对宋代儒家哲学最合理的指称。从中国哲学发展的历史进程来看,正是北宋道学的兴起,使得中国哲学的发展进入了一个新的历史阶段,其后元代哲学乃至于明代哲学的演绎与发展实际上都是以北宋时期兴起的道学为起点和根基的。

　　道学是对宋代儒家哲学最合理的指称。但在现实的中国哲学史研究中,道学能否作为一个概指宋代中国哲学的概念,学术界实际上对此存在对立的观念和理解。其具体表现是:有一派学者主张,宋明哲学只宜称为"理学",不能称为道学。这派学者认为:

> 道学之名虽早出于理学之名,但道学的范围比理学要相对来得小。北宋的理学当时均称为道学,而南宋时理学的分化,使得道学之称只适用于南宋理学中的一派。至明代,道学的名称就用得更少了。所以总体上说,道学是理学起源时期的名称,在整个宋代它是理学主流派的特称,不足以囊括理学的全部。①

另一派学者则认定以道学概指宋代哲学更为合理。冯友兰晚年在其《中

① 陈来:《宋明理学》,第 8 页,北京,生活·读书·新知三联书店,2011。

国哲学史新编》中仍在重述自己的这种观点：

> 近来的研究中国哲学史的同志们，有用理学这个名称代替道学这个名称的趋势。这两个名称从清朝以来是可以互用的。理学这个名称出现比较晚，大概出现在南宋。我们做历史工作的人，要用一个名称，最好是用出现最早的、当时的人习惯用的名称。照这个标准说，还是用道学这个名称比较合适。这也就是"名从主人"。而且用理学这个名称还使人误以为就是与心学相对的那种理学，因而，不容易分别道学中的程朱和陆王两派的同异。只有用道学才能概括理学和心学。①

针对学术界这两种不同的学术观点，曾有学者对中国学术史上的道学与"理学"概念进行系统的考察研究。在这类研究成果中，人们不仅考察道学与"理学"概念的形成，也辨析道学与"理学"概念意涵的演变。通过这种考察，学者们意识到在中国学术文化史中，道学的概念出现较早。北宋以前，中国的经、史典籍如《礼记》《隋书·经籍志》中即已经存在道学这一概念。只不过《礼记·大学》中所谓的道学，其意为讲论学问，而不是指称专门的思想理论。《隋书·经籍志》中的道学概念，其意为道家之学，与北宋时期人们所论道学的意涵并不完全相同。宋明时期，学术界对道学和"理学"概念的使用也有一个发展过程。北宋道学早期的代表人物程颢、程颐、张载等人都曾论及道学。"理学"概念的出现晚于道学。南宋陆象山、张南轩等人的著作中都曾使用"理学"概念，其意都指宋代的儒家哲学。关于"心学"，有学者认为，明代才有学者在道学中"分理学与心学为二"，标明道学内部存在具体学派的差异。学者们考察道学与"理学"以及"心学"概念历史演变的这些认识成果对于促进与深化宋元哲学的研究具有重要的理论意义与学术价值。②

---

① 冯友兰：《三松堂全集》第 10 卷，第 27 页，郑州，河南人民出版社，2000。
② 姜广辉的《宋代道学定名缘起》一文曾系统考察道学概念的形成与发展。徐宏兴的《两宋道学概论及主题考论》一文对道学与理学概念的关联及其意涵也有过系统的考察与论析。

　　但是,对于道学与"理学"概念的演变与发展,有一些问题仍有待继续深入考察。譬如,有学者认定明代学者才使用"心学"这一概念,其依据是阳明后学邓元锡作《皇明书》,书中以《心学纪》《心学述》记述王阳明及其后学的学术活动,以《理学》记述吴与弼、罗钦顺等人的学术活动,使得"理学"与"心学"壁垒分明。这种观念即有必要再行探讨。① 因为,南宋时期,人们不仅已经开始使用"理学"这一概念,实际上也已经出现"心学"概念。黄震论及宋代学术,曾有"本朝理学,发于周子,盛于程子"之说。但黄震也意识到程门后学涉及"识心见性"之学时有陷于佛学者。因此,黄震注意分辨二程后学的演绎流变与思想异同,以确定自己的学术追求:

　　　　程门高弟如谢上蔡、杨龟山,末流皆不免略染禅学,惟尹和靖坚守不变。其后龟山幸三传而得朱文公,始衮萃诸家而辨析之,程门之学,因以大明。故愚所读先儒诸书,始于濂溪,终于文公所传之勉斋,以究正学之终始焉。次以龟山、上蔡,以见其流虽异而源则同焉。又次以和靖,以见其源虽异而其流有不变者焉。次以横浦、三陆,以见其源流之益别焉。然上蔡、龟山虽均为略染禅学,而龟山传之罗仲素,罗仲素传之李延平,延平亦主澄心静坐,乃反能救文公之几陷禅学,一转为大中至正之归,致知之学,毫厘之辨,不可不精,盖如此,故又次延平于此,以明心学虽易流于禅,而自有心学之正者焉。②

黄震将张横浦、陆九渊兄弟的学说归为一类,既认定"心学""易流于禅",同时也强调"心学之正者"有别于禅学。黄震所谓"心学"乃"识心见性"之学。这样的"心学",辨析"人心"与"道心",其中也有"直谓即心是道

① 姜广辉的《宋代道学定名缘起》一文认为,明代邓元锡才以"理学"与"心学"区别道学内部的不同学派,并以黄宗羲、全祖望的《留别海昌同学序》中所说"盖未几而道学之中又有同异,邓潜谷又分理学、心学为二"为据,论定以"心学"概指陆王之学,以"理学"概指程朱之学为明代后期才出现的学术观念。
② 黄宗羲原本,全祖望修定:《东发学案》,《宋元学案》第4册,第2899页,北京,中华书局,1986。

者""即心是道"与"心即理"之说在意涵方面不无相通之处。因此,黄震所谓心学虽与后来人们所持"心学"概念的意涵不能完全等同,但也已触及"心学"的基本趋向与特征,大体上也可视为一种哲学学说。除黄震的《日钞》之外,王应麟在《困学纪闻》中曾明确地将司马光的《潜虚》视为"心学":

> 《潜虚》,心学也,以元为首,心法也。人心其神乎,潜天而天,潜地而地。温公之学,子云之学也。《先天图》皆自中起,万化万事生乎心,岂惟先天哉!《连山》始《艮》,终而始也。《归藏》先《坤》,阖而辟也。《易》之《乾》,太极之动也。《玄》之中,一阳之初也。皆心之体,一心正而万事正,谨始之义在其中矣。邵子曰:"《玄》其见天地之心乎?"愚于《虚》亦云:"《虚》之元,即《乾》《坤》之元,即《春秋》之元,一心法之妙也。"①

王应麟家学深受陆九渊心学的影响,后来又推崇朱熹的理学。他对于朱、陆之学的对立与区别可谓了然于心。因此,从王应麟"万化万事生乎心""一心正而万事正"之类的断语来看,他所理解的"心学"也十分接近与"理学"对立的"心学"。由此可见,早在南宋时期,实即有学者开始使用"心学"概念辨析宋代哲学了。

同时,人们考察道学与"理学"概念形成演变的思想方法也需要更新。这种更新要求人们强化从哲学的角度考察道学概念形成演变的问题意识与方法意识。在中国现代哲学史上,冯友兰始终主张以道学概称宋代哲学,这值得肯定。但是,冯友兰在论析道学概念时,对于作为表述宋代儒家哲学的道学概念同与儒家道统相联系的道学概念,以及作为整个宋代学术概称的道学概念并未多作具体的分梳与解析。在冯友兰看来,二程兄弟以韩愈所认定的儒家道统的继承人自居,将自己的思想理论谓之道学。"道学这个道,就是韩愈《原道》的那个道。"②其实,韩愈所

---

① 王应麟:《困学纪闻》,第 203 页,沈阳,辽宁教育出版社,1998。
② 冯友兰:《三松堂全集》第 10 卷,第 26 页。

说之"道"与二程所理解的"道",在意涵上有其同也有其异。从中国哲学的历史发展来看,在宋代以前,儒家哲学中所使用的"道"这一概念,其意涵多在伦理道德原则的范围,对作为形而上者的"道"还缺乏理论的规定和解析。在儒家哲学的系统中,从形而上的层面特别是本体的层面来理解并界定"道"这一概念,主要是从宋儒开始的。因此,我们考论道学与"理学"概念,学术视角也应当有所不同。当我们以考察宋代哲学的形成及其发展为学术目标的时候,应当且只能将道学与"理学"的概念纳入哲学这个特定的视域和范围来进行考察与解析。实际上,我们也只有将道学与"理学"的概念纳入哲学的范围来进行考察,才有可能正确地理解北宋早期道学代表人物所谓道学的真实意涵。

冯友兰在其《新编中国哲学史》中考论道学,曾以二程的《程氏文集》、朱熹的《论语集注》《中庸章句序》,以及《陈亮集》等典籍中有关道学的论述作为自己理解道学的论据。实际上,北宋时期,最早使用道学概念的学者为王开祖。清代学者赵一清在其《浙学源流考》中对此曾有明确的论述:

> 永嘉之儒,王开祖倡道学于伊洛未出之先,林石讲《春秋》于王氏新学之际。确乎不拔,真人豪也![1]

王开祖字景山,人称"儒志先生",林石字介夫,人称"奥塘先生"。赵一清肯定王开祖"倡道学于伊洛未出之先",林石"讲《春秋》于王氏新学之际",在同"伊洛"之学的比较中肯定王开祖的学术贡献,在同王安石新学的比较中肯定林石的学术勇气,目的在表彰浙江学者的学术成就。其实,认定王开祖"倡鸣"道学四十多年以后才出现所谓的"伊洛儒宗",这种观念南宋学者陈谦在其《儒志先生学业传》中也曾有过绍述。但王开祖所谓道学与北宋早期道学代表人物所理解并倡导之道学在意涵方面还不能完全等同。王开祖在宋代道学建构过程中的历史作用也远不能

---

[1] 赵一清撰,罗仲辉点校:《东潜文稿》,第 74 页,沈阳,辽宁教育出版社,1998。

与北宋早期道学主要代表人物的学术贡献比肩。

在宋元哲学史上,程颢、程颐为北宋道学的建构做出过重要的理论贡献,被视为北宋时期创建道学的主要代表人物,这是学术界多数人所认同的一种观点。因此,我们今天要从哲学的角度考察北宋道学的代表人物对道学这一概念的论述,尤应注意二程兄弟的道学观念,特别是要注意程颐对道学的论述。其原因,一是程颐曾明确地将自己与其兄程颢的哲学称为道学;二是在北宋时期,程颐应是较早对"道"概念的内涵从哲学的角度做出清晰规定的道学代表人物。程颐肯定自己与程颢的学说为道学,以其在《明道先生门人朋友叙述序》《祭李端伯文》《祭朱公掞文》三篇文献中的论述最为清晰、具体。这三篇文献中论及道学的文字分别是:

> 先兄明道之葬,颐状其行,以求志铭,且备异日史氏采录。既而门人朋友为文以叙其事迹、述其道学者甚众。其所以推尊称美之意,人各用其所知,盖不同也;而以为孟子之后,传圣人之道者,一人而已,是则同。①

> 呜呼! 自予兄弟倡明道学,世方惊疑,能使学者视效而信从,子与刘质夫为有力矣。②

> 呜呼! 道既不明,世罕信者。不信则不求,不求则何得? 斯道之所以久不明也。自予兄弟倡学之初,众方惊异,君时正少,独信不疑……不幸七八年之间,同志共学之人,相继而逝……使予踽踽于世,忧道学之寡助。则予之哭君,岂特交朋之情而已?③

在这些论述中,程颐所说的道学,大体上都可以理解为其对自己与其兄程颢哲学的概括或者说指称。

---

① 程颢、程颐:《河南程氏文集·明道先生门人朋友叙述序》,《二程集》上册,第 639 页,北京,中华书局,2004 年版。

② 程颢、程颐:《河南程氏文集·祭李端伯文》,《二程集》上册,第 643 页。

③ 程颢、程颐:《河南程氏文集·祭朱公掞文》,《二程集》上册,第 644 页。

程颐之所以将自己与程颢的哲学称为道学，与他对于"道"概念的理解与界定应当是联系在一起的。在程颐的著作中，论及"道"概念的地方不少，其中也有三种最为明晰的论说，这三种论说分别是：

"一阴一阳之谓道"．道非阴阳也，所以一阴一阳道也；如一阖一辟谓之变。①

"一阴一阳之谓道"，此理固深，说则无可说。所以阴阳者道，既曰气，则便是二。言开阖，已是感，既二则便有感。所以开阖者道，开阖便是阴阳。②

离了阴阳更无道，所以阴阳者是道也。阴阳，气也。气是形而下者，道是形而上者。形而上者则是密也。③

程颐对"道"概念的这种理解与论释，既有对儒家思想与道家思想的继承与借鉴，也有自己的独立思考与创新。这种创新集中体现在他对"道"的一般、本体、根源层面的意涵做出了十分明确的解释。程颐以"所以一阴一阳道也""所以阴阳者道""所以阴阳者是道也"这三种判断所肯定的"道"，都可视为形而上者，也是对"道"最明确的哲学规定。程颐如此规定"道"，目的在论释阴阳、气以及阴阳"开阖"何以存有或何以形成。这种论释，不论其论述的明晰度还是其理论层面，在儒家哲学发展史上皆有发前人所未发之处。

程颐对"道"的意涵从哲学的角度做出了规定，程颢则将"道"与性联结，肯定"道即性"，反对"道外寻性"或"性外寻道"。程颢曾说：

道即性也。若道外寻性，性外寻道，便不是。④

在程颢看来，言"道"言"性"正确与否，知其一便知其二。能正确地言"道"者亦可以正确地言"性"，反之亦然；言"性"不当者，亦不可能正确地

① 程颢、程颐：《河南程氏遗书·拾遗》，《二程集》上册，第 67 页。
② 程颢、程颐：《河南程氏遗书·入关语录》，《二程集》上册，第 160 页。
③ 同上书，第 162 页。
④ 程颢、程颐：《河南程氏遗书·端伯传师说》，《二程集》上册，第 1 页。

言"道"。所以他说:"道即性也,言性已错,更何所得?"①可以说程颢"道即性也"这一断语在另一个层面上为宋元道学的演生与发展奠定了理论基石。从宋元哲学的历史发展来看,程颢、程颐的"天理"观念实即是基于其"所以阴阳者是道也"与"道即性也"这样的观念建构起来的。因为,二程既肯定"性即理""所谓理,性是也"②,也强调"道即性"。气学家论"气",目的在于"以清虚一大"之气为"万物之源";心学家认定"心即理",则实为主张以"心"为"性"。不论气学还是心学,其基本哲学观念的形成,实际上都受到了程颢、程颐"所以阴阳者是道也"以及"性即理"与"道即性"等思想观念的影响。可以说,宋代的哲学家们,正是基于二程兄弟的"道"观念,提炼出和确立起了"理""气""心""性"之类的范畴,形成了各自不同的哲学思想系统。这些思想系统,内容涉及"天道",也涉及"人道"。人们常依"天道"理解"人道",论析"道体"。因此,就宋代不同哲学流派成型的思想根源而言,实际上都与哲学家们探寻、论释作为事物"所以者"的"道"存在直接或间接的联系。在哲学的视域中,可以说这一时期的哲学家们主要的学术追求都在于各以特殊的哲学范畴和哲学系统言"道"与释"道",言"性"与释"性"。因此,就宋代哲学发展的历史实际而言,以道学指称宋代儒家哲学确实是比较合理的。

但是,当我们肯定宋代儒家哲学实为道学时,还必须注意:宋代哲学家们的道学观念与《宋史·道学传》作者所持的道学观念实有所不同。《宋史·道学传》总论道学:"'道学'之名,古无是也。三代盛时,天子以是道为政教,大臣百官以是道为职业,党、庠、术、序师弟子以是道为讲习,四方百姓日用是道而不知。是故盈覆载之间,无一民一物不被是道之泽,以遂其性。"这样的道学与程颐所谓的道学在内容方面虽有相通之处,但《宋史》作者区别道学与"儒林",将列入道学范围的人物基本上限于周、程、张、朱及其后学。邵雍、张栻等人得以入传,则是因为《宋史》作

---

① 程颢、程颐:《河南程氏遗书·端伯传师说》,《二程集》上册,第7页。
② 程颢、程颐:《河南程氏遗书·伊川杂录》,《二程集》上册,第292页。

者认为"邵雍高明英悟,程氏实推重之","张栻之学,亦出程门,既见朱熹,相与博约又大进焉"。这种入传原则表明《宋史》作者推崇程朱之学,力图通过凸显程朱之学以肯定自己所理解的文化传承与学术道统。《宋史》作者将道学范围限于周、程、张、朱及其后学,未能全面地反映宋代哲学的发展;将陆象山排除在道学之外而归于"儒林",更是不符合宋代哲学发展的历史实际。陆象山认定"心即理",程、朱主张"性即理"。两者在思想理论与学术趣向方面虽呈现对立,但两者的学术追求都在于从形上学的层面论释人的道德行为根据。因此,陆象山实当为宋元哲学史上道学的重要代表人物。《宋史》作者道学观念的形成大概与宋元时期理学的传播与影响盛于心学有关。《宋史》作者对陆象山的学术定位也从另一个侧面表明其所理解的道学并不能完全等同于作为宋元哲学概称的道学。在中国哲学史上,作为宋元哲学的道学强调"仁"为"善之本",主张"仁者,浑然与物同体"。这样的"仁",其理论意涵与"道""理"在同一个层面,已经具备本原、本体的意义。可以说,正是因为道学在"道"与"理"的层面上诠释儒家哲学中的"仁、义、礼、智、信"等范畴,才改变了一般儒家哲学中"仁、义、礼、智、信"等观念的意涵多在伦理道德原则范围的状况,使得儒家的伦理观念升华到了本原、本体的形而上学层面。这是宋元时期道学之所以称为道学的重要历史缘由,也是宋元道学对于儒家哲学在理论方面划时代的创发与贡献。

因此,在宋元哲学研究中,以道学指称宋元哲学,应当得到肯定。这种指称既能够涵括宋元哲学中的多种学术派别,也便于我们对宋元儒学的考察能够相对集中于一个具体的学科领域,达到较高的认识层次。当然,以道学指称宋元哲学,并不意味着绝对排斥其他有关宋元哲学的总括或概称。学术界既有从整体上称宋元哲学为道学者,也有从整体上称宋元哲学为"理学"者。人们对宋元哲学指称不同,学术趣向与理论追求也不无区别,但就其指向与研究对象而言,大体上又是同一的。在学术研究中,一致百虑,殊途同归,以不同的视角解析同一个研究对象,对于全面地解析这一对象的形态与特征也是有益的。同时,当我们从哲学的角度研究宋元时期的儒家学说时,也不宜忽略宋元时期儒学与儒家哲学之间的内在联系。在哲学史研究中,对二者有所区隔与分疏是必要的。但忽略其重合、交叉及联系,也有碍于我们全面地把握宋元哲学的历史发展。在儒学的视域中,陆九渊学说与朱熹思想在理论意趣与追求方面很难说存在本质的差异。但在哲学的视阈中,朱熹与陆九渊对于人们道德根性的论释则完全不同。这种差异所表明的实为二人对于作为事物"所以者"之"道"理解的对立,以及二人所推崇和肯定的道德根性有所不同。因此,只有在正确地理解与处理儒学与儒家哲学即道学关系的基础上,多侧面地考察宋元哲学,才有助于我们从总体上理解宋元哲学的理论特征,厘清与评断宋元哲学在中国哲学史上的演变发展及其历史地位。

二、宋元哲学的学术流派

后世学者将宋代儒学谓之新儒学。其中一个重要原因,是人们认定儒家哲学在宋代出现了新的理论形态,得到了全新的发展。道学的形成即是这种新形态与新发展的标志。在道学兴起与发展的过程中,哲学家们依据不同的学术视角与学术趣向论"道",建立各自的道学,其学术思想的活跃与开放,远非汉、唐时期的哲学家们所能相比。这使得道学中,不同学术派别之间思想对立,特色鲜明,辩难不断;道学理论的传承演变纷繁复杂、互为源流。因此,要全面地了解宋元哲学的历史发展,对宋元哲学的学术派别从总体上做一些思考与论析也是十分必要的。

如何梳理、区划宋元哲学的学术派别,历史上与现实中均存在视角与理趣的差异。历史上对宋元哲学的考察,自朱熹的《伊洛渊源录》问世以后,曾先后出现过多种理学史或道学史性质的研究成果。其中尤以黄宗羲、全祖望等人以学案体的方法先后考察宋元哲学而编撰的《宋元学案》影响最为深远。黄宗羲、全祖望等人在《宋元学案》中,多依地域或人名来标示与区分宋元哲学中不同的代表人物和学术派别,以清理宋元哲学发展的历史线索。这样的研究方法对后来研探宋元哲学的学者影响很大。在中国现代哲学史上，吕思勉的《理学纲要》概述宋元哲学的源流派别，始于胡瑗、孙复、石介，兼及同时代之范仲淹、戚同文、李觏、欧阳修、司马光、申颜、侯可及其门人；再论周敦颐、程颢、程颐、张载、邵雍、朱熹、陆九渊诸人及其后学。这种考察大体上以时间为序，同时照顾到地域、人物之别，以再现宋代哲学发展的历史线索与派别源流。

陈钟凡作《两宋思想述评》，其考察宋代哲学派别源流的方法与吕思勉稍有不同。陈钟凡将"两宋思潮"纳入"近代思想之趋势"中进行考察。其所谓"近代思想"既涵括"启蒙思潮""两宋思潮""金元思潮"，也涵括"明代思潮"与"清代思潮"。其中"启蒙思潮""两宋思潮""金元思潮"都涉及宋元哲学的历史发展及其学术派别。陈钟凡在这种论析中，将胡瑗、孙复、周敦颐、邵雍等人的学术活动纳入"启蒙思潮"：

> 唐室既衰，兵戈四起，穷理之风，阒无嗣响，讲学之涂，泯焉歇绝；世道之敝，乃不甚言。宋代继兴，暴乱日戢，士大夫伤人心之陷溺，念祸乱之浸寻，乃薄词翰为末技，思践德于圣门，由是戚同文、胡瑗、孙复诸儒，群起筑室取徒，明伦讲学，天下书院自此兴。及周敦颐崛起湘中，著《太极图说》及《通书》四十篇，以自然为教，主静为宗，虽缘饰《周易》《中庸》，而归本于道家之旨。邵雍受学李之才，精研数理；溯其师承，与周敦颐同出陈抟，并道家之流裔。此近代思想界之启蒙思潮也。[①]

其后，陈钟凡视程颢、程颐、张载等人的思想理论为"北宋思潮之中坚"，概述二程、张载及其门人后学的思想源流与理论贡献：

> 河南二程闻道于濂溪，观摩于康节，更出入于释老之言，推其绪余，因发明以叙孔孟之旨意。复各尊所闻，印证同异，学派遂分。程颢言定性、识仁，主惟理论，程颐言持敬、致知，主经验论；张载讲学

---

① 陈钟凡：《两宋思想述评》，第 2 页，上海，东方出版社，1996。

于二程之间，敦厚崇礼，说近伊川；而程门高弟，如谢良佐、游酢、吕大临多本明道，终流于禅。至杨时晚年，亦稍入禅去。此北宋思潮之中坚也。①

论及南宋，陈钟凡辨析朱、陆之学异同，认为陆九渊"说多近于明道"，朱熹中年以后"乃宗伊川"，二人宗旨不一，"门庭各别"，但朱熹为集宋代"诸家之大成"者：

> 九渊以诠心乐道为宗，重涵养而轻省察，由简易而极高明，直捷径情，颖悟超卓，说多近于明道。朱熹早年，泛滥于释老；后从李侗游，侗语以默坐澄观，以悟未发之真；至四十以后，乃宗伊川，以主敬为持志之要，致知为下学下功，似主经验论；然涵养之说，未尽涤除，故注《大学》首章，仍有"虚灵不昧，明善复初"之言；注《论语》子在川上章，予欲无言章，亦颇采二氏之说；熹盖折衷两派，集诸家之大成者也。②

论及元代哲学的发展流变，陈钟凡则仅将其视为"宋人理学之余波"：

> 关洛陷于完颜，百年不闻学统；垂晚乃有赵秉文、李纯甫，援儒入释，推释入儒，其传并不能大。元主中夏，赵复脱南冠之囚，讲学燕京，洛闽之传，赖以不绝。许衡为其大宗，刘因为其别系；最后吴澄、郑玉颇思和会朱陆，以调和派自居。而元世陆学终非朱敌。斯宋人理学之余波耳。③

陈钟凡将"宋初三先生"以及周敦颐、邵雍等人的思想学说归于"启蒙思潮"，视程、张、朱、陆之学为"两宋思潮"的主干，认定金元时期赵复、许衡等人的哲学思想皆"宋人理学之余波"。这种论述既归纳了宋元哲

---

① 陈钟凡：《两宋思想述评》，第2页，上海，东方出版社，1996。
② 陈钟凡：《两宋思想述评》，第2—3页。
③ 同上书，第3页。

学的学术派别，也论析了宋元哲学的思想源流，言语畅达、文字精练，其结论与思想方法皆有自己的独到之处。

　　吕思勉、陈钟凡一类学者，论及宋元哲学，注意"分源别派"，并能引进吸纳一些现代哲学观念作为考察宋元哲学的参照，其认识成果对于厘清宋元哲学历史发展的源流、推进宋元哲学的研究无疑有其学术价值。但从吕思勉、陈钟凡等学者对宋元哲学中不同学术派别的论述中，我们也可以看到此类学者考察宋元哲学时或多或少都受到过黄宗羲、全祖望等人思想方法的影响。譬如，吕思勉认定宋学先河当推胡瑗、孙复、石介三位学者的说法即源自《宋元学案》。全祖望《宋元儒学案序录》中有"宋世学术之盛，安定、泰山为之先河"①之说。陈钟凡论及元代哲学，其"关洛陷于完颜，百年不闻学统"之说实际上也是全祖望《宋元儒学案序录》中的文字。吕思勉、陈钟凡一类学者之所以借鉴黄宗羲、全祖望等人考察宋元哲学派别源流的方法，首先，是因为黄宗羲、全祖望等人从宋元哲学演生发展的实际出发，在考察中再现了宋元哲学发展的历史。钱穆论及"两宋学术"，曾说"全谢山为《宋元学案》，首安定、次泰山、高平，又次庐陵，盖得之矣"②。此即肯定黄宗羲、全祖望等人编撰《宋元学案》，在第一、二、三、四卷中考察胡瑗、孙复、范仲淹、欧阳修等人的学术活动，既顾及了北宋哲学发展的时间顺序，也顾及了北宋哲学发展的历史进程与思想轨迹。其次，则是因为《宋元学案》这类学案体学术史著作以案主之名或与案主生活相关的地域、环境之名分辨、标示学术派别与思想源流，方便简捷，便于行文与记忆。由于黄宗羲、全祖望等人的这种学术史研究方法的影响，后世学者言及宋元哲学，也多以濂、洛、关、闽，或周、程、张、朱、陆等诸家之学来表述宋元哲学中的主要学术派别与思想源流。此外，学术界也有学者依据《宋元学案》中所述各家之学，将其直接名为具体的学术派别。譬如，称以胡瑗为代表的学说为"安定学派"，称以孙复

---

① 全祖望：《宋元儒学案序录》，《宋元学案》第 1 册，第 1 页。
② 钱穆：《中国近三百年学术史》上册，第 4 页，北京，商务印书馆，1997。

为代表的学说为"泰山学派",称以程颢为代表的学说为"明道学派",称以程颐为代表的学说为"伊川学派",称以司马光为代表的学说为"涑水学派",称以邵雍为代表的学说为"百源学派",称以胡宏为代表的学说为"五峰学派",称以陆九渊为代表的学说为"象山学派",等等。这种以《宋元学案》中具体案主为据区划出来的学术派别也能为人们留下清晰的思想线索,有助于人们从一个侧面了解宋元哲学的丰富内容。

但是,这种以地域、人名区划、标示宋元哲学发展中学术派别的方法也有其局限与不足。因为这种"分源别派"的方法虽注意到了学术思想的源流,但毕竟不是基于现代学科观念区划同一个学科内部不同学术派别的方法。依照这种方法概括出的一些学术派别,严格说来,并非独立成型的学术派别。因此,在中国现代哲学史上,曾有学者认为:

> 中国前贤对于品题人物极有高致,而对于义理形态之欣赏与评诂则显有不及,此固由于中国前贤不甚重视义理系统,然学术既有渊源,则系统无形中自亦随之。《宋元学案》对于各学案之历史承受,师弟关系,耙疏详尽,表列清楚,然而对于义理系统则极乏理解,故只堆积材料,选录多潦草,不精当,至于诠表,则更缺如。①

人们这种"中国前贤不甚重视义理系统"的看法,实是对《宋元学案》一类学术史著作的作者们"分源别派"方法的一种批评。

学派应当是在同一学科中,因为学说、观点不同而形成的派别。我们考察宋元哲学,应当在哲学的范围内,以思想理论的差异来区分与判定其内部出现的不同的学术派别。随着时代的进步,在现代哲学史研究中,从哲学的角度考察宋元哲学中不同的学术派别已经愈来愈为人们所重视并付诸实践。但在这样的考察中,人们的视角与理趣仍然存在一些差异。譬如,在现代新儒家的代表人物中,牟宗三认为宋明时期儒家之学的"中点与重点"皆在于探索人们生活中"道德实践所以可能之先天根

---

① 牟宗三:《心体与性体》上册,第 46 页,上海,上海古籍出版社,1999。

据"。因此,宋明儒学本质上乃"心性之学"。基于这样的观念,牟宗三对宋明儒学"分源别派",虽强调"义理",但言"系"而不言派,将宋明儒学的发展区划为"三系":

（一）五峰、蕺山系:此承由濂溪、横渠而至明道之圆教模型（一本义）而开出。此系客观地讲性体,以《中庸》《易传》为主,主观地讲心体,以《论》《孟》为主。特提出"以心著性"义以明心性所以为一之实以及一本圆教所以为圆之实。于工夫则重"逆觉体证"。

（二）象山、阳明系:此系不顺"由《中庸》《易传》回归于《论》《孟》"之路走,而是以《论》《孟》、摄《易》《庸》而以《论》《孟》为主者。此系只是一心之朗现,一心之伸展,一心之遍润;于工夫,亦是以"逆觉体证"为主者。

（三）伊川、朱子系:此系是以《中庸》《易传》与《大学》合,而以《大学》为主。于《中庸》《易传》所讲之道体性体只收缩提炼而为一本体论的存有,即"只存有而不活动"之理。于孔子之仁亦只视为理,于孟子之本心则转为实然的心气之心,因此,于工夫特重后天之涵养（"涵养须用敬"）以及格物致知之认知的横摄（"进学则在致知"）,总之是"心静理明",工夫的落实处全在格物致知,此大体是"顺取之路"。①

在牟宗三看来,这"三系"儒学的形成,既标志着宋明儒学的历史发展,同时也可以反映出"三系"儒学在宋明儒学发展中不同的历史地位与理论价值。因此,他的结论是:

由《中庸》《易传》回归于《论》《孟》,直下通而一之而言"一本",以成圆教之模型,是明道学;由此开五峰之"以心著性"义,此为五峰、蕺山系。直从孟子入,只是一心之伸展,则是象山之圆教,此为象山阳明系。北宋自伊川开始转向,不与濂溪、横渠、明道为一组,

———————

① 牟宗三:《心体与性体》上册,第42—43页。

朱子严格遵守之，此为伊川、朱子系。伊川是《礼记》所谓"别子"，朱子是继别子为宗者。五峰、蕺山是明道之嫡系。濂溪、横渠、明道为一组，是直就《论》《孟》《中庸》《易传》通而一之，从客观面入手以成其为调适上遂之"新"者；象山、阳明是直以《论》《孟》摄《易》《庸》，是从主观面入手以成其为调适上遂之"新"者。此是宋明儒之大宗，亦是先秦儒家之正宗也。①

牟宗三的宋明儒学"三系"论，理论意趣在道德哲学，尤其是道德的形上学基础。其对于宋明儒学"三系"的区划与理解，实际上也是其对宋明哲学学术派别的一种区划与理解。这种区划与理解，有其独特的视角，也有其独特的思路与理据，其结论自成一家之言，为海内外学术界广泛关注。

但是，从哲学的角度考察宋元时期的儒学与从道德哲学的角度考察宋元时期的儒学，其视角并不完全相同。专从道德哲学的角度考察宋元哲学并不能代替从广义的哲学角度考察宋元哲学。哲学的考察，视野应当更为广阔。在宋元哲学研究中，陈钟凡将程、张、朱、陆的学说称为两宋哲学的"主动思潮"，将永康学派、永嘉学派的理论视为"主动思潮"的对立面，谓之"反动思潮"；把"主动思潮"的理论旨趣与思想特色归结为"阐发性与天道"，并认为"言道欲探宇宙之始终，言性在求人生之真义，其高者欲穷神知化，或邻于玄言；其下者旁稽名数质力，或契其微旨"。②所谓"言道欲探宇宙之始终，言性在求人生之真义"这种理论旨趣与思想内容，似乎就不是道德哲学所能够完全融摄的。因此，从哲学的角度区划宋元哲学的学术派别，似不宜囿于道德哲学的范围。历史上和现实中，也有学者将二程、朱熹一派的学说称为"理学"，将陆九渊及其后学的思想称为"心学"，将张载为代表的关学称为"气学"。应当肯定，这种学派的区分才是从哲学的角度对宋元道学内部学术派别的正确辨析与区

---

① 牟宗三：《心体与性体》上册，第47页。
② 陈钟凡：《两宋思想述评》，第3页。

划。这种区划既揭示了道学内部主要学术派别的理论特色，又集中地展示了道学中具体的理论系统。

当然，从宋元哲学发展的实际来看，"理学""气学"与"心学"虽为宋元哲学内部最基本的学术派别，但这三派哲学也并未涵盖道学的全部内容。在道学的范围内，一些哲学家所建构的思想系统实际上并不能完全归于这三派哲学之中。譬如，邵雍的"象数之学"即很难归于严格意义上的"理学""心学"或"气学"，而是自为系统，并对道学的形成产生过重要影响的一种哲学理论。司马光的学说同样如此。司马光的学术贡献主要在史学，但是，司马光注《太玄》《法言》，作《潜虚》《迁书》，哲学著述十分丰富。王应麟曾认定司马光的《潜虚》为"心学"，但司马光的《疑孟》批评孟子，并曾支持二程的"理学"。因此，可以肯定司马光学说在道学范围之内，但其学派归属则需要具体辨析和考释。又譬如，以胡安国、胡宏、张栻为代表的湖湘之学和以吕祖谦为代表的金华之学，与朱熹所代表的理学有同也有异；陈亮代表的永康之学和叶适代表的永嘉之学都对理学有所批评，但在学术渊源上又与理学存在联系。这些思想家的学说都应当是宋元道学涵括的重要内容，但其学派归属则需具体考辨。王安石的"新学"也是如此。王安石的"新学"与二程、张载的学说都有对立的地方。但王安石的"新学"同样是宋元道学重要的组成部分，值得深入探究。因此，我们考察评断宋元道学中的学术派别时，既要借鉴现代哲学观念，又需兼顾宋元道学的实际。只有将传统与现代结合起来，才可能对宋元道学中的学术派别予以现代性的解析，真实地展现宋元哲学中存在的不同哲学派别。

三、宋元哲学的理论旨趣

宋元哲学涵括多种学术派别，不同学派的思想系统各不相同，其思想理论价值也存在差异。但是，宋元哲学内部不同的学术派别，因其同属道学，在学术旨趣和理论追求方面不乏相同之处。这种共同的学术旨趣激发了宋元道学演生发展的思想动力,也为宋元道学中不同学术派别自成系统奠定了思想基础。因此,对于如何理解宋元道学的理论旨趣,也需要我们从总体上做一些探讨与思考。

在关涉道学理趣的探讨中,侯外庐、邱汉生一类学者认为:

> 宋明理学讨论的,主要是以"性与天道"为中心的哲学问题,也涉及政治、教育、道德、史学、宗教等方面的问题。性,指人性,但是理学家也讲物性。天道即理或天理。性与天道,是孔门大弟子子贡所不可得而闻的高深的哲理,但是在理学家那里却成为经常探讨的问题。①

他们将对"性与天道"问题的探讨理解为宋明哲学的"中心问题",表明了侯外庐等学者对宋元道学理论旨趣的一种理解。在学术界也有学者认为宋明儒学实为一种道德哲学或讨论道德的哲学,牟宗三等学者即持这种观念。这类学者解析宋明儒学,将探讨人在道德活动中的"先验根据"以及人在道德活动中的工夫进路问题理解为宋明儒学的理论课题。牟宗三曾说:自宋明儒观之,"就道德论道德,其中心问题首在讨论道德实践所以可能之先验根据(或超越的根据),此即心性问题是也。由此进而复讨论实践之下手问题,此即工夫入路问题是也。前者是道德实践所以可能之客观根据,后者是道德实践所以可能之主观根据。宋、明儒心性之学之全部即是此两问题。以宋、明儒词语说,前者是本体问题,后者是工夫问题"②。牟宗三所肯定的宋明儒学的"中心问题",实际上也从一个侧面揭示了宋明儒学的理论旨趣。在道学研究中,还有一类学者认为,道学或说"新儒学",实为一种关于人的学问。"新儒学"所探讨的问题都是关于人的问题。讨论人的问题,需要思考、探讨多方面的内容,譬如人与自然的关系、人与人之间的关系,人在宇宙中的地位与任务,人性问题与人的幸福问题等等。道学家们探讨这些问题,目的是要使人正确地处

---

① 侯外庐、邱汉生、张岂之主编:《宋明理学史》上册,第 9 页,北京,人民出版社,1984。
② 牟宗三:《心体与性体》上册,第 7 页。

理人生中面临的各种对立,在对立中求取统一,达到人生中的"至乐"境界,获取人生的圆满与幸福。这种观点,实际上也蕴含着对道学理论旨趣的一种理解。持这种观点的代表性人物首推冯友兰。① 从这几种有关道学课题或旨趣的主要观念来看,人们对道学的课题或旨趣的理解可谓大同小异。其同者在于人们都肯定道学的对象主要在人与人生;其异者则因为人们的学术视野和学术追求不同,使得人们对道学内容的关注有所差异。将宋明道学的"中心课题"理解为"本体"与"工夫"问题的学者,学术视野与学术追求集中在道德实践的"客观根据"与"主观根据"。肯定宋明道学讨论的是以"性与天道"为中心的哲学问题的学者,以及认定作为人学的道学探讨人生中的各种关系的学者,实际上也不否定道德问题在道学中的重要地位。因为,道学探讨"性与天道"问题或探讨人与人的关系、人与自然的关系问题,实际上都与探讨人的道德实践的"客观根据"与"主观根据"关联。所不同者只在于这两派学者除了肯定道德实践的"客观根据"与"主观根据"乃道学关注的重要问题之外,也肯定政治、经济、教育、历史、宗教方面的问题同样为道学所关注。

从上述几种有关道学课题与理论旨趣的观念来看,人们对道学旨趣的理解出现差异,原因在人们考察道学时,学术兴趣有异,理论追求重点不同。从中国哲学发展史的角度考察宋元道学,在有关道学旨趣的理解中,取诸家之长十分重要。梁启超论及儒家哲学时曾经认为:

> 儒家哲学,范围广博。概括说起来,其用功所在,可以《论语》"修己安人"一语括之。其学问最高目的,可以《庄子》"内圣外王"一语括之。做修己的功夫,做到极处,就是内圣,做安人的功夫,做到极致,就是外王。至二条理次第,以《大学》上说得最简明。《大学》所谓"格物致知诚意正心修身",就是修己及内圣的功夫;所谓"齐家治国平天下",就是安人及外王的功夫。②

① 参见冯友兰:《三松堂全集》第 10 卷,第 16 页。
② 梁启超:《儒家哲学》,第 3 页。

梁启超对儒家哲学内容的概括反映了儒家哲学的实际。在中国哲学史上,儒家哲学的内容既涵括其"内圣"之学,也涵括其"外王"之学。儒家哲学的真实追求在于"内圣"与"外王"的统一,这种追求是儒家哲学的基本传统。

在儒家哲学发展的历史进程中,宋元道学对于儒家的"内圣"之学曾特别关注。这种关注源于这样的思想观念:"善言治天下者,不患法度之不立,而患人材(才,下同)之不成。善修身者,不患器质之不美,而患师学之不明。人材不成,虽有良法美意,孰与行之? 师学不明,虽有受道之质,孰与成之?"①道学家们对"内圣"之学的关注,目的在于为国家社会的治理培养人才。正是这样的关注使得宋元道学为儒家哲学的发展做出了独特的理论贡献。但宋元道学的理论旨趣同一般儒家哲学的传统仍然是一致的。"外王"之学同样是宋元时期道学家们重要的学术追求与人生目标。因此,将宋元道学的理论旨趣仅限于"内圣"之学,并不符合道学内容的实际。

明清时期的学者论及道学理趣,对宋元道学曾有过激烈的批评。在这派学者中,颜习斋当是思想最为激进的代表者之一。颜习斋青年时期也曾研习并服膺程颢、程颐以及张载与朱熹等人的思想理论,但后来对汉唐以来的儒学代表人物的思想学说皆取严厉的批评态度。颜元曾说:

> 迫于秦火之后,汉儒掇拾遗文,遂误为训诂之学。晋人又诬为清谈,汉、唐又流为佛、老,至宋人而加甚矣。仆尝有言,训诂、清谈、禅宗、乡愿,有一皆足以惑世诬民,而宋人兼之,乌得不晦圣道,误苍生至此也! 窃谓其祸甚于杨、墨,烈于嬴秦。②

在颜元一派学者看来,宋元道学所论皆为离事离物的"心口悬空之道","纸墨虚华之学"。他们将汉、唐、宋、元,以及明代儒学的代表人物都视为惑民乱道的罪人:

---

① 程颢、程颐:《河南程氏遗书·游定夫所录》,《二程集》上册,第 69 页。
② 颜元:《寄桐乡钱生晓城》,《颜元集》下册,第 439 页,北京,中华书局,1987。

而至于秦火之余，如董仲舒、郑康成、文中子、韩昌黎、程明道、张横渠、朱晦庵、王阳明，其于学术，皆禙此蹄彼，甚至拾沈捉风，侵淫虚浮，以乱圣道。①

至于宋元道学的理论旨趣，颜元一派学者更是明确地将其归结为"空谈心性"。颜元曾说：

宋元来儒者却习成妇女态，甚可羞。无事袖手谈心性，临危一死报君王，即为上品矣。②

这种观念使得颜元一派的学者断言：

杨、墨之道行，无君无父，程、朱之道行，无臣无子。③

这种评断曾经广为流传。颜元"无事袖手谈心性，临危一死报君王"的断语也成了人们批评道学的名言。学术乃天下公器。后世学者将宋元道学的理论意趣归结为无视习行的重要，一味"空谈心性"，认定道学的形成导致了社会国家的动荡衰败。这些思想观念的形成，都有其具体的时代原因与特殊的学术环境，在学术研究方面，见仁见智，无可厚非。但应当肯定的是，人们对道学的这种批评不无思想上的片面。因为，断言宋元时期的道学家们唯知"空炎心性"、思想迂阔，实已离开宋元道学的实际，并非对宋元道学理趣的真实理解与反映。钱穆曾经认为："北宋学术，不外经术、政事两端。"虽然南宋时期，"心性之辨愈精，事功之味愈淡"，但儒家学者主张"启进主心"，使人有"尊德乐道之诚"乃"今日要务"，其目的仍然在于使"为治之具"次第可举。因此，在钱穆看来，南宋儒家虽"心性之辨愈精，事功之味愈淡"，但并不是决然无意于北宋儒家"一新天下之法令以返三代之上"的政治抱负。基于对宋代学术发展的这种理解，钱穆对脱离宋学实际的学术研究提出过批评：

---

① 李塨、王源：《颜习斋先生年谱·卷下》，转引自《颜元集》下册，第795页。
② 颜元：《存学编·卷一》，《颜元集》上册，第51页。
③ 李塨、王源：《颜习斋先生年谱·卷上》，转引自《颜元集》下册，第748页。

> 近世论宋学者,专本濂溪《太极图》一案,遂谓其导源方外,与道、释虚无等类并视,是岂为识宋学之真哉![①]

钱穆的批评值得我们思考。宋元时期的道学代表人物对于"空谈心性"实际上也持否定的态度。程颢、程颐即在反对人们陷溺于禅佛之学的同时否定"清谈"。北宋张横渠有"存,吾顺事,殁,吾宁也"之说,此说概括了一种至上的人生境界。"存,吾顺事"的具体内容,张横渠概述为"为天地立心,为生民立命,为往圣继绝学,为万世开太平"。在张横渠概述的这种儒家理趣与志向中,"修己"与"安人","内圣"与"外王"当是有机联系,内在统一的。若说"横渠四句"也为空谈心性,实在是厚污古人。同时,宋元时期道学的代表人物们大都曾踏入仕途,为官一方,而且都表现出不俗的政治活动能力。周敦颐"为广东转运判官,提点刑狱,以洗冤泽物为己任。行部不惮劳苦,虽瘴疠险远,亦缓视徐按"[②],政声颇著。陆九渊"知荆门军","政行令修,民俗为变,诸司交荐"[③],周必大曾大加赞赏。张载、朱熹等人的政绩在史籍中也多有记述。王应麟在《困学纪闻》中曾说:"先儒论本朝治体云:'文治可观而武绩未振;名胜相望而干略未优。'然考之史策,宋与契丹八十一战,其一胜者,张齐贤太原之役也,非儒乎?一韩一范使西贼骨寒胆破者,儒也。宗汝霖、李伯纪不见沮于耿、汪、黄三奸,则中原可复,雠耻可雪。采石却敌,乃眇然幅巾缓带一参赞之功。儒岂无益于国哉?"[④]王氏记述的史实值得借鉴。两宋时期的文治武功大多系儒者所为。不深究宋元道学代表人物所生活的时代条件,不理解宋元道学代表人物所面临的学术课题,简单而不加分析地将宋元道学对心性问题的关注归于空谈,并不符合历史的真实。因此,从宋元道学的实际出发,全面理解宋元道学的理论旨趣将有助于我们更深入地理解宋元哲学的历史发展、正确地评断宋元道学在儒家哲学发展中的理论贡献。

---

① 钱穆:《中国近三百年学术史》上册,第6页。
②《宋史·周敦颐传》卷四二七,第12711页,北京,中华书局,1977。
③《宋史·陆九渊传》卷四三四,第12882页。
④ 王应麟:《考史》,《困学纪闻》卷一五,第300页。

四、宋元哲学的形成与思想源流

　　宋元道学作为中国哲学史上最具特色的哲学理论，其思想系统是融摄整合多种思想资源的结果，其形成途径也是多样的而非单一的。多视角、多层面、多途径地考察与探索宋元道学的形成及其思想源流，当是正确的思想取向。在这种考察中，可以专探儒、释、道三家之学的"融通"，也可以探讨中国学术的南北交会。同时，还可以解析道学内部学术思想的传承与拓展。但这种考察，首先必须注意的当是早期道学代表人物对于儒、释、道三家之学的"融通"与整合。梁启超曾经指出：

　　　　儒家道术，很有光彩，可谓三教融通时代，也可谓儒学成熟时代。①

又说：

　　　　宋儒无论那一家，与佛都有因缘，但是表面排斥。宋儒道学，非纯儒学，亦非纯佛学，乃儒佛混合后，另创的新学派。②

梁启超认为宋代为儒、佛、道"三教融通的时代"，肯定宋代的儒家哲学为"融通"儒、佛、道三家之学以后形成的新学派，这种理解从一个侧面表明了道学的特征，反映了道学演生发展的实际，也代表了学术界有关宋代道学思想源流的一种较为普遍的观点。当然，梁启超以"混合"表述道学对儒、佛、道三家之学"融通"的结果也不尽当。因为"混合"实不同于"融通"。道学内部的不同学派大都注重思想的系统与理论的谨严，并力图以这样的方式建构各自的思想学说。在宋代道学中，任一学术派别的思想学说都绝非不同思想理论简单拼凑或剪裁之后的杂拌体或"混合"物。宋元道学的形成，有其特定的社会历史背景与具体的文化思想资源，也

①　梁启超：《儒家哲学》，第49页。
②　同上书，第61页。

有其整合不同思想资源的途径与方式。"融通"与整合儒、释、道三家之学,当是早期道学家们建构道学思想系统的最为重要的途径与方式。从中国哲学发展的历史来看,道学作为一种较为精致的哲学理论形态,本身确为儒、释、道三家之学整合的结果,而以"融通"整合儒、释、道三家之学的方式建构道学,实是由周敦颐、程颢、程颐、张载等早期道学代表人物共同完成的。

周敦颐、程颢、程颐、张载等早期道学代表人物为什么要"融通"整合儒、释、道三家之学? 这些道学代表人物如何"融通"整合儒、释、道三家之学? 这是两个既有区别又相互联系的问题。宋元时期,早期道学代表人物"融通"整合儒、释、道三家之学,同他们对中国学术历史发展的了解关联,也与他们对自己生活的时代学术发展的现实需要的理解关联。就其对中国学术历史发展的了解而言,道学早期的代表人物大都认同唐代韩愈宣扬的儒学道统,认定儒学经过周公、孔子、曾参、子思、孟子的传承,得到了极大的丰富与发展;但自孟子去世以后,儒学的传承出现断裂,真正的儒学已成绝学。因为,两汉以来,儒者对于以六经与孔、孟为代表的儒学,或"察焉而弗精",或"语焉而弗详",所传承的儒学已非真正的儒学。这种理解,催发了周敦颐、程颢、程颐、张载一类早期道学代表人物强烈的学术担当意识。他们基于自己的道统观念,服膺自己所理解的儒学,追求儒学的复兴,对其他学术派别(包括汉唐以来的儒学)均持排拒与批判的态度。这种学术批判态度曾使张载断言:

> 不悟一阴一阳范围天地、通乎昼夜、三极大中之矩,遂使儒、佛、老、庄混然一涂。[①]

在张载看来,不理解"一阴一阳"或说"一物两体"这一律则的普遍性作用,是佛、道之学以及汉唐以来的儒者在有关"天道性命"的理论上陷入荒谬的思想根源。程颢同样认为,在中国学术史上,除了他自己所肯定

---

① 张载:《正蒙·太和篇》,《张载集》,第 8 页,北京,中华书局,1978。

并服膺的儒学以外，其他思想理论，不论自创者还是外来者，皆为"惑世之学"。因此，在程颢看来，要重建儒家学说、恢复儒家道统，学术上既需要批判"杨、墨之学"，也需批判"申、韩之学"与佛、老之学。在这种批判中，锋芒尤应集中于佛、老之学。

张载、程颢一类道学代表人物主张将学术批判的锋芒集中于佛、老之学，是因为他们意识到佛、老之学"其言近理"，"为害尤甚"。程颢曾说：

> 杨、墨之害，甚于申、韩；佛、老之害，甚于杨、墨。杨氏为我，疑于仁。墨氏兼爱，疑于义。申、韩则浅陋易见。故孟子只辟杨、墨，为其惑世之甚也。佛、老其言近理，又非杨、墨之比，此所以为害尤甚。[1]

后来，朱熹作《中庸章句》，在《中庸章句·序》中曾论及全书的宗旨："则吾道之所寄，不越乎言语文字之间，而异端之说，日新月盛，以至于老、佛之徒出，则弥近理而大乱真矣。然而尚幸此书之不泯，故程夫子兄弟者出，得有所考，以续夫千载不传之绪；得有所据，以斥夫二家似是而非。"朱熹继承伊川之学，曾使道学中理学一派的发展出现一个历史高峰。朱熹认定老、佛之学"弥近理而大乱真"，将否定佛、老"二家似是而非"作为《中庸章句》的学术追求，再现了程颢有关"佛、老之害"的观点。应当说，程颢对佛、老之学的危害的理解，实际上代表了早期道学代表人物对佛、老之学的一种共同看法。

在张载、程颢一类道学代表人物看来，佛、老之学对世人极具欺骗性，当是其"为害尤甚"的重要表现。张载曾说：自佛教"炽传中国，儒者未容窥圣学门墙，已为引取，沦胥其间，指为大道。乃其俗达之天下，至善恶、知愚、男女、臧获，人人著信。使英才间气，生则溺耳目恬习之事，长则师世儒宗尚之言，遂冥然被驱。因谓圣人可不修而至，大道可不学

---

[1] 程颢、程颐：《河南程氏遗书·亥八月见先生于洛所闻》，《二程集》上册，第138页。

而知。故未识圣人心,已谓不必求其迹;未见君子志,已谓不必事其文"①。张载这种论述,生动而具体地描述了汉唐以来佛教在中国的广泛流传及其负面的社会影响。在张载看来,不同时代的人们之所以不分善、恶与智、愚,不别男、女与奴仆、婢女,对佛教趋之若鹜,原因之一即在于佛教"其言近理"。因为,佛教讲缘起性空,本觉真心,虚构生死轮回,宣扬脱离"无明"与苦难的彼岸生活,迎合了人们在现实苦难面前的精神需求。

张载、程颢等人认定佛、老之学"为害尤甚"的另一个原因,是他们意识到佛教的流传从根本上否定了儒家伦理的基本原则,动摇了中国传统社会的生活伦常与秩序。在张载、程颢等人看来,佛教对于中国传统社会生活秩序与伦理原则的破坏,比道家、道教的理论更为剧烈。《河南程氏遗书》中有一则涉及谈禅的记述:

> 昨日之会,大率谈禅,使人情思不乐,归而怅恨者久之。此说天下已成风,其何能救! 古亦有释氏,盛时尚只是崇设像教,其害至小。今日之风,便先言性命道德,先驱了智者,才愈高明,则陷溺愈深。在某,则才卑德薄,无可奈何佗。然据今日次第,便有数孟子,亦无如之何。只看孟子时,杨、墨之害能有甚? 况之今日,殊不足言。此事盖也系时之污隆。清谈盛而晋室衰。然清谈为害,却只是闲言谈,又岂若今日之害道?②

这一记述中"清谈"之害只是"闲言谈",谈禅则已危及大道的说法,反映了程颢、程颐一类道学代表人物在比较中对于佛、道之学危害的认识,突出了他们对于佛教现实危害性的理解与担忧。张载也曾将汉唐以来"异言满耳","诐、淫、邪、遁之辞"泛滥,以及"人伦所以不察,庶物所以不明,治所以忽,德所以乱"的主要原因归于佛教的流传与泛滥。在张载看来,

---

① 张载:《正蒙·乾称篇》,《张载集》,第64页。
② 程颢、程颐:《河南程氏遗书·元丰己未吕与叔东见二先生语录》,《二程集》上册,第23页。

正是佛教的流传与泛滥,才使得"上无礼以防其伪,下无学以稽其弊"①,造成了社会生活的无序与人们思想的混乱。因此,可以说,早期道学的代表人物之所以要"融通"儒、佛、道三家之学,除了其认定汉唐以来真正的儒学已成绝学这一原因之外,另一个重要原因即是其对于佛、道之学在理论方面的危害性较前人有了更为深入的理解。

早期道学代表人物对于佛、道之学危害认识的深化,与其长年出入佛、道之学的学术经历是联系在一起的。程颐论及其兄长程颢的学术活动时曾说:"先生为学,自十五六岁时,闻汝南周茂叔论道,遂厌科举之业,慨然有求道之志。未知其要,泛滥于诸家,出入于老、释者几十年,返求诸六经而后得之。明于庶务,察于人伦。知尽性至命,必本于孝悌,穷神知化,由通于礼乐。辨异端似是之非,开百代未明之惑,秦、汉而下,未有臻斯理者。"②程颢为学,数十年间"出入于老、释",而后"返求诸六经",终至学有所成。张载的学术道路同样如此。《宋史·张载传》中说张载"少自孤立,无所不学"且"喜谈兵",后因范仲淹劝导始读《中庸》。据史籍记述:"载读其书,虽爱之,犹以为未足也。又访诸释老,累年究极其说,知无所得,反而求之六经。"结果"尽弃异学",创建了关学或说气学这一重要的学术流派,为宋元道学的创立作出了巨大贡献。程颢与张载的学术活动在道学形成的过程中颇具代表性。这种出入释、老之学而后返求六经,回归儒学的学术经历,既为道学的先驱者们批判佛、道之学,尤其是批判佛教理论,在学理方面进行了准备,也为道学的先驱者们在"融通"儒、佛、道三家之学的基础上建构自己的思想系统奠定了基础。

早期道学的代表人物出入释、老,返求六经的学术经历,深化了其对于佛、老之学危害性的认识,也增加了其对批判佛、老之学在理论方面的紧迫性的认识。道学早期的代表人物大都认为,佛教理论"毁人伦""去四大",其思想学说本来已经远"外于道"。但是,这样的理论虽"以六根

① 张载:《正蒙·乾称篇》,《张载集》,第64页。
② 程颐:《明道先生行状》,《二程集》上册,第638页。

之微因缘天地","妄意天性而不知范围天用",但其所涉及的问题既在"极高明"的思想层面,也涉及形上学的理论范围。道家、道教的理论实际上也表现出这种思想特征。因此,在中国学术史上,儒、佛、道之学虽然长期对立,儒家对佛教理论的批判历时久远,但在这种对立与批判中,儒学始终未能从理论的层面真正否定佛、道之学,阻止其兴盛与流传。其原因即在于,儒学自身的理论尚不足以在与佛、道之学的对峙中所向披靡,"正立其间"。唐代韩愈在其《进学解》中说自己"觝排异端,攘斥佛、老,补苴罅漏,张皇幽眇。寻坠绪之茫茫,独旁搜而远绍;障百川而东之,回狂澜于既倒"。韩愈肯定自己对于儒学的复兴"有劳"。但韩愈否定佛教的理据仍停留在"佛本夷狄之人……不知君臣之义、父子之情"这样的思想层次。这样的批判不足以真正地从理论的层面与佛教"较是非、计得失"。因此,张载等早期道学的代表人物一登上学术舞台即意识到,要批判佛、道之学,除了拥有"独立不惧,精一自信"的理论勇气,具备超凡的理论思辨能力即有"大过人之才",还必须建构起超越佛、道之学的理论系统。这种学术追求与目标,增加了早期道学代表人物在理论上"融通"与整合儒、释、道三家之学的学术自觉,也使得"融通"与整合儒、释、道三家之学成了早期道学代表人物在建构自己思想系统的过程中不能不采取的思想方式与学术进路。

早期道学的代表人物"融通"与整合儒、释、道三家之学,建构自己的思想理论,是在批判儒、释、道三家之学的过程中完成的。这种批判实为其承袭、借鉴与吸纳儒、释、道三家之学的一种方式。关于对儒家思想的承袭,早期道学代表人物大都声称其内容限于六经、孔、孟以及《大学》《中庸》等著作的范围。但是,汉唐以来,儒学仍在发展之中,作为儒学主体的伦理原则、纲常理念都得到了强化。因此,宋元道学的形成,实际上也受到过汉唐以来儒家学者研究成果的影响。江藩考察清代宋学,著《国朝宋学渊源记》。达三在《国朝宋学渊源记·序》中即认定,道学的形成曾得益于汉唐以来的儒学研究成果:"自宋儒'道统'之说起,谓二程心传直接邹鲁,从此心性、事功分为二道,儒林、道学判为两途;而汉儒之传经,唐儒之卫道,均不啻糟粕视之矣。殊不思洛、闽心学源本六经,若非汉唐诸儒授受相传,宋儒亦何由而心悟!且详言诚、正,略视治、平,其何以诋排二氏之学乎?"达三的观念值得肯定。道学作为儒学发展中的一种理论形态,除了借鉴吸纳老、释之学的思想理论,也是儒学自身积累发展的结果。这种积累发展实际上涵括汉唐时期儒学的研究成果。当代学者杨向奎即十分看重孔颖达等人的《五经正义》对于道学形成的影响:

> 在五经的注解中可以看到"道"和"气"的问题,这在汉以前儒家著作中是没有的,而是道家思想和儒家思想的结合。何晏、王弼谈"道"谈"无"而少说"气";汉儒谈"气"而少谈"无"。"道"和"气"的结合,正是孔颖达《正义》的新发挥,这一发挥给后来的理学开辟了广阔的天地。[①]

杨说是合理的。在有关道学思想资源的问题上,忽略或轻视汉唐儒学包括汉唐经学的影响,除了突出道学代表人物的道统观念,实际上并未反映道学演生历史的真实。

　　早期道学的代表人物对道家思想的吸纳,主要表现在借鉴道家著作中有关自然、有、无、道、德等范畴的意涵,以提炼、形成道学的基本范畴。其中尤以道家的道观念对道学的影响最大。《韩非子·解老》中肯定"道者,万物之所以成也",程颐有"所以阴阳者是道也"之说。道学家以物或阴阳之"所以者"规定理解道,显然是受到了道家一系的思想学说的影响。陆九渊也曾认为,理学家所持的"天理人欲"之说源自道家:

> 天理人欲之言,亦自不是至论。若天是理,人是欲,则是天人不同矣。此其原盖出于老氏。《乐记》曰:"人生而静,天之性也;感于物而动,性之欲也,物至知知,而后好恶形焉。不能反躬,天理灭矣。"天理人欲之言盖出于此。《乐记》之言亦根于老氏。[②]

---

① 杨向奎:《宗周社会和礼乐文明》第 460 页,北京,人民出版社,1997。
② 陆九渊:《语录上》,《陆九渊集》卷三四,第 395 页,北京,中华书局,1980。

吸纳道家的思想理论，以助宋元道学理论系统的成型，可说是中国学术史上除玄学之外，儒、道之学交融互补的又一范例。

早期道学代表人物批判佛教，以其对于禅宗与华严宗的批判最为具体。这使得禅宗与华严宗的理论学说与思想方法都曾对早期道学代表人物建构道学产生重要影响，其中尤以华严宗的理论学说与思想方法的影响最为深远。任继愈总主编的《佛教史》在考察华严宗的宗教理论体系时认为：

> 华严宗对于中国哲学史的影响很大，这在程朱理学中尤为明显。程颐认为，华严宗所谓"理事无碍""事事无碍"，"一言以蔽之，不过曰万理归于一理"。这"万理归于一理"之说，反映了理学家和华严宗在理事关系问题上的逻辑联系。事实上，程朱理学建立之初，无论是论题的提出，还是范畴应用以及思维方式等，都曾从华严宗那里得到启示。①

任继愈总主编的《佛教史》所引用的程颐论述见于《二程遗书》卷一八，原文是：

> 问："某尝读《华严经》，第一真空绝相观，第二事理无碍观，第三事事无碍观，譬如镜灯之类，包含万象，无有穷尽，此理如何？"曰："只为释氏要周遮，一言以蔽之，不过曰万理归于一理也。"又问："未知所以破佗处。"曰："亦未得道他不是。百家诸子个个谈仁谈义，只为他归宿处不是。只是个自私。"②

从原文来看，程颐认为华严宗主张"事理无碍""事事无碍"，是要肯定"万理归于一理"；而"亦未得道他不是"的说法表明程颐对于华严宗的"理事"观并未持全面否定的态度，由此可以看到华严宗对于早期道学代表人物的具体影响。应当肯定，任继愈等学者有关华严宗与程朱理学关

① 任继愈总主编，杜继文主编：《佛教史》，第263页，南京，江苏人民出版社，2006。
② 程颢、程颐：《河南程氏遗书·刘元承手编》，《二程集》上册，第195页。

系的判断反映了道学发展的实际。在程颢、程颐的著作中,批评禅宗的具体记述也很多。譬如,程颐认为,"今之学禅者,平居高谈性命之际,至于世事,往往直有都不晓者,此只是实无所得也"①。程颢也曾批判佛教:

> 唯务上达而无下学,然则其上达处,岂有是也?②

认定佛教的"上达"并非真正的"上达"。程颐指斥禅宗"高谈性命"而"实无所得",与程颢对佛教的批判有相通之处。值得注意的是,程颐在对禅宗的批判中仍然肯定其"唯务上达"或说"高谈性命"的理论特色。应当说,禅宗与华严宗尤其是华严宗自身的理论特色,是其能够影响程颢、程颐一类早期道学代表人物重要的前提条件。

　　冯友兰在其《新编中国哲学史》中曾经认为,华严宗五祖宗密的"《原人论》所说的一乘显性教已为宋明道学提供了一个基本的内容"③。冯说也有其据。在一般专治佛教史的学者看来,专重宣讲诠释佛教经典的法师与注重禅行实践的禅师之间,自南北朝即开始出现分歧,后发展到两者之间的长期对立。在佛教内部,使这两派的对立得以消解,并使佛教内部的学风得到转变、统一的正是作为华严五祖的宗密。④ 在中国佛教史上,唐代的宗密既为华严五祖,又是造诣深厚的禅宗学者。宗密的佛教理论集中在他的《原人论》中。宗密在《原人论序》中曾说:"万灵蠢蠢皆有其本,万物芸芸各归其根。未有无根本而有枝末者也,况三才中之最灵而无本源乎?"在宗密看来,探讨人的问题,需要从理论上阐释人的本源。孔、老虽皆为圣人,儒、道之学也具有社会治理方面的功能,但就在"原人"中"会通本末""至于本源"而言,佛学却远胜儒、道之学。宗密在《原人论》中的表述是:"然孔、老、释迦皆是至圣,随时应物设教殊途,内外设教共利群庶。策勤万行,明因果始终;推究万法,彰生起本末。虽

---

① 程颢、程颐:《河南程氏遗书·刘元承手编》,《二程集》上册,第196页。
② 程颢、程颐:《河南程氏遗书·亥八月见先生于洛所闻》,《二程集》上册,第139页。
③ 冯友兰:《三松堂全集》第9卷,第551页。
④ 参见任继愈总主编,杜继文主编:《佛教史》,第259页。

皆圣意而有实有权。二教唯权，佛兼权实。策万行，惩恶劝善，同归于治，则三教皆可遵行；推万法，穷理尽性，至于本源，则佛教方为决了。"在宗密看来，儒、道之学在理论上之所以不能够"穷理尽性，至于本源"，原因在于儒、道之学以自然、元气解释人、物之生成，认定"愚智贵贱贫富苦乐皆禀于天"。这样的理论看重"依身立行"，不探究"身之元由"。依据这样的理论，人生中的许多问题，譬如"无德而富，有德而贫""逆吉义凶，仁夭暴寿"等实际上都无法得到理论的解释。宗密在《原人论》中曾就这类问题多层面地诘难儒、道之学，特别是诘难儒学。他说："既皆由天，天乃兴不道而丧道？何有福善益谦之赏，祸淫害盈之罚焉？又既祸乱反逆皆由天命，则圣人设教，责人不责天，罪物不罪命，是不当也。然则诗刺乱政，书赞王道，礼称安上，乐号移风，岂是奉上天之意，顺造化之心乎？"这种诘难的结论是儒学"未能原人"。宗密将儒、释、道三教的理论中心与重心归结为人的本源，通过自己的《原人论》全面否定儒家所崇奉的圣人以及儒学所依据的经典。这样的否定与诘难，实际上突出了道学所急需探究解决的理论课题，促进了道学思想主体与理论框架的确立。在《原人论》中，宗密不仅认为"儒道二教""未能原人"，而且认定佛教内部的"人天教""小乘教""大乘法相教""大乘破相教"等各派理论同样"未能原人"。在宗密看来，"儒道二教"失于"谜执"，"人天教""小乘教""大乘法相教""大乘破相教"等则失于"偏浅"。唯有他自己所持的"一乘显性教"能够"说一切有情，皆有本觉真心，无始以来，常住清净，昭昭不昧，了了常知，亦名佛性，亦名如来藏"，克服"谜执"与"偏浅"，"会通本末"，"直显真源"，圆满地论释人的本源。宗密否定儒、道之学以及佛教内部各派理论的方法，是先持包容的态度，再"节节斥之"。这样的否定，既保持了一种强烈的教派意识，又显露出十分圆融的判教方法。《宋高僧传》卷六论及宗密的著作，将其著述方法概括为"皆本一心而贯诸法，显真体而融事理，超群有于对待，冥物我而独运"。宗密的这种著述方法实际上也体现在其否定儒、道之学以及其他佛教派别的方法之中。宗密的思想方法及其佛教理论，对唐代韩愈批判佛学与李翱复兴儒学曾有过重要影响。

宋元道学在其形成过程中，不论理论追求还是思想方法，更是受到了宗密及其所代表的华严宗理论的影响。这种影响不仅表现在早期道学表人物借鉴佛教有关心、识、性、命、理、事、顿、渐等观念提炼道学的基本范畴，建立自己的理论系统，也表现在早期道学表人物借鉴佛教特别是华严宗的思辨方法，力求思想的缜密与系统。宋代学者范育在为张载《正蒙》所写的序言中曾论及《正蒙》的理论追求与学术方法：

> 语上极乎高明，语下涉乎形器，语大至于无间，语小入于无朕，一有窒而不通，则于理为妄……天之所以运，地之所以载，日月之所以明，鬼神之所以幽，风云之所以变，江河之所以流，物理以辨，人伦以正，造端者微，成能者著，知德者崇，就业者广，本末上下贯乎一道，过乎此者淫遁之狂言也，不及乎此者邪诐之卑说也。①

范育所阐释的张载的思想方法与理论追求，实即反映了佛教理论意识与思想方法的潜在影响。应当肯定，佛教思辨方法的影响，当是张载一类早期道学代表人物能够各自建构独立的思想学说的重要原因。当然，我们考察宋元道学的思想源流，很难将道学中无极、太极、天、道、理、气、阴、阳、心、性、德、命、真、实等主要范畴的意涵直接、简单地等同于传统的儒学、佛学或道家之学中的概念范畴。但这些范畴的形成乃至于整个道学思想系统的建构，对儒学、佛学、道家学说中相关思想都有所借鉴与吸纳，当是历史的事实。因此，可以说，不论道学形成的途径，还是道学的思想内容，都表明儒、释、道三家之学皆为道学重要的思想资源。

在现代学术史上，除了从"融通"儒、释、道之学这种视角考察宋元道学的形成与思想源流，也有学者从南北学术交会的角度考察道学的形成与发展。刘师培是这派学者的代表。刘师培认为，中国学术，自晚周以来日渐繁荣，但南方与北方，或山国，或泽国，地域特色有别，学术发展也各具特色。北方学术，修身力行近儒，坚忍不拔近墨，显现出北方学术源

---

① 范育：《正蒙·序》，转引自《张载集》，第5—6页。

于山国之地的特征。南方"楚国之壤,北有江汉,南有潇湘,地为泽国,故老子之学起于其间"①。但是,学术虽因地而殊,随着社会的发展,交通的便利,南方与北方,山国与泽国之间的交往却日渐频繁,在这种交往中,南北学术也在不断地相互渗透与融会。这种渗透与融会,促进了南北方之诸子学、经学、考证学、文学的发展,也促进了南北方理学的发展。在刘师培看来,宋明理学的兴起与演变即可展现南北学术的交会融合。

在具体辨析南北理学差异的时候,刘师培认为,周敦颐的思想"以易简为宗",以"无言垂教",以"主敬为归";就思想资源而言,虽与《周易》《中庸》有关,但"溯厥渊源,咸为道家之绪论"②。因为,依刘师培的理解,周敦颐的"知几通神"之论,实为老子的"赞玄之说",而周敦颐的"存诚窒欲"之论,则为"庄生复性之说"。因此,周敦颐所承续的学术思想,实乃作为"南方学派之正宗"的道家学说。濂溪之后,道学在北方得到了发展。程颢、程颐兄弟建构了完整的理学思想系统。二程兄弟受业于周敦颐,并在学术思想方面受到过王通、韩愈、孙复等人的影响。因此,二程学说的形成,实为南北学术交会的标志。这种交会使得"南学渐杂北学",也使得"程门弟子立说多近禅宗"。在二程理学形成的同时,张载创立了关学。关学极具北方学术的思想特色。但在刘师培看来,张载的学术思想既受到了二程思想的影响,也受到过周敦颐学说的影响。刘师培将张载在《参两篇》《天道篇》中阐释的思想既视为"老、释之绪余",也看作"濂溪之遗教",并以此为"南学北行之证"。

北宋覆亡以后,北学式微,南方理学开始得到新的发展,刘师培将南方理学的兴盛归因于程门弟子的"传道南归"。在刘师培看来,杨时、谢良佐等人的学术活动是南方理学兴起的重要原因,实际上也标志着北学南传。因为,自杨时、谢良佐开始,南方理学的代表人物胡安国、胡宏、张南轩等人的思想学说,实际上延续了二程的理学;其后朱熹理学的形成,将二程创立

---

① 刘师培:《刘申叔遗书》上册,第 549 页,南京,江苏古籍出版社,1997。
② 刘师培:《刘申叔遗书》上册,第 551 页。

的理学推展到一个高峰。朱熹理学虽也曾受到佛、老影响,但其学理趣向仍在北方理学的范围之内。用刘师培的语言表述即是:"盖朱子虽崇实学,然宅居南土,渐摩濡染,易与虚学相融,故立学流入玄虚(如言'洒然证悟'是),与佛老之言相近,较周、程之学大抵相符。"①朱子之学兴起的同时,陆象山创立心学。其学术旨趣与朱熹大相径庭。但象山心学"立志高超","学求自得","不立成心"。刘师培对象山心学的评价是:

> 综斯三美,感发齐民,顽廉懦立,信乎百世之师矣。②

在论及象山心学的同时,刘师培也曾论及浙江金华学派、永嘉学派以及永康学派,以证南方学术之盛。其后,刘师培论及元、明理学,也肯定了南北理学,或南学北输,或北学南传;学术旨趣、思想路数,或"归心王学",或"守程朱子矩",或调停朱陆。南北学术的不同旨趣与路径实际上都在某种程度上促进了理学的发展转化。刘师培对南北理学异同与传播的具体论释,不论其方法还是其结论,都值得我们在考察宋元道学的形成与思想源流时参考。因为,从南北学术交会这种角度考察宋元道学的形成与思想源流,学术视野广阔,历史感极为厚重。这样的考察,既有助于人们了解道学对不同地域学术文化的融会,也有助于人们了解道学的形成与整体的中国学术发展的历史统一,全面理解宋元道学的思想资源及其形成途径。

　　关注道学内部不同学派之间在思想理论与学术方法方面的相互影响,也是考察宋元道学的形成及其思想源流的重要途径。在宋元哲学史上,早期道学代表人物之间学术交往频繁。程颢、程颐早年师从周敦颐,后在学术方面与张载、邵雍、司马光的交往也十分密切。二程曾高度赞扬张载的《西铭》,也曾尖锐地批判张载的"清虚一大"说。认为张载所理解的"气"只是形而下者,并非形而上者。二程对王安石的"新学"也多有批评。其后,周敦颐、程颢、程颐、张载的思想理论对朱熹理学的形成都

---

① 刘师培:《刘申叔遗书》上册,第 552 页。
② 同上书,第 552 页。

有所影响。清代学者谢甘棠曾有濂、洛、关、闽"皆互相师友,渊源一脉"之说。濂、洛、关、闽之间"皆互相师友"这种学术现象表明,道学的发展,不论其思想资源还是其思想方法,实际上都有一个自身演绎拓展的过程。因此,自南宋开始,直至现代都有学者考察解析道学自身的这种演绎拓展。在这种考察中,人们关注洛学的发展,不少学者认为陆九渊心学实即是洛学分化发展的结果。吕思勉即认为:

> 洛学明道、伊川,性质本有区别。学于其门者,亦因性之所近,所得各有不同。故龟山之后为朱,而上蔡、信伯,遂启象山之绪。①

吕思勉肯定二程后学谢良佐、王蘋之学"启象山之绪",实际上是肯定陆九渊心学源于洛学。冯友兰则明确地认定朱熹理学源自伊川,象山心学源自明道。冯友兰晚年曾忆及自己的中国哲学史研究及学术贡献:

> 就我的《中国哲学史》这部书的内容说,有两点我可以引以自豪。第一点是,向来的人都认为先秦的名家就是名学,其主要的辩论,就是"合同异,离坚白"……我认为其实辩者之中分两派,一派主张"合同异",一派主张"离坚白"。前者以惠施为首领,后者以公孙龙为首领(《中国哲学史》二六八页)。第二点是,程颢和程颐两兄弟,从来都认为,他们的思想是完全一致的,统称为"程门"。朱熹引用他们的话,往往都统称为"程子曰",不分别哪个程子。我认为他们的哲学思想是不同的,"故本书谓明道乃以后心学之先驱,而伊川乃以后理学之先驱也。兄弟二人开一代思想之两大派,亦可谓罕有者矣"(《中国哲学史》八七六页)……这两点我认为都是发前人所未发,而后来也不能改变的。②

冯友兰有关朱熹理学、象山心学与洛学关系的观点很难说"都是发前人所未发"。因为,历史上有学者考察道学内部思想的分化发展,也曾肯定

---

① 吕思勉:《理学纲要》,第 30 页,北京,东方出版社,2012。
② 冯友兰:《三松堂全集》第 1 卷,第 191—192 页。

象山心学与洛学的关系。全祖望在为《宋元学案·震泽学案》所写的《序录》中即认为：

> 信伯极为龟山所许，而晦翁最贬之，其后阳明又最称之。予读《信伯集》，颇启象山之萌芽。其贬之者以此，其称之者亦以此。象山之学，本无所承，东发以为遥出于上蔡，予以为兼出于信伯。盖程门已有此一种矣。①

按照全祖望的理解，宋代学者黄震认为陆九渊心学"遥出于上蔡"，还未能完全指明象山心学的思想来源，因此，他认为象山心学也"兼出于信伯"，肯定宋代学者王蘋的思想实际上也是象山心学的源头之一。全祖望在为《宋元学案·象山学案》所写《序录》中也曾指出：

> 象山之学。先立乎其大者，本乎孟子，足以贬末俗口耳支离之学……程门自谢上蔡以后，王信伯、林竹轩、张无垢至于林艾轩，皆其前茅。及象山而大成，而其宗传亦最广。②

全祖望的这些论述同样肯定了象山心学与洛学分化发展的联系。

冯友兰有关象山心学与洛学关系的观点，也很难说是"后来也不能改变的"。在现代哲学史上，牟宗三即明确地否定象山心学与洛学的联系：

> 夫象山之学本无师承，乃读《孟子》而自得之。象山自己表明如此，全祖望已知之矣，丏又谓其源出于上蔡、信伯，何耶？象山对于北宋四家并未多加钻研工夫，亦不走"由《中庸》《易传》回归于《论》《孟》"之路，故象山不弖明道开出，明道亦不开象山。③

在牟宗三看来，古人认定象山"遥出于上蔡""兼出于信伯"，以及"信伯、竹轩、艾轩皆其前茅"，实际上是"强拉关系"。至于现代学者肯定程明道思想为象山心学的先驱，在牟宗三看来，更是不合实际：

---

① 黄宗羲原本，全祖望修定：《震泽学案》，《宋元学案》第 2 册，第 1047 页。
② 黄宗羲原本，全祖望修定：《象山学案》，《宋元学案》第 3 册，第 1884 页。
③ 牟宗三：《心体与性体》上册，第 47 页。

> 近人或有谓明道开象山,其同处是混形而上下不分,只是一个
> 世界。此皆门外恍惚之妄言。[1]

牟宗三对现代学者"明道开象山"说的批评可谓严厉之至。但牟宗三关于象山心学思想资源的观念自成一家之言,也值得我们在考察宋元道学的思想资源时思考。因为,肯定明道思想为象山心学前驱,确需更深入、更具体的论证。但是,在宋元道学形成的过程中,同时代的学者之间、道学内部不同理论派别之间,"互相师友"的历史事实不宜被全面否定。清代学者李丕则论及李觏学说时即认为:

> 其学本于礼,此横渠之知礼成性也。其道本于性,此开明道之
> 定性体仁也。[2]

明确地肯定李觏思想与其后出现的张载、程颢思想之间的联系。

学术界还有一种观点值得注意,即理学这一学术流派是在程颢、程颐逝世之后,由他们的及门弟子和私淑弟子们宣扬其师说才出现的。邓广铭即认为:

> 是在南宋前期,亦即在十二世纪的中叶,才形成了理学家这一
> 学术流派的。[3]

如果持这种观念的学者所说的"理学家这一学术流派"仅表示一个学术群体,那么,认定南宋前期才形成这一学术群体的观念也可以成立。但若从理论的角度来看,否定北宋道学中已经存在理学这一派别,论据并不充分。因为,当程颢、程颐的思想系统完成时,理学作为一个具体的学术派别,不论基本范畴还是理论架构实际上都已经建构起来了。同理,张载思想系统完成也意味着关学或说气学的成形。因此,将朱熹的理学理解为源于洛学而形成的一个独立学派,实不如将朱熹理学理解为对洛

---

[1] 牟宗三:《心体与性体》上册,第47页。
[2] 李丕则:《盱江先生文集原序》,转引自《李觏集》,第532页,北京,中华书局,1981。
[3] 邓广铭:《宋史十讲》,第189页,北京,中华书局,2008。

学特别是伊川之学的继承、丰富与发展。在这样的意义上,人们将程颐视作朱熹理学的前驱,将朱熹理解为理学在宋代发展的一个历史高峰,并未背离道学发展的实际。当然,考察朱熹理学的形成,也不能忽略周敦颐学说、张载学说及其他思想理论的影响。

总之,在道学的历史发展中,道学内部也存在不同学者、不同学派之间在思想理论方面的相互影响。这种影响同样关系到道学的整体发展。因此,考察宋元道学的形成及其思想源流,既需要肯定道学为儒、释、道三家之学"融通"整合的结果,也应当肯定道学形成过程中,在思想资源方面的南北学术交会与道学自身的分化演变。唯有如此,才可能真实地了解宋元哲学的形成及其赖以形成的思想资源与途径。

五、宋元哲学研究的历史与现状

在中国学术史上,有关道学的第一部学术史著作应当是朱熹编纂的《伊洛渊源录》。此后,谢铎、程瞳、朱衡、周汝登、孙夏峰、冯从吾、黄宗羲、全祖望等不同时代的学者曾先后编撰自己的学术史著作。这些著作或重理学的思想源流,或重心学的发展历史,或重关学的历史演变,在内容方面都程度不等地涉及宋元哲学。黄宗羲、全祖望等人编撰的《宋元学案》,更是以 100 卷的篇幅系统地考察宋元学术的发展,成为中国历史上规模最为宏阔的断代学术史著作。这些以学案体形式写成的学术史著作,对后世学者的学术史研究影响深远。但是,由于这些著作的研究方法局限于中国传统的学术史方法之内,还谈不上现代学科意义的宋元哲学研究。自 20 世纪二三十年代开始,中国哲学史作为一个现代学科门类基本定型。此后,宋元哲学不仅开始成为各类通史性中国哲学史著作中的重要内容,在断代史、专人、专题、学派、思潮等研究形式中,宋元哲学研究同样硕果累累。但是,如何在新的时代条件深入研探宋元哲学,在方法的范围仍有一些问题需要思考。美籍学者余英时从政治文化的角度解析"朱熹的历史世界",曾从道学研究的角度论及现代哲学史研究方法。他说：

> 现代哲学史家研究道学，正如金岳霖所说，首先"是把欧洲哲学的问题当作普通的哲学问题"，其次是将道学"当作发现于中国的哲学"（见他为冯友兰《中国哲学史》所写的《审查报告》）。至于各家对道学的解释之间的重大分歧，则是由于研究者所采取的欧洲哲学系统，人各不同。在这一去取标准之下，哲学史家的研究必然集中在道学家关于"道体"的种种论辩，因为这是唯一通得过"哲学"尺度检查的部分。我们不妨说："道体"是道学的最抽象的一端。而道学则是整个宋代儒学中最具创新的部分。哲学史家关于"道体"的现代诠释虽然加深了我们对于中国哲学传统的理解，但就宋代儒学的全体而言，至少已经历了两度抽离的过程：首先是将道学从儒学中抽离出来，其次再将"道体"从道学中抽离出来。至于道学家与他们的实际生活方式之间的关联则自始便未曾进入哲学史家的视野。今天一般读者对予道学的认识大致都假途于哲学史的研究。他们如果对本书的题旨感到困惑，无法想象朱熹的历史世界中如何能容下"政治文化"，那将是一个非常自然的反应。①

余英时论及自己写作《朱熹的历史世界》的方法时又说：

> 本书的重点在研究宋代儒学的整体动向与士大夫政治文化的交互影响……但是与哲学史或思想史的取径不同，这里不把道学当作一个与外在世界绝缘的自足系统。相反的，道学只是整体儒学的一部分，而儒学则自宋初以来便随着时代的要求而跃动。②

余英时的论述为我们思考宋元哲学研究，带来了多层面的方法学启示。但是，这种论述也反映出在哲学史范围之内，对于道学研究方法的理解有所不同。现实的宋元哲学研究，存在两种主要的研究方式，一是

---

① 余英时：《史学、史家与时代》，第 191 页，桂林，广西师范大学出版社，2004。
② 同上书，第 212 页。

思想史范围的研究,一是哲学史范围的研究。思想史范围的研究,其长在于研究对象较为宽泛,宋元时期的政治、经济、历史、哲学、文化、教育、科学等与现代学术门类相近的思想内容皆可以成为其研究对象。但思想史形式的研究,在整体上显得现代学科意识较为淡薄,解析具体思想理论又不能不参照现代学术门类,考察内容只能因人而异,重心各有其别。这使得思想史虽也重视哲学思想的研究,但对哲学家思想的考察辨析实际上很难达到哲学史研究所要求的理论层次。因此,哲学史范围的宋元哲学研究,不论问题意识还是理论追求,与思想史形式的宋元哲学研究都应有所不同。这种不同集中表现在前者可谓思想史形式的哲学史研究,后者可谓哲学史形式的思想史研究。思想史形式的哲学史研究,虽注意以哲学凸显思想,但思想的内容不限于哲学。换言之,哲学思想研究只是思想史中的一个组成部分,思想史研究不可能专注于哲学。哲学史形式的思想史研究,重心在哲学,哲学也在思想的范围。在哲学史范围之内研探宋元道学,哲学史研究与思想史研究得到了具体的统一。在哲学史范围之内考察宋元道学,不能不对西方的哲学观念有所借鉴。但是,并不是因为借鉴西方的哲学观念,或说将"欧洲哲学的问题当作普通的哲学问题",宋元道学才成为宋元时期的哲学。同时,也不能将道学"当作发现于中国的哲学"。因为,道学本来即是中国传统哲学的理论形态之一。在哲学史范围之内考察宋元道学,需要对"道体"的辨析。但对"道体"的辨析并不能代替对道学中其他思想内容的考辨。朱熹记述《近思录》的编辑方法时说过:

> 《近思录》逐篇纲目:一、道体;二、为学大要;三、格物穷理;四、存养;五、改过迁善,克己复礼;六、齐家之道;七、出处、进退、辞受之义;八、治国平天下之道;九、制度;十、君子处事之方;十一、教学之道;十二、改过及人心疵病;十三、异端之学;十四、圣贤气象。①

---

① 朱杰人等主编:《朱子全书》第17册,第3450页,上海,上海古籍出版社;合肥,安徽教育出版社,2002。

这种记述,区别的虽是《近思录》的内容,实际上也勾勒出了道学的思想系统。在道学的思想系统中,道体占有突出的理论地位。但道体之外的内容同样是道学的重要组成部分。在哲学史范围内考察这些内容,尽管还需要选择与归类,但考察宋元道学,内容不可能仅限于"道体"。依照道学自身的构成,确立道学的考察范围,应成为考察宋元哲学基本的方法学原则。以往的宋元哲学研究,片面强化西方哲学参照,主观地限制考察范围,这种现象需要改变。同时,道学作为一种哲学理论,反映了道学家们的生活理念,论释了道学家们向往的生活方式。因此,在对宋元道学的研究中,"道学家与他们的实际生活方式之间的关联""自始便未曾进入哲学史家的视野"这种结论不能成立。因为,解析道学形成的社会时代环境,考察道学家们的生活理念与学术生活道路,历来为宋元哲学研究在理论方面的重要目标与追求。由于道学家们的实际生活方式也在哲学史家的视野之内,在宋元哲学研究中,也不可能出现"把道学当作一个与外在世界绝缘的自足系统"的状况。发掘道学赖以形成的历史文化资源,考察道学对于整个宋元时期学术文化发展的影响,始终是哲学史范围之内的道学研究最为重要的学术目标之一。同时,任何时代的学术文化都是一个统一的发展中的系统,宋元时期的学术文化也是如此。在哲学史范围之内研究宋元道学,不可能割断道学与儒学乃至于整体的宋元学术文化之间的联系。揭示道学的演生与发展,实际上也会从一个侧面论释宋元时期儒学面临的时代要求及其发展,展现宋元时期学术文化的精神风貌。

总之,在新的时代条件下,研究宋元哲学,既需要我们继承以往研究工作中已经形成的学术成果,总结以往研究工作中选择的学术方法,又需要我们关注时代的变迁与学术方法的更新,不断地完善在哲学史范围之内研究宋元道学的方法系统,推进宋元哲学研究。唯有如此,我们才可能在新的时代条件下更好地发掘、整理,并继承、弘扬宋元哲学这份珍贵的历史文化遗产。

第一章　道学的先驱：韩愈与李翱

在中唐儒学的复兴运动中，韩愈可谓这场儒学复兴运动的主将，他在佛门强势、佛风劲吹的中唐挺身亮出儒学的大旗倡导儒学，开启了宋代新儒学的序幕，被视为宋代新儒学的先驱，故钱穆在其《中国近三百年学术史》中称："治宋学必始于唐，而以昌黎韩氏为之率。"①

李翱与韩愈齐名，后世将韩、李并称。相较于韩愈，李翱在人性论和修养论上有更具原创性的思考，对宋明理学有深刻影响。

第一节　韩愈与佛教

韩愈（768—824），字退之，邓州南阳（今河南省孟州市）人，古文名家，其诗后来也大受推崇。在思想史上，韩愈因表彰儒学而占有重要地位。

一、倡儒与排佛

在佛风强盛的中唐，面对佛教的冲击，韩愈不仅以倡导儒学著称，而且以排斥佛教而名世。实际上，他的倡导儒学、排斥佛教可谓一体两面，

---

① 钱穆：《中国近三百年学术史》，第1页。

也就是说,他一方面通过排斥佛教来倡导儒学,另一方面又通过倡导儒学来排斥佛教。正因为如此,这位倡导儒学的健将也就与佛教有了某种关系。何为儒学的核心价值?应该重视哪一种儒学经典?究竟通过何种方式来倡导儒家思想?对于诸如此类的问题,处于儒学传统几近中断时期的韩愈,开始时并没有完全自觉的理论意识,可以说他后来所推尊和宣扬的儒家思想是在佛教思想的刺激与启发下逐渐形成的,他建立道统、阐扬《大学》即充分显示了这一点。

历史学家陈寅恪在《论韩愈》①一文中曾指出:韩愈的道统说受佛教的传法世系的影响而建立。他从外因方面列举历史事实说明道:韩愈幼年时生活于新禅宗的发祥地韶州,正值新禅宗学说宣传极盛之时,幼年颖悟的韩愈无疑受到了新禅宗学说浓厚的环境气氛的影响,故后来他借鉴禅宗教外别传之说建立儒家道统说。陈寅恪此说应当是合乎历史事实的看法。并且,依陈寅恪之见,在儒学衰微的中唐时期,韩愈在倡导儒学时之所以能"直指人伦,扫除章句之繁琐",是因为他受新禅宗启发,效仿其"直指人心见性成佛"的方法。陈寅恪这一看法也是有其合理性的,因为从韩愈学儒的经历与渊源来看,无非是"沉潜乎训义,反复乎句读"②,这种训义注疏的章句之学,是两汉以来的学儒之传统,如果不是受到了新的刺激与启发,深受这一学儒传统训练熏陶的韩愈不仅难以对此流行近千年的烦琐支离的章句之学生出质疑,更不会发出振聋发聩的"春秋三传束高阁,独抱遗经究终始"③的呼唤。从内因方面来看,如果对韩愈那两篇著名的排佛文章《原道》《论佛骨表》作一分析,那么,亦可见出韩愈所推尊、宣扬的儒家思想与佛教的关系。

汤用彤曾把唐代士大夫反佛所持的理由归纳为四种:(一)佛教害政;(二)佛法无助于延长国祚;(三)当以高祖沙汰僧徒为法;(四)僧尼

---

① 陈寅恪:《论韩愈》,《历史研究》1954年第2期,第105—114页。
② 韩愈:《上兵部李侍郎书》,《韩昌黎文集》卷二,《韩昌黎文集校注》,第160页,上海,上海古籍出版社,2014。
③ 韩愈:《寄卢全》,《韩昌黎诗系年集释》,第782页,上海,上海古籍出版社,1984。

受戒不严,佛寺沦为贸易之场、逋逃之薮。① 韩愈当然也不例外,其《送灵师》诗中所谓"佛法入中国,尔来六百年。齐民逃赋役,高士著幽禅,官吏不之制,纷纷听其然。耕桑日失隶,朝署时遗贤"②即如此;其《原道》中所谓"古之为民者四,今之为民者六;古之教者处其一,今之教者处其三。农之家一,而食粟之家六;工之家一,而用器之家六;贾之家一,而资焉之家六。奈之何民不穷且盗也"③亦如此。但在《原道》《论佛骨表》中,韩愈则似乎更多是以夷夏之异为切入点来辟佛和倡导儒学的,进而言之,《原道》《论佛骨表》二文是通过揭橥夷夏之道之法的不同来排佛反佛的,例如:"'斯道也,何道也?'曰:'斯吾所谓道也,非向所谓老与佛之道也。'"④"伏以佛者,夷狄之一法耳,自后汉时流入中国,上古未尝有也。"⑤"夫佛本夷狄之人,与中国言语不通,衣服殊制,口不言先王之法言,身不服先王之法服。"⑥然而,正是在佛老特别是佛教之道之法的刺激与启发下,韩愈以佛之道之法为参照,比照其道其法,一步步提出了与之相抗衡的儒家之道之法。

比照佛教之典籍,韩愈声称儒家也有自己的典籍,此即"《诗》《书》《易》《春秋》"⑦;比照佛教之法度,韩愈认为儒家之法度为"礼、乐、刑、政"⑧;比照佛教之僧尼及其关系,韩愈认为儒家所主张是"其民,士、农、工、贾;其位,君臣、父子、师友、宾主、昆弟、夫妇"⑨;比照佛教徒之食素、衣僧服、居寺庙,韩愈认为儒家所赞同的是"其服,麻丝;其居,宫室;其食,粟米、果蔬、鱼肉"⑩等等,而这一切皆源于"斯吾所谓道也,非向所谓老与佛之道也"⑪。"斯吾所谓道"究竟为何? 比照佛老之道,韩愈揭示与

① 汤用彤:《隋唐佛教史略》,第33—39页,北京,中华书局,1982。
② 韩愈:《送灵师》,《韩昌黎诗系年集释》,第202页。
③ 韩愈:《原道》,《韩昌黎文集》卷一,《韩昌黎文集校注》,第17页。
④ 同上书,第20页。
⑤ 韩愈:《论佛骨表》,《韩昌黎文集》卷八,《韩昌黎文集校注》,第684页。
⑥ 同上书,第686页。
⑦⑧⑨⑩ 韩愈:《原道》,《韩昌黎文集》卷一,《韩昌黎文集校注》,第19页。
⑪ 同上书,第20页。

概括道："夫所谓先王之教者,何也？博爱之谓仁；行而宜之之谓义；由是而之焉之谓道；足乎己无待于外之谓德。"①这表明韩愈是以仁义道德为儒家之道的核心内容的。不仅如此,韩愈还比照佛教传法世系建立道统,来说明以仁义道德为核心内容的儒家之道的传授渊源,他称："尧以是传之舜,舜以是传之禹,禹以是传之汤,汤以是传之文武周公,文武周公传之孔子,孔子传之孟轲；轲之死,不得其传焉。"②尽管《孟子》中已有儒家"道统"的雏形,但如此明确建立儒家"道统"者则为韩愈。对韩愈而言,这种从尧、舜、禹、汤、文、武、周公、孔子到孟轲一代一代传下来的儒家道统不仅源远流长,而且在时间上比佛教传法世系更久远、更为历史所检验,故韩愈慨然以道自任,宣称"使其道由愈而粗传,虽灭死万万无恨"③。

在排佛反佛的过程中,韩愈对佛教最为耿耿于怀的是"不知君臣之义,父子之情"④,"外天下国家,灭其天常；子焉而不父其父,臣焉而不君其君,民焉而不事其事"⑤。在佛教这种刺激下,为了对抗佛教的"外天下国家"和"必弃而君臣,去而父子,禁而相生养之道"⑥,韩愈特意把《大学》提揭出来加以阐发："'古之欲明明德于天下者,先治其国；欲治其国者,先齐其家；欲齐其家者,先修其身；欲修其身者,先正其心；欲正其心者,先诚其意。'然则古之所谓正心而诚意者,将以有为也。"⑦《大学》的"齐家治国平天下"可谓与佛教的"不知君臣之义,父子之情"⑧ 和"外天下国家,灭其天常"⑨ 真正针锋相对,这就为韩愈排佛反佛提供了真正的理论依据和经典依据。《大学》原为《礼记》中的一篇,秦汉以来并不为人们所重视,如果没有佛教的刺激以及与佛教的行事比照,韩愈断不可能提揭和重视作为《礼记》之一篇的《大学》。

---

① 韩愈:《原道》,《韩昌黎文集》卷一,《韩昌黎文集校注》,第 19 页。
② 同上书,第 20 页。
③ 韩愈:《与孟尚书书》,《韩昌黎文集》卷三,《韩昌黎文集校注》,第 241 页。
④⑧ 韩愈:《论佛骨表》,《韩昌黎文集》卷八,《韩昌黎文集校注》,第 686 页。
⑤⑨ 韩愈:《原道》,《韩昌黎文集》卷一,《韩昌黎文集校注》,第 19 页。
⑥ 同上书,第 17—18 页。
⑦ 同上书,第 18 页。

　　唐代的佛学较之儒学，心性之学无疑是其胜场，但佛教明心见性的结果却与儒家所期望的截然相反，韩愈也深深认识到这一点，故他称："古之所谓正心而诚意者，将以有为也。今也欲治其心，而外天下国家，灭其天常。"①如何将"正心诚意"与"有为"、"治心"与"齐家治国平天下"结合起来，将二者一以贯之？这显然也是韩愈所着力要解决的问题，在佛教特别是禅宗的"明心见性""见性成佛"等思想的影响与启迪下，韩愈在阐扬《大学》之"齐家治国平天下"的同时，亦致力于儒家心性之学的发掘和探讨，力图为儒家的"仁义"以及"齐家治国平天下"提供心性论的基础与根据，《原性》篇即他对"性"所作的儒家式的探究。在《原性》篇中，韩愈不仅视"性"为"与生俱生"，而且认为"其所以为性者五：曰仁、曰礼、曰信、曰义、曰智"②，这表明韩愈是以人之先天内在本有之"性"作为儒家仁义等核心价值的依据的，他在《答陈生书》中也论及这一点："盖君子病乎在己而顺乎在天，待己以信而事亲以诚。所谓病乎在己者，仁义存乎内，彼圣贤者能推而广之，而我蠢焉为众人。"③仁义内在，确切说，"仁义"内在于"性"或性具"仁义"，具"仁义"之"性"无疑与禅宗"无相""无住"之性迥然有别。正因为此，朱子称赞道，"韩文《原性》人多忽之，却不见他好处。如言'所以为性者五：曰仁、义、礼、智、信'，此言甚实"④，"退之说性，只将仁义礼智来说，便是识见高处"⑤，"韩子《原性》曰：'人之性有五。'最识得性分明"⑥。当然，韩愈《原性》一文在理学家看来还相当粗疏，特别是他的性三品说。他试图对儒家的人性论作一总结以对抗佛教的人性论，但实质上与董仲舒的三品说没有什么本质的区别。韩愈《原性》一文对儒家心性之学的发掘与发明尽管粗疏简陋，但这毕竟是他在佛学在此领域有着极大的发言权的氛围下的孤明先发，他之所以能独得

---

① 韩愈：《原道》，《韩昌黎文集》卷一，《韩昌黎文集校注》，第18—19页。

② 同上书，第22页。

③ 韩愈：《答陈生书》，《韩昌黎文集》卷三，《韩昌黎文集校注》，第197页。

④ 朱熹：《朱子语类》卷一三七，《朱子全书》第18册，第4257页。

⑤ 同上书，第4258页。

⑥ 同上书，第4297页。

先机，显然也与佛教心性之学的刺激和启迪分不开。

韩愈之前的士大夫排佛反佛，仅仅是为排佛而排佛、为反佛而反佛，只破而不立；韩愈的排佛反佛与他们不同的是：在排佛反佛的过程中，他不仅获得了一个看待儒家经典的新的视野，而且还通过借鉴与比照佛教思想来倡导和宣扬与之相对的儒家思想，破中有立，从而使排斥佛教与倡导儒学结合为一体，发人之所未发，开启了宋明新儒学的先河。因此，陈寅恪认为韩愈乃"唐代文化学术史上承先启后转旧为新关捩点之人物也"①。

二、韩愈与文僧

在《原道》和《论佛骨表》中，韩愈不仅要求把佛骨"投诸水火，永绝根本"②，而且还主张对佛教"人其人，火其书，庐其居"③，其排佛斥佛态度之决绝、言辞之激烈、手段之粗暴，可谓无以复加。当好友柳宗元对僧徒文畅礼遇有加时，韩愈即作《送浮屠文畅师序》来表达他的不满："今吾与文畅，安居而暇食，优游以生死，与禽兽异者，宁可不知其所自邪？夫不知者，非其人之罪也；知而不为者，惑也；悦乎故不能即乎新者，弱也；知而不以告人者，不仁也；告而不以实者，不信也。"④依韩愈之见，作为儒者应对佛徒告之以圣人之道、施之以圣人之教，否则就是知而不为，不仁不信，未尽儒者之责。

尽管韩愈对柳宗元礼遇和友善僧徒颇有微词，但在佛风大盛的唐代，韩愈自己也无法避免与佛教徒往来，事实上他与佛教徒亦屡有交往。《朱子语类》中曾云："退之虽辟佛，也多要引接僧徒。"⑤检观韩愈文集，韩愈有诗或文相赠的僧人先后有 15 人：澄观、惠师、灵师、盈上人、僧约、文

---

① 陈寅恪：《论韩愈》，《历史研究》1954 年第 2 期，第 114 页。
② 韩愈：《论佛骨表》，《韩昌黎文集》卷八，《韩昌黎文集校注》，第 687 页。
③ 韩愈：《原道》，《韩昌黎文集》卷一，《韩昌黎文集校注》，第 20 页。
④ 韩愈：《送浮屠文畅师序》，《韩昌黎文集》卷四，《韩昌黎文集校注》，第 283 页。
⑤ 朱熹：《朱子语类》卷一三九，《朱子全书》第 18 册，第 4297 页。

畅、无本、广宣、颖师、秀师、澹师、高闲、令纵、大颠、译经僧等。如果对韩愈这些诗或文作一简约分析,也可以对韩愈与佛教的关系有所了解和把握。

在韩愈作序赋诗相赠的僧人中,澄观可以说是最早得韩愈赋诗相赠者,所赠诗即著名的《送僧澄观》。此诗前半段云:"浮屠西来何施为,扰扰四海争奔驰。构楼架阁切星汉,夸雄斗丽止者谁。僧伽后出淮泗上,势到众佛尤恢奇。越商胡贾脱身罪,珪璧满船宁计资。清淮无波平如席,栏柱倾扶半天赤。火烧水转扫地空,突兀便高三百尺。影沉潭底龙惊遁,当昼无云跨虚碧。"①《送僧澄观》诗这一部分对佛教信徒修建寺塔时的穷奢极侈与劳民伤财严加斥责。此诗中间一部分云:"道人澄观名籍籍。愈昔从军大梁下,往来满屋贤豪者。皆言澄观虽僧徒,公才吏用当今无。后从徐州辟书至,纷纷过客何由记?又言澄观乃诗人,一座竞吟诗句新。向风长叹不可见,我欲收敛加冠巾。"②从诗的这一部分来看,僧人澄观既有吏才又有诗才,可惜遁入空门,但韩愈表示"我欲收敛加冠巾",也就是说,我要对其授之以圣人之道,劝其弃佛还俗用世。《送僧澄观》诗中对佛教的大加斥责以及对僧徒的"我欲收敛加冠巾",可以说是韩愈的其他赠佛僧的诗文中也屡屡出现的两大主题。前文所提及的《送灵师》诗即如此,此诗的前一部分云:"佛法入中国,尔来六百年。齐民逃赋役,高士著幽禅。官吏不之制,纷纷听其然。耕桑日失隶,朝署时遗贤。"③这一部分可以说对佛教所造成的"齐民逃赋役,高士著幽禅"局面和危害作了毫不留情的抨击与谴责。中间一部分云:"灵师皇甫姓,胤胄本蝉联。少小涉书史,早能缀文篇。中间不得意,失迹成延迁。逸志不拘教,轩腾断牵挛……材谞真可惜,朱丹在磨研。方将敛之道,且欲冠其颠。"④灵师早年博览书史善文章,但因不得志而遁入佛门,韩愈惜其才,

---

① 韩愈:《送僧澄观》,《韩昌黎诗系年集释》,第 127—128 页。
② 同上书,第 128 页。
③ 韩愈:《送灵师》,《韩昌黎诗系年集释》,第 202 页。
④ 同上书,第 202—203 页。

欲以圣人礼义教化他弃佛从儒,因此,韩愈在诗中称:"方将敛之道,且欲冠其颠。"

对于频交僧徒并常常对其"我欲收敛加冠巾""方将敛之道,且欲冠其颠"的原因,韩愈在《送浮屠文畅师序》中有一说明。他在此序中称:"人固有儒名而墨行者,问其名则是,校其行则非,可以与之游乎? 如有墨名而儒行者,问之名则非,校其行而是,可以与之游乎? 扬子云称:'在门墙则挥之,在夷狄则进之。'吾取以为法焉。"①这表明:韩愈之所以如此对待僧徒,是因为他所效法和采取的是扬雄所谓的"在门墙则挥之,在夷狄则进之"的原则。

对韩愈而言,"佛者,夷狄之一法耳",浮屠无非夷狄,故需"进之"。因此,他在《送浮屠文畅师序》中对浮屠文畅如此"进之"道:"浮屠师文畅喜文章,其周游天下,凡有行,必请于缙绅先生以求咏歌其所志。贞元十九年春,将行东南,柳君宗元为之请。解其装,得所得叙诗累百余篇,非至笃好,其何能致多如是耶? 惜其无以圣人之道告之者,而徒举浮屠之说赠焉。夫文畅,浮屠也。如欲闻浮屠之说,当自就其师而问之,何故谒吾徒而来请也? 彼见吾君臣父子之懿,文物事为之盛,其心有慕焉,拘其法而未能入,故乐闻其说而请之。如吾徒者,宜当告之以二帝三王之道,日月星辰之行,天地之所以著,鬼神之所以幽,人物之所以蕃,江河之所以流而语之,不当又为浮屠之说而渎告之也。民之初生,固若夷狄禽兽然;圣人者立,然后知宫居而粒食,亲亲而尊尊,生者养而死者藏。是故道莫大乎仁义,教莫正乎礼乐刑政。施之于天下,万物得其宜;措之于其躬,体安而气平。尧以是传之舜,舜以是传之禹,禹以是传之汤,汤以是传之文武,文武以是传之周公、孔子,书之于册,中国之人世守之。今浮屠者,孰为而孰传之耶?"②在韩愈看来,浮屠文畅之所以与我辈有诗文交往,是他对"吾君臣父子之懿,文物事为之盛"心有慕焉,既然他乐闻我圣

① 韩愈:《送浮屠文畅师序》,《韩昌黎文集》卷四,《韩昌黎文集校注》,第281页。
② 同上书,第282—283页。

人之道、愿学我圣人之道,那么,我们就"宜当告之以二帝三王之道",告诉他"道莫大乎仁义,教莫正乎礼乐刑政",因为此道此教源远流长,是"中国之人世守之"者。尽管这些话语是韩愈的一面之词,亦是他的一厢情愿,但韩愈确实是这么想也是这样做的。每当他见到僧徒中多才多艺、才华出众者,他便只惜其才调而完全忘记了其佛徒之身份,并情不自禁地欣赏之、赞誉之,或视其为友,或欲招之为徒,或规之劝之循循诱导之。他在《送浮屠令纵西游序》中亦将他这种爱才惜才之情表现得淋漓尽致:"其行异,其情同,君子与其进,可也。令纵,释氏之秀者,又善为文,浮游徜徉,迹接天下。藩维大臣,文武豪士,令纵未始不褰衣而负业,往造其门下。其有尊行美德,建功树业,令纵从而为之歌颂,典而不谀,丽而不淫,其有中古之遗风与! 乘间致密,促席接膝,讥评文章,商较人士,浩浩乎不穷,愔愔乎深而有归。于是乎吾忘令纵之为释氏之子也。"[1]韩愈在此对令纵的好学善文、见识过人可谓赞誉有加,他甚至称"其行异,其情同,君子与其进可也","吾忘令纵之为释氏之子也",其爱才惜才之心跃然纸上。

　　正是在韩愈这种爱才惜才之心的感召下,既是僧人也是诗人的贾岛终于弃佛还俗,这是韩愈多年来用心良苦的成果,亦是他循循善诱地劝说下最为成功的范例,但亦仅此一例而已。实际上,无论韩愈是多么苦口婆心地劝之、用心良苦地告之,那些僧侣们仍然是乐而不返,依然故我。既然"孺子不可教""朽木不可雕",韩愈对那些本应"进之"的夷狄之徒有时也就只好采取"挥之"的态度。他在《送惠师》中曾愤怒地与元惠划清界线道:"吾言子当去,子道非吾遵。江鱼不池活,野鸟难笼驯。吾非西方教,怜子狂且醇;吾嫉惰游者,怜子愚且谆。去矣各异趣,何为浪沾巾。"[2]我与你"道不同不相与谋",你何须纠缠。他在《赠译经僧》中对译经僧更是严加斥责道:"万里休言道路赊,有谁教汝度流沙。只今中国

---

[1] 韩愈:《送浮屠令纵西游序》,《韩昌黎文外集》上卷,《韩昌黎文集校注》,第 752—753 页。
[2] 韩愈:《送惠师》,《韩昌黎诗系年集释》,第 194 页。

方多事，不用无端更乱华。"①韩愈在此可谓义正词严，不稍假借。

三、韩愈与大颠

安史之乱前，在盛唐的八面威风中，士人们尚能在建功立业的外在事功中寄托其豪情和身心，安史之乱后，那盛极一时的大唐帝国竟然一蹶不振、暮气沉沉，"白头宫女在，闲话说玄宗"。既然那盛唐的气象、盛唐的荣光、盛唐的辉煌不再，那些从建功立业、外在事功之中退身下来的士人们除了向内来安顿身心已别无他途，于是，逃佛尤其是逃禅者甚多，那些久困于章句的文人更是如此。

柳宗元曾在《送僧浩初序》中称："儒者韩退之与余善，尝病余嗜浮图，訾余与浮图游。近陇西李生础自东都来，退之又寓书罪余，且曰：'见《送元生序》，不斥浮图。'浮图诚有不可斥者，往往与《易》《论语》合，诚乐之，其于性情奭然，不与孔子异道。"②柳宗元面对好友韩愈对自己的一次次责怪与不满，不仅毫不掩饰自己"嗜浮图"，而且还声称"浮图诚有不可斥者"。为何柳宗元认为"浮图诚有不可斥者"？他在《送僧浩初序》中如此说明道："吾之所取者与《易》《论语》合，虽圣人复生不可得而斥也。退之所罪者其迹也，曰：'髡而缁，无夫妇父子，不为耕农蚕桑而活乎人。'若是，虽吾亦不乐也。退之忿其外而遗其中，是知石而不知韫玉也。吾之所以嗜浮屠之言以此……今浩初闲其性，安其情，读其书，通《易》《论语》，唯山水之乐，有文而文之；又父子咸为其道，以养而居，泊焉而无求，则其贤于为庄、墨、申、韩之言，而逐逐然唯印组为务以相轧者，其亦远矣。"③对柳宗元而言，他之"嗜浮图"全然不在其对社会义务所持的那种否定态度，更不是向往僧侣的那种寺庙生活，而是僧徒那种"闲其性，安其情""泊焉而无求"的身心修养与精神境界，此亦即他所谓的"且凡为其

---

① 韩愈：《赠译经僧》，《韩昌黎诗系年集释》，第 1289 页。
② 柳宗元：《送僧浩初序》，《柳宗元集》二，第 673 页，北京，中华书局，1979。
③ 同上书，第 674 页。

道者，不爱官，不争能，乐山水而嗜闲安者为多，吾病世之逐逐然唯印组为务以相轧也，则舍是其焉从"。这表明他已强烈地感受到了佛教在精神生活和境界方面的吸引力以及其自身心灵的需求。依柳宗元之见，韩愈只知罪浮图之"迹"，而完全忽视浮图那种使人"性情奭然""闲其性，安其情""泊焉而无求"的身心修养与精神境界，是"忿其外而遗其中，是知石而不知韫玉也"。不仅如此，柳宗元借助佛教这种身心修养与精神境界的观照，发现儒家的经典《易》《论语》中也有着与此相合，能使人"性情奭然"的修养和境界，故益增其自信道："其于性情奭然，不与孔子异道。""吾之所取者与《易》《论语》合，虽圣人复生不可得而斥也。"

　　在中唐时与"韩柳"齐名，亦是他们的友人的刘禹锡也同样宣称："儒以中道御群生，罕言性命，故以世衰而寖息。佛以大悲救诸苦，广启因业，故劫浊而益尊。"[1]"以中道御群生"的儒家因"罕言性命"，故致"世衰而寖息"；而佛教之所以"劫浊而益尊"，即在于其有此"性命"之本，刘禹锡在此无疑是以此"性命"之学来作为衡量与判别儒佛高下的标准。正因为如此，注重"性命"之学的刘禹锡晚年便一头扎进佛典之中乐而忘返，他在述说自己这段早年习儒书晚读佛典的经历时称："曩予习《礼》之《中庸》，至不勉而中，不思而得，悚然知圣人之德，学以至于无学。然而斯言也，犹示行者以室庐之奥耳，求其经术而布武未易得也。晚读佛书，见大雄念物之普，级宝山而弟之。高揭慧火，巧镕恶见，广疏便门，旁束邪径，其所证入，如舟沿川，未始念于前而日远矣，夫何勉而思之邪！是余知突奥于《中庸》，启键关于内典，会而归之，犹初心也。"[2]刘禹锡早年读《中庸》时虽强烈地感受到那种"不勉而中，不思而得"的圣人境界的吸引力，却因找不到登堂入室的路径，故不得不放弃。晚年读佛书时，他不仅发现佛典"高揭慧火，巧镕恶见，广疏便门，旁束邪径"，而且自己还亲身体证到了那种"如舟沿川，未始念于前而日远矣，夫何勉而思之邪"之

---

① 刘禹锡：《袁州萍乡县杨岐山故广禅师碑》，《刘禹锡集笺证》，第118页，上海，上海古籍出版社，1989。

② 刘禹锡：《赠别君素上人》，《刘禹锡集笺证》，第942页。

境,这表明晚年的刘禹锡似乎通过读佛书找到了自己的安身立命之处。

柳宗元、刘禹锡早年皆习儒,踔厉风发,奋发进取,后在坎坷的人生途中都被佛之身心修养与精神境界所吸引而沉溺于佛。既然韩愈与他们俩生活于同一个时代又彼此相交相识而为友,那么,一生"困厄悲愁"而又不遗余力"攘斥佛老"的韩愈,是否同他们一样也有过被佛之修养境界的魅力所吸引而有所迷恋的经历呢?答案是肯定的。那是在他的晚年,在他向唐宪宗上他那封著名的《论佛骨表》后。"一封朝奏九重天,夕贬潮阳路八千"①,他由刑部侍郎被贬为潮州刺史,在历经三个多月的艰辛跋涉后到达了去京长安路八千的蛮荒之地潮州。当时他的身心状况与处境如何,且看他在《潮州刺史谢上表》中的自述:"臣所领州,在广府极东界上,去广府虽云才二千里,然来往动皆经月。通海口,下恶水;涛泷壮猛,难计程期,飓风鳄鱼,患祸不测;州南近界,涨海连天;毒雾瘴氛,日夕发作。臣少多病,年才五十,发白齿落,理不久长;加以罪犯至重,所处又极远恶,忧惶惭悸,死亡无日。单立一身,朝无亲党,居蛮夷之地,与魑魅为群。苟非陛下哀而念之,谁肯为臣言者?""臣负罪婴衅,自拘海岛,戚戚嗟嗟,日与死迫,曾不得奏薄伎于从官之内、隶御之间,穷思毕精,以赎罪过。怀痛穷天,死不闭目,瞻望宸极,魂神飞去。"②从韩愈这一谢表的文字来看,处于偏僻而又险恶之环境下的韩愈此时不仅满目萧然、怀痛穷天、孤立无助,而且在忧惶惭悸、戚戚嗟嗟中频感理不久长、日与死迫、死亡无日。韩愈对死亡的这种恐惧与无助,并非他谢表上的一时夸张之语,在他刚踏上贬谪之途时那首《左迁至蓝关示姪孙湘》中即已有之,所谓"知汝远来应有意,好收吾骨瘴江边"③。即使后来他离开了潮州,但每当忆及其所贬之途、所贬之地的情景,他内心深处那种对死亡的恐惧与无助仍挥之不去、心有余悸。例如:"前岁之春,愈以罪犯黜守潮州。惧以谴死,且虞海山之波雾瘴毒为灾以殒其命,舟次祠下,是用有

---

① ③ 韩愈:《左迁至蓝关示姪孙湘》,《韩昌黎诗系年集释》,第 1097 页。
② 韩愈:《潮州刺史谢上表》,《韩昌黎文集》卷八,《韩昌黎文集校注》,第 690、691 页。

祷于神。"①"元和十四年春,余以言事得罪,黜为潮州刺史。其地于汉为南海之揭阳,厉毒所聚,惧不得脱死,过庙而祷之。"②"惧以谴死""惧不得脱死",毫无疑问,从韩愈踏上贬潮之途起,死亡的阴影与恐惧即如魅相随,此确确实实是他当时的真实心态和处境。

面对生还无日、日与死迫的处境,韩愈虽平日宣称"事佛求福,乃更得祸",但贬谪途中的他也不得不"有祷于神""过庙而祷之",以求神护佑;抵潮之后,韩愈尽管驱鳄兴学、勤于政事、尽其职守,但政事之余,他所着力的无疑是如何排遣和化解那怀痛穷天、死亡无日的恐惧与无望,如何慰藉和平衡自己那百无聊赖、生意几尽的心境。就在此孤独无助、无可告语之际,韩愈听说并见到了一个人,此即僧人大颠。关于大颠,据顺治《吴府志》卷一○记载:"释宝通,号大颠,潮阳县人。与药山惟俨同师惠照于西岩,既复游南岳·参石头希迁。后入罗浮瀑布岩……贞元五年(789)开白牛岩以居……七年(791)建灵山院……长庆四年(824)年九十有三,无疾而逝。"由此可见,大颠为禅宗六祖惠能的四传弟子,潮州灵山禅院的创立者。直接涉及韩愈与大颠交往的文字,现存有韩愈的《与孟尚书书》和《与大颠师书》三封,由于韩愈的这三封《与大颠师书》真伪难辨,历史上即已聚讼不已,故撇开不论,下面我们只就韩愈的《与孟尚书书》作一分析与讨论。

在《与孟尚书书》中,韩愈对自己与大颠的交往如此记述道:"潮州时,有一老僧号大颠,颇聪明,识道理,远地无可与语者,故自山召至州郭,留十数日,实能外形骸·以理自胜,不为事物侵乱。与之语,虽不尽解,要自胸中无滞碍;以为难得,因与来往。及祭神至海上,遂造其庐;及来袁州,留衣服为别。"③从韩愈的这一叙述来看,他在潮州时听说了老和尚大颠之后,把他从灵山禅院招请到了州府衙署,韩愈也就与大颠相处了十数日,通过这十数日的相处,韩愈觉得这一老僧诚为难得和可贵。

① 韩愈:《祭湘君夫人文》,《韩昌黎文集》卷五,《韩昌黎文集校注》,第363页。
② 韩愈:《黄陵庙碑》,《韩昌黎文集》卷七,《韩昌黎文集校注》,第555页。
③ 韩愈:《与孟尚书书》,《韩昌黎文集》卷三,《韩昌黎文集校注》,第237—238页。

感佩之余,韩愈后来曾两次亲自去灵山禅院造访大颠,一次是在祭神于海上时借道灵山与其相会;另一次是在量移为袁州刺史即将离开潮州之际,他特意又亲往灵山禅院访大颠并"留衣服为别"。韩愈在潮州仅七个月,但就是在这短短的七个月里,他不仅留大颠在衙署十数日,而且竟连连造访大颠,这似乎与他平日所作所为大相径庭,因为他以往遇僧徒不是教之以圣人之道,就是严词斥责不假颜色,何以唯独对一蛮荒之地的老僧既敬且佩礼遇有加? 对于韩愈与大颠的交往及其关系,朱熹曾有过许多分析与探讨。朱熹作为宋代理学的集大成者,不仅对宋代理学开创者们的思想做过全面的综合与整理,而且对那些理学形成过程中发挥过作用的文人与学者的思想也有过深入的探讨。朱熹对公认为理学先驱者的韩愈极为重视,他研究韩愈的文字达 84 篇①之多,大大超出他前后的任何学者。以朱熹对韩愈的用力之勤、了解之全、探讨之深,历史上应无有任何学者能出其右,故下面主要依据朱熹的这些分析与探讨对韩愈与大颠的关系做进一步的说明与把握。

在《朱子语类》卷一三七中,朱子在与门人讨论韩愈与大颠的关系时曾有过一个说明:"退之晚来觉没顿身己处,如招聚许多人博塞为戏,所与交如灵师、惠师之徒,皆饮酒无赖。及至海上,见大颠壁立万仞,自是心服。其言'实能外形骸,以理自胜,不为事物侵乱',此是退之死款。"②朱子的这一说明显然是顺韩愈自己所谓大颠"实能外形骸,以理自胜,不为事物侵乱。与之语,虽不尽解,要自胸中无滞碍"③的说法而来,这应符合事实。在韩愈所交接的僧徒中,大颠之前都只是一些饮酒吟诗有文才的无赖和尚,无德更无行;大颠与他们不同,他不仅"颇聪明,识道理",而且是一位躬身践履、有德有行、具极高修养境界之高僧。综合韩愈与朱子的说明,我们完全可以说:处于生死困穷之际的韩愈,此时不仅为大颠德行兼备的人格魅力倾倒,而且更为大颠"胸中无滞碍"的修养境界深深

---

① 吴文治:《韩愈资料汇编》,第 399—424 页,北京,中华书局,1983。
② 朱熹:《朱子语类》卷一三七,《朱子全书》第 18 册,第 4260—4261 页。
③ 韩愈:《与孟尚书书》,《韩昌黎文集》卷三,《韩昌黎文集校注》,第 237—238 页。

折服。

对于韩愈之所以"心服"大颠的原因,朱子也作了进一步的分析:"他也是不曾去做工夫。他于外面皮壳子上都见得,安排位次是恁地。于《原道》中所谓'寒而后为之衣,饥然后为之食,为宫室,为城郭'等,皆说得好。只是不曾向里面省察,不曾就身上细密做工夫。只从粗处去,不见得原头来处。如一港水,他只见得是水,却不见那原头来处是如何。把那道别做一件事。道是可以行于世,我今只是恁地去行。故立朝议论风采,亦有可观,却不是从里面流出。平日只以做文吟诗,饮酒博戏为事。及贬潮州,寂寥,无人共吟诗,无人共饮酒,又无人共博戏,见一个僧说道理,便为之动。如云'所示广大深迥,非造次可喻',不知大颠与他说个什么,得恁地倾心信向。韩公所说底,大颠未必晓得;大颠所说底,韩公亦见不破。但是他说得恁地好后,便被他动了。"①"佛学自前也只是外面粗说,到梁达磨来,方说那心性。然士大夫未甚理会做工夫。及唐中宗时有六祖禅学,专就身上做工夫,直要求心见性。士大夫才有向里者,无不归他去。韩公当初若早向里底工夫,亦早落在中去了。"②从上述朱子对韩愈"心服"大颠原因的分析来看,其原因概而言之有三点:首先,韩愈只是一个做文吟诗、饮酒博戏的文士而已;其次,韩愈既无内在的身心修养,也无践履功夫;再次,韩愈对儒学只有粗浅表面的认识和知识,并"不见得原头来处"。当然,这三点之间是相互联系、相互影响、相互制约的。

对于韩愈的文人习气这一点,朱子在研读韩愈诗文的过程中曾屡屡提及。例如,他在研读韩愈的文集后认为:"今读其(韩愈)书,则出于诙谐、戏豫、放浪而无实者,自不为少。"③他在研读韩愈的诗后指出:"然考其(韩愈)平生意向之所在,终不免于文士浮华放浪之习,世俗富贵利达之求。他当初本只是要讨官职做,始终只是这心。他只是要做得言语似

---

① 朱熹:《朱子语类》卷一三七,《朱子全书》第 18 册,第 4259—4260 页。

② 同上书,第 4260 页。

③ 朱熹:《读唐志》,《朱子全书》第 23 册,第 3375 页。

六经,便以为传道。至其每日功夫,只是做诗博弈,酣饮取乐而已,观其诗便可见。"①其实,韩愈仅是一未脱文人之习的文士这一观点,从北宋初僧人契嵩开始就已出现,就是当时颇为推崇韩愈的欧阳修也觉得无法否认这一点:"每见前世有名人,当论事时,感激不避诛死,真若知义者。及到贬所,则戚戚怨嗟,有不堪之穷愁形于文字。其心欢戚,不异庸人。虽韩文公不免此累。"②契嵩、欧阳修之后,人们一般都认同这一看法。可见,视韩愈为一未脱文人之习的文士并非朱子之私见,而是历史上人们的共识。

关于韩愈既无内在的身心修养也无践履功夫这一点,显然,从韩愈为一未脱文人之习的文士即可以推出。因为一个终日把时间精力消磨与耗费在做文戏豫、吟诗博弈、酣饮取乐的文士,绝不可能从事那种艰辛的日复一日、年复一年的身心修养与锻炼,当然也不可能真正去践履与实践自己的理念和思想。实际上,作为理学家的朱熹与作为文士的韩愈,其最主要的区别就在于朱子终其一生有着持之以恒的"践履功夫",而韩愈则无。而判别理学家与文士的标准可以说正在于此,故有此"践履功夫"的朱子在研究韩愈其人其学时自然极易见出这一点。当然,从韩愈本身的思想来看,他既没有为人之身心修养提供理论上的依据,也没有为人之身心修养提供任何具体可行的方法。就以其与人之身心修养最有关的性三品来论,韩愈称:"性之品有上中下三:上焉者,善焉而已矣;中焉者,可导而上下也;下焉者,恶焉而已矣。"③"上之性,就学而愈明;下之性,畏威而寡罪。是故上者可教,而下者可制也。其品则孔子谓不移也。"④在韩愈看来,上品人性纯善无恶,下品人性恶而无善,中品人性或为善或为不善,并且每个人生来属何种品类是固定的,不可改变。

① 吴文治:《韩愈资料汇编》,第 401 页。
② 欧阳修:《与尹师鲁第一书》,《文忠集》卷六七,《景印文渊阁四库全书》第 1102 册,第 537 页,台北,台湾商务印书馆。
③ 韩愈:《原性》,《韩昌黎文集》卷一,《韩昌黎文集校注》,第 22 页。
④ 同上书,第 24 页。

既然此三种品类的人性是固定而不可变的，那么，生而性善的上品人性之人其实无须修身进德亦自然是圣人，而生而性恶的下品人性之人则无论多么努力去修身进德仍还是恶人。对生来即圣的上品人性之人而言，韩愈所谓"就学而愈明""上者可教"显然是多此一举之赘言；对生来即恶的下品人性之人而言，由于无法提升其道德，故除了"制之""畏威而寡罪"别无他途。至于中品之性，因其既不是指纯善无恶之性也不是指恶而无善之性，故无疑是指善恶相混之性，这就与扬雄所主张的"性善恶混"的观点并无不同。扬雄认为："人之性也，善恶混。修其善则为善人，修其恶则为恶人。气也者，所以适善恶之马也与？"①司马光颇赞同扬雄的这一观点，故在注释扬雄这段话时称："夫性者，人之所受于天以生者也，善与恶必兼有之，犹阴之与阳也。"②对"善恶混"的中品人性之人而言，因为其兼有天生的善与恶两性，若依此善恶相混之两性来从事其自身的身心修养，那么为善的可能性显然只有一半而已，故主张"性善恶混"的观点的人并没有为人之自身的修身进德提供理论上的依据，也可以说他们不重视人之自身的道德提升。扬雄所谓的"人之性也，善恶混。修其善则为善人，修其恶则为恶人"实际上是指：人同时具有天生的善性和恶性，在外在的环境的影响和教育的型塑下，可以为善，可以为不善。韩愈所谓的"中焉者，可导而上下也"亦显然指："善恶混"的中品人性之人在外在的环境和教育的影响下或为善或为不善。一个"导"字也表明了"中焉者"的为善或为不善是外在的环境和教育的引导所致。正因为韩愈在人之自身的修身进德上既没有提供理论根据，又没有提供践履之方，故他在《原道》中所反复强调的是"有圣人者立，然后教之以相生养之道……如古之无圣人，人之类灭久矣"③，"明先王之道以道之"④。依韩愈之见，人类之所以能世代绵延、相生相养，全赖圣人之教与先王之道。毫无疑问，韩愈所推崇的"圣人""先王"决非人们修身进德的榜样与楷

①② 汪荣宝：《修身篇》，《法言义疏》卷三，第85页，北京，中华书局，1987。
③ 韩愈：《原道》，《韩昌黎文集》卷一，《韩昌黎文集校注》，第17页。
④ 同上书，第20—21页。

模,而是人类的救主和教化芸芸众生的教主。由此可见,韩愈不仅自身缺乏内在的身心修养和践履功夫,而且从根本上就不关注个人的修身进德和从身心上做工夫。

关于韩愈对儒学只有粗浅表面的认识和知识,并"不见得原头来处"这一点,其实也与前面两点大有关系。韩愈作为一个终日吟诗饮酒博戏的文士,并不关注个人的身心修养与修身进德,更没有为其提供理论上的根据和践履之方,这就使得韩愈不仅不重视儒学自身的理论建设,而且对儒家思想也只停留在粗浅表面的认识上,并没有进一步的推进和发展。如果说他早年"穷究于经传史记百家之说,沉潜乎训义,反复乎句读"[1]是儒学的传统习惯使然,那么,他后来倡导道统、推崇孟子、阐扬《大学》则主要是出于他当时在现实政治伦理上排击佛老的考虑和需要,此无疑是一种以工具性、政治性为主导来标榜儒学、宣扬儒学的思维和做法。在这种出自现实政治需要的工具性思维主导下,韩愈显然不会真正去关心儒学自身的理论建设,当然更谈不上从"原头来处"去推进和发展儒学。实际上他所提倡的儒学只是一种简单而浅陋的口号与宣言而已,因此,他所宣扬的儒学不仅在佛老那系统完备的理论面前缺乏理论上的说服力,而且在现实生活中也无法满足人们的需要从而真正与佛老抗衡。对韩愈来说,既然批判的武器不能让对手心悦臣服,那么他坚决主张采用武器的批判,将对手的一切形而下的东西完全、彻底、干净地消灭。"人其人,火其书,庐其居。"[2]"乞以此骨付之有司,投诸水火,永绝根本,断天下之疑,绝后代之惑。"[3]何等干净利落! 又何等粗暴野蛮! 此可谓那种政治性、工具性思维的登峰造极。

作为一个以道自任的儒者,韩愈的儒家立场不容怀疑;作为一个毫无身心修养戚戚怨嗟的文士,韩愈心服并向往老僧大颠"胸中无滞碍"之

---

[1] 韩愈:《上兵部李侍郎书》,《韩昌黎文集》卷二,《韩昌黎文集校注》,第 160 页。
[2] 韩愈:《原道》,《韩昌黎文集》卷一,《韩昌黎文集校注》,第 20 页。
[3] 韩愈:《论佛骨表》,《韩昌黎文集》卷八,《韩昌黎文集校注》,第 687 页。

境也应是无可否认的事实。如何兼顾协调此两者,其实正是后来七八百年里理学家们一直关注并致力解决的问题,作为理学先驱者的韩愈在面对此问题时的尴尬与困扰则可想而知,当他与大颠游以致人们误以为他信奉佛教时,他只好对天地鬼神发誓以自证道:"天地鬼神,临之在上,质之在傍,又安得因一摧折,自毁其道以从于邪也!"①"胸中无滞碍"究竟何义?何以令激进排佛的韩愈竟如此倾倒与向往?"胸中无滞碍"就是在任何情况下、任何环境中都不为外在的诱惑冲击所牵引、侵乱,不为内在的情感情绪所干扰、破坏.时时保持心境的平静和自得,此即《金刚经》所谓"应无所住而生其心",这意味着已不受感性自然法则的支配与制约,可谓摆脱了自然因果性的自由之境。这一无滞无碍的境界显然超出了社会伦理意义,是一种具有人之生存意义的超越之境,换言之,这一无滞无碍之境所涵有的生存意义上的智慧和境界,已超出了纯粹伦理之意义,而与宗教之境相通。对一个儒者来说,追求这一境界并不是要以放弃儒家的生活态度与伦理道德之境为条件,而是为了更好地成就此伦理道德之境,真正达到道德的至善。具体就韩愈而言,尽管这一境界对遭受了巨大人生变故的韩愈有一种精神的震撼和发自心灵的强烈吸引,但其并不影响他的儒家立场,他也无须放弃自己的儒家信念。毫无疑问,这一无滞无碍之境需要长期的身心修养与精神锻炼才能达至和实现,而非靠某种社会伦理实践的方式即可获得。正是有见于佛道这一生存意义上的境界与智慧,后来王阳明曾感慨系之道:"人生动多牵滞,反不若他流外道之脱然也。"②因此,陈来先生指出:"佛老对儒家的挑战,从根本上来说,不在于如何对待伦理关系,而在于面对人的生存情景及深度感受方面的问题提供给人以安身立命的答案。"③"如果说中唐儒者对'无'的境界的向往多出于满足自己在坎坷的人生旅途中安心立命的心灵需要,那么,宋儒则是力图从根本上把佛教的这种境界及实现此种境界的

---

① 韩愈:《与孟尚书书》,《韩昌黎文集》卷三,《韩昌黎文集校注》,第241页。
② 王守仁:《与黄宗贤》七,《王阳明全集》,第172页,上海,上海古籍出版社,2011。
③ 陈来:《有无之境:王阳明哲学的精神》,第241—242页,北京,人民出版社,1991。

工夫扬弃到儒家内部中来。"①"在这个意义下,整个宋明理学发展的一个基本主题就是:如何在儒家有我之境的立场上消化吸收佛教(也包括道家文化)的无我之境。"②

第二节 李翱之《复性书》

李翱(774—836),字习之,陇西成纪(今甘肃秦安东)人,卒后谥"文",后人称"李文公",有《李文公集》18卷传于世,《复性书》是最能代表他思想的重要著作。

《复性书》4300字,是李翱二十九岁时所撰写。凡研究中国思想史特别是宋明理学者,都无法绕开李翱,不可不提其《复性书》。李翱之所以能凭年轻时这篇篇幅不长的文字在中国思想史上占有一席之地,是因为李翱的《复性书》在中国思想史上具有开创儒学"新范式"的作用与意义。在此,所谓"新范式"借鉴了库恩《科学革命的结构》中"范式"的说法,依库恩之见,范式通过对科学中关键性问题的解决,对科学发展有着极为重要的作用,范式的变动不是个别概念的转换,而是世界观的根本转变。一个科学理论成为新范式必须具备两个条件:第一,它解决了旧范式所不能解决的问题,开拓了新的认识领域;第二,它留下了有待解决的问题和疑点,为科学界集中力量攻克难关准备了条件。③ 比照并进一步引申库恩的这种"范式"理论,李翱的《复性书》堪称开创唐宋时期儒学"新范式"的典范。如果说与李翱亦师亦友亦亲的韩愈是中唐儒学复兴运动的主将,那么,可以说李翱是开创儒学"新范式"、开启宋明理学先声的先行者。

---

① 陈来:《有无之境:王阳明哲学的精神》,第237—238页。
② 同上书,第236页。
③ 赵敦华:《现代西方哲学新编》,第234页,北京,北京大学出版社,2010。

一、李翱与韩愈

从李翱学儒的经历来看,他投身儒学既有其自身因素,同时也与韩愈的影响有关。《旧唐书·李翱传》称:"翱幼勤于儒学,博雅好古,为文尚气质。"李翱也曾自称:"翱自十五已后即有志于仁义,见孔子之论高弟,未尝不以及物为首。"①这表明李翱幼时即勤于儒学,十五岁后有志于孔孟的仁义之道,逐渐形成了对儒学的信念和信仰。李翱二十三岁时得遇韩愈,韩愈与李翱的相识相交可谓是对中国思想史与文学史有一定影响的事件,他们两人后来都有追忆。李翱回忆道:"贞元十二,兄在汴州,我游自徐,始得兄交。"②韩愈在《与冯宿论文书》中称:"近李翱从仆学文,颇有所得,然其人家贫多事,未能卒其业。"③从文学史来看,韩愈作为文起八代之衰的唐代古文运动领袖,对李翱的为文无疑有其影响,李翱曾称:"思我友韩愈,非兹世之文,古之文也,非兹世之人,古之人也。其词与其意适,则孟子既没,亦不见有过于斯者。"④"建武以还,文卑质丧,气萎体败,剿剥不让,俪花斗叶,颠倒相上。及兄之为,思动鬼神,拨去其华,得其本根,开合怪骇,驱涛涌云,包刘越嬴,并武同殷。六经之风,绝而复新,学者有归,大变于文……兄名之垂,星斗之光。"⑤依李翱之见,韩愈一改建武以还文卑质丧、气萎体败之文风,以复几近断绝的六经之古风,使得他们学者有所依归,从而大变其文。《新唐书·李翱传》称:"翱始从昌黎韩愈,为文章辞致浑厚,见推当时。"宋代的苏洵认为"惟李翱之文,其味黯然而长,其光油然而幽,俯仰揖让,有执事⑥之态"⑦。可见韩愈对李翱的为文有着校为重要影响。从思想史来看,作为中唐儒学

---

① 李翱:《与淮南节度使书》,《李文公集》卷八,《景印文渊阁四库全书》第1078册,第138页。
②⑤ 李翱:《祭吏部韩侍郎文》,《李文公集》卷一六,《景印文渊阁四库全书》第1078册,第180页。
③ 韩愈:《与冯宿论文书》,《韩昌黎文集校注》卷三,第221页。
④ 李翱:《与陆傪书》,《李文公集》卷七,《景印文渊阁四库全书》第1078册,第134页。
⑥ 指欧阳修。
⑦ 苏洵:《上欧阳内翰第一书》,《嘉祐集》卷一二,《景印文渊阁四库全书》第1104册,第934页。

复兴主将的韩愈,他的倡儒排佛对李翱影响甚深。在佛风强盛的中唐,面对佛教的冲击与刺激,韩愈不仅以倡导儒学著称,而且以排斥佛教而名世,韩愈的倡导儒学与排斥佛教乃一体两面。一方面,他痛斥佛教:"夫佛本夷狄之人,与中国言语不通,衣服殊制;口不言先王之法言,身不服先王之法服……不知君臣之义、父子之情。"①"外天下国家,灭其天常;子焉而不父其父,臣焉而不君其君,民焉而不事其事。"②另一方面,他特意将《礼记》中《大学》篇提揭出来加以阐发:"'古之欲明明德于天下者,先治其国;欲治其国者,先齐其家;欲齐其家者,先修其身;欲修其身者,先正其心;欲正其心者,先诚其意。'然则古之所谓正心而诚意者,将以有为也。"③李翱对韩愈的这种倡儒排佛大加赞同,称颂道:"呜呼!孔氏去远,杨朱恣行,孟轲距之,乃坏于成,戎风混华,异学魁横,兄尝辨之,孔道益明。"④而且,他还进一步追随与呼应韩愈的这种倡儒排佛。他称:"佛法之染流于中国也,六百余年矣。始于汉,浸淫于魏、晋、宋之间,而澜漫于梁萧氏,遵奉之以及于兹。盖后汉氏无辨而排之者,遂使夷狄之术,行于中华,故吉凶之礼谬乱,其不尽为戎礼也无几矣。"⑤李翱在此效仿韩愈从华夷之辨的角度斥佛教为与圣人之道、儒家之礼相悖的"夷狄之术"和"戎礼"。"故其徒也,不蚕而衣裳具,弗耨而饮食充,安居不作,役物以养己者,至于几千百万人。推是而冻馁者几何人可知矣。于是筑楼殿宫阁以事之,饰土木铜铁以形之,髡良人男女以居之,虽璇室、象廊、倾宫、鹿台、章华、阿房弗加也,是岂不出乎百姓之财力欤……然则不知其心,无害为君子,而溺于其教者,以夷狄之风而变乎诸夏,祸之大者也。其不为戎乎幸矣。"⑥李翱在此效仿韩愈从佛教徒不事生产受人供养、修庙造寺靡费财力等方面来斥责佛教害政。"君臣、父子、夫妇、兄弟、朋友,存有

---

① 韩愈:《论佛骨表》,《韩昌黎文集校注》卷八,第 686 页。
② 韩愈:《原道》,《韩昌黎集》卷一,第 19 页。
③ 同上书,第 18 页。
④ 李翱:《祭吏部韩侍郎文》,《李文公集》卷一六,《景印文渊阁四库全书》第 1078 册,第 180 页。
⑤⑥ 李翱:《去佛斋》,《李文公集》卷四,《景印文渊阁四库全书》第 1078 册,第 117 页。

所养,死有所归,生物有道,费之有节,自伏羲至于仲尼,虽百代圣人,不能革也。故可使天下举而行之无弊者,此圣人之道,所谓'君臣、父子、夫妇、兄弟、朋友,而养之以道德仁义'之谓也,患力不足而已。向使天下之人,力足尽修身毒国之术,六七十岁之后,虽享百年者亦尽矣,天行乎上,地载乎下,其所以生育于其间者,畜兽、禽鸟、鱼鳖、蛇龙之类而止尔,况必不可使举而行之者耶? 夫不可使天下举而行之者,则非圣人之道也。"①"善理其家者,亲父子,殊贵贱,别妻妾、男女、高下、内外之位,正其名而已矣。古之善治其国者·先齐其家,言自家之刑于国也。欲其家之治,先正其名而辨其位之等级,名位正而家不治者有之矣,名位不正而能治其家者,未之有也。"②李翱在此效仿韩愈以儒家的道德仁义和君臣、父子、夫妇、兄弟、朋友等人伦之道来对抗佛教的"外天下国家,灭其天常"。依他之见,道德仁义和君臣、父子、夫妇、兄弟、朋友等人伦之道是举天下行之而无弊、百世行之不能革的常道,只有行此圣人之常道才能名正家齐国治。

　　李翱在与韩愈相识相交后志于道者的四年里,已深刻认识到儒学衰微乃习儒业者或陷溺于功名利禄,或沉湎于烦琐的节文章句之学所致。他称:"近代以来,俗尚文字,为学者以钞集为科第之资,曷尝知不迁怒不贰过为典学之根乎? 入仕者以容和为贵富之路,曷尝以仁义博施之为本乎? 由是经之旨,弃而不求·圣人之心,外而不讲。干办者为良吏,适时者为通贤,仁义教育之风,二是乎扫地而尽矣。"③"其教授者,惟节文、章句、威仪、击剑之术相师焉。"④于是,他与韩愈决心一反儒学自两汉以来那种烦琐支离的章句训诂之解经范式,韩愈声称:"春秋三传束高阁,独抱遗经究终始。"⑤李翱宣称:"彼以事解者也,我以心通者也。"⑥为此他

---

① 李翱:《去佛斋》,《李文公集》卷四,《景印文渊阁四库全书》第 1078 册,第 117 页。
② 李翱:《正位》,《李文公集》卷四,《景印文渊阁四库全书》第 1078 册,第 119 页。
③ 李翱:《与淮南节度使书》,《李文公集》卷八,《景印文渊阁四库全书》第 1078 册,第 138 页。
④ 李翱:《复性书上》,《李文公集》卷二,《景印文渊阁四库全书》第 1078 册,第 108 页。
⑤ 韩愈:《寄卢仝》,《韩昌黎诗系年集释》卷七,第 782 页。
⑥ 李翱:《复性书中》,《李文公集》卷二,《景印文渊阁四库全书》第 1078 册,第 109 页。

们两人曾合撰《论语笔解》，北宋人许勃认为："昌黎文公著《笔解论语》一十卷，其间'翱曰'者，盖李习之同与切磨，世所传率多讹舛。始愈笔大义则示翱，翱从而交相明辨，非独韩制此书也。噫！齐鲁之门人所记善言既有同异，汉魏学者注集繁阔，罕造其精，今观韩李二学，勤拳渊微，可谓窥圣人之堂奥矣，岂章句之技所可究极其旨哉！"①由此可见，韩愈、李翱合撰的《论语笔解》不仅表现出他们对传统汉学解经范式的抛弃，更是标志着他们那种"以心通"解经亦即以义理解经范式的确立。

二、复兴儒家性命之道

从李翱上述的为学为文所思所为来看，李翱的为学为文所思所为显然与韩愈没有什么两样，李翱在为学为文上可谓对韩愈亦步亦趋。实际上，李翱对韩愈的亦步亦趋也就到此为止，他在追随韩愈为学为文的同时，逐渐形成和发展出他自己独特的想法与观点，他曾称："吾自六岁读书，但为词句之学，志于道者四年矣，与人言之，未尝有是我者也。"②这表明李翱在追随韩愈学儒的几年里，尽管对儒学有着自己的心得与见解，但他周围的人甚至包括韩愈都不认同他的见解。李翱对儒学究竟有何新见解？他自称："性命之书虽存，学者莫能明，是故皆入于庄、列、老、释。不知者谓夫子之徒不足以穷性命之道，信之者皆是也。有问于我，我以吾之所知而传焉，遂书于书，以开诚明之源，而缺绝废弃不扬之道，几可以传于时，命曰《复性书》，以理其心，以传乎其人。"③在李翱看来，尽管儒家也有自己的性命之书，但当时的学者们不仅不了解，反而认为儒学不能穷性命之道，故他们也就转向佛老来探求性命之道。李翱与当时的学者包括亦师亦友的韩愈不同的是：他在有志于儒学的几年里，不仅重新发现了儒家的性命之书，认识到了它们的价值，而且还形成了一套对儒家本有的性命之道的看法与见解。依李翱之见，他的《复性书》继

---

① 韩愈、李翱：《论语笔解》，《景印文渊阁四库全书》第 196 册，第 3 页。
②③ 李翱：《复性书上》，《李文公集》卷二，《景印文渊阁四库全书》第 1078 册，第 108 页。

承和重新发掘了儒家废弃不瑦的性命之道,通过《复性书》,儒家本有的性命之道则可"传于时""传乎其人"了。

在韩愈、李翱倡导儒学以义理解经的过程中,如果说韩愈是"直指人伦,扫除章句之繁琐"①,那么李翱可以说是"直指性命,扫除章句之繁琐"。李翱之所以能在扫除繁琐的章句之学的基础上超越韩愈而直指性命,毫无疑问与他深受佛道深究心性之学的刺激和启迪分不开。有唐一代,佛老的心性之学不仅居于上风,而且还深深影响了那个时代学者的为学为人,柳宗元称:"儒者韩退之与余善,尝病余嗜浮图,訾余与浮图游……浮图诚有不可斥者,往往与《易》《论语》合,诚乐之,其于性情奭然,不与孔子异道。"②刘禹锡也同样宣称道:"儒以中道御群生,罕言性命,世衰而演息;佛以大悲救者苦,广启因业,故劫浊而益尊。"③为了对抗佛老的性命之学,韩愈在《原性》中就曾力图通过对儒家心性之学的发掘与探讨,为儒家的"仁义"以及"齐家治国平天下"提供心性论的基础与根据,但他所提出的性三品说仍是因袭汉代以来"以气论性"的传统,与董仲舒的三品说没有什么区别,不仅在佛道系统完备的心性之学面前缺乏理论上的说服力,而且在现实生活中也无法真正满足人们的需要,从而与佛老抗衡。在佛道系统完备的心性之学及其咄咄逼人的攻势面前,李翱深深认识到:"排之(佛教)者不知其心,虽辩而当,不能使其徒无哗而劝来者,故使其术若彼具炽也。"④依李翱之见,如果不知佛之心性之学,那么,任何论辩与斥责根本就不能使佛教徒心服。李翱还进一步认为:"佛法害人,甚于杨墨,论心术虽不异于中土,考教迹实有蠹于生灵,浸溺人情,莫此之甚。"⑤"天下之人以佛理证心者寡矣,惟土木铜铁,周于四

---

① 陈寅恪:《论韩愈》,《历史研究》1954 年第 2 期,第 106 页。
② 柳宗元:《送僧浩初序》,《柳宗元集》二,第 673 页。
③ 刘禹锡:《袁州萍乡县杨岐山故广禅师碑》,《刘禹锡集笺证》,第 118 页。
④ 李翱:《去佛斋》,《李文公集》卷四,《景印文渊阁四库全书》第 1078 册,第 118 页。
⑤ 李翱:《再请停率修寺观钱状》,《李文公集》卷一〇,《景印文渊阁四库全书》第 1078 册,第 151 页。

海,残害生人,为逋逃之薮泽。"①尽管李翱认为佛教教迹有蠹于生灵、浸溺人情、残害生人、为逋逃之薮泽,但在他看来,佛教之心术则"不异于中土",只是很少有人使佛理与心术相验证。这一切表明李翱强烈地感受到了佛教的心性之学的吸引力,并在一定程度上认同与赞赏佛教的心性之学。虽然这种认同与赞赏并不意味着李翱就一定深究与信仰佛教的心性之学,然而正是李翱这种对佛教心性之学在一定程度上的认同与赞赏,不仅使得他在将目光重新投向儒家传统时获得了一个对儒家经典的新的诠释视野,而且使得他深刻地认识到儒家传统内部原本就有与佛之心性之学相抗衡的精神资源。李翱在《复性书》中对他这种新的认识与发现进行了详细的说明:"昔者圣人以之传于颜子,颜子得之,拳拳不失,不远而复其心,三月不违仁。子曰:'回也其庶乎屡空。'其所以未到于圣人者一息耳,非力不能也,短命而死故也。其余升堂者,盖皆传也,一气之所养,一雨之所膏,而得之者各有浅深,不必均也。子路之死也,石乞孟以戈击之,断缨,子路曰:'君子死,冠不免。'结缨而死。由非好勇而无惧也,其心寂然不动故也。曾子之死也,曰:'吾何求焉,吾得正而毙焉,斯已矣。'此正性命之言也。子思,仲尼之孙,得其祖之道,述《中庸》四十七篇,以传于孟轲。轲曰'我四十不动心',轲之门人达者公孙丑、万章之徒,盖传之矣。遭秦灭书,《中庸》之不焚者,一篇存焉。于是此道废缺,其教授者,惟节文、章句、威仪、击剑之术相师焉,性命之源,则吾弗能知其所传矣。道之极于剥也必复,吾岂复之时耶!吾自六岁读书,但为词句之学,志于道者四年矣,与人言之,未尝有是我者也。南观涛江入于越,而吴郡陆惨存焉,与之言之,陆惨曰:'子之言,尼父之心也。东方如有圣人焉,不出乎此也,南方如有圣人焉,亦不出乎此也。惟子行之不息而已矣。'"②依李翱之见,儒家的性命之道源自孔子,颜子最得孔子此性命之道之传,其他弟子则所得不一,各有浅深,孔子之孙子思亦甚得其祖

---

① 李翱:《与本使杨尚书请停修寺观钱状》,《李文公集》卷一〇,《景印文渊阁四库全书》第1078册,第151页。
② 李翱:《复性书上》,《李文公集》卷二,《景印文渊阁四库全书》第1078册,第107—108页。

此传，并且子思还将其祖所传撰述为《中庸》四十七篇，后传之于孟子，孟子传之于弟子公孙丑、万章，遭秦焚书后仅剩《中庸》一篇，从此儒家的性命之道湮灭无闻。相较于韩愈的从尧、舜、禹、汤、文、武、周公、孔子到孟轲一代代传下来的儒家之道统的传授系统，李翱所谓的儒家的性命之道的传授系统显然有所不同，李翱更注重心性之言之道的传授及其实践。李翱对自己的这一发现与认识有着无比强烈的自信，故借陆傪"子之言，尼父之心也。东方如有圣人焉，不出乎此也，南方如有圣人焉，亦不出乎此也"表明这一点。对此性命之道，李翱还宣称"道之极于剥也必复，吾岂复之时耶！"可见，他不仅有着先知先觉者的自觉自信，而且深具以道自任复兴儒家性命之道的宏愿与担当。

三、《复性书》之论性

李翱的《复性书》开宗明义称："人之所以为圣人者性也，人之所以惑其性者情也。"简短的二十个字，李翱即把人之为圣的根据与妨碍人之为圣的原因作了扼要的说明。并且，李翱宣称："性者天之命也。"依李翱之见，人之所以能为圣，是因为人本具"天之命"之性。这表明李翱是以"天之命"来说明人之性与人之普遍本质的。在李翱对先秦儒家的性命之道进行重新发掘与阐发之前，汉唐近千年间的儒家学者在人性论上主要持下列三种看法与观点。

第一种观点是"性无善"。这种观点认为善恶不出于性，不是由性所决定，故性无善，告子的"生之谓性"可以说是这种观点的典型代表。"性无善"否定人具有天生的善性与恶性，把"性"看成"天生的材质"或"生物学的固有"（牟宗三语），故"性"与"生"通用。此"性"乃自然性的人性，无所谓善不善，其为善为恶，乃外在的环境和教育造成。

第二种观点是"性可以为善，可以为不善"。这种观点指人同时具有天生的善性和恶性，在外在的习俗环境的影响和教育的型塑下，性可以为善，可以为不善。其与第一种观点"性无善"的差别在于："性无善"指人性自然无所谓善与不善，而这种观点指人性天生兼具善恶。扬雄所主张的"性善恶混说"可以说是这种"性可以为善,可以为不善"观点的典型代表,他认为:"人之性也,善恶混。修其善则为善人,修其恶则为恶人。气也者,所以适善恶之马也与?"①依扬雄之见,每一个人都兼有天生的善性和恶性,在外在的环境、教育的影响和型塑下,"性可以为善,可以为不善"。王充曾认为扬雄的"性善恶混说",只适用于"中人",却不适用于中人以上的善人和中人以下的恶人。②

第三种观点是"有性善,有性不善"。这种观点指人之性的善与不善是由气禀的厚薄造成的,亦即指禀其厚者性为善,禀其薄者性为恶。这种观点也肯定了人天生的善性和恶性,与第二种观点有一致之处。董仲舒和韩愈的人性观是这种观点的代表,他们各自提出的"性三品说"在本质上颇为一致。他们认为:圣人之性(上品人性)纯善无恶,斗筲之性(下品人性)恶而无善,中民之性(中品人性)则由环境和教育影响他们的善恶,并且每个人生来属何种品类是固定的,不可改变。

毫无疑问,上述这三种人性论观点都是"以气为性",尽管是先验的,但仍是后天的(人生之后)。汉唐儒学的这种"以气为性"的人性论可以说根本无法抗衡佛道那套成熟完备的心性之学,故汉唐儒学在心性—形上学领域几乎完全失去话语权。唐代时,尽管儒家在经世外王之学方面占有优势,但在佛道学者看来,佛道才是本,儒家只是"迹"而已,故"佛以修心、道以修身、儒以治国"成了唐代士大夫兼治儒释者多喜用之语。"性者天之命也。"李翱以"天之命"来规定与说明人之性与人之普遍本质,可谓一反两汉以来近千年儒学"以气为性"的传统,直承《中庸》与孟子,从超越的"天之命"层面来规定人的内在之性,截断了汉唐各种"以气为性"人性论之众流,极具"新范式"的革命性。并且,李翱在"性者天之命"的基础上,以《孟子》为据,开创性地提出"人之性皆善""人之性犹圣人之性"。人之性皆善、凡圣之性无别,这不仅从超越的"天之命"层面规

① 汪荣宝:《修身篇》,《法言义疏》卷三,第85页。
② 王充:《本性篇》,《论衡》卷三,《论衡校释》,第143页,北京,中华书局,1990。

定了人的内在之性,而且为每个人的修身进德以及人皆可成圣提供了理论上的依据。

　　李翱慨然以继承孟子后无所传的性命之道自任,标举"人之性皆善""人之性犹圣人之性",这无疑与他对孟子道"性善"的立场和目的的认同分不开。孟子道"性善"的目的是说明仁义为人之性所内在具足、具仁义之性的人原本就有为善的能力,否则,视人并不内具仁义之性、仁义并非发于人的内在之性,这将使人的仁义之行失去内在根基与价值保证。可见,孟子道"性善"是为了揭示与说明"仁义内在"。宋明理学家标榜正统、正学,正是以"仁义内在"与人性本善一贯为最基本的立场和标准,否则往往被斥为"学不见道,其学无本"。韩愈尽管标举"性三品"而无人性皆善的看法,但他对"性"却作了孟子式的探究与说明。他称:"其所以为性者五:曰仁、曰礼、曰信、曰义、曰智。"[1]"所谓病乎在己者,仁义存乎内,彼圣贤者能推而广之,而我蠢焉为众人。"[2]这表明在韩愈看来,人之性之为性在于其内具仁义礼智信,圣贤之为圣贤、不同于众人,在于能把其性所内具的仁义推而广之。朱子曾对韩愈这种"仁义之性"的看法大加称道:"韩文《原性》人多忽之,却不见他好处。如言'所以为性者五,曰仁礼智信',此语甚实。""退之说性,只将仁、义、礼、智来说,便是识见高处。""韩子《原性》曰:'人之性有五。'最识得性分明。"[3]李翱对"性"内具仁义的看法也不例外,他曾称:"夫性于仁义者,未见其无文也;有文而能到者,吾未见其不力于仁义也。由仁义而后文者性也,由文而后仁义者习也。"[4]李翱不仅自称"自十五已后,即有志于仁义",而且对他来说,"性"具"仁义"或"仁义"发于"性",本是"性"或"仁义"题中应有之义。如果从"仁义内在"这一点来看,韩愈和李翱确如他们所自许,是孟子千年后的真正继承者。

---

① 韩愈:《原性》,《韩昌黎集》卷一,《韩昌黎文集校注》,第22页。
② 韩愈:《答陈生书》,《韩昌黎集》卷三,《韩昌黎文集校注》,第197页。
③ 朱熹:《战国汉唐诸子》,《朱子语类》卷一三七,《朱子全书》第18册,第4257页。
④ 李翱:《寄从弟正辞书》,《李文公集》卷八,《景印文渊阁四库全书》第1078册,第141页。

孟子一方面道性善,用性善之"性"亦即仁义之性来说明道德的根源和人之道德能力,另一方面他把道德的根源推于天,声称尽心知性知天,认为人的道德能力乃"天之所与我者"。但他所说的"性"与"天"之间尚有一定距离,保持着一定的张力,牟宗三先生曾指出过这一点:"孟子言尽心知性知天,心性是一,但未显明地表示心性与天是一。"①"孟子虽从道德自觉上只道德实践地言'仁义内在',言本心即性,言'我固有之',似未客观地从天命、天定言起。"②李翱的"性者天之命"用"天之命"来规定与说明人的仁义之性,这一客观地从天命、天定来言人的仁义之性的说法,正是言孟子之所未言,道孟子之所未道,这表明李翱在继承孟子性善论的同时,又借助《中庸》的"天命之谓性"对孟子的尽心知性知天做了开拓性的推进。李翱将《孟子》与《中庸》结合起来所做的创造性诠释,可谓为整个宋明理学奠定了规模与基础,换言之,"天道性命相贯通"这一宋明理学之拱心石的奠定,即从李翱合《孟子》与《中庸》为一体以互释始。

四、《复性书》之论情与功夫

尽管对李翱来说,人人皆具仁义之性,人人依仁义之性行即可成圣。一个"由仁义"行"力于仁义"的仁义世界无疑是一个"善"的世界,但现实世界中不仁不义之"恶"的存在又是一个无可否认的事实,不仁不义之"恶"何以形成? 这使得李翱不仅要对"性善"有所说明,而且还需对"恶"有所交代,换言之,"人生而静天之性"没有涉及恶,但要在现实经验的世界中推扩仁义之性,必然牵涉各种妨碍仁义之性落实实行的因素,故需说明。在《复性书》中,一如上述,李翱是以"情"作为妨碍人之为圣的原因的,那么,李翱所谓"情"为何物? 这应是李翱有所说明与交代的。

在《复性书》中,李翱自问自答道:"曰:'为不善者非性耶?'曰:'非

---

① 牟宗三:《心体与性体》上册,第 15 页。
② 同上书,第 25 页。

也,乃情所为也。'"①依李翱之见,性无不善,不善是"情所为"。"喜怒哀惧爱恶欲,七者皆情之所为也。情既昏,性斯匿矣。非性之过也,七者循环而交来,故性不能充也。水之浑也,其流不清,火之烟也,其光不明,非水火清明之过,沙不浑,流斯清矣,烟不郁,光斯明矣。"②对李翱而言,"情之所为"表现为喜、怒、哀、惧、爱、恶、欲七情,人往往被交替循环的七情所支配主宰,故反而使自身本具的仁义之性匿而不显、隐而不彰,如同烟妨碍了火之明、沙妨碍了流水之清,七情妨碍了人对自身本具的仁义之性的扩充推扩。这表明李翱颇能正视与承认:人不仅是具仁义之性的道德之人,而且还是具喜、怒、哀、惧、爱、恶、欲七情的感性的自然之人,人的这一感性自然之特质使得人不能依仁义之性行。于是,李翱在他这种人兼具道德性与感性的看法的基础上对二者之间的关系展开了独特的分析与说明:"性者天之命也,圣人得之而不惑者也;情者性之动也,百姓溺之而不能知其本者也。圣人者岂其无情耶? 圣人者,寂然不动,不往而到,不言而神,不耀而光,制作参乎天地,变化合乎阴阳,虽有情也,未尝有情也。然则百姓者,岂其无性耶? 百姓之性与圣人之性弗差也,虽然,情之所昏,交相攻伐,未始有穷,故虽终身而不自睹其性焉。"③人之道德性与感性在李翱的《复性书》中即他所谓的"性"与"情"。依他之见,"未尝有情"的圣人与"不自睹其性"的百姓皆既具性又具情,性与情二者于他们缺一不可,不可能只具性也不可能仅具情。依天所命的仁义之性而行的圣人亦同样具情,溺于情的百姓亦同样具性。具情之圣人之所以能由其仁义之性行,"参乎天地""合乎阴阳",是因为其完全不为情所扰、所支配。溺于情的百姓之所以"虽终身而不自睹其性",是因为其彻底被情所支配、所主宰。正因为如此,李翱对性与情有一辩证说明:"性与情不相无也,虽然,无性则情无所生矣。是情由性而生,情不自情,因性而

---

① 李翱:《复性书中》,《李文公集》卷二,《景印文渊阁四库全书》第 1078 册,第 110 页。
② 李翱:《复性书上》,《李文公集》卷二,《景印文渊阁四库全书》第 1078 册,第 106 页。
③ 同上书,第 106—107 页。

情,性不自性,由情以明。"①有些学者就这段话的字面意思认为,李翱所谓情源于性,是由性产生的,但善之性何以产生恶之情,他们又觉得非常困惑不可理解。实际上,李翱只是为了说明性与情的相互依存相互影响,也就是说,一方面"性与情不相无",性与情相互依存,所谓性是相对情而言,所谓情是相对性而言,性之所以称为性是因为伴随有情,情之所以称为情是因为伴随有性;另一方面性与情相互影响,性影响情,情亦影响性。并且,细绎这段话可发现,尽管性与情相互依存相互影响,但性相对于情处于主导支配地位,故有"是情由性而生"之说。《复性书》中其他几处的文字也说明了这一点:"情者性之邪也,知其为邪,邪本无有。"②"情者妄也,邪也。邪与妄则无所因矣。"③依李翱之见,那些邪情与妄情,既无因也非本有,故称之为邪与妄。这说明《复性书》中那些被视为"恶"的邪情与妄情并不是善性本体之外另一个与之对立的"恶"本体。对李翱而言,既然情并非本体论的存有,情与作为善本体的"性"不处于同一层次,故作为本体的"性"相对于情始终处于主导支配地位。并且,李翱之所以称这种非本体论存有的情为"性之邪"为"妄",是因为在他看来,"性之邪"可以去其邪复其本性,此"性之邪"之情"无所因""本无有"为"妄"为"邪",故完全可以消除。也就是说,尽管现实生活中的人时时有着产生妄情、邪情的可能,但具本善之性的人也有着去除这种妄情、邪情的能力。

究竟如何来去除此既无因也非本有的妄情、邪情来复其性? 用理学的话语来说,这将涉及功夫问题。李翱在《复性书》中篇中以自问自答的形式对此复性功夫作了重点探讨与说明,这也是他将《复性书》名之以"复性"的意旨。在《复性书》这一篇章中,李翱是从性与情关系的角度来一步步展开对复性功夫的讨论与说明的。

> 或问曰:"人之昏也久矣,将复其性者,必有渐也,敢问其方。"

---

① 李翱:《复性书上》,《李文公集》卷二,《景印文渊阁四库全书》第 1078 册,第 106 页。
② 李翱:《复性书中》,《李文公集》卷二,《景印文渊阁四库全书》第 1078 册,第 108 页。
③ 同上书,第 110 页。

曰:"弗虑弗思,情则不生,情既不生,乃为正思。正思者,无虑无思
也。《易》曰:'天下何思何虑。'又曰:'闲邪存其诚。'《诗》曰:'思无
邪。'"曰:"已矣乎?"曰:"未也,此斋戒其心者也,犹未离于静焉。有
静必有动,有动必有静,动静不息,是乃情也。《易》曰:'吉凶悔吝,
生于动者也。'焉能复其性耶?"曰:"如之何?"曰:"方静之时,知心无
思者,是斋戒也。知本无有思,动静皆离,寂然不动者,是至诚也。
《中庸》曰:'诚则明矣。'《易》曰:'天下之动,贞夫一者也。'"①

依李翱之见,"弗虑弗思"是"复其性"的第一步,此"弗虑弗思"功夫亦即
"斋戒其心",通过这种"弗虑弗思"亦即"斋戒其心"的功夫,人可无虑无
思,杜绝惑性之情;第二步是让人觉悟"本无有思,动静皆离",摆脱情之
惑以复"本性清明"之"性"。

问曰:"不虑不思之时,物格于外,情应于内,如之何而可止也?
以情止情,其可乎。"曰:"情者性之邪也,知其为邪,邪本无有。心寂
然不动,邪思自息。惟性明照,邪何所生? 如以情止情,是乃大情
也,情互相止,其有已乎?《易》曰:'颜氏之子,其殆庶几乎? 有不善
未尝不知,知之未尝复行也。'《易》曰:'不远复,无祗悔,元吉。'"问
曰:"本无有思,动静皆离。然则声之来也,其不闻乎? 物之形也,其
不见乎?"曰:"不睹不闻,是非人也,视听昭昭而不起于见闻者,斯可
矣。无不知也,无弗为也。其心寂然,光照天地,是诚之明也。《大
学》曰:'致知在格物。'《易》曰:'易无思也,无为也,寂然不动,感而
遂通天下之故。非天下之至神,其孰能与于此?'"曰:"敢问'致知在
格物'何谓也?"曰:"物者万物也,格者来也,至也。物至之时,其心
昭昭然明辨焉,而不应于物者,是致知也,是知之至也。知至故意
诚,意诚故心正,心正故身修,身修而家齐,家齐而国理,国理而天下
平。此所以能参天地者也。《易》曰:'与天地相似,故不违;知周乎

---

① 李翱:《复性书中》,《李文公集》卷二,《景印文渊阁四库全书》第 1078 册,第 108 页。

万物，而道济天下，故不过；旁行而不流，乐天知命，故不忧；安土敦
乎仁，故能爱；范围天地之化而不过，曲成万物而不遗，通乎昼夜之
道而知，故神无方而易无体。一阴一阳之谓道。'此之谓也。"①

这一段长长的文字无疑是对上述复性功夫讨论与说明的进一步深化，主
要探讨了人在实行"不虑不思""动静皆离"的复性功夫时，如何来应对和
处理外在之事物与内在之七情的问题。李翱在此解释《大学》的"格物"
时释"格"为"来"、为"至"，"格物"即事物之来、万物之至，李翱这种"格物"
解释与小程、朱子同但又远远早于他们，这也说明李翱已深深认识到现实
生活中的人不可能不接触外在之万事万物。对李翱而言，事物之来万物之
至，"不睹不闻是非人也"，人则必有见有闻，有见有闻则生内在之情，内
在之情为"性之邪"，复性功夫就是去此"本无有"的邪情以复"明照"之性。

　　既然李翱承认人必有所见闻、必生内在之七情，他又何以视人内在
之七情为"本无有"的"性之邪"？"邪"者恶也，也就是说他何以要视人内
在之七情为恶？事实上，作为现实生活中具有感性生命的人，人内在之
七情只是由人之感性生命而生的一些自然好恶，人之感性生命及自然好
恶显然是中性的，其本身并无所谓道德性的"善"与"恶"。从《复性书》中
所谓"桀纣之性，犹尧舜之性也。其所以不睹其性者，嗜欲好恶之所昏
也"来看，李翱之所以视人的感性及自然好恶之七情为恶，是因为在他看
来：人的感性及自然好恶之七情使得人"不睹其性"，不依自身本有之善
性亦即仁义之性而行。如果我们追问李翱，人何以会形成这种"嗜欲好
恶"之障碍呢？他会将其原因归诸人有所见闻时其意念为外物所触动所
致，而人又不可不睹不闻。若继续追问下去，无疑会陷于一种循环论证。
并且，他亦曾自问自答道："问曰：'人之性本皆善，而邪情昏焉，敢问圣人
之性，将复为嗜欲所浑乎？'曰：'不复浑矣。情本邪也，妄也，邪妄无因，
人不能复。圣人既复其性矣，知情之为邪，邪既为明所觉矣，觉则无邪，
邪何由生也？伊尹曰："天之道，以先知觉后知，先觉觉后觉者也。予天

① 李翱：《复性书中》，《李文公集》卷二，《景印文渊阁四库全书》第1078册，第108—109页。

民之先觉者也,予将以此道觉此民也,非予觉之而谁也?'"①就李翱《复性书》这段文字,我们还可追问李翱,凡人之性犹圣人之性,何以凡人一再为嗜欲好恶所昏,而圣人能先知先觉不"复为嗜欲所浑"? 我何以为凡人,彼何以为圣人? 李翱只可能用"我们每个人天生就不同"来回答,这无疑又会陷于一种命定论。视人的感性及自然好恶之七情为道德之恶不是陷于循环论就是陷于命定论,显然有其致命的缺点,后来重视"气质之性"的宋明理学家也同样陷此泥潭无法自圆其说,深研道德学说的康德曾深刻地认识到这一点:人之感性及自然好恶只是一种"自然之缺陷",并不能解释"道德之恶"。

　　尽管李翱视感性及自然好恶之情为邪为妄,但李翱又不得不承认"情有善有不善"。"圣人者岂其无情耶? 圣人者,寂然不动,不往而到,不言而神,不耀而光,制作参乎天地,变化合乎阴阳,虽有情也,未尝有情也。""圣人至诚而已矣。尧舜之举十六相,非喜也。流共工,放驩兜,殛鲧,窜三苗,非怒也。中于节而已矣。"②对李翱来说,情也有善之情,作为"道成肉身"的圣人因其感性生命亦有其情,只是圣人之情是"中于节"亦即合乎仁义之情。可见,李翱并非完全视情为"恶"。毫无疑问,李翱之所以声称"情者性之邪也""情者妄也,邪也",并不是因为感性及自然好恶之情本身即恶,他只是出于说明复性功夫的需要,因为感性及自然好恶之情妨碍了人依自身仁义之性而行,故被李翱视为邪为妄。并且,李翱还指出:"心寂然不动,邪思自息。惟性明照,邪何所生? 如以情止情,是乃大情也,情互相止,其有已乎?"对李翱而言,不仅邪情妄情妨碍人依自身仁义之性而行,即使人之善情对人的复性功夫也完全无补,因为这种人之善情也是一种感性自然之情,仍受制于感性自然法则,故不能充当道德的普遍根据。因此,李翱认为只有寂然不动之心、明照之性才能作为道德的普遍根据。

①② 李翱:《复性书中》,《李文公集》卷二,《景印文渊阁四库全书》第 1078 册,第 110 页。

在《复性书》中,李翱虽没有明确说"天之道"即"天之命"之性即"寂然不动"之心即"明照"之性亦即"至诚",但从他反复将此几者在同一意义上来言说来看,李翱所谓"天之道"、"天之命"之性、"寂然不动"之心、"至诚"、"明照"之性,虽名不同,显然是同一所指,这是他论说复性功夫时所不言而喻的信念及前提。正因为如此,李翱所谓"复性"之"性"不仅具"天之道""天之命"的超越性,而且还具"本心"那种"明照""昭昭然明辨""视听昭昭而不起于见闻""寂然不动,感而遂通"之内在性、明觉性和感通性。《复性书》中一些有关圣人的描述如"是故诚者,圣人性之也,寂然不动,广大清明,照乎天地,感而遂通天下之故,行止语默,无不处于极也",就是以心即性即天即诚为前提,否则,将不可思议、难以理解。在《复性书》中,尽管李翱反复宣称"然则百姓者,岂其无性耶?百姓之性与圣人之性弗差也",也就是说人皆具超越而内在、明觉而又感通之"心""性",但他也强调:除了先知先觉的圣人在觉之本性复其本性后不再为"嗜欲好恶"所惑所昏,其他人的"复性"并非通过一时的"弗虑弗思"功夫就能永远去除感性之情一觉即明,而是需要"止而不息必诚,诚而不息则明,明与诚终岁不违,则能终身矣。造次必于是,颠沛必于是,则可以希于至矣"①。可见,李翱所说的"复性"是一个漫长而艰难的"修"之过程。在《复性书》中篇最后有一段讨论"生死观"的文字,似乎与中篇对复性功夫探讨的主题不类。其实,生死观也是复性题中应有之义,复性乃复人之天命之性,此性既为"天之命",显然是超越的、普遍的、永恒的。终究有一死的人本具超越的、普遍的、永恒的"天之命"之性,故"复性"是何等令人向往、值得人追求的伟大事业。当然,这段讨论"生死观"的文字或许也可以视为李翱对当时佛教所热衷于谈论的"生死事大无常迅速"的回应,在这段文字中,李翱基本上是采用先秦儒家对生死问题的经典论说作出说明和回应,此外他还声称:"此非所急也,子修之不息,其自知

---

① 李翱:《复性书中》,《李文公集》卷二,《景印文渊阁四库全书》第 1078 册,第 109 页。

之,吾不可以章章然言且书矣。"[1]面对善谈"生死轮回"的佛教,李翱对生死观的说明又回到了先秦儒家的原点,除了原地踏步似乎贡献不大,也许是先秦儒家在生死观问题上的理论资源原本就不多。

五、《复性书》之道德意识觉醒

研究《复性书》者,往往因《复性书》下篇的文字与复性的整个主题关系不大,而轻忽了这一篇章。实际上,这一篇章在《复性书》中极为重要,《复性书》上篇中篇可以说立足于其上,因为这一篇章的主旨是人生天地间、生不满百唯专于道力于道才不负此生。此主旨既是李翱的夫子自道,同时亦确实是李翱一生为学为人的写照。气质上颇似韩愈的欧阳修曾对韩愈与李翱两人的为学为人有所评论:"每见前世有名人,当论事时,感激不避诛死,真若知义者。及到贬所,则戚戚怨嗟,有不堪之穷愁形于文字。其心欢戚,无异庸人。虽韩文公不免此累。"[2]"读《幽怀赋》,然后置书而叹,叹已复读,不自休。恨翱不生于今,不得与之交,又恨予不得生翱时,与翱上下其论也。凡昔翱一时人有道而能文者莫若韩愈,愈尝有赋矣,不过羡二鸟之光荣,叹一饱之无时尔。此其心使光荣而饱则不复云矣。若翱独不然,其赋曰'众嚣嚣而杂处兮,咸叹老而嗟卑。视余心之不然兮,虑行道之犹非',又怪神尧以一旅取天下,后世子孙不能以天下取河北,以为忧。呜呼!使当时君子皆易其叹老嗟卑之心为翱所忧之心,则唐之天下岂有乱与亡哉。"[3]欧阳修一生视韩愈为楷模,以学韩自居,但他读韩文后,发现自己极为景仰的"有道而能文"的韩愈竟"不过羡二鸟之光荣,叹一饱之无时尔""戚戚怨嗟""无异庸人",其失望之心溢于言表;当他读李翱夫子自道的《幽怀赋》后,竟"恨翱不生于今,不得与之交,又恨予不得生翱时,与翱上下其论也",其叹服仰慕之情跃然纸上。

---

① 李翱:《复性书中》,《李文公集》卷二,《景印文渊阁四库全书》第 1078 册,第 111 页。
② 欧阳修:《与尹师鲁第一书》,《文忠集》卷六七,《景印文渊阁四库全书》第 1102 册,第 537 页。
③ 欧阳修:《读李翱文》,《文忠集》卷七三,《景印文渊阁四库全书》第 1102 册,第 573 页。

在读韩愈、李翱文后有欧阳修这种看法的绝非他一人,朱熹曾说:"然考其(韩愈)平生意向之所在,终不免于文士浮华放浪之习,时俗富贵利达之求。"①"他当初本只是要讨官职做,始终只是这心。他只是要做得言语似六经,便以为传道。至其每日功夫,只是做诗博弈,酣饮取乐而已,观其诗便可见。"②胡应麟称:"读翱集斥异端,崇圣道,词义凛如,在唐人柔靡仙佛中,可谓卓然不惑者。"③

何以韩愈与李翱在后人心目中的看法如此悬殊?其实自有其因。面对佛老的冲击,韩愈所推尊和提倡的儒学无非是一种出于现实政治考虑的政治性、工具性儒学,他作为一个未脱文人之习的文士,不仅毫无践履功夫,而且也不重视儒学自身的理论建设,"只是要做得言语似六经",故韩愈只是一个"能文"者,而非"有道"者。而李翱则不然,他一生确实能卓然而立,"志于道""专于道",绝无嗟卑叹老之心,唯忧己不能力行于道,言为心声,文如其人,有《李文公集》18 卷之文为证,故李翱可以说是真正的"有道而能文者"。李翱的"有道而能文",既表现在理论上为人之修身进德提供了理论根据与践履之方,同时还表现在现实生活中对自己与他人之修身进德的真正关心以及真做实行,这一切则源于他道德意识的真正觉醒。

在《复性书》下篇中,李翱对自己这一觉醒的道德意识作了如此表述:"人之不力于道者,昏不思也。天地之间,万物生焉,人之于万物,一物也,其所以异于禽兽虫鱼者,岂非道德之性全乎哉?受一气而成形,一为物而一为人,得之甚难也。生乎世,又非深长之年也。以非深长之年,行甚难得之身,而不专专于大道,肆其心之所为,则其所以自异于禽兽虫鱼者亡几矣。昏而不思,其昏也终不明矣。"天地之间,人与万物皆受气而有其形,并生并存,有所始有所终,人乃万物中一物,然而,天地之间人

<hr/>

① 朱熹:《王氏续经说》,《朱子全书》第 23 册,第 3283 页。
② 朱熹:《战国汉唐诸子》,《朱子语类》卷一三七,《朱子全书》第 18 册,第 4243 页。
③ 胡应麟:《题李习之集》,《少室山房集》卷一〇五,《景印文渊阁四库全书》第 1290 册,第 763 页。

为贵，人为万物之灵，原本万物中一物的人何以贵于万物、灵于万物？只因为人具道德之性，具仁义礼智之性之全，否则，受气成形有生有死之人与禽兽无别。我与万物同为一气所生所成，而我竟成仁义礼智之性俱全之人，此是何等尊贵！何等幸运！何等难得！何等来之不易！我当全心全意用生命来珍惜此道德之性，尽一生之力来"力于道""专于大道"，无愧为人不负此生；人若终日浑浑噩噩，罔顾道德之性，肆其欲所为，为嗜欲好恶支配，听凭口腹情欲摆布，人与禽兽何异！人即禽兽也。李翱对自己觉醒的道德意识的表述可谓真切而又透彻。"吾之生二十有九年矣，思十九年时如朝日也，思九年时亦如朝日也。人之受命，其长者不过七十、八十年、九十年，百年者则稀矣。当百年之时，而视乎九年时也，与吾此日之思于前也，远近其彰大相悬耶？其又能远于朝日之时耶？然则人之生也，虽享百年，若雷电之惊相激也，若风之飘而旋也，可知矣。况千百人而无一及百年之年者哉！故吾之终日志于道德，犹惧未及也。彼肆其心之所为者，独何人耶！"①人生天地间，生不满百，人生匆促，如风之飘旋，如雷电之相激，转眼就是百年身；我今二十有九，觉得自己九岁、十九岁时的岁月犹如朝日一样刚过去。年华易逝，时不我待，我若不志于道德，何以为人，何以不负此生？故岂敢肆意妄为，终日只惧自己未能志于道德。李翱唯恐人不能觉悟自身之道德之性、唯恐人不专于此道德之性，故他不得不将自己切身之体验与体会来告之于人劝之于人。正因为有此真切而清澈的道德意识，李翱才如先知般地宣称："性命之书虽存，学者莫能明，是故皆入于庄、列、老、释。不知者谓夫子之徒不足以穷性命之道，信之者皆是也。有问于我，我以吾之所知而传焉，遂书于书，以开诚明之源，而缺绝废弃不扬之道，几可以传于时，命曰《复性书》，以理其心，以传乎其人。於戏！夫子复生，不废吾言矣。"②亦正因为有此真切而清澈的道德意识，李翱才如此真诚、如此强烈、如此急切地疾呼人之性

---

① 李翱：《复性书下》，《李文公集》卷二，《景印文渊阁四库全书》第 1078 册，第 111 页。
② 李翱：《复性书上》，《李文公集》卷二，《景印文渊阁四库全书》第 1078 册，第 108 页。

犹圣人之性、人皆可复性为圣尽性命之道。由此可见，整个《复性书》即立于李翱这一真切而清澈的道德意识上，《复性书》下篇实为整个《复性书》不可或缺的部分。

傅斯年曾指出："儒家书中，谈此虚高者（指性命问题），仅有《孟子》《易·系》及《戴记》之《乐记》《中庸》《大学》三篇，在李氏前皆不为人注意，自李氏提出，宋儒遂奉为宝书，于是将此数书提出，合同其说，以与二氏相角。""北宋新儒学发轫之前，儒家惟李氏有巍然独立之性论。"[①]陈弱水也认为："在九世纪前后，除了李翱，还有其他文士对儒家的心性思想——或儒家对心性问题可能有的看法，展现了兴趣。但无论就论述的完整，探讨的深度，或观念的创新而言，《复性书》都明显是出乎其类，拔乎其萃。傅斯年称李翱为'儒学史上一奇杰'确是恰当的评价。"[②]《复性书》作为唐宋之际儒家心性之学的重要著作，其不仅以义理解经范式取代两汉以来那种章句训诂之解经范式，直承先秦儒家之心性之学，而且下启宋明理学，为宋明理学所探讨的两大中心问题——本体与功夫问题奠定了基本的规模与基础，它是中国思想发展过程中的重要转捩点和走向巨大变化的开端。因此，李翱《复性书》在中国思想史上的开拓作用与"范式"意义毋庸置疑。

---

① 傅斯年：《附论李习之在儒家性论发展中之地位》，《傅斯年集》，第 468 页，广州，花城出版社，2010。

② 陈弱水：《〈复性书〉思想渊源再探》，《唐代文士与中国思想的转型》，第 290 页，桂林，广西师范大学出版社，2009。

第二章　北宋早期道学

宋元哲学的发展,经历了一个由衍生到成型的历史过程。这个历史过程涵括北宋早期道学的形成,也涵括周敦颐代表的濂学,程颢、程颐代表的洛学,张载代表的关学,朱熹代表的闽学等主要学术派别的成型、分化、发展,以及元代儒家哲学的复兴等诸多历史环节。因此,我们考察宋元哲学的历史发展,应始于考察北宋早期的道学。

第一节　北宋道学的兴起

从中国哲学发展史的角度来看,北宋道学的兴起,当是隋唐哲学发展的继续。但是,道学作为中国哲学发展史上出现的一种独具特色的理论系统,形成于北宋时期,也有其具体的历史机缘。在中国历史上,北宋王朝是一个以兵变的方式篡取后周政权、逐步消灭唐代以后的分裂割据势力,然后建立起来的统一的封建政权。为了巩固政权,北宋建国以后,自宋太祖开始,即一方面注意"释藩镇兵权,绳赃吏重法"以便"塞浊乱之源",另一方面又注意"务农兴学,慎罚薄敛,与世休息,迄于丕平"。力图通过努力发展社会的经济文化,恢复正常的社会生活秩序,以求国家政权的巩固。因此,在北宋立国的国策中,提倡"兴学",鼓励发展教育,始终是一个重要的原则。从宋太祖赵匡胤开始,即鼓励臣下多读经书,通过读经书,以"知为治之道"。坚持"兴学"这一国策,当是道学得以在北宋兴起的一个重要历史条件。

但是,道学的兴起,也有一个具体的历史发展过程。一般而言,北宋建国以后,在宋真宗以前,哲学的发展还体现为一般的儒学复兴,理论特色并不显著。按照现在学术界通行的观念,道学作为一种独具特色的哲学理论,实际上是从宋仁宗庆历年间开始兴起的。道学兴起于宋仁宗庆历年间,有两个重要的历史机缘:一是庆历新政的推行,一是北宋书院教育的进一步发展。

庆历三年(1043),宋仁宗启用韩琦、富弼、范仲淹一类主张革新政治的人物推行新政。到庆历五年(1045)初,韩琦、富弼、范仲淹一类主张新政的人物先后受到排斥,新政措施即遭废止。庆历新政的推行时间很短。但是,庆历新政的推行与北宋书院教育的进一步发展是有一定关系的。因为在韩琦、富弼、范仲淹等人主张的新政中有一项名为"精贡举"的政策,其具体内容即涵括兴办学校、发展教育。这项新政的推行实际上推进了这一历史时期的书院教育。

北宋时期的书院教育并非始于庆历年间,但就对道学兴起产生过重要影响的书院教育而言,大都出现在庆历前后。全祖望考察宋代学术,即曾强调庆历新政与其时书院教育兴盛的关联,以及书院教育对于道学形成的影响。他在《庆历五先生书院记》中说:

> 有宋真、仁二宗之际,儒林之草昧也。当时濂、洛之徒方萌芽而未出,而睢阳戚氏在宋,泰山孙氏在齐,安定胡氏在吴,相与讲明正学,自拔于尘俗之中。亦会值贤者在朝,安阳韩忠献公、高平范文正公、乐安欧阳文忠公皆卓然有见于道之大概,左提右携,于是学校遍于四方,师儒之道以立。[1]

---

[1] 黄宗羲原本,全祖望修定:《高平学案》,《宋元学案》第1册,第134页。

全祖望这种论述,既肯定戚同文讲学睢阳、孙复讲学泰山、胡瑗讲学湖州对于道学兴起的先导作用,又肯定韩琦、范仲淹、欧阳修一类主张新政的人物对孙复、胡瑗一类民间学人的支持、举荐与提携推动了书院教育的发展。

肯定庆历新政及其前后盛行的书院教育对于北宋道学兴起的重要影响,并非始于全祖望。冯梓材认为,全祖望《庆历五先生书院记》中的观念始源于南宋袁燮的《四明教授厅壁续记》。袁燮曾说:

> 国朝庠序之设,遍于寓内。自庆历始,其卓然为后学师表者,若南都之戚氏,泰山之孙氏,海陵之胡氏,徂徕之石氏,集一时俊秀,相与讲学,涵养作成之功,亦既深矣。①

袁燮的论述既明确地肯定庆历新政对于书院教育的促进,又明确地肯定戚同文、孙复、胡瑗、石介主持的书院教育及其人品学问对于北宋道学兴起的影响。从袁燮对庆历年间书院教育的论述来看,冯梓材认定全祖望对庆历年间的书院教育与道学兴起联系的理解受到了袁燮的影响不无根据。但作为后世学者,全祖望对庆历年间书院教育对于道学兴起的影响的理解,与袁燮《四明教授厅壁续记》中所说内容也有所不同。他将陈襄等人在闽中的讲学活动也视为道学兴起的前导。他说:

> 宋仁之世,安定先生起于南,泰山先生起于北,天下之士从者如云,而正学自此造端矣。闽海古灵先生于安定盖稍后,其孜孜讲道,则与之相埒。安定之门,先后至一千七百余弟子,泰山弗逮也,而古灵亦过千人。安定之门如孙莘老、管卧云辈,皆兼师古灵者也。于时濂溪已起于南,涑水、横渠、康节、明道兄弟亦起于北,直登圣人之堂。古灵所得虽逊之,然其倡道之功,则固安定、泰山之亚,较之,张、程为前茅焉。②

全祖望认为,陈襄在福建一带讲学,时间略晚于孙复、胡瑗的讲学活动,

---

① 黄宗羲原本,全祖望修定:《高平学案》,《宋元学案》第1册,第134页。
② 黄宗羲原本,全祖望修定:《古灵四先生学案》,《宋元学案》第1册,第228页。

较之周敦颐、张载、程颢、程颐的学术成就，陈襄在理论创获方面也稍显逊色。若就对北宋道学兴起的影响而言，陈襄的讲学活动则应视为"安定、泰山之亚"，实为张载、程颢程颐等人之"前茅"。全祖望对陈襄讲学活动历史影响的认可实际上更加全面地肯定了北宋庆历年间书院教育对于道学兴起的影响。正是遍及全国的书院教育使得人们在不同的地域相与"讲明正学"，共同倡导儒家学说的普遍价值，引发了社会学术风气的转变，促进了道学的兴起与成型。

戚同文、孙复、胡瑗、石介，以及陈襄一类学者主持的书院教育，注重传介儒家经典，倡导儒家学说的普遍价值，对于道学的兴起各有其历史的贡献。但是，就这几位学者在道学兴起的过程中具体的理论贡献而言，又有所不同。一般而言，学术界大都以孙复、胡瑗、石介三人为北宋道学先驱，肯定孙复、胡瑗、石介对于道学兴起的重要贡献。南宋时期，朱熹考论北宋学术，即十分注意解析道学的演生流变。朱熹编纂的《伊洛渊源录》一书，考辨"伊洛渊源"，实即是考释道学源流。但朱熹的《伊洛渊源录》首卷为《濂溪先生》，全书并未论及孙复、胡瑗、石介等人的学术活动。朱熹论及孙复、胡瑗、石介等人的言行，是在其编纂的另一部史学著作《五朝名臣言行录》中。此书卷一〇内容分别为：《希夷陈先生抟》《安定胡先生瑗》《泰山孙先生复》《徂徕石先生介》《老苏先生洵》。朱熹编纂此书最后一卷的思想方法值得注意。因为，陈抟、胡瑗等人若从政绩与官阶层级的角度来看，实难与朱熹此书所涉及的范仲淹一类名臣同列。朱熹之所以在《五朝名臣言行录》中辑录有关陈抟、胡瑗等人言行的文字，立意似多在肯定陈抟、胡瑗等人的言行对于北宋学术文化发展的影响。

朱熹在《五朝名臣言行录》中虽辑录了有关陈抟、胡瑗等人言行的文字，但也尚未具体论及胡瑗、孙复、石介等人的学术活动对于北宋道学形成的影响。朱熹肯定胡瑗、孙复、石介为北宋道学前驱，是在与人具体讨论道学发展源流时明确表达的。据《朱子语类》记载，朱熹与人论及北宋道学时认为，道学的成型"亦有其渐"，即有自身的历史发展过程。他说：

> 自范文正以来，已有好议论，如山东有孙明复，徂徕有石守道，
> 湖州有胡安定。到后来遂有周子、程子、张子出。①

清代学者全祖望在《宋元儒学案序录》中说："宋世学术之盛，安定、泰山
为之先河。程、朱二先生皆以为然。"这表示他自己认同程颐、朱熹考察
宋代哲学发展源流的结论，肯定胡瑗与孙复在宋代儒家哲学发展中的历
史贡献。朱熹等人肯定胡瑗与孙复在宋代儒家哲学发展中的历史贡献，
表明了其对道学演生流变历史行程的理解；全祖望认同程颐、朱熹对胡
瑗与孙复学术贡献的肯定，同样是要明确道学演生与流变的历史起点。
应当说程颐与朱熹以及黄宗羲、全祖望等人对于胡瑗、孙复以及石介学
术贡献的肯定都有其历史的根据。今天，我们考察宋元哲学或说道学的发
展，也应当首先考察胡瑗、孙复、石介的学术活动对于道学兴起的影响。

第二节　胡瑗与道学

胡瑗（993—1059），字翼之，海陵如皋人。关于胡瑗的家世与生平，
以蔡襄《太常博士致仕胡君墓志》中的记述较为具体。按蔡襄的记述，胡瑗
祖居长安，世代为官。胡瑗的父亲胡讷，"博学善属文"，曾为宁海节度推
官。胡瑗为胡讷长子。胡瑗祖居陕西安定堡，世称安定先生。胡瑗少年时
代聪明颖悟，志向高远。《宋元学案·安定学案》中说他"七岁善属文，十三
通五经，即以圣贤自期许"。青年时期的胡瑗愈加钟情于学术事业，尤其
"颛意经学"。胡瑗一生中，由于范仲淹举荐，曾"拜秘书校书郎，辟丹州军
事推官，改密州观察推官"；"为光禄寺丞，国子监直讲"，主持太学；后"以太
常博士致仕，归老其家"。由于长期从事教学活动，讲授儒家经典，胡瑗著
述繁富，但多已散佚。现存的胡瑗著作主要是《周易口义》与《洪范口义》。
黄宗羲、全祖望一类史家何以视胡瑗为道学先驱，肯定胡瑗对于道
学兴起的历史贡献，这是我们考察宋元哲学发展时仍然需要具体思考的

---

① 朱杰人等主编：《朱子全书》第 18 册，第 4026 页。

一个问题。胡瑗一生虽曾于不同的历史时期在地方或朝廷为官,但他"以经术教授吴中,年四十余"①。其主要活动是兴办教育,传授儒家学说。我们考察胡瑗对道学的影响,也应当注意胡瑗学术活动的这种特色。

胡瑗的学术影响首在其教育理念与教学方法。胡瑗青年时期,曾"往泰山,与孙明复,石守道同学,攻苦食淡,终夜不寝,一坐十年不归"②。泰山十年,心无旁骛,勤苦攻读,终使胡瑗博通经史,成为学问大家。但是,胡瑗在泰山苦读十年之后,未能步入中国传统知识分子期待的仕途,而是回到自己的家乡,为年轻学子传道授业,开始了自己的教学生涯。由于胡瑗"教人有法",其新颖的教学方式与渊博的学识,既受到学生欢迎,也受到范仲淹一类有识之士的赞赏与推崇。范仲淹任职苏州时,曾礼聘胡瑗为苏州州学教授。景祐三年(1036),由于范仲淹的举荐,胡瑗"白衣对政崇政殿",以平民身份入朝参与"更定雅乐"。庆历二年(1042),滕宗谅主政湖州,也礼聘胡瑗为湖州州学教授。胡瑗在苏、湖二州的教学方法与办学理念,曾经受到社会的广泛关注与推崇。

胡瑗认为,教育的目的在"倡明正学"。要达到这样的目的,首先必须"严师弟子之礼"。史籍中曾具体记述胡瑗践行自己这种教育理念:"滕宗谅知湖州,聘为教授。先生倡明正学,以身先之。虽盛暑,必公服坐堂上,严师弟子之礼。视诸生如子弟,诸生亦爱敬如父兄。"③胡瑗办学,主张"倡明正学""严师弟子之礼",实际上是在倡导与实践传统的儒家教育思想。儒家经典《礼记·学记》中说:"凡学之道,严师为难,师严然后道尊,道尊然后民知敬学。"在儒家学者看来,办学活动最为困难的事情是使教师受到尊重。只有教师受到尊重,他所传授的知识才会受到尊重;教师传授的知识受到尊重,人们才会尊重知识,重视学习。胡瑗在办学活动中"严师弟子之礼",追求的正是儒家主张的"师严然后道尊"这种教学目标。胡瑗在教学活动中注意尊重学生,使得学生也敬重胡瑗,

---

①《宋史·胡瑗传》卷四三二,第 12837 页。
②③ 黄宗羲原本,全祖望修定:《安定学案》,《宋元学案》第 1 册,第 24 页。

乐于跟随胡瑗学习。胡瑗为湖州州学教授时,曾出现"弟子去来常数百人"的盛况。其后,胡瑗主持太学,"其徒益众,太学至不能容,取旁官舍处之。礼部所得士,瑗弟子十常居四五,随材高下,喜自修饰,衣服容止,往往相类,人遇之虽不识,皆知其瑗弟子也……既而疾不能朝,以太常博士致仕,归老于家。诸生与朝士祖饯东门外,时以为荣"[①]。胡瑗在太学受到学生敬重,更典型地体现了他在教学活动中"严师弟子之礼"所取得的"师严然后道尊"的教学效果。

胡瑗具体的教学方法也有自己的独到之处。后世学者认为,胡瑗的教学方法值得肯定的首在分科教学:

> 其教人之法,科条纤悉具备。立"经义""治事"二斋:经义则选择其心性疏通、有器局、可任大事者,使之讲明"六经"。治事则一人各治一事,又兼摄一事,如治民以安其生,讲武以御其寇,堰水以利田,算历以明数是也。[②]

胡瑗在教学活动中"立'经义''治事'二斋",实际上是以分科或说分类的形式组织教学。"经义"斋的教学内容为讲明"六经","治事"斋的教学内容为武备、水利、历算之法等。前者可说是注重义理,后者则偏重实学。学科不同,教学内容也有所不同。但是,不论是"经义"斋的教学内容,还是"治事"斋的教学内容,其目标都在学以致用,使人们学有所获。这种分科教学的方法,应当是胡瑗的教学活动深受学生欢迎的一个重要原因。

胡瑗在实行分科教学的同时,也注意因材施教:

> 先生初为直讲,有旨专掌一学之政。遂推诚教育多士,亦甄别人物。故好尚经术者,好谈兵战者,好文艺者,好尚节义者,使之以类群居讲习。先生亦时时召之,使论其所学,为定其理。或自出一义,使人人以对,为可否之。或即当时政事,俾之折中。故人人皆乐

---

① 《宋史·胡瑗传》卷四三二,第 12837 页。
② 黄宗羲原本,全祖望修定:《安定学案》,《宋元学案》第 1 册,第 24 页。

从而有成效。①

胡瑗因材施教的教学方法不仅可以使学习兴趣相同的学生"以类群居讲习",而且可以组织"以类群居讲习"的学生围绕相同的议题切磋探讨,针对时政论析评断;通过学生的相互交流,相互促进,使学生"乐从而有成",引发学生的学习兴趣,获得学业上的进步。欧阳修在《胡先生墓表》中曾说:"先生为人师,言行而身化之,使诚明者达,昏愚者励,而顽傲者革。"胡瑗的教学活动之所以能够使不同类型的学生都学有所获,与他在教学中注意区别学生的兴趣爱好,注意发挥学生的主体性作用,使学生乐于接受具体的学问知识这种教学方法是有内在联系的。

胡瑗在教学活动中坚持的另一重要原则方法是"以明体达用之学授诸生"。宋神宗曾问胡瑗的学生刘彝:"胡瑗与王安石孰优?"刘彝在回答中言及胡瑗主张的"明体达用之学":

> 臣闻圣人之道,有体、有用、有文。君臣父子,仁义礼乐,历世不可变者,其体也。《诗》《书》史传子集,垂法后世者,其文也。举而措之天下,能润泽斯民,归于皇极者,其用也。国家累朝取士,不以体用为本,而尚声律浮华之词,是以风俗偷薄。臣师当宝元、明道之间,尤病其失。遂以明体达用之学授诸生。夙夜勤瘁,二十余年,专切学校,始于苏、湖,终于太学,出其门者无虑数千余人。故今学者明夫圣人体用,以为政教之本,皆臣师之功,非安石比也。②

按刘彝所述,北宋自开国以来,沿袭汉唐时期"尚声律浮华之词"的学风,国家取士用人皆"不以体用为本"。胡瑗在教学活动中之所以坚持"以明体达用之学授诸生",即是因为他不满宋仁宗明道、宝元年间盛行的这种取士方法和社会风气,力图通过自己的教学实践,改变这种社会风气所导致的"风俗偷薄"的社会弊端。从刘彝的论述来看,胡瑗理解的

---

① 黄宗羲原本,全祖望修定:《安定学案》,《宋元学案》第 1 册,第 28 页。
② 同上书,第 25 页。

"体"，实为儒家经典《诗》《书》《易》《礼》《春秋》中所阐发的社会伦理与道德原则。胡瑗在长期的教学活动中，坚持"以明体达用之学授诸生"，要求学生"明体"，实即是要帮助学生把握儒家学说"列君臣父子之礼，序夫妇长幼之别"的价值取向与理论追求，改变社会上"尚文词而遗经业，苟趋禄利"的不良士风。欧阳修《胡先生墓表》中说胡瑗在湖州办学，"弟子去来常数百人，各以其经转相传受，其教学之法最备。行之数年，东南之士莫不以仁义礼乐为学"。所谓"东南之士莫不以仁义礼乐为学"，应当是胡瑗在教学活动中要求学生"明体"，即把握儒家学说基本的价值取向与理论追求所取得的重要实践成果。

胡瑗"以明体达用之学授诸生"，既要求学生"明体"，也要求学生"达用"，注意"明体"与"达用"的统一。《宋元学案》中曾引用薛季瑄《浪语集》中的文字，论析胡瑗在教学活动中的这种追求：

> 尝谓翼之先生所以教人，得于古之"洒扫、应对、进退"。知其说者，徐仲车尔……成人成己，众人未足以知之。且君子道无精粗、无小大，是故致广大者必尽精微，极高明者必道中庸。[1]

"广大"与"精微"的统一，"高明"与"中庸"的契合，在某种意义上可以说正是胡瑗追求的"明体"与"达用"的统一。

胡瑗在长期的教学实践中，"以明体达用之学授诸生"，这种独特的教学理念与教学方法，其影响并不限于胡瑗办学的苏、湖地区。据欧阳修《胡先生墓表》记述："庆历四年，天子开天章阁，与大臣讲天下事，始慨然诏州县皆立学。于是建大学于京师，而有司请下湖州，取先生之法，为太学之法，至今着为令。"朝廷扩建太学，吸纳胡瑗在湖州的办学理念与教学方法，以之为太学的办学规则，这表明了胡瑗的教育实践在当时广泛的社会影响。应当说，胡瑗的教育理念与教学实践对于改变北宋时期士人"以博文强记、巧文丽辞为工"的学术观念与社会风气、形成有益于

---

① 黄宗羲原本，全祖望修定：《安定学案》，《宋元学案》第 1 册，第 30 页。

道学兴起的学术文化背景是作出过历史贡献的。

胡瑗"以明体达用之学授诸生",通过讲授儒家经典,为北宋道学的兴起培养优秀学术人才,乃后世学者肯定胡瑗为道学前驱的另一个重要根据。胡瑗在长期的教学实践中,为学生讲解的儒家经典很多。他的不少著作即是由学生记述他对儒家经典的解释,以"口义"的形式存世的。现存的胡瑗著作,以《周易口义》的内容最为完整。如果从经学的角度来看,胡瑗解《易》"以义理为宗",在学术上也极有价值。从道学的角度来看,胡瑗解《易》虽注意"以义理为宗",但在"义理"的层面,又尚未达到周敦颐、程颐、张载等早期道学代表人物的解《易》著作中所达到的理论层次。胡瑗解释儒家经典与北宋道学兴起的联系,主要是以自己解经的方法影响学生,为道学的兴起培养学术人才。胡瑗的学生蔡襄在《太常博士致仕胡君墓志》中曾说:胡瑗"解经至有要义,恳恳为诸生言其所以治己而后治乎人者。学徒千数,日月括劘为文章,皆传经义,必以理胜,信其师说"。注重诠释经典的"要义",是胡瑗解释儒家经典的基本方法。胡瑗解经,正是因其能帮助学生了解儒家经典的"要义",所以才使得学生"信其师说"。史籍中所记胡瑗的解经方法以其讲《易》的方法最为具体:

> 先生在太学,其初人未信服。使其徒之已仕者盛侨、顾临辈分置执事,又令孙觉说《孟子》,中都士人稍稍从游。日升堂讲《易》,音韵高朗,旨意明白,众皆大服。《五经》异论,弟子记之,目为《胡氏口义》。①

胡瑗在太学讲"易",能够使众人"大服",原因在其对《易》理的讲解"旨意明白"。"旨意明白"也可谓"解经至有要义"。信服胡瑗"解经至有要义",使得学生们乐于记录胡瑗对不同的儒家经典的解释,这也是胡瑗因解经而有《胡氏口义》存世的重要原因。胡瑗解释儒家经典的这种方法,

---

① 黄宗羲原本,全祖望修定:《安定学案》,《宋元学案》第 1 册,第 28 页。

不仅使学生们诚心信服,也使学生们在学问历练与身心修养方面终身受益。胡瑗的学生徐积曾说:

> 吾于安定之门,所得多矣。言之在耳,一字不违也。①

由此可见胡瑗讲授儒家经典对学生的影响。

在胡瑗的学生中,学术成就最为卓著者无疑当数为道学的形成作出过重要贡献的程颐。因此,可以说胡瑗对程颐的影响,更为集中地体现了胡瑗对于道学兴起的贡献。胡瑗对程颐的影响,主要表现在两个方面,一是对儒家学说的学术旨趣与理论的追求,一是解释儒家经典的思想方法。程颐青年时期游太学,遇胡瑗以“颜子所好何学”为题问诸生,成《颜子所好何学论》。程颐认为,孔门弟子三千,独称颜子为好学,根据在于颜回主张“学以至圣人之道”。程颐在回答“颜子所好何学”的基础上,也肯定“圣人可学而至”,并将“正心”“养性”理解为“学以至圣人”的具体途径。他说:

> 圣人之门,其徒三千,独称颜子为好学。夫《诗》《书》、六艺,三千子非不习而通也,然则颜子所独好者,何学也? 学以至圣人之道也。圣人可学而至与? 曰:然。学之道如何? 曰:天地储精,得五行之秀者为人。其本也真而静,其未发也五性具焉,曰仁义礼智信……凡学之道,正其心,养其性而已。中正而诚,则圣矣。君子之学,必先明诸心,知所养,然后力行以求至,所谓自明而诚也。故学必尽其心。尽其心,则知其性,知其性,反而诚之,圣人也。②

程颐在《颜子所好何学论》中的这些观念,既精炼地论述了传统儒学的基本理趣,也体现胡瑗在儒学理论方面对程颐的影响。胡瑗读完程颐的《颜子所好何学论》后,之所以“大惊异之”,则是因为程颐对孔门弟子中“独称颜子为好学”的回答与胡瑗对儒学主旨的理解高度一致。程颐

---

① 黄宗羲原本,全祖望修定:《安定学案》,《宋元学案》第1册,第41页。
② 程颢、程颐:《河南程氏文集·杂著》,《二程集》上册,第577页。

后来正是基于自己早年对儒学旨趣的这种理解，认定"性即理"，以理本论论释人的道德根性，使传统儒学中的道德观念自然化、客观化、本体化，为作为新儒学的道学的形成作出重要的理论贡献。

胡瑗解释儒家经典的方法，特别是解《易》的思想方法对程颐也产生过重要影响。从胡瑗的《周易口义》来看，胡瑗解《易》，不仅力求"旨意明白"，而且注意从不同的层面诠释《周易》基本范畴的意涵。譬如，胡瑗对《周易》中"道"这一范畴的解释即采用过这样的方法：

> 道者，自然之谓也，以数言之，则谓之一；以体言之，则谓之无；以开物通务言之，则谓之通；以微妙不测言之，则谓之神；以应机变化（言之），则谓之易。总五常言之，则谓之道也。①

程颐在《周易程氏传》中对乾卦的解释，实曾沿用胡瑗的这种方法：

> 乾，天也。天者天之形体；乾者天之性情。乾，健也，健而无息之谓乾。夫天，专言之则道也，天且弗违是也；分而言之，则以形体谓之天，以主宰谓之帝，以功用谓之鬼神，以妙用谓之神，以性情谓之乾。乾者万物之始，故为天，为阳，为父，为君。②

从程颐对乾卦的解释来看，程颐解《易》也注重对文本中概念、范畴的解释，在具体解释中，又特别注意阐发概念、范畴意涵的丰富性与层次性。应当肯定，程颐对乾卦的解释，不论思想的密度还是厚度都有超越前人的地方，体现了道学作为义理之学的思想特色。但从思想源头来说，程颐解《易》的思想方法实际上深受胡瑗解《易》方法的影响。从这种影响，我们亦可以发现胡瑗的学术活动与道学兴起的联系。

总之，北宋道学的兴起，与胡瑗的学术活动是联系在一起的。

宋神宗曾评价胡瑗一生的教育实践与学术追求：

> 先生之道，得孔孟之宗，先生之教，行苏、湖之中。师任而专，如

---

① 胡瑗：《系辞上》，《周易口义》，《景印文渊阁四库全书》第 8 册，第 466 页。
② 程颐：《周易程氏传·周易上经上》，《二程集》下册，第 695 页。

泰山屹峙于诸峰;法严而信,如四时迭运于无穷。辟居太学,动四欣
慕,不远千里而翕从,召入天章,辅先帝日侍,启沃万言而纳忠。经
义治事,以适士用,议礼定乐,以迪朕躬。敦尚本实,还隆古之谆风;
倡明正道,开来学之颛蒙。①

这种论述,不论是在学统的层面还是在治统的层面,都对胡瑗的教育思
想与教育实践作出了肯定性评价。胡瑗以自己的教育思想"倡明正道",
为北宋形成有益于道学兴起的学术氛围提供了重要的思想资源;通过自
己的教学实践"开来学之颛蒙",改变北宋"尚文词而遗经业,苟趋禄利"
的士风,为道学的兴起培养优秀的学术人才;开启道学的先声。这当是
胡瑗在道学发展史上真实的历史地位。

第三节 孙复与道学

考察北宋道学的兴起,孙复也是一个必须关注的人物。孙复(992—
1057),字明复,晋州平阳人。孙复早年即谙熟周、孔之道,并立志步入仕
途,以周、孔之道"利天下""润万物"。但是,孙复的科举之路却极为不
顺,"四举进士"皆落第。直到"鬓发皆皓白",无奈之下"退而筑居于泰山
之阳,聚徒著书"。孙复的学生石介曾在《明隐》一文中记述孙复早年的
人生抱负与生活坎坷:

> 孙明复先生,学周公、孔子之道而明之者也。周、孔之道,非独
> 善一身而兼利天下者也。先生蓄周、孔之道于其身,苟蓄而不施,徒
> 自膏润肥硕而已。万物则悴枯瘠病,而自膏润肥硕,岂周公、孔子之
> 道软? 是以先生凡四举进士,则是先生非苟蓄其道以膏润肥硕于其
> 身,将以利天下也,润万物也。四举而不得一官,鬓发皆皓白,乃退
> 而筑居于泰山之阳,聚徒著书,种竹树果,盖有所待也。且以谓尧、
> 舜在上,必不使贤人布褐而糟糠干俄以死,兹先生有所待之意也。

---

① 黄宗羲原本,全祖望修定:《安定学案》,《宋元学案》第 1 册,第 29 页。

《礼》曰:"君子居易以俟命。"斯之谓欤! [1]

孙复退居泰山,表明他"欲仕而未得其方"。但是,孙复并非真正的"隐者"。他聚徒著书,"居易以俟命",实际上仍在等待展示自己才学的时机,以周、孔之道为国家社会效力。孙复在《上孔给事书》中即曾表达自己的这种学术志向:

> 复名晦迹沉。学夫子之道三十年。虽不为世之所知,未尝以此摇其心,敢一日而叛去。[2]

自己探究儒家学说的志向与追求虽未得到世人的了解与肯定,但自己"学夫子之道"的脚步不会停止,自己对儒家学说的信仰不会改变。孙复的这种生活态度以及他的"道德经术"都曾受到世人的景仰。后来由于范仲淹、富弼等人的举荐,孙复终于在晚年被朝廷"召拜校书郎、国子监直讲","官至殿中丞"。翰林学士赵概等人曾以"行为世法,经为人师"八字肯定孙复的人品与学问。

孙复在长期的学术活动中著述很多。据史籍记载,孙复的著作有《易说》、《春秋尊王发微》以及《睢阳子集》等。石介在《泰山书院记》中曾论及孙复的学术著述:"先生尝以谓尽孔子之心者大《易》,尽孔子之用者《春秋》,是二大经,圣人之极笔也,治世之大法也。故作《易说》六十四篇,《春秋尊王发微》十二卷。疑四凶之不去,十六相之不举,故作《尧权》,防后世之篡夺,诸侯之僭偪,故作《舜制》。辨注家之误,正世子之名,故作《正名解》。美出处之得,明传嗣之嫡,故作《四皓论》。先生述作,上宗周、孔,下拟韩、孟,是以为泰山先生,孰少之哉![3] 石介述及的孙复著作中,除《易说》《春秋尊王发微》外,《尧权》《舜制》《四皓论》等文以及《宋元学案·泰山学案》所收录的《睢阳子补》中之《董仲舒》《书汉元帝

---

① 石介:《明隐》,《徂徕石先生文集》,第95页,北京,中华书局,1984。

② 孙复:《上孔给事书》,《孙明复先生小集》,舒大刚主编:《宋集珍本丛刊》第3册,第26页,北京,线装书局,2004。

③ 石介:《泰山书院记》,《徂徕石先生文集》,第223—224页。

赞后《与范天章书》《与张洞书》《儒辱》等文都大体保存在后人辑成的《孙明复先生小集》中。传世的《春秋尊王发微》与《孙明复先生小集》是我们考察孙复道学思想的重要文献。

孙复对于道学的影响，首在其乐周、孔之道，以自己的学术兴趣与人生追求影响士人，恢复、弘扬儒家提倡的师道，营造有利于儒学发展的社会风气。南宋魏鹤山在《徂徕石先生祠堂记》中曾说：

> 先是，天圣以前，师道久废，自先生从孙明复氏，执礼甚恭，东诸生始知有师弟子。①

魏鹤山在记述中认为石介师从孙复，"执礼甚恭"，才使山东士子"始知有师弟子"，实际上也高度肯定了孙复在北宋时期为恢复与弘扬儒家倡导的师道所作出的重要贡献。

孙复在北宋时期为弘扬师道、"严师弟子之礼"所作的贡献，其具体情形与胡瑗有所不同。胡瑗通过自身垂范以"严师弟子之礼"，孙复则是因学生的敬重体现儒家的师道。欧阳修在《孙明复先生墓志铭》中曾说，孙复退居泰山聚徒著书之时，"鲁多学者，其尤贤而有道者石介，自介而下，皆以弟子事之"。石介师从孙复时，已进士及第，因"贤而有道"在鲁地负盛名。但是，在石介理解的儒学谱系中，孙复是自唐代韩愈之后，最值得敬佩的儒家学者：

> 自周以上观之，贤人之达者，皋陶、傅说、伊尹、吕望、召公、毕公是也。自周以下观之，贤人之穷者，孟子、杨子、文中子、吏部是也。然较其功业德行，穷不必易达。吏部后三百年，贤人之穷者，又有泰山先生。②

因此，石介尊孙复为师，不仅声称自己"乐先生之道"，而且表示自己要"大先生之为"，立志光大孙复的学问与事业。在石介尊孙复为师的同

---

① 魏了翁：《徂徕石先生祠堂记》，转引自《徂徕石先生文集》，第287页。
② 石介：《泰山书院记》，《徂徕石先生文集》，第222页。

时,与石介同为山东名人的孔道辅也开始与孙复来往。孔道辅为孔子四十五代孙,官至御史中丞。欧阳修在《孙明复先生墓志铭》中对孔道辅与石介同孙复的交往也有具体记述:"孔给事道辅,为人刚直严重,不妄与人,闻先生之风,就见之。介执杖屡侍左右,先生坐则立,升降拜则扶之,及其往谢也,亦然。鲁人既素高此两人,由是始识师弟子之礼,莫不叹嗟之。"这段文字具体地记述了孔道辅同孙复的交往与石介对孙复的礼敬之恭,以及石介、孔道辅同孙复的交往在当时对于山东士风的正面影响。人们重新重视儒家学说的理论价值与实践价值的学术氛围,是北宋道学兴起的一个重要原因。这种学术氛围的形成,与北宋庆历以来,士风的转变是联系在一起的。因此,应当肯定,孙复在泰山聚徒著书,与胡瑗在苏、湖地区的讲学活动一样,也曾自觉地以儒家的师道观念引发人们教育观念与学术风气的转变,为形成道学兴起的学术氛围作出了历史的贡献。

孙复高度肯定儒学价值,批评杨、墨、申、韩之论与佛、道之学,专注于对儒学价值的阐释与发掘,是他对道学兴起的另一具体贡献。

考察孙复在理论层面对儒学价值的肯定和维护,后世学者辑成的《孙明复先生小集》当是重要的文献根据。《孙明复先生小集》中共辑录孙复佚文19篇。分别为:《尧权论》《舜制议》《文王论》《辨四皓论》《董仲舒论》《辨杨子》《书汉元帝赞后》《书贾谊传后》《罪平津》《无为指上》《无为指下》《寄范天章书一》《寄范天章书二》《上孔给事书》《答张洞书》《兖州邹县建孟庙记》《信道堂记》《儒辱》《世子䞓�686论》等。孙复在这些文献中"上宗周、孔,下拟韩、孟",从不同的角度诠释了儒学的基本价值,阐述了自己肯定与维护儒学价值的学术追求。

孙复认为,周、孔之道或说"夫子之道"乃"治天下,经国家"的"大中之道"。这种"大中之道"载于儒家的"六经"之中,其具体内容则是儒家主张的"仁义礼乐"之学。因此孙复又强调"仁义礼乐"乃"治世之本"。在孙复看来,作为"治天下,经国家"之根本原则的儒家理论,其形成经历了一个历史的过程:

> 所谓夫子之道者，治天下，经国家，大中之道也。其道基于伏羲，渐于神农，著于黄帝、尧、舜，章于禹、汤、文、武、周公。然伏羲而下，创制立度，或略或繁。我圣师夫子，从而益之损之，俾协厥中，笔为六经。由是治天下，经国家，大中之道焕然而备。此夫子所谓大也。①

因此，舍弃儒家学说，实为丧失治世经国之本，即无法真正达成"治天下，经国家"的目标。孙复曾说：

> 舍六经而求虞、夏、商、周之治，犹泳断潢污渎之中，望属于海也。其可至矣哉？②

又说：

> 夫仁义礼乐，治世之本也，王道之所由兴，人伦之所由正。舍其本，则何所为哉？③

孙复这两种论述的主旨皆在强调儒学对于"治天下，经国家"的重要价值。孙复高度肯定儒学价值，这与后来道学早期代表人物周敦颐、二程兄弟及张载的学术趣向是完全一致的。孙复对儒学形成的历史行程的总结，实际上也表达了他对于儒学道统的理解。这种理解虽与其后周敦颐、二程、张载等人的具体理解有别，但就其通过儒学谱系与道统的考察，以突显儒学价值的思想方法而言，孙复实为周敦颐、二程、张载等道学代表人物的先驱。

孙复在肯定儒学价值的同时所表达的对儒学衰落的忧患，也表现出其道学前驱的思想特色。孙复认为，宋代立国八十年来，儒学衰落，矢志于践行"圣贤之阃奥者百无一二"，这既是儒者的耻辱，也有其历史的原因：

------

① 孙复：《上孔给事书》，《孙明复先生小集》，舒大刚主编：《宋集珍本丛刊》第 3 册，第 26 页。
② 孙复：《寄范天章书二》，《孙明复先生小集》，舒大刚主编：《宋集珍本丛刊》第 3 册，第 23 页。
③ 孙复：《儒辱》，《孙明复先生小集》，舒大刚主编：《宋集珍本丛刊》第 3 册，第 34 页。

> 仁义不行，礼乐不作，儒者之辱欤……儒者之辱，始于战国，杨
> 朱墨翟乱乎之于前，申不害韩非杂之于后。汉、魏而下，则又甚焉。
> 佛、老之徒横于中国，彼以死生祸福、虚无报应为事，千万其端，始我
> 生民绝灭仁义，屏弃礼乐，以涂塞天下之耳目。天下之人，愚众贤
> 寡，惧其死生祸福报应人之若彼也，莫不争奉而兢趋之。观其相与
> 为群，纷纷扰扰，周乎天下，于是其教与儒齐驱并驾，峙而为三。吁，
> 可怪也！①

这种论述表明，在孙复看来，战国时期杨朱、墨翟、申不害、韩非理论的流
行，以及汉、魏以后佛、老之学的兴盛皆为导致儒学衰落的历史原因。因
此，真正的儒者，面对儒学的衰落，绝不能“不知其辱”，而只能以极大的
理论勇气展开对佛、道之学以及墨家、法家思想的理论批判，通过这种批
判促使儒学复兴。他说：

> 去君臣之礼，绝父子之戚，灭夫妇之义，以之为国则乱矣；以之
> 使人贼作矣。儒者不以仁义礼乐为心则已，若以为心，得不鸣鼓而
> 攻之乎？凡今之人，与人争詈，小有所不胜，尚以为辱，矧以夷狄诸
> 子之法乱我圣人之教耶，其为辱也大矣哉。噫，圣人不生，怪乱不
> 平……后之章甫其冠，逢掖其衣，不知其辱，而反从之而尊之者，得
> 不为罪人乎？②

从这种论述来看，孙复不满儒学式微，主张通过批判佛、道之学及墨家、
法家的理论以复兴儒学的立场是十分鲜明的。在孙复看来，作为儒者，
面对危及儒学生存发展的诸家之学，不能“鸣鼓而攻之”，展开理论的批
判，只会沦为儒学的罪人。因此，孙复既将对佛、道之学及墨家、法家思
想的批评视为儒学复兴的重要条件，也把批判佛、道之学及墨家、法家思
想看作真正的儒者在理论上应当肩负的责任。从关系儒学存亡绝续的

---

① 孙复：《儒辱》，《孙明复先生小集》，舒大刚主编：《宋集珍本丛刊》第3册，第34页。
② 同上书，第34—35页。

高度看待儒学与佛、道之学及其他学说的思想对立，以"独立不惧，精一自信"的大无畏精神与佛、道之学在理论上"较是非，计得失"，是北宋道学成型的内在的历史要求。作为道学前驱，孙复通过批判佛、道之学以求儒学复兴的主张，与道学形成的这种历史要求是一致的。

同时，孙复认为，要改变宋初"仁义不行，礼乐不作"的现实，除了儒者对佛、道之学以及墨家、纵横家理论作出批判，更为重要的是国家改变"以文垂世""专以辞赋取人"的用人制度。因为，北宋建国以后推行的这种用人制度，使得"天下之士皆致力于声病对偶之间"，人们多追求"妖艳邪侈之辞"。现实利益使得人们在"文"与"道"之间多选择重"文"轻"道"，舍弃了对"治世之本"的追求与践行。而要改变这样的社会风气，既要从理论上辨明"文者，道之用也，道者，教之本也"①，又必须改变国家的用人制度，为儒学的振兴与发展提供制度保证。应当说，孙复对儒学价值的肯定，对儒学衰落的忧患，以及他通过对佛、道之学及其他各家理论的批判以复兴儒学的主张，对于后来道学的兴起都产生过积极影响，发挥过正面作用。

孙复作为道学前驱，尊孟也是其学术活动的特点之一。孙复认为，孔子之后，维护儒家主张的人伦纲常而又厥功至伟者当推孟子：

> 孔子既没千古之下，驾邪怪之说，肆奇险之行，侵轶我圣人之道者，众矣！杨墨为之魁，故其罪剧。孔子既没千古之下，攘邪说怪之说，夷奇险之行，夫辅我圣人之道者，多矣！而孟子为之首。故其功钜。昔者二竖去孔子之世未百年也，以无父无君之教行乎天下，天下惑而归之。嗟乎！君君臣臣，父父子子，邦国之大经也，人伦之本大本也。不可斯须去矣。而彼皆无之。是驱天下之民，舍中国之夷狄也。祸孰甚焉。非孟子莫能救之。故孟子慨然奋起，大陈尧舜禹汤文武周公孔之法，驱除之以绝其后，拔天下之民于夷狄之中，而复置之中国。俾我圣人之道炳焉不坠。故扬子云有言曰："古者杨墨

---

① 孙复：《答张洞书》，《孙明复先生小集》，舒大刚主编：《宋集珍本丛刊》第3册，第28页。

塞路，孟子辞而辟之廓如也。"韩退之有言曰："孟子之功，予以为不在禹下。"然子云述孟子之功不若退之之言深且至也。何哉？泽水横流，大禹不作，则天下之民鱼鳖矣。杨墨暴行，孟子不作，则天下之民禽兽矣。谓诸此也。①

孙复生活的时代，孟子学在儒学系统中的地位尚未获得人们的普遍认同。孙复肯定韩愈对孟子学价值的理解高于扬雄对孟子学价值的理解，认同韩愈儒学史上"孟子之功""不在禹下"的评断，实是要表明自己对孟子学的高度肯定。所谓"泽水横流，大禹不作，则天下之民鱼鳖矣。杨墨暴行，孟子不作，则天下之民禽兽矣"，实即是孙复自己对于孟子学价值的具体评价。肯定孟子对于儒学发展的巨大贡献，在理论上认同孟子学的价值，对于后来道学的兴起是具有重要意义的。因为，北宋时期《孟子》《论语》《大学》《中庸》"四书"，曾为道学的形成与拓展提供重要的思想资源，而孙复则应是北宋时期较早重视并明确地肯定孟子学巨大理论价值的学者之一。

孙复在自己的学术活动中，反对将儒家经典传注价值绝对化，主张全面地把握儒学的理论系统，也体现出其作为道学前驱的思想特色。孙复的这种学术思想特色，既体现在他从理论的层面反对将儒学经典传注的学术价值固化与僵化，也体现在解释儒家经典时"不惑传注"的解经方法。孙复认为，儒家经典传注的价值被绝对化，同北宋的"取士"方法是联系在一起的：

> 国家之以王弼、韩康伯之易，左氏、公羊、谷梁、杜预、何休、范甯之春秋，毛苌、郑康成之诗，孔安国之尚书，镂版藏于太学，颁于天下，又每岁礼闱，设科取士，执为准的。多士较艺之际，有一违戾于注说者，即皆驳放而斥逐之。②

---

① 孙复：《兖州邹县建孟庙记》，《孙明复先生小集》，舒大刚主编：《宋集珍本丛刊》第 3 册，第 36 页。
② 孙复：《寄范天章书二》，《孙明复先生小集》，舒大刚主编：《宋集珍本丛刊》第 3 册，第 24 页。

北宋开国以后，以汉、魏以来的学者对儒家经典的"注说"为"准的"，作为"取士"的依据。但是，在孙复看来，因"有违戾于注说者"而"驳放"与"斥逐"士子，有可能会埋没与浪费对国家有用的人才。因为，汉、魏以来的学者对儒家经典的"注说"，并没有也不可能穷尽对儒家经典的解释；在科考中"违戾于注说者"，并不一定即是错解经义者。因此，孙复主张走出旧有的儒学经典传注的藩篱，在新的时代条件下重新注释儒家经典。为此，孙复曾建议朝廷"广诏天下鸿儒硕老，置于太学"，重新注释儒家经典。在孙复看来，只有对儒家经典"重为注解"，且超越汉、魏以来名家对儒家经典的"注解"，使儒家经典"廓然莹然"，为学者学习、理解儒家学说提供正确的导向与帮助，才有可能恢复儒家理想中的"虞、夏、商、周之治"。

孙复解经"不惑传注"，也体现在他对具体儒家经典的解释中。传世的孙复注释儒家经典的著作以《春秋尊王发微》影响为著。欧阳修《孙明复先生墓志铭》中说："先生治《春秋》，不惑传注，不为曲说以乱经，其言简易，明于诸侯大夫功罪，以考时之盛衰，而推见王道之治乱，得于经之本义为多。"《宋史》中则说孙复"著《尊王发微》十二篇，大约本于陆淳，而增新意"①。欧阳修谓孙复"治《春秋》，不惑传注"，与《宋史》中所说孙复"著《尊王发微》十二篇，大约本于陆淳"之意是相通的。陆淳有《春秋集传纂例》《春秋微旨》《春秋集传辨疑》等著作。后世学者认为陆淳的著作，其过在"生臆断之弊"，其功在"破附会之失"，实也是肯定陆淳治《春秋》在方法上具有"不惑传注"的特色。《宋史》中所说孙复解析《春秋》"本于陆淳"，实是对欧阳修所谓孙复治"《春秋》，不惑传注"的改述。程伊川曾说，后世多以《春秋》为史，不了解《春秋》所蕴含的"经世之大法"："《春秋》大义数十，其义虽大，炳如日星，乃易见也。惟其微辞隐义，时措从宜者，为难知也；或抑或纵，或与或夺，或进或退，或微或显，而得乎义理之安，文质之中，宽猛之宜，是非之公，乃制事之权衡，揆道之模范

---

① 《宋史·孙复传》卷四三二，第12832页。

也……故学《春秋》者，必优游涵泳，默识心通，然后能造其微也。"①就孙复与道学的关系而言，与《春秋尊王发微》的内容实无多少直接联系。但孙复治《春秋》"不惑传注"，目的正在于通过自己的独立思考，以发掘《春秋》"明于诸侯大夫功罪""推见王道之治乱"的"微辞隐义"，凸显儒家学说的价值。这种旨趣与方法，同程伊川一类道学代表人物理解的《春秋》的"隐义"以及领会这种"隐义"的方法确有相同之处。因此，孙复治《春秋》"不惑传注"，可谓开宋儒怀疑经传的风气之先，其思想方法与理论追求对于北宋道学的兴起同样是具有重要影响的。

孙复作为道学先驱，虽然未能像二程、张载一类道学代表人物在哲学的层面建构起自己的思想系统，但孙复学术活动的思想方法与理论旨趣与二程、张载一类道学代表人物是相通的。朱熹曾论及孙复等道学前驱的思想理论：

> 说话虽粗疏，未尽精妙，却尽平实。②

又说：

> 本朝孙、石辈忽然出来，发明一个平正底道理自好。前代亦无此等人。如韩退之已自五分来，只是说文章。若非后来关、洛诸公出来，孙、石便是第一等人。③

朱熹的评论是公允的。这种评论揭示了孙复一类学者学术活动的思想特色，也肯定了孙复一类学者在道学形成过程中的历史贡献。

第四节 石介与道学

石介（1005—1045），字守道，兖州奉符人，与胡瑗、孙复齐名，是道学先驱中又一代表人物。石介的家世与早年的生活道路和胡瑗、孙复有所

---

① 程颐：《春秋传序》，《二程集》下册，第1125页。
②③ 朱杰人等主编：《朱子全书》第18册，第4027页。

不同。石介祖辈"世为农家"，直到石介的父亲石丙"始以仕进，官至太常博士"。与祖辈的生活不同，石介二十六岁即进士及第，开始步入仕途，先后为郓州观察推官、南京留守推官。石介也曾被御史台辟为主簿，后因故未能到任。宋仁宗宝元元年（1038），石介因父亲年迈，代父亲"官于蜀"，任嘉州军事判官。石介代父入蜀为官是他仕途中的一次重要经历。但石介赴嘉州任职不久，即因母亲病故离开了嘉州。一年多以后，石介的父亲也病故了。史籍中所说石介"丁父母忧，耕祖徂徕山下，葬五世之未葬者七十丧"①，记述的即是石介离开嘉州之后在家乡的生活。石介在家乡生活几年以后，于宋仁宗庆历二年（1042）被召任国子监直讲。

"笃学有志尚，乐善疾恶，喜声名，遇事奋然敢为。"②史籍中这种记载概述了石介为学、为人与为官的个性与追求。石介青年时期即步入仕途，在政治活动中力主"退奸进贤"，革新政治，是"庆历新政"坚定的支持者。宋仁宗庆历三年（1043），吕夷简被罢相，夏竦被罢枢密使，范仲淹、富弼、韩琦等同时执政，欧阳修、蔡襄等人并为谏官。石介视"庆历新政"为"盛事"，曾作《庆历圣德颂》。诗中有"众贤之进，如矛斯拔。大奸之去，如距斯脱"之说。石介所谓"众贤"，肯定了范仲淹、富弼、韩琦等新政推行者的人品，石介所谓"大奸"，则直接表达了对夏竦等人的不满。石介对范仲淹、富弼、韩琦等人的推崇，受到了后世学者的肯定。朱熹曾引录王辟之对石介《庆历圣德颂》的评价：

> 《渑水燕谈》云：《圣德诗》云："维仲淹、弼，一夔一卨。"又曰"琦器魁橹，岂视庪楔。可属大事，重厚如勃。"其后，富、范为宋名臣，而魏公定策两朝，措天下于泰山之安，人始叹先生之知人。③

王辟之认定石介推崇范仲淹、富弼、韩琦等为"知人"，朱熹引述王辟之的论述，表明朱熹也认同王辟之对石介的评价。石介为人处世，"是是非

---

① ②《宋史·石介传》卷四三二，第 12833 页。
③ 朱杰人等主编：《朱子全书》第 12 册，第 325 页。

非"，爱憎分明；政治上"指切当时，无所讳忌"。这样的人生态度，使得他的仕途生活充满了曲折与艰难。欧阳修在《徂徕石先生墓志铭》中曾记述石介任太学直讲以后的仕途经历："先生直讲岁余，杜祁公荐之天子，拜太子中允。今丞相韩公又荐之，乃直集贤院。又岁余，始去太学，通判濮州。"石介能够"拜太子中允""直集贤院"，是因为杜衍、韩琦的举荐；石介自求外放"通判濮州"，则是因为政敌的攻击使他无法在朝中继续供职，不得不离开太学。石介的人生态度与政治理想，决定了他在自己的人生中只能够遂意与失意交织，擢升与沉沦并存。石介离开太学"通判濮州"，实际上并未到任。庆历五年（1405），石介病逝于家中，年仅四十一岁。

石介一生，不论政治还是学术，都自许甚高，但生活上却清廉自守，始终践行儒道。这使得石介病逝之后，妻儿靠友人接济才免受冻馁之苦。欧阳修在《徂徕石先生墓志铭》中曾记述石介家中的这种生活状况："先生既殁，妻子冻馁不自胜，今丞相韩公与河阳富公分俸买田以活之。后二十一年，其家始克葬先生于某所。"欧阳修与石介同年进士及第，过从甚密。其在《徂徕石先生墓志铭》中所记石介病逝以后，家中生活靠韩琦、富弼等人的接济才得以勉强维持的窘境，当为石介家中生活的实际情状。欧阳修的这种记述，向人们描述了石介另一面向的人生，也从另一侧面为人们展示了石介的操守。

石介一生，学术著述十分丰富。欧阳修在《徂徕石先生墓志铭》中论及石介学术著述时说："其所为文章曰某集者若干卷，曰某集者若干卷。其斥佛、老、时文，则有《怪说》《中国论》。曰：'去此三者，然后可以有为。'其戒奸臣、宦、女，则有《唐鉴》。曰：'吾非为一世鉴也。'其余喜、怒、哀、乐必见于文，其辞博辨雄伟而忧思深远。"据史籍记载，石介在易学方面的著作有《易解》5卷、《易口义》10卷，另有《唐鉴》6卷、《三朝圣政录》4卷、《徂徕先生文集》20卷。这些著作多有散佚。宋代学者论及石介的易学著作时曾有"亦无大发"之说，似是认定石介易学著作新意不多。石介为《唐鉴》与《三朝圣政录》所写的《序言》，以及欧阳修论及的《怪说》《中国论》等文皆收入《徂徕石先生文集》中。20 世纪 80 年代，由中华书局出版的《徂徕石先生文集》，是我们今天考察石介道学思想的重要文献。

石介与道学的联系，首先也表现在其尊师重教，热心于传授儒家经术。同胡瑗、孙复一样，石介七认定在自己生活的年代，人们不践行儒家所主张的师道，耻于问学，乃"学者之大蔽"。朱熹的《五朝名臣言行录》曾经摘录王辟之《渑水燕谈录》中有关石介重视师道的记述：

> 徂徕石守道常语学者曰："古之学者，急于求师。孔子，大圣人也，犹学礼于老聃，学官于郯子，学琴于师襄，矧其下者乎！后世耻于求师，学者之大蔽也。"乃为《师说》以喻学者。是时，孙明复先生居泰山之阳，道纯德备，深于《春秋》，守道率张洞北面而师之，访问讲解，日夕不怠。明复行则从，升降拜起则执杖屦以待。二人者为鲁人所高，因二人而明复之道愈尊。于是学者始知有师弟子之礼。[1]

石介是儒家师道的挂崇者，也是儒家学说的践行者。在石介看来，要践行儒家学说，首先须笃信儒家学说。欧阳修《徂徕石先生墓志铭》中说石介："其为言曰：'学者，学为仁义也。惟忠能忘其身，惟笃于自信者，乃可以力行也。'"欧阳修认为，石介的一生，始终"以是行于己，亦以是教育人"。石介践行儒家师道·向孙复问学"日夕不怠"。同时，自己也聚徒讲学，热心于教育。石介为父母守丧期间，即曾"以《易》教授于家"。庆历二年（1402），石介进入太学讲学。在北宋道学先驱中，石介虽尊孙复为师，但孙复与石介进入太学讲学都在庆历二年。胡瑗于宋仁宗嘉祐年间进入太学讲学，时间上比石介与孙复要晚。石介进入太学讲学，对传授儒家经术倾注了满腔热情。欧阳修在《徂徕石先生墓志铭》中说：石介在太学"益以师道自居·门人弟子从之者甚重。太学之兴，自先生始"。欧阳修认定北宋"太学之兴"，始于石介入太学讲学，表明了石介在太学讲学的广泛影响。南宋魏了翁在《徂徕石先生祠堂记》中也曾写道："先

---

[1] 朱杰人等主编：《朱子全书》第 12 册，第 323—324 页。

是，天圣以前，师道久废，自先生从孙明复氏，执礼甚恭，东诸生始知有师弟子。自先生覃思六经，排抵二氏，东诸生始知有正学。"这种记述更加简洁地概述了石介一生践行儒家师道与诠释儒家学说两者之间的联系及其正面的社会效应。应当肯定，石介提倡与实践儒家主张的师道，以及他在太学的讲学活动，同孙复、胡瑗的教育实践一样，不论是其讲解儒家经典的思想方法，还是其讲解儒家经典的理论追求，对于北宋道学的兴起都是产生过重要影响的。

石介对"孔子之道"的推崇，也是其为道学先驱重要的思想特征。作为道学前驱，胡瑗与孙复在自己的学术活动中都力倡"周孔之道"，肯定儒家学说的价值。但是，相比较而言，石介对"周孔之道"的推崇与肯定更加具备理论的色彩。这体现在石介将"周孔之道"或说儒家学说的理论系统更集中地归结为"孔子之道"；其对"孔子之道"的推崇又以对"道""义"观念的理解为思想前提。石介认为：

> 夫所谓道者，亲而不可离者也。夫所谓义者，合而不可解者也。[1]

在石介看来，"道""义"都是人们在生活中处理人伦关系时所必须遵循的基本律则。他以"亲而不可离者"谓"道"，是就处理父子、兄弟关系的律则说；以"合而不可解者"谓"义"，是就处理君师、朋友关系的律则说。石介对"道""义"的这种区分，规定了"道""义"原则具体适用的对象与范围。但是，在石介对"道""义"的理解中，"道"的适用范围要大于"义"，"义"实为"道"之体现。因此，石介也将处理师友关系的人伦原则统称为"道义"：

> 夫父子兄弟以亲爱，君师朋友以义合也。入则事父兄，出则事君师、朋友。君臣之际，犹有爵禄之贪，得与其利焉，师友之分，非道

---

[1] 石介：《朋友解》，《徂徕石先生文集》，第91页。

义不合。①

石介强调"师友之分,非道义不合",实即肯定"义"亦为"道"。石介肯定"道"为"亲而不可离者","义"为"合而不可解者",又将"道""义"合称为"道义",实际上表明了他对"道"的普遍性的理解。在石介看来,正是因为"道"对于人们生活秩序的规制与导引是普遍的,所以"道"才成为人们生活中的"不可离"者与"不可解"者。

石介以"道"对于人们生活的"不可离"与"不可解"来肯定"道"的普遍性,同时也肯定了"道"具备"常行"与"不可易"的特质。他说:

> 夫天地、日月、山岳、河、洛,皆气也。气浮且动,所以有裂、有缺、有崩、有竭。吾圣人之道,大中至正,万世常行,不可易之道也,故无有亏焉。②

从这种论述来看,石介不仅将"圣人之道"的特征理解为"大中至正",而且由肯定"圣人之道,大中至正",进而肯定"圣人之道""万世常行",乃"不可易"者。这种观念实际上肯定了"道"的绝对性与恒常性。过去学术界考察石介的哲学思想,多依据这段文字解析石介的"气"论。然而就思想层面说,石介论"气"并没有多少超越前人思想的地方。但石介通过比对"天地、日月、山岳、河、洛"的"裂""缺""崩""竭"变化,来肯定"圣人之道"的"不可易"和"无有亏",倒是极大地升华了其对"道"的理解的思想层次。

石介还曾探讨所谓"时"之"浇淳"与"道"之"升降"问题。在石介看来,"时治则淳,时乱则浇,非时有浇淳也。圣人存则道从而隆,圣人亡则道从而降,非道有升降也"③。因此,石介的结论是:"时有浇淳,非谓后之时不淳于昔之时也;道有升降,非谓今之道皆降乎古之道也。"④石介这

---

① 石介:《朋友解》,《徂徕石先生文集》,第91页。
② 石介:《宋城县夫子庙记》,《徂徕石先生文集》,第221页。
③④ 石介:《汉论下》,《徂徕石先生文集》,第114页。

种"时"之"浇淳"决定于时之治乱，"道"之"升降"决定于圣人之有无；"时"自身无所谓"浇淳"，"道"自身无所谓"升降"的观念，实际上也从一个侧面透露了他对"道"之恒常性的理解与肯定。从石介对"道"的这些规定与诠释来看，可以说石介的"道"论实际上已具备一个思想的系统。尽管这个系统在理论上还不是十分完备，但是，石介对"孔子之道"的论释，正是以自己的"道"论为思想前提的：

> 孔子之道，君臣也，父子也，夫妇也，朋友也，长幼也。天下不可一日无君臣，不可一日无父子，不可一日无夫妇，不可一日无朋友，不可一日无长幼。万世可以常行，一日不可废者，孔子之道也。离孔子之道而言之，其行虽美，不致于远，其言虽切，无补于用。[①]

石介在肯定君臣、父子、夫妇、朋友、长幼等人伦关系存在的客观现实性的基础上，进而肯定作为调适这些人伦关系基本原则的"孔子之道"，为"万世可以常行，一日不可废者"；认定人们在日常生活中背离"孔子之道"，其结果只能是"其行虽美，不致于远，其言虽切，无补于用"。这种观念确实从较高的思想层面上肯定了儒家学说的理论价值与实践价值。以对"道"的一般诠释作为肯定儒家学说的思想基础，进而将儒家的伦理观念自然化、客观化，升华为事物的本体，构建道德形上学系统，是宋代道学的重要标志。应当肯定，从道学发展的角度来看，不论是石介对"道"的理解，还是对"孔子之道"的阐释与推崇，其思想方法都体现了宋代早期道学代表人物的理论追求。

推崇与维护"孔子之道"的理论趣向，使石介在学术理论方面表现出一种强烈的批判精神。这种理论批判精神也是石介作为道学前驱的重要思想特征。史籍中说：

> 介为文有气，尝患文章之弊、佛、老为蠹，著《怪说》《中国论》，言

---

① 石介：《辨私》，《徂徕石先生文集》，第 88 页。

去此三者,乃可以有为。①

按这种记述,石介之所以高举学术批判的旗帜,一是"患文章之弊",二是患"佛、老为蠹"。因此,石介学术批判的对象,除了以杨亿的文体为代表的"时弊",多为佛、道之学。史籍中这样记述石介学术批判的对象,大体上符合石介学术活动的实际。石介在自己的学术活动中,虽也曾批判、否定杨朱、墨翟、韩非、庄周的思想学说,但其从理论上所要集中批判者确为佛、道之学与"杨亿之道"。

杨亿是北宋的文学大家,是所谓"西昆体"的主要代表人物,也是一名虔诚的佛教徒。杨亿参与编定的禅宗灯录,对禅宗在北宋的流传曾发挥重要作用。石介批判杨亿,根源于其对"文"的追求、理解与杨亿有别。石介深受《周易》《春秋》等著作中"文"的观念的影响,将"文"理解为规范调适社会秩序的政治、司法、教育制度以及道德领域的普遍原则:

> 文之时义大矣哉!故《春秋传》曰:"经纬天地曰文。"……故两仪,文之体也;三纲,文之象也;五常,文之质也;九畴,文之数也;道德,文之本也;礼乐,文之饰也;孝悌,文之美也;功业,文之容也;教化,文之明也;刑政,文之纲也;号令,文之声也;圣人,职文者也。②

从这种论述来看,石介肯定"文"为"两仪之体""三纲之象""五常之质""九畴之数",目的正是要强调"文"的实质乃社会的"尊卑"之法与人伦之纪,或说"文"即儒家所主张的"王道"。这样的"文",实际上涵括整个社会的纲常制度与伦理原则。而在石介看来,"杨亿之道"之所以为"时弊",原因正在其对"文"的理解与追求,仅停留在文体、文风或说为文形式的层面。石介曾这样归纳杨亿为代表的"文"的特征:

---

① 《宋史·石介传》卷四三二,第 12833—12834 页。
② 石介:《上蔡副枢书》,《徂徕石先生文集》,第 143—144 页。

> 今夫文者,以风云为之体,花木为之象,辞华为之质,韵句为之数,声律为之本,雕镂为之饰,组绣为之美,浮浅为之容,华丹为之明,对偶为之纲,郑、卫为之声,浮薄相扇,风流忘返,遗两仪、三纲、五常、九畴而为之文也,弃礼乐、孝悌、功业、教化、刑政、号令而为之文也。①

在这种归纳中,石介明确地指出:"杨亿之道"离开了"文"的应有之义,实际上否定了"文"的本质内容。因此,在石介看来,如果推行"杨亿之道",片面"崇尚雕镂,掇拾藻丽","遗两仪、三纲、五常、九畴而为之文","弃礼乐、孝悌、功业、教化、刑政、号令而为之文",那么"君臣何由明?父子何由亲?夫妇何由顺?尊卑何由纪?贵贱何由叙?内外何由别?"②其结果不仅会使人们在思想理论的层面背离"正学",而且会导致社会的混乱与无序,危及人们正常的现实生活。

石介认为,如果认同并推行儒家所理解的"文",其结果则完全不同。因为,在现实生活中,对于儒家所理解的"文",若能做到"君子章之,庶人由之,具两仪之体,布三纲之象,全五常之质,叙九畴之数,道德以本之,礼乐以饰之,孝悌以美之,功业以容之,教化以明之,刑政以刚之,号令以声之"③,其结果则将是"尊卑有法,上下有纪,贵贱不乱,内外不卖,风俗归厚"④。而这样的结果正是儒家所追求与向往的"王道"。因此,石介将"杨亿之道"理解为北宋社会"化日以薄,风日以淫,俗日以僻"的一个原因。这也是石介将"杨亿之道"与佛、道之学并列,视其为必须去弃的"三弊"之一的重要缘由。

石介否定"杨亿之道"的另一个重要原因,是他认定杨亿不仅否定"文"的本质内容,而且力图以己之"文"替代"周孔之道":

> 昔杨翰林欲以文章为宗于天下,忧天下未尽信己之道,于是盲天下人目,聋天下人耳,使天下人目盲,不见有周公、孔子、孟轲、扬

---

① ② ③ ④ 石介:《上蔡副枢书》,《徂徕石先生文集》,第 144 页。

雄、文中子、韩吏部之道；使天下人耳聋，不闻有周公、孔子、孟轲、扬雄、文中子、韩吏部之道。俟周公、孔子、孟轲、扬雄、文中子、韩吏部之道灭，乃发其盲，开其聋，使天下唯见己之道，唯闻己之道，莫知有他。①

因此，在石介看来，只有通过理论的批判，使人"不见杨亿之道""不闻杨亿之道"，人们才能重新推崇与践行儒家学说所阐明的"三才、九畴、五常之道"。由此可见，石介对"杨亿之道"的批判，表面在不满杨亿所代表并推崇的文风与文体，实质则是要通过批判"杨亿之道"，维护与肯定儒家学说的价值。

石介对佛、道之学的批判，目的同样在维护与推崇儒家学说。石介认为，佛、道之弊，本质上也在其使人们背离了"孔子之道"，无视儒学的普遍价值。在石介看来，人们因佛、道之学的流行而背离"孔子之道"，其结果也只能是"乱天常""易地理""悖人道"。"乱天常""易地理"会导致华、夷不分，"悖人道"则将使中国不成为中国。他在《中国论》中曾具体地论述自己的这种观念：

> 仰观于天，则二十八舍在焉；俯观于地，则九州分野在焉；中观于人，则君臣、父子、夫妇、兄弟、宾客、朋友之位在焉。非二十八舍、九州分野之内，非君臣、父子、夫妇、兄弟、宾客、朋友之位，皆夷狄也。二十八舍之外干乎二十八舍之内，是乱天常也；九州分野之外入乎九州分野之内，是易地理也；非君臣、父子、夫妇、兄弟、宾客、朋友之位，是悖人道也。苟天常乱于上，地理易于下，人道悖于中，国不为中国也。②

石介将佛、道之学的危害上升到破坏正常的自然秩序与社会秩序，危及民族国家存亡的层面。这种思想观念，在整个宋代批判佛、道之学

---

① 石介：《怪说中》，《徂徕石先生文集》，第 62 页。
② 石介：《中国论》，《徂徕石先生文集》，第 116 页。

的思想理论中都是十分有特色的。

石介对人们信奉佛、道之学的痛心与忧患,是其对佛、道之学持坚定的批判态度的另一重要原因,也是其在批判佛、道之学的过程中,凝聚成的另一种思想动力。在石介看来,佛、道之学在理论上危及民族、国家的存亡,但在现实中人们不仅不以其为害,反倒迷恋、崇奉佛、道之学。这既是人们生活中存在的一大乱象,也是国家社会面临的深层次的思想文化危机。这种信仰危机对于国家民族的危害更为深重。石介曾具体论述自己对于人们信仰错位的忧虑:

> 彼其灭君臣之道,绝父子之亲,弃道德,悖礼乐,裂五常,迁四民之常居,毁中国之衣冠,去祖宗而祀夷狄,汗漫不经之教行,妖诞幻惑之说满,则反不知其为怪,既不能禳除之,又崇奉焉。时人见一狐媚、一鹊噪、一枭鸣、一雉入,则能知其为人之怪也,乃启咒祈祭以厌胜焉。彼其孙、其子、其父、其母,忘而祖宗,去而父母,离而常业,裂而常服,习夷教,祀夷鬼,则反不知其为怪,既不能厌胜之,又尊异焉,愈可怪也。①

应当说,正是因为石介既能理解佛、道之学的理论危害,又能意识到佛、道之学的流行加深了人们在信仰层面的思想文化危机,所以他坚定地举起了批判佛、道之学的旗帜。

同时,在石介看来,不论是佛、道之学,还是"杨亿之道",都从根本上危及"孔子之道"。如果不能对"三弊"从理论上进行彻底清算,"孔子之道"即始终难免其害。因此,石介认同韩愈"不塞不流,不止不行"的思想观念,声言自己的理论追求即是要"直斥"侵害"孔子之大道"的异端之学:

> 孔子之大道,为异端侵害,不容于世实三千年……维之持之,道不绝矣。不去其害,道终病矣。韩文公所谓"不塞不流,不止不行"

---

① 石介:《怪说上》,《徂徕石先生文集》,第 61 页。

是也。予不自揆度，乃奋独力，直斥其人而攻之。[1]

石介政治上拥护庆历新政，学术上对危害"孔子之道"的异端之学采取坚定的批判态度，使他曾受到政敌与论敌的强力反击：

反攻予者日以千数，视予之肉，虎动吻而狼磨牙。[2]

但石介无惧无悔。石介曾表示自己虽年仅三十有七即鬓发半白，"然心益壮而气不衰"，绝不动摇自己维护"孔子之大道"，"直斥"异端之学的学术立场与理论信念。石介为维护"孔子之大道"，在学术批判方面可以说是宋代道学前驱中旗帜最为鲜明的代表人物。

从石介与道学联系的角度，考察石介对"杨亿之道"、佛、道之学以及其他学术派别的批判，其思想方法以及与此相关的一些思想观念也值得关注。就思想方法而言，石介不仅始终坚持从"道"的层面批判"杨亿之道"，批判佛、道之学以及杨朱、墨翟等人的思想理论，而且注意揭示两者对立的认识原因，认定"孔子之道"与"杨亿之道"、佛、道之学以及其他异端之学存在对立，根本原因在于人们对自然理则与社会理则的把握与理解存在差异。石介曾与人讨论"文之旨"，并在讨论中论述"文"与"识"的关系：

夫与天地生者，性也；与性生者，诚也；与诚生者，识也。性厚则诚明矣，诚明则识粹矣，识粹则其文典以正矣。然则，文本诸识矣。圣人不思而得，识之至也；贤人思之而至，识之几也。《诗》《易》《书》《礼》《春秋》，言而为中，动而为法，不思而得也。孟、荀、杨、文中子、吏部，勉而为中，制而为法，思之而至也。至者，至于中也，至于法也。至于中，至于法，则至于孔子也。至于孔子而为极焉，其不至焉者，识杂之也，甚者为杨、墨，为老、庄，为申、韩，为鬼佛。识杂之害

---

[1] 石介：《送张绩李常序》，《徂徕石先生文集》，第215—216页。
[2] 同上书，第216页。

也如此。①

在这一论述中，石介肯定"文本诸识"，并认定"诚明则识粹"。所谓"诚明则识粹"，实际上肯定了人的德性有助于人对事物认识的纯正与真实。基于这样的观念，他进而认为孔子与其他儒家学说的代表人物把握事物理则的方法与认识事物的能力虽然存在差异，但其为"文"的目的皆在"至于中""至于法"，正确地把握天道与人道。而儒家学说之所以为"万世可以常行"之道，一个重要原因即在于以孔子为代表的儒家学者或"不思而得"，或"思之而至"，或"勉而为中"，正确地把握了自然与社会的理则。儒家典籍之所以能"言而为中，动而为法"，前提在儒家学者"识粹"。因为，"识粹则其文典以正"。而与儒家学说对立的异端之学之所以在理论上陷于荒谬，原因则在于异端之学的代表人物"识杂"，其对事物理则的认识未能"至于中""至于法"。石介将儒家学说与佛、道之学及其他异端学说的对立归结于"识粹"与"识杂"，力图揭示两者对立的认识原因，这在早期道学代表人物批判佛、道之学及其他异端学说的理论中也是极具思想特色的。

石介在《与杨侍讲书》中还曾认为：

> 万象森然纷错，观诸天则见其序焉；百川支然流离，观诸地则见其会焉。群子之言，蔓引淆乱，观诸圣则见其宗焉。夫《书》之典、谟、训、诰、誓、命，《诗》之风、雅、颂，《春秋》之经，《易》之卦、爻、象、象，周公之典、礼，皆圣人之书也。圣人没，七十子散，微言绝，异端出，群子纷纷然，以白黑相渝，是非相淆，学者不知所趋。②

在这一论述中，石介既肯定世界上"万象森然纷错"，"百川支然流离"，观诸天可"见其序"，观诸地可"见其会"；又认为在思想领域虽有"群子之言，蔓引淆乱"的现象，但只要"观诸圣则见其宗"，通过圣人之书即可找

---

① 石介：《送龚鼎臣序》，《徂徕石先生文集》，第213—214页。
② 石介：《与杨侍讲书》，《徂徕石先生文集》，第154—155页。

到这些思想言论的错误根源。石介的这种论述，将孔子之后，人们在思想上"白黑相渝，是非相淆"，出现严重分歧的原因归结于人们离开了儒家经典，未能正确地把握自然理则与社会的理则。这也是从认识的角度肯定儒家经典的重要性，解析儒学的发展中异端之学兴起的缘由。石介肯定"万象森然纷错"可"见其序"，"百川支然流离"可"见其会"，这种思想对于北宋道学的发展实有重要的引发作用。程伊川释"理"，即认定"冲漠无朕，万象森然已具"。石介既强调世界事物纷繁复杂，其中有"理"，又肯定与多样的现实世界相对应地存在一个先在的且多样的"理"世界，并基于这种基本观念建构了自己的理学。

在道学前驱代表人物的思想理论中，石介的"民本"思想也较有特色。石介认为，有民才有天下、国家。离开民，国家只是一个"名号"。他说：

> 人皆曰："天下国家。"孰为天下？孰为国家？民而已。有民则有天下，有国家；无民则天下空虚矣，国家名号矣。空虚不可居，名号不足守，然则民其与天下存亡乎！其与国家衰盛乎！①

有民才有天下、国家。这种观念使石介明确地肯定民为天下、国家的根本。在石介看来，一个政治人物若善于治理天下、国家，不应表层地观察天下、国家的治乱状况，而应深入地审视民心的向背。一个国家，生活秩序混乱，只要"民心未离"，就仍有得到治理的可能。一个国家表面上生活有序，实际上已失去民心，则前景暗淡、危险、难以长治久安。因为，一个国家失了民心，实即失去了国家的根本，"未有根本亡而枝叶存者"。因此，石介的结论是：

> 民者，国之根本也。天下虽乱，民心未离，不足忧也。天下虽治，民心离，可忧也。②

石介在政治上是北宋庆历新政的坚定支持者，他的民本思想同他的政治追求不无联系。应当肯定，在道学前驱人物的思想理论中，石介的民本

①② 石介：《根本》，《徂徕石先生文集》，第248页。

思想也有自身的特色与价值。

在北宋道学前驱人物中,石介的思想理论较为丰富。但是,石介的思想,相较于后来周敦颐、张载、程颢、程颐等人的思想,在理论上仍存在多方面的差异。朱熹在论及石介、孙复、胡瑗等人与周敦颐、张载、程颢、程颐等人思想的异同时曾认为,石介、孙复、胡瑗等人理论上"知尊王黜霸,明义去利。但只是如此便了。于理未见,故不得中"①。朱熹有关"石守道只是粗""胡安定于义理不分明"等议论,也是要明确地肯定石介等人作为道学前驱,在理论上还不成熟,只能是道学前驱。清代学者全祖望的《读徂徕集》也认定石介学术上"析理"不精:"徂徕先生严气正性,允为泰山第一高座。独其析理有未精者:其论学统则曰'不作符命,自投于阁',以美扬雄,而不难改窜《汉书》之言以讳其丑。是一怪也。其论治统则曰'五代大坏,瀛王救之',以美冯道,而竟忘其'长寿老人'之谬。是一怪也。"②全祖望对石介学术的这种批评,内容更为具体:这就是在对学统的理解方面,周敦颐、张载、程颢、程颐一类学者断自孟子,认定自孟轲没,圣学失传,儒家理论的发展即中断了;但在石介理解的儒学发展中,并未排斥扬雄、王通、韩愈等人的理论贡献。而在全祖望一类学者看来,扬雄对待王莽新政的行为实不应是儒者所为,而石介在肯定扬雄时却对扬雄的此类行为视而不见。全祖望对石介从治统的角度肯定冯道也持异议。因为,在儒家学者看来,冯道的一生实是"不知廉耻",根本不合儒者的行为规范。朱熹、全祖望一类学者虽指出石介在学术方面或"于理未见",或"析理未精",但并未从根本上否定石介在北宋道学的形成发展中的历史贡献。这类学者通过具体解析石介的思想理论特征,肯定石介在思想理论方面与周敦颐、张载、程颢、程颐一类学者存在差异,力求真实地评断石介在北宋道学形成过程中的历史地位,这是值得肯定的。

---

① 朱杰人等主编:《朱子全书》第 18 册,第 4026 页。
② 全祖望:《读徂徕文集》,转引自《徂徕石先生文集》,第 285 页。

第三章　李觏的哲学思想

在北宋早期的儒家哲学发展中,李觏是一位曾经作出重要学术贡献的历史人物。李觏不仅人生经历奇特坎坷,且勤于学术著述,其学术思想也构成了一个内容丰富的理论系统。我们考察北宋儒家哲学的形成发展,须重视对李觏的人生经历的考察,正确地解析与评断由《易》学与《礼》学构成的李觏的哲学思想的理论价值。

第一节　李觏的生平与著述

李觏(1009—1059),字泰伯,北宋建昌军南城(今江西省南城县)人,曾创办盱江书院讲学,人称盱江先生。① 李觏是北宋早期学术文化领域中的代表人物之一,被后人誉为"一代之名儒,后学之师表"②。在后世学人对李觏人品学问的评介中,以明人陈鉴的《建昌新建李泰伯祠堂记》中的论述最具代表性:"盱江宋儒泰伯李先生,存心高古,履行刚方。竭力养亲,不求荣达。倡立盱江书院,讲明正学,从而师之者,恒数十百人。范文正公称其讲论《六经》,辩博明达,释然圣人之旨。著书立言,有孟轲

---

① 参见《宋史·李觏传》卷四三二,第 12839 页。
② 左赞:《乞修李觏墓状》,转引自《李觏集》,第 490 页。

扬雄之风。今草泽中未见其比。并上其所业《礼论》《明堂定制图序》《平土书》《易论》凡二十四篇。"①陈鉴的《建昌新建李泰伯祠堂记》写于明成化六年(1470),文中对于李觏的肯定,一是其"存心高古,履行刚方";二是其"竭力养亲,不求荣达";三则是其"著书立言""讲明正学"。在陈鉴写成《建昌新建李泰伯祠堂记》后两年即明成化八年(1472),一位名为罗伦的学者写成了《建昌府重修李泰伯先生墓记》。《建昌府重修李泰伯先生墓记》中不仅肯定李觏"以文辞自立,其言大而正",而且特别讲到了圣贤与"众人"的生死之别,认为人有生必有死,此为自然律则,人人皆然,圣贤与众人无异。罗伦还以古人言论论定圣贤与众人的差别仅在于其生命与事业"不依形而立,不恃力而行,不待生而存,不随死而亡"②。在罗伦看来,圣贤之谓圣贤,在于其言其行"死而不亡,与天地并久,日月并明"③。而李觏的人生已经达到这样的境界。因此,李觏也当在圣贤之列。李觏辞世数百年之后,人们仍是如此论定其人品学问,怀念这位儒者,由此可见李觏其人其学在中国学术史上的深远影响。

李觏的学术经历颇为奇特,他曾自谓"南城贱民""邑外草莱之民",声称自己"身不被一命之宠,家不藏担石之谷"。④ 李觏一生,既无显赫的政治地位,也无丰饶的田园产业。但其人品学问却长期为人们所称道,其人生经历与学术活动都值得深入探讨。李觏曾多次在与人的书信往来中自述其求学经历、学术志向以及生计的艰难:

> 觏,南城贱民。自以家世儒素,生长好学,由六七岁时,调声韵,习字书,勉勉不忘,逮于今兹,年二十七矣。其间染采薰香,附合时律外,尤存心于古学、沉酣鼓舞,其志不甚眇小。然而进不得州郡举,退不得乡曲誉。饥寒病瘁,日就颠仆。抱其空文,四顾而无所之。⑤

> 觏十岁知声律,十二近文章,思虑猖狂,耳目病困者既十年矣。

---

① 陈鉴:《建昌新建李泰伯祠堂记》,转引自《李觏集》,第 488 页。
②③ 罗伦:《建昌府重修李泰伯先生墓记》,转引自《李觏集》,第 491 页。
④ 李觏:《上孙寺丞书》,《李觏集》,第 296 页。
⑤ 李觏:《上苏祠部书》,《李觏集》,第 297—298 页。

而公不举于州郡,私不信于闾里,梯天莫见明主,穷海未遇知己。朝谈仁义,暮学计策,云云虽多,徒取笑怪。老母坐堂,亲爱盈屋,未耜不供升斗之食,桑麻不足一带之衣。尘埃四走,乞丐无地,此也立节丈夫所宜叹息者也。[1]

从李觏的自述中我们可以看到,李觏从小即好学深思,聪颖博学,受到过良好的传统文化熏陶。和传统的儒家学者一样,李觏也希望通过读书应试来博取功名,踏入仕途,报效国家。但是,李觏的应试之路却极其不顺。他二十九岁时乡举不利,三十四岁时应试仍然"不第"而归。李觏曾以"踽踽而来,恓恓而返,士林不鉴其道,有位不知其名。背仕进之门,而复入于寒饿之水火"[2]来形容和描述自己多次应试不顺的苦闷、沮丧的心情。作为一个生活在北宋年间的知识分子,仕途不顺不仅使李觏"未获用于一时",报国无门,心境凄凉,也使李觏的家庭生活极端清贫与困苦。李觏论及自己生活清贫·除前述所谓"尘埃四走,乞丐无地"之外,还有"家贫亲老,弗获禄仕。或怒其介,或笑其迂。左排右挤,沟壑是虞"[3]之说。多次应试不中,也使李觏意识到了自己的"介"与"迂",他曾说自己"家世贫乏,幼孤无兄弟,老母年近六十,饥焉而无田,寒焉而无桑。喁喁科举,求不可望之禄以为养,抑疏阔也矣"[4]。他开始反省自己的生活道路,决定不再企求由应试才能获得的仕途生活。他在《上江职方书》中说:

> 不幸少年缪计,屡乞乡举,求而不得,祇自秽污。今兹行年三十余,固知非矣。方将削迹尘路,屏居林薮,张皇本心,洗涤外虑。未明者明之,未备者备之。使三代之道,珠连玉积,尽在掌上,所大愿也。若夫毁誉用舍,计之已熟。誉邪,惟天下自誉之,觏不求誉也。用邪,惟天下自用之,觏不求用也。[5]

---

[1] 李觏:《上余监丞书》,《李觏集》,第296页。
[2] 李觏:《上叶学士书》,《李觏集》,第288页。
[3] 李觏:《上宋舍人书》,《李觏集》,第291页。
[4] 李觏:《上范待制书》,《李觏集》,第294页。
[5] 李觏:《上江职方书》,《李觏集》,第283页。

"不求誉""不求用",对李觏来说,只不过是在无奈之中自己所能给予自己的一种慰藉。因为,在李觏看来,宋代的考试本身即不是一种完备的选拔人才的制度。通过这样的考试,"浮华浅陋之辈"完全可能因为偶然的应试成功而"率为可用"。反之,"虽有仁如伯夷,孝如曾参,直如史鱼,廉如于陵,一语不中,则生平委地"①。一个德才兼备的考生,可能因为考试中偶然性的失误而失去报效社会国家的机会与权利。所以李觏断言,这样的考试"偶失偶得,如弈棋耳",充满偶然性因素,并不能将有真才实学的人选拔出来,以为国家社会所用。换言之,在李觏看来,屡试不第者,并不即意味着其学问浅陋。因此,他在自己"屡乞乡举,求而不得"的情况下,虽表示要"削迹尘路,屏居林薮,张皇本心,洗涤外虑",但实未放弃对学问的追求。恰恰相反,"使三代之道,珠连玉积,尽在掌上",仍然是他的"大愿"。正是这样的人生态度与学术追求,使得李觏在极其艰苦的生活环境中仍然坚持学术著述,形成了大量学术研究成果。据《直讲李先生年谱》记载:李觏二十三岁时著《潜书》15 篇;二十四岁时著《礼论》7 篇;二十八岁前后修《明堂定制图并序》,著《平土书》;三十岁时著《广潜书》15 篇;三十一岁时著《富国强兵安民三十策》;三十五岁著《庆历民言》30 篇、《周礼致太平论》51 篇;三十九岁著《礼论后语》《删定易图序论》;四十五岁时著《常语》上中下 3 卷。此外,李觏还著有其他多种文稿,直到晚年仍不辍著述,且以未能完成《三礼论》而感到遗憾。

从李觏的著述情况来看,他主要的学术著作大体上完成于四十岁之前,而这一时期又是李觏人生中最不得志、生活最为艰难的时期。由于李觏的学术活动特色及其学术成果的影响,他的人品学问在他四十岁左右开始为人们所称道。李觏三十七岁时,开始有人向朝廷举荐,希望朝廷能够任用他。范仲淹也曾在李觏四十一岁和四十二岁时连续向朝廷举荐,希望朝廷任用他"以劝儒林"。但李觏以太学助教"充太学直讲",赴太学任职已是他四十九岁时的事了。李觏五十一岁时,曾"因胡瑗以

---

① 李觏:《上范待制书》,《李觏集》,第 293 页。

病告假"而受命"权同管勾太学"，但他因"祖母未附先劳形茔，请假归迁"，不久即卒于家。因此，李觏在京城的生活时间极其短暂，他的人生基本上是在民间教育与民间的学术活动中度过的。

　　李觏在民间能够长期坚持自己的学术活动，并获得丰硕的学术成就，就其思想动力而言，一是他关心社会现实，具有宏大的政治抱负；二是他追求真理的学术精神以及他对于学术价值的深切理解。远大的政治抱负使得李觏在自己的学术活动中没有停留于纯粹的学术研究，而是力图通过自己的学术研究，寻求"康国济民"的道路。李觏在《上孙寺丞书》中即曾说自己："鸡鸣而起，诵孔子、孟轲群圣人之言，纂成文章，以康国济民为意。余力读孙吴书，学耕战法，以备朝廷犬马驱指。肤寒热，腹饥渴，颠倒而不变。非独人之云云，坐而自叹且自笑者也。"①政治方面的抱负与追求，也使得李觏充满了对于"邦国政教有玷缺不完者，下民疾害有酸楚未复者"的忧患。他曾经尖锐地揭露当时统治者对民众疾苦的漠视和下层社会民众在困苦中无处申诉、求告无门的社会现实："自政不得人，二三年来，尤为昏乱。公庭攘攘，塞耳不闻怨声，民钱狱理，交手为市。刺史弗之恤，廉使弗之问。裹粮北走，路宿一月，然后至京师。天门沈沈，虎士交戟，朝无亲党，袖无金贝，有能自达其冤者乎？是以穷夫细人，拷棒且死，喋不得言，唯仰首拜天，以愿雪活耳！"②李觏能够如此直率地揭露北宋社会严酷的生活现实，原因在于下层社会的生活使得他对于北宋社会危机有着自己独特的关切与理解。民间学者的身份使他生活艰难、报国无门，也促使他在痛斥社会腐败的同时，不断向世人诉说自己的政治抱负。李觏对自己不能步入仕途从而为国为民效力的处境十分不满。他曾表示自己"视颜攻如己之疾，视恶吏如己之仇"，痛恨自己"无斗水以洗濯瑕秽"，只能"四顾悲歌，时或涕洟"。③ 但怀才不遇并没有使李觏消极地面对人生，他仍然不断地求索，不断地自荐，希望获得展示自

---

① 李觏：《上孙寺丞书》，《李觏集》，第296页。
② 同上书，第295页。
③ 李觏：《上范待制书》，《李觏集》，第293页。

己才学的机会,参与治理社会国家,使自己"就尺寸之效,以章其身。千载之后,不与碌碌者同泯没,为凡鬼于地下"①。因此,李觏愈是自觉仕途无望,愈是勤奋向学。这种失望与希望交织的状况,当是李觏在学术研探中理论日臻成熟并最终获得多方面学术成就的重要原因。

随着学术上的进步与成熟,李觏对北宋学术领域中现实状况的思考日渐深入,对当时学术领域中儒学不兴,佛、道盛行的状况尤为不满。他曾通过对中国学术文化发展的历史回顾,尖锐地批评魏晋以来的学术演变:"至于汉初,老师大儒,未尽调落,嗣而兴者,皆知称先圣,本仁义。数百年中,其秉笔者,多有可采。魏晋之后,涉于南北,斯道积赢,日剧一日。高冠立朝,不恤治具而相高老佛;无用之谈,世主储王而争夸。奸声乱色,以为才思,虚荒巧伪,灭去义理。"②在李觏看来,儒学的衰落已影响到社会的正常秩序。他所谓"不恤治具"即是批评人们忽略儒学对于国家社会的治理功能;"相高老佛"则是对人们争相礼佛、崇道的批评;而他所谓"奸声乱色,以为才思,虚荒巧伪,灭去义理。俾元元之民,虽有耳目弗能复视听也"的论断,既概括了魏晋以来人们专注于佛、道之学,崇尚清谈的结果,也指出了魏晋以来社会现实生活中的危机。与批评魏晋学术的态度相反,李觏对唐代学者排斥佛教、复兴儒学的学术活动则大加赞赏:"赖天相唐室,生大贤以维持之。李杜称兵于前,韩柳主盟于后。诛邪赏正,方内向服。尧舜之道,晦而复明;周孔之教,枯而复荣。逮于朝家,文章之懿,高视前古者,阶于此也。"③在这种论述中,我们可以看到李觏不仅肯定唐代学者的学术成就,实际上也把唐代韩愈、柳宗元等人的学术活动视为后世学者学术活动的基础与起点。但是,李觏对北宋建国以来学术文化的发展却十分不满。在李觏看来,北宋学术界盛行"不求经术而摭小说以为新,不思理道而专雕镂以为丽"的学风。学者为学,专尚文辞而忽略义理,结果是"儒失其守,教化坠于地"。民众在日常

---

① 李觏:《上吴舍人书》,《李觏集》,第 280 页。
②③ 李觏:《上宋舍人书》,《李觏集》,第 290 页。

生活中"修身正心，养生送死"，思想中需要有所依凭；儒者为学却"不求经术""不思理道"，这正是北宋时期佛、道之学仍能得以广泛流传的原因。因此，李觏认为要改变北宋学术界这种状况，首先需要儒者自身改变学风。他说："今之学者，谁不为文？大抵摹勒孟子，劫掠昌黎，若为文之道止此而已，则但诵得古文十数篇，拆南补北，染旧作新，尽可为名士矣。何工拙之辨哉？觏之施为，异于是矣。"①这种观念，使得李觏在自己的学术活动中，既"责儒者"，又"排佛屠"，诠释儒家经典，注意"讲明正学"，强调凡涉"性命之趣"，"吾儒自有至要"，力图以自己的学术著述，为人们"修身正心，养生送死"提供思想基础，同时也为国家富强太平提供理论根据。李觏的《易论》《礼论》《周礼致太平论》《潜书》《常语》等学术著作集中体现了他的这种学术追求。李觏对北宋学术文化发展的观察理解，以及他自己的学术追求与学术成就，实际上构成了北宋道学发展的一个环节。其后，道学的早期代表人物张载、程颢、程颐等人也是以批判佛、道之学，回归儒学的方式建构自己的思想理论的。

第二节　李觏的《易》学思想

李觏一生，勤于著述，在易学方面曾先后写成两部著作，其一为《易论》，其二为《删定易图序论》。李觏治《易》，对宋代象数学派代表人物刘牧的易学有所批评，赞赏王弼解《易》的思想方法。但是，李觏易学与刘牧易学有不同之处也有相同之处，同王弼易学有相同之处也有不同之处。李觏论及自己的治《易》方法时曾说："京房、马季长、荀爽之释，吾无取焉耳。至于郑康成、姚信、董遇以为天地之数五十有五，减五而用之，刘氏亦同此说，吾有取焉耳。"②这种论述，表明李觏在自己的易学著作中，对京房、马融、荀爽等人的解《易》方法不曾借鉴，而对郑玄、姚信、董遇等人的解《易》方法则有所吸纳，并肯定刘牧解《易》的方法与郑玄等人

① 李觏：《答黄著作书》，《李觏集》，第 324 页。
② 李觏：《删定易图序论》，《李觏集》，第 59 页。

解《易》的方法也有相同之处。同时,李觏主张《易》如明亮的秋阳,广阔的大道,包载"万事之理",将易学创立的目的理解为帮助人们了解宇宙生化的根源、实践人生的基本原则、应对人生中面临的各种关系与矛盾。他曾说:"包牺画八卦而重之,文王、周公、孔子系之辞,辅嗣之贤,从而为之注,炳如秋阳,坦如大逵。君得之以为君,臣得之以为臣,万事之理,犹辐之于轮,靡不在其中矣。"①基于对《易》学价值的这种理解,李觏反对在《易》学研究中"忽其常道,竞习异端"。他将以这种方法研习《易》学的学者谓为"鄙儒",认为只有"鄙儒"才会"疲心于无用之学"。李觏也反对以卜筮"疑众"。《礼记·王制》中有"四诛"之说:"析言破律,乱名改作,执左道以乱政,杀。作淫声、异服、奇技、奇器以疑众,杀。行伪而坚,言伪而辩、学非而博、顺非而泽以疑众,杀。假于鬼神、时日、卜筮以疑众,杀。此四诛者,不以听。凡执禁以齐众,不赦过。"②李觏曾以《礼记·王制》中这种"四诛"说为据,批判以"卜筮"之名"缘饰邪说"者:

> 古之龟筮,虽质诸神明,必参以行事。南蒯将乱,而得"黄裳元吉";穆姜弃位,而遇"元、亨、利、贞"。德之不称,知其无益。后之儒生,非史非巫,而言称运命,矫举经籍,以缘饰邪说,谓存亡得丧,一出自然,其听之者亦已荒矣。《王制》曰:"执左道以乱政,杀;假于鬼神时日卜筮以疑众,杀。"为人上者,必以《王制》从事,则《易》道明而君道成矣。③

在李觏看来,只有实施《礼记·王制》所主张的"四诛"原则,引领与规范《易》学的研究方向,杜绝易学研究中"假于鬼神时日卜筮以疑众"的现象,才有可能明《易》道,成"君道",展现《易》学真实的理论价值与实践价值。李觏基于这样的易学观念写成自己的易学著作,在《易论》中论释自己所理解的"君道""臣道"以及其他社会生活的原则,在《删定易图序论》

---

① 李觏:《易论十三篇》,《李觏集》,第 27 页。
② 王文锦:《礼记译解》上,第 183 页,北京,中华书局,2001。
③ 李觏:《删定易图序论》,《李觏集》,第 66 页。

中,通过对刘牧易学思想的批评,论述自己对于宇宙事物存有根据的理解。李觏的《删定易图序论》成书于《易论》之后。但从李觏两部易学著作的基本内容来看,在哲学史的视域之内,应当先考察其在《删定易图序论》中论述的《易》学思想。

李觏的《删定易图序论》是对刘牧易学思想的批评。在北宋易学中,刘牧推崇《河图》《洛书》,是图书学派的代表人物。黄宗羲、全祖望等人在《宋元学案·泰山学案》中曾附论刘牧的学术活动,认为刘牧"受易学于范谔昌,谔昌本于许坚,坚本于种放,实与康节同所自出"①。但这种记述十分简略。《宋元学案·汉上学案》考论朱震的易学思想,肯定朱震"经学深醇",并引述了朱震在《汉上易解》中论述宋代易学传承的文字:

> 先生经学深醇,有《汉上易解》,云:"陈抟以《先天图》传种放,种放传穆修,穆修传李之才,之才传邵雍,放以《河图》《洛书》传李溉,李溉传许坚,许坚传范谔昌,谔昌传刘牧。修以《太极图》传周敦颐,敦颐传程颢、程颐。是时张载讲学于程、邵之间。故雍著《皇极经世书》,牧陈天地五十有五之数,敦颐作《通书》,程颐述《易传》,载造《太和》《参两》等篇。臣今以《易传》为宗,和会雍、载之论,上采汉、魏、吴、晋,下逮有唐及今,包括异同,庶几道离而复合。"盖其学以王弼尽去旧说,杂以老、庄,专尚文辞为非,故其于象数加详焉。其论《图》《书》授受源委亦如此。盖莫知其所自云。②

黄宗羲、全祖望等人论及朱震易学,认为朱震易学"以王弼尽去旧说,杂以老、庄,专尚文辞为非",重视象数;但对于朱震所述"《图》《书》授受源委"则存疑,未加肯定。全祖望曾明确指出,朱震肯定"周、程、张、刘、邵氏之学出于一师,其说恐不可信"③。朱震认定北宋易学中邵雍、刘牧一派的易学与与周敦颐、程颐、张载等人的易学"出于一师",目的在肯定自

---

① 黄宗羲原本,全祖望修定:《泰山学案》,《宋元学案》第 1 册,第 114 页。
② 黄宗羲原本,全祖望修定:《汉上学案》,《宋元学案》第 2 册,第 1252—1253 页。
③ 同上书,第 1253 页。

己的易学"和会雍、载之论",取诸家之长,为宋代易学的集大成者。但在全祖望看来,朱震的这种思想动机实为其易学学说中存在晁公武"所讥舛错者"的原因。但从朱震的论述中,我们可以看到,刘牧的河洛之学作为北宋易学中一个学术派别,其学术地位是人们所认同的。刘牧的易学著作主要是他的《易数勾隐图》。刘牧吸纳汉代以来象数学派解易的方法,推重《河图》《洛书》,通过对《河图》《洛书》的辨析来建构自己的易学系统。李觏的《删定易图序论》,即是在删定刘牧《易图》的过程中写成的。《系辞》中本有"是故天生神物,圣人则之。天地变化,圣人效之。天垂象,见吉凶,圣人象之。河出图,洛出书,圣人则之"的说法。因此,李觏论《易》,取《易传》所说,并不否定《河图》《洛书》。在《删定易图序论》中,李觏曾明确肯定"《洛书》五十有五,协于《系辞》天地之数。《河图》四十有五,虽于《易》无文,然其数与其位,灼有条理;不可移易,非妄也"[①]。李觏肯定《河图》《洛书》,又何以要批评刘牧的河洛之学? 李觏曾具体论述自己写成《易论》之后,删定刘牧《易图》,批评刘牧易学的原因:

> 觏尝著《易论》十三篇,援辅嗣之注以解义,盖急乎天下国家之用,毫析幽微,所未暇也。世有治《易》根于刘牧者,其说日不同。因购牧所为《易图》五十五首,观之则甚复重,假令其说之善,犹不出乎《河图》《洛书》《八卦》三者之内,彼五十二图皆疣赘也。而况力穿凿以从傀异,考之破碎,鲜可信用。大惧诖误学子,坏隳世教,乃删其图而存之者三焉:所谓《河图》也,《洛书》也,《八卦》也。于其序解之中,撮举而是正之。[②]

从这种论述来看,李觏删定刘牧的《易图》,批评刘牧易学,一是因为刘牧《易图》繁杂重复,其《易图》55 首中,除了《河图》《洛书》《八卦》,余者皆为"疣赘"。二是因为刘牧将《河图》《洛书》"合而为一",既认定《易》之八卦源于河图之象,又说《易》之八卦源于《洛书》之形,以象、形分离论释八卦

---

① 李觏:《删定易图序论》,《李觏集》,第 53 页。
② 同上书,第 52 页。

的起源，其论有"过"，难自圆其说。用李覯的语言表述即是："刘氏以河、洛图书合而为一，但以《河图》无十，而谓水、火、木、金不得土数，未能成形，乃谓之象。至于《洛书》有十，水、火、木、金，附于土而成形矣，则谓之形。以此为异耳。其言四象生八卦，则取《河图》之七、八、九、六，以其有象字，不可用《洛书》之形牧也。其下文又引水六、金九、火七、木八而生八卦，于此则通取《洛书》之形矣。噫！何其自相违也。"①李覯认为，物之象、形乃阴阳二气交合的结果，阴阳交合而后有象，有象而后有形。刘牧解《易》，既不了解象、形的意涵，也不了解象、形形成的根源。为此，李覯曾具体论述阴阳五行与象、形的关系，批评刘牧对《河图》之数与《洛书》之数理解的失误。他说：

> 夫物以阴阳二气之会而后有象，象而后有形。象者，胚胎是也；形者，耳目鼻口手足是也。《河图》之数，二气未会，而刘氏谓之象，悖矣！若夫《洛书》之数，五位既合，则五行有象且有形矣。象与形相因之物也，其一、二、三、四、五为生数，六、七、八、九、十为成数者，徒以先后分之耳。其实二者合而后能生，生则成矣，盖非一生之待六而后成也。假令《河图》是象，《洛书》是形，则取《洛书》而为八卦者，亦非酌水燃火，戈木锻金而成之也。直取其象耳。以法象而言之不亦可乎？何其固执形象之象也。其曰：天五驾一、二、三、四而生六、七、八、九者，愈乖远矣！且阴阳会合而后能生，今以天五驾天一、天三，乃是二阳相合，安能生六生八哉？天降阳，地出阴，阴阳合而生五行，此理甚明白，岂有阳与阳合而生阴哉？②

在对刘牧的这种批评中，李覯肯定"阴阳二气之会而后有象，象而后有形"，坚持《易》以天数为奇数，地数为偶数，以天为阳，以地为阴的基本观念。因为，《系辞》中论及天数、地数时本来即有"天一，地二；天三，地四；天五，地六；天七，地八；天九，地十。天数五，地数五，五位相得而各有

---

① 李覯：《删定易图序论》，《李覯集》，第 54 页。
② 同上书，第 55 页。

合。天数二十有五,地数三十,凡天地之数五十有五。此所以成变化而行鬼神"的说法。在李觏看来,刘牧所谓"天五驾一、二、三、四而生六、七、八、九者",实际出现了"阳与阳合而生阴"的情况。这违背了《易》理,也违背了事物生成变化之理。从易学的角度来看,刘牧的《易图》以及李觏对刘牧《易图》的辩证与批评,都涉及对《系辞》中"易有太极,是生两仪,两仪生四象,四象生八卦"说的理解。从哲学的角度来看,李觏在对刘牧的批评中,实际上表达了他对事物存有的源头或说根据的理解。在这种理解中,李觏以"太极"为阴阳未分之气,"两仪"为阴阳之气,肯定阴阳交合产生五行万物。李觏所谓天地之气,实也是阴阳之气。在李觏看来,若天地之气不能交合,则五行万物皆无从形成。他曾以设问的形式,表达自己的这种观念:"厥初太极之分,天以阳高于上,地以阴卑于下,天地之气,各亢所处,则五行万物何从而生?"①又说:"天气虽降,地气虽出,而犹各居一位,未之会合,亦未能生五行矣! 譬诸男未冠,女未笄,昏姻之礼未成,则何孕育之有哉?"②这样的论述同样是要强调阴阳相合而形成五行万物。在李觏看来,刘牧虽也吸纳阴阳五行观念以解《易》,但其对《易图》中数、位的辨析之所以多乖违处,根本原因即在于刘牧未能坚持"夫物以阴阳二气之会而后有象,象而后有形"这种观念,而是将《易图》天地之数的设定理解为天地之象形成的前提。李觏对刘牧的这种批评,既指出了刘牧易学在理论方面的特色与失误,也为自己的易学思想确立了最基本的理论基础。李觏通过解《易》,实际上对事物存有的根据作出了哲学的解释。

李觏的另一部易学著作是《易论》,共 13 篇。李觏在《易论》中,通过引用、解释不同爻位的爻辞来论述人在社会生活中的行为原则。这些原则涉及"君臣之交",也涉及"同志之会",内容十分丰富。在传统的易学中,有所谓卦象、爻象之说,也有所谓爻性、爻位之说。卦象由卦形表现。

---

① 李觏:《删定易图序论》,《李觏集》,第 54 页。
② 同上书,第 54—55 页。

八卦或六十四卦的卦象可以表示不同的事物，也可以表示不同事物的属性。爻象分别为"—"与"– –"，前者为阳爻，后者为阴爻。阳爻与阴爻的分别，实即爻性的分别。传统易学在一、二、三、四、五、六、七、八、九、十这十个数中以最大的奇数九表示阳爻，以偶数的中间数六表示阴爻。因此，在易学中，六与九也可表示爻性。爻位表示组成一卦的各爻所处的具体位置。历史上易学家们对于具体卦象中的爻性与爻位十分重视，常根据爻性与爻位的差异来理解事物的发展，解释人们在社会生活中所面临的问题。一般而言，人以卦中第五爻为尊位，其爻辞人们也极为重视。李觏在《易论》中，分别引损卦、贲卦、既济卦、益卦、屯卦、比卦、同人卦、夬卦、家人卦中"六五"或"九五"的爻辞，以解释自己所主张的君道，即体现了这样的易学观念。李觏对自己所引爻辞的解释，则主要援用王弼《周易注》中的解释。但是，李觏选引《周易》中不同的爻辞，援用王弼《周易注》中的相关解释，并非完全没有自己对爻辞的理解。他选引不同的爻辞，对不同的爻辞加以解释，目的在于论释自己理解的《周易》中涵括的"万事之理"，以导引人们现实的社会生活。譬如，李觏对"君道"的论释与他对爻辞的选引与解释的结合就十分紧密。在李觏看来，为君者身居高位，担负着治理国家的重任。因此，"以柔居尊"应是君道的重要内容。他说："夫用贵莫若恭，用富莫若俭。恭则众归焉，俭则财阜焉。恭俭者，先王所以保四海也。《损》六五曰：'或益之十朋之龟，弗克违。元吉。'龟可决疑，喻明智也。以柔居尊，而为损道，明智之士，皆乐为用矣。非徒人助，天且福之。故《象》曰：'六五元吉，自上佑也。'恭之得众也如此。"[1]李觏解释中的"以柔居尊，而为损道"说，实为王弼《周易注》中的语言。但是，李觏主张"以柔居尊"，并非完全沿袭道家或玄学家的思想，而是以"损道"来论释为君者在国家的治理中，要践行"恭""俭"之道。在李觏看来，国君在治理国家的活动中，"用恭"可以获得人心，其结果是"众归"，得到民众的拥戴；"用俭"理财，其结果是"财阜"，使国家财富的

---

① 李觏：《易论十三篇》，《李觏集》，第 27 页。

积累更加丰厚。所以"恭俭"之道应是治理国家的重要原则。而践行这样的原则实际上也可以理解为用"柔",践行"损道"。

李觏引用《贲》卦六五爻的爻辞也是要表达自己的这种理解:"《贲》六五曰:'贲于丘园,束帛戋戋,吝,终吉。'丘园为质素之地也。处得尊位,为饰之主,而每事质素与丘园相似,则费财务束帛乃戋戋众多也,俭之足用也如此。非徒俭于身也,祭祀鬼神尚可菲薄。《既济》九五曰:'东邻杀牛,不如西邻之禴祭,实受其福。'禴,祭之薄者也。谓修德以祭,虽薄而受福也。夫上之利民,以财则不足也,百姓安堵而不败其业,利之大者也。"①贲为饰,丘园乃丘墟、园圃,为质素之地,非繁华之所。王弼《周易注》中释此爻爻辞说:"故贲于束帛,丘园乃落。贲于丘园,帛乃戋戋。用莫过于俭泰而能约,故必吝焉,乃得终吉也。"李觏的解释基本上也是援用王弼注,通过对"贲于丘园"的解释,肯定"俭之足用",并以此论释自己理解的君道。对《既济》卦九五爻辞的解释,其意也在于此。李觏所谓"修德以祭,虽薄而受福",是肯定"薄"祭反而会获得好的结果,同样是要强调"俭"当为君道。

李觏论释君道,除了主张"以柔居尊",也提倡"执刚体柔"。他引用《比》卦九五爻的爻辞并附加解释,即是要论述自己的这种主张:

> 《比》九五曰:"显比,王用三驱,失前禽,邑人不诫,吉。"谓为比之主,而有应在二,显比者也。不能无私于物,唯贤是与,爱于来而恶于去,用三驱之道者也。伐不加邑,动必讨叛,虽得乎显比之吉,而可以为上之使,非为上之道。故《象》曰:"邑人不诫,上使中也。"夫执刚莫如体柔,责人莫如自修,尚力取胜亦已劳矣。②

《比》卦之"比"意为"亲近"。《比》卦九五爻的爻辞中所说"三驱"为古代狩猎的一种礼制,内容是狩猎时驱赶禽兽,依禽兽向背,然后决定射猎与不射猎。李觏对于爻辞的解释虽然基本上也是援用王弼的注,但"夫执

---

① 李觏:《易论十三篇》,《李觏集》,第27—28页。
② 同上书,第28页。

刚莫如体柔,责人莫如自修"说,却是李觏引用《比》卦九五爻爻辞及王弼的解释后自己得出的结论。这种结论也表明李觏将"体柔"作为君道所应包含的重要内容。如前所述,李觏主张"以柔处尊""执刚体柔",并非完全以道家、玄学家的观念解易,他所谓"以柔处尊""执刚体柔"的内容为"恭""俭"之道,这样的内容实在儒家主张的德行的范围。李觏还曾引《家人》卦以论释自己所理解的君道:"《家人》九五曰:'王假有家,勿恤,吉。'谓居于尊位,而明家道,则下莫不化矣。父父子子、兄兄弟弟,夫夫妇妇,六亲和睦,交相爱乐,而家道正。正家而天下定,故勿恤而吉也。凡此皆为君之道也。"①李觏对此爻辞的解释虽仍援用王弼注,但"凡此皆为君之道也"这种结论,同样表明李觏主张的君道内容在传统的儒家学说范围。李觏在《易论》中论及君道,还涉及"任官""救弊""通变""利民""溥爱"等具体内容。李觏对这些问题的论释,同样以易说为据,再辅以自己的理解;其内容也大都在儒家所主张的德性、德行的范围。

论及臣道,李觏的基本观念是主张为臣者当"尽礼""致恭""以谦为本"。他曾引《随》卦爻辞说明臣道:"《随》九四曰:'随有获,贞凶,有孚在道,以明,何咎。'谓居于臣地,以擅其民,失于臣道,违正者也。体刚居说,而得民心,能干其事,而成其功者也。虽违常义,志在济物,著信在道,以明其功,何咎之有哉!夫权之所在,众之所附,不守以正,速祸而已矣。"②李觏对此爻辞的解释基本上也是援用王弼《周易注》中的文字,但"夫权之所在,众之所附,不守以正,速祸而已矣"却是李觏自己的观念。李觏认为,为臣者"不守以正",结果会给自己带来祸患,实际上是强调"守正"乃臣道的重要内容。在某种意义上可以说,"守正"实为主张为臣者应正确地行使自己手中的权力,而"尽礼""致恭""以谦为本"也可以视作为臣者"守正"的具体表现。这样的"守正",同儒家的"修身"说不无联系。在《易论》中,李觏正是在论释自己对君臣之道的理解之后,开始

---

① 李觏:《易论十三篇》,《李觏集》,第29页。
② 同上书,第32页。

论释"治身"问题的。李觏认为,"性不能自贤,必有习也;事不能自知,必有见也。习之是,而见之广,君子所以有成也"①,十分看重通过"习之是"与"见之广"把握事物的性质与理则,对于君子"所以有成"的作用。

李觏在《易论》中还曾论及"时""常"方面的问题。他说:"时乎时,智者弗能违矣。先时而动者,妄也;后时而不进者,怠也。妄者过之媒,怠者功之贼也。"②在李觏看来,人生活中的"吉凶悔吝",皆与其行为相关。人在面对艰难时,只有行为合符时宜,才有可能化险为夷,避免"悔吝"。所以他强调"时乎时,智者弗能违矣"。论及常、变问题,李觏一方面肯定"天有常,故四时行,地有常,故万物生。人有常,故德行成"③,同时也强调"道不以权,弗能济矣",主张守"常"与用"权"统一。总之,李觏认为,人在社会中生活,会面临各种生存问题;人与人之间的关系繁杂多样,涉及不同利益,存在多种矛盾。人在应对各种生活问题、处理各种人事关系时,应当把握易理,"遵道而行"。他曾具体表述自己的这种见解:

> 或曰:独阴孰始,独阳孰生,万事云为,未有不因人以成。故大则有君臣之交,小则有同志之会,变故非一,愿闻其详。曰:人事之变,或远而相应,或近而相得。远而相应,君臣之分定也,近而相得,以各无应同志者也。然而应于远者,或为近所困;承于上者,或为下所逼,臣欲应君,而寇难阻之;君欲应臣,而谗邪制之。惟其明哲,决所去就,秉心不回,乃无过也。④

在李觏看来,"圣人作《易》,本以教人"。他所谓"惟其明哲,决所去就",实际上是说只有明了前贤在易学中为了"教人"而阐述的各种做人的原则、道理,才能正确地应对生活中面临的各种问题,解决生活中需要解决

---

① 李觏:《易论十三篇》,《李觏集》,第33页。
② 同上书,第37页。
③ 同上书,第41页。
④ 同上书,第39页。

的各种矛盾,使自己的人生获得成功。从李觏在《易论》中所论释的这些内容来看,李觏在不同的篇章中引述易说,目的皆在于论释儒家所主张的人生哲学。这种依据易学理论,系统地论述儒家所提倡的人生哲学的学术方法,升华了儒家人生哲学的理论层次,体现了李觏易学思想的特色,也为后来北宋道学的发展提供了思想方法的启示。

第三节　李觏的"礼"学思想

在李觏的著述中,《礼论》7 篇与《周礼致太平论》51 篇皆可视为其论释"礼"学思想的重要著作。《周礼致太平论》涵括《内治》《国用》《军卫》《刑禁》《官人》《教道》等篇章内容。李觏认同刘歆、郑玄《周礼》为"周公致太平之迹"的观念,他撰著《周礼致太平论》,目的不在学术范围内的"解经",而在社会政治活动中的"有为",其追求不在"文学"方面的创获,而在"天下国家"的治理。他在《寄周礼致太平论上诸公启》中曾表明自己的这种目的与追求:"世之儒者,以异于注疏为学,以奇其词句为文。而觏此书于注疏则不异,何足谓之学? 于词句则不奇,何足谓之文? 惟大君子有心于天下国家者,少停左右,观其意义所归,则文学也者,筌蹄而已。"①从这种论述中,我们可以看到,李觏写作《周礼致太平论》51 篇,与其写作《富国策》10 首在追求方面有相似之处,即注重对社会国家治理的具体思考,论释自己所理解的治理国家的大政方略。与《周礼致太平书》相比较,《礼论》成书在前,在理论追求方面也有所不同。李觏虽也认定《礼论》7 篇乃"邦国之龟筮,生民之耳目"②,但他强调自己撰写《礼论》的目的在"推其本以见其末,正其名以责其实。崇先圣之遗制,攻后世之乖缺"③。这使得他在《礼论》中更加注重从理论的层面论释自己所理解的"礼"及"礼"学的内容与系统。因此,我们在哲学的视域中考察李觏的"礼"学思想,视角应多集中于其《礼论》的思想内容。

---

① 李觏:《寄周礼致太平论上诸公启》,《李觏集》,第 276 页。
②③ 李觏:《礼论七篇》,《李觏集》,第 5 页。

李觏的"礼"学思想自成系统。这个系统是"始得之于心",还是因"闻圣人之言及此者"而后成？李觏在《礼论》中曾以设问的形式提出过这样的问题。他的回答是："闻诸圣人矣。"李觏认同《礼记·礼运》所记孔子关于"禹、汤、文、武、成王、周公,此六君子者,未有不谨于礼者也"①这种论断。在李觏看来,历史上"圣人之所以作,贤者之所以述,天子之所以正天下,诸侯之所以治其国,卿大夫士之所以守其位,庶人之所以保其生,无一物而不以礼也"②。"礼""不可须臾而去",应当是"圣人"重礼的基本缘由,也是李觏传承"圣人""礼"学的重要缘由。但是,李觏的"礼"学具备自身的特色,创发的内容很多。这种内容首先表现在李觏一反秦汉以来儒家学者以"仁""义""礼""智""信"五者并提的做法,多着眼于从伦理层面讲"礼"的思想传统,强调"礼"为"法制之总名",认定"礼、乐、刑、政"与"仁""义""礼""智""信"一统于"礼"。李觏在《礼论》中曾以问答的形式论述自己的这种观念：

> 曰：尝闻之,礼、乐、刑、政,天下之大法也。仁、义、礼、智、信,天下之至行也。八者并用,传之者久矣,而吾子一本于礼,无乃不可乎？
>
> 曰：是皆礼也。饮食,衣服,宫室,器皿,夫妇,父子,长幼,君臣,上下,师友,宾客,死丧,祭祀,礼之本也。曰乐,曰政,曰刑,礼之支也。而刑者,又政之属矣。曰仁,曰义,曰智,曰信,礼之别名也。是七者,盖皆礼矣。③

李觏在实用的层面以"礼"为"人道之准,世教之主",在理论的层面则认定传统观念中的"乐、刑、政"与"仁、义、智、信"实皆为"礼"。这种观念,以"礼"为"法制之总名",实际上是将人类社会制度层面的文化与社会意识层面的文化皆归为"礼"。因此,论及"礼"的构成,他将"乐、刑、政"视

---

① 李觏：《礼论七篇》,《李觏集》,第 19 页。
② 同上书,第 19—20 页。
③ 同上书,第 5—6 页。

为"礼之三支","仁、义、智、信"谓作"礼之四名"。他认为"礼之三支"与"礼之四名""一本于礼",都是"礼"的重要组成部分。但是,李觏认为,"礼之三支"与"礼之四名"的功用有所不同,"礼之四名"实内存于"礼之三支",两者统一,才能使"礼"成为"人道之准,世教之主":

> 三支者,譬诸手足焉,同生于人而辅于人者也。手足不具,头腹岂可动哉?手足具而人身举,三支立而礼本行。四名者,譬诸筋骸之类焉,是亦同生于人而异其称者也。言乎人,则手足筋骸在其中矣;言乎礼,则乐、政、刑、仁、义、智、信在其中矣。故曰:夫礼,人道之准,世教之主也。圣人之所以治天下国家,修身正心,无他,一于礼而已。①

从李觏"手足具而人身举,三支立而礼本行"这种论述来看,在李觏的"礼"学中,"乐、政、刑"的形成当是"礼"得以践行的基础;但是,他也强调"仁、义、智、信"同为"礼"不可或缺的组成部分;"乐、政、刑"与"仁、义、智、信"七者在"礼"的系统中皆有其不可替代的功用。李觏秉持这样的观念,同他对于"礼"的形成或说起源的理解是关联在一起的。李觏曾说:"夫所谓礼者,为而节之之谓也。"②李觏所说的"为"可以理解为人们生活中出于自身需要而有的自觉行为,"节"则是指人们在生活中出于自身需要对自身行为的调适与节制。这样的"为"与"节",皆出于人们社会生活的需要。因此,在李觏看来,就"礼之本"而言,或说就"礼"产生的根据而言,实为人们社会生活的需要,是人们总结与升华自身生活经验的结果。这种观念使得李觏探讨"礼"之形成时,除了肯定"礼"与人们的生活关联,尤为强调人们生活中的自觉行为,以及对自身行为的节制与调适对于"礼"之形成的重要作用。在李觏看来,"礼"非"自成"者,亦非"自治"者,离开人们生活中自觉的"为"与"节",不可能有"礼";或者说,人们在生活中不"为",不"节",即无所谓"礼"。

---

① 李觏:《礼论七篇》,《李觏集》,第 7 页。
② 同上书,第 8 页。

李觏不仅重视人的行为以及人对自身行为的调适与节制对于"礼"的形成所具有的重要作用,将人自身的生活视为"礼"之本源,而且将人们自身生活中的"为"与"节"同人自身的本性与欲求紧密联系,肯定人对自身生活状态与生存需求的理解,以及与此相联系的"礼"的形成有一个历史的发展过程。在这个过程中,人之"为"与"节"首先表现为其应对自身的物质生活需求,他说:

> 人之始生,饥渴存乎内,寒暑交乎外。饥渴寒暑,生民之大患也。食草木之实、鸟兽之肉,茹其毛而饮其血,不足以养口腹也。被发衣皮,不足以称肌体也。圣王有作,于是因土地之宜,以植百谷;因水火之利,以为炮燔烹炙。治其犬豕牛羊及酱酒醴酏,以为饮食;艺麻为布,缲丝为帛,以为衣服。夏居橧巢,则有颠坠之忧;冬入营窟,则有阴寒重腿之疾,于是为之栋宇。取材于山,取土于地,以为宫室,手足不能以独成事也,饮食不可以措诸地也,于是范金斲木,或为陶瓦,脂胶丹漆,以为器皿。①

这种论述表明,李觏认为人由"茹毛饮血""被发衣皮"的生活方式,演进到"炮燔烹炙""缲丝为帛",以"宫室"取代"巢""窟"的生活方式,所要解决的主要是自身生存所需要的物质生活条件问题。因此,李觏特别强调"夫礼之初,顺人之性欲而为之节文者也"②。在李觏看来,作为涵括"乐、政、刑"与"仁、义、智、信"的"礼"的形成,以人们依靠自身的行为脱离自然的生活状态、创造基本的生活条件为前提。当人们依靠自己的行为使自身的生活获得基本的保障之后,才会意识到生活中伦常的重要,进一步节制、调适自身的行为,逐步建立起基本的伦常原则与行为规范。人的这种"为"与"节",使得"礼"的形成进入到新的历史阶段:

---

① ② 李觏:《礼论七篇》,《李觏集》,第 6 页。

夫妇不正,则男女无别;父子不亲,则人无所本;长幼不分,则强弱相犯,于是为之婚姻,以正夫妇。为之左右奉养,以亲父子。为之伯仲叔季,以分长幼。君臣不辨,则事无统;上下不列,则群党争,于是为之朝觐会同,以辨君臣。为之公、卿、大夫、士、庶人,以列上下。人之心不学则懵也,于是为之庠序讲习,以立师友。人之道不接则离也,于是为之宴享苞苴,以交宾客。死者人之终也,不可以不厚也,于是为之衣衾棺椁,衰麻哭踊,以奉死丧。神者人之本也,不可以不事也,于是为之禘尝郊社,山川中霤,以修祭祀。①

人通过自身的"为"与"节",在满足自身生存所需要的物质生活条件的基础上,进而在生活中"正夫妇""亲父子""分长幼""辨君臣""立师友""交宾客""奉死丧""修祭祀",建立起基本的伦常原则和行为规范,并践行这样的原则与规范,使人们在社会生活中"丰杀有等,疏数有度。贵有常奉,贱有常守。贤者不敢过,不肖者不敢不及"②,终于使"天下大和",形成了和谐、稳定的生活秩序。形成和谐、稳定的社会生活秩序,正是人在自身生活中的"为"与"节"所要达成的重要目标,也是"礼"学追求的"大本"。但是,人们在生活中达成"天下大和"的目标,并不意味着"礼"成型演进过程的终结。在"礼"的形成过程中,"天下大和"为"礼"的演进与发展提供了新的条件、新的契机。在李觏看来,作为"礼"的重要组成部分,"乐、政、刑"的出现,正是人们在解决基本的物质生活条件问题与形成基本的社会生活原则以后,进一步节制、调适自身行为的结果:

人之和必有发也,于是因其发而节之。和久必怠也,于是率其怠而行之。率之不从也,于是罚其不从以威之。是三者,礼之大用也,同出于礼而辅于礼者也。不别不异,不足以大行于世。是故节其和者,命之曰乐;行其怠者,命之曰政;威其不从者,命之曰刑。此

---

①② 李觏:《礼论七篇》,《李觏集》,第6页。

礼之三支也。①

李觏肯定"礼之三支"的形成源于人们自身生活的需要，是人们在生活中进一步对自身行为进行"为"与"节"的结果，同时认为，作为"礼之大旨"的"仁""义""智""信"也是"礼"不可缺少的重要内容，这种内容的出现，同样与人们的生活需要相联系。李觏认为，人们虽然将"仁""义""智""信"视为"天下之至行"，实际上"仁""义""智""信"只是"礼之四名"。"礼之四名"分别以各自具体的意涵指称"礼"四个方面的内容，即"礼"所涵括的"温厚而广爱者"、"断决而从宜者"、"疏达而能谋者"以及"固守而不变者"。这样的"礼之四名"，不仅同样与人们自身的"为"与"节"相联系，而且也是人们对"礼"之内容进一步"别而异之"的结果：

> 在礼之中，有温厚而广爱者，有断决而从宜者，有疏达而能谋者，有固守而不变者。是四者，礼之大旨也，同出于礼而不可缺者也。于是乎又别而异之。温厚而广爱者，命之曰仁；断决而从宜者，命之曰义；疏达而能谋者，命之曰智；固守而不变者，命之曰信。此礼之四名也。②

李觏将"礼"区别为"礼之三支"与"礼之四名"，将"礼"的形成归结于人为了自身的生存而有的"为"与"节"，并将这种"为"与"节"理解为一个历史的演进过程，这种思想是有其理论特色的。有海外华裔学者研究李觏的学术思想，论及李觏思想对儒家学说的贡献，认为李觏的《礼论》"在描述礼从远古一直发展到宋朝历史时，提出了自己的文明演进史"③。但是，李觏的"文明演进史"既受到了柳宗元、韩愈一类儒家学者相关思想的影响，同时也受到了法家学者韩非相关思想的影响，而就儒家学者论释民族文明演进史而言，也并非李觏首创。因此，"李觏的文明演进史主

---

① ② 李觏：《礼论七篇》，《李觏集》，第 7 页。
③ 谢善元：《李觏之生平及思想》，第 64 页，北京，中华书局，1988。

要是引用了别人的作品"①。如此理解李觏《礼论》的学术价值，实际上是不够全面的。李觏回溯民族文明的历史演进，目的是解析人们在不同历史阶段对自身行为之"为"与"节"的差异，论释"礼之三支"与"礼之四名"的出现与形成。这种将"礼"的形成归结于人们在生活中自身的"为"与"节"的观念，与传统的儒家礼学观念有所不同，实为李觏在《礼论》中追求"崇先圣之遗制，攻后世之乖缺"的具体表现。

李觏将"礼"的内容区分为"礼之三支"与"礼之四名"，将"礼之三支"理解为"礼之大用"，将"礼之四名"理解为"礼之大旨"，肯定"礼之四名"体现在"礼之三支"的建构与践行之上，这也是李觏《礼论》的理论特色。他说：

> 圣人率其仁、义、智、信之性，会而为礼，礼成而后仁、义、智、信可见矣。仁、义、智、信者，圣人之性也。礼者，圣人之法制也。性蓄于内，法行于外，虽有其性，不以为法，则暧昧而不章……温厚可以为仁，断决可以为义，疏达可以为智，固守可以为信。不以为礼，则滞于心之内，与无识同，安得谓之仁、义、智、信也？②

这种论述使我们可以看到李觏也肯定"仁""义""智""信"乃圣人之性。这样的圣人之性实为圣人的德性。圣人依循与融会自己的德性，通过"为"与"节"而成"礼"，"礼"成之后才可体现圣人之性。若没有形成制度层面的"礼"，圣人的"仁""义""智""信"之性只能"蓄于内"，"滞于心"，"暧昧而不章"。

所以李觏又强调圣人"仁则忧之，智则谋之，谋之既得，不可以不节也，于是乎义以节之。节之既成，不可以有变矣，于是乎信以守之。四者大备，而法制立矣"③。李觏论及"仁""义""智""信"之"四名"对于作为"礼"之组成部分的"法制"的形成的作用，还有一个更具体的说法，即以

---

① 谢善元:《李觏之生平及思想》，算115页。
② 李觏:《礼论七篇》，《李觏集》，第11页。
③ 同上书，第15页。

法制为"物","仁""义""智""信"为性:"有仁、义、智、信,然后有法制,法制者,礼乐刑政也。有法制,然后有其物。无其物,则不得以见法制。无法制,则不得以见仁、义、智、信。备其物,正其法,而后仁、义、智、信炳然而章矣。"①在李觏看来,不"备其物",不"正其法",无以见"仁、义、智、信";而不依循"仁、义、智、信"之性,则不可能"备其物,正其法",建构起理想的"乐、政、刑"。"礼"的建构只能是"礼之三支"与"礼之四名"的统一与融合。李觏认为,在现实社会生活中,人们"欲为仁、义、智、信而不知求之于礼",故有"非礼之仁""非礼之义""非礼之智""非礼之信";不依循"仁、义、智、信"之性而有"乐""政""刑",则为"非礼之乐""非礼之政""非礼之刑"。究其原因,皆在于人们不能以"礼"为本,不理解"礼"乃"礼之三支"与"礼之四名"的内在统一。李觏这种依循"仁、义、智、信"之性,以使"乐、政、刑"符合儒家之"礼",保证"法制"之善,又以"乐、政、刑"体现"仁、义、智、信"之美的思想,是具有重要理论价值的。

"礼之四名"涉及儒家人性善恶的理论。在儒学内部,关于性善恶有着不同的理解,并因此形成了不同的学术派别。孟子的性善论即是重要流派之一。

李觏在《礼论》中论及"仁、义、智、信之美",不可能回避其对儒学内部关于人性善恶不同理论的选择与态度。他肯定"仁、义、智、信之美",表明他肯定儒家的性善说。他肯定"仁、义、智、信"乃圣人之性,又表明他并不认同孟子的性善论。在《礼论》中,李觏曾以设问的形式明确地肯定韩愈的性三品说,排拒孟子的性善说:

> 或问:孟子曰:"恻隐之心,人皆有之;羞恶之心,人皆有之;辞让之心,人皆有之;是非之心,人皆有之。""恻隐之心,仁之端也;羞恶之心,义之端也;辞让之心,礼之端也;是非之心,智之端也。"孟子既言人皆有仁义之性,而吾子之论独谓圣人有之,何如?
>
> 曰:孟子以为人之性皆善,故有是言耳。古之言性者四:孟子谓

---

① 李觏:《礼论七篇》,《李觏集》,第 16 页。

之皆善，荀卿谓之皆恶，扬雄谓之善恶混，韩退之谓性之品三：上焉者善也，中焉者善恶混也，下焉者恶而已矣。今观退之之辩，诚为得也，孟子岂能专之？[①]

李觏曾在《常语》中集中非孟，认为孟子"名学孔子而实背之"，因此在儒学道统中，"孔子死而不传"，孟子不能占一席之地。这种批评理论色彩不浓。李觏与孟轲思想在理论上的对立，当主要在其对人性善恶的理解。道学的主要代表人物大都持人性本善论，认同孟子的性善说。李觏不认同孟子的性善论，否定普遍的人性本善说，实际上否定了下愚之人向善的可能。这样的人性论与道学主要代表人物的理论趣向有所不同，在其后道学的发展中影响有限。但李觏对"仁、义、智、信之美"的理解也从另一角度体现了他独立思考的学术精神。清代学者李丕论及李觏的学术思想，曾认为李觏"为守礼君子，首接孔孟道统之传者也。其学本于礼，此横渠之知礼成性也，其道本于性，此开明道之定性体仁也"[②]，对李觏的礼学给予了很高的评价。李觏的"礼论"以"乐""政""刑"为"礼之三支"，以"仁、义、智、信"为"礼之四名"，肯定"礼之三支"与"礼之四名"的区别与联结；强调"天地阴阳者，礼乐之象也，人事者，礼乐之实也。言其象，止于尊大其教；言其实，足以轨范于人"[③]。以人自身生活中的"为"与"节"解释"礼"的建构，其理论确实具备自身的特色与价值。

历史上也有学者全面肯定李觏学说与周敦颐、程颢、程颐、张载等人学术思想的联系，认为李觏"先于周、程、张、朱数十年，尝与范希文诸先辈上下论议，畅发乎尧、舜以来相传之旨，于是理学大明，儒风蔚起，识者谓濂、关、闽、洛之学，皆先生有以启其绪焉"[④]。这种论说中所肯定的李觏哲学的历史影响，与历史的实际存在距离。因为，从北宋道学发展的实际来看，不论是李觏的"礼学"还是李觏的"易学"，对于周、程、张、朱各

---

① 李觏：《礼论七篇》，《李觏集》，第 18 页。
② 李丕则：《旰江先生文集原序》，转引自《李觏集》，第 532 页。
③ 李觏：《礼论七篇》，《李觏集》，第 17—18 页。
④ 陆瑶林：《李泰伯先生文集原序》，转引自《李觏集》，第 524 页。

家学说的具体影响都十分有限。但是，就李觏力图通过对"易""礼"之学的独立思考，诠释与建构"邦国之龟筮，生民之耳目"的学术追求而言，确实与道学主要代表人物的思想趣向是一致的。因此，不论是李觏的"礼学"还是李觏的"易学"，都是北宋早期道学的重要组成部分。

第四章　邵雍的象数易学

宋元时期的易学研究成果是宋元哲学一个重要的组成部分。在北宋易学家中,邵雍师从李之才,"受河图、洛书"以及伏羲"八卦六十四卦图像",然后"探赜索隐,妙悟神器",创立了自己的先天象数易学。邵雍以先天象数易学论释宇宙本体,在宋元哲学中另辟蹊径,独树一帜,极大地丰富了宋元哲学的内容和体系,也为我们今天研究宋元哲学留下了一个重要的理论课题。

第一节　邵雍的学术活动与理论著作

邵雍(1011—1077),字尧夫,谥康节,北宋时期著名思想家、易学家、史学家和诗人。他生活在北宋前期,当时中央集权的封建专制统治相对稳定;农业生产由于推广从国外引入的水稻新品种,产量提高,粮食丰富;手工业生产空前发达,海上和陆上丝绸之路畅通,国内和海外商业十分繁荣;没有严重外患;科学技术突飞猛进,涌现出火药、罗盘指南针、活字印刷术三大世界发明。北宋进入后期的封建社会,仍显示了一派繁荣景象。无论政治、科技、人文诸方面,都是英才辈出,范仲淹、王安石、沈括、李诫、苏轼、黄庭坚、司马光、欧阳修以及思想家周敦颐、张载、程颢、程颐、邵雍都是这一群星璀璨时期的风云人物。

邵雍出生于普通知识分子家庭,生活并不富裕。幼年刻苦好学,志存高远。曾离家远游数年,饱览世俗风情,眼界开阔。三十岁时母亲去世,他守孝于共城(今河南省辉县)苏门山,善尽孝道,闻名乡里。偶然的机缘,他受到一位名人赏识,这改变了他的志趣,影响其终生。

这位名人是李之才(? —1045),字挺之,时为共城县令。他听说青年邵雍躬耕苦读,有才华,尽孝道,对其十分赞赏,就亲自到苏门山去访问他。二人一见如故,谈得很融洽。几次见面后,邵雍对李之才十分钦佩,就拜他为师,从原来热心儒学,转而向李之才学习道家所传承的象数之学。李之才原是一位进士,后从他的老师道教学者穆修那里学来一套象数之学,这种学问是从道教祖师陈抟传下来的。陈抟传与种放,种放传与穆修,穆修传与李之才。邵雍为陈抟的四传弟子。这套学问,后人称之为先天象数易学。因其与传统易学思想体系趣向大异,朱熹称之为"《易》外别传"。

邵雍从李之才那里得到秘传。李之才离开共城,调职河阳,邵雍亦随去。邵雍跟随李之才学习时间共有六年,第六年(1045)李之才就去世了。那时邵雍三十五岁,尚未结婚。邵雍从老师那里得到的只是言传,并非先天象数的系统著作。老师去世后,他潜心钻研,"三年不设榻,昼夜危坐以思"[1],主要专心钻研陈抟秘传的一幅《先天图》。从此邵雍思想发生巨变,自称"儒风一变至于道"[2]。他十分自负,扬言:"欲为天下屠龙手,肯读人间非圣书。"[3]还说:"若得天理真乐,何书不可读? 何坚不可破? 何理不可精?"[4]他正是从"非圣书"中终于悟透一套别出心裁的"先天象数易学"思想体系。

皇祐元年(1049),邵雍举家迁居洛阳,因为认定洛阳为"天下之中,

---

① 杜成娴等编著:《邵康节先生外纪》卷一,《易学大师邵康节》,第183页,石家庄,花山文艺出版社,1994。
② 邵雍:《安乐窝中吟》,《邵雍集》,第340页,北京,中华书局,2010。
③ 邵雍:《闲行吟》,《邵雍集》,第276页。
④ 邵雍:《观物外篇》,《邵雍集》,第168页。

可以观四方之士"。从此,他的学术生涯大有发展。邵雍起初借庙宇开馆授徒,深受学生欢迎。皇祐五年(1053),有学生将自家妹妹嫁与邵雍,两年后喜生贵子。邵雍写诗纪兴:"我今行年四十五,生男方始为人父。"①最初,邵雍耕种友人的田地,仅给衣食。后名气日增,朋友日众,不少学生家长是著名官绅,常与他交往。他教育的学生,有的也成了有用人才,邵雍从而名声大震。退居洛阳的达官贵人对他十分敬重,与他结为至交好友。以原任宰相富弼为首的二十余家富户,共同为邵雍在洛阳建了新居——安乐窝,让他安享晚年,静心思考,从事著述。邵雍写诗答谢富弼、司马光等好友:"重谢诸公为买园,买园城里占林泉。七十来步平流水,二十余家争出钱。"②从此"年行五十二,老去复何忧"③,"朝袖清风,夜迎浩月",满腹经纶而清闲自在。经达官鼎力推荐,朝廷先后三次下诏,征邵雍入朝作官,他都一一婉谢,抱定宗旨"生平不作皱眉事,世上应无切齿人"④。

　　邵雍隐居不仕,专心教育弟子,从事著述,留下三部主要作品。第一,代表作《皇极经世》。此书表述其"《易》外别传"的先天易学思想,包括宇宙观、历史观、政治思想、人生哲学,在中国哲学史、文化史上产生重要影响,至今受到推崇。这位哲人的开拓创新精神主要表现在创立了与传统易学不同的象数思维方法和思想体系。由于此书别开生面,《四库全书》未予正确评价,将其列入"术数类"。第二,《渔樵问对》。此书采用渔翁和樵夫对话的形式,提出并回答一些哲学问题。如天何依、地何附? 水与火既能相济,又可相息,其用如何? 天下将治,人必尚行,将乱,人必尚言,何也? 何谓命? 太极何物也? "复"(卦),何以见天地之心? 负薪百斤,无伤身,加十斤遂伤身,何故? 不少问题涉及王霸、义利、心性、祸福、鬼神、动静、体用等。其对话诙谐开朗,没有书生气。第三,《击壤集》。此书是其诗歌总集,共有诗三千余首。其中有玄思易理的哲理诗、评说古史的咏史诗,还有遁

---

① 杜成娴等编著:《邵康节先生外纪》卷一,《易学大师邵康节》,第 182 页。
② 同上书,第 184 页。
③ 邵雍:《弄笔》,《邵雍集》,第 228 页。
④ 邵雍:《诏三下答乡下人不起之意》,《邵雍集》,第 270 页。

世取乖的隐逸诗、寄兴山林的林泉诗、嘤鸣求和的酬唱诗。前两类诗均有丰富的思想内涵。因其出身寒微,志在畎亩,与村夫野老感情深厚,故名《击壤集》。诗韵平白如话,少有雕琢,人称"康节体",有别于名家雅韵。

第二节 宇宙生成论

邵雍所创立的先天象数易学探讨了传统易学未曾探讨过的许多问题,在易学史上独树一帜。其基本内容有三。

首先,宇宙本体及其运化规律。先天易学思想体系,建立在陈抟传下的《先天图》(又称《伏羲八卦图》)的基础上。这幅图显现了《易传·系辞上》所谓"《易》有太极,是生两仪,两仪生四象,四象生八卦"的原理。图中的八卦次序是乾一、兑二、离三、震四、巽五、坎六、艮七、坤八,以乾坤离坎为"四正卦"。其卦序与四正卦都与《后天八卦图》(又称《文王八卦图》)不同。《先天图》的特点为:(1)其生成次序自然而然。太极分一阴一阳而成两仪,两仪之上再生一阴一阳而成四象,四象之上,生一阴一阳而成八卦。(2)按此次序构成的八卦方位,正如《易传·说卦》所谓"天地定位,山泽通气,雷风相薄,水火不相射",呈现阴阳对称互补格式。(3)图分左右两半,左四卦为阳,为天;右四卦为阴,为地。正如《易纬》所谓"天左旋,地右转"。(4)图中乾、坤、坎、离四卦定四方。邵雍谓:"乾坤定上下之位,坎离列左右之门。"[1]乾为天,坤为地,乾上坤下,一南一北。离为日,东升;坎为月,西起。正是乾正南、坤正北、离正东、坎正西。(5)邵雍云:"乾遇巽时观月窟,地逢雷处识天根。"[2]右半圈,乾巽之交,一阴始生,故名"月窟";左半圈,坤(地)震(雷)之交,一阳始生,故名"天根"。天根月窟最为道教修炼所重视。以上诸特点,《后天八卦图》均不具备。

以《先天太极图》为基础,邵雍解释太极说:"生天地之始者,太极

---

① 邵雍:《观物外篇》,《邵雍集》,第112页。
② 邵雍:《观物吟》,《邵雍集》,第435页。

也。"①又称"太极，道之极也"②。"道为天地之本，天地为万物之本。"③
"天由道而生，地由道而成，物由道而形，人由道而行。"④由此形成"太极"
宇宙本体学说。

| 坤八 | 艮七 | 坎六 | 巽五 | 震四 | 离三 | 兑二 | 乾一 | 八卦 |

太阴　少阳　少阴　太阳　四象

阴　阳　两仪

太极　太极

（一）先天八卦次序图

（二）先天太极图（简称先天图）

① 邵雍：《观物外篇》，《邵雍集》，第163页。
② 同上书，第164页。
③ 邵雍：《观物内篇》，《邵雍集》，第9页。
④ 同上书，第33页。

其次,邵雍称太极是"一阴一阳之间者",即阴阳未分之前元气混而为一的本然状态,是阴阳未分的不动状态。《易传·系辞上》指出"阴阳不测之谓神",邵雍认为"神"就是变化的意思,非指神仙。故他说:"太极一也,不动,生二,二则神也。神生数,数生象,象生器。"①又说:"太极不动,性也;发则神,神则数,数则象,象则器,器则变,复归于神也。"②邵雍说的"神",是指宇宙本体——太极的变化。太极未分化时不动,一经发动则显现为神。"神生二",指太极分化为阴阳二端,即两仪,故"二则神也"。两仪生四象、四象生八卦。如此将"阴阳不测之谓神"的思想具体化。"神"成为宇宙本体自我分化的内在动因。

邵雍依此"神生数,数生象,象生器"的原理,进一步阐发其先天象数学思想体系。他写道:"天生于动者也,地生于静者也。一动一静交,而天地之道尽之矣。动之始则阳生焉,动之极则阴生焉,一阴一阳交,而天之用尽之矣。静之始则柔生焉,静之极则刚生焉,一刚一柔交,而地之用尽之矣。"③一动一静为太极神化之始,生天生地之几。天地之道,不外一动一静、一刚一柔的交感作用。阴与阳、刚与柔成为邵雍构建其思想体系的四大基石。邵雍的象数思想体系中,言必称四。"立天之道,曰阴与阳",派生四象乃"日、月、星、辰";"立地之道,曰柔与刚",派生四象乃"水、火、土、石"。④由日月星辰导生昼、夜、寒、暑,由水火土石导生走、飞、草、木,宇宙间的千变万化无不由阴阳刚柔所主导。由此天地四象,日月星辰、水火土石,成为奠定邵雍易学思想中宇宙衍化的八大支柱。八者无非一气,均"乘气而变化"。他说:"气一而已,主之者乾也。神亦一而已,乘气而变化,能出入于有无、生死之间,无方而不测者也。"⑤

邵雍先天易学的基本特征,在于将"数"看作决定事物本质的东西,并特别注重"四"这个数,认为它是解开众妙之门的钥匙,把"数"无限神

---

①② 邵雍:《观物外篇》,《邵雍集》,第 162 页。
③ 邵雍:《观物内篇》,《邵雍集》,第 1 页。
④ 同上书,第 40 页。
⑤ 邵雍:《观物外篇》,《邵雍集》,第 150 页。

秘化。这同希腊毕达哥拉斯学派颇有相似之处。毕达哥拉斯学派"以数目为第一原理，为生存的物质之因"。正如列宁批评的，"在它们那里，实体、物和世界的'规定'，是'枯燥的、没有过程（运动）的、非辩证的'"①。不过，邵雍用"加一倍法"构造的象数图式同韩康伯的有生于无说、孔颖达的太极元气说是大异其趣的；他的理论同周敦颐改造陈抟的《无极图》而大讲"无极而太极"所阐发的一套象学也截然不同。邵雍在《先天图》中不只讲象学，更特意发挥数学。周邵二人共同开创了宋明时期的图书学派，为易学象数学开拓了新的历史时期。

邵雍着意阐发《易传》所讲天地之数②、"成变化而行鬼神"的原理，张扬其"合一衍万"法则。其子邵伯温写道："数者何也？道之运也，理之会也，阴阳之度也，万物之纪也。定于幽而验于明，藏于微而显于著，所以成变化而行鬼神者也。"③北宋中期易学家刘牧也说："夫《易》者，阴阳气交之谓也……卦者，圣人设之，观于象也。象者，形上之应。原其本，则形由象生，象由数设。舍其数，则无以见四象所由之宗矣。"④

神生之"数"，究竟如何成变化而行鬼神？邵雍提出"合一衍万"的法则。他写道："太极既分，两仪立矣。阳下交于阴，阴上交于阳，四象生矣。阳交于阴，阴交于阳，而生天之四象；刚交于柔，柔交于刚，而生地之四象，于是八卦成矣。八卦相错，然后万物生焉……犹根之有干，干之有枝，枝之有叶，愈大则愈少，愈细则愈繁。合之斯为一，衍之斯为万。"⑤学者蔡元定对此法则作了深入阐述，指出：天之四象日月星辰，衍生雨风露雷，及寒暑昼夜，进而影响物的性情形体；地之四象水火土石，衍生走飞草木，亦受雨风露雷之影响，各有其性情形体。邵雍用阴与阳、刚与柔，演化出从一（太极）到万（走飞草木等）的无穷变化，对易学而言，是一重要发展。

---

① 《列宁全集》第38卷，第273页，北京，人民出版社，1959。

② 指《河图》之数。

③ 邵伯温：《皇极经世系述》，《邵雍全集》第3册，上海，上海古籍出版社，2015。

④ 刘牧：《易数钩隐图·自序》，转引自冯友兰：《三松堂全集》第3卷，第271页。

⑤ 邵雍：《观物外篇》，《邵雍集》，第107—108页。

朱熹称许道："自有《易》以来，只有康节说一个物事如此齐整。"[①]尽管邵雍对"加一倍法"（或"一分为二"法）的阐发有所贡献，但其思维方法是形式主义的，力图将宇宙万物的千变万化纳入主观设计的一套图式中。值得肯定的是，其"一分为二"法客观上符合事物变化的矛盾转化规律，尤其是他所创制的《先天六十四卦圆图》，其排列次序，同德国哲学家、数学家莱布尼茨所创立的二进位制原理巧相吻合，故受到莱布尼茨的称赞。

再次，元会运世的宇宙演化进程。邵雍按先天易学原理，对人们生活的这个世界的来龙去脉作了深入探讨。他将自己创制的《伏羲六十四卦圆图》（又称《先天六十四卦圆图》）作为宇宙万物发生发展的总图式、总规律，依照它描绘了宇宙进化的具体程序，从而编制了一份前所未有的世界历史年谱。他为编制年谱自行设立了几条基本准则。

其一，年谱以数字运算为准；规定年谱遵守四级运算方法，四级即元、会、运、世；规定一元有12会，一会有30运，一运有12世，一世有30岁。不难看出，元会运世的数量规定，是按年月日辰的数量变化，一年12月，一月30日，一日12辰，一辰30分。按此计算一元之年数如下：一元＝12会×30运×12世×30岁＝129600岁。

其二，邵雍将12会按12地支顺序命名，即子、丑、寅、卯、辰、巳、午、未、申、酉、戌、亥。认定天生于子会，地生于丑会，人生于寅会。

其三，采用汉代推行的十二消息卦的卦象，标定每会的阴阳消长之数。12会中阴阳消长的顺序是：子会为复卦（一阳五阴），丑会为临卦（二阳四阴），寅会为泰卦（三阳三阴），卯会为大壮卦（四阳二阴），辰会为夬卦（五阳一阴），巳会为乾卦（六阳无阴），午会为姤卦（一阴五阳），未会为遁卦（二阴四阳），申会为否卦（三阴三阳），酉会为观卦（四阴二阳），戌会为剥卦（五阴一阳），亥会为坤卦（六阴无阳）。

这说明第一子会与第二丑会，天地开辟，尚无人类，第三寅会，三阳三阴，天地交泰，人类乃生。往后相当长时期，尚未开化，无可表述。直

---

① 黎靖德编：《朱子语类》卷一〇〇，第2546页，北京，中华书局，1986。

到第六巳会,乾卦主事,纯阳无阴,一元的前半期至此阳气极盛,世界大为开化,涵涉中国历史上自三皇至唐尧的传说时代。又过很久,到第七午会,姤卦主事,一阴五阳,进入中国历史上的夏商周三代。从午会起,阳始消退,阴始生长,进入秦汉魏晋隋唐五代时期。到了第十一戌会剥卦(五阴一阳)之末,一阳剥尽,就达到纯阴无阳的坤卦境况,称作"闭物"时期,人类与生物均失去生存条件,世界近于消亡。然后再过 10800 年(一会之数),到第十二亥会坤卦(六阴无阳)之末年,天地亦归消亡,至此一元即告终结。邵雍编绘的世界演化历史进程,借用汉代十二消息卦阴阳消长的渐进规律,阐述世界历史长河中阴阳消长的过程。当阳初长、阴尚盛之时,天地开辟,未有人类,待泰卦主事(三会),阴阳对等调和,人物乃出现,以至有中国唐尧盛世,从第一会到第六会,阳日长、阴日消,世界居于上升发展阶段;第七午会到第十二亥会,阳日消,阴日长,世界日渐衰退,亥会之末,纯阴无阳,最后天地毁灭,一元告终,然后,新的一元开始。从其思维方法上看,邵雍坚持了世界历史不断变化的观点,变化的过程不是永远向上,先是日益上升,上升到极点,然后日益下降,降到极点,世界末日到来,天地毁灭。宇宙与人物一样,有生必有死,不会永恒存在。

邵雍编制宇宙历史衍化年谱,其初衷不止在说明宇宙衍化的规律,同时也以中国历史为例,探讨了人类历史治乱兴废的规律性。这一观点,在他编制"中间三千年"的中国历史年表中有更详细的论述。但他力图将自然史与人类史打通,找出二者衍化的共同规律,正如他自己所说,先天易学的核心价值,在于"弥纶天地,出入造化,进退古今,表里人物"①。因此他编完世界历史年谱后十分得意,写《皇极经世一元吟》自我评价说:"且以一元言,其理尚可识。一十有二万,九千余六百。中间三千年,迄今之陈迹。治乱与兴废,著见于方策。吾能一贯之,皆如身所历。"②

① 邵雍:《渔樵问答》,《邵雍集》,第 531 页。
② 邵雍:《皇极经世初探》,《邵雍集》,第 591 页。

邵雍大胆地肯定天地有始必有终，他说："或曰，天地亦有终始乎？曰：既有消长，岂无终始。天地虽大，是亦形气，乃二物也。"[1]他认为天地毁灭之后，新的一元又将开始，这一观点有可取处。冯友兰先生指出，佛教《俱舍论》讲世界成住坏空之说，"康节之世界年表，盖亦取佛学中所说之意"[2]。

对于邵雍先天易学，当持科学分析态度，其僵化凝固的"象数"模式、"四块八段"、乘除增减没有生气，无助于对宇宙变化客观规律的探讨，这种形式主义思维方法应当扬弃。抛开其形式，仍能发现邵雍从易学辩证思维中汲取到阴阳有消长、万物有盛衰，旧过程消亡、新过程开端的可取思想，敢于大胆创新，为易学作出新贡献。不难发现，邵雍的宇宙生成论既不同于邹衍的大九州论，也不同于西方的上帝创世说。他第一次提出崭新的东方宇宙模型和独具特色的宇宙衍化层次论及渐进过程论，肯定宇宙衍化的原因不是盘古氏开天辟地，也不是上帝的主宰，其动因在于内部固有的一阴一阳。邵雍认为，宇宙万物的多样性，乃天之四象与地之四象交会互动衍化的结果，从而建立万物皆变的变易观，并用阴阳递变的象数显示宇宙衍化、循序渐进的漫长过程。凡此对传统易学思维方法都有所丰富与发展。

第三节　中国社会历史演变理论

《皇极经世》是一部"通古今之变"的经邦济世著作，虽然所讲是历史，然亦透露邵雍的社会政治思想要领。邵雍创立了一套评议中国历史的皇帝王伯（通霸）史观，概述中国五千年的历史演变、政治兴衰，这在中国思想史上尚无先例。这套历史观较之邹衍的"五德终始论"和董仲舒的"三统循环论"都更为精细。

邵雍认为中国历史中，自唐尧开始，下至五代这中间三千年，社会政

---

① 邵雍：《观物外篇》，《邵雍集》，第 160 页。
② 冯友兰：《三松堂全集》第 3 卷，第 284 页。

治的变化存在皇、帝、王、伯四种政治模式,代表四个发展阶段。他用道、德、功、力四字,突出每种模式的基本特征或政治倾向。

皇以上古传说的三皇为典范。三皇即伏羲、女娲、神农。三皇之世的特征是"以道化民",行"无为"之治。"以道化民者,民亦以道归之,故尚自然。夫自然者,无为无有之谓也……所以圣人有言曰:'我无为而民自化,我无事而民自富,我好静而民自正,我无欲而民自朴。'"①上以道化民,故人民乐于无为、无事、无欲。

帝以上古五帝为典范。五帝即黄帝、颛、帝喾、唐尧、虞舜。五帝之世,"以德教民",行"禅让"之政。他说:"让也者,先人后已之谓也……能知其天下之大,非已之天下者,其唯五帝乎?……所以圣人有言曰:'垂衣裳而天下治。'"②上能垂拱而治天下,则下民以礼让为俗,人无贪鄙之心。

王以夏商周三代之王夏禹、商汤、周文王、周武王为典范。其特征是"以功劝民",故尚政。"政者,正也,以正正夫不正之谓也。"③王以事功劝民,民以正直从事,兴利除害,杀伐不生,盗贼不起,共享升平。

伯以春秋时代"五霸"为典型。五霸即齐桓、晋文、楚庄、宋襄、秦穆。其特点在"以力率民",崇尚智力。他说尚智力者必尚争,"夫争也者,争乎利者也。取以利不以义,然后谓之争"④。五伯尚力,拥兵自强,尔虞我诈,尊王攘夷,争城夺国,无有宁日,民受其害。

邵雍认为皇帝王伯之政在后世并非单纯存在,往往道德功力并用。故皇道之下,必有帝道、王道、伯道并存。邵雍指出历史上必存在多种模式,提出皇之皇、皇之帝、皇之王、皇之伯……王之皇、王之帝、王之王、王之伯,共十六种模式。

邵雍以无为、礼让、公正、智力作为四种政治模式的核心内容,并不尽然。"无为",只是一种理想,远古时期虽无阶级划分,仍有氏族之间的残酷斗争;"礼让",亦乃美化之言,黄帝伐蚩尤,舜逐三苗,斗争亦激烈;

① 邵雍:《观物内篇》,《邵雍集》,第 13 页。
②③ 同上书,第 14 页。
④ 同上书,第 15 页。

奴隶制社会,对奴隶施行野蛮统治,有何"公正"? 相较之下,"智力"未必尽是坏事。按邵雍的历史观,社会愈向后发展,道德风气则日益退化,这样总结历史,不能不带有很大片面性。

尽管如此,邵雍的皇帝王伯史观也含有某些合理因素。首先,研究社会历史当注重人心的向背,上行下效,不可忽视。他强调"以道化民者,民亦以道归之","以德教民者,亦以德归之","以功劝民者,民亦以功归之","以力率民者,民亦以为归之"。其次,他用十六种政治模式评断历史形势,褒贬政治兴衰,臧否历史人物,写了许多咏史诗,引导人们"通古今之变",对人们评史论政有启迪之功。无可讳言,五千年中国历史,的确充满着无为与有为、礼让与争夺、暴力与文德、尚义与争利等政治路线、社会风气的冲突,邵雍的社会政治倾向是鲜明的。这一历史观为宋明理学中天理人欲之辩、王道霸道之辩、义利之辩开了先河。

邵雍意识到影响历史发展的,必有某种积极因素与消极因素,即推动历史进步的正面力量(阳)与阻碍历史前进的反面力量(阴),他统称为一阴一阳。这无疑为人们观察历史提供了一种新的参照系统,比用神秘的天命决定历史、圣人的天才决定历史,或神秘的运气决定历史,有更为可取的成分。邵雍设定一种标准来检验历史盛衰,这一标准是主观的,不可取,但诱导了人们跳出天命史观、天才史观、运气史观的窠臼,去做新的探索。尽管其结论并不正确,仍是开拓了探索人类历史发展的一个新思路。

邵雍还用他那先天象数图式,为从唐尧到五代三千年的中国社会编制了一份洋洋大观的中国历史年表,这一年表打破王朝史体系,一律以三百六十年为一个单元划分。现在看来,邵雍费了极大工夫,但这份年表对于总结历史发展的客观规律没有多少参考价值。这是他过分迷信"神生数"的先天易学而堕入的思想误区。邵雍未能发现历史发展规律,但不可苛求古人之理论思想,这正表明历代哲人都难以摆脱历史局限性的制约。

第四节　人生哲学

邵雍的人生相当奇特。他赋有身居畎亩、心怀天下的儒者风范，程颢称赞他内圣外王之学"淳一不杂"①。明朝诏准将他入祀孔庙，清康熙赠予匾额"学达性天"。但他同时具有风月情怀的道家气象，是陈抟的第四代传人，其著作、诗集均被编入《道藏》。故其人生哲学颇具二重性。

邵雍无愧为淹博儒门经典的一代鸿儒，其理论著作标名《皇极经世》，显示其初衷颇具经邦济世宏愿，倾心王道，贬斥霸道，意向鲜明。他写的长诗《君子吟》，实以儒家思想为标准界定君子与小人。诗中写道："君子与义，小人与利；与义日兴，与利日废。君子尚德，小人尚力；尚德树恩，尚力树敌。君子作福，小人作威；作福福至，作威祸随。君子乐善，小人乐恶；乐恶恶至，乐善善归。"②他竭力劝导世人勉作君子，莫作小人。

邵雍自许一生是"诚明"见性，此乃《中庸》思想的核心。其《诚明吟》写道："孔子生知非假习，孟轲先觉亦须修。诚明本属吾家事，自是今人好外求。"③邵雍以其仁者心胸，十分同情劳动人民的疾苦。在《题黄河》中代世人发出"不平声"："谁言为利多于害？我谓长浑未始清。西至昆仑东至海，其间多少不平声！"④这说的是黄河浑浊不清，贬斥的是人世昏乱不平。在《感雪吟》中，他揭示豪门歌舞升平、流民夜宿露天的社会现象："旨酒佳肴与管弦，通宵鼎沸乐丰年。侯门深处还知否？百万流民在露天。"⑤《答人言》中邵雍痛陈与自己相同的寒门儒生们的生活境况："卿相一岁俸，寒儒一生费。"⑥作为寒儒的邵雍有内圣外王的经世之心，内修圣道，涵养仁德，与人相交，忠孝仁义不离口；外希王道，乐施仁政，对社

---

① 程颢：《邵尧夫先生墓志铭》，《二程集》上册，第503页。
② 邵雍：《君子吟》，《邵雍集》，第450页。
③ 邵雍：《诚明吟》，《邵雍集》，第236页。
④ 邵雍：《题黄河》，《邵雍集》，第192页。
⑤ 邵雍：《感雪吟》，《邵雍集》，第411页。
⑥ 邵雍：《答人言》，《邵雍集》，第230页。

会丑恶不平,用心鞭挞。作为儒者,入祀孔庙,名正言顺。

邵雍虽有经世之道,却无治世之志,故朝廷三次下诏,征其入官,均表谢绝,宁愿作一个隐士,以遂其道家志趣。他看穿社会的丑恶现实,决不与世俗官吏同流合污。甘当隐者,无为不争,淡泊名利,清闲自在。邵雍用四首诗表白平日与"四物"最相亲:"安乐窝中诗一编,自歌自咏自怡然。"①"安乐窝中一部书,号云皇极意何如?"②"安乐窝中一炷香,凌晨焚意岂寻常。"③"安乐窝中酒一樽,非唯养气又颐真。"④一编诗吟花弄月,一部书评古论今,一炷香静坐养神,一樽酒养气颐神,自寻其乐,与世无争。他所坚持的道者处世准则是,"不作风波于世上,自无冰炭到胸中"⑤。

邵雍不是道士,但胜似道士,不惹俗气,尽得逍遥,晚年过着神仙般的生活。这在《后园即事》中有生动刻画:"太平身老复何忧?景爱家园自在游。几树绿杨阴乍合,数声幽鸟语方休。竹侵旧径高低进,水满春渠左右流。借问主人何所乐?答云殊不异封侯。"⑥绿杨葱笼,林鸟啁啾,幽径曲折,流水叮咚,主人漫步于诗情画意的后园,胜似神仙,胜过王侯。

邵雍出门必着道装,持麈尾,乘小车。《道装吟》中写道:"安车麈尾道衣装,里巷过从乃是常。闻说洞天多似此,吾乡殊不异仙乡。"⑦他对这种神仙般的隐者生活深感心满意足。

邵雍是一位诗人,诗集中有不少诗表露他的隐者情怀。《南园赏花》中现出一副酒仙气派:"花前把酒花前醉,醉把花枝仍自歌。花见白头人莫笑,白头人见好花多。"⑧此诗曾受到法国东方学家里奈的称赞,认为可

---

① 邵雍:《安乐窝中诗一编》,《邵雍集》,第 318 页。
② 邵雍:《安乐窝中一部书》,《邵雍集》,第 318 页。
③ 邵雍:《安乐窝中一炷香》,《邵雍集》,第 319 页。
④ 邵雍:《安乐窝中酒一樽》,《邵雍集》,第 319 页。
⑤ 邵雍:《安乐窝中自贻》,《邵雍集》,第 292 页。
⑥ 邵雍:《后园即事三首》,《邵雍集》,第 240 页。
⑦ 邵雍:《道装吟》,《邵雍集》,第 401 页。
⑧ 邵雍:《南园赏花》,《邵雍集》,第 291 页。

与法国 19 世纪象征派诗人魏尔兰的名诗媲美。

邵雍特别注重调理天根月窟的静养功夫，既为运气养生，也为利于静思。他在《何处是仙乡》中写道："何处是仙乡？仙乡不离房。眼前无冗长，心下有清凉。静处乾坤大，闲中日月长。若能安得分，都胜别思量。"①独处室中，抛却一切杂念，静坐养神，形神双忘，心旷神飞，自如仙乡。朱熹称许邵雍这种养神静虑的方法说："邵康节，看这人极会处置事，被他神闲气定，不动声气……若不是养得至静之极，如何见得道理如此精明。"②

总之，邵雍的人生，亦儒亦道，而非儒非道。其思想行为赋有二重性格，以儒应世，以道安神。他是一位诗人哲学家，也是一位哲理诗人。安乐窝中，既谈笑有鸿儒，亦往来有白丁。他常与上层人物富弼、司马光等吟诗唱和，交情深厚。洛阳城中有其"行窝"（官绅府第为他特备的住房）二十家，主人与奴婢都称他"家先生"，姑嫂的纷争，儿女的隐私，未可向外人道者，都可向他坦露，求其开导。如此哲人堪称儒道兼综文化熏陶下成长的典型，在中国哲学史上实为少见。朱熹称许邵雍的思想人品，曾写有《康节先生赞》："天挺人豪，英迈盖世。驾风鞭霆，历览无际。手探月窟，足蹑天根。闲中今古，醉里乾坤。"③

---

① 邵雍：《何处是仙乡》，《邵雍集》，第 391 页。
② 黎靖德编：《朱子语类》卷一〇〇，第 2543 页。
③ 朱杰人等主编：《朱子全书》第 24 册，第 4002 页。

第五章 周敦颐的哲学思想

在宋元哲学的演进发展中,周敦颐揉合儒、道之学,利用道家的哲学观念与儒家的哲学观念,较早对宇宙万物何以存有作出了理论阐释,其思想理论对宋元时期的哲学家建构各自的哲学系统影响深远,尤其对朱熹理学的成型提供了重要的思想资源。因此,后世学人认为周敦颐是在宋元哲学的历史发展中"不由师授,默契道体,上接邹、鲁之传,而下以启洛、闽之绪"①的重要哲学家。周敦颐的这种历史影响,使得考察周敦颐的生活道路与学术著述、解构周敦颐的哲学系统、揭示周敦颐哲学思想真实的理论价值历来为人们考察宋元哲学时所特别留意与关注。

第一节 周敦颐的生平与著述

周敦颐(1017—1073),字茂叔,北宋道州营道人。周敦颐原名敦实,后因避宋英宗旧讳更名敦颐。朱熹曾在周敦颐好友潘兴嗣《周敦颐墓志铭》和周敦颐妻兄浦宗孟《周敦颐墓碣铭》的基础上写成《周敦颐事状》,肯定周敦颐"襟怀飘洒,雅有高趣,尤乐佳山水,遇适意处,或徜徉终日"②。这样

---

① 张伯行:《周濂溪先生全集序》,转引自《周敦颐集》,第127页,北京,中华书局,2009。
② 朱熹:《周敦颐事状》,转引自《周敦颐集》,第98页。

的襟怀与情趣，使周敦颐深爱庐山，并在晚年定居庐山。度正《周敦颐年谱》所记周敦颐定居庐山的原因更为具体："先生常寓浔阳，爱庐山之胜，贫不能归，遂卜居其下。因溪流以寓故乡之名，筑室其上，名曰濂溪书堂，示不忘父母之邦之意。"①濂溪本为周敦颐故乡河流名。周敦颐在庐山所名濂溪，发源于庐山莲花峰下。朱熹对此溪有具体记述："庐山之麓，有溪焉，发源于莲花峰下，洁清绀寒，下合于湓江。先生濯缨而乐之，因寓以濂溪之号，而筑书堂于其上。"②周敦颐故乡有河流名濂溪，他晚年又将自己住地的小溪命名为濂溪，建濂溪学堂，这是后世学者称周敦颐为濂溪先生，并将周敦颐学说称为濂学的缘由。

周敦颐的祖辈世居道州营道，但周家并非身世显赫的家族。周敦颐的曾祖父、祖父皆不曾入仕，直到周敦颐的父亲这一辈人才开始通过科举道路踏入仕途。周敦颐父亲名辅成，曾为贺州桂岭县令。从周敦颐父亲为官的情况来看，周敦颐实出身于一个下层官僚家庭。生活在这样的家庭，周敦颐少儿时代对下层社会生活应有所接触与了解。周敦颐母亲郑氏的家庭境况优于周家。其父过世较早，周敦颐十五岁时随母亲离开道州营道，入京师随舅父郑句生活。郑向为龙图阁直学士。周敦颐少时"养于舅家"，又使得少儿时代的周敦颐有过上层官僚家庭生活的经历。郑向对周敦颐后来的生活道路影响很大，周敦颐二十岁时即步入仕途，实得力于郑向的器重与举荐。

周敦颐步入仕途之后，曾先后任洪州分宁县主簿、南安军司理参军、湖南郴县令、桂阳令、洪州南昌县令、广南东路转运判官等职。周敦颐所任职务虽多为地方下层官吏，但他"自其穷时，慨然欲有所施，以见于世。故仕而必行其志，为政必有能名"③，其政绩多为人们所称道。潘兴嗣在《周敦颐墓志铭》中也曾说周敦颐"博学力行，遇事刚果，有古人风，众口

---

① 度正：《周敦颐年谱》，转引自《周敦颐集》，第 99—100 页。
② 朱熹：《周敦颐事状》，转引自《周敦颐集》，第 98 页。
③ 浦宗孟：《周敦颐墓碣铭》，转引自《周敦颐集》，第 92 页。

交称之"①。周敦颐为官为人们所称道者首为其遇事果决，办事干练。《宋史·周敦颐传》中说周敦颐为洪州分宁主簿，有狱案久断不决，周敦颐到任后，迅速处理此案，使得邑人惊叹其胜过经验丰富的官吏。周敦颐为洪州分宁主簿时年仅二十四岁，以这样的年龄迅速处理久拖不决的狱案，确实表现了他出色的刑事工作能力。其后，周敦颐调任多方地方官吏，始终自觉保持这种果决的工作作风。浦宗孟《周敦颐墓碣铭》中说：周敦颐"知洪之南昌。南昌人见君来，咸曰：'是能辨分宁狱者，吾属得所诉也。'君益思以奇自名，屠奸剪弊，如快刀健斧，落手无留。富家大姓，黠胥恶少，惴惴怀恐，不独以得罪于君为忧，而又以污善政为耻也。江之南九十余邑，如君比者无一二"②。浦宗孟为周敦颐妻兄，对周敦颐为官行事的风格应有实际的了解。其"屠奸剪弊，如快刀健斧，落手无留"之说，当是对周敦颐办事果决、干练风格的真实反映。周敦颐这种行事风格不仅惩治了地方的邪恶势力，也极大地影响了社会风气。

周敦颐为官正直，力求公正执法，这也是其受人称道的重要原因。周敦颐为南安军司理参军时，有"南安囚，法不当死，转运使欲深治之"。周敦颐据理力争，因力争不胜，结果"投其司理参军告身以去"，并愤怒表示："如此尚可仕乎！杀人以媚人，吾不为也。"③作为地方官吏，周敦颐反对草菅人命，为公正执法，宁可不仕，也要抗争，确实难能可贵。据史籍记载，这次争论，以转运使王逵最终感悟，"南安囚"得不死结束。周敦颐为官勤勉也深为人们所称道。据浦宗孟《周敦颐墓碣铭》中记述，周敦颐提点广南东路刑狱，"不惮出入之勤，瘴毒之侵，虽荒崖绝岛，人迹所不至处，皆缓视徐按，务以洗冤泽物为己任"④。这种"以洗冤泽物为己任"的原则与追求，当是周敦颐为官既能使同事感佩，也能获民众感念的重要原因。由于志在"洗冤泽物"，不求名利地位，周敦颐生活十分清廉。挚

---

① 潘兴嗣：《周敦颐墓志铭》，转引自《周敦颐集》，第 90 页。
② 浦宗孟：《周敦颐墓碣铭》，转引自《周敦颐集》，第 92—93 页。
③ 同上书，第 92 页。
④ 同上书，第 93 页。

友潘兴嗣曾言及周敦颐的生活："君奉养至廉，所得俸禄，分给宗族，其余以待宾客。不知者以为好名，君处之裕如也。在南昌时，得疾暴卒，更一日一夜始苏。视其家，服御之物，止一敝箧，钱不满百，人莫不叹服。此予之亲见也。"①多年为官，家中"钱不满百"，衣物仅装满一个破旧的小箱，让人难以置信，但这确是潘兴嗣亲见的周敦颐家的生活情形。周敦颐为官勤勉正直、清正廉洁，不同史籍中多有记述。《宋史·周敦颐传》曾综合黄庭坚《濂溪诗》序言中的语言，肯定周敦颐"人品甚高，胸怀洒落，如光风霁月。廉于取名，而锐于求志；薄于徼福，而厚于得民；菲于奉身，而燕及茕嫠；陋于希世，而尚友千古"②。这些语言虽难免溢美，但绝非全无事实依据。周敦颐为官重视事功，生活中"以名节自励"，重"仲尼、颜子之所乐"。这样的人生观念，正是其承袭弘扬儒家传统的重要表征。周敦颐多年奔波于仕途之中，学术上仍能成就卓著，为北宋道学的兴起作出自己的贡献，这与他承袭儒家的人生价值观念是有内在联系的。

周敦颐存世的学术著述，主要是《太极图说》与《通书》。文学作品另有《爱莲说》《拙赋》等。有关周敦颐著述的记述较早见于潘兴嗣的《周敦颐墓志铭》。潘志中曾说周敦颐"尤善谈名理，深于易学。作《太极图》《易说》《易通》数十篇，《诗》十卷，今藏于家"③。按潘志所记周敦颐著作，除《太极图》外尚有《易说》与《易通》。但存世的周子著作主要为《太极图说》与《通书》，与潘志所记有别。朱熹论及周敦颐的著作，曾认为《易说》"久已不传于世"④，但朱熹怀疑《通书》即是《易通》。在当代学术界，侯外庐一派学者曾详考周敦颐的著作，认为存世的《太极图说》实为潘志所记《太极图》《易说》。这派学者将自己的这种观点表述为："周敦颐的著作，应依潘志，首《太极图·易说》。所谓《太极图》并说一篇，即是《太极图·易说》，说即《易说》。非《太极图》并说之外，别有所谓《易说》。既无

---

① 潘兴嗣：《周敦颐墓志铭》，转引自《周敦颐集》，第 91 页。
② 《宋史·周敦颐传》，转引自《周敦颐集》，第 87 页。
③ 潘兴嗣：《周敦颐墓志铭》，《周敦颐集》，第 91 页。
④ 朱熹：《再定太极通书后序》，转引自《周敦颐集》，第 46 页。

《易说》，则朱熹所谓'易说，久矣不传于世'者，非真是'久矣不传于世'，而是实未尝有此《易说》，故无怪其于世无传。《太极图说》盖即以《易》说图，文中'太极''阴阳''动静'云云，都根据《易传》。文末又引《易》以作结曰：'故曰，立天之道，曰阴与阳，立地之道，曰柔与刚，立人之道，曰仁与义。又曰，原始反终，故知死生之说。大哉易也，斯其至矣！'证据昭著，不可移易。"①关于《通书》，这派学者则认定存世的《通书》，实即潘志所记《易通》，他们的结论是："《易通》即是世所传《通书》，朱熹谓'《易通》疑即《通书》'，疑得是。潘志明说《易通》，未说《通书》，《通书》乃后人去易字加书字后的名称，朱熹谓不知始于何时，则在南宋时已无从考定。（据祁宽跋文，出于程门，说见下。）今应恢复原名，称为《易通》。至于傅耆所见的《姤说》《同人说》，是周敦颐所作的个别的卦说，并非系统《易说》中的两卦之说。"②在这派学者看来，在周敦颐的著作中，《太极图·易说》与《易通》两书是互有联系的。朱熹认定《通书》的内容也是对《太极图》所含意蕴的阐发，其纲领实际上也在《太极图》中，这种观点值得参考。侯外庐一派学者对于周敦颐学术著作的这种考订辨析，有理有据，恢复了周敦颐著述名称的本来面貌，应当成为我们今天了解周敦颐学术著述的定论。

20世纪80年代，北京中华书局出版理学丛书，周敦颐的著作以《周敦颐集》刊行。其中卷一收录《太极图》《太极图说》；卷二收录《通书》；卷三收录杂著类著述，包括《爱莲说》《拙赋》等；另收录有多种与周敦颐学术思想相关的历史文献。《周敦颐集》中所收周敦颐学术著作，仍沿用传世的周著书名，但其内容并不妨碍我们对周敦颐学术思想的真实了解。因此，本文涉及周敦颐著作，为引用方便，亦用传世的周敦颐著作中所使用的书名。

第二节 "阴阳一太极，太极本无极"的宇宙生成论

中国历史上，儒家哲学在形上学理论方面相对薄弱的局面得到改观

---

① 侯外庐、邱汉生、张岂之主编：《宋明理学史》上卷，第50页。
② 同上书，第50—51页。

是以北宋道学的兴起为标志的；而在北宋道学中，从理论的层面首先改变这种局面的人物当推周敦颐。因为，在北宋道学代表人物中，是周敦颐通过其《太极图说》率先建构了完整的宇宙生成理论。朱熹在《太极通书后序》中曾说：周敦颐的学说，"其妙具于太极一图。《通书》之言，皆发此图之蕴"①。朱熹此说有合理之处，《太极图》确实可以引伸出周敦颐在《通书》中阐释的思想学说。但朱熹此说也有未尽然处。因为周敦颐除了《太极图》，尚有《太极图说》，《太极图说》当是周敦颐对《太极图》更为直接的解说。周敦颐的《通书》，"言诚、言几、言性安、言复执"②，被后世学者认为是"直揭日月而昭云汉"，从一个层面代表了周敦颐的哲学思想。但周敦颐以"无极之真，二五之精，形生神发之理，推极奥蕴"论释宇宙事物的生成演化，主要是通过《太极图说》进行的。因此，考察周敦颐哲学，首先应解析《太极图说》，然后解析《通书》，以这两部著作的内容再现周敦颐哲学的思想系统。

周敦颐的《太极图说》文字简练，仅三百多字。但周敦颐通过《太极图说》描述了一幅完整的宇宙演化图式，尤其是他对"形生神发"的理解，在儒家的宇宙生成论中承元启后，形成了新的理论系统：

> 无极而太极。太极动而生阳，动极而静；静而生阴，静极复动。一动一静，互为其根；分阴分阳，两仪立焉。阳变阴合，而生水、火、木、金、土。五气顺布，四时行焉。五行，一阴阳也；阴阳，一太极也；太极，本无极也。五行之生也，各一其性。无极之真，二五之精，妙合而凝。"乾道成男，坤道成女"，二气交感，化生万物。万物生生，而变化无穷焉。惟人也，得其秀而最灵。形既生矣，神发知矣，五性感动，而善恶分，万事出矣。圣人定之以中正仁义，而主静，立人极焉。故"圣人与天地合其德，日月合其明，四时合其序，鬼神合其吉凶"。君子修之吉，小人悖之凶。故曰："立天之道，曰阴与阳。立地

---

① 朱熹：《太极通书后序》，转引自《周敦颐集》，第44页。
② 张伯行：《周濂溪先生全集序》，转引自《周敦颐集》，第127页。

之道，曰柔与刚。立人之道，曰仁与义。"又曰："原始反终，故知死生之说。"大哉《易》也，斯其至矣！①

从《太极图说》全文来看，周敦颐把《老子》中的"无极"观念与《易传》中的"太极"观念熔为一炉，将分属于道家和儒家两个系统的哲学范畴巧妙地联结起来，阐发自己对于宇宙事物生成演化的理解，并使这种理解形成了思想的系统。在周敦颐看来，宇宙的演化始于"无极"。由"无极"这个动静未分、"阴阳"未判的混沌体产生出"太极"；"太极"由于自身的"动""静"而区划出"阴阳"，这是宇宙演化的第一个阶段。周敦颐肯定"太极"产生"阴阳"，实际上是肯定"太极"蕴含"阴阳"。他顺着"太极"产生"阴阳"的思路，认为"阴变阳合"，即"阴阳"交互作用，产生"水、火、木、金、土""五行"；"五行"即"五气"的顺序展开，有了春、夏、秋、冬四时的运行，从而论述了他所理解的宇宙演化的又一阶段。"五行"产生之后，由于"各一其性"而有别于"阴阳"。周敦颐在以"水、火、木、金、土"规定并表述"气"的多样性的基础上，再肯定"阴阳""五行"相互作用，化生万物，形成一个无限多样的世界。周敦颐的《通书·理性命章》也曾讲道："二气五行，化生万物。五殊二实，二本则一。是万为一，一实万分。"②这种说法与他在《太极图说》中，将"五行"归本于"阴阳"，将"阴阳"归本于"太极"；通过对"阴阳""五行""太极"与"万物"关系的论述，肯定"阴阳""五行"的交互作用，形成宇宙间多样事物这种观念是一致的。基于这样的观念，周敦颐进而认为，在阴阳二气交合凝聚的过程中，"无极之真，二五之精，妙合而凝"，"得其秀"者则为人，将宇宙中人的形成与物的形成理解为一个统一的过程。周敦颐所谓"秀"意指优异，所谓"灵"意为灵巧"，"得其秀"是说人的形成使得作为本源的"无极"与"气"之精华合为一体。"形既生矣，神发知矣。五性感动而善恶分，万事出矣"，是说人类出现之后，不仅有男女之别，且人具备喜、怒、欲、惧、忧五种性情，有自己的情感

---

① 周敦颐：《太极图说》，《周敦颐集》，第 3—8 页。
② 周敦颐：《通书·理性命》，《周敦颐集》，第 32 页。

活动;与人的情感相联系的行为有善有恶,出现与人的性情相关的各种事情。因此,圣人以中正、仁义为人们确立基本的行为规范与伦理准则;提倡"静"的生活方式,从而维系社会生活的基本秩序。这样一来,周敦颐即从宇宙本源及原始物质实体开始,论及天地、四时、万物的产生;从宇宙万物的演化论及人类社会的形成,以及人类自身的生成演化和伦理道德观念的出现;同时以"二气交感,化生万物,万物生生而变化无穷焉"这样的论断,肯定宇宙万物的生成演化既是一个前后联系、循序渐进的自然过程,也是一个统一的无限过程。从而使儒家在中国哲学史上第一次建构起了自己系统的宇宙生成论。

在中国哲学史上,对于宇宙事物生成演化的解释,有神话的,也有哲理的。神话方面有关于盘古开天地的传说,哲理方面先是老子提出了"道生天地万物"的思想,但其思想十分简略。汉唐以来,较为系统地论述过宇宙生成理论的著作当推《淮南子》。《淮南子·天文训》中说:"道始于虚霩,虚霩生宇宙,宇宙生气,气有涯垠。清阳者,薄靡而为天;重浊者,凝滞而为地……天地之袭精为阴阳,阴阳之专精为四时,四时之散精为万物。积阳之热气生火,火气之精者为日。积阴之寒气为水,水气之精者为月。"[1]《淮南子·天文训》中的这种论述,概念、层次含混,充满神秘色彩,与周敦颐的宇宙生成论比较,其条理性与哲理性都要逊色得多。北宋时期,李觏曾著《易论》,引王弼注以解《易》,提出过"厥初太极之分,天以阳高于上,地以阴卑于下。天地之气,各亢所处,则五行万物何从而生"[2]的问题。李觏的具体回答为:"夫物以阴阳二气之会而后有象,象而后有形。象者,胚胎是也;形者,耳目口鼻手足是也……天降阳,地出阴,阴阳合而生五行。"[3]李觏涉及宇宙事物生成的理论,是为批评刘牧的易学,就其对宇宙万物形成的理解而言,也远不及周敦颐宇宙生成论系统缜密。周敦颐的宇宙生成论在中国哲学史上第一次为人们展示了一幅

---

[1] 何宁:《淮南子集释》,第165—167页,北京,中华书局,1998。
[2] 李觏:《删定易图序论》,《李觏集》,第54页。
[3] 同上书,第55页。

由单一到多样，由简单到复杂，由低级到高级的宇宙万物生成演化的图景，使中国哲学史上传统的宇宙生成演化论达到了新的认识层次。

周敦颐宇宙生成论在理论上的拓展与特色，首先表现在其利用《老子》的"无极"概念与《易传》的"太极"概念，在儒家的宇宙生成论中形成了"无极而太极""阳阳一太极，太极本无极"的论断，为宇宙演化确立了形上之源。关于"无极"，《老子》中曾说"常德不忒，复归于无极"（第二十八章），又说"无名，天地之始，有名，万物之母"（第一章）。在《老子》的思想系统中，"无极"即"无"，亦即"先天地生"的"道"。这样的"无"或"道"，既无外在形态，也不具备清晰的内在规定性，却是产生天地万物的本源，其对立面为"有"。周敦颐正是在这种意义上吸纳道家"无极"概念的。关于"太极"，《易传》中的说法是："易有太极，是生两仪。"汉唐以来不少哲学家将"太极"理解为至高无上，肯定其为万物形成之本始。周敦颐肯定"无极"产生"太极"，"太"不等于"无"，"太极"已不是"无极"，而是有"极"。这种规定使"太极"成了最原初的存在物。在周敦颐的哲学系统中，这样的"太极"实为物质性的实体"气"。周敦颐肯定"阴阳"源于"太极"，"太极"源于"无极"；"无极"不同于"太极"，"太极"有别于"阴阳"；使"无极""太极""阴阳"构成了其宇宙生成论中三个层次不同、既相互区别又相互联系的重要范畴。

但是，由于周敦颐对"无极"概念并无明确的界定与论析，学术界解析周敦颐哲学，多以朱熹对周敦颐《太极图说》的相关论说为据，认为在"无极而太极"这一论述中，"无极"是要肯定"太极""无方所""无形状"，乃"造化之枢纽，品汇之根柢"①，并非肯定"太极"之外尚有"无极"。实际上，以朱熹的论说为据解析周敦颐的《太极图说》，并不完全符合周敦颐哲学的本意。因为，朱熹所言"太极"为"理"，而周敦颐所言"太极"为"气"。朱熹言及宇宙的生成演化，对"理""气"关系的论析已具有本体论色彩，其与陆象山兄弟围绕周敦颐"无极而太极"说的论争，以及他对周

---

① 朱熹：《太极图书说解》，转引自《周敦颐集》，第 4 页。

敦颐《太极图说》的解说，实际上都是在论释自己的"理"学。朱子言
"理"，理趣主要在解析宇宙间的事物是什么与何以是什么，而不在论析
宇宙事物何以生成存有。周敦颐《太极图说》的主旨并非言"理"，其"无
极而太极"说基本上在宇宙生成论的范围之内。正是论释宇宙事物何以
生成演化的趣向，使得周敦颐在断言"无极而太极"的基础上，进而肯定
"阴阳一太极，太极本无极"。"阴阳一太极"是说"阴阳"统一于"太极"；
"太极本无极"是说"太极"根源于"无"。在周敦颐哲学中，"无极而太
极"说与"太极本无极"这一断语的意涵实是一致的。但就"无极而太极"
这种文字表述而言，其语意又似有歧义。这涉及周敦颐《太极图说》中首
句的文字问题。据朱熹《记濂溪传》①记述，朱熹自己曾从洪迈处借阅国
史，国史周敦颐传中"尽载《太极图说》"，但首句为"自无极而为太极"，而
非"无极而太极"。朱熹认为，国史周敦颐传中所载文字，既"为前贤之
累"，又"启后学之疑"，应"攻之"。但是，通观《太极图说》全文，将"自无
极而为太极"这一断语置于《太极图说》之首，与其后"阴阳一太极，太极
本无极"这种断语在文意上却是十分顺畅的。因此，侯外庐一派学者研
究周敦颐哲学，认为《太极图说》中的文字应以洪迈国史中所载为准，首
句当为"自无极而为太极"，而非"无极而太极"；并认为"'自无极而为太
极'，意思是从无而为有，有生于无。无极是无，太极是有"②。应当肯定
侯派学者这种结论道出了周敦颐"无极而太极"说的真实意涵。按朱熹
对"无极而太极"的理解，实难以解释《太极图说》中"阴阳一太极，太极本
无极"这样的断语。刘师培在其《南北理学不同论》中也曾认为，周敦颐
学说，以"易简为宗"，"以自然为主"，"以主静为归"。"虽缘饰《中庸》《大
易》，然溯厥渊源，咸为道家之绪论。"③刘师培这种结论最为集中的证据，
也可归为"无极而太极"（实为"自无极而为太极"）这一断语。在北宋道
学中，周敦颐虽没有通过"无极"与"太极"的概念提炼出理学的"理"这一

---

① 朱熹：《记濂溪传》，转引自《周敦颐集》，第89页。
② 侯外庐、邱汉生、张岂之主编：《宋明理学史》上卷，第61页。
③ 刘师培著，劳舒编：《刘师培学术论著》，第139页，杭州，浙江人民出版社，1998。

范畴,但是,他在儒家的宇宙生成论中引进道家的"无极"概念,以"无极而太极"(实为"自无极而为太极")"阴阳一太极,太极本无极"这样的论断,为儒家的宇宙生成演化论确立起一个形而上的源头或说本源,使儒家的宇宙生化论更具哲学的色彩,这仍然是重要的历史贡献。

其次,周敦颐在其宇宙生成论中将宇宙演化中事物"动""静"的终极原因归结于宇宙演化的形上本源,对事物的"动""静"之源作出了新的理论阐释。周敦颐把宇宙看作一个无穷的演化过程,肯定万物有"动"有"静"。在周敦颐看来,"动"是事物的变化,"静"相对于事物的"动"而言,并非绝对静止。这样的"静"同"动"一样,也是事物形成的一种途径或形式。在《太极图说》中,周敦颐所谓"太极动而生阳""静而生阴",即是肯定"阴阳"这两种性质相反的气由"太极"本身的"动"与"静"区划而成。"太极""静而生阴"说,则是要以"太极"生阴阳的途径之一来规定"静"这一范畴的内涵。依照周敦颐"太极静而生阴"的讲法,"静"实际上是"动"的一种形式。"太极"有"动"有"静","动极而静,静极复动","动"与"静""互为其根"。周敦颐这种观念实际上已经为宇宙间万物何以"生生不已"提供了一种理论的解释。

但是,周敦颐在终极的层面解释宇宙间万物何以"生生不已"时,没有停留在"动"与"静""互为其根"这种理论层次,而是将其原因归于作为宇宙生成演化本源的"无极"。周敦颐在《通书·动静章》中曾说:"动而无静,静而无动,物也。动而无动,静而无静,神也。动而无动,静而无静,非不动不静也。物则不通,神妙万物。"①从这一论述来看,周敦颐肯定在宇宙演化中,既存在"动而无静,静而无动"者,又存在"动而无动,静而无静"者。他认定前者为"物",后者为"神",即是要从"动""静"问题的角度显示宇宙演化中万物与本源的区别,肯定"神"对于贯通"物"之动静的终极作用。周敦颐曾说:"发微不可见,充周不可穷之谓神。"②又说:

---

① 周敦颐:《通书·动静》,《周敦颐集》,第 27 页。
② 周敦颐:《通书·诚几德》,《周敦颐集》,第 17 页。

"大顺大化,不见其迹,莫知其然之谓神。"①这是从性能、功用的含义方面论说"神"。当周敦颐以"动而无动,静而无静"者为"神"的时候,"神"实际上又是"无极"。肯定"无极""动而无动,静而无静",又"非不动不静",实际上是肯定不同形式的"动"与"静"在"无极"中的统一。由于"动"与"静"在自身中的统一,"无极"无须凭借外力使自己"动""静"贯通。而这样的"无极"既是"物"得以生成演化的本源,也是使"物"之"动""静"贯通的终极原因和力量。因此,《通书》中"物则不通,神妙万物"的说法,与《太极图说》中"阴阳一太极,太极本无极"的说法在理论上是统一的。两说视角有所不同,但都表明了周敦颐对宇宙演化中形而上者对于形而下者的根源性作用的肯定。

周敦颐宇宙生成论在理论上的拓展与求新,另一重要表现是他将儒家伦理的形成纳入其宇宙生成演化的理论系统。周敦颐在《太极图说》认为,人形具"无极之真"与"二五之精",心具"中正仁义"之德。前者为宇宙演化的自然结果,后者虽直接获益于圣人的作为,但实际上也是宇宙演化的自然结果。《易传》之所以说圣人的德性与天地相符,智慧像日月一样光明,行为像四时一样有序,对吉凶祸福的把握如同气的屈伸往来一样准确,君子遵循圣人确立的做人标准会有良好的收获,小人背离这种标准所以受到惩罚,就是因为人形与人性的形成都是宇宙演化的结果。周敦颐的宇宙生成论,以道家的"无极"观念为宇宙演化的本源,归宿则在论释儒家伦理的形成。这样的理论追求,实际上是要在宇宙生成论中为儒家伦理确立起一种自然的形而上的根据,这也从另一侧面表明了周敦颐对儒家宇宙生成论的拓展。但是,周敦颐的《太极图说》,主旨在论释宇宙事物的生成演化,他将儒家伦理原则升华为宇宙本体的思想,主要是在《通书》中论述的。考察《通书》,我们会更清楚地看到周敦颐的这种理论追求。

---

① 周敦颐:《通书·顺化》,《周敦颐集》,第 24 页。

第三节 "五常之本，百行之源"的"诚"本说

　　周敦颐在哲学方面的理论追求，除了通过《太极图说》建构系统的宇宙生成论，还在于他力图使儒家的伦理原则升华为宇宙本体，论定他所理解的道德根性为人的道德行为的基础和根据。周敦颐的这种追求主要是在《通书》中以诠释儒家经典《易传》与《中庸》的形式来展现的。黄百家曾引用朱熹论周敦颐《通书》的文字："以纲纪道体之精微，决道义、文辞、利禄之取舍，以振起俗学之卑陋。至论所以入德之方，经世之具，又皆亲切简要，不为空言。顾其宏纲大用，既非秦、汉以来诸儒所及；而其条理之密，意味之深，又非今世学者所能骤窥也。"①周敦颐在《通书》中对儒家伦理即所谓"入德之方"与"经世之具"的理解，确"非秦、汉以来诸儒所及"，也非两宋时期的儒者所"所能骤窥"。因为，周敦颐力图将儒家伦理的根据与宇宙演化的本源统一起来，使儒家的伦理原则升华为宇宙万物的本体。周敦颐的这种追求集中体现于他在《通书》中融会易、庸之学，从本源或说本体的角度规定、论释儒家的"诚"这一范畴。《通书·诚上》说：

　　　　诚者，圣人之本。"太哉乾元，万物资始"，诚之源也。"乾道变化，各正性命"，诚斯立焉。纯粹至善者也。故曰："一阴一阳之谓道，继之者善也，成之者性也。"元、亨，诚之通；利、贞，诚之复。大哉《易》也，性命之源乎！②

从这段文字的内容看，周敦颐是要从天道的角度论释"诚"。南宋学者黄震论及周敦颐《通书·诚上》的文字时曾说："周子《通书·诚上章》主天而言，故曰'诚者，圣人之本'，言天之诚即人之所得以为圣者也。"③黄震所谓"主天而言"，也可理解为周敦颐从天道的角度论释"诚"。因为，只

---

① 黄宗羲原本，全祖望修定：《濂溪学案》，《宋元学案》第 1 册，第 494 页。
② 周敦颐：《通书·诚上》，《周敦颐集》，第 13—14 页。
③ 黄宗羲原本，全祖望修定：《濂溪学案》，《宋元学案》第 1 册，第 494 页。

有将"诚"归于天道,"诚"才可以为"圣人之本"。周敦颐肯定"诚者,圣人之本",目的正在于肯定"天之诚"乃人"之所得以为圣者"的条件或根据。当周敦颐将"诚之源"归于"乾元",肯定"诚之立"有待于"乾道变化"的时候,确实已将"诚"与天道置于同一个层次,是在"言天之道","诚"已经成为一个具有本源、本体意涵的范畴。

周敦颐注意从天道的角度论释"诚",也未忽略从人道的角度对"诚"的论释。黄震认为,《通书·诚下》即是"主人而言"①。《通书·诚下》的原文是:

> 圣,诚而已矣。诚,五常之本,百行之原也。静无而动有,至正而明达也。五常百行,非诚,非也,邪暗,塞也。故诚则无事矣。至易而行难。果而确,无难焉。故曰:"一日克己复礼,天下归仁焉。"②

所谓"主人而言",可理解为周敦颐以"诚"释"圣",或说从人道的角度论释"诚"。从人道的角度释"诚","圣"即"诚",也即周敦颐说的人之所以能够成"圣"是因为"诚而已矣"。因此,在周敦颐看来,"诚"当是"五常之本,百行之原"。在社会生活中,人的德性与德行,如果离开"诚"这一道德根性,即不是儒家所主张的真正的德性与德行。所以周敦颐在肯定"诚"为"五常之本,百行之原"的基础上,还要强调"五常百行,非诚,非也,邪暗,塞也",反对人们为"邪暗"所"塞"而导致的对"诚"本的不正不明的错误理解。周敦颐肯定"诚"为"五常之本",是肯定"诚"为德性之源;肯定"诚"为"百行之原",是肯定"诚"乃德行之据。因此,当周敦颐主张"诚"为"五常之本,百行之原"的时候,可以说他更加明确地肯定了"诚"的道德本体作用。作为道德本体,"诚"既是人的美德的源头,也是使人的行为成为道德行为的形上根据。

在肯定"诚"既为天道,又为人道的基础上,周敦颐在《通书》中将"诚"与"几""神"对应起来加以论释,进一步凸显"诚"的本源、本体特性。

---

① 黄宗羲原本,全祖望修定:《濂溪学案》,《宋元学案》第 1 册,第 494 页。
② 周敦颐:《通书·诚下》,《周敦颐集》,第 15—16 页。

《通书·诚几德》与《通书·圣》中都曾具体论及"诚""几""神"等范畴：

> 诚，无为，几，善恶。德：爱曰仁，宜曰义，理曰礼，通曰智，守曰信。性焉安焉之谓圣，复焉执焉之谓贤，发微不可见、充周不可穷之谓神。①

> 寂然不动者，诚也。感而遂通者，神也。动而未形，有无之间者，几也。诚精故明，神应故妙，几微故幽。诚、神、几，曰圣人。②

朱熹在《通书解》中对"诚，无为"的解释是："实理自然，何为之有！即'太极'也。"③朱熹将周敦颐所主张的"诚"理解为"理"，并将周敦颐主张的"诚"等同于周敦颐所理解的"太极"，这不太符合周敦颐哲学的实际。因为，在周敦颐的哲学系统中，"太极""动而生阳"，"静而生阴"，并非"无为"，而是有为。就《通书》中这段文字而言，周敦颐明确地肯定："德：爱曰仁，宜曰义，理曰礼，通曰智，守曰信。""理曰礼"这种观念也表明周敦颐在《通书》中既未从总体上肯定"诚"为"理"，也未在具体的层面肯定仁、义、智、信为"理"。当然，周敦颐不以"诚"为"理"并不影响他以"诚"为天道，或说以"诚"为德性之源。在周敦颐看来，具有本体意义的"诚"，乃纯粹的至善之性，其重要特征是"无为"。"无为"本为道家用语。道家所说"无为"即是自然，自然乃自然而然。道家以"无""自然"之类的语言规定"道"，是要论定"道"为事物的本根。周敦颐肯定"诚，无为"，表明他要吸纳道家的观念，以自然、真实、"寂然不动"等语言来表述"诚"的特性，以"诚"为体，肯定"诚"为人的道德行为自然的、本有的根据。

"几"与"诚"不同。"诚"作为道德本体，乃"寂然不动者"，"静无而动有，至正而明达"。"几"则表示"动而未形，有无之间"。朱熹在《通书解》中对"几，善恶"的解释是"几者，动之微。善恶之所由分也"④，这种解释可以借鉴。周敦颐肯定"几，善恶"，是要肯定人们生活中最细微的行为

---

① 周敦颐：《通书·诚几德》，《周敦颐集》，第 16—17 页。
② 周敦颐：《通书·圣》，《周敦颐集》，第 17—18 页。
③④ 朱熹：《通书解·诚几德》，转引自《周敦颐集》，第 16 页。

已经蕴含善恶的区别。"几"也不同于"神"。在《通书》中,周敦颐对"神"有过多方面的论释。相对于作为道德本体的"诚"而言,周敦颐肯定"神"乃"感而遂通者"。相对于"动而无静,静而无动"的"物"而言,周敦颐认为"神""动而无动,静而无静",但"神"又"非不动不静",而是能使"物"动静贯通的形上本体。从周敦颐对"神"的这些论释来看,"神"实际上既体现了作为道德本体的"诚"的功用与特性,也体现了作为宇宙演化本源的"无极"的功用与特性。朱熹在《通书解》中对"寂然不动者,诚也。感而遂通者,神也。动而未形,有无之间者,几也"的解释是:"本然而未发者,实理之体,善应而不测者,实理之用。动静体用之间,介然有顷之际,则实理发见之端,而众事吉凶之兆也。"①如前所述,朱熹以"诚"为理,是依自己的理学观念来诠释周敦颐哲学,但朱熹将"神"理解为"诚"的功用与特性又是符合周敦颐对"神"的理解的。周敦颐对"神"范畴的使用,确实是与他对作为德性之源的"诚"的特性与功用的理解相联系的。依照周敦颐对"诚""几""神"的理解,人要成圣,需要守"诚",识"几",也需要穷"神"。守"诚",是要固守人所本有的道德根性。周敦颐所谓"性焉安焉之谓圣,复焉执焉之谓贤",即是说圣人之所以被称为圣人,就在其具有"诚"这种纯善的道德根性并安于持守这样的道德根性;贤人之为贤人,则在于其能够恢复"诚"这样的道德根性并保持这样的道德根性。周敦颐在《通书·道》这一章中说:"圣人之道,仁义中正而已矣。守之贵,行之利,廓之配天地。岂不易简,岂为难知,不守不行不廓耳。"②肯定"仁义中正"为"圣人之道",也是肯定"圣,诚而已";主张对"仁义中正""守之贵,行之利",实也是主张守"诚",即固守人本有的道德根性。

识"几"实际上是要慎动,即谨慎自己的行为,以自身的德性支配自身的行为。周敦颐在《通书·慎动》中,曾以"匪仁、匪义、匪礼、匪智、匪信,悉邪也"③为由,来强调君子必须"慎动"。在周敦颐看来,否定中正仁

①　朱熹:《通书解·圣》,转引自《周敦颐集》,第17页。
②　周敦颐:《通书·道》,《周敦颐集》,第19页。
③　周敦颐:《通书·慎动》,《周敦颐集》,第18页。

义的行为实为"邪动",人生中的"邪动",不仅无助于人成圣成贤,反倒会让人自取其辱,给自己和他人带来危害。因此,"动而正"才是有"道","用而和"才算有"德"。人在自己的生活中唯有慎动,才能守"诚"。守"诚"与慎动可以互为因果。《通书·乾损益动》曾说:"君子乾乾,不息于诚,然必惩忿窒欲,迁善改过而后至。乾之用其善是,损益之大莫是过。圣人之旨深哉!'吉凶悔吝生乎动。'噫,吉一而已,动可不慎乎?"①《通书·乾损益动》这种论说也表明了周敦颐肯定慎动对守"诚"的重要作用。穷"神",则是要深刻地理解作为道德本体的"诚"的功用及其特性,以便更好地守"诚"、识"几"或说慎动。周敦颐之所以要强调"诚精故明,神应故妙,几微故幽。诚、神、几,曰圣人",即是因为在他看来,只有能将"诚""神""几"三者统一起来的人才是圣人。周敦颐对"诚""神""几"以及成圣成贤的论说,实际上都凸显了"诚"的作用,或者说都在不同的层面上肯定了"诚"作为道德本体的重要性。一个具有儒家认定的道德操守的人,唯有"乾乾不息于诚",才有可能不断地完善自我、成就自我、获取人生的意义、实现人生的价值。

周敦颐在肯定"诚"为德性之源或说道德本体的同时,也主张人在自己的生活中,以守"诚"成圣为人生的志向与目标。《通书·志学》中说:"圣希天,贤希圣,士希贤。伊尹、颜渊,大贤也。伊尹耻其君不为尧、舜,一夫不得其所,若挞于市。颜渊不迁怒,不贰过,三月不违仁。志伊尹之所志,学颜子之所学,过则圣,及则贤,不及则亦不失于令名。"②这种论述中所表明的即是周敦颐对人生志向与目标的具体理解。周敦颐所谓"圣希天"是说圣人以仰慕天道、敬畏天道、固守作为道德本性的"诚"作为自己人生的目标;所谓"贤希圣,士希贤"则是说贤人希望成为圣人,士人希望成为贤人。周敦颐对人生志向与目标的这种理解对于后世儒家学者的影响很大。朱熹、吕祖谦等人编辑《近思录》,其中的《为学》一篇即以

---

① 周敦颐:《通书·乾损益动》,《周敦颐集》,第38页。
② 周敦颐:《通书·志学》,《周敦颐集》,第22—23页。

周敦颐《通书·志学》中的文字为首。周敦颐认为，伊尹、颜渊都是历史上的成名人物。伊尹感到耻辱的是不能使自己的君主成为尧、舜那样的圣君，只要有人在社会生活中未能被置于适合自己的位置，伊尹也会觉得像自己在街市上被人鞭挞一样耻辱；颜渊不迁怒于人，不犯同样的错误，长时间内不违背仁这种美德。他们的成名，都在于他们长期自觉地践行儒家道德。因此，一个人在生活中，只要能够"志伊尹之所志，学颜子之所学"，即有可能成圣成贤，实现自己的人生价值；不能成圣成贤，也会青史留名，具备自己的人生意义。

从周敦颐的论述看，他所肯定的人生志向与人生目标，不在事功，而在道德理想与道德价值。周敦颐理解的这种人生志向与目标，也可谓"孔颜乐处"。这种"孔颜乐处"，乃德性与快乐的统一。因为，在周敦颐看来，一个人在自己的生活中，若能"志伊尹之所志，学颜子之所学"，其人生不仅具备道德的价值，而且会充满快乐。周敦颐对"孔颜乐处"的理解，在《通书·颜子》中有更为具体的论说：

> 颜子"一箪食，一瓢饮，在陋巷，人不堪其忧，而不改其乐"。夫富贵，人所爱也，颜子不爱不求，而乐乎贫者，独何心哉？天地间有至贵至富可爱可求而异乎彼者，见其大、而忘其小焉尔。见其大则心泰，心泰则无不足，无不足则富贵贫贱处之一也。处之一则能化而齐。故颜子亚圣。[①]

颜回之所以能"一箪食，一瓢饮，在陋巷"，"而不改其乐"，原因即在于颜回具有与常人截然不同的人生志向与人生目标，矢志于践履儒家主张的"仁"德，从道德的层面追求自我的完善、圆满与实现。正是这样的追求，使颜回对于财富与地位不爱不求而"乐乎贫者"。换言之，在周敦颐看来，颜回在生活中不求富贵、安于贫简，是因为颜回能"见其大而忘其小"，意识到人生中存有比财富与地位更值得追求的生活方式与生活目

---

① 周敦颐：《通书·颜子》，《周敦颐集》，第32—33页。

标,发现了人生真实的意义与价值。周敦颐所主张的"孔颜乐处",实际上涉及人生的幸福问题。在道德哲学中,人们对幸福有多种理解。一般说来,幸福是人对于快乐的一种心理体验。但是,在人的生活中,并非所有的快乐皆可谓之幸福。古希腊哲学家亚里士多德认为,幸福是灵魂的某种合乎完满德性的实现活动。将德性与快乐联系起来理解幸福,是幸福论中重要的理论派别之一。周敦颐所主张的"孔颜乐处",大体上即可归于这种类型的幸福论。在西方哲学中,也有哲学家强调理性和意志对于获取幸福的重要性,认为只有理性和意志才能引导人们走向幸福,而感觉和欲望只是把人们引向快乐。周敦颐提倡"孔颜乐处",将"圣希天,贤希圣,士希贤"视为人生的理想与目标,也十分强调"思"的作用。《通书·思》中说:

> 《洪范》曰:"思曰睿,睿作圣。"无思,本也;思通,用也。几动于彼,诚动于此,无思而无不通,为圣人。不思,则不能通微;不睿,则不能无不通。是则无不通,生于通微,通微,生于思。故思者,圣功之本,而吉凶之几也。《易》曰:"君子见几而作,不俟终日。"又曰:"知几,其神乎!"①

朱熹曾将周敦颐认定"思"为"圣功之本"的理据,概括为"思"才能"通微""知几""尽神""体诚"。这样的"思"实际上可归于理性的范围。周敦颐主张以"思"来达到"通微""知几""尽神""体诚"的目的,在某种意义上也可以说是主张以理性求取"孔颜乐处",追求人生的幸福。因为,周敦颐所主张的求"孔颜乐处",与他主张的"圣希天,贤希圣,士希贤"这种人生理想是一致的。人们求"孔颜乐处",在人生中"希天""希圣""希贤"的过程,本质上都是存"诚"与求仁的过程。而要正确地理解、应对这一过程,都离不开"思",或说离不开人的理性。只有通过"思"的作用,或说在理性的支配下,人们才会理解求"孔颜乐处"的过程,是一个为人生理

---

① 周敦颐:《通书·思》,《周敦颐集》,第 21—22 页。

想奋斗的过程,并在这一过程中体验到理想实现时的快乐。因此,可以说,周敦颐求"孔颜乐处"的主张,实际上基于儒家的道德观念,为人们确立了一种具体而又高远的人生理想,阐释了一种幸福理论。

总之,周敦颐在《通书》中,不仅通过对"诚""几""神"等范畴的辨析,将"诚"确立为道德本体,而且基于"诚"体的观念,肯定颜回不爱财富、不求显达、乐于清贫的人生趣向;主张"圣希天,贤希圣,士希贤",求"孔颜乐处";从道德的角度或说在价值的范围,论释了人生的幸福与追求。周敦颐的这套"诚"本学说与人生观念,对于儒家的道德哲学在理论上确有拓新之处。在儒家典籍中,"诚"的本意为自然、真实、无妄。《大学》中有"诚意"之说,"诚意"即"诚其意"。"所谓诚其意者,毋自欺也。"(《大学·诚意章》)"毋自欺"实即真实、无妄。《大学》中所论之"诚",实际上主要是一个表述人的意念状态的范畴。《孟子》《中庸》等儒家典籍中曾认定"诚者,天之道也,诚之者,人之道也"(《中庸·问政》)。这类儒家典籍肯定"诚"为天道,理论追求虽也在以"诚"为性,肯定"诚者"为"圣人",将"诚之者"理解为"择善而固执之者",以"诚者"与"诚之者"确立"圣"与非"圣"的界限。但这类儒家典籍都不曾明确地指出"诚之源",也不曾论释"诚"何以立,更不曾明确地肯定"诚"为"五常之本,百行之源",以"诚"为中心,建立起一个道德哲学的系统。周敦颐的《通书》则相反。黄百家在《宋元学案·濂溪学案》的案语中曾引明代学者薛瑄的话说:周子"《通书》一'诚'字括尽"①。周敦颐在两千多字的《通书》中,确实以"诚"范畴为中心,建构了一个道德哲学的系统。刘宗周也曾认为:"《通书》一编,将《中庸》道理又翻新谱,只是勺水不漏。"②诚如其言。《通书》对《中庸》中所论之"诚"确有拓展。因为,在这个系统中,周敦颐不仅论释了"诚之源"与"诚"何以立,将"诚"升华为道德本源,且基于"诚"本的观念,广泛地论释了儒家道德哲学所涉及的"圣""道""师""幸""思""志学""治""礼

---

① 黄宗羲原本,全祖望修定:《濂溪学案》,《宋元学案》第 1 册,第 483 页。
② 同上书,第 482—483 页。

乐""爱敬"等不同层面的理论问题。全书虽文字简略,但各章之间有起承转合,前后衔接,思维清晰缜密,在不同的层面上对儒家的道德哲学都有所创发,实际上为后来道学的发展提供了多方面的思想资源与理论借鉴。

第四节　周敦颐哲学的历史地位

《四库全书》在介绍明代学者吕柟编撰的《周子钞释》时曾认为:"宋五子中,惟周子著书最少。而诸儒辨论,则惟周子之书最多。无极太极之说,朱、陆两家,断断相轧。至今五六百年,门户之分,甚于冰炭。"[1]此说指出了周敦颐著述在后世学人中引发的歧异与对立。从道学发展的历史来看,不但周敦颐的著述曾引发人们理解的歧异与对立,对于周敦颐哲学在道学发展史上的地位,学人中也是存在不同看法的。历史上有学者认为,周敦颐继孟轲之后,在北宋时期最先接续了儒家道统,建构了自己的哲学。这种观念以黄百家在《宋元学案》案语中的表述最为集中:

> 孔孟而后,汉儒止有传经之学。性道微言之绝久矣。元公崛起,二程嗣之,又复横渠诸大儒辈出,圣学大昌。故安定、徂徕卓乎有儒者之矩范,然仅可谓有开之必先。若论阐发心性义理之精微,端数元公之破暗也。[2]

依黄百家的这种说法,是周敦颐、程颢、程颐、张载等人的学术活动使得北宋时期儒学得以复兴,而在周、程、张诸儒中,周敦颐又是最先"阐发心性义理之精微"的代表人物。因此,在道学发展史上,周敦颐开启了北宋道学的端绪,占据重要的学术地位。

但是,历史上也有学者质疑周敦颐哲学的历史地位。对于这派学者的观点,全祖望在为《宋元学案》所写案语中也有具体表述:

> 濂溪之门,二程子少尝游焉。其后伊洛所得,实不由于濂溪,是在

---

[1]《四库全书总目提要》,第 2396—2397 页,石家庄,河北人民出版社,2000。
[2] 黄宗羲原本,全祖望修定:《濂溪学案》,《宋元学案》第 1 册,第 482 页。

高弟荥阳吕公已明言之，其孙紫微又申言之，汪玉山亦云然。今观二程子终身不甚推濂溪，并未得与马、邵之列，可以见二吕之言不诬也。晦翁、南轩始确然以为二程子所自出，自是后世宗之，而疑者亦踵相接焉。然虽疑之，而皆未尝考及二吕之言以为证，则终无据。予谓濂溪诚入圣人之室，而二程子未尝传其学，则必欲沟而合之，良无庸矣。①

全祖望的案语围绕周敦颐哲学的历史地位，透露了更多的历史信息。其一，指出了两宋时期即有学者认定，程颢、程颐幼时虽从周敦颐学，但二程之学实为自创，故伊洛之学并非出自濂溪之学。譬如，北宋时期，吕希哲即认定："二程初从濂溪游，后青出于蓝。"吕本中也认为："二程始从茂叔，后更自光大。"②南宋时期，汪应辰更是直接怀疑朱熹对濂学与洛学关系的理解，认为"濂溪先生高明纯正。然谓二程受学，恐未能尽"③。其二，指出自朱熹、张栻肯定二程传周敦颐之学始，这种观念也为不少学者所沿袭。但朱熹、张栻对周敦颐哲学历史地位的理解也非定论，后世学人中仍有质疑周敦颐哲学历史地位的学者。

全祖望的案语颇具历史学家的眼光与洞察力。关于对周敦颐哲学的历史地位的看法，时至今日仍存歧异，当代学术界也有学者不赞成朱熹、张栻一类学者对周敦颐哲学历史地位的理解。在这类学者中，冯友兰与邓广铭同为重要代表。冯友兰在其晚年写成的《中国哲学史新编》中，提出了"谁是道学的创立者"的问题。按照冯友兰的理解，道学的创立者当为程颢、程颐，周敦颐并非道学的创始人。冯友兰之所以持这样的观念，论据有二。其一，人们误读朱熹的《伊洛渊源录》。朱熹的《伊洛渊源录》首提周敦颐，给人以周敦颐是道学创立者的印象，实际上《伊洛渊源录》的书名已经表明其重点在"伊洛"，在"伊洛"即在二程，而非其他。其二，在《中章句序》和《大学章句序》中，"朱熹明确地说，直接传孟轲道统的

---

① 黄宗羲原本，全祖望修定：《濂溪学案》，《宋元学案》第1册，第480页。
② 同上书，第520页。
③ 同上书，第521页。

人是二程。他对于二程,尊称为'二程子',他对于别人,都没有这种称谓"①。冯友兰的这种观点集中地表明了他对于周敦颐学术地位的理解。

邓广铭在《关于周敦颐的师承和传授》一文中曾系统考察周敦颐在学术方面的师承与传授。邓广铭认为,在学术师承方面,朱震《进书表》中所论周敦颐的学术师承不能成立,因为朱震所说"穆修以太极图传周敦颐之说"②有违历史的真实;度正《濂溪先生年谱》中有关周敦颐与胡宿"同师润州鹤林寺僧寿涯"的记述也属"无稽之谈"③,因为周敦颐与胡宿年龄悬殊,不可能有机缘同门受学。在学术授受方面,程颢、程颐之学也非周敦颐所传授。通过考察,邓广铭从三个方面概述了自己的这些观念:

(1)周敦颐的《太极图》和《通书》都是他本人深造自得的著作,而决非受之于穆修。从他的著作的内容看,知其学术思想所受道家的影响必甚大,但他与陈抟、种放等人之间也不存在直接或间接的传授关系。至于他究竟受学于何人,则于史无征。

(2)二程绝非周敦颐的学业的传人。二程以外,在北宋人的文献记载当中也找不到有任何人曾经受学于周敦颐。所以在北宋一代,并未见有人对其学业加以称述和表彰。到南宋孝宗时候,胡宏、张栻,特别是朱熹才揭出其人其书而大加表扬,使之著称于世。

(3)在宋人的记载当中,也找不到周敦颐与其同时代的主要学人互相商讨、切磋学术问题的痕迹。④

基于这些理解,邓广铭对周敦颐学术的总体评价是:"如果专就北宋时期内的学术界来说,周敦颐在其时的儒家学派当中是根本不曾占有什么地位的。"⑤

冯友兰和邓广铭都是中国现代史上的学术大家。冯友兰曾为现代

---

① 冯友兰:《三松堂全集》第10卷,第51页。
② 邓广铭:《宋史十讲》,第204页。
③ 同上书,第205页。
④ 同上书,第214—215页。
⑤ 同上书,第215页。

中国哲学史学科的创设作出过重要贡献,邓广铭则因宋史研究方面的成就而蜚声中外。两位学术前辈对周敦颐哲学历史地位的理解,各有其据,自成一家。尤其是邓广铭以历史学家的眼光与方法对周敦颐学术师承与传授的考论,史料翔实,历史线索清晰,一般哲学史工作者实难望其项背。但是,周敦颐的学术地位是一个长期存在歧异的历史问题。冯友兰和邓广铭对周敦颐哲学历史地位的理解,也难说即是历史的定论。因为,就冯友兰与邓广铭有关周敦颐哲学历史地位的结论而言,仍存在继续辨析的空间。首先,冯友兰的《伊洛渊源录》重在"伊洛"说与二程为道学"创立者"说即值得再思考。朱熹的《伊洛渊源录》,乃中国学术史上的第一部理学史著作。说《伊洛渊源录》重在"伊洛"不无道理,但是,以《伊洛渊源录》重在"伊洛"而否定周敦颐为道学创始人之一的观点则难以成立。考论周敦颐哲学的历史地位,对道学与理学应有所区别。道学可以概指整个宋元时期或宋明时期的哲学,理学则只是道学所涵括的具体哲学派别之一。因此,广义的道学的创立者实为一个群体,而非排他的单个历史人物。从宋元哲学发展的实际来看,准确地说,二程当是理学的创立者。因为,二程哲学确立了理学的核心范畴"理"。程颢即认为"天理"二字是他"自家体贴出来"的。若广义地理解道学,肯定二程是道学的创立者也未尝不可,因为,理学实为道学涵括的哲学派别之一。但肯定二程是道学的创立者,并不能否定周敦颐为创立道学所作的历史贡献。周敦颐哲学也是道学所涵括的哲学形态之一。在这样的意义上,我们同样可以认定周敦颐是道学的创立者。进而言之,北宋五子中的张载、邵雍也可以视作道学的创立者。因为,张、邵的哲学理论同样是道学的重要组成部分。同时,冯友兰以朱熹明确肯定"直接传孟轲道统的人是二程"为据,肯定二程为道学的创立者,也值得思考。朱熹在《中庸章句序》中肯定二程兄弟用自己的学说"以续夫子千载不传之绪"[1],有其具体的语境与需要。这种论说,并不意味着他要否定周敦颐、张载等道学

---

[1] 朱熹:《中庸章句序》,《四书章句集注》,第 15 页,北京,中华书局,1983。

代表人物的学说也可以"续夫子千载不传之绪",将其他道学代表人物排除在道学创立者之外。实际上,周敦颐、张载一类道学代表人物,同样认同韩愈所定的儒家道统,以"为往圣继绝学"自期,并为道学的形成作出了自己的贡献。

邓广铭认为,周敦颐受学于何人"于史无征","二程决非周敦颐的学业的传人",只是由于"朱熹等几次三番地力加论证之后,伊洛渊源于濂溪之说"才为"理学家们的徒众所普遍接受,形成了一种一定不易之论"。① 这些观念也宜再作辨析。依据周敦颐受学于何人"于史无征"而断言周敦颐学无师承,这有助于人们了解周敦颐的学思历程。但周敦颐学无师承,并不表明周敦颐在北宋学术界"不曾占什么学术地位"。同理,"二程决非周敦颐的学业的传人",也不能表明周敦颐在北宋学术界"不曾占什么学术地位"。因为,论定周敦颐在北宋学术界的地位,依据只能是他的学术成就,而不应仅依据其学术授受。邓文中认定周敦颐学术地位的确立得力于朱熹等人对其学术地位的肯定,这是历史的事实。但是,朱熹等人为什么要高度肯定周敦颐的学术地位呢? 深思这一问题,倒是有益于我们全面地理解周敦颐哲学在道学发展史上的学术地位。在宋元道学中,朱熹是理学一派的集大成者。朱熹在建构其理学系统的过程中,对周敦颐哲学的看重,不仅表现在其曾系统地解说周敦颐的《通书》与《太极图说》,也表现在朱熹对理学发展源流的理解。邓广铭《关于周敦颐的师承和传授》一文认为,"朱熹于宋孝宗乾道初年编撰《伊洛渊源录》,把《濂溪先生事状》列于卷首,分明等于佛家各宗派中之'定祖'"②。朱熹在《伊洛渊源录》中首论周敦颐,确实体现了其对周敦颐学术地位的理解。朱熹与吕祖谦合编《近思录》,将周敦颐的《太极图说》置于《道体》篇之首,同样表明了他对周敦颐学术地位的理解。朱熹在《韶州州学濂溪先生祠记》中说周敦颐之学"上接洙泗千岁之统,下启河、洛

---

① 邓广铭:《宋史十讲》,第 208 页。
② 同上书,第 206 页。

百世之传"①,则是以文字的形式明确肯定周敦颐的学术地位。朱熹肯定周敦颐的学术地位以其对周敦颐思想理论的肯定为前提。因为,在朱熹看来,周敦颐"不繇师傅,默契道体,建图属书,极根领要"②,在北宋学者中,最先建构了"探圣贤之奥,疏观造化之原"③的理论系统。这个系统"阐发幽秘,词义虽约"④,但对"天人性命之微,修己治人之要,莫不毕举"⑤;理论上"其高极乎无极太极之妙,而其实不离乎日用之间;其幽探乎阴阳五行造化之赜,而其实不离乎仁义礼智、刚柔善恶之际"⑥,既能"明天理之根源,究万物之终始",又能使"天下之为中正仁义者,得以知其所自来"⑦,达到了将天道与人道内在统一的理论目的。

如前所述,周敦颐哲学并非一个理学色彩浓郁的思想系统,且表现出北宋早期道学代表人物融合儒、道之学的思想特色。那么,朱熹何以要在理论上对其评价如此之高呢? 合理的解释只能是周敦颐哲学中存在道学其他派别,特别是理学可以借鉴、利用的丰富资源。朱熹理学的建构即是如此。朱熹主张周敦颐《太极图说》的首句为"无极而太极",反对《太极图说》的首句为"自无极而为太极",即是发现了"无极而太极"说对于理学理论建构具备巨大的借鉴价值。朱熹在与陆九渊兄弟的论辩中,曾高度肯定周敦颐"无极而太极"说的理论意义:"只如《太极》篇首一句,最是长者所深排。然殊不知不言无极,则太极同于一物,而不足为万化之根;不言太极,则无极沦于空寂,而不能为万化之根。只此一句,便见其下语精密,微妙无穷。"③在朱熹看来,周敦颐以"无极""太极"观念建构自己的哲学理论,既表现出了前无古人的理论勇气,也作出了划时代的理论贡献:"若论'无极'二字,乃是周子灼见道体,迥出常情,不顾旁人是非,不计自己得失,勇往直前,说出人不敢说底道理,令后之学者晓然

---

① 朱杰人等主编:《朱子全书》第 24 册,第 3769 页。
② 同上书,第 3740 页。
③④⑤ 同上书,第 3743 页。
⑥ 同上书,第 3748 页。
⑦ 同上书,第 3768 页。
⑧ 朱杰人等主编:《朱子全书》第 21 册,第 1560 页。

见得太极之妙不属有无,不落方体。"①朱熹的这些评断,"推本周子之意",并不完全符合周敦颐的本意。但当朱熹认定"太极乃天地万物本然之理",以"无极"表述"理"的形上特征,以"太极"表述"理"的实在性、普遍性特征,从无、有两个方面规定"理",肯定"理"为"万化之根"时,"无极而太极"说确实已成为朱熹规定"理"范畴时最具理论色彩的思想内容。朱熹理学与周敦颐哲学之间的这种内在关联,从一个侧面体现了周敦颐哲学的价值。但周敦颐哲学中潜存的这种可能被发掘的思想资源,并未为人们所普遍理解。朱熹在给汪应辰的书信中即有"大抵近世诸公知濂溪甚浅"②之说。陆九渊兄弟虽与朱熹围绕周敦颐的《太极图说》反复辩难,但对于周敦颐哲学中"微妙无穷"的思想资源并没有深入的了解。朱熹理学的建构倒是充分地利用了这一思想资源。朱熹对周敦颐《太极图说》与《通书》的解说,实际上是他对自己的理学思想最为集中的论述之一。概而言之,朱熹对周敦颐学术地位的肯定,前提是他对周敦颐哲学理论的肯定。这种肯定虽以其鲜明的理学家立场为前提,但从这种肯定中,我们仍然可以发现周敦颐哲学真实的时代价值与理论价值。周敦颐在北宋道学家中,率先建构起宇宙生成论,并在儒家的宇宙生成论系统中确立了形上本源;肯定儒家的道德观念"诚"为"五常之本,百行之源",将"诚"确立为道德本体。这种致思趣向与理论追求反映了早期道学家的思想理论特色;其思想方法与理论本身皆为后世学者提供了借鉴与拓新的可能。因此,历史上人们认定在道学的发展中,"若论阐发心性义理之精微,端数元公之破暗也",这样的结论是可以成立的。即使今天,我们也不宜简单地否定这种结论。因为这样的结论有其历史的依据,反映了道学发展的历史进程。

---

① 朱杰人等主编:《朱子全书》第 21 册,第 1568 页。
② 同上书,第 1306 页。

第六章　张载的哲学思想

在北宋道学家中,张载为关中"士人宗师",乃关学的开创者。张载"学古力行",志道精思,也是在哲学理论方面创获较多的一位哲学家。张载的哲学,肯定"凡象皆气",认为"气之外无神","神之外无化",通过对"天""道""神""化"等基本范畴的界定与诠释,建构了自己的哲学理论系统。这一理论系统不同于周敦颐的哲学,也有别于程颢、程颐的哲学,在论释世界万物何以存有以及批判佛、道哲学方面均达到了较高的理论层次。清理宋元哲学的历史发展,论析宋元哲学的历史地位与理论特色,考察张载哲学是一个重要的理论环节。

第一节　张载的生平与学术著作

张载(1020—1077),字子厚,祖籍大梁(河南开封),其父张迪曾为官涪州,后卒于任上。其时,张家"诸孤皆幼",无力回归故里,举家徙居郿县横渠镇(今陕西眉县)。后张载长期居于横渠,人称横渠先生。

张载为北宋五子之一,是关学的创立者。张载的人生志向与学术成就,同他的家庭环境与人生经历不无联系。张载小时候随教师读书即"志气不群",为其父所器重。父亲早逝,少自孤立,使张载更加勤奋好学,且喜谈兵。吕大临曾说张载"年十八,慨然以功名自许,上书谒范文正公。公一见知其远器,欲成就之,乃责之曰:'儒者自有名教,何事于兵!'因劝读《中庸》"①。范仲淹劝读《中庸》,使张载走上了学术研究的道路。但《中庸》并未使张载在理论上得到满足,他转而研探佛、道之学。"访诸释、老之书",不仅使张载对佛、道二家的学说有了系统而深入的了解,也让张载意识到佛、道之学无助于自己的学术追求。这样的学术意识促使张载回归儒学,重新研读《诗》《书》《礼》《乐》《周易》等儒家经典,走上了学术创新之路。朱熹曾将张载的这种为学路径概述为"早悦孙、吴,晚逃佛老,勇撤皋比,一变至道"②。由儒学转向佛、道之学,再由佛、道之学回归儒学,长期的学术磨砺,终于使张载学有所成。宋仁宗嘉祐初年,张载开始在京师讲论《周易》。《宋史·张载传》记载,张载"尝坐虎皮讲《易》京师,听从者甚众"③。这种记述,表明张载在京师讲《易》时,已经具有相当广泛的学术影响。吕大临也曾记述张载步入仕途之前的讲学活动:"方未第时,文潞公以故相判长安,闻先生名行之美,聘以束帛,延之学宫,异其礼际,士子矜式焉。"④张载步入仕途之前,文彦博主政长安,因张载"名行之美"而延聘其讲学,这表明张载在故乡也有着广泛的学术影响。

宋仁宗嘉祐二年(1057),张载进士及第,开始步入仕途,先后任祁州司法参军,云岩县令等职。宋神宗熙宁二年(1069),御史中丞吕本中以"张载学有本原,四方之学者皆宗之"为由向朝廷举荐张载,授崇文院校书。后来,张载因为自己与弟张戬皆与王安石政见不合,回归故里。宋神宗熙宁九年(1076),吕大防以"善法圣人之遗意,其术略可措之以复古"⑤为由举荐张载,使张载入朝"知太常礼院"。张载也因为"与有司议礼不合,复以疾归"⑥。归乡途中,张载因病结束了自己五十八年的人生旅程。

---

① 吕大临:《横渠先生行状》,转引自《张载集》,第 381 页。
② 朱杰人等主编:《朱子全书》第 24 册,第 4003 页。
③《宋史·张载传》,转引自《张载集》,第 386 页。
④ 吕大临:《横渠先生行状》,转引自《张载集》,第 382 页。
⑤ 同上书,第 384 页。
⑥《宋史·张载传》,转引自《张载集》,第 386 页。

　　张载步入仕途时，已经三十七岁，第一次被举荐入朝时已年近五十。由于长年研读儒家经典，张载步入仕途时早已形成自己的政治理念。吕大临曾说张载"慨然有意三代之治，望道而欲见"①。张载主张的"三代之治"，基本内容乃"复三代之礼"。张载为官，始终希望将自己仰慕的"三代之治"变成现实。张载任云岩县令时，"政事大抵以敦本善俗为先，每以月吉具酒食，召乡人高年会于县庭，亲为劝酬，使人知养老事长之义，因问民疾苦及告所以训诫子弟之意"②。"敦本善俗""养老事长"，这正是儒家礼制的基本要求。张载处理一县政务，"以敦本善俗为先"，"使人知养老事长之义"，实体现了其为"复三代之礼"所作的主观努力。张载第一次被举荐入朝，对宋神宗所问治道的回答也是："为政不法三代者，终苟道也。"③张载主张"法三代"，亦即主张"复三代之礼"。张载由吕大防举荐入朝时曾说，"吾是行也，不敢以疾辞，庶几有遇焉"④，表明他带病再次入朝，也是希望获得新的礼遇，推行自己的政治主张。

　　张载至都城之后，因其学术影响，朝廷官员"闻风慕之"。但对于张载"复三代之礼"的政治理念，人们却"多未之信"。张载"复以疾归"的主要原因即在于礼官们以"古今异俗"为由，"安习故常"，不能践行他所理解的礼制。张载曾设想在一乡之内"正经界"，"分宅里，立敛法，广储蓄，兴学校，成礼俗，救灾恤患，敦本抑末"⑤，"推先王之遗法"，践行"三代之治"。但这样的设想也未能成为现实。清代学者黄百家曾论及张载的政治主张："先生覃测阴阳造化，其极深至精处，固多先儒所未言，而其凭心臆度处，亦颇有后学所未安者。至于好古之切，谓《周礼》必可行于后世，此亦不能使人无疑。夫《周礼》之的为伪书，姑置无论。圣人之治，要不在制度之细。窃恐《周官》虽善，亦不过随时立制，岂有不度世变之推移，

---

① 吕大临:《横渠先生行状》,转引自《张载集》,第 384 页。
② 吕大临:《横渠先生行状》,转引自《张载集》,第 382 页。
③《宋史·张载传》,转引自《张载集》,第 386 页。
④⑤ 吕大临:《横渠先生行状》,转引自《张载集》,第 384 页。

可——泥其成迹哉！"①这种论述指出了张载政治理念的思想局限。张载推重古代礼制，"不度世变之推移"，"一一泥其成迹"，确为其一生之中"有意三代之治"而又难获实绩的重要原因。

但是，张载在学术研究方面却卓然成家。黄震《日钞》论及张载的学术成就，曾说"横渠先生精思力践，毅然以圣人之事为己任，凡所议论，率多超卓"②。"率多超卓"四字符合张载学术思想特别是张载哲学思想的实际。张载哲学"穷神化，一天人，立大本，斥异学"③，不论理论创发还是对佛、道之学的批判，在北宋道学家中，皆独树一帜，多发前贤之所未发，达到了很高的理论层次。张载能够获取"率多超卓"的学术成就，与他宏大的学术志向与文化担当意识是联系在一起的。张载曾以"为天地立心，为生民立道，为往圣继绝学，为万世开太平"④概述自己的人生抱负与学术志向。这样的志向与抱负，为张载数十年间潜心于学术研究不断提供思想动力。吕大临曾说张载居家时，"终日危坐一室，左右简编，俯而读，仰而思，有得则识之，或中夜坐起，取烛以书，其志道精思，未始须臾息，亦未尝须臾忘也"⑤。这应是对张载日常勤学苦读生活的真实写照。张载为学，"志道精思"，勇于创发，但并不排斥学术交流。张载与程颢、程颐切磋学术，即互有启发。但"志道精思"确为张载学术上自成一家的主要缘由。程颐曾认为，张载为学，多"迫切气象"，少"宽舒之气"。朱熹也曾比较张载与程颢的为学之方："明道之学，从容涵泳之味合，横渠之学，苦心力索之功深。"⑥其实，张载为学，虽以勤学苦读为先，具"迫切气象"，但在勤学苦读之后也不无"宽舒之气"。张载也常因此而感到充实与快乐，曾说："吾学既得于心，则修其辞命，辞无差，然后断事，断事无

———————————

① 黄宗羲原本，全祖望修定：《横渠学案》，《宋元学案》第 1 册，第 665 页。
② 黄宗羲原本，全祖望修定：《横渠学案》，《宋元学案》第 1 册，第 776 页。
③ 吕大临：《横渠先生行状》，转引自《张载集》，第 383 页。
④ 张载：《近思录拾遗》，《张载集》，第 376 页。
⑤ 吕大临：《横渠先生行状》，转引自《张载集》，第 383 页。
⑥ 朱杰人等主编：《朱子全书》第 17 册，第 3111 页。

失,吾乃沛然。精义入神者,豫而已矣。"①所谓"沛然""豫"皆为精神状态。勤学苦读换来的思想领悟与学术成就,带给张载的也有愉悦与欢乐。黄宗羲曾说:"横渠气魄甚大,加以精苦之功,故其成就不同。伊川谓其多迫切而少宽舒,考亭谓其高处太高,僻处太僻,此在横渠已自知之。尝言:'吾十五年学个"恭而安"不成',所谓宽舒气象即安也。然'恭而安'自学不得,正以迫切之久而后能之。若先从安处学起,则荡而无可持守,早已入漆园篱落。"②黄宗羲"若先从安处学起,则荡而无可持守"之说,应是对"精苦之功"与"宽舒气象"关系的正确理解,有助于我们理解张载的学思特色。

张载致力于儒家哲学的创发,也注意对儒家学说的践行。他"治家接物",注意"反躬自治","正己以感人"。教育学生,则要求学生"学必如圣人而后已"。张载自己践行儒道,也乐意帮助他人践行儒道。史籍中说张载"闻人之善,喜见颜色。答问学者,虽多不倦,有不能者,未尝不开其端。其所至必访人才,有可语者,必丁宁以诲之,惟恐其成就之晚"③。又说张载因"患近世丧祭无法,期功以下未有衰麻之变,祀先之礼袭用流俗,于是一循古礼为倡"④,使得关中一带"风俗一变而至于古"。这些记述都体现了张载成己成人的儒者情怀。

践行儒家学说,也使得张载不计清贫,追求孔颜之乐。横渠镇地方偏僻,物产不丰。张载家中田产仅够维持生计。张载不以为忧,仍乐善好施。学生为生计所困时,"虽粝蔬亦共之",总会施以援手。但张载病逝时,"惟一甥在侧,囊中索然"⑤,在学生们的帮助下,才得以"奉枢归殡以葬"。史籍中的这些记述都具体地再现了张载清贫乐道的仁者人格与德行操守。

---

① 吕大临:《横渠先生行状》,转引自《张载集》,第383页。
② 黄宗羲原本,全祖望修定:《横渠学案》,《宋元学案》第1册,第777页。
③ 吕大临:《横渠先生行状》,转引自《张载集》,第383—384页。
④ 黄宗羲原本,全祖望修定:《横渠学案》,《宋元学案》第1册,第663—664页。
⑤ 吕大临:《横渠先生行状》,转引自《张载集》,第385页。

张载为学"以《易》为宗，以《中庸》为的，以《礼》为体，以孔、孟为极"①。学术成果丰硕，著述十分繁富。南宋学者晁公武的《郡斋读书志》和陈振孙的《直斋书录解题》，都有对张载学术著述的记述；朱熹、吕祖谦编撰《近思录》，也曾涉及张载的学术著作。现存的张载学术著作主要有《易说》《正蒙》《经学理窟》《语录》《文集》等。张岱年先生曾考察各种史籍中所记张载著作的异同，认为张载的著作在元、明时期散佚很多。明代学者吕柟编辑的《张子抄释》当是较早形成的张载著作辑本，通行本《张子全书》成书于《张子抄释》之后，是沈自彰在明代万历年间编纂的。②1978 年，中华书局出版的《张载集》全面地收集整理了张载存世的学术著作，并附录多种有关张载学术著作的《序》与《提要》，是今天人们深入研探张载学术思想最有价值的文献史料。

第二节 "太虚即气"与"天道神化"

全祖望在《宋元学案·横渠学案序录》中认为，"横渠先生勇于造道，其门户虽微有殊于伊洛，而大本则一也"③。这种论断肯定张载学术上"勇于造道"，合于张载学术活动的实际；认定张载所代表的关学"门户虽微有殊于伊洛，而大本则一"，似不尽然。人们论及北宋道学，常将张载与周敦颐、程颢、程颐、邵雍并称为"北宋五子"。若在儒学的范围，张载与程颢、程颐以及周敦颐、邵雍皆可谓"大本"趋同；但在哲学的范围，张载与程颢、程颐以及周敦颐、邵雍的学术趣向实存在差异。张载的哲学系统主要是围绕"气"范畴建构起来的。他以"气化"论批判佛、道之学，论析事物何以存有，拓展儒家的心性理论。在由气学、理学、心学等主要学术流派构成的宋代道学中，张载属于气学的代表人物。

从哲学的层面论析事物存有的根基或说本原，是宋元道学重要的理

---

① 黄宗羲原本，全祖望修定：《横渠学案》，《宋元学案》第 1 册，第 663 页。
② 张岱年：《关于张载的思想和著作》，转引自《张载集》，第 17 页。
③ 黄宗羲原本，全祖望修定：《横渠学案》，《宋元学案》第 1 册，第 662 页。

论追求。在张载看来,客观现实世界存在的基础既非佛教所谓的"心识",也不是道家所主张的虚无,而是客观实有的"气"。张载将自己的这种哲学观念概述为:"凡可状,皆有也;凡有,皆象也;凡象,皆气也。"①为了论释"凡象皆气","气"为万有之源,张载从哲学的层面对"气"的属性进行了多层面的考察与论析。在这种考察论析中,张载认为,"气本之虚则湛一无形"②。因此,作为事物存有的本原,"气"的特点首先即表现为"至虚"。"至虚"是说"气"可以"无形"而有,或说"气"可以无形的状态存在。这种"至虚"的观念,使张载将"气"称为"太虚"。"太虚"一词除了表示"气"无形的存在状态,也可以表示广袤的太空或说"虚空",这两种含义是统一的。在张载哲学中,"凡象皆气"与"太虚即气"或"虚空即气",都是关于世界本原问题方面最基本的命题。

　　张载认定有形有象的万物本原于"气",无形的"太虚"亦是"气"存有的形态。"气"凝聚时形成有形的万物,万物消散时则回归"太虚",回归"太虚"乃万物还原为"气"。张载曾以"太虚无形,气之本体;其聚其散,变化之客形尔"③这样的论断来表达自己"太虚即气"的观点。但是,学术界对于张载这一论断的解读存有歧异。有学者依西方哲学观念认定张载主张"太虚"为"气"之"本体"。张岱年先生则认为,将张载这一论述中的"本体"视同西方哲学中的"本体",并不符合张载哲学的本意,张载所谓"本体"实谓本然或本来状况。张岱年先生否定那种以"太虚"为本体,以"气"为现象的学术观念,肯定张载哲学的"气"本趣向,④这种观念影响很大。但张岱年先生对于张载"太虚无形,气之本体"说的诠释仍值得再思考。因为,如果我们细析张载这一论断,会发现这一断语中所谓"本体"之"体",实非形体之"体",而是形性之"体"。张载使用"本体"概念,目的不在肯定"太虚无形"是"气"存在的本来状况,而是要肯定"太虚无

① 张载:《正蒙·乾称篇》,《张载集》,第63页。
② 张载:《正蒙·太和篇》,《张载集》,第10页。
③ 同上书,第7页。
④ 张岱年:《关于张载的思想和著作》,转引自《张载集》,第3页。

形"乃"气"的本有之"性"。这样理解文中的"本体"概念,似更符合张著的原意。因为,在原文中,"太虚无形,气之本体"之后的文字是"其聚其散,变化之客形尔"。从文意来看,张载肯定"气"之聚、散皆为"气化"的暂时形态(客形),这实际上也肯定了"太虚"乃"气化"的状态之一。这种状态也在暂时形态或说"客形"的范围。如果将"太虚无形,气之本体"说理解为张载肯定"太虚"乃"气"存在的本来状况的话,那么,对后面的"其聚其散,变化之客形尔"这一断语的解释,即很难与前面文字的语意一致。因为,"气"存在的本来状况当是一种常态,这与"气"存在的暂时形态不可同日而语。若以本有之性诠释张载所谓的"本体",则不存在这种理论困难。张载在本有之性的意义上使用"本体"范畴,把"太虚"或"无形"视为"气"的本有属性,是要将作为事物本原的"气"与由"气化"而成的实物区别开来。在张载看来,作为事物本原的"气",兼具有形与无形两态。在"气化"中,"聚亦吾体,散亦吾体"①。这样的"气"既可以实物展示其有与存在,也可以无形的状态体现其有与存在。因此,"气"聚为物或者物散为"气"都只是"气化"的暂时状态,"气"之聚、散两态的统一,才是"气"本然的存有状态。正是这样的状态,使"气"得以成为万有之源。

张载认为,就"气"可无形而存有来说,可谓"太虚"或说"至虚",与由气化而成的实物有别。但就"气"存在的普遍性、永恒性及其对于世界存有的根源性而言,"至虚"之"气"又是"至实",或说"气"乃至上的实在。张载对"气""至实"特性的理解,也同他对"气化"的理解相联系。在张载看来,作为万有之源的"气",虽然也有聚散的变化,但这种聚散并不是成毁或生灭的差别,因为"气之为物,散入无形,适得吾体;聚为有象,不失吾常"②。在"气化"的过程中,具体实物的消散,是物还原为"气";"气"聚为物,同样体现"气"聚散的常则。这样的聚散,使"气"的存在状态出现差别,但"气"本身的实在性并未受到影响。"金铁有时而腐,山岳有时

---

①② 张载:《正蒙·太和篇》,《张载集》,第 7 页。

而摧,凡有形之物即易坏,惟太虚处无动摇,故为至实"①,张载这种论述,即是要肯定"太虚"之"气"至上的实在性。在张载看来,虚实统一的特性,是"气"能够成为世界本原的重要条件。人们只有基于这样的"气"观念,从理论上理解"虚空即气""太虚即气",才能正确地认识宇宙间事物的生成演化,否定佛、道之学有关世界本原的错误理论。张载曾说:"知虚空即气,则有无、隐显、神化、性命通一无二,顾聚散、出入、形不形,能推本所从来,则深于易者也。"②又说:"气之聚散于太虚,犹冰凝释于水,知太虚即气,则无无。故圣人语性与天道之极,尽于参伍之神变易而已。诸子浅妄,有有无之分,非穷理之学也。"③张载强调现实世界不论处于什么状态,本质上都源于"气"。在现实中没有离开"气"的"物"与"有",也不存在离开"气"的"虚"与"无",即是要否定佛、道之学有关事物本原的观念。在张载看来,佛、道之学正是因为不了解"虚空即气""太虚即气"这样的道理,才在探讨有关"有无""幽明""隐显"一类问题的时候陷入思想的片面、浅薄与臆断。

张载肯定"气"为"至虚之实",也肯定"气"之"至静之动",强调"气"自身的动静统一。在张载看来,"气"之"至静之动",正因其为"至虚之实":"至虚之实,实而不固;至静之动,动而不穷。实而不固,则一而散;动而不穷,则往且来。"④张载肯定"气"动静统一,实际上肯定了"气"自含能动之性。为了肯定"气"自含能动之性,张载又将"气"称为"太和"。他说:"太和所谓道,中涵浮沉、升降、动静、相感之性,是生绸缊、相荡、胜负、屈伸之始。其来也几微易简,其究也广大坚固。起知于易者乾乎!效法于简者坤乎!散殊而可象为气,清通而不可象为神。不如野马、绸缊,不足谓之太和。"⑤王夫之在《张子正蒙注》中有"太和,和之至也"⑥之

---

① 张载:《语录中》,《张载集》,第 325 页。
② 张载:《正蒙·太和篇》,《张载集》,第 8 页。
③ 同上书,第 8—9 页。
④ 张载:《正蒙·乾称篇》,《张载集》,第 64 页。
⑤ 张载:《正蒙·太和篇》,《张载集》,第 7 页。
⑥ 王夫之:《张子正蒙注》,第 1 页,北京,中华书局,1975。

说。作为至上之和的"太和",实为"气"原初的统一状态。在张载看来，正是处于原初统一状态的"气"自身蕴含的"浮沉、升降、动静、相感之性"，引发了"气""絪缊、相荡、胜负、屈伸"等多种形式的运动变化。为了从理论上更深入地论释"太和"内含的"浮沉、升降、动静、相感之性"，张载又肯定"气"自身包含阴阳，将"气"谓之"太极"。他说："有两则有一，是太极也。若一则有两，有两亦一在，无两亦一在。然无两则安用一？不以太极，空虚而已，非天参也。"①又说："一物两体，其太极之谓与。"②张载以"气"为"太极"，肯定"气"自身包含阴阳，乃"一物两体"，突出了"气"的"合两"之性。肯定"气"为"一物两体"，辨析"一""两"关系，使张载从更抽象的理论层面论释了"气"的动静统一。在张载的哲学中，"一"即统一体，"两"为对立面。张载肯定"一"中涵"两"，"两"在"一"中，"两不立则一不可见，一不可见则两之用息"③，强调"一""两"之间的内在联结。在张载看来，正是因为"气"自身包含对立面，对立面之间相互作用，所以能形成无穷的"气化"，通过"气化"形成不同的事物。这种观念，又促使张载更深入地论析"气"的运动变化，对中国传统哲学长期探讨的"天""道""神""化"等问题进行理论的论析。

张载认为，"天"乃无限的宇宙空间。这样的"天"实际上也是"气"在运动变化中存在的一种形态，离开了"气"的运动变化，则无所谓"天"。张载用"天惟运动一气"④这样的断语表达了自己对"天"的理解。在张载哲学中，"道"常被用来表述"气"运动变化的过程，可说是由"气化"而得名。而"神"表明"气"所包含的对立面之间"相感相应"的相互作用不易观测。这种观念，使张载有时候也直接用"神"这一范畴来表述"气"自身所具有的能动之性，认为"神则主乎动"。"化"表明"气"所包含的对立面

---

① 张载：《横渠易说》，《张载集》，第233—234页。
② 张载：《正蒙·大易篇》，《张载集》，第48页。
③ 张载：《正蒙·太和篇》，《张载集》，第9页。
④ 张载：《横渠易说》，《张载集》，第185页。

之间"推行有渐"①。张载认为，"化"与"道"是相互联系的，二者都指"气化"的过程，但"化"更具体地表明了"气化"过程的渐进性。同时，张载认为"化"不同于"变"。"化"是渐变的过程，"变"是"以著显微"，是"化而裁之"②。在"气化"过程中，"化"与"变"相联系，"气化"过程是一个不断地由"化"到"变"的过程。张载曾经把"气化"过程区分为"对""反""仇""和"四个阶段。他说："有象斯有对，对必反其为，有反斯有仇，仇必和而解。"③"有对"是说"气"包含阴阳，"一"中含"两"；"一"中之"两"性能各异，相兼相制，故"有反"；性能相反的对立面之间相互排斥谓之"仇"；对立面之间的相互排斥达到一定的阶段又会形成新的统一，这便是"和"。张载所谓"和"，并非指简单地以均衡排除对立面之间的对立，而是指"气化"中从"有对"开始，经过"反""仇"而达到新的统一。这样的"和"，实为"气化"中的一个具体阶段。在张载看来，无穷的"气化"过程，就是由"对""反""仇""和"这种具体的"气化"过程构成的。

　　同时，张载认为，在"气化"中"神"与"化"也是相互联系的。"神"是因为"两"在"一"中"合一不测"，"化"是由于"一"中之"两""推行有渐"。张载曾以"一物两体，气也。一故神（自注：两在故不测），两故化（自注：推行于一），此天之所以参也"④这样的论述来表述自己的这种观念。在张载看来，"神"作为"气"的能动之性，是内在的本质，是"化"的根据，是谓"天德"；"化"是自然的变化过程，乃"神"的外在表现，可谓"天道"。"神，天德；化，天道。神，其体；道，其用，一于气而已。"⑤"神""化"都统一于"气化"之中，或说与"气化"相联系。因此，以"气"为万有之源，即必须肯定"气"之外无"神"，"神"之外无"化"。基于这样的观念，张载进一步指出："语其推行，故曰道；语其不测，故曰神；语其生生，故曰易；其实一

---

① ② 张载：《正蒙·神化篇》，《张载集》，第 16 页。
③ 张载：《正蒙·太和篇》，《张载集》，第 10 页。
④ 张载：《正蒙·参两篇》，《张载集》，第 10 页。
⑤ 张载：《正蒙·神化篇》，《张载集》，第 15 页。

物,指事而异名尔。"①他认为"天""道""神""化"等范畴实际上从不同的层面进一步论释了"气化"的特性与形式。因此,在张载看来,若非基于对"气化"形式与特征的理解而形成的关于"有""无""隐""显"与"天""道""神""化"的理论"皆非穷理之学",只能是"浅妄"之论。

总之,张载通过多层面地规定"气"之属性,论释了"太虚即气""虚空即气",肯定了"凡象皆气";将"气化"根源理解为"一"中之"两"的相互作用,具体论释"天""道""神""化",则进一步论析了"气"的性能,肯定了"气"为万有之源。这种"气化"论,不论是对"气"与"气化"的解析,还是对"气"与"气化"何以为万有之源的论释,在中国哲学史上都达到了很高的理论层次。

第三节 "见闻之知"与"大心体物"

儒家学说中,有所谓"至善"问题,也有所谓"知之至"问题。"至善"问题属于道德学说,"知之至"问题关联知识理论。历史上,儒学常将这两个问题联系起来进行论释。但是,在哲学史研究中,可将儒学所谓"至善"问题与"知之至"问题置于不同理论领域分别加以考察。通过这样的考察,更深入地清理儒学的思想传统,有益于多层面、全方位地揭示儒学的理论价值。考察张载哲学也是如此。张载的哲学系统既涉及道德问题,也涉及知识问题。在知识理论方面,张载通过对"见闻之知"与"德性所知"的考察,反对"止于闻见之狭",主张"大心体物",实际上形成了自己的思想系统。这一思想系统作为其哲学体系的重要组成部分,值得具体地探讨与解析。

张载的知识理论以"气化"论为基础。张载曾说:"至静无感,性之渊源;有识有知,物交之客感尔。客感客形与无感无形,惟尽性者一之。"②"至静无感"指"太和"之"气"处于原初的统一状态,"性之渊源"是说"太

---

① 张载:《正蒙·乾称篇》,《张载集》,第 65—66 页。
② 张载:《正蒙·太和篇》,《张载集》,第 7 页。

和"之"气"内含的对立面相感之性乃"气"能动之性的渊源。"有识有知"指人对事理具有的认识与知识,是主体通过与外物的交感来完成的。王夫之在《张子正蒙注》中认为,主体与外物交感是"自外至"①,"自外至曰客",故谓"客感"。"客感"是人与外物的交感,"客形"是"气化"的具体形态,"无感"是主体未与外物相感,"无形"是"气"散而未聚。"客感客形与无感无形"都与"气化"的不同形式与具体阶段相联系。唯有了解"气化"过程与本性的人,才能将"客感客形与无感无形"统一起来。这种论断表明张载对知识问题的思考,总体上即与其"气化"论联系在一起。张载"合虚与气,有性之名,合性与知觉,有心之名"②这一断语更是明确地以"气"之性与知觉的统一来具体解释人心。在张载看来,"气"是万物之源,人则为"物中一物"。因此,作为认识的主体,人自身即是"气化"所成。同时,在张载看来,人的认识对象乃客观外在的事物,这种对象也是"气化"所成。"气化"所成之物纷繁复杂,形质万殊,是造成人的认识内容丰富多彩的根源。他曾用"心所以万殊者,感外物为不一也"③这样的论述来表达自己的这种观念。张载论及知识对象时,还曾明确地肯定人、物皆在认识对象的范围。他说:"理不在人皆在物,人但物中之一物耳,如此观之方均。"④又说:"明庶务,察人伦,皆穷理也。"⑤张载对于知识对象的这种理解是极具理论价值的。

论及知识的获得,张载首先肯定的是感觉经验的作用。在张载看来,人的认识是主体同外在的认识对象交感的产物,这种主体与客体之间的交感始于人的"耳目有受"。他说:"人谓己有知,由耳目有受也;人之有受,由内外之合也。"⑥因"耳目有受"而获得对于事物的认识,张载谓之"见闻之知"。在张载看来,"见闻之知"不仅架起了沟通主体与外物的

---

① 王夫之:《张子正蒙注》,第 4 页。
② 张载:《正蒙·太和篇》,《张载集》,第 9 页。
③ 同上书,第 10 页。
④ 张载:《语录上》,《张载集》,第 313 页。
⑤ 张载:《语录下》,《张载集》,第 329 页。
⑥ 张载:《正蒙·大心篇》,《张载集》,第 25 页。

桥梁,而且在一定的范围内也可以"穷理""尽性"。他说:"穷理亦当有渐,见物多,穷理多,如此可尽物之性。"①从这些论述中,我们可以看到张载对"见闻之知"在认识活动中作用的重视与肯定。张载所谓"由耳目有受"而有的"见闻之知",在现代知识理论中当在直接经验的范围。张载也曾指出:"若以闻见为心,则止是感所闻见。亦有不闻不见自然静生感者,亦缘自昔闻见,无有勿事空感者。"②从这种论述中,我们看到张载实际上也曾意识到"见闻之知"的间接性,肯定间接经验在认识活动中的重要作用。张载的知识理论在重视直接经验的同时肯定间接经验,目的都在于肯定人的感觉经验必须具备客观外在的感觉对象。"感亦须待有物,有物则有感,无物则何所感!"③张载这种论述表达的即是自己对"见闻之知"与客观事物之间必然联系的理解。从张载对"见闻之知"多侧面的论析来看,他对"见闻之知"在人的认识活动中的作用具有多方面的理解,这使得他关于"见闻之知"的理论也显得较为全面、系统。

张载肯定"见闻之知"的作用,也意识到了"见闻之知"的局限。张载认为,人的耳目感官由于"为性累"④,自身的功能或说能力是有限的。因此,耳目感官所能感知的事物也十分有限。他说:"今盈天地之间者皆物也。如只据己之闻见,所接几何? 安能尽天下之物?"⑤在张载看来,如果一个人的认识仅限于"见闻之知",则不可能完全地把握人伦物理,或说"穷理""尽性"。因此,张载反对人的认识活动"止于闻见之狭",提倡"大心体物",以求全面地了解宇宙人生。他说:

> 大其心则能体天下之物,物有未体,则心为有外。世人之心,止于闻见之狭。圣人尽性,不以见闻梏其心,其视天下无一物非我,孟子谓尽心则知性知天以此。天大无外,故有外之心不足以合天心。

---

① 张载:《语录上》,《张载集》,第 312 页。
②③ 张载:《语录上》,《张载集》,第 313 页。
④ 张载:《正蒙·大心篇》,《张载集》,第 25 页。
⑤ 张载:《语录下》,《张载集》,第 333 页。

见闻之知,乃物交而知,非德性所知;德性所知,不萌于见闻。①

深入理解张载"大其心则能体天下之物"这一断语的理论价值,有必要重新解析张载的"德性所知"这一概念。在以往的中国哲学史研究中,人们常将张载提出的"德性所知"理解为"关于内在德性的认识"。譬如,有的中国哲学史著作中明确地肯定张载的"德性所知""是人们关于内在德性的认识",并认为这种认识"合内外于耳目之外","不萌于见闻",也不是见闻之知所能积累出来的。②又譬如学术界有学者认为,"见闻之知"与"德性之知"是宋明理学中探讨认识论问题时经常使用的一对范畴。前者指经验知识,通过耳目见闻获得,"属于形而下的知识论",后者"指先验的道德知识,即关于人性的自我认识,它通过自我反思而发明,属于形而上的道德论",而"正式提出这对范畴的是张载"③。在这两种观念中,前者肯定张载的"德性所知"为"关于内在德性的认识",但未明确地将这种"关于内在德性的认识"归于道德理论;后者以"德性之知"等同于"德性所知",认定"德性之知"指"先验的道德知识",肯定张载最先提出"德性之知",并将"德性之知"归于"形而上的道德论"。就两者对张载提出的"德性所知"的理解而言,后者与前者实有所不同。应当肯定,对于张载"德性所知"说的这两种解读,在张载哲学研究中都是较具代表性的认识成果,学术界不乏认同者。但是,张载提出的"德性所知"能否等同于"德性之知"?"德性所知"是否只宜理解为"关于内在德性的认识"或"先验的道德知识"呢?"德性所知"说是否只能归属于"形而上的道德论"呢?这类问题的存在,都需要我们在新的时代条件下研探张载哲学时进行更加深入的思考。

对于如何解读张载"德性所知"的意涵,理解张载"德性所知"说的理论归属,冯友兰、张岱年一类前辈学者的观念值得我们借鉴。冯友兰认

① 张载:《正蒙·大心篇》,《张载集》,第 24 页。
② 参见《中国哲学史》编写组:《中国哲学史》下册,第 40 页,北京,人民出版社、高等教育出版社,2012。
③ 潘富恩、徐洪兴主编:《中国理学》第 4 卷,第 42 页,上海,东方出版中心,2002。

为,张载的"德性所知"是相对于"见闻之知"来说的。"见闻之知"在见闻的范围之内,相当于感性认识;"德性所知"是人的认识的又一次飞跃,可谓之"哲学认识"。① 张岱年则认为张载的"德性所知"是由心的直觉而有的知识。他说:

> 张子分知为二,一德性所知,二见闻之知。见闻之知,即由感官经验得来的知识。德性所知,则是由心的直觉而有之知识;而此种心的直觉,以尽性功夫或道德修养为基础……见闻之知,以所经验的事物为范围,德性所知则是普遍的,对于宇宙之全体的知识。如对于神、化、性、道的知识,便都是德性所知。②

冯友兰、张岱年一类学者论释张载提出的"德性所知",都没有将"德性所知"简单地理解为"关于内在德性的认识"或"先验的道德知识",也没有将张载的"德性所知"说直接归于"形而上的道德论",而是将"德性所知"理解为有别于"见闻之知"的另一种认识活动与认识结果。应当肯定,冯、张一类前辈学者的理解较为符合张载哲学的本意。在张载哲学中,"德性所知"的确是相对于"见闻之知"而言的。"德性所知"中的"德性"实为一种有别于"见闻"的认识能力,而非道德意义上的"德性"。作为认识能力的"德性",其意涵可理解为人由于自然禀赋而具备的属性或能力。《辞源》中对"德性"的解释是"儒家指人的自然禀性"。这种解释是合理的,因为这种解释没有将儒家理解的"德性"仅限于人的道德品质方面的"自然禀性",而是肯定人的"德性"中含括道德属性之外的其他"自然禀性"。在儒家看来,人的耳目感官与心的认知能力实际上也在人的"自然禀性"范围。《荀子·解蔽》中有"凡以知,人之性也;可以知,物之理也"之说。荀子肯定"凡以知,人之性也",即是肯定人的认识能力为"自然禀性"。在这样的意义上可以说张载主张的"德性所知"实际上是作为人的"自然禀性"的心知。这样的心知有别于"见闻之知",当在理性

---

① 冯友兰:《三松堂全集》第10卷,第133—134页。
② 张岱年:《中国哲学大纲》,第728页,北京,商务印书馆,2015。

认识能力的范围。这样理解张载主张的"德性所知",不论于文字还是文意都更有理据。

在以往的张载哲学研究中,人们之所以常将张载主张的"德性所知"理解为"关于内在德性的认识"或"先验的道德知识",学理方面辨析不够是一个重要原因。古希腊哲人亚里士多德曾经考察人的情感、能力、品质,辨析"德性",认为"德性"既不是情感,也不是能力,只能与品质相联系。这样的"德性"表示品质的优秀。亚里士多德理解的作为优秀品质的"德性"不限于道德品质,儒家学者则有所不同。儒家学者理解的道德意义上的优秀品质,是善的品质,这种优秀品质仅在道德的范围。明确地肯定道德意义上的"德性"为一种品质,这样的品质表现为一种状态,一种选择,不在情感与能力的范围,这对于我们解读张载"德性所知"的意涵是极富助益的。因为,不论是将"德性所知"理解为由"德性"开始的认识活动,还是由"德性"把握事理而形成的认识成果,都表明张载"德性所知"中的"德性"概念是在作为"自然禀性"的心知能力的意义上使用的,而非道德品质意义上的"德性"。因此,将张载肯定的"德性所知"解读为"关于内在德性的认识"或"先验的道德知识",理论上是不太严谨与周全的。

在文献解读方面忽略张载著作中的具体语境,直接将"德性"或"德"理解为道德意义上的"德性",也是造成以往人们对张载"德性所知"的解读不够全面的原因。在张载的著作中,有时将人的善的品质称为"德性"或"德",有时也在人或物的自然禀性的意义上使用"德性"或"德"的概念。当张载肯定"己德性充实,人自化也,正己而物正也"①时,"德性"指人的善的品质,当张载肯定"有德者必有言"②时,"德"也指人的善的品质;但当张载肯定"德性所知,不萌于见闻"或"神,天德;化,天道"时,"德性"与"德"所指则实为人或天的自然属性,而非人的善的品质。在以往的哲学史研究中,人们将"德性所知"与"德性之知"等同,肯定"德性之

---

① 张载:《语录上》,《张载集》,第 312 页。
② 张载:《正蒙·有德篇》,《张载集》,第 44 页。

知"最早由张载提出,也是不太注意"德性"概念在不同语境中意涵有别的结果。北宋道学早期代表人物的著作中,确曾出现过"德性之知"这种用语,如果将"德性之知"中的"德性"理解为道德品质,"德性之知"确可解读为"关于内在德性的知识"。但张载的用语是"德性所知","德性所知"似不宜直解为"关于内在德性的知识"。因为,张载主张的"德性所知"既表示由人的心知能力所进行的认识活动,也表示由人的心知能力所获得的认识成果。这种认识或认识成果皆不限于人的道德行为,而是对张载所理解的"天""道""神""化"的全面理解与把握。张载之所以将"德性所知"区别于由耳目有受而有的"见闻之知",反对人们在认识活动中"止于闻见之狭",或说反对"以见闻梏其心",正是因为要通过"德性所知"来追求与获得对于宇宙全体的认识。

张载主张"大心体物","大心"当是"体物"的前提。对于为何"大心",如何"大心",张载也有自己的论释。在张载看来,要理解为何"大心",即为何要充分发挥心知的作用,首先需要了解在人的认识活动中,心知与感觉经验不同。张载曾说:"化不可言难知,可以言难见,如日景之行则可知之,其所以行则难见也。"①从知识理论的角度来看,张载这种论述实际上深刻地论释了理性思维与感觉经验的差别,突出了理性思维或说心知在认识中的重要作用。在张载看来,事物内在的性质与理则,仅凭见闻是很难把握与理解的,凭经验可见"日景之行",难见"其所以行","日景之行"的根源与律则只能通过心知或说理性思维去把握。张载论及对"日景之行"的"可知"与"难见",实际上是主张通过对感觉之外的事物的思考,形成超越"见闻"的认识,以理性思维的作用克服"见闻之知"的局限。张载所谓"不以见闻梏其心,其视天下无一物非我",也在于肯定"不以见闻之知"限制人的理性思维的作用,认为人可以通过理性使所有事物成为人的认识对象,形成对事物的全面认识,达至"穷理"的目标。在张载看来,穷尽对事物之理的认识需要一个渐进的过程,"穷理"

---

① 张载:《横渠易说》,《张载集》,第 219 页。

不能一蹴而就，"当下理会"。他提出："须是穷理，便能尽得己之性，则推类又尽人之性；既尽得人之性，须是并万物之性一齐尽得，如此然后至于天道也。其间煞有事，岂有当下理会了？学者须是穷理为先，如此则方有学。"①张载由肯定"见闻之狭"而提倡"大心"，主张以心"体天下之物"，穷尽对事物之理的认识，并将这种认识理解为一个过程，这种思想在知识理论的范围也是具有合理成分的。

如何"大心体物"，张载主张"正心""尽心"与"虚心"。在张载看来，人在认识活动中，只有"正心""尽心"与"虚心"，才有可能"大心体物"。张载曾说："正心之始，当以己心为严师，凡所动作则知所惧。如此一二年间，守得牢固则自然心正矣。"②在认识问题的范围，以"凡所动作则知所惧"为"正心"，由"正心"而达至"心正"，确实是"大心体物"的重要方法与途径。"尽心"则是要充分发挥人的理性思维在认识事理中的作用。张载理解的"尽心"以"尽物"为前提。他说：

> 言尽物者，据其大总也。今言尽物且未说到穷理，但恐以闻见为心则不足以尽心。人本无心，因物为心，若只以闻见为心，但恐小却心。今盈天地之间者皆物也，如只据己之闻见，所接几何，安能尽天下之物？所以欲尽其心也。穷理则其间细微甚有分别，至如偏（礼）乐，其始也但知其大总，更去其间比较，方尽其细理。若便谓推类，以穷理为尽物，则是亦但据闻见上推类，却闻见安能尽物！今所言尽物，盖欲尽心耳。③

"大心体物"需要"尽心"，"尽心"需与"尽物"统一。因为"尽物"才能使"万物皆备于我"，或说"其视天下无一物非我"。所以，"尽心"需要"尽物"，"尽物"则是为了"尽心"。只有"尽心"与"尽物"统一，才有可能"穷理"；不以"尽物"为前提的"穷理"，仍是"以闻见为心"而非"尽心"，不可

---

① 转引自程颢、程颐：《二程集》二册，第115页。
② 张载：《经学理窟·学大原上》，《张载集》，第280页。
③ 张载：《语录下》，《张载集》，第333页。

能"穷理"。张载的这种"尽物"与"尽心"统一的观念,实际上是主张以整全的世界为认识对象,乃人在认识活动中"大心体物"的基础和前提。

张载将"虚心"理解为"大心体物"的又一重要途径。张载认为,"大心体物"目的在于求是,求是则需要"虚心":"人私意以求是未必是,虚心以求是方为是。夫道,仁与不仁,是与不是而已。"①张载的"虚心"说实源于《周易》,《周易·咸》有"君子以虚受之"之说。张载所谓"虚心"的具体意涵可谓在"大心体物"的过程中拒斥"私意",或说反对偏见与主观臆断。"私意"实为"成心"。人有"成心"或说"私意",在认识活动中难免"意、必、固、我"。《论语·子罕》中说:"子绝四:毋意,毋必,毋固,毋我。"杨伯峻《论语译注》中对"毋意,毋必,毋固,毋我"的意释是"不悬空揣测,不绝对肯定,不拘泥固执,不唯我独是。"②这种解释符合文本原意。"揣测""肯定""固执""独是"之类涉及是非、真假问题,当在认识问题的范围。张载沿袭《论语》的传统,反对"意、必、固、我",意识到了人对事理的认识,如果不能避免"意、必、固、我",则不可能"得虚":"今人自强自是,乐己之同,恶己之异,便是有固、必、意、我,无由得虚。"③如果说张载提倡"尽心"是主张充分发挥理性思维的认识功能和作用,那么,他主张"虚心"则是要提倡正确地发挥理性思维的认识功能和作用。"虚心然后能尽心"④,这样的"虚心"实际上是"尽心"的重要前提。因为,只有正确地发挥理性思维的认识功能,才有可能充分地发挥理性思维的认识功能。应当肯定,张载的"尽心"说与"虚心"说进一步论释了自己对于如何"大心体物"的理解。在张载看来,"虚心则无外以为累"。人在认识活动中,只有"虚心"才能"尽心","尽心"才能达到"大心体物""知周万物而道济天下"的目的。

在张载的著作中,有关人的志趣、学业方面的论述也可归入其"大心体物"理论的系统。张载认为,一个人在认识活动中,要充分发挥理

---

① 张载:《经学理窟·学大原上》,《张载集》,第 279 页。
② 杨伯峻:《论语译注》,第 87—88 页,北京,中华书局,1980。
③ 张载:《经学理窟·义理》,《张载集》,第 272 页。
④ 张载:《语录中》,《张载集》,第 325 页。

性思维的作用,必须志存高远,善于学习。"人若志趣不远,心不在焉,虽学无成。"①一个人志趣高远,矢志于学,不断解除疑虑,才能提高自己的心知能力。"释己之疑,明己之未达,每见每知所益,则学进矣,于不疑处有疑,方是进矣。"②有疑是因为自己缺乏对事理的认识,"释己之疑"是由学而达至对事理的认识。这种认识既谓之"心悟",也谓之"心解"。"学贵心悟,守旧无功。"③"心悟"需弃旧求新,把握事理。"心解则求义自明,不必字字相校。"④由"心解"而求义理,重在理解。在张载看来,"心悟""心解"虽属学习的范围,其实也是"大心体物"的重要内容。因为,张载主张的"大心体物",既追求对事理的全面把握,也追求对事理的真实把握,求真与求是乃张载"大心体物"的具体目标。张载曾说:"有言经义须人人说得别,此不然。天下义理只容有一个是,无两个是。"⑤在"是""非"的问题上,只能非此即彼,容不得模糊含混。论及对事理的求真,张载还曾以"虚"中求"实"来表达自己的理解。他说:"天地之道无非以至虚为实,人须于虚中求出实。"⑥"虚中求出实"也可以理解为追求对事理真实的把握。人要于"虚中求出实",条件同样是"不以见闻为心",或说不"止于闻见之狭",充分发挥心知的作用。总之,在张载看来,人在认识活动中,只要"大心""尽心""虚心",即可以全面地把握事物的理则。张载这种"大其心则能体天下之物"的观念,涉及一些重要的知识理论问题,其重要的理论价值值得我们深入地解读与辨析。

第四节　"中正""至当""民胞物与"

关注人伦道德是儒家哲学的重要传统,也是张载哲学的一大理论特

---

① 张载:《经学理窟·义理》,《张载集》,第 273 页。
② 同上书,第 275 页。
③ 同上书,第 274 页。
④ 同上书,第 276 页。
⑤ 同上书,第 275 页。
⑥ 张载:《语录中》,《张载集》,第 325 页。

色。张载曾说:"学者当须立人之性。仁者人也,当辨其人之所谓人,学者学所以为人。"①这样的学术见解与理论追求,使张载极为重视对人性问题的探讨,注意从理论的层面论释道德规范与人生境界,在道德理论方面也形成了自己的思想系统。

张载的人性理论同样以他的"气化论"为基础。张载认为,"气"为世界万物的本原,人则为物中一物。人同天地万物一样,不论形、性的存有都与"气"或"气化"相联系。张载曾说:"一物两体,其太极之谓与;阴阳天道,象之成也;刚柔地道,法之效也;仁义人道,性之立也。三才两之,莫不有乾坤之道。"②这一论述认定"天道""地道""人道"皆体现"乾坤之道",实涵括对人的本性与"气化"联系的肯定。张载在《西铭》中也曾指出:"乾称父,坤称母;予兹藐焉,乃混然中处。故天地之塞,吾其体;天地之帅,吾其性。"③虽然张载在论及《西铭》的写作时表示:"《订顽》之作,只为学者而言,是所以订顽。天地更分甚父母? 只欲学者忠心于天道,若语道则不须如是言。"④表明自己"乾称父,坤称母"的提法只是为了方便学者的一种比喻性论述。但"天地之塞,吾其体;天地之帅,吾其性"这种论断却集中地表明了他关于天地人物同源、天地之性即人之性的观念。张载认为,天地"无心",但天地自然地生成万物,这种现象体现了天地的美德,或说至善的仁德。他曾以"天本无心,及其生成万物,则须归功于天,此天地之仁也"⑤这样的论述来肯定天地的德性。当张载肯定"天地之性"乃人之性时,实际上也肯定了仁德乃人自然具有的德性,或者说肯定了人性本善。张载探讨人的本性,不是直接地肯定人性本善,而是基于自己的"气化论"肯定天地人物同源于"气",进而肯定"天地之性"即人之性,以"天地之性"表述人本有的至善的德性,为人的道德行为确立起

---

① 张载:《语录中》,《张载集》,第 321 页。
② 张载:《正蒙·大易篇》,《张载集》,第 48—49 页。
③ 张载:《正蒙·乾称篇》,《张载集》,第 62 页。
④ 张载:《语录上》,《张载集》,第 313 页。
⑤ 张载:《经学理窟·气质》,《张载集》,第 266 页。

内在的人性基础。这样的人性论既沿袭了儒学"天人合一"的传统,又建立在一种哲学本体论的基础之上,在儒家的性善论中是颇具思想特色的。

张载以"天地之性"为人的本性,肯定人性本善,但张载并不否认现实中的人性存在善恶之别。他在肯定人的"天地之性"的前提下,也肯定人的"气质之性"。张载认为,人的"气质之性"与气禀关联。他说:"人之刚柔、缓急、有才与不才,气之偏也。"①这种论述即明确地把人在才性方面的差异,归结于气禀的差异。在张载看来,由于人的"气质之性"与气禀有关,这样的"气质之性"可能偏离人的至善本性。因此,由"气质之性"回复到"天地之性",当是人在道德实践中面临的一道重要课题。但张载也明确地肯定人的"气质之性"的可变性,认为人"为学"的目的即在于"自求变化气质",或说由"气质之性"回复到"天地之性"。他说:"形而后有气质之性,善反之则天地之性存焉。故气质之性,君子有弗性者焉。"②在张载看来,人能够克服"气质之性",回复到"天地之性",是因为人的"天地之性"乃天命之性,是人自然具有的至善本性。因此,张载认为,善于从"气质之性"回复到"天地之性"的人,都必须顺从天地之化,遵从天所赋于人者。他说:"性于人无不善,系其善反不善反而已,过天地之化,不善反者也;命于人无不正,系其顺与不顺而已,行险以侥幸,不顺命者也。"③人若能顺从天地之化,遵从天所赋于人者,善于由"气质之性"回复到"天地之性",即能够"居仁由义""心和体正",恢复自己至善的道德本性,为自己的道德行为确立内在的形上基础。但是,张载认为,人在由"气质之性"回复到"天地之性"的过程中,个人的主体性作用也是十分重要的。他曾说:"天能(为)[谓]性,人谋(为)[谓]能。大人尽性,不以天能为能而以人谋为能,故曰'天地设位,圣人成能。'"④这里所谓"大人尽性,不以天能为能而以人谋为能",即是对于有德之人在保持与发挥道德本性时自身作用的肯定。

---

① ② 张载:《正蒙·诚明篇》,《张载集》,第23页。
③ 同上书,第22页。
④ 同上书,第21页。

人具有优秀的道德品质,这是人的行为能够成为道德行为的内在基础。但是,德性并不能简单地等同于德行。张载曾认为:"汉儒极有知仁义者,但心与迹异。"①这种论断所表明的即是道德意识与道德行为不同。由于在道德问题上意识到了"心""迹"之别,张载十分重视德性与德行的统一,提倡以人的德行展现人的"天地之性"。因此,张载对道德问题的思考,既重视德性,强调人需要克服"气质之性",回复"天地之性",同时也重视探讨道德规范,论析人的道德行为,并在探讨道德规范与道德行为的过程中集中地探讨了"中正"与"至当"问题。

在张载的道德学说中,"中正"是一个重要的原则。在早期儒家经典中,"中正"的观念多见于《周易》,且与卦爻的位次相联系。当人文《易》成为《易》学发展中的重要学术流派之后,"中正"观念逐步演变成了儒家用以论释人的社会生活行为的重要范畴。张载利用儒家的"中正"观念,肯定"大中"即是"天地之道",同时也强调"中正"是一个重要的人道原则。在张载看来,作为人道原则的"中正"兼含"中"与"正"两个方面的意涵。"中"是不偏不倚,"正"是公平正直。人在生活中"行必中正",是对自身行为的基本要求。在这种意义上,张载理解的"中正"首先是一个规范人的行为的道德原则。但是,张载所理解的"中正",也是人的"天地之性"的具体体现。在这样的意义上,"中正"又是人的美德,是人的内在的德性。张载认为,人能够保持"中正"这一美德,并在生活中以"中正"这一原则规范自身的行为,是其能够"大居正"的基础与前提。他说:"中正然后贯天下之道,此君子之所以大居正也。盖得正则得所止,得所止则可以弘而至于大。"②又说:"学者中道而立,则有(位)[仁]以弘之。无中道而弘,则穷大而失其居,失其居则无地以崇其德,与不及者同。"③这两种论述都表明了张载对于"中正"原则的重视。

张载所肯定的"大居正",是指人在社会生活中完全地"居仁由义",

① 张载:《经学理窟·学大原上》,《张载集》,第 280 页。
② 张载:《正蒙·中正篇》,《张载集》,第 26 页。
③ 同上书,第 27 页。

真正地"居天下之广居,立天下之正位"。张载认为,人在生活中能够"大居正",即能够在生活中"得所止",通过践履"中正"原则,达至自己的道德目标。反之,一个人若不能立于"中道",践行"中正"原则,则不可能在生活中立于正道,具备美好的德性,也不可能正确地规范自己的行为,达至远大的生活目标。用张载的语言表述,前者为"穷大而失其居",后者乃不"得所止"。《礼记·大学》中有"为人君,止于仁;为人臣,止于敬;为人子,止于孝;为人父,止于慈;与人国交,止于信"之说。有学者注解张载著作,以《礼记》中的这种论述为据,认定张载"得所止"说中的"所止"二字意为"所向,归向"①。这种解释实非张载"所止"说的全部意涵。《礼记·大学》论及"止",除了"为人君,止于仁"等论述之外,最为重要者当属"大学之道,在明明德,在亲民,在止于至善"之说。朱熹在《四书章句集注》中释"止于至善"之"止"为"必至于是而不迁"②。这样的"止",即非"所向,归向"之意所能完全涵盖。张载论及"中正"时,其"得正则得所止,得所止则可以弘而至于大"之说中的"得所止",实是主张由践行"中正"而达至至善。张载曾说:"颜子好学不倦,合仁与智,具体圣人。独未至圣人之止尔。"③张载断言颜渊"独未至圣人之止",即是认定颜渊的道德活动尚未能完全地践履"中正"原则,达至圣人的境界。因此,张载论及人的道德活动,特别注意突出"中正"原则的功用,认为"知德以大中为极,可谓知至矣"④,强调人只有充分地理解中道,发挥自己的本性,才可能持守"中正"之德,同时又使自己的行为达至"中正"。用张载的语言表述即是"极其大而后中可求,止其中而后大可有"⑤。一个人在生活中,如果能安于"大中",完全持守"中正"之德,又能做到"至正",圆满地践行"中正"之道,那么,此人即一定可以"得所止",达至至善的道德之境。

---

① 喻博文:《正蒙注译》,第 106 页.注(3),兰州,兰州大学出版社,1990。
② 朱熹:《大学章句》,《四书章句集注》,第 3 页。
③ 张载:《正蒙·中正篇》,《张载集》,第 26—27 页。
④ 同上书,第 27 页。
⑤ 同上书,第 28 页。

张载提倡"大中至正",实际上也是主张人在生活中,追求自己行为的"至当"。张载理解的"至当",其意涵首先是"当为而为"。一个人在生活中,"不得已而后为,至于不得为而止"①,乃是人生的大智慧。"当为而为"在某种意义上也可以说是"大中至正之极",即践行"大中至正"原则的极致或说最高标准。人在生活中的行为达到了这样的标准,即是最道德的行为。

其次,"至当"的行为当是据时量宜,最为合理的行为。张载曾说:"大率时措之宜者即时中也。时中非易得,谓非时中而行礼义为非礼之礼、非义之义。"②不能把握"时措之宜",人们的生活中会出现"非礼之礼、非义之义"的行为。因此,张载强调"时中之义甚大"③。在张载看来,人在生活中不能把握"时中之义",即不能使自己的行为达至"至当"。同时,张载认为,一个人的行为能够达到"至当",是其德盛仁熟的标志。因此,"至当"的行为实为一种自觉与自然的行为。张载曾说:"不得已,当为而为之,虽杀人皆义也,有心为之,虽善皆意也。正己而物正,大人也;正己而正物,犹不免有意之累也。"④能够达到最高道德标准的人,其道德行为一定是自然的行为,而非故意的行为。这样的行为是儒家主张的"由仁义行",而非儒家否定的"行仁义"。"由仁义行"之所以是自觉的、自然的行为,是因为这样的行为出于人的本性;"行仁义"之所以是一种故意的行为,是因为这样的行为隐含自利。这是张载论及"当为而为"时,区别"正己而物正"与"正己而正物"的重要原因。张载曾说,"有意为善,利之也,假之也。无意为善,性之也,由之也"⑤。在张载看来,人在生活中,"正己而正物","有意为善",实际上皆非"当为而为",不符合"至当"的标准或原则。一个人的行为不能达至"至当",也表明其尚不具备"中正"的美德。

---

① 张载:《正蒙·中正篇》,《张载集》,第 28 页。
②③ 张载:《语录下》,《张载集》,第 328 页。
④⑤ 张载:《正蒙·中正篇》,《张载集》,第 28 页。

在张载的道德学说中，"至当"这一范畴与"中正"这一范畴是紧密联系在一起的。如果说"中正"是一个既表示德性又表示规范的范畴，"至当"则主要是一个表示德行或说表示规范的范畴。但是，张载认为，保持"中正"德性、践行"中正"原则，最为集中的标准与标志皆为"至当"。所以张载认定："至当之谓德，百顺之谓福，德者福之基，福者德之致，无入而非百顺，故君子乐得其道。"[1]张载肯定"至当"的行为既是道德的行为，也是获取幸福的基础。这是他倡导人们正确地理解德、福关系，在生活行为中追求与践行"至当"这一规范重要的思想基础，也是张载重视道德学说的实践价值的重要表征。

张载的人生境界理论正是建立在他的"中正""至当"观念基础之上。在张载看来，人通过持守"中正"美德与践行"中正"原则，使自己在生活中的行为达到"至当"的标准，即可以正确地处理人在生活中面对的各种关系，圆满地实现自己的人生价值，达到理想的人生境界。人生境界是一个标志人的生活态度、价值取向、道德意识、审美意识等精神活动状态与层次的概念。在中国传统哲学中，儒、道、释三家实际上都有自己的境界理论。突出人的道德意识与追求崇高的道德境界是儒家人生境界论的一大特征。通过对儒家人生境界论的继承与发展，张载的人生境界论也形成了自己的理论系统。这一理论系统，主要涵括两个层面的思想内容：一是其"民胞物与"说，二是其"存顺没宁"说。前者论释儒家至上的仁德之境，后者则从总体上表明了张载对人生的理解。

张载"民胞物与"的观念是在《西铭》中提出来的。他说："民吾同胞，物吾与也。大君者，吾父母宗子；其大臣，宗子之家相也。尊高年，所以长其长；慈孤弱，所以幼其幼。圣其合德，贤其秀也。凡天下疲癃残疾，惸[茕]独鳏寡，皆吾兄弟之颠连而无告者也。于时保之，子之翼也；乐且不忧，纯乎孝者也。违曰悖德，害仁曰贼；济恶者不才，其践形，唯肖者

---

[1] 张载：《正蒙·至当篇》，《张载集》，第 32 页。

也。知化则善述其事,穷神则善继其志,不愧屋漏为无忝,存心养性为匪懈。"①张载的这些论述概括了其"民胞物与"说的基本内容。程门高足杨时曾致书程伊川,怀疑张载的《西铭》"言体而不及用,恐流于兼爱"。杨时担心《西铭》"流于兼爱",实即是对张载"民胞物与"说的质疑。程颐的回应是:"《西铭》理一而分殊,墨氏则二本而无分,子比而同之,过矣。"②程伊川虽肯定"《西铭》理一而分殊",是"推理以存义,扩前圣所未发",但对"《西铭》理一而分殊"的具体论说实不如程明道。程颢在他的《识仁篇》中曾认为,"仁者,浑然与物同体。义、礼、知、信皆仁也。识得此理,以诚敬存之而已,不须防检,不须穷索"③。又说:"《订顽》意思,乃备言此体。以此意存之,更有何事?"④程颢所谓《订顽》"备言此体",实即肯定张载的《西铭》全面地论释了儒家主张的仁德,而张载的论释实集中在其"民胞物与"这一观念。南宋张栻也曾论及张载的《西铭》,认为张载在《西铭》中"以乾为父,坤为母,有生之类,无不皆然,所谓理一也。而人物之生,血脉之属,各亲其亲,各子其子,则其分亦安得而不殊哉!是则然矣。然即其理一之中,乾则为父,坤则为母,民则为同胞,物则为吾与,若此之类,分固未尚不具焉?"⑤张栻以"有生之类"无不为天地所生为"理一",肯定"人物之生,血脉之属"乃至"乾为父""坤为母""民为同胞""物为吾与"则都体现了"理一之中"的"分殊"。这种观念对张载的"民胞物与"说实际上也有所肯定。南宋时期对张载"民胞物与"说的理论旨趣作出明确判定的学者当推朱熹。朱熹认为,张载在《西铭》中"不是说孝,是将这孝来形容这仁。事亲底道理,便是事天底的样子"⑥。朱熹肯定《西铭》的追求不在于"说孝",而在于通过"说孝"释"仁"道出了《西铭》的理论旨趣,实际上也揭示了张载"民胞物与"说的真实的理论价值。因为,

①张载:《正蒙·乾称篇》,《张载集》,第62页。
②黄宗羲原本,全祖望修定:《横渠学案》,《宋元学案》第1册,第773页。
③《二程集》上册,第16—17页。
④同上书,第17页。
⑤⑥黄宗羲原本,全祖望修定:《横渠学案》,《宋元学案》第1册,第775页。

仁为天地之性,也是人的自然本性。孝、悌、礼、义、智、信等皆为仁的具体体现。一个人完满地实现其至善本性,才能达至"民胞物与"的境界。一个人达到这种境界,既能仁民爱物,侍亲事天,体现天地之仁;同时,又能注意到"血脉之属"有所"分殊",使自己的行为有别于墨家的兼爱,正确地践行儒家的仁德。应当肯定,张载的"民胞物与"说以"天地之性"为至善的人性,把"穷神""知化"视为弘扬人至善本性的前提,以"天人合一"的观念论证了自己"尊高年""慈孤弱""爱必兼爱,成不独成"的道德理想与人生情怀,确实使儒家的人生境界理论发展到了新的历史阶段与新的思想理论层次。

　　"存顺没宁"说在张载的人生境界论中,论释的是张载对于人生的理解与态度。张载认为,人的生死同其他器物的成毁一样,也源于"气化"。人有生死实为其本有的特性。全面地了解人生的这种特性,"知生无所得则死无所丧"①,即可以做到"死不足忧而生不可罔"②,理性地了解人生,现实地面对的人生。张载在《西铭》中曾说:"富贵福泽,将厚吾之生也;贫贱忧戚,庸玉汝于成也。存,吾顺事,没,吾宁也。"这种论述,即是主张人在社会生活中正确地理解人之生死,既不为生死寿夭所苦,也不为贫贱忧戚所累,而是以自己有限的人生,持守天地之性,践行天地之仁,担负起自己对天地父母及社会大众应尽的责任与义务,达到"存顺没宁"的人生境界,圆满地获取自己的人生意义,实现自己的人生价值。从儒家哲学的发展来看,张载的"民胞物与"说与"存顺没宁"说,既论释了人之生死的自然与必然,又肯定了仁德乃人的至善本性。在张载看来,"尊高年""慈孤弱"之类的道德践履不过是人展现人之仁德、达至人生最高境界的功夫与方法。这样的人生境界论"体用兼备",不论其理论价值还是其实践价值,都对后世儒家哲学的发展带来了深远影响。

---

① 张载:《正蒙·诚明篇》,《张载集》,第 21 页。
② 王夫之:《张子正蒙注序论》,转引自《张载集》,第 408 页。

第五节　张载哲学的理论贡献与历史地位

　　张载哲学在北宋道学中自成一系,其理论贡献与历史地位都值得专门探讨。张载哲学的理论贡献首先表现在他以"气"为万有之源,对佛教与道家本体论的批判达到了新的理论高度。

　　张载建构"气化"论,尤为重视以"太虚"论"气"。"太虚"实为道家学派的用语。《庄子·知北游》中即有"是以不过乎昆仑,不游乎太虚"的说法。清代学者王植在其《正蒙初议·臆说十有七条》中曾认为:"张氏言'太虚',不若周子言'太极'之妙,故程、朱皆有所不满。"①但王植肯定,张载"必以太虚立言"实有其故。依王植的理解,张载言"太虚",是因其早年"访诸释老",孰知佛、道二家的"虚无之旨",回归儒学之后,"仍从熟处思量,以见吾道之精与虚无之谬"②。这种理解不无合理性。但张载言"太虚"的根本原因,当是其建构"气化"论与批判佛、道哲学的双重需要。因为,张载对佛、道哲学本体观念的否定,除了利用儒家经典的"太和""太极"观念规定"气"范畴之外,主要是在论释"气""虚"意涵,辨析"气""虚"关系的过程中进行的。

　　在张载看来,要否定道家哲学的虚、无观念,首先即须肯定"气"作为事物存在的本原,有形无形皆为其存在的状态。就"气"以有形的状态存在而言,可谓之"有",就"气"以无形的状态存在而言则可谓之"无",或谓之"虚"。"虚"实为"气"重要的属性之一。但是,道家却不懂得"有""无"皆为表征"气"存在状态的范畴,离开"气"或由"气化"而成的事物的存在变化思考"有""无"问题,结果割裂"物"与"虚"或说"有"与"无"之间的联系,主张"有生于无",使"无"变成了一种离开事物的独立存在,形成了一种错误的本体观念。实际上,"无"只是表明事物不以有形的状态存有,而非表明事物不存在,世界上并没有离开事物存在变化的绝对的"虚"

――――――――――

① ② 转引自喻博文:《正蒙注译》,第 347 页,兰州,兰州大学出版社,1990。

"无"。应当肯定,张载对道家哲学的这种批评,相较于北宋道学早期代表人物对道家的批判,是最具理论深度的。同时,对道家哲学的这种批评,也使得张载在理论上更强调"形性相待""物虚相资""有无混一",反对将"形"与"性"、"物"与"虚"、"有"与"无"绝对对立,明确地否定"虚"能生"气":"若谓虚能生气,则虚无穷,气有限,体用殊绝,入老氏'有生于无'自然之论,不识所谓有无混一之常。"①在张载看来,不坚持"物虚相资""有无混一",不仅难以从理论的层面否定"虚能生气"说,没有与道家"有生于无"的观念划清界线,实际上也背离了事物的常则与本性。

"物虚相资""有无混一"的观念也是张载批判佛教哲学的理论武器。佛教哲学讲缘起性空,其本体观念同道家的虚无观念有相通之处。但是,佛教哲学不是简单地把事物存在的本原归于空无,而是认为"万象为太虚中所见(现)之物",并"以人见之小因缘天地",将客观事物存在的根源归于人们主观的"见病"。张载认为,佛教的这种观念也不能认同。因为,"若谓万象为太虚中所见(现)之物,则物与虚不相资,形自形,性自性,形性、天人不相待而有,陷于浮屠以山河大地为见病之说"②。在张载看来,佛教哲学的错误同样在于割裂"形"与"性"、"物"与"虚"之间的联系,把本体与现象、事物与事物的属性对立起来。与道家不同的是佛教意识到了本体的抽象性,强调本体为没有自性的虚空。但是,佛教哲学同样不理解"太虚即气",不知道依据事物生成演化的自然过程和法则去了解事物与事物属性之间的真实联系,这是佛教哲学主张"以心为法",不能正确理解事物本原的真正原因。张载在批判佛教时曾说:"此道不明,正由懵者略知体虚空为性,不知本天道为用,反以人见之小因缘天地。明有不尽,则诬世界乾坤为幻化。幽明不能举其要,遂躐等妄意而然。不悟一阴一阳范围天地、通乎昼夜、三极大中之矩,遂使儒、佛、老、庄混然一途。"③张载这和论述,实为进一步强调如果不理解"一阴一

①②③ 张载:《正蒙·太和篇》,《张载集》,第8页。

阳"的变化是存在于天、地、人三大领域的普遍法则,不通过"气"的聚散变化来辨析理解"有"与"无"、"幽"与"明"的关系,儒学也无法确立正确的本体观念,而只能与佛、道哲学"混然一途"。

同时,张载认为,由于佛教哲学和道家哲学不了解"一阴一阳"的变化是"范围天地"的法则,所以佛道哲学对于人的生死的理解也是违背事理的。佛教主张人生即"苦",把人生之"苦"的原因归于"有生",主张将人生的希望寄托于死后,寄托于超越生死的"寂灭"。在道家思想基础上发展起来的道教宣扬修炼成仙,企求"长生久视"。在张载看来,佛教"厌生",道教惧死,两者都未能正确地理解人的生死变化。他说:"浮屠明鬼,谓有识之死受生循环,遂厌苦求免,可谓知鬼乎? 以人生为妄(见),可谓知人乎? 天人一物,辄生取舍,可谓知天乎? 孔孟所谓天,彼所谓道。惑者指游魂为变为轮回,未之思也。"①依张载的理解,人为物中一物,其生死也是"气"运行变化的表现。与人的生死关联,鬼神实为"归""伸",是"气化"的形式。就"气化"的过程而言,"气"之聚散无穷;就"气化"的形式而言,则有始有终,有往有返。佛教厌生,实是追求"往而不反"。只"往"不"反","动"会"有穷",这违背"气"运行不息的本性。道教追求长生,表面与佛教观念相"反"。但追求长生,实为"徇生执有",追求"物而不化",同样违背事物运行不息的本性。因此,在张载看来,佛道哲学在生死问题上观念虽有其别,但就思想根源而言则有其同:这就是二者都不了解人的生死变化必受"气化"法则的制约。用张载的语言表述即是:"太虚不能无气,气不能不聚而为万物,万物不能不散而为太虚。循是出入,是皆不得已而然也。然则圣人尽道其间,兼体而不累者,存神其至矣。彼语寂灭者往而不反,徇生执有者物而不化,二者虽有间矣,以言乎失道则均焉。"②张载对于佛道二家生死观念的这种批判,同样达到了很高的理论层次。

---

① 张载:《正蒙·乾称篇》,《张载集》,第 64 页。
② 张载:《正蒙·太和篇》,《张载集》,第 7 页。

批判佛道之学是北宋道学早期代表人物共同的理论追求。但是,从理论的层面对佛道哲学作出过系统批判的哲学家实为张载。张载之所以能够对佛道哲学作出系统的理论批评,又是因为得益于他的"气化"论。因此,不论是张载以"气化"论析事物的本源,还是对佛道哲学进行理论的批判,都为中国哲学的历史发展作出了重要贡献。

张载哲学的理论贡献还本现在他有关知识问题的理论与有关伦理道德的理论。关于知识问题,张载不仅对心知在人探究事物理则过程中的重要作用具有自己的理解,而且将自己的理解系统化、理论化,形成了自己的"大心体物"说。这种"大其心则能体天下之物"的理论,既标志着北宋早期道学中有关知识问题的理论已达到很高的认识层次,同时也沿袭并拓展了儒家哲学的一种重要传统。儒家哲学主张通过心知探究事物的真实,揭示事物的深层本质。这种传统用现代语言表述,实际上是一种理性主义。儒家的理性主义传统主要是通过对学思关系的辨析逐步建立起来的。孔子曾有"学而不思则罔、思而不学则殆"之说(《论语·为政》)。有学者释孔子所说之"思"为"自我反省",也有学者将孔子所说之"思"理解为"思考"。应当说后一种理解更为全面。因为,反省也是一种思考。孔子主张"学而不思则罔",虽然不能说即是强调人们的认识需由感性升华为理性,但其对"思"的理解表明他对理性在认识中作用的肯定。孔子之后,儒家学者在知识问题上的观念有所不同,但各派学者对于孔子的"学""思"观念都有所继承与拓展。强调思考、重视心知的价值始终是儒家哲学中被长期沿袭的传统之一。沿袭这种传统的儒家学者,重视道德的价值,肯定良好的道德品质对于人们认识活动具有导引与规制的作用。另外,这派学者也强调知识对于人们养成良好的道德品质的作用。《周易·系辞传》中"穷神知化,德之盛也"这种论断,即是将深刻地把握事物的内在本怅、知晓事物的运行变化作为人之修为的重要标志。《礼记·大学》中在将"止于至善"理解为人生的最高追求的同时,强调"知止而后有定",认为知晓人生中"修身"的重要性即是"知本",即是"知之至";一个人在生活中,只有"知本",才能够达成"止于至善"的理想追求与人生目标。

儒家哲学强调知识,重视理性的传统,在张载哲学中得到了进一步的发展。作为儒门后学,张载同样关注人伦,重视人的道德修养。对"至善"或说"德盛仁熟"的论释与追求在张载的理论中始终占据重要地位。同时,"至知"问题或说"穷神知化"问题也是张载哲学重要的关注点。在张载看来,"穷神知化"当是"德盛仁熟"的前提与标志,"德盛仁熟"则有助于人们"穷神知化"。但是,两者当分属于不同的理论领域,不宜互相替代,混为一谈。因此,张载在具体论及两者的关系时,一方面强调"存虚明,久至德,顺变化,达时中,仁之至,义之尽也。知微知彰,不舍而继其善,然后可以成人性矣"①,同时又肯定"《易》谓'穷神知化',乃德盛仁熟之致,非智力能强也"②。这两种论述,前者肯定的是"知微知彰"对于成人之性的作用,后者肯定的则是"德盛仁熟"有助于"穷神知化"。人要能够"穷神知化",除了依凭"心知"或说"智力",还需辅以优秀的道德品质。

依照现代人们对于德性与知识关系的理解,道德品质虽非认识能力,但优秀的道德品质实有助于人们确定认识事物的方向,为人们认识事物提供思想的动力。张载有关"穷神知化"与"德盛仁熟"关系的论述,实际上已涵括这样的思想成分。因此,张载有关"穷神知化"与"德盛仁熟"关系的思想观念,从知识理论的角度来看,也是具有重要理论价值的。张载对"穷神知化"与"德盛仁熟"关系的理解,既表明了他对道德价值的肯定,也表明了他对知识价值的肯定。张载虽然肯定优秀的道德品质对于"穷神知化"的重要作用,但并不主张人的道德品质可以等同于人的认识能力或替代人的认识能力。在张载看来,人们要穷究事物的神妙,理解事物的变化,最根本的途径是"大心"。人在认识活动中,只要能够"大其心",即可以"体天下之物",达到穷究事物的本质与变化的认识目的,并促进伦理德性的养成。因此,可以说,张载称道"德盛仁熟",表

---

① ② 张载:《正蒙·神化篇》,《张载集》,第 17 页。

明他继承了儒家学派重视人伦道德的传统，认为人"大其心则能体天下之物"。肯定"穷神知化"的可能与价值，则表明他继承并拓展了儒家学派的理性主义传统。

在道德哲学的范围，张载追求"至当"与"中正"，主张"民胞物与"，其思想也达到了相当高的理论层次，对道学在后来的发展产生了深远影响，具有其重要的历史地位与理论价值。总之，张载哲学是一个包含多种理论成分的思想系统，也是一个体现多种价值与传统的思想系统。不论他的气化论还是他的道德哲学与知识理论，都是我们民族重要的历史遗产，值得我们深入地去发掘、研究与继承。

第七章　程颢与道学

程颢（1032—1085），字伯淳，世称明道先生。程颐（1033—1107），字正叔，世称伊川先生（详下章）。二人是亲兄弟，由于他们兄弟俩不仅是河南洛阳人，而且长期在洛阳讲学，故他们所创立的学派被称为"洛学"。二程的思想虽有重大差异，但仍大体相合，其门弟子记录的讲学语录，甚至存在不少难判归属的情况。二程的言论和著作，后人编为《二程全书》，现有中华书局 2004 年出版的校勘本《二程集》。

第一节　"天理"与"性"

二程所创立的新儒学称为"理学"，是两宋理学的主流和典型形态。"天理"或"理"是二程整个学说的核心与基础，他们的天理观是与他们对心性问题的探讨紧密相连的。在此问题的探讨过程中，为了给人的道德心性提供一个新的解释与说明，他们以先秦儒家经典《中庸》《易传》《孟子》为依据，把人的道德之"性"与天道、天理联系起来，视此"性"为在人之天道、天理。

> 盖上天之载，无声无臭，其体则谓之易，其理则谓之道，其用则

谓之神，其命于人则谓之性。①

　　所以谓万物一体者，皆有此理，只为从那里来。"生生之谓易"，生则一时生，皆完此理。②

天地之化育是一个生生流行、浑然无间的总体过程，人与万物同为大化流行中之物，皆从"生生之理"而来，此理在天为天之道，在物为物之理，在人为人之性。故此理既是一又是多，自其为创造之源是一，自其为人与万物所具是多，而所谓易、道、神、性乃天理的内容和呈现；所谓物我一体、天人一贯者，即是因为人与万物"皆完此理"。

　　天理云者，这一个道理，更有甚穷已？不为尧存、不为桀亡。人得之者，故大行不加，穷居不损。这上头来，更怎生说得存亡加减？是它元无少欠，百理具备。③

　　"万物皆备于我"，不独人尔，物皆然。都自这里出去。只是物不能推，人则能推之。虽能推之，几时添得一分？不能推之，几时减得一分？百理俱在，平铺放着。几时道尧尽君道，添得些君道多；舜尽子道，添得些孝道多？元来依旧。④

依二程之见，天理之所以为天理的原因，在于其大行不加、穷居不损、不为尧存、不为桀亡、无存亡加减，具绝对性、普遍性、恒常性。并且，在他们看来，同具此理的人与万物的不同在于物不能推而人能推之，也就是说，尽管人与万物皆禀此理而具性，但"物则气昏"，无法自觉其理其性，而人则不仅能自觉其理其性，而且能尽其理其性。这亦表明此具绝对性、普遍性、恒常性的天理实际上是通过作为万物之"灵"的人来体现的。

　　对二程来说，他们所谓的"性"即人之仁义或仁义礼智信之性。

---

① 程颢、程颐：《二程遗书》卷一，《二程集》上册，第 4 页。
② 程颢、程颐：《二程遗书》卷二上，《二程集》上册，第 33 页。
③ 同上书，第 31 页。
④ 同上书，第 34 页。

自性而行皆善也。圣人因其善也,则为仁义礼智信以名之。①

"立人之道曰仁与义。"据今日,合人道废则是。今尚不废者,犹只是有那些秉彝,卒殄灭不得。②

在二程看来,人之仁义或仁义礼智信之性是不可殄灭的人之"秉彝",此"秉彝"之所以不可废不可殄灭,是因为其乃在人之天理;而天理之所以名为天理的原因,既在于其不为尧存、不为桀亡、大行不加、穷居不损;也在于其"尊严与崇高、恒常自存与遍在"③"是绝对的、最后的。此是一切价值之标准,是最高的价值,是价值自己,一切事业因它而可能,亦因它而有价值"④。毫无疑问,这种随性体的肯定而肯定人之仁义或仁义礼智信之性与天理同一的认定,或者说,视人之仁义或仁义礼智信之性乃内在于人的超越的天理之认定和信念,可以说最能凸显出人之仁义或仁义礼智信之性作为道德法则的神圣性、绝对性、永恒性。因此,"恢复天理的尊严,才可恢复道德的尊严,换句话说:先立天道之尊,人道之尊才得以立"⑤。这应该就是二程如此重视天理,宣称"天理二字却是自家体贴出来"的原因。

当然,对二程而言,人之超越又内在的仁义或仁义礼智信之性尽管具先验性、普遍性和恒常性,但其又并不只是高高孤悬着的"天理",更是能发用流行、能见之于用的"天理"。他们说:

人伦者,天理也。⑥

父子君臣,天下之定理,无所逃于天地之间。⑦

---

① 程颢、程颐:《二程遗书》卷二五,《二程集》上册,第318页。

② 程颢、程颐:《二程遗书》卷二上,《二程集》上册,第25页。

③ 牟宗三:《心体与性体》二,《牟宗三先生全集》第6卷,第84页,台北,联经出版事业股份有限公司,2003。

④ 牟宗三:《心体与性体》二,《牟宗三先生全集》第6卷,第75页。

⑤ 牟宗三:《宋明儒学综述》,《牟宗三先生全集》第30卷,第91页。

⑥ 程颢、程颐:《河南程氏外书》卷七,《二程集》上册,第394页。

⑦ 程颢、程颐:《二程遗书》卷五,《二程集》上册,第77页。

视听言动,非理不为,即是礼,礼即是理也。①

依二程之见,作为"天理"的人之仁义或仁义礼智信之性是通向和落实于他人、社会与天地万物的,至于在社会生活中,则体现为君臣、父子、兄弟、夫妇、朋友之人伦,其具体表现也就是礼。正因为君臣、父子、兄弟、夫妇、朋友之人伦以及礼,本于作为"天理"的人之仁义或仁义礼智信之性,故君臣、父子、兄弟、夫妇、朋友之人伦以及礼亦即具天理的意义。并且,由于他们认为"有道有理,天人一也,更不分别"②,所以在他们看来,当人真正自觉依此君臣、父子、兄弟、朋友之间的孝悌忠信之道实践时,即能体会到孝悌忠信之人事乃人自身性体中的本分,乃人责无旁贷、义不容辞的责任和义务;亦能觉悟到天人之道归一无二、天道人事皆为一理,尽孝悌忠信之人道即事天奉天,即体现天道、天理,从而使达于父子、君臣、兄弟、朋友之间的孝悌忠信之行为具有了绝对的价值和无限圆满的意义,即亦道德亦宗教的意义。

程颐在其《明道先生行状》中曾如此称赞其兄道:"明于庶物,察于人伦。知尽性至命,必本于孝悌;穷神知化,由通于礼乐。辨异端似是之非,开百代未明之惑,秦、汉而下,未有臻斯理也。"③后来程颐在其晚年对门人张绎说:"我昔状明道先生之行,我之道盖与明道同。异时欲知我者,求之于此文可也。"④这表明程颢、程颐兄弟二人的为学宗旨是一致的,他们所一致的这种为学宗旨为察伦明物、通礼乐、尽孝悌之人事,即穷神知化、尽性至命。可见,二程所明所传之道乃本末一贯、内外合一、体用兼赅、内圣与外王贯通、极高明而道中庸之道,而非佛道那种遗人伦、弃家国天下、仅求一己之逍遥清静成仙成佛之道。

---

① 程颢、程颐:《二程遗书》卷一五,《二程集》上册,第 144 页。
② 程颢、程颐:《二程遗书》卷二上,《二程集》上册,第 20 页。
③ 程颐:《明道先生行状》,《河南程氏文集》卷一一,《二程集》上册,第 638 页。
④ 朱熹:《伊川先生年谱》,《河南程氏遗书》附录,《二程集》上册,第 346 页。

第二节　"识仁"与"以天地万物为一体"

一、天、理、道性、心相通一致的一本论

程颢曾称："吾学虽有所受，天理二字却是自家体贴出来。"①"自家体贴出来"表明他对"天理"有真切的理会，实有所得。大程的天理观可以说是与北宋伊始着眼于《中庸》《易传》来对"性与天道"问题探讨的浓厚学风的影响有关。大程正是在这样一种阔大的本体宇宙论式"天理"观的背景下来表达他对"性""心""仁"的理解和看法的。他称：

> 盖上天之载，无声无臭，其体则谓之易，其理则谓之道，其用则谓之神，其命于人则谓之性。②

> 所以谓万物一体者，皆有此理，只为从那里来。"生生之谓易"，生则一时生，皆完此理。人则能推，物则气昏，推不得，不可道他物不与有也。人只为自私，将自家躯壳上头起意，故看得道理小了它底。放这身来，都在万物中一例看，大小大快活。③

程颢在此把天地之化育看成一个生生流行、浑然无间的总体过程。而所谓易、道、神、性乃为天理的内容和呈现；所谓物我一体、天人一贯者，乃指"一于此道、一于此理"。由此他称："道即性也。若道外寻性，性外寻道，便不是。圣贤论天德，盖谓自家元是天然完全自足之物。"④天人物我之性虽一体贯通，无所差别，本来即一，但人因自私，从"自家躯壳上头起意"，故不识此性，不知"物我一体，性无内外"之理。因此，他在《定性书》中认为："苟以外物为外，牵己而从之，是以己性为有内外也。且以性为随物于外，则

---

① 程颢、程颐：《河南程氏外书》卷一二，《二程集》上册，第 424 页。
② 程颢、程颐：《二程遗书》卷一，《二程集》上册，第 4 页。未注明谁语，《宋元学案·明道学案》录有此条，故作大程语。
③ 程颢、程颐：《二程遗书》卷二上，《二程集》上册，第 33—34 页。未注明谁语，牟宗三指为大程语，今从。
④ 程颢、程颐：《二程遗书》卷一，《二程集》上册，第 1 页。

当其在外时,何者为在内? 是有意于绝外诱,而不知性之无内外也。"①

在大程看来,天、理、性、道又与心是一致的:

> 尝喻以心知天,犹居京师往长安,但知出西门,便可到长安。此犹是言作两处。若要诚实,只在京师,便是到长安,更不可别求长安。只心便是天,尽之便知性,知性便知天,当处便认取,更不可外求。②

依大程之见,通常所说的以心知天的说法,是"言作两处",故这种说法不对,其实心就是天,天就是心。当然,大程所说的"心"指的是人的道德心。

> 曾子易箦之意,心是理,理是心,声为律,身为度也。③
>
> 告神宗曰:"先圣后圣,若合符节。非传圣人之道,传圣人之心也。非传圣人之心也,传己之心也。己之心无异圣人之心,广大无垠,万善皆备。欲传圣人之道,扩充此心焉耳"。④

在大程看来,人本具与理为一之心,人只要扩充此与理为一之心,那么,己之心就是圣人之心,"传己之心"即"传圣人之心",也就是"传圣人之道"。故心即道,道即心。朱子在同门人谈及《定性书》时曾说:"'定性'字,说得也诧异。此'性'字,是个'心'字意。"⑤这说明,大程以心为性,不注意对心、性作区分,在他的思想体系中,心即性,性即心。

大程之学主"一本"之论,要求"须是合内外之道,一天人,齐上下,下学而上达,极高明而道中庸"⑥,正是以天、理、道、性、心的相通和一致为前提的。因为在他看来,"心"乃"天道之在我者",人之"心"即天道、天理,并明确宣称:"只心便是天"。因此,他也就反对以外人之"心"去求所

---

① 程颢:《答横渠张子厚先生书》,《二程集》上册,第460页。
② 程颢、程颐:《二程遗书》卷二上,《二程集》上册,第15页。未注明是谁语,《宋元学案·明道学案》录有此条,故作大程语。
③ 程颢、程颐:《二程遗书》卷一三,《二程集》上册,第139页。
④ 黄宗羲原本,全祖望修定:《明道学案》,《宋元学案》第1册,第560页。
⑤ 朱熹:《朱子语类》卷九五,《朱子全书》第17册,第3209页。
⑥ 程颢、程颐:《二程遗书》卷三,《二程集》上册,第59页。

谓"天道""天理"。"道,一本也。或谓以心包诚,不若以诚包心;以至诚参天地,不若以至诚体人物,是二本也。"①大程认为,无论是"以心包诚"还是"以诚包心"都是以天与心分立为前提,从而使得彼此疏离分隔,故是二本。"至诚可以赞天地之化育,则可以与天地参。赞者,参赞之义,'先天而天弗违,后天而奉天时'之谓也,非谓赞助。只有一个诚,何助之有?"②大程认为,人之"心"至诚就是"赞天地之化育",就是"与天地参",言赞助,犹表示"天"与"心"彼此区别,似乎是在外边进行赞助,故无须言赞、言助。"言体天地之化,已剩一体字。只此便是天地之化,不可对此个别有天地。"③大程认为,言"体"似乎说人要去体认外部的天地之化,此乃天人二本,其实我自身就是天地之化。

正因为天道并不在人心之外,故言包、言赞、言助、言体,已属多余,并无必要。"'大人者,与天地合其德,日月合其明',非在外也。"④天地之德、日月之明并不外于大人之心。"'范围天地之化而不过'者,模范出一天地耳,非在外也。如此'曲成万物',岂有遗哉?"⑤天地万物之化并不外于圣人之心。"合天人,已是为不知者引而致之。天人无间。夫不充塞,则不能化育,言赞化育,已是离人而言之。"⑥现实中,常人之心显然并非大人之心、圣人之心,常汩没于利欲之私,感性之杂,不能使天理如实呈现,故天人有间,言"合"是为其"引而致之"。其实人与人无间于贤愚,皆具"大人之心""圣人之心",而此心即天理,人即天,故"天人本无二,不必言合"⑦。大程也就是以他的这种"一本"之论为基础来批评张载的某些观点的:

---

① 程颢、程颐:《二程遗书》卷一一,《二程集》上册,第117页。
② 同上书,第133页。
③ 程颢、程颐:《二程遗书》卷二上,《二程集》上册,第18页。
④ 程颢、程颐:《二程遗书》卷一一,《二程集》上册,第120页。
⑤ 同上书,第118页。
⑥ 程颢、程颐:《二程遗书》卷二上,《二程集》上册,第33页。未注明谁语,《宋元学案·明道学案》录有此条,故作大程语。
⑦ 程颢、程颐:《二程遗书》卷六,《二程集》上册,第81页。未注明谁语,《宋元学案·明道学案》录有此条,故作大程语。

"穷理尽性以至于令",三事一时并了,元无次序,不可将穷理作知之事。若实穷得理,即性命亦可了。[1]

理则须穷,性则须尽,命则不可言穷与尽,只是至于命也。横渠昔尝譬命是源,穷理与尽性如穿渠引源。然则渠与源是两物,后来此议必改来。[2]

大程的天、理、心、性是一致的,理不外于人之性、人之心,命即此理之赋于人,万物一体,性无内外,一切乃自身性分中之事。"穷理"自能尽性至命,无须区分,如果把"穷理"作为学之事、知之事,这就有主体与对象的二元分离,并非天人一体,而是天人二本,故大程认为张载的观点有"二本"之嫌。

强调"一本"之论的大程亦曾作过形上与形下、体与用、道与器的区分,他称:

《系辞》曰:"形而上者谓之道,形而下者谓之器。"又曰:"立天之道曰阴与阳,立地之道曰柔与刚,立人之道曰仁与义。"又曰:"一阴一阳之谓道。"阴阳亦形而下者也,而曰道者,惟此语截得上下最分明,元来只此是道,要在人默而识之也。[3]

在此,大程认为道与阴阳有着形而上与形而下的区别,尽管如此,在他"一本"之论思想的主导下,不仅道器圆融为一、体用如一,形上形下浑然一体,而且天与人、主体与客体之间的彼此对待和疏离分隔得以泯灭和消失,从而为主观面与客观面的真正通达提供了可能。因此,这种以心性作为本原亦即本体的"一本"之论,无须依赖那种天与人、主与客、内与外、理与气之间的抽象分立来确立本体与工夫之间的关系,只须致力于此心性本原亦即本体的于启即可。

---

[1] 程颢、程颐:《二程遗书》卷二上,《二程集》上册,第15页,此条下注"明"字,为大程语。
[2] 同上书,第27页。未注明谁语,牟宗三指为大程语,今从。
[3] 程颢、程颐:《二程遗书》卷一一,《二程集》上册,第118页。

二、识仁

识"仁"正是大程开启此心性本原的决定性原则和最直截的门径。因为,在大程看来,"仁"是天与人之间的联结点,直接就是"天人现象"。他称:"'天地之大德曰生','天地氤氲,万物化醇','生之谓性',万物之生意最可观,此元者善之长也,斯所谓仁也。"①天以生为德,以生为道,此生德、生道即生生之理。此生生之理则体现于天地万物的发育流行中,人与万物同为大化流行中之物,同源于此天地生生之理,皆具此生德、生理,天之生德、生理也就是仁,故仁既为天之理、天之德,亦为人之理、人之德,从而使个体的生命之源与宇宙生化之源得以联结和沟通。由于在大程的思想体系中,天之理即人之性、人之心,故仁也即人之性、人之心,人之仁心、仁性乃承自天地的造化之生机,人之仁心、仁性的呈现发用,即天之生生之理的流行。

当然,大程的识"仁"、体"仁"是与他个体的生命修养、道德实践紧密相连的,吕大临曾在程颢去世后为其作《哀词》,其中描述道:"其养之成也,和气充浃,见于声容,然望之崇深,不可慢也;遇事优为,从容不迫,然诚心恳恻,弗之措也。"②可以说大程的气象是从他的思想和修养工夫得来,是他精神境界的表现和显发。

"学者须先识仁。""先识仁"可谓大程之学的"学问头脑",大程的《识仁篇》完全是基于此"先识仁"来展开其论说的。然而,在《识仁篇》中,大程似乎并没有对究竟如何来"识仁"作直截了当、清楚明白的说明,这是因为此贯通天人、既超越又内在的"仁"之"识"不是靠使用某种已有的经验与方法或某套技术性的步骤即可传授与依循的。如前所述,在程颢的"一本"之论中,他所谓的天道、天理、理、心、性、仁异名而同实,均是同一所指,故"先识仁"之"仁"既指"仁心""仁性",又指"仁道""仁理","仁心"

---

① 程颢、程颐:《二程遗书》卷一一,《二程集》上册,第120页。
② 吕大临:《文集佚存·哀词》,《蓝田吕氏遗著辑校》,第585页,北京,中华书局,1993。

"仁性""仁道""仁理"具一致性。对大程而言,此"仁心""仁性""仁道""仁理"作为宇宙万物的创造根源及道德实践的先天根据,乃超越而内在的终极实在与最终根据。毫无疑问,此超越而内在的"终极实在"或"最终根据"乃信仰的对象而非认知的对象,要"先识仁"亦即对此超越而内在的"终极实在"或"最终根据"有所把握,显然不是一种经验主义的认知与逻辑上的推理所能达致的,也就是说,经验层面上的认知与知识对此无能为力。尽管如此,透过《识仁篇》全篇以及大程其他有关"仁"的论说,仍可以对其"先识仁"有所把握。

三、"诚敬存之"的存养之力

"识得此理,以诚敬存之而已。"大程虽无法对"识仁"作正面的展示与说明,但对如何存养"仁理"则作出了明确的规定,这就是"诚敬存之"。"诚"的基本意涵乃真实无妄,以"诚"待"仁理",亦即以真实不虚视"仁理",这就是要求人真正肯认天地间"仁"之真实不虚,要求人树立起一种对天地间"仁理"之真实不虚的确信。这种以"仁理"为信仰对象的"诚"显然不仅是一种存养的工夫,更是一种立"体"的工夫,故以"诚"待"仁理",即工夫即本体。正因为如此,大程极为强调这种"诚"之工夫的重要性、优先性:"道之浩浩,何处下手? 惟立诚才有可居之处,有可居之处则可以修业也。"①依大程之见,确立起对真实不虚之"仁道""仁理"的肯信,是人之立身修业的首要与必要条件。"皆实理也,人知而信者为难。"②"然人只能信道,亦是人之难能也。"③"学要信与熟。"④在大程看来,尽管"仁道""仁理"在天地间乃真实不虚,但人却难以做到对其肯认、肯信。能肯信天地间"仁道""仁理"的真实不虚,以之为信仰对象,当然也就难能可贵了,"学"就是确立起人对天地间真实不虚之"仁道""仁理"的信念

---

① 程颢、程颐:《二程遗书》卷一,《二程集》上册,第 2 页。
② 程颢、程颐:《二程遗书》卷一一,《二程集》上册,第 123 页。
③ 同上书,第 127 页。
④ 同上书,第 119 页。

与信仰。由此可见,对大程而言,待"仁道""仁理"以"诚"即待"仁道""仁理"以"信","诚"即"信","信"即"诚"。因此,肯信与肯认作为终极实在的"仁道""仁理"之真实不虚,以之为信仰对象,在大程的"识仁"之方中有着第一位的意义,"学者须先识仁"之"先"不仅仅指时间先后之"先",更有着价值、实践上的"优先性""根本性"的意义。

当然,对于作为终极实在的"仁道""仁理",不仅须"诚"且"信",而且还须无间断地敬守不失。"'中者,天下之大本。'天地之间,亭亭当当,直上直下之正理,出则不是,唯敬而无失最尽。"①作为大本的"中",即天地间的"仁道""仁理""正理",乃真实不虚,须"敬而无失","敬"守此真实不虚之大本,"敬"亦即工夫即本体。"'天地设位而易行乎其中',只是敬也。敬则无间断,体物而不可遗者,诚敬而已矣,不诚则无物也。"②此行乎天地之间、体物不遗之"易"亦即生生不已之"仁道""仁理",天地间有此"仁道""仁理"则有此天地万物,无此"仁道""仁理"则无此天地万物,故须"诚""敬"去持守此真实不虚、生生不已之"仁道""仁理"在天地间随时随处的发用。"如天理底意思,诚只是诚此者也,敬只是敬此者也,非是别有一个诚,更有一个敬也。"③所谓"诚"即诚守此真实不虚之"天理""仁理",所谓"敬"即敬守此真实不虚之"天理""仁理",非离此真实不虚之"天理""仁理"去"诚"、去"敬"。正因为大程的"诚敬工夫"并不是外于作为"大本"的"天道""仁理"的工夫,因此,"识得此理,诚敬存之"可谓即工夫即本体。

对大程来说,对作为终极实在的"仁道""仁理"的肯信、肯认,亦即以"仁道""仁理"为信仰对象,又并非对一外在于主体的客观对象或超越者的信仰与膜拜,这在于此作为终极实在的"仁道""仁理"贯通天人,既超越又内在,其在人为人之"仁心""仁性"。也正因为人之"仁心""仁性"乃"仁道""仁理"在人者为人所本有,故大程在《识仁篇》中称:"盖良知良能

---

① 程颢、程颐:《二程遗书》卷一一,《二程集》上册,第 132 页。
② 同上书,第 118 页。
③ 程颢、程颐:《二程遗书》卷二上,《二程集》上册,第 31 页。

元不丧失。""须反身而诚。""若反身未诚,则犹是二物有对,以己合彼,终未有之。"人之良知良能之"仁心"尽管易被遮蔽,但此"仁心"却为人内在本有,人如能从外在的追逐中抽身而出,反求诸己,即能把握与体认到此人所本有的"仁心"。对大程而言,此"仁心""仁性"即道德之真我,乃人之超越而又内在的德性主体,故常常为大程所言及:"道在己,不是与己各为一物,可跳身而入者也。"①"学者识得仁体,实有诸己。"②"道即性也。若道外寻性,性外寻道,便不是。圣贤论天德,盖谓自家元是天然完全自足之物,若无所污坏,即当直而行之;若小有污坏,即敬以治之,使复如旧。所以能使如旧者,盖为自家本质元是完足之物。"③天德、道体、仁体即人之所本有的"仁心""仁性",此道德心性超越而又内在,与生俱来、人皆完足,非由外铄。大程之所以反复强调"自家本质元是完足之物""须反身而诚""实有诸己",其目的在于让人自觉其自身内在的道德真我,自信此道德真我,确立起人的道德主体性。实际上,在《识仁篇》中,大程所谓的"先识仁""诚敬存之",不仅仅是要求人确立起对作为终极实在的"仁道""仁理"之真实不虚的肯信与肯认,而且更是要求人确立起对自身超越而又内在的"仁心""仁性"之真实不虚的自觉与自信,因为对人之道德实践而言,自觉、自信此超越的道德实践根据的"仁心""仁性",确立起对此"仁心""仁性"的信念与信仰,这最为本质、最为关键,也最为切要。

四、"与物同体"的真切指定与"义礼智信"的道德实践

在人的道德实践中,如果说自觉、自信人自身所本有的"仁心""仁性"是道德实践之所以可能的本质与关键,那么如何将此"仁心""仁性"在人之具体的生活世界中彰显呈现出来,才可以说是道德实践的鹄的。在《识仁篇》中,大程在强调"学者须先识仁"的基础上,对此"仁心""仁

---

① 程颢、程颐:《二程遗书》卷一,《二程集》上册,第3页。未注明谁语,据庞万里考辨为大程语,今从。
② 程颢、程颐:《二程遗书》卷二上,《二程集》上册,第15页。《宋元学案·明道学案》列有此条。
③ 程颢、程颐:《二程遗书》卷一,《二程集》上册,第1页。

性"的呈现彰显也有一说明,此即"仁者,浑然与物同体。义、礼、知、信皆仁也"。这表明人之"仁心""仁性"的彰显呈现主要体现为两个方面:一方面体现为"浑然与物同体";另一方面体现为生活世界中的义、礼、知、信。

"浑然与物同体"亦即"万物一体",是大程思想的核心观点之一,从《识仁篇》来看,他的这一核心观点有两个来源:一是孟子的"万物皆备于我";一是张载的《订顽》。大程对这二者所蕴含的"万物一体"之义是深有体会的,他曾称:"《订顽》一篇,意极完备,乃仁之体也。"①《西铭》(即《订顽》)某得此意,只是须得佗子厚有如此笔力,佗人无缘做得。孟子以后,未有人及此。得此文字,省多少言语。"②那么,大程所谓的"万物一体"之义究竟为何?毫无疑问,仅就《识仁篇》的文字来把握大程的"万物一体"思想显然有其困难,故需联系大程其他有关"万物一体"的论说来作了解与把握。"'万物皆备于我',不独人尔,物皆然。都自这里出去,只是物不能推,人则能推之。"③"所以谓万物一体者,皆有此理,只为从那里来。'生生之谓易',生则一时生,皆完此理。"④万物之所以"一体",是因为人与万物都源于天地生生之理,并皆具此生理,这表明大程所谓的"万物一体"是奠定在人与万物同理这一本体宇宙论基础上。并且,因大程所谓的生理、仁、心、性具一致性,异名而同实,故大程的"万物一体"又有着心性论与工夫论的基础,大程所谓"《订顽》立心,便达得天德"⑤"物不能推,人则能推之"所体现的正是这一心性论与工夫论向度。那么,人又是如何通过"立心""推之"来达致"万物一体"的呢?在大程那些著名的"能近取譬"仁说话语中有着极为具体而又真切的说明:

---

① 程颢、程颐:《二程遗书》卷二上,《二程集》上册,第 15 页。
② 同上书,第 39 页。
③ 同上书,第 34 页。《宋元学案·明道学案》列有此条。
④ 同上书,第 33 页。未注明谁语,牟宗三指为大程语,今从。
⑤ 程颢、程颐:《二程遗书》卷五,《二程集》上册,第 77 页。朱熹《近思录》卷二作大程语。

　　医家言四体不仁，最能体仁之名也。①

　　医书言手足痿痹为不仁，此言最善名状。仁者，以天地万物为一体，莫非己也。认得为己，何所不至？若不有诸己，自不与己相干。如手足不仁，气已不贯，皆不属己。故"博施济众"，乃圣之功用。仁至难言，故止曰"己欲立而立人，己欲达而达人，能近取譬，可谓仁之方也已。"欲令如是观仁，可以得仁之体。②

　　若夫至仁，则天地为一身，而天地之间，品物万形为四肢百体。夫人岂有视四肢百体而不爱者哉？圣人，仁之至也，独能体是心而已，曷尝支离多端而求之自外乎？故"能近取譬"者，仲尼所以示子贡以为仁之方也。医书有以手足风顽谓之四体不仁，为其疾痛不以累其心故也。夫手足在我，而疾痛不与知焉，非不仁而何？世之忍心无恩者，其自弃亦若是而已。③

大程的"万物一体"之"仁"，尽管有着存在论的基础与根据，但他并不采取存在论的分析与推论，而是从自身生命实践中那些真切的感受体悟和具体的生活实例来言说与指点"万物一体"之"仁"。牟宗三先生将大程所体悟到的仁之实义称之为"感通无隔、觉润无方"④，可谓得大程言"仁"之精义，大程上述那些仁说话语正是对"仁"亦即人之"仁心""仁性"的"感通无碍"本性的真切说明，而人亦是通过人之"仁心""仁性"的"感通无碍"推及天地万物而成就"万物一体"之"仁"的。在大程这些对"仁"的真切说明中，仁心之跃动，仁心之感通，使得品物万形成了"我"之四肢百体，于是天地万物在"我"这里成了一个生命相接、血脉相连、气息相通的大身体。如果吾人不能反身而诚、"仁心"不能"感通"，那么，吾人与天地万物之间就只是一种"二物有对""自不与己相干"的分隔状态，如同人之手足因血气不能流贯表现出一种没有感觉、不知痛痒的风顽麻痹之症状

---

① 程颢、程颐：《二程遗书》卷一一，《二程集》上册，第120页。
② 程颢、程颐：《二程遗书》卷二上，《二程集》上册，第15页。
③ 程颢、程颐：《二程遗书》卷四，《二程集》上册，第74页，《宋元学案·明道学案》列有此条。
④ 牟宗三：《心体与性体》二，《牟宗三先生全集》第6卷，第234页。

一般,医书把人之手足的这种风顽麻痹之症状称为"不仁",故大程称:"切脉最可体仁。"①

如果说气血不贯、手足麻痹、不识痛痒乃医学上的一种"四体不仁"之病态,那么,人之仁心不能感通、不能推及天地万物而成就"一体之仁"也就是人之自身的一种"不仁"之病态。"人之一肢病,不知痛痒,谓之不仁。人之不仁,亦犹是也。"②正因为仁心感通之无滞无碍无隔无限,故"明道尝谓人曰:'天下事只是感与应耳'"③,并惟恐自身"仁心"之"感通"不能推及众人,即在公衙里大书"视民如伤"四字以自警。因此,仁心之跃动、仁心之感通、仁心之一体不容已之情正是人之"以天地万物为一体"的实践动力与力量。并且,有此"仁心之感通"作为道德实践的真实原动力与力量,故"以天地万物为一体"并不是一种审美的"想像",也不只是主体的一种心灵境界,当然亦非一种神秘体验的结果,而是存在论上本来如此的存在状态,更是人之道德实践所追求的理想与目标。

在《识仁篇》中,大程在强调"仁者浑然与物同体"的同时,又认为"义礼知信皆仁也",这表明对大程而言,仁心之感通不仅无隔无限,能推及天地万物而成就"一体之仁",而且在人之具体的道德实践中,此仁心之感通又体现为义、礼、知、信。"仁、义、礼、知、信五者,性也。仁者,全体;四者,四支。仁,体也。义,宜也。礼,别也。知,知也。信,实也。"④仁是全体,义、礼、知、信是四支,作为"体"之仁包此四德,"仁体"即"仁心"所面对的是有着差序厚薄之不齐以及善恶是非真假虚实之混杂的现实世界,此乃现实生活世界中真实存在的自然次第、条理与境况,故"仁心"的发动感通在遵从这一自然次第、条理与境况时必然体现为义、礼、知、信,可见大程所谓的"仁者浑然与物同体"实际上已内在蕴含义礼知信这些

---

① 程颢、程颐:《二程遗书》卷三,《二程集》上册,第 59 页。
② 程颢、程颐:《河南程氏外书》卷三,《二程集》上册,第 366 页。未注明谁语,陈来指为大程语,今从。
③ 程颢、程颐:《河南程氏外书》卷一二,《二程集》上册,第 440 页。
④ 程颢、程颐:《二程遗书》卷二上,《二程集》上册,第 14 页。未注明谁语,据庞万里考辨为大程语,今从。

面向。"医家以不认痛痒谓之不仁,人以不知觉不认义理为不仁,譬最近。"①从前文可知,大程以人之仁心不能知觉不能感通为"不仁",在此言"不认义理为不仁",正在于他在强调"一体之仁"的同时又视"义礼知信皆仁",如果只注重"一体之仁"的一面,而忽视"义礼知信皆仁"亦即仁包四德具义理的这一面,也同样为"不仁",这些皆说明儒家于具体的道德实践中在以"一体之仁"为理想的同时亦内在地具有现实主义的性格。大程所强调的"仁者浑然与物同体"之所以能与墨之兼爱、道之万物为一、佛之同体大悲区别开来,也正是因为他对"一体之仁"所内在蕴含的义礼知信这一方面的注重:

> 禅者曰:"此迹也,何不论其心?"曰:"心迹一也,岂有迹非而心是者也? 正如两脚方行,指其心曰:'我本不欲行,他两脚自行。'岂有此理? 盖上下、本末、内外,都是一理也,方是道。庄子曰:'游方之内'、'游方之外'者,方何尝有内外? 如此,则是道有隔断,内面是一处,外面又别是一处,岂有此理?"②

> 释氏本怖死生,为利岂是公道? 唯务上达而无下学,然则其上达处,岂有是也? 元不相连属,但有间断,非道也。孟子曰:"尽其心者,知其性也。"彼所谓"识心见性"是也。若"存心养性"一段事则无矣。彼固曰出家独善,便于道体自不足。③

依大程的"一本"之论,理即道、即仁、即心,因仁理、仁道、仁心、仁体内在蕴含义礼知信,义礼知信乃仁心、仁体之所发,故上下、本末、内外、上达与下学相通一贯都是一理,并且,为了使仁心、仁体发之为义礼知信、上达与下学不间断,儒家既强调"尽心知性",同时又要求"存心养性"。可见,对大程而言,义礼知信乃儒家"一体之仁"题中应有之义,换言之,离

---

① 程颢、程颐:《二程遗书》卷二上,《二程集》上册,第33页。未注明谁语,据庞万里考辨为大程语,今从。
② 程颢、程颐:《二程遗书》卷一,《二程集》上册,第3—4页。未注明谁语,据庞万里考辨为大程语,今从。
③ 程颢、程颐:《二程遗书》卷一三,《二程集》上册,第139页。

此义礼知信则不复是儒家的"一体之仁"。在大程看来,佛道与儒家不同的是:尽管佛老亦标举"万物与我一体"[1],但他们的心迹有分、内外有别、上达与下学有间、有"识心见性"而无"存心养性",以致他们所谓的"万物与我一体"离却世事与世无涉,故其道有隔断,其道体也自不足。因此,可以说,正是大程在强调"仁者浑然与物同体"的同时对"义礼知信皆仁也"的注重,不仅使得儒家的"一体之仁"与墨之兼爱、道之万物为一、佛之同体大悲区别开来,而且使得"一体之仁"的儒家性品格真正得以凸显。

五、对《识仁篇》所论识仁工夫的具体辨析

通过上述对《识仁篇》主旨的分析与讨论,我们再来看《识仁篇》中那些对识仁之工夫作说明的文字。毫无疑问,"识得此理,以诚敬存之"为识仁工夫之要,在《识仁篇》中大程又对此"以诚敬存之"进一步说明道:"'必有事焉而勿正,心勿忘,勿助长',未尝致纤毫之力,此其存之之道。"大程的这一说明较之"以诚敬存之"显然是对识仁工夫实践的更为具体的说明,但实践此"存之之道"亦同"以诚敬存之"一样须有一前提条件:即"识得此理"亦即"先识仁"。由上述可知,对大程而言,所谓"先识仁",一言以概之即自觉、自信人之自身所本有的"仁性""仁心",此"先识仁"是人之道德实践中的一种异质的跳跃和生命的转折点,要把握此"先识仁"则有两点尤须注意:其一是此觉此信乃"自"而非"他",对这一点大程曾有所说明:"'予天民之先觉者',谓我乃天生此民中尽得民道而先觉者也。既为先觉之民,岂可不觉未觉者? 及彼之觉,亦非分我之所有以予之,皆彼自有此义理,我但能觉之而已。"[2]"圣贤千言万语,只是欲人将已放之心,约之使反,复入身来。"[3]先觉者的指点、圣贤的话语虽能助人觉

---

① 石门慈照禅师有"天地与我同根,万物与我一体"之语,参见赜藏主编集:《古尊宿语录》(上),第146页,北京,中华书局,1994。庄子有"天地与我并生,而万物与我为一"之语,参见《庄子·齐物论》。

② 程颢、程颐:《二程遗书》卷一,《二程集》上册,第5页。未注明谁语,据庞万里考辨为大程语,今从。

③ 同上书,第5页。《宋元学案·明道学案》列有此条。

悟,但"本心""义理"之心在人自身,故最后的觉悟仍须你自己"反身而诚",只有你自己才能"将已放之心,约之使反,复入身来",他人爱莫能助,毫无办法。其二是此觉悟不是外于"仁心""心体"另寻求一个"觉"或"悟""仁心"与"心体"的办法,而是于"仁心""心体"呈露显发时"以诚敬存之",因为对大程而言,"人心常要活,则周流无穷"①。只需在此"活"的"仁心""心体"呈露显发的当下觉悟肯认之并依之而行即可,这也表明:此作为道德实践超越根据的"仁心""心体"不仅自有义理、自有准则,而且其自身即具道德实践的力量,其所不断涌现出来的力量乃道德实践的根源性动力。

大程所谓"'必有事焉而勿正,心勿忘,勿助长',未尝致纤毫之力,此其存之之道",其作为更为具体的存养"仁心""心体"的工夫可以说正是奠定在"仁心""心体"之活动义的基础上的。从大程援引孟子语对这一工夫的说明来看,大程一方面是从正面、积极方面来要求人肯认、存养持守自身所本有的"仁心""心体",此即"必有事焉";另一方面是从反面、消极方面来要求人避免与克服存养操存"仁心""心体"过程之弊,此即"而勿正,心勿忘,勿助长"。所谓"必有事焉",此即大程所谓"敬则无间断",亦是要求人对"仁心""心体"存养无息、持守勿失,使此"仁心""心体"在无间断的自操自存中自然发用并起主宰作用。所谓"而勿正,心勿忘,勿助长"则告诫人在存养"仁心""心体"过程中要避免两种弊病:一种是"正"与"助",另一种是"忘"。对此大程曾有所解释:"孟子谓:'必有事焉,而勿正,心勿忘,勿助长。'正是著意,忘则无物。"②"正""助"指"期之必得""强作之使成",在大程的工夫论中则有著意、著力、过分把持之意;"忘"在大程的工夫论中则有间断之意。"忘"显然正是"必有事焉"的对立面、消极面,故"忘""间断"是"必有事焉"之工夫所必须加以消除的弊病。而大程之所以要求人避免与克服"正""助"之弊病,则正是为了保证

① 程颢、程颐:《二程遗书》卷五,《二程集》上册,第76页。《宋元学案·明道学案》列有此条。
② 程颢、程颐:《二程遗书》卷一一,《二程集》上册,第132页。

人之自身"仁心""心体"呈露发用的自然无滞、流行不息。"执事须是敬，又不可矜持太过。"①敬的工夫应保持顺适自然的状态，否则，成了过分把持。"今学者敬而不见得，又不安者，只是心生，亦是太以敬来做事得重。"②敬若过分著意、著力，则敬之工夫为不得法。"今志于义理而心不安乐者，何也？此则正是剩一个助之长。虽则心操之则存，舍之则亡，然而持之太甚，便是必有事焉而正之也。"③志于义理，操存此"心"，须安且乐，不可持之太甚。

并且，相对于顺应"仁心""心体"的自然呈现、自然发用、流行无滞，在大程看来，任何人为之着意、着力、执着、将迎、造作、过分把持、持之太甚，乃人"自私""用智"的缘故，并导致了"恶"。他称："学者须敬守此心，不可急迫，当栽培深厚，涵泳于其间，然后可以自得。但急迫求之，只是私己，终不足以达道。"④"人之情各有所蔽，故不能适道，大率患在于自私而用智。自私则不能以有为为应迹，用智则不能以明觉为自然。"⑤"谓之恶者非本恶，但或过或不及便如此。"⑥"恶者非本恶"，当表现为过与不及时才为恶，这表明大程所谓的"恶"并没有实体，不能从源头处说，人之本源处只有一个无不善之本体——"仁心""心体"。既然人之本源处只有"仁心""心体"这一至善的本体，那么，何以有恶？何以产生恶？依大程之见，人之"自私""用智"导致了恶，准确地说，人之"自私""用智"所导致的过与不及造成了恶。如何消除"恶"？如何避免过与不及？在大程看来，只有一个途径：此即克服人之"自私""用智"，而圣人则正是这一不"自私用智"的典范。"圣人之喜，以物之当喜；圣人之怒，以物之当怒。是圣人之喜怒，不系于心而系于物也。是则圣人岂不应于物哉？乌得以从外者为非，而更求在内者为是也？今以自私用智之喜怒，而视圣人喜

① 程颢、程颐：《二程遗书》卷三，《二程集》上册，第 61 页。
② 程颢、程颐：《二程遗书》卷二上，《二程集》上册，第 34 页。《宋元学案·明道学案》列有此条。
③ 同上书，第 42 页。《宋元学案·明道学案》列有此条。
④ 同上书，第 14 页。《宋元学案·明道学案》列有此条。
⑤ 程颢：《答横渠张子厚先生书》，《二程集》上册，第 460—461 页。
⑥ 程颢、程颐：《二程遗书》卷二上，《二程集》上册，第 14 页。

怒之正为如何哉?"①圣人不是以自私用智之心应物待物,而是顺应"仁心""心体"的自然发用以应物待物,故不仅其喜怒不是自私用智心之喜怒,而且其喜怒不系于自私用智之心而系于所应之物。"夫天地之常,以其心普万物而无心;圣人之常,以其情顺万事而无情。故君子之学,莫若廓然而大公,物来而顺应。"②圣人非无情亦非不应物,只是无私情不以自私用智应物,其情其应物廓然而大公、物来而顺应。廓然大公乃不自私,物来顺应乃不用智,当人至此,依大程之见,不仅能避免过与不及,而且还能体会到一"活泼泼"之境:"'鸢飞戾天,鱼跃于渊,言其上下察也。'此一段子思吃紧为人处,与'必有事焉而勿正心'之意同,活泼泼地。会得时,活泼泼地;不会得时,只是弄精神。"③谢良佐对大程这一段话解释道:"'鸢飞戾天,鱼跃于渊'。无此私意。'上下察',以明道体无所不在,非指鸢鱼而言也。若指鸢鱼而言,则上面更有天,下面更有地在。知'勿忘,勿助长',则知此。知此,则知夫子与点之意。"④当人无私意时,自能从鸢飞鱼跃间体会到一"道体"自然流行、无所不在的"安乐"活泼之境。上蔡可谓善会明道之意。故后来刘宗周认为:"《识仁》一篇,总只是状仁体合下来如此,当下领取,活泼泼地,不须著纤毫气力,所谓'我固有之'也。"⑤大程所谓"未尝致纤毫之力"亦确实是绾合了"必有事焉"与"心勿忘,勿助长"两方面而顺应人自身固有之"仁心""心体"自然呈现、发用、流行无滞的结果。

在对大程的"识仁之方"有所了解与把握的基础上,我们再来看《识仁篇》中的其他文字。我们知道,《识仁篇》是吕大临东见二程时所记录下来的大程指教他的话语,这也就是说,《识仁篇》原本就是对吕大临所发,更准确地说,《识仁篇》原本就是大程针对吕大临所主张与践行的关

---

① 程颢:《答横渠张子厚先生书》,《二程集》上册,第 461 页。
② 同上书,第 460 页。
③ 程颢、程颐:《二程遗书》卷三,《二程集》上册,第 59 页。
④ 黄宗羲原本,全祖望修定:《上蔡学案》,《宋元学案》第 2 册,第 924 页。
⑤ 黄宗羲原本,全祖望修定:《明道学案》,《宋元学案》第 1 册,第 541 页。

学工夫之弊所发,如同《定性书》是大程针对张载的关学工夫之弊所发一般。如前所述,大程主"一本"之学,强调即工夫即本体的"先识仁"之工夫。在《识仁篇》中,大程正是从这一即工夫即本体的"识仁"工夫出发来批评吕大临所主张的关学工夫的。例如,吕大临在强调他所主张的礼之工夫时认为:

> 凡可以外铄者,无不用也:制礼以节其行,而使之齐。①

> "率法而强之",外铄于仁者也。发于性者,诚心感动,无待于外铄也。外铄者,循仁之迹而勉焉者也。②

> 理义者,人心之所同然,屈而不信,私意害之也;理义者,天下之所共由,畔而去之,无法以闲之也。私意害之,不钦莫大焉;无法以闲之,未有不流于不义也。③

依吕大临之见,尽管仁性为人所本具,理义为人心所同然,但若不以礼法"闲之"人之"私意"与"畔而去之"的行为,则人之言行势必流于不仁不义,故他主张通过礼之"外铄"、法之"闲之"来使人"循仁之迹"。吕大临所主张的这种礼法工夫,较之于大程那种即工夫即本体的"先识仁"之积极性的"立体"工夫,显然是一种以本体与工夫的分立为前提的消极性的对治工夫,故有防检之嫌。吕大临所主张的知之工夫也同样如此,从前文可知,这种知之工夫所强调的是:通过对人伦规范之理的认知来达致对人之自身所本有的仁义之性的觉悟,这无疑也是一种以工夫为一事、本体为一事的消极性的对治工夫,故有穷索之嫌。正因为如此,大程在《识仁篇》中称:"识得此理,以诚敬存之而已。不须防检,不须穷索。若心懈,则有防。心苟不懈,何防之有?理有未得,故须穷索。存久自明,安待穷索?"

如果说大程的《识仁篇》是通过对"先识仁"这一积极性"立体"工夫

---

① 吕大临:《礼记解·表记第三十二》,《蓝田吕氏遗著辑校》,第 319 页。
② 同上书,第 316—317 页。
③ 吕大临:《易章句·坤·六二》,《蓝田吕氏遗著辑校》,第 66 页。

的说明与标举来批评吕大临所主张的关学工夫,那么,他早年答张载"定性未能不动,犹累于外物"的《定性书》,则可以说更多的是通过针砭张载的关学工夫之弊来推阐他那时已形成的积极性的"立体"工夫。张载所谓的"定性未能不动,犹累于外物",无非指其"性"亦即其"心"[①]为外物所牵引而动荡不宁不定。此"性"此"心"也无非指《识仁篇》中所谓的"习心"。此经验的"习心"在"物交物则引之"的环境下心神不定、六神无主乃常事。如果"习心未除"而只是在念起念灭之际来加以对治,那么,这种对治的工夫不仅要被动地随意念的起灭而处处加以防检,而且还很可能对时起时灭的意念防不胜防,故大程在《定性书》中指出:"苟规规于外诱之除,将见灭于东而生于西也。非惟日之不足,顾其端无穷,不可得而除也。"[②]既然意念之端无穷,外诱亦"不可得而除",而这种消极的防检对治工夫又使人疲于奔命防不胜防,那么,究竟如何来消除这种"犹累于外物"的心驰神摇,使人心神凝定六神有主呢?然而,在《定性书》中大程亦似乎没有作出明确回答,只是说了一些"性之无内外"、圣人与君子不"自私用智"能"廓然而大公,物来而顺应"之类的话。这使人觉得高妙固然是高妙,就是有些摸不着头脑。因此,《定性书》也就成了理学中有名的难读难解的篇目之一。其实,如果将《定性书》中这类谈工夫的话语与《识仁篇》中"先识仁"这一积极性的"立体"工夫比照而观之,则这类话语即可易读、易懂、坦然明白,因为《识仁篇》不但明确标立"先识仁"这一积极性的"立体"工夫来反对防检穷索的消极对治工夫,而且要求人直接从"仁心""心体"上用功。从前述可知,对于此贯通天人既超越而又内在之"仁心""心体"而言,其不仅与"自私用智"之"习心"不同,而且"浑然与物同体"无内外、物我、彼此之分隔,故大程在《定性书》中称:"苟以外物为

---

① 朱熹认为:"'定性'字,说得也诧异。此'性'字,是个'心'字义。"参见朱熹:《朱子语类》卷九五,《朱子全书》第 17 册,第 3209 页。冯友兰认为:"《定性书》实际上是以心为性。"参见冯友兰:《三松堂全集》卷一〇,第 114 页。牟宗三认为:"说定心,通顺显明,说定性并不通顺显明。"参见牟宗三:《心体与性体》二,《牟宗三先生全集》第 6 卷,第 249 页。
② 程颢:《答横渠张子厚先生书》,《二程集》上册,第 460 页。

外,牵己而从之,是以己性为有内外也。且以性为随物于外,则当其在外时,何者为在内? 是有意于绝外诱,而不知性之无内外也。既以内外为二本,则又乌可遽语定哉?"①"与其非外而是内,不若内外之两忘也。两忘则澄然无事矣。无事则定,定则明,明则尚何应物之为累哉?"②并且,对大程来说,《定性书》中的圣人正是这一"仁心""心体"的化身,既不"自私用智",又能"廓然而大公,物来而顺应",更是自有义理、自具力量、自作主宰,因此,圣人不仅无"应物之累""外诱之除",而且能"动亦定,静亦定,无将迎,无内外"。

大程言仁从天道生生一直推演下来,人秉此天道、生理,为心为性,人之此心此性本具万物一体之仁,故能把天下生民万物看成是与自己息息相关的部分,甚至就是自己的一部分去给予爱。这说明大程所言之仁作为生生之理贯通天人,具有绝对性、普遍性,其作为人之仁心仁性又以天地万物为一体,把爱给予他人和万物,使爱具有周遍人与万物的普遍性,从而把孔子的"仁学"推进到一个新的阶段。大程的这种"新仁学"思想对吕大临、谢良佐影响甚大。郑家栋曾指出:"儒家哲学是仁学,而仁学在本质上乃是'圣'学,圣学即是关于'天人之际'的学问,'天人之际'处理的乃是人与终极存有的关系问题。孔子儒家的'仁'正是在'圣'的意义上而非'爱'的意义上成为宗教的。仁作为'爱'是现实的、具体的,仁作为'圣'则是超越的、普遍的。"③诚然,如果从大程新儒学所具有的绝对性、普遍性、无限性的一面来看,大程所言之仁确实与圣具有同一性,他的这种新仁学是具有明显的宗教精神的。并且,大程的这种"新仁学"主张与强调人之道德实践不应只局限于现实人生之事,也不应仅关心个人一己生命的安顿,而是要与天地之生化相通而不隔,无限地去善化一切存在,把存在界价值化,因为人与天地万物在存在上本来就是"一体"的。

----

① 程颢:《答横渠张子厚先生书》,《二程集》上册,第460页。
② 同上书,第461页。
③ 参见郑家栋:《断裂中的传统——信念与理性之间》,第285页,北京,中国社会科学出版社,2001。

第八章　程颐的心性论与工夫论

与其兄程颢相比,程颐得寿更永,讲学时间更长,且潜心著述,留下了《周易程氏传》这样的经学名作,因而思想资料更丰富。从气质上说,程颐以严肃著称,不但能使人知师道尊严,而且在人格气象上也带有更鲜明的儒家色彩。

第一节　程颐的生平与学问志向

一、生平

程颐(1033—1107),字正叔,程颢之弟,学者尊称为伊川先生。伊川年十四时与明道一起受学于周敦颐(濂溪先生),濂溪教他们"寻颜子仲尼乐处,所乐何事"[1]。二程后来虽然终身都不甚推崇濂溪,但他们的学问思想和精神修养不得不说确实受到了濂溪的影响。伊川十八岁时就上书宋仁宗[2],

---

[1] 程颢、程颐:《程氏遗书》,《二程集》上册,第 16 页,北京,中华书局,2011。
[2] 传统记载皆根据朱子《伊川先生年谱》,载"年十八,上书阙下,劝仁宗以王道为心",参见《二程集》上册,第 338 页。而姚名达考证认为伊川《上仁宗皇帝书》题注"皇祐二年"当为"嘉祐二年",此时伊川当为二十五岁。参见姚名达:《程伊川年谱》,第 23 页,北京,知识产权出版社,2013。此处暂依旧说。

劝其以王道为心并推行仁政，他还请求皇帝召对，欲当面自陈所学，但并未得到允许。后来伊川在太学游学，当时胡瑗为主教，以"颜子所好何学论"为题考诸生。伊川作文后，胡瑗惊异其才学出众，马上聘之为学官。吕希哲与之邻斋，首以师礼事伊川，成为伊川最早的弟子。伊川二十七岁时廷试报罢，便不再参加科举，后来其父程珦获得荫任子弟的机会，他也都谦逊地推让给族人。治平、熙宁年间，大臣屡次举荐，伊川都自以为才学不足而不愿为官。哲宗初年，司马光、吕公著共同举荐伊川，称："河南府处士程颐，力学好古，安贫守节，言必忠信，动遵礼法。年逾五十，不求仕进，真儒者之高蹈，圣世之逸民。"①但伊川依然力辞不仕。至元祐元年（1086），他屡辞不获，任崇政殿说书，负责给年幼的哲宗教学。他屡次上疏要求增加课程，减少休假，还要求太皇太后监督哲宗上课。伊川每次进讲，都要预先斋戒，心存至诚，以期能感动皇帝。而在讲授经典时，他也往往不拘泥于文字，能引申到现实生活中，并反复推明其中道理。伊川入侍之际，容貌表情十分端庄严肃，他自称以布衣进仕，不敢不自重。他以皇帝的老师自居，认为自己有辅导人主的重大使命，因此对许多本非自己职责所辖的事也进行议论，这自然受到许多人的嫉妒与排挤；加上哲宗也不喜欢这位严肃的老师，于是在元祐二年（1087），他被贬谪差管西京国子监。绍圣四年（1097），他因党论被牵连，追毁出身以来文字，放归田里。十一月，诏遣涪州编管。后徽宗即位，追复其官。但崇宁元年（1102）他又被隶于元祐党籍，遭到政治迫害。大观元年（1107），伊川逝世，年七十五岁。疾革时，门人说："先生平日所学，正今日要用。"伊川用最后的力气回答："道着用便不是。"②门人还未出寝门，伊川就去世了。在生命的最后时刻，伊川展现了安然自若、不以生死为意的豁达精神气象。

　　伊川在生活中严格要求自己一言一行都要合乎"礼"，以至于有人问："先生谨于礼四五十年，应甚劳苦。"伊川回答："吾日履安地，何劳何

---

① 《宋史·道学传》，第 12719 页。
② 朱熹：《伊川先生年谱》，《二程集》上册，第 345 页。

苦？佗人日践危地，此乃劳苦也。"①人们认为伊川一举一动都追求符合义理，那么在生活中必然得处处小心，内心一定会感到勉强和劳苦。但伊川自己认为"烛理明，自然乐循理"②，他其实自得于其间，因此自认为"日履安地"。

伊川与弟子之间更有"程门立雪"的佳话。他曾经闭目静坐，弟子游酢和杨时立侍在旁不敢离去。过了许久伊川睁开眼睛，才说天色已晚，让其回家。两人离开时门外雪已经一尺多深了。这不但表明了弟子们事师的恭敬，也表明了伊川平日的严厉。明道对伊川的性格很了解，早就已经说过："异日能使人尊严师道者，吾弟也。"③

伊川晚年从涪州坐船顺长江而下，中途水流湍急，风浪大作，一舟之人皆哭号不已，唯独伊川正襟危坐，丝毫不为所动。归来后，弟子发现他容貌颜色和精神气象都胜于往昔，便问他何以如此，伊川回答："学之力也。"可见他晚年有着很高的精神境界。欧阳修曾经议论韩愈："每见前世有名人，当论事时，感激不避诛死，真若知义者。及到贬所，则感感怨嗟，有不堪之穷愁形于文字，其心欢戚无异庸人，虽韩文公不免此累。"④韩愈虽然被视为开宋明理学之风气者，但是却缺少修养的工夫，被贬到潮州即嗟怨哀叹，正如朱子评价："只是不曾向里面省察，不曾就身上细密做工夫。"⑤因此终究只能是一个"文士"。相比之下，同样是遭受迁贬，伊川却凭借其笃实的修身功夫而体现出非凡的境界修养。这也许正是"道学家"与"文士"之不同所在。

伊川晚年在政治打压中去世，原本的故旧与门人都因害怕被牵连而不敢送葬，只有张绎、范域、孟厚和尹焞送葬。至夜，邵溥则穿着素衣骑白马赶来，也是畏惧被外人所知。一代大贤去世时竟如此萧条，实在令人唏嘘。

---

① 程颢、程颐：《程氏遗书》，《二程集》上册，第 8 页。
② 同上书，第 187—188 页。
③ 朱熹：《伊川先生年谱》，《二程集》二册，第 346 页。
④ 欧阳修：《欧阳修诗文集校笺》，第 1793 页，上海，上海古籍出版社，2009。
⑤ 黎靖德编：《朱子语类》，第 3273 页。

明道早卒,也没有留下什么著作,伊川继承其兄钻研义理并讲学授徒,使得洛学得以广传。全祖望说:"大程子早卒,向微小程子,则洛学之统且中衰矣!"①这明确地肯定了伊川在思想史上的重要地位。可以说,没有伊川的努力弘扬,不但洛学会中衰,整个宋明理学的历史都可能会改写。因此,伊川在宋明理学史上的地位应该得到特别的重视。

二、学问志向

伊川思想成熟甚早,早年的《颜子所好何学论》就已经奠定了他后来心性论思想的基调。此文的另一特点则在于表明了其学问的现实关切,也即"修身成圣"的问题。他说:

> 然则颜子所独好者,何学也? 学以至圣人之道也。圣人可学而至欤? 曰:然。学之道如何?②

对颜子的表彰在当时已经开始成为一种风气,伊川此文原本就是应当时太学主教胡瑗的命题而作的,而他早年的老师周濂溪也曾提出"志伊尹之所志,学颜子之所学"的思想,并教二程"寻孔颜乐处",以至于"孔颜乐处"成为后世理学家探讨的重要问题。

伊川直接点明了颜子所学独高于孔门其他弟子之处就在于"学以至圣人之道",并明确了"圣人之道"是可学而至的,还接着讨论了如何达道的具体工夫。可见,伊川早年就已经明确"学以至于圣人"才是儒学的根本特质,才具有最高的价值,由此他也确立了学圣人之道的目标,并开始探索成圣之道的根据与方法,他说:"人皆可以至圣人,而君子之学必至于圣人而后已。不至于圣人而后已者,皆自弃也。"③他直承孟子"人皆可以为尧舜"的思想,确立了"修身成圣"的最高目标,他的学术与实践正是围绕着这一目标而展开的。

---

① 黄宗羲原本,全祖望修定:《宋元学案》第 1 册,第 558 页。
② 程颐:《颜子所好何学论》,《二程集》上册,第 577 页。
③ 程颢、程颐:《程氏遗书》,《二程集》上册,第 318 页。

伊川的弟子曾经概括说："二程之学，以圣人为必可学而至，而己必欲学而至于圣人。"①这就精辟地点出了伊川思想的根本指向。《宋史》也称伊川"动止语默，一以圣人为师，其不至乎圣人不止也"②。伊川之学，即是"学为圣人之学"。

在以"成圣"作为最高目标的思想体系中，如何成圣的问题便是最根本、最应关切的问题，这也是理学家讨论最多的问题。而"心性论"和"工夫论"探讨的便是成圣的依据与成圣的方法，我们只有明确了伊川思想的终极关切，才能在其问题意识之下来考察伊川思想是如何展开的。

第二节　心性论

一、"性"与"心"

所谓的"心性论"，最重要的内容即是讨论"心""性""情"之间的相互关系以及与理学思想中的最高范畴"理"的关系问题。通常人们都明确肯定伊川"性即理"的思想，但对于伊川"心"与"性""理"的关系则缺乏明晰的界定与完整的讨论。

从《二程遗书》中，我们可以发现，伊川很少单独谈论心，而是常常将其与性、天、理等概念连在一起进行界定，他说：

> 在天为命，在义为理，在人为性，主于身为心，其实一也。③
>
> 大抵禀于天曰性，而所主在心。才尽心即是知性，知性即是知天矣。④
>
> 孟子曰："尽其心，知其性。"心即性也。在天为命，在人为性，论其所主为心，其实只是一个道。⑤

---

① 程颢、程颐：《程氏外书》，《二程集》上册，第 420 页。
②《宋史·道学传》，第 12720 页。
③ 程颢、程颐：《程氏遗书》，《二程集》上册，第 204 页。
④ 同上书，第 208 页。
⑤ 同上书，第 204 页。

伯温又问:"孟子言心、性、天,只是一理否?"曰:"然。自理言之谓之天,自禀受言之谓之性,自存诸人言之谓之心。"①

孟子曰:"尽其心者知其性也,知其性则知天矣。"心也,性也,天也,非有异也。②

在这些语录中,后三条伊川的论述都有着孟子的"尽心知性知天"的思想的诠释背景,因此牟宗三先生认为这些话都是伊川顺着孟子之言如此解释,而不能视为伊川学之本质,这些话对于伊川的系统不能具有决定性之作用。③ 而韦政通先生则认为伊川这类表述是顺着其兄明道的意思说的,衡之于他自己的思想系统,这些话便是伊川不自知的"夹杂"④。这些论断,完全消解了伊川讲"心性天是一"的思想的价值,将其轻易排除出伊川的思想系统,这不免带有先入为主的成见与武断。

就上述引文而言,虽然确实处于解释《孟子》的语境中,但《孟子》一书被伊川视为传道之书,孟子之言被看作是造道之言,伊川对孟子的研究亦贯穿终身,他的解释绝非一时偶然随兴所发。如果说伊川不能体悟此道理,那么就不应当屡次对此处作出"正确"的解说。否则一方面认为伊川既能"正确"地解说,另一方面又认为这些话语只是无关其思想的解经语,这明显是不能成立的。若如牟先生所说,伊川根本不能体认孟子此说,那么伊川在建构自己体系的过程中,必然会发现这些解经语无法融入自己的体系。如此,他要么就会调整自己的体系,要么就会避而不谈。事实上,伊川对此不但没有避而不谈,反而屡次主动谈起并作出"心性天为一"的论断,因此我们决不应将其仅仅视为解经之语和不起决定作用的话而轻易忽略。

对于建构了完整体系的哲学家来说,其对经典文本的解读必当与自身的体系相融,虽然在追求这种相融的过程中,他们对经典文本的解读

---

① 程颢、程颐:《程氏遗书》,《二程集》上册,第 296—297 页。
② 同上书,第 321 页。
③ 参见牟宗三:《心体与性体》中册,第 278 页。
④ 韦政通:《中国思想史》下册,第 806 页,长春,吉林出版集团有限责任公司,2009。

常常充满误解和歪曲。但是无法想象的是,有完整体系的哲学家会屡屡提出与自己体系相悖的"解经语"。因为在这种情况下,自己的体系便无法从权威经典中获得支持,这种问题在中国古代,特别是尊崇经典的儒家思想家中将是致命的。伊川是一个自觉建构体系的哲学家,他也具有充分的怀疑精神,敢于疑经疑古①,因此绝不可能发现了自己体系不认同的理论却仍能坦然地加以肯定。但是从伊川整个哲学风格上说,正面主张"心性天是一"的思想确实较少。可见,他的体系中虽然能够容纳此说,但他并没有将其作为自己思想或者讲学的重心。当然这一点还需要更清楚的论证,以下将对此进行探讨。

根据上述引文,伊川认为"心""性""天"在本质上没有差别,"其实只是一个道",而名号不同乃是从不同的角度与层面而言的。"天"自古就是最高的存在,是最高的范畴,因此二程思想中最高的范畴"天理",也是借助于古典文献中"天"的权威而获得其最高的地位。"性"则是"禀于天"而在于人的内在规定,一方面与天理是同质的,另一方面是内在于人的,是"超越而内在"的。伊川主张"性即理",天、性、理的相通是十分明确而没有争议的,关键在于"心"的地位究竟如何。

伊川说"主于身为心""面所主在心""论其所主为心",表明了"心"最主要的特点是具有对意识、情绪、思绪等心理活动进行主宰的能力,这种能力便落在经验性的层次上。但天、性、理却不是经验性后天性的概念。可见"心"与之相通为"一",是有层次上的差别的,未厘清这个层次上的差别,正是历来导致纷争纠葛的原因。而解释清楚"心"在什么层面上与天、性、理相通,正是本文的一个目标。

除了从"主宰"方面来衰述"心"之外,上述引文中还有另一种说

---

① 伊川对传统的经典常常具有怀疑精神,怀疑《礼记》中的诸多篇章,如《儒行》之篇,此书全无义理,如后世游说之士所为夸大之说。观孔子平日语言,有如是者否?"(《二程集》上册,第177页)怀疑《孟子》中的某些部分,如"问:'《孟子》书中有不是处否?'曰:'只是门人录时,错一两字。如"说大人则藐之",夫君子毋不敬,如有心去藐他人,便不是也。更说夷、惠处云"皆古圣人",须错字。若以夷、惠为圣之清、圣之和则可,便以为圣人则不可。'"(《二程集》上册,第255页)

法，即"自存诸人言之谓之心"，在其之前的两句是"自理言之谓之天，自禀受言之谓之性"。可见，"心"首先是与"天""性"也即"理"相通的，而就此理在于人、存于人而言乃称"心"。因此，"心"一方面是与"理"相通的，本质是一致的，另一方面是专从人的角度而言的。所以，关于"心"与性理相通的关系本来是没有疑问的，真正的疑问在于，"心"究竟在何种意义上与性理相通，"心"的概念在伊川思想中到底处于什么样的地位和结构，以及为何伊川在认同心性天同一这方面和明道本质似乎没有区别，整个哲学思想结构却与明道看似大不同？唯有解释清楚这些问题，才能把伊川这几句"解经语"在其思想中的地位真正确定下来。

统观《程氏遗书》，可发现真正清晰地把"心"的地位以及与"性"的关系明确地表达出来的就在于这一段：

> 称性之善谓之道，道与性一也。以性之善如此，故谓之性善。性之本谓之命，性之自然者谓之天，自性之有形者谓之心，自性之有动者谓之情，凡此数者皆一也。圣人因事以制名，故不同若此。而后之学者，随文析义，求奇异之说，而去圣人之意远矣。①

这段话同样把"道""天""性""命""心"等概念连在一起界定，但特别之处在于，这段话是明确地以"性"为中心来论述的，借此便可以更清楚地看出"性"与"心"的关系。

他说"自性之有形者谓之心"，所谓"有形"，在此不是指有形状，而是"有形象"，伊川在讨论"志"时指出"如言志，有甚迹，然亦尽有形象"②。"志"即是一种心理活动，心理活动虽然不像一般事物一样直接表现出形体，但是本身是经验性的，是有对象、有感性因素参与其中的，因此是"有形象"的。面对弟子提出"'舍则亡'，心有亡，何也？"他还说："此只是说

---

① 程颢、程颐：《程氏遗书》，《二程集》上册，第318页。
② 同上书，第148页。

心无形体，才主着事时（原注：先生以目视地），便在这里，才过了便不见。"①此皆可见他明确地表达"心"是无形体，而是有形象的。无形体的规定表明了伊川之"心"并非生理上的心，有形象的规定表明了伊川是从意识之活动来把握"心"的。（需要注意的是，他所谓无形体，乃指"心"本身并无一个形体。但是意识的"有形象"活动必然关联着人的一整套感知官能系统，就其与感官性体相连来说，是有着"形体"的"因素"的，因此这里要注意分清两层："心"本身是无形体的，但"心"却包含着"形体"的因素，否则形象也无从产生。）"心"之"有形"的因素一方面表明了意识活动的经验性、对象性、有感性参与其中的特点；另一方面，意味着"形下"。所谓"形而上者谓之道，形而下者谓之器"（《周易·系辞》）。可见"心"在伊川的思想中，作为"有形"者，是形而下的。就此而言，可以说"心"在其体系中，是经验性的，是后天的。

但是，更值得注意的是，"自性之有形者谓之心"这句话中，"自性之有"的字眼表明，在此伊川是从"性"的角度来理解和规定"心"的。在这种界定中，"心""性"在伊川体系中的必然联系就表现出来了。"心"虽然是"有形者"，但是它是基于"性"之上来界定的，其本质规定是"性"，只是由于"有形"的因素而被称为"心"。由此可见，"心"与"性"并非并立的两物，否则不能由其中一个来界定另一个。由"心""性"的这种关系可看出，伊川绝非仅从经验、后天的层面来界定和理解"心"。

因此，在"自性之有形者谓之心"一句中，首先，"形"是实然的心的特点，是形容"心"而非"性"的。故不是"性"有形，而是"心"有形。其次，伊川这里的讨论，只是对人性的分析，不涉及宇宙论的生成问题，因此亦不必要追问"形"从哪里来的问题。故这里从"性"来界定"心"，并不表明"性"是生"心"者，或时间在先者，"性"只是"心"之本质规定，毋宁说是逻辑在先者。如此理解，我们才能明白伊川屡次将天、道、心、性等并称并以之为"一"，是在特定层次上的同一，而不是彼此间的

---

① 程颢、程颐：《程氏遗书》，《二程集》上册，第207—208页。

完全等同。

　　然而伊川这一句话表达本身其实有些晦涩，故连朱子都屡次表示怀疑。① 而晦涩的原因何在呢？恐怕在于，伊川这一段话立足于以"性"为中心展开论述，然而有一些概念本身并不直接关联于"性"，于是整体上看便有些曲折。如这里的"有形"，本来是"心"的特点，与"性"并无直接关系；又如后一句"自性之有动者谓之情"中的"有动"亦然（"有动"亦是"心"的特点，并非"性"能动）。正是由于他把焦点落在"性"，而单凭"性"无法解释"心"和"情"，于是不得不引入"形""动"这些概念。如此，在一句话中便套着两层统属关系，便有了这种曲折晦涩的表示。而我们通过上文的疏解，或许对其中诸多概念的关系能稍微厘清。进一步，我们若把焦点由"性"转移至"心"，那么理解起来便相当顺适了。② 以"心"为中心整理如上关系，我们便可总结说：第一，"性"是"心"的本质规定。第二，"形"是"心"的实然特点。而如此，我们甚至可以说伊川有一种"心统性形"的思想了。③

　　而伊川对"心"与"性""形"关系的处理有着重要的意义。一方面，"性"是心的本质规定，"形"是心的实然特点，它们都统于"心"，那么人的善恶活动便可以通通收摄于"心"来讨论了；另一方面，他又分开了"性"

---

① 朱子曰："若伊川云：'自性而有形者谓之心。'某直理会他说不得！以此知是门人记录之误也。"见黎靖德编：《朱子语类》，第 1385 页。又曰："伊川有数语说'心'字皆分明，此一段却难晓。不知'有形'二字合如何说？"见朱熹：《知言疑义》，转引自胡宏：《胡宏集》，第 337 页，北京，中华书局，1987。朱子应是根据一般的文法结构，把这句中的"有形"视为表述"性"，因此认为不可解。

② 伊川的表达不但晦涩，而且容易引起误解。朱子有弟子即怀疑说："横渠云：'心统性情者也。'既是'心统性情'，伊川何得却云'自性之有形者谓之心，自性之有动者谓之情耶'？如伊川所言，却是性统心情者也。"见黎靖德编：《朱子语类》，第 1384—1385 页。正因为伊川以"性"为中心展开，他便把伊川论述的结构当作心性论的结构，由此产生误解。

③ 此处姑且暂称"心统性形"，这是模仿朱子后来发扬的横渠的"心统性情"。其实按照伊川的思路（见后文），"情"本与"形"密切相关，"形"正是"情"得以产生的现实基础。因此，伊川亦能认同"心统性情"。朱子己丑之悟后，反对湖湘学，有一个重要的原因是湖湘学的"性为未发，心为已发"的结构无法安顿"情"，而他之注重"情"，则有伊川的重要影响。但是"心统性情"这个命题，主要是从心的作用功能上来说；而这里"心统性形"，则是从心的理论结构上说。这里暂时如此表示，比较直观而已。

与"形","形"不由"性"统摄,那么由"形"这一因素而产生的其他可能(如恶)也不由"性"负责。伊川这种心性论结构,也正是解决"恶"的问题的契机。以下我们从他如何分析"恶"的问题进行考察,也能够反证上述所论的他的思想。

早在《颜子所好何学论》中,伊川就提出:

> 其本也真而静,其夭发也,五性具焉,曰仁义礼智信。形既生矣,外物触其形而动于中矣。其中动而七情出焉,曰喜怒哀乐爱恶欲。情既炽而益荡,其性凿矣。[1]

这里"形既生矣"的"形",从文势上看,是泛指个体的感官构成的身体形体,讨论的是个体生成的过程。但是从后文所讨论的范围来看,这里的"形"强调的是由"心"所统摄连接的整套感官系统,因为只有"心"才能够感外物而"动"而发"情",单纯的感官却只有被动接受的能力。值得注意的是,伊川说"外物触其形而动于中",表明了"情"的产生,一方面是由于有"形"作为基础,另一方面是受到外在的刺激。可见"情"有着两个条件,即"形"(心所联结的整套感官形体系统)与"外物"("形"是"外物"因素起作用的必要条件,因此在此意义上也可以说"外物"因素是统摄于"形"的)。

这种结构在伊川自己撰写的《四箴》中的《听箴》也有反映:

> 人有秉彝,本乎天性,知诱物化,遂亡其正。[2]

人本有秉彝天性,但是由于"知诱物化",便亡失其正。这一句虽然没有"心"这个概念,但是能够在现实中亡失其正而物化,则是"心"运动的特点。[3] "知诱物化"文字省略,但其与《颜子所好何学论》的"外物触其形而

---

① 程颐:《颜子所好何学论》,《二程集》上册,第 577 页。
② 程颐:《听箴》,《二程集》上册,第 589 页。
③ 且伊川《四箴》序云,"四者,身之用也。由乎中而应乎外,制于外所以养其中也。""心"作为主宰"身"的关键,正是《四箴》论述的重点。又其中《视箴》云"心兮本虚",《言箴》云"人心之动",都在"心"上讨论,因此《听箴》虽然没有"心"字,但可知只是省略而已。引文见程颐:《四箴》,《二程集》上册,第 588—589 页。

动于中矣"一样,表明人的知觉感官容易受到外物的引诱,而后产生情感,情感无节则亡失其正。陈北溪对此条的解释正合此意,他说:"知指形气之感而言。物欲至而知觉萌,遂为之引去矣。"①

因此,综上可知,在伊川体系中,现实的"心"及其活动实际上包括了三个因素:作为本质规定的"性",作为现实基础的"形",外在机缘刺激的"外物"。三个因素中,"性"决定了"心"具有超越性,"形""外物"决定了"心"的形而下的经验性。"性"在逻辑上是最本质者,而现实的心理活动则包含三者,但后两者则可能导致恶的产生。伊川明确指出:

> 大抵人有身,便有自私之理,宜其与道难一。②

"有身"也即有着有限的形体感官,便自然有不被理所统摄的形气之私,因而会产生不能与道同一的恶。这句也把现实的"恶"归结到了"形"的因素。

更具体来看,关于"性"与"善恶"的关系及"恶"的产生,伊川又有如下论述:

> 性即理也,所谓理,性是也。天下之理,原其所自,未有不善。喜怒哀乐未发,何尝不善?发而中节,则无往而不善。凡言善恶,皆先善而后恶;言吉凶,皆先吉而后凶;言是非,皆先是而后非。③

所谓"原其所自",从文势上看当是"原其本"之义。伊川认为,作为"理"的"性",本身是"未有不善"的。"理""性"必然为善,这应无疑义。伊川进而说在喜怒哀乐之情尚未发生作用时,"何尝不善";而已发之后,则要"发而中节"才是善,若不中节便是恶。伊川类似的表达亦有许多,如他亦说"心本善,发于思虑,则有善有不善"④,"'放心',谓心本善,而流于不

---

① 黄宗羲:《宋元学案》第 1 册,第 639 页。
② 程颢、程颐:《程氏遗书》,《二程集》上册,第 66 页。
③ 同上书,第 292 页。
④ 同上书,第 204 页。

善,是放也"①。可以推知,伊川认为"心"在"未发"时,是纯善无恶的,在"已发"时,则可能有善有恶。这表明,"恶"的根据,只能向心之能"发"的这种机能上来寻找,不能追溯到心之本质上。而正如上文已经说明,心有"性""形"与"外物"三个因素,"外物触其形而动于中矣,其中动而七情出焉",情感之发动是"形"与"外物"之因素相作用才产生的。因此"形"与"外物"之因素决定了心能够发动之机能,故"恶"的根据,也即在此处。

而当未发时,此时"形"与"外物"尚未发生作用,此心只凸显"性"的因素。因此在"未发"时,伊川才会说那是"何尝不善"的。对此还有必要展开更详细讨论,下文即围绕"心""性"与"情"的关系进行论述。

二、"心"与"性""情"

讨论心性论,一定要涉及"情"的问题。事实上,上面引述伊川讨论善恶问题时,就已经谈到了"情"的问题了。而"性"与"情"的关系,又关联着《中庸》的"已发""未发"这一对概念。因而,要梳理清楚这些复杂概念的内涵与其相互关系并不容易,以下则力图就此一问题进行疏通。

对于"性"与"情"的关系,伊川指出:

> 只性为本,情是性之动处。②
> 自性之有动者谓之情。③

事实上,对于伊川来说,"性"是要通过"心"的活动才能发挥作用的,这两条引文直接把"性"与"情"关联起来,其实都省略了"心"这一环节。因为"情"只能是"心"感物后才发动产生的,因如伊川自己说:"心本善,发于思虑,则有善有不善。若既发,则可谓之情,不可谓之心。"④而为何此处又能够这样省略呢?因为,"心"具有"性"之本质规定,"性"在逻辑上是

---

① 程颢、程颐:《程氏遗书》,《二程集》上册,第 208 页。
② 同上书,第 33 页。此条虽未注明谁说,但应是伊川之言,考证参见庞万里:《〈二程遗书〉"二先生语"考辨》,《二程哲学体系》,第 362 页,北京,北京航空航天大学出版社,1992。
③ 程颢、程颐:《程氏遗书》,《二程集》上册,第 318 页。
④ 同上书,第 204 页。

在先的,是"本";而情作为"心"之现实活动,是"末"的。在此意义上,"情"可以推论为"性"之动。但这实际上表明伊川想把"心""性""情"三者做更好的贯串和统合,虽然这种省略在某种意义上可以理解,却必定会面临一个严重的理论后果,也即"情"之恶是否能推到"性"来负责的问题。伊川固然绝不可能把情之不善归于"性",但他此处的这种统合和贯串确实会留下这个理论问题。以下我们就一个形象的"水喻"例子进行分析,便能更直观地把握伊川心性论之结构。《程氏遗书》记载:

> 问:"喜怒出于性否?"曰:"固是。才有生识,便有性,有性便有情。无性安得情?"又问:"喜怒出于外,如何?"曰:"非出于外,感于外而发于中也。"问:"性之有喜怒,犹水之波否?"曰:"然。湛然平静如镜者,水之性也。及遇沙石,或地势不平,便有湍激;或风行其上,便为波涛汹涌。此岂水之性也哉?人性中只有四端,又岂有许多不善底事?然无水安得波浪,无性安得情也?"①

在这一段中,伊川运用"水"的比喻解释了"恶"的产生,由此可以透显出其心性论的结构(这一条中有可疑处,这或许是他没有讲清楚,或许是弟子记录有误,解释见下)。整体上我们可以看出,这个比喻里有三组对照:第一,"性"与水之"湛然平静之性";第二,"情"与水之"波浪";第三,"心"与"水"自身。第三组对照在文中并没有直接出现,而是隐含着的,需要通过分析才能揭示。

首先,弟子问喜怒这些情感是否"出于""性",伊川做出了肯定的回答。(但没有解释如何"出",只是肯定了"情"是"感于外而发于中"的,"中"在此指的是与外物相对的主体的"心",这与《颜子所好何学论》中的"外物触其形而动于中"完全一致。在这里,实际表示"情"是"心"感物而发。)

---

① 程颢、程颐:《程氏遗书》,《二程集》上册,第 204 页。

接着，弟子承此而问："忾之有喜怒，犹水之波否？"弟子用"水"来比"性"，用"波"来比喻"情"，就"情出于性"的观点本身来说，这个比喻没有问题。伊川再次进行了肯定：这看似赞同弟子的比喻，那么上段指出的"三组对照"就不能成立了。但仔细比较，会发现伊川后面的回答明显转化了整个比喻。

转化之处在于，伊川并不用"水"来比喻"性"（如"性犹水也"），而是指出"湛然平静如镜者，水之性也"。用"湛然平静如镜"来比喻"性"，也即用"水"的趋下并保持平稳的特点来比喻"性"。那么他明显把"水"视为一个一般事物，于是才有"水之性"这样的表达。假若他还是顺着弟子的提问用"水"来比喻"性"，就不可能说"水之性"，否则就有"性之性"这种问题了。

进而他又说："及遇沙石……便为波涛汹涌。此岂水之性也哉？"水之"波"是用来比喻"情"的，并且他指出了波浪是由外在的激发引起的。"此岂水之性也哉？"这种否定，一方面，可以表明他否定混淆"情"与"性"；另一方面，也可以表明他否定"情"直接来源于"性"。确实，就"水"的情况来看，"湛然平静如镜"之性，并不能直接引起或表现为"波涛"。

这充分表明了，伊川认可"情出于性"，想要把"性""情"统合起来，并认为"情"是"性"之动，这都只是一种理论上的推论而已[1]，而不是直接以"性"统摄"情"，不是直接以"性"发而为"情"。引起"波浪"的条件是外物（沙石或地势），"波浪"的基础是"水"，这些因素是与"性"不同的。伊川十分自觉地认识到他所说的东西，马上就指出"人性中只有四端，又岂有许多不善底事？"他很清楚如果把"情出于性"直接解释为"情"本于"性"或"情"为"性"之所发，那么"恶"一定会归于"性"，这是他不能接受，并自觉提醒弟子的。

问题出在最后一句"无水安得波浪，无性安得情也"，这句话却又回

---

[1] 牟宗三对此"出于"亦有分析，指出"出"只是统御隶属的关系，非能"发出"。本文对此概念的分析与其有相似性，但对全文的分析以及结论则有较大差异。参见牟宗三：《心体与性体》中册，第 242—243 页。

到了弟子把"水"与"性"对照起来的问法中,如此便与其整个思路相矛盾,或许存在记录有误之嫌。

事实上,"水"在这整个比喻中的作用,只能指"心"。从反面来说,"水"在此段中,是会变化的,波浪亦是水。而"性"作为形而上者,是不在现象界中变化的,因此以"水"来比喻"性"并不妥。[1] 从正面来说,水一方面具有"湛然平静"之性,另一方面其自身是形而下者,能实然地表现为"波浪",故与"心"的特征相近。正如上文所论,伊川思想中,"心"是形而下者,能够实然发而为情,但又具有形上之"性"的本质规定。因此在此比喻中,其实应当说"波浪出于水",也即"情出于心",这便无问题,因为"情"即是基于"心"之动而来的。但是正如上文说的,伊川以"性"为"心"的本质,于是在推论上,"情"便可以推论到"性"上去,这一环节是值得注意的。

但所谓的"推论"并非表明"情"与"性"只是概念上的关系而已,由于"情"不具有确定的意义,是包含善恶的,所以伊川在统合"性情"的过程中不能直接肯认"情"与"性"的必然而直接的关联。但是如果对情进行具体判分,那可以说,"恶"情是无本的,只是与"心"直接关联,这时的"情"与"性"是间接关联的,只是概念的推论上的关联而非实质的。而"善"情虽然也与"心"关联,却是直接源自"性"的,是有实质关联的。更具体来说,正如上文分析,"心"包含着诸多因素,其中"形""外物"的因素对"恶"负责,而"性"的因素对"善"负责。因此严格而言,"情出于性"从善情的角度上看是完全成立的,"心"依其本质规定而本然地作用,即是善情。这一点在这个比喻中也可以清楚地表现出来:水若不遇到外在刺激,就必然会按照"湛然平静之性"表现为"湛然平静"。同理"心"若排除外物的干扰,自然能够依照"性"表现出"善情"。伊川说:"(主一)存此涵养,久之自然天理明。"[2]主敬涵养就是一种专注、醒觉从而排除外物干扰

---

[1] 孟子之以"水"喻"性",与伊川并不同。伊川有严格的形上形下的区分,孟子没有这种思路,故可以从整体上以"水"喻"性"。

[2] 程颢、程颐:《程氏遗书》,《二程集》上册,第 169 页。

的修身工夫,通过排除外物的干扰,便能够"自然天理明",这与此处比喻完全一致。由此可见,"善情"与"性"的关系是必然而直接的,这是伊川所认可的。[①] 因此,上文所提出的"推论"也要分析地看待,不能只认为完全是一种概念的推理。

总之,上面的论述表明了伊川思想中的"性""情"与"心"的关系。伊川为了思想的一贯性,通过一种推论("性"是"心"的本质,"情"的产生又基于"心",于是在此推论中,"情"便可以说是出于"性"的)把"性"与"情"关联起来。但是通过分析可知,"情"有善有恶,善情与恶情具有不同的来源以及与"性"有不同关系,由于伊川没有具体分判地说,而只是笼统举一"情"字来说,因此我们说"情出于性"的观点只是一种概念的推论而已。

三、"中""未发"与"性"

明确了这样的关系,我们再考察"性""情""未发""已发"与"中"这些概念的关系问题,便能更清楚地梳理出伊川心性论的结构。事实上,对于后世理学家着重讨论的重要概念"未发""已发",伊川较少主动进行讨论,其观点也不够清晰。他的相关论述主要与对"中"的探讨相联系,并且是在弟子提问后进行解答的。目前的材料主要有两部分,第一部分是《与吕大临论中书》,编者注:"此书其全不可复见,今只据吕氏所录到者编之。"[②]现存此书中伊川的论述有所缺略,因此难以完整体现其思想。第二部分是《程氏遗书》卷一八与弟子苏季明的讨论,有些地方有较清楚

① 有意思的是,我们在后来的朱子与湖湘学之争中看到了类似而更明确的思维方式。朱子批评湖湘学的人性论是"性无善恶论",其中有一个要点是:胡五峰主张"性善"是叹词,与"恶"相对的"善"不足以称"性"。朱子认为他割断了"性"与一般现象界中的善行。他说:"若善底非本然之性,却那处得这善来?"见黎靖德编:《朱子语类》,第 2586 页。因此朱子主张:"极本穷原之善,与善恶末流之善,非有二也。但以其发与未发言之有不同耳。盖未发之善,只有此善,而其发为善恶之善者,亦此善也。既发之后,乃有不善以杂焉,而其所谓善者,即极本穷原之发耳。"见朱熹:《与郭冲晦》,《朱熹集》,第 1656 页,成都,四川教育出版社,1996。他认为未发时的善,与已发时的善是一致的。这种明晰的表达,可视为对伊川这一思路的发展。

② 程颢、程颐:《二程集》上册,第 605 页。

的论断,但依然并不够清晰,在解读上还有一定困难。《与吕大临论中书》发生于元祐元年(1086)①,而《遗书》卷一八《刘元承手编》编者注"所记有元祐五年遭丧后、绍圣四年迁谪前事"②,也即是 1090 到 1097 年间,时间上后于《论中书》数年,并且讨论中出现了《论中书》的某些内容,可见伊川与苏季明的讨论应是在《论中书》之后,因此有些地方出现说法上的差异时,应以此较晚的说法为准。事实上,伊川的讨论总体来说并未能十分清晰,这也导致后来朱子对此问题感到十分困惑并反复参究,先有丙戌之悟,又有己丑之悟,方才确立其思想体系。此处我们也会借助朱子的看法来帮助理解。

材料较长,我们只能论述要点,即表明在伊川思想中,"中"是什么?"未发""已发"是什么? 由此对上文关于"心""性""情"的关系的观点进行论证与补充。

在《论中书》中,吕大临秉承"心""性""天"是一的思想,把"天命之谓性,率性之谓道"与"喜怒哀之未发谓之中,发而皆中节谓之和,中也者,天下之大本也;和也者,天下之达道也"两句贯通起来,提出"性与道,大本与达道,岂有二乎?"③他的基本立场是认为这两句具有一致的含义。由此可以概括为以下对应关系:

$$
\begin{array}{ccc}
性 & \Longleftrightarrow & 中 = 未发 = 大本 \\
\downarrow & & \downarrow \quad \downarrow \quad \downarrow \\
道 & \Longleftrightarrow & 和 = 已发 = 达道
\end{array}
$$

参看此图,吕大临首先借助"率性之谓道",提出"道"出于"性"。进而,他借助"喜怒哀之未发谓之中,发而皆中节谓之和,中也者,天下之大本也;和也者,天下之达道也"一句,得出"已发"之"和"("达道")出于"未发"之"中"("大本")的结构。而"达道"与"道"用词又是一致的,那么相对的,"大本"即与"性"一致;"大本"又是指"中",因此推出"中"与"性"一致,于

---

① 参见文碧方:《关洛之间——以吕大临思想为中心》,第 5 页,北京,中华书局,2011。
② 程颢、程颐:《二程集》上册,第 4 页。
③ 程颢、程颐:《与吕大临论中书》,《二程集》上册,第 606 页。

是就有了"中即性""中者道之所由出"①的观点。从思想史的角度上看，吕大临论"中"的思想背景来自关学传统，"'中'之概念是张载及其关学的中心概念，吕大临受其影响，故对此概念极为重视，无论是他关学阶段的文字，还是他洛学阶段的著述，他都视此'中'为核心概念大加标举"②，而"关学学派之所以如此注重与强调'中'是基于他们'立礼为本'的关学学派立场"③。

当然，伊川并不认同吕大临对"中"的理解，我们先略过吕大临自己的观点与论述，而看伊川的基本主张。

首先，伊川否认了"中者道之所由出"的观点，并认为"中即性也"之言"极未安"，进而他指出：

> 中也者，所以状性之体段（若谓性有体段亦不可，姑假此以明彼）。如称天圆地方，遂谓方圆而天地，可乎？方圆既不可谓之天地，则万物决非方圆之所出。如中既不可谓之性，则道何从称出于中？盖中之为义，无过不及而立名。若只以中为性，则中与性不合，与"率性之谓道"其义自异。性道不可（一作可以）合一而言。中止可言体，而不可与性同德。
>
> 又曰：观此义（一作语），谓不可与性同德，字亦未安。子居对以中者性之德，却为近之。（子居，和叔之子，一云义山之子）
>
> 又曰：不偏之谓中。道无不中，故以中形道。若谓道出于中，则天圆地方，谓方圆者天地所自出。可乎？④

他认为，"中"这个词语，原本是一个形容词（当然将它作为一个独立的概念来讨论的时候，就名词化了），是描述"性"的，"中"在概念上首先就与"性"的性质不同了。正如天圆地方，方圆是描述形容天地的，但是不能

---

① 程颢、程颐：《与吕大临论中书》，《二程集》上册，第606页。
② 文碧方：《关洛之间——以吕大临思想为中心》，第190页。
③ 同上书，第191页。
④ 程颢、程颐：《与吕大临论中书》，《二程集》上册，第606—607页。

以方圆为天地,更不能说万物由方圆而出。事实上,在伊川心中,"中"这个形容性的概念,除了在此处形容"性"之外,在其他的地方(如事之时中)也可以使用,正如方圆既可以描述天地,也可以描述眼前的一般事物。因此"中"与"性"除了概念的内涵不同,概念的外延也不同,绝不能将两个概念混同。他进而指出了"中"的内涵,是"无过不及而立名",这也表明了"中"这个概念不与"性"在同一层次,乃是由于"性"之具有"无过不及"的特点而进行的描述,在逻辑上后于"性"的概念。在这里伊川实际上也是追求概念使用的确定性,反对泛泛而言。在指出了"性"与"中"不能混同之后,他便基于此指出了《中庸》"未发""已发"一段所论,"与'率性之谓道'其义自异",这就完全否定了吕大临观点的理论基础了。

他接着提出"中止可言体,而不可与性同德"。这里的"体"并不是与现象对应的本体的体,而是他上文说的"体段"(也即体貌义)的"体"。亦即"中"只能形容"性"的"体段",而不能与"性"同德,不能等同于"性",因此不能混用。他随后又觉得自己"不可与性同德"的话亦不妥,这是因为这样的说法又把"性"与"中"的关系完全割裂了,会使人们以为两者截然无关。于是他又认可了"中者性之德"的思想,这一句就不但把两者的层次区分开来,也充分表现了两者的紧密关系。

在这一段引文中,有一点值得留意,伊川以"中"形容"性",由于"中"这个概念是在"喜怒哀乐之未发谓之中"这句话中的,那么合理的推论当然是,"未发"即是"性"。然而,我们可以发现,从后文来看,伊川实际上并不认可这一点。而在这里之所以留下这一问题,其原因很可能是之前这些讨论全部是围绕着吕大临的思路进行的。伊川在这段答话中,目的和重心乃在于讨论"中"之概念的特点,而尚无暇顾及"中""性"在整个"未发""已发"句子中的位置和结构问题。我们首先要注意这一点,下文再看他如何进一步讨论。

接着吕大临引入了"心"的概念,从而提出:"喜怒哀乐之未发,则赤子之心。当其未发,此心至虚,无所偏倚,故谓之中。以此心应万物之变,无往而非中矣。"①这句话包含了两个要点:一是以"未发"为"赤子之心";二是认为"未发"的状态是"此心至虚,无所偏倚"。接着伊川则针对此指出:

> "喜怒哀乐未发谓之中",赤子之心,发而未远于中,若便谓之中,是不识大本也。②

从下文来看,伊川实际上只对吕大临以"赤子之心"为"中"、为"未发"的观点进行了批评,而对其所描述未发的状态似乎并没有反对,正如吕大临指出"大临以赤子之心为未发,先生以赤子之心为已发。所谓大本之实,则先生与大临之言未有异也,但解赤子之心一句不同尔"③。吕大临明确地表明他与伊川的分歧就只在于"赤子之心"一句。伊川关于"大本之实"的论述已经不得而见,我们只能根据现有的《论中书》中二人的言论进行推测与揣摩。由吕大临此言,以及下文伊川进行的批评全都集中在"赤子之心"的问题上,我们暂且可以推测,对于吕大临描述的"未发"的状态,伊川至少并没有批评和反对。以下即分别讨论这两个观点。

第一点,伊川反对以"赤子之心"为"未发",认为"赤子之心"是"发而未远于中"。从字面上看,"赤子之心"确实能表称儿童纯真善良的内心,但这是一种现实的心理活动与状态,因此即便其没有"恶",也不能认为是"未发"。其作为现实中显著的心理活动或状态,只能是已发的,正如朱子说:"赤子之心动静无常,非寂然不动之谓,故不可谓之中。然无营欲知巧知思,故为未远乎中耳。"④大概是在对此批评的过程中,伊川提出了"凡言心者,皆指已发而言"⑤的观点,这一观点在现存的《论中书》中见于吕大临的复述。而根据上下文,这应当是伊川在反对"赤子之心"为"未发"时粗略概括出来的观点。我们可以推论,伊川认为一般语言中谈

---

① 程颢、程颐:《与吕大临论中书》,《二程集》上册,第 607 页。
② 同上书,第 606 页。
③ 同上书,第 608 页。
④ 朱熹:《已发未发说》,《朱子全书》第 23 册,第 3268 页。
⑤ 程颢、程颐:《与吕大临论中书》,《二程集》上册,第 608 页。

到"心"都是就已发而言的,在经典中如《孟子》的"恻隐之心""羞恶之心"等等都是如此,于是伊川便粗略总结出"凡言心者,皆指已发而言"的观点。但这受到了吕大临的质疑:"然则未发之前,谓之无心可乎? 窃谓未发之前,心体昭昭具在,已发乃心之用也。"①伊川于是又改变了自己的说法,提出:

> 凡言心者,指已发而言,此固未当。心一也,有指体而言者,(寂然不动是也。)有指用而言者,(感而遂通天下之故是也。)惟观其所见如何耳。②

伊川的改口表明他也认识到了,如果说心都是已发,那么在未发的时候,"心"在何处? 不能说"未发"时无"心",于是他便提出"心"有体用两个不同的维度。这实际上承认了"未发"时也有"心"在,"已发"时也有"心"在,"心"贯通"未发""已发"。然而在这里的调整中,"未发"是被视为"心"作为"体"的"寂然不动",相对的"已发"则是"心"作为"用"的"感而遂通"。因此,关键在于"寂然不动"的"心"之"体"是不是"性",如果是,那么伊川在《论中书》中所讨论的才能一贯,"中"在伊川这里作为形容词所修饰的对象才是统一的(因为"喜怒哀乐之未发谓之中"一句中,"中"是指称"未发"的,而伊川前文已经肯定了"中"是形容"性"的,如果逻辑要统一,那么"未发"之作为"寂然不动"应该就指"性")。但伊川在这里并没有讲清楚,而根据后来与苏季明的谈话来看,显然"寂然不动"并不是指"性"。

第二点,根据吕大临说的"所谓大本之实,则先生与大临之言未有异也",结合吕大临论述"大本之实"乃是指"当其未发,此心至虚,无所偏倚,故谓之中。以此心应万物之变,无往而非中矣"③,如果伊川真的与吕大临论作为"大本"的"未发"观点一致,那么伊川所认为的"未发"就不能

---

① 程颢、程颐:《与吕大临论中书》,《二程集》上册,第 608—609 页。
② 同上书,第 609 页。
③ 同上书,第 607 页。

是形而上的"性"了。因为即更吕大临可以在他自己的"心""性"为一的概念体系中认为这种"未发"就是"中"就是"性",但是若将吕大临所论的"大本之实"的实际内涵换成伊川思想体系中的概念进行表述,那么可以说他的"大本之实"对于伊川来说就只是在"心"的层面,而不是形上的性理。而由于吕大临描述的"赤子之心"是一种显著的心理活动的状态,我们也可知,对于伊川来说,"未发"就是"心"的一种状态,而不是"性"了。同样的内容在不同的体系中会有不同的定位,会被用不同的概念来表达,这是很正常的。

当然,由于文本的缺略,根据吕大临的这一句话进行推测明显是缺乏证据的。《论中书》中仅存的伊川的言语缺乏足够的清晰性以使我们真切明白他的思想体系,尤其是其中的关键,也即"心""性"与"未发"的概念的关系问题。幸好我们可以借助于后来伊川与苏季明的对话来补充,由此我们可以发现"未发"确实不是指"性",而是指"心"的某一活动阶段。并且要注意的是,《论中书》中伊川模糊不清的说法与苏季明的对话发生矛盾时,我们有理由认为他进行了重新思考并部分地修改了他的观点,而不能反过来以《论中书》质疑与苏季明谈话时的观点。《程氏遗书》卷一八有一条记载:

> 苏季明问:"中之道与喜怒哀乐未发谓之中,同否?"曰:"非也。喜怒哀乐未发是言在中之义,只一个中字,但用不同。"或曰:"喜怒哀乐未发之前求中,可否?"曰:"不可。既思于喜怒哀乐未发之前求之,又却是思也。既思即是已发。(思与喜怒哀乐一般。)才发便谓之和,不可谓之中也。"又问:"吕学士言:'当求于喜怒哀乐未发之前。'信斯言也,恐元着摸,如之何而可?"曰:"看此语如何地下。若言存养于喜怒哀乐未发之时,则可;若言求中于喜怒哀乐未发之前,则不可。"又问:"学者于喜怒哀乐发时固当勉强裁抑,于未发之前当如何用功?"曰:"于喜怒哀乐未发之前,更怎生求?只平日涵养便是。涵养久,则喜怒哀乐发自中节。"或曰:"有未发之中,有既发之

中。"曰:"非也。既发时,便是和矣。发而中节,固是得中,(时中之
类。)只为将中和来分说,便是和也。"①

以下简单分析一下这一段的主要内容:

第一,伊川申明了"中"的用法有多样,因此"中之道"与"喜怒哀乐之
未发谓之中"是两回事,这即是前文所论的"中"与"性"不能混同的重要
原因。末尾伊川反对弟子说"有未发之中,有既发之中",认为"已发"就
要用"和"的概念,这些观点都表明了伊川追求概念的准确性。

第二,"喜怒哀乐未发是言在中之义",所谓"在中",朱子指出:"程子
所谓'在中'之义,未发之前,无所偏倚之名也。"②这里朱子所谓"未发之
前"即是未发之时之义③,也即"在中"一词依然是一个形容性的词,表述
"处于中"之义,也即未发时是处于一种无偏倚的中的状态。

第三,伊川提出了修身过程中,对于"未发"不能思求,只能存养,因
为一旦"思"就是已发,不再是"未发"了。而他提出"存养于喜怒哀乐未
发之时",说"之时",表明了"未发"具有时间性的性质,表明了这是心理
活动的一个阶段。由此可见"未发"不是形而上的"性",否则就不能谈
"时"。

第四,关于涵养的修身方法,后文的工夫论再详细讨论。

与苏季明的讨论还有一条:

> 曰:"当中之时,耳无闻,目无见否?"曰:"虽耳无闻,目无见,然
> 见闻之理在始得。"④

弟子问"当中之时,耳无闻目无见"的问题,很明显地表现出苏季明已经

---

① 程颢、程颐:《程氏遗书》,《二程集》上册,第200—201页。
② 朱熹:《中庸或问》,《朱子全书》第6册,第548页。
③ 根据朱子在《中庸或问》中其他处的用法,如"盖未发之时,在中义,谓之无所偏倚则可,谓
之无过不及,则方此之时,未有中节不中节之可言也,无过不及之名,亦何自而立乎?"(《朱子
全书》第6册,第561页)"方其未发,浑然在中,无所偏倚,故谓之中"(《朱子全书》第6册,第
558页),可见"未发之前"的"前"字不能拘泥理解为"未发"之前还有某阶段,这里用字偶有不
够精当,但其含义则无问题。
④ 程颢、程颐:《程氏遗书》,《二程集》上册,第201页。

把"中"理解为一种心理活动的阶段,因此才说"中之时",并且能够描述此时的特点。伊川的回答也是在肯定此前提的基础上进行的,可见对"中"的这种理解,已经成为两人的共识。

> 曰:"固是所为皆中,然而观于四者未发之时,静时自有一般气象,及至接事时又自别,何也?"曰:"善观者不如此,却于喜怒哀乐已发之际观之。"①
>
> 或曰:"先生于喜怒哀乐未发之前下动字,下静字?"曰:"谓之静则可,然静中须有物始得,这里便(编者注:一作最。)是难处。学者莫若且先理会得敬,能敬则自知此矣。"②

这与前文伊川认为不能"求中"于未发之前,只能涵养未发的观点一致。只是这里换了一种表述,"观"也属于一种思维活动,因此不能"观"于未发之时。而在未发之时,则只能通过主敬的方式把握。

综上,我们可以发现,伊川在使用"未发"这一概念时,始终对其缺乏明确的界定,因而我们只能通过某些细节进行推理和把握。上文通过分析"时"这个字在讨论"未发"的情况中的使用,我们认为"未发"确实是表明一种心理活动的阶段,而不是指"性",如果是指形上之"性",这样的表达就有极大的问题。伊川对此概念的模糊,也间接导致了程门后学在此问题上观点的分化,并成为朱子早年最主要和最严重的困扰。

朱子从学延平时,始终不能契合道南学派"体验未发"的方法。他通过自己的思索,而有"丙戌之悟",提出"心"为"已发","性"为"未发"的观点。他发现这个观点与湖湘学派的思想相契合,于是十分兴奋。有了湖湘学派相印证,他认为"虽程子之言有不合者,亦直以为少作失传而不之信也"③。但随后,"乾道己丑之春,为友人蔡季通言之,问辨之际,予忽自疑斯理也。虽吾之所默识,然亦未有不可以告人者。今析之如此其纷纠

---

① 程颢、程颐:《程氏遗书》,《二程集》上册,第 201 页。
② 同上书,第 201—202 页。
③ 朱熹:《中和旧说序》,《朱子全书》第 24 册,第 3634 页。

而难明也,听之如此其冥迷而难喻也,意者乾坤易简之理,人心所同然者,殆不如是。而程子之言出其门人高弟之手,亦不应一切谬误,以至于此。然则予之所自信者,其无乃反自误乎? 则复取程氏书,虚心平气而徐读之。未及数行,冻解冰释,然后知情性之本然,圣贤之微旨,其平正明白乃如此"①。朱子在与蔡元定讲学讨论时突感有些地方窒碍不通,这表明先前所"悟"的其实并非真理。于是他马上进行了深刻的反省,重新认真研读了二程之说,写就《已发未发说》。他罗列了伊川《论中书》与《遗书》中二程相关的语录后,提出:

> 右据此诸说,皆以思虑未萌,事物未至之时为喜怒哀乐之未发。当此之时,即是心体流行,寂然不动之处,而天命之性体段具焉。以其无过不及,不偏不倚,故谓之中。然已是就心体流行处见,故直谓之性则不可。②

在思想文字相近的《与湖南诸公论中和第一书》中他亦提出:

> 按《文集》《遗书》诸说,似皆以思虑未萌、事物未至之时为喜怒哀乐之未发。当此之时,即是此心寂然不动之体,而天命之性当体具焉。以其无过不及,不偏不倚,故谓之中。及其感而遂通天下之故,则喜怒哀乐之性发焉,而心之用可见。以其无不中节,无所乖戾,故谓之和。③

在对二程(主要是伊川)的言论进行详细考察的基础上,朱子指出伊川所谓的"未发"是"思虑未萌、事物未至"的心理活动的阶段,而不是指"性"。朱子这个观点,是由丙戌之悟中挣脱出来获得的新解,并且他直言不讳地表明以往以"未发"为"性"也有受到伊川的影响:"《中庸》未发已发之义,前此认得此心流行之体,又因程子'凡言心者,皆指已发而言',遂目

---

① 朱熹:《中和旧说序》,《朱子全书》第 24 册,第 3634—3635 页。
② 朱熹:《已发未发说》,《朱子全书》第 23 册,第 3267 页。
③ 朱熹:《与湖南诸公论中和第一书》,《朱熹集》,第 3383 页。

心为已发,性为未发。"①可见朱子早年在阅读伊川的相关论述时,也由于伊川言论的模糊而错解,直到重新考察体认,才明确了伊川的"未发"不是"性",而是"思虑未萌"的心理活动阶段。朱子的分析与笔者上文讨论的结论是一致的,朱子虽然还有以"未发"与"已发"分别指"性""情"的思想,但那已经是他后来的发展了。② 而朱子在此分析了在这种"未发"状态下"心"与"性"的关系问题,指出"当此之时,即是此心寂然不动之体,而天命之性当体具焉。以其无过不及,不偏不倚,故谓之中"。"未发"时即是"寂然不动"的状态,此时"性"是完具于"心"的,然而由于尚未发动思虑,因此心还是不偏不倚的,所以谓之"中"。这就是朱子对伊川的理解。

上文花了大量的笔墨讨论伊川"中""未发""已发"的思想,其目的是为了对前文的"心""性""情"的分析做论证和补充,到此,我们便可以将其结合起来了。

正如前文所说,"心"在伊川思想中可以分为三个因素:"性"为本质规定,"形"为现实基础,"外物"为外在机缘。正是由于"心"在其体系中具有形下的、经验的因素,所以伊川在《论中书》中尚未完全进行深思就直接提出了"凡言心者,皆指已发而言"的观点。作为现实的经验心,确实是"已发"的,是"外物触其形而动于中"的。然而经过吕大临的质问后,他对"心"的问题在概念上进行了更谨慎的界定和更细微的划分:

> 心一也,有指体而言者,(寂然不动是也。)有指用而言者,(感而遂通天下之故是也。)惟观其所见如何耳。③

作为"已发"的"心"是容易理解的,而"未发"的"心",伊川则指出了它相对于"已发"而言是"体",其表现是"寂然不动"。而正如上文论证的,这种"寂然不动"应当是"思虑未萌、不与物接"的心理状态,可见此时的

---

① 朱熹:《与湖南诸公论中和第一书》,《朱熹集》,第 3383 页。
② 参见陈来:《朱子哲学研究》,第 201—210 页,北京,生活·读书·新知三联书店,2010。
③ 程颐:《与吕大临论中书》,《二程集》上册,第 609 页。

"心"是从排除了"外物"(不仅是外部事物,也包括意识的对象,这些都是引起思虑情感的对象,因此总称外物)因素来把握的。而"形"之作为基础,实际上是与"外物"的因素共同发生作用的。外物之机缘与心之形气相感,才会发生种种思虑与情感。"外物"是我们思虑和情感的对象、客体,人在现实中的心是恒常活动的,这种活动正是因为此心不断与外物或者意识中的对象相交互、相作用,因此成其活动。如果排除掉"外物"机缘的因素,那么"形"的因素实际上也是处于一种隐而不彰的不作用的状态,于是此时(未发)便"思虑未萌",没有任何念虑。这也即是说,"未发"时,"心"排除了"外物"的因素并消解了"形"的因素,而此时所凸显的,就完全是"性"的因素了。由于"性"是形上的,它要通过"心"的现实活动才能表现自身,而"心"之活动基础的"形"的隐而不彰不作用,也使其未能表现为现实的经验活动。这便是"未发"时"心"的情况。

伊川认同"未发"为"天下之大本",而根据上文分析,如果不是"未发"时"心"凸显"性"的因素,那么此"大本"便不可能成立。又因为"未发"时尚未有显著的思虑活动,那么如果称此"未发"时为"善",那么这种"善"所指的,就绝不是思维意识或者现实活动,而只能是心本具有的作为"理"的"性"了。伊川说:

> 喜怒哀乐未发,何尝不善。[1]
> 心本善,发于思虑,则有善有不善。[2]

他认为"未发"是"善"的,而"善"的根据一定是来自此作为"理"的"性"。如果只把"心"看作一种彻底的经验心,那么这种对"未发"之善的肯定就无法解释了。

此处再对前文作一更简洁的概括:

1."未发"在伊川思想中指的是一种心理活动的阶段或状态,是属于"心"的状态,而不是指"性"。

---

[1] 程颢、程颐:《程氏遗书》,《二程集》上册,第 292 页。
[2] 同上书,第 204 页。

2. 在伊川思想中,"心"具有"性""形""外物"三个因素,"未发"是一种"思虑未萌、事物未至"的状态,此时"心"尚未与物相接,思虑和情感都未产生。这正是排除了"外物"的因素并且"形"的因素处于不作用的状态,因此"性"的因素便自然凸显出来了。

3. 正是由于"未发"时只凸显"性"的因素,因此"未发"才能够作为"天下之大本",才是"何尝不善""本善"的。

4. 由于"外物"与"形"的因素在此没有发挥作用,"心"在经验界实然活动的能力也没有展现,因此此时"善"还未能完全表现为现实的善行,所以道德实践还未真正完成。

在对伊川带有模糊性的观点进行检讨和分析之后,我们发现,只有在上述所论的这种心性论结构中,才能厘清伊川思想中各概念间的关系,也才能把他的"未发""性""心"等概念妥善地置于一个较为完整的系统中。

伊川的工夫论与心性论紧密相关,可以说,其工夫论乃是建基于心性论之上的。我们通过他的工夫论,也可以反过来更好地理解其心性论。因此在下文讨论工夫论时,以上的观点会再次得到佐证。

综上,在伊川的体系中,只有一个心,但是这个心有不同的维度,也由不同的因素构成。"性"的因素决定了心的形上超越性本质,"形""外物"的因素决定了心的形下经验性。而后两个因素又是恶产生的条件。对于伊川来说,修身成圣的所有困难就在于克服恶而成就善,那么后两个因素便成为伊川修身工夫论所针对的对象。而第一个因素"性",则是成圣的依据与积极因素,然而并没有能够直接针对"性"而进行的工夫。"性"是形而上者,是不能通过形下的工夫直接去把握的,正如伊川一贯反对"求中于喜怒哀乐未发之前"[①]。事实上,对于伊川来说,由于"性"与"心"具有本质而必然的关联,那么只要能够克服产生恶的因素,具有"性"这种本质规定的"心",其活动就会必然发显、呈现出"性"来。这也

[①] 程颢、程颐:《程氏遗书》,《二程集》上册,第 200 页。

可以被视为一种类似于"本心"的呈现的过程,但这种类似只是有助于我们理解的一种类比,伊川并不用这种"本心"的概念。而"性"的呈现,自然通过"心"在现实世界的作用而表现为"合理"的活动。

我们可以发现,伊川确实自觉地针对此两个因素展开他的工夫论,他的"主敬"便是针对"形"的因素的工夫,"格物"便是针对"外物"因素的工夫。而通过"主敬"与"格物"并重的工夫,"性"与"心"真正在现实中得到贯通,"性"真正在现实中"呈现",人方成就其道德天性,修身成圣。下节将分别论述这两种工夫。

第三节 工夫论

一、主敬涵养

"敬"是儒家特别注重的一种道德意识或精神状态,在早期儒家经典中就已经有大量的相关论述,但是在理学兴起之前,"敬"并未成为一种独立的道德修养工夫。而二程(特别是伊川)则对此功夫极其重视,并深入阐发其意涵,朱子指出:"到程子始关聚说出一个'敬'来教人。"①他明确地从学术史的角度指出了伊川对这一工夫的注重及其在这一理论问题上的重大贡献。通过伊川的发展,"敬"在修身工夫中获得了独立的意义,其内涵得到了重大的深化,甚至由此成为了理学的修身论思想中最重要的工夫之一。

牟宗三先生曾指出:"宋明儒以六百年之长期,费如许之言词,其所宗者只不过是《论》《孟》《中庸》《易传》与《大学》而已。"②这五部书确实是宋明理学家思想创造所依据的最重要的先秦经典。我们即以这些儒家经典为代表,对其中关于"敬"的用法进行简单的考察,通过对比,便可见伊川对"敬"的创造性发展。以下分别摘录这些经典文本中论"敬"的代

---

① 黎靖德编:《朱子语类》,第 208 页。
② 牟宗三:《心体与性体》上册,第 31 页。

表性言论。

《大学》：

> 为人君，止于仁；为人臣，止于敬。

《中庸》：

> 敬其所尊，爱其所亲。
> 尊贤也，亲亲也，敬大臣也，体群臣也。
> 故君子不动而敬，不言而信。

《论语》：

> 道千乘之国，敬事而信，节用而爱人，使民以时。
> 今之孝者，是谓能养。至于犬马，皆能有养。不敬，何以别乎？
> 季康子问："使民敬忠以劝，如之何？"子曰："临之以庄，则敬；孝慈，则忠；举善而教不能，则劝。"
> 居上不宽，为礼不敬，临丧不哀，吾何以观之哉？
> 子谓子产："有君子之道四焉：其行己也恭，其事上也敬，其养民也惠，其使民也义。"
> 仲弓曰："居敬而行简，以临其民，不亦可乎？居简而行简，无乃大简乎？"子曰："雍之言然！"
> 务民之义，敬鬼神而远之，可谓知矣。
> 君子敬而无失，与人恭而有礼。
> 居处恭，执事敬，与人忠。
> 子路问君子。子曰："修己以敬。"
> 事君，敬其事而后其食。

《孟子》：

> 父子主恩，君臣主敬。
> 不以舜之所以事尧事君，不敬其君者也。
> 仁者爱人，有礼者敬人。爱人者，人恒爱之；敬人者，人恒敬之。

> 孩提之童无不知爱其亲者，及其长也，无不知敬其兄也。

《周易》：

> "需于泥"，灾在外也。自我致寇，敬慎不败也。
>
> 上六，入于穴，有不速之客三人来，敬之，终吉。
>
> 以讼受服，亦不足敬也。
>
> 初九，履错然，敬之无咎。

以上列出了五部对理学家来说最重要的先秦经典中关于"敬"的主要用法，之所以不厌其烦地枚举其例，目的在于更全面地考察伊川论敬对其所做的继承与发展。从上述引文的用法来看，笼统而言，"敬"都是一种有对象的心理活动，并且对象主要是外在的经验对象，包括"人"与"事"两类。因此，"敬"的内涵通常只是指人在面对外在的他人或事物时，内心抱有一种恭敬之情，或者是怀有一种认真谨慎的态度。"敬人"主要包括臣对君、子对父母、人民对统治者的恭敬、尊敬、敬爱之心；"敬事"除了要求认真谨慎地处理一般事务之外，在祭祀时、面对鬼神时更要有恭敬之心。这种"敬"也同时具有两种意义，其一，可以产生现实的功利效果。对人恭敬则更易处理好人际之间的关系，对事认真谨慎则更易妥善做好事情。如《孟子》的"敬人者，人恒敬之"，《易经》的"敬之，终吉""敬之无咎"都表明了行为达成的功利性结果。其二，具有道德意义。敬本身即是一种道德心理，一种道德活动，本身就具有道德价值。由于儒家更强调"反求诸己"的特点，他们更加注重的是行为本身的道德价值而非功利结果，毕竟行为的结果不是必然的，不能由自己决定，而道德则完全取决于自我。比如《论语》中说："今之孝者，是谓能养。至于犬马，皆能有养。不敬，何以别乎？"在赡养父母的实际行动上，敬与不敬并没有外在行为上的差别，但却有本质上道德与否的差别，"敬"在此正是决定道德价值之有无的关键。对于其他的关于君臣之敬、祭祀之敬等等，儒家更注重的也是其道德价值。

总而言之，在这些先秦典籍中，"敬"主要还是一种对象性的心理活动,这种活动伴随着主体与客体相交、接触而生发,指向的是外在的事物。虽然孟子强调了"恭敬之心"是内在于人的,但是这种心理活动还是要在某种现实的对象性活动中才会表现出来。由于"敬"一定关联着外在对象,所以其作为独立的工夫的意义便不能挺立起来。而二程(特别是伊川)将"敬"真正建立为具有独立意义的修身工夫,首先要做的便是把这种对象性活动的"敬"改造成非对象性活动的工夫,使"敬"成为一种不仅仅是人在与外物接触的情境中才能运用,而是即便不与物接时,人都能主动运用的工夫。

他们的这一努力在当初就已经被注意到了,《朱子语类》中即记载:

> 或曰:"自秦汉以来,诸儒皆不识这'敬'字,直至程子方说得亲切,学者知所用力。"曰:"程子说得如此亲切了,近世程沙随犹非之,以为圣贤无单独说'敬'字时,只是敬亲,敬君,敬长,方着个'敬'字。全不成说话! 圣人说'修己以敬',曰'敬而无失',曰'圣敬日跻',何尝不单独说来! 若说有君、有亲、有长时用敬,则无君亲、无长之时,将不敬乎? 都不思量,只是信口胡说!"①

程沙随虽然意在否定二程,但是他确实注意到了二程论"敬"与先秦儒家不同。他指出先秦儒家都不单独把"敬"作为独立的工夫,而是一定要说"敬亲""敬长"之类,这其中的差异正如上文所说,是对象性的工夫与非对象性的工夫的差别,虽然程沙随没有用这样的概念进行区分,但是明显也看出了其中存在的巨大差别。无独有偶,陆象山对此亦已察觉,他说:

> 《书》言:"日严祗敬六德",又言:"文王之敬忌",又曰:"罔不克敬典",《诗》言:"敬天之渝",又言:"敬之敬之",又言:"圣敬日跻",《论语》言:"敬事而信",又言:"修已以敬",孟子言:"敬王""敬兄",未尝有言"持敬"者。观此二字,可见其不明道矣。吾与足下言者,

---

① 黎靖德编:《朱子语类》,第 207—208 页。

> 必因足下之及此而后言其旨,只欲足下知古人事实,而不累于无根
> 之说。①

象山与程沙随一样,列举了"敬"在古书中的用法后,认为圣人说的"敬"
都是有特定的内容的,而根本不曾说"持敬",于是认为"持敬"乃是"无根
之说"。可见,他们都发现先秦之"敬"是有对象的,而"持敬"工夫则无对
象而且成为独立的工夫。

然而,朱子站在维护二程道统地位的立场,自然要反驳他们这种论
调。纵然在实际上二程确实与孔孟有一些不同,但是朱子认为这并非背
离了孔孟之道,他主张二程的相关思想在先秦儒家中已经存在,并试图
论证其说与孔孟之说具有一贯性。而对于我们来说,程沙随和象山的说
法从思想史的角度上看或许更为客观,我们完全可以承认二程有些说法
异于孔孟之说,但这种相异并不是相悖,而是继承和发展,因此这种相异
丝毫不妨碍他们的道统地位。

我们回到上面所举的先秦经典中。事实上,在《论语》和《易传》中确
实已经出现此"非对象"的倾向或可能性,这自然引起了伊川的注意。上
文《论语》中的两条:

> 仲弓曰:"居敬而行简,以临其民,不亦可乎? 居简而行简,无乃
> 大简乎?"子曰:"雍之言然!"
> 子路问君子。子曰:"修己以敬。"

其中第二条也正是朱子所举的一个例证。这两条的"敬"单从文本中看
并没有指向具体的对象,属于朱子所谓"单独说"者,好像已经把"敬"作
为了平居时或者修身的独立工夫,正如伊川对第一条进行的解释:

> 居敬则自然简。"居简而行简",则似乎简矣,然乃所以不简。
> 盖先有心于简,则多却一简矣。居敬则心中无物,是乃简也。②

---

① 陆九渊:《与曾宅之》,《陆九渊集》,第 6 页,北京中华书局,2012。
② 程颢、程颐:《程氏遗书》,《二程集》上册,第 294 页。

伊川认为"居敬"是"心中无物",与此相对的"居简"则是刻意"有心"的行为,可见"心中无物"乃是一种内心不执着于某一事物或者意念的状态。显然伊川在这里把"敬"理解为一种非对象性活动的工夫。但是《论语》本来就十分简约,文本具有一定的模糊性,这里的"居敬""修己以敬"虽然在文本上没有指向特定对象,但是可以解释的范围还是十分广阔,很有可能只是对象在其语境中有所省略,并不见得"敬"已经成为非对象性的工夫了。这我们只要考察二程以前的注解就会发现确实如此。对第一条的"居敬",《论语注疏》:

> 何晏注:孔说:"居身敬肃,临下宽略,则可。"
>
> 邢昺正义曰:"仲弓曰:居敬而行简,以临其民,不亦可乎"者,仲弓因辨简之可否,言若居身敬肃,而行宽略以临其下民,不亦可乎?言其可也。[1]

在两人的解释中,"居敬"被解释为"居身敬肃",原本看似具有非对象活动的可能性的概念,就被坐实为对象性活动的概念了。"敬"的对象成为"身",意即以"敬"的态度去治身,"敬"指向的是自己的生活与行为方式,与后文"行简"对待下民成为一对相对照的结构。

对于第二条的"修己以敬",《论语注疏》:

> 何晏注:孔曰:"敬其身。"
>
> 邢昺正义曰:子曰:"修己以敬"者,言君子当敬其身也。[2]

同样地,在这一条中,"敬"的对象也被指明出来了,也是"身"。可见,无论是魏晋的何晏还是到了宋初的邢昺,他们在对《论语》的注释中都依然把"敬"当作一种对象性的活动,这种解释与上引伊川"居敬则心中无物"的解释可谓具有天壤之别,这是不言而喻的。因此,《论语》中看似具有独立意义的"敬",或许确实只是由于其文本简约与模糊而表现出来的,

---

[1]《论语注疏》,第 77 页,北京,北京大学出版社,2000。
[2] 同上书,第 231 页。

并不具有确定的意义,甚至伊川以前的那些解释,可能才更贴合《论语》之本义。

伊川似乎也自觉到了《论语》中这些相关言论的模糊性与不可靠性,因此他对《论语》此条仅仅是略加谈及,并没有将这样两句话作为其敬论的理论基础。而他在《易传》中发现了另一处更明显具有此倾向的说法,于是便将其作为新理论的根基,将主敬思想建立于其上。《坤》之《文言》在解释"六二,直方大,不习无不利"中说:

> 直其正也,方其义也。君子敬以直内,义以方外,敬义立而德不孤。"直、方、大,不习无不利",则不疑其所行也。

"敬以直内,义以方外"这一句被二程敏锐地发现,这就是他们论敬最重要的经典基础。从明道开始,他们就反复地引用这一句并进行解释。这一句优于《论语》中两句的地方,可以说在于其非对象性更明显、更明确,并且文义更完备,义理更清晰。然而在二程以前,对这一句话的解释依然是对象性的,孔颖达说:

> 言君子用敬以直内,内谓心也,用此恭敬以直内心。①

"用此恭敬以直内心",依然把"敬"理解为对象性的活动,以"敬"的方式去"直""内心","内心"成为"敬"的对象。这种解释,在二程那里是明确反对的,特别是明道直接进行了批评:

> "敬以直内,义以方外",仁也。若以敬直内,则便不直矣。行仁义岂有直乎?②

若按照孔颖达的注释,就是"以敬直内",明道之所以反对,是认为如果"以敬直内",就相当于孟子所谓"行仁义"而非"由仁义行"。我们先看看

---

① 《周易注疏》,第333页,《景印文渊阁四库全书》第7册。"用此恭敬以直内心"一句,中华书局影印本《十三经注疏》作"用此恭敬以直内理"(第19页,2013),北京大学出版社点校本《周易正义》相同(第37页,2000)。然中华书局影印本《宋本周易注疏》亦作"心"而不作"理"(第122页,1988)。统观上下文,作"心"于义较长。
② 程颢、程颐:《程氏遗书》,《二程集》上册,第120页。

"敬以直内"和"以敬直内"两句有何差别。明儒罗整庵的相关讨论值得注意,他也注意到其间之差别:

> 《书》言:"以义制事,以礼制心。"《易》言:"敬以直内,义以方外。"大旨初无异也。但"以"字在"义、礼"上,则人为之主,与理犹二。"以"字在"敬、义"下,则敬义为之主,人与理一矣。其工夫之疏密,造诣之浅深,固当有别。①

他的重点在于"以"字所在的不同位置体现出工夫和造诣上的差别。"敬以直内"表明了"敬"就是主体本身的一种状态,体现出"人与理一"。在此状态中,人能不受客体所决定。而"以敬直内"则如他所举《尚书》"以义制事"的例子一样,表明"敬"的工夫只是针对客体所进行的一项活动,因此"与理犹二"。并且此时"敬"系于客体,不能完全操之在己。

整庵虽然不是直接针对明道之说进行议论,但是通过他的区分我们也可以看出两者确实有微妙的差别。而明道又将其关联于孟子的思想,若根据孟子的区分,"由仁义行"不同于"行仁义"。朱子在《孟子集注》中说:"由仁义行,非行仁义,则仁义已根于心,而所行皆从此出。非以仁义为美,而后勉强行之,所谓安而行之也。此则圣人之事,不待存之,而无不存矣。"②朱子强调圣人乃是"仁义已根于心",仁义即是本于此心的内在原则,由此心而发,其行为是自然而然而不带勉强的,并且其行为表现的即是天理。相反,如果是以仁义为美,而后勉强去行事,那么仁义便是外在于此心的,由此勉强去把捉,也不自然,这便是"行仁义"。朱子的解释已经揭示出两者的巨大差别,但是这里的用语似乎还不够清晰。李明辉基于康德的思想背景对孟子这对概念进行分析,指出"'由仁义行'是出于义务而行为;'行仁义'则是只求行为合乎义务"。他区分了"存心伦

---

① 罗钦顺:《困知记》,第34—35页,北京,中华书局,2013。
② 朱熹:《四书章句集注》,第294页。

理学"和"功效伦理学",并指出"由仁义行"是"存心伦理学"的表现。① 这种解释通过使用现代的学术概念,较清楚地从本质上揭示出了孟子所言两种模式的差别。

对明道来说,他同样认可"由仁义行"而反对"行仁义",因此用"行仁义"来比附"以敬直内",认为这并不能真正达到"直"。牟宗三先生指出:"敬是直通'於穆不已'之仁体而自内发,亦如仁义之由中出,并非是外在的东西而可以假借袭取也。不是拿外在的敬去直吾人之内部,若如此,便直不起,至少其直亦是偶然,并无称体而发的必然性。"②牟先生的分析对于明道来说是较为契合的,特别是他揭示出两者分别具有"偶然"与"必然"的特点。

因此,明道基于他对"由仁义行"和"行仁义"之区别的理解,在对"敬以直内"进行解释时,否定了以往的解释。而这个过程也正显露出了"敬"非对象性的特点。可以说"敬"通过明道的阐发,初步具备了独立的工夫论意义。然而,明道论敬虽然多,但言语过于圆融,并没有细致地分析这种"敬"的特点究竟是如何,也没有讨论具体的主敬工夫。事实上,我们也发现他常常把"诚"与"敬"混在一起说,正如陈来指出的,"他说的敬近于诚的意义"③。而真正把"敬"确立为独立的修身工夫的人是伊川,伊川不但将"敬"的非对象性意义更加明确化,也具体讨论了敬的内涵与工夫。④

对于《易传》"敬以直内,义以方外"的解释,伊川在不能把"敬以"理解为"以敬"的方面,与明道立场相同,都认为不能把敬作为一个直内的

---

① 参见李明辉:《孟子与康德的自律伦理学》,《儒家与康德》,第52—53页,台北,联经出版事业股份有限公司,1990。
② 牟宗三:《心体与性体》中册,第188页。
③ 陈来:《宋明理学》,第114页。
④ 明道还有另一著名的说法:"某写字时甚敬,非是要字好,只此是学。"(《二程集》上册,第60页)这也清楚地表明了明道论"敬"的非对象性的特点,敬并不是敬于写字,不是专注此心于写字,而是非对象性的一种精神收敛,这种工夫的就是进学的工夫。此外还有"敬须和乐,只是中心没事也"(《二程集》上册,第31页)也表明了这种非对象性。然而明道虽然心中很明确这种"敬"的特点,但是并不如伊川对"敬"的工夫有具体的讨论。

手段，但是他对这一句的具体理解却与明道不相同。《周易程氏传》对这一段的解释为：

> 直言其正也，方言其义也。君子主敬以直其内，守义以方其外。敬立而内直，义形而外方。义形于外，非在外也。敬义既立，其德盛矣，不期大而大矣，德不孤也。无所用而不周，无所施而不利，孰为疑乎？①

伊川下笔很精审，他提出"君子主敬以直其内，守义以方其外"，君子在修身方面要主敬和守义，由此便能使内心正直，使外在行为端方。这里虽然同样强调了"敬"能够达成"直内"，但是与旧注根本的区别在于"敬"不以"内"为对象，"敬"是非对象性的活动，"直内"则是其自然的效果。因此伊川是用"主敬"而非"以敬""用敬"这类词，"主敬"作为一个概念，表现了"敬"已经成为一种完整而独立的工夫了。如果是"以敬""用敬"这类概念，则还有把"敬"作为手段而朝向一个目的的意味在其中。接着伊川又说"敬立而内直，义形而外方"，能够做到"主敬"的工夫，内心自然能正直，内在的道义能够行诸实践，外在自然能够端方。这种"而"的句型也是充分表现了两者的关系是顺承的，细细体会便能发现与孔颖达的注解有天壤之别。他又说"敬义既立，其德盛矣"，这里完全就只提"敬"而不再说"内"了。能够主敬，便是"德盛"。至此，"敬"的独立意义昭然若揭，整段注文清楚地表明"敬"不是以"内"为对象，"敬"具有独立的意义，是非对象性的活动。

　　事实上，从《程氏遗书》来考察伊川对"敬"的概念的运用，会发现他在绝大多数时候使用的"敬"已经不作为对象性活动的概念了，只有在对经典进行解释和日常谈话时，偶尔还将"敬"作为对象性活动的概念。他甚至还特地区分了"敬"和"恭"：

---

① 程颐：《周易程氏传》，第 19 页，北京，中华书局，2011。

　　　　敬是持己,恭是接人。与人恭而有礼,言接人当如此也。①

通过这种区分,伊川用"恭"的概念作为接人的对象性活动以取代早期经典中的"敬",而"敬"则转化为"持己"的一种工夫,这种"持己"正是非对象性的活动,下文将进行分析。而伊川虽然有这种区分,但统观他各处的用语,很多时候"恭"也表示人自己的一种"敬"的状貌,也不一定关联着对象,可见他自己的这种区分和界定亦未能得到贯彻。不过,在伊川整个哲学系统中,"恭敬"这类观念确实被改造了,其由原本待人接物时的心理活动变成了完全取决于自己而不受外界因素决定的心理活动了。可以说,这种改造,使得"敬"原本受外在事物影响的非独立性、相对性和偶然性的问题得到克服,变成了具有独立性、绝对性和必然性的道德修身活动。由此,这种工夫就完全操之在我了,人的主体能动性得到了张扬,通过自觉地修身成圣的意义也获得了彰显。并且,他认为他倡导的这种非对象性的"敬",反而是日常生活中对象性的"敬"的根本,他提出:

　　　　且如恭敬,币之未将也恭敬,虽因币帛威仪而后发见于外,然须心有此恭敬,然后著见。若心无恭敬,何以能尔。所谓德者得也,须是得于己,然后谓之德也。(编者注:币之未将之时,已有恭敬,非因币帛而后有恭敬也。)②

　　　　问:"'出门如见大宾,使民如承大祭。'方其未出门、未使民时,如何?"曰:"此'俨若思'之时也。当出门时,其敬如此,未出门时可知也。且见乎外者,出乎中者也。使民出门者,事也。非因是事上方有此敬,盖素敬也。如人接物以诚,人皆曰诚人,盖是素来诚,非因接物而始有此诚也。"③

---

① 程颢、程颐:《程氏遗书》,《二程集》上册,第184页。
② 同上书,第206页。
③ 同上书,第184—185页。

在这两段话中,伊川实际都对经典文本中谈到的对象性的"敬"进行了更深入的阐发,提出了非对象性的"敬"来进行解释。在第一条中,伊川对孟子提出的"恭敬者,币之未将者也"进行解释。孟子认为人应当以恭敬待人,否则就如蓄养犬马一样,而恭敬之心是在致送礼物以前就具备了的。① 从全文来看,孟子这里的"恭敬"乃是待人时的恭敬之心,是一种对象性的"恭敬",而伊川则指出了这种"恭敬"是"因币帛威仪而后发见于外"的,也即是在外在机缘情境下产生的道德情感。但是,这种道德情感的产生,必然有一个作为原因或根据的"恭敬",否则便不能产生这种恭敬("须心有此恭敬,然后著见。若心无恭敬,何以能尔。")。这里实际就是把其工夫论的非对象性的"敬"视为一种产生现实恭敬情感的内在原因或根据。第二条中亦然,《论语》中的"出门如见大宾,使民如承大祭"也是处事待人时的对象性的"敬",而伊川也认为其背后还有更高一层的非对象性的"敬",因此说"当出门时,其敬如此,未出门时可知也。且见乎外者,出乎中者也"。且伊川指出了这种恭敬并非处事时才突然产生的,而是"素敬",即内心一向怀有"敬",才能在面对各种事物时都能怀有恭敬。这两段十分清楚地表明了伊川在面对经典文本中的"敬"时,自觉地带入了他所改造的"敬"进行阐发。这种阐发,也可以说与他求其"所以然"的思维方式相符合,此处不再赘言。

以上通过梳理和分析,揭示了二程特别是伊川对传统"敬"的思想的创新;以下就具体讨论伊川的"主敬"工夫的思想内涵,指明何为非对象性的"敬"。

作为修身的工夫,一方面既要使人能够在现实中进行切实的道德实践,另一方面也要为人提供一种自足和乐的超越的精神境界。理学家认为二者是一体两面的,在他们的眼中,圣人不但是最高道德人格的体现,也具有最高的精神愉悦。濂溪提出"孔颜乐处"时就已经深刻地揭示出

---

① 孟子文出自《孟子·尽心上》,原文整段为:"孟子曰:'食而弗爱,豕交之也;爱而不敬,兽畜之也。恭敬者,币之未将者也。恭敬而无实,君子不可虚拘。'"此处翻译参考杨伯峻:《孟子译注》,第295页,北京,中华书局,2010。

这一点了。

而学者之不乐的原因,很大程度来自思虑的纷扰,伊川便指出:"学者患心虑纷乱,不能宁静,此则天下公病。"①而如何面对这种思虑纷扰,便成了二程所要解决的棘手问题。此前,由于儒家未能重视并给出解决方法,以至于士人们在精神领域纷纷投向禅门,他们希慕佛教修养工夫所达致的精神境界,甚至连理学先驱韩愈也为大颠和尚所折服。二程要重建儒学的超越性境界的理论,同时也要和佛教的思想相区别。他们基于儒家的立场,不可能选择佛教逃避山林的方法避免与世相接,而强调一定要处事接物:

> 问:"恶外物,如何?"曰:"是不知道者也。物安可恶?释氏之学便如此。释氏要屏事不问。这事是合有邪?合无邪?若是合有,又安可屏?若是合无,自然无了,更屏什么?彼方外者苟且务静,乃远迹山林之间,盖非明理者也。世方以为高,惑矣。"②

他们认为佛教的修身工夫是"屏事不问",是一种"静"的工夫,这种工夫不考虑义理对错,仅仅为了追求自我清静安适,不惜逃避人伦事务,因此他们将其视为"自私":

> 释氏之学,他只是一个自私好黠,闭眉合眼,林间石上自适而已。③

在反对这种"静"的工夫的基础上,二程强调用"敬"来克服思虑纷扰的问题:

> 才说静,便入于释氏之说也。不用静字,只用敬字。才说着静字,便是忘也。④

---

① 程颢、程颐:《程氏遗书》,《二程集》上册,第 147 页。
② 同上书,第 195 页。
③ 同上书,第 408 页。
④ 同上书,第 189 页。

> 人心不能不交感万物，亦难为使之不思虑。若欲免此，（编者注：一本无此四字。）唯是心（编者注：一作在人。）有主。如何为主？敬而已矣。①

对于"静"和"敬"的差别，二程认为"静"是"忘"，是企图逃避外物，通过否定外物以求内心平静。而"敬"则既不执着于外物，也不逃避与否定外物，反而能够超越之并在更高的层面上统摄之。而对于当时其他人提出的克服思虑纷扰的方法，二程曾经评论：

> 张天祺昔常言"自约数年，自上着床，便不得思量事"。不思量事后，须强把佗这心来制缚，亦须寄寓在一个形象，皆非自然。君实自谓"吾得术矣，只管念个中字"，此则又为中系缚。且中字亦何形象？②

张天祺的方法，乃是以一种强制把捉的方式来控制自己的意识。虽然当下能够以此控制自己不胡思乱想，但是这种强制把捉也是一种强力的心理活动，这种活动本身也已经是一种思虑了，因此不但不能让自己免于思虑纷扰，而且也十分勉强。司马光的方法是念一个"中"字，这也是通过让心理活动寄寓在某个对象之上，以压制其他的思虑。两者的特点都是一种对象性的工夫，这是根本无济于事的。伊川对司马光的例子进行了更深刻的评价：

> 君实尝患思虑纷乱，有时中夜而作，达旦不寐，可谓良自苦。人都来多少血气？若此，则几何而不摧残以尽也。其后告人曰："近得一术，常以中为念。"则又是为中所乱。中又何形？如何念得佗？只是于名言之中，拣得一个好字。与其为中所乱，却不如与一串数珠。及与佗数珠，佗又不受。殊不知中之无益于治心，不如数珠之愈也。夜以安身，睡则合眼，不知苦苦思量个甚，只是不与心为主，三更常

---

① 程颢、程颐：《程氏遗书》，《二程集》上册，第168—169页。
② 同上书，第53页。

有人唤习也。①

伊川认为用"中"字不过是挑了一个好字,这种工夫与数佛珠本质是一样的,都是把内心的思虑集中在一个具体的对象上,以此来避免和克制滋生其他思虑,这种方法看似方便有效,但是并不能从根本上解决思虑纷扰,不过是用另一种思虑取代纷扰的思虑罢了。二程的回答都十分清楚地表明了他们对对象性工夫的反对,而认为解决的方法就在于非对象性的工夫。其实早在明道年轻时,横渠就以"定性未能不动,犹累于外物"也即思虑纷扰来信询问明道了,于是明道便写下了著名的《答横渠张子厚先生书》,世称《定性书》。此"性"字依朱子所说,乃是指心②,也即此书主要探讨的是此心如何能不受外物的干扰而保持宁静的问题。明道指出:

> 夫天地之常,以其心普万物而无心;圣人之常,以其情顺万事而无情。故君子之学,莫若廓然而大公,物来而顺应。《易》曰:"贞吉悔亡。憧憧往来,朋从尔思。"苟规规于外诱之除,将见灭于东而生于西也。非惟日之不足,顾其端无穷,不可得而除也……与其非外而是内,不若内外之两忘也。两忘则澄然无事矣。无事则定,定则明,明则尚何应物之为累哉?③

明道反对以心与外物相对立,若如此,此心就一定会陷入与外物的纠葛之中,如此去勉强克服思虑纷扰,一定会"灭于东而生于西也。非惟日之不足,顾其端无穷,不可得而除也"。这正是陷入了对象性活动之中,便无法超脱出来。因此明道主张要"廓然而大公,物来而顺应"。这其实正是超越了自我与外物的对立,以此心为超越主客对立者,此心无有任何

---

① 程颢、程颐:《程氏遗书》,《二程集》上册,第 25 页。在《二程外书》卷一二中,载有一条尹焞的语录,其记载的伊川对司马光的评价与此条基本相同,因此可推知此条为伊川之言。参见《二程集》上册,第 433 页。
② 朱子曰:"'定性'字,说得也诧异。此'性'字,是个'心'字意。"见黎靖德编:《朱子语类》,第 2441 页。
③ 程颢:《答横渠张子厚先生书》,《二程集》上册,第 460—461 页。

私心杂念，便随物而发，物来顺应。否则，"是内而非外"，以外物为非，以内心为是，在这种对立中，便不可能克服思虑纷扰。因而要"两忘"，才能达到"无累"。明道的思想值得进行深刻而细致的探讨，但限于本章的重点，此处只简略地指出他工夫论的基本特点——反对对象性工夫，主张非对象性工夫。在伊川看来（包括后来的朱子），明道的思想十分浑融而难以把握，因此伊川在基本的精神上固然与之相同，但具体的观点却有差别，他更注重切实地进行实践。因此，同样是对于思虑纷扰的问题，他的回答便平实得多：

> 吕与叔尝言，患思虑多，不能驱除。曰："此正如破屋中御寇，东面一人来未逐得，西面又一人至矣，左右前后，驱逐不暇。盖其四面空疏，盗固易入，无缘作得主定。又如虚器入水，水自然入。若以一器实之以水，置之水中，水何能入来？盖中有主则实，实则外患不能入，自然无事。"①

> 昔吕与叔尝问为思虑纷扰，某答以但为心无主，若主于敬，则自然不纷扰。譬如以一壶投于水中，壶中既实，虽江湖之水，不能入矣。②

面对吕大临关于思虑纷扰的问题，伊川主张通过主敬的方式应对。吕大临和横渠同样有受到思虑纷扰困扰的生活经历，而伊川则指出了他们的情况如同"破屋中御寇"：当一面有贼来时，此身便去追逐，另一面又来一贼，此身就根本无暇应对，只能疲于奔命。这表明，如果用一般克制思虑的方式来解决思虑纷扰，那么当一种念虑要产生时，便用此心着力去克制，此时另一种念虑又将生出，此心又要着力去克制，如此则只是徒劳损耗精神。这种方式，其实就是一种对象性的活动，这种活动把注意力集中在对象上，而对象是繁多的，又可能是瞬息万变的，用有限的精力去面对无限的外物，必然不能解决问题。因此，只有通过非对象性的修身工

---

① 程颢、程颐：《程氏遗书》，《二程集》上册，第 8 页。
② 同上书，第 191 页。

夫,不执着于外在的事物,而是通过切实改变自己,以不变应万变,才能根本解决思虑纷扰。

因此伊川便提出了"中有主则实,实则外患不能入,自然无事"的方法,也即"主一"的工夫。伊川说:

> 闲邪则诚自存,不是外面捉一个诚将来存着。今人外面役役于不善,于不善中寻个善来存着,如此则岂有入善之理? 只是闲邪,则诚自存。故孟子言性善,皆由内出。只为诚便存,闲邪更着甚工夫? 但惟是动容貌、整思(编者注:一作心。)虑,则自然生敬,敬只是主一也。主一,则既不之东,又不之西,如是则只是中。既不之此,又不之彼,如是则只是内。存此,则自然天理明。①

"闲邪存其诚"出自《易传》之《文言》,伊川在此处将其与"主一"联系在一起。所谓"主一",是"既不之东,又不之西,如是则只是中。既不之此,又不之彼,如是则只是内",也即,"主一"是一种内心的专注、醒觉状态,这种专注是非对象性的,并非把注意力集中于某一外在对象,否则便会流于"东西""彼此"了;并且这种"主一"也不是把注意力集中在某种思维对象的"一"之上,否则也变成了对象性的活动了。这里的"一",不是表称作为思维对象的"一",而是形容此心之精纯而不杂乱的"一","主一"不是"主于一"(以"一"为对象),而是"主而一"("一"形容此心精纯)。伊川又说:

> 大凡人心,不可二用,用于一事,则他事更不能入者,事为之主也。事为之主,尚无思虑纷扰之患,若主于敬,又焉有此患乎? 所谓敬者,主一之谓敬。所谓一者,无适之谓一……但存此涵养,久之自然天理明。②

伊川这段话的表达值得注意。他首先说日常中人们都经历过的情况是

---

① 程颢、程颐:《程氏遗书》,《二程集》上册,第149页。
② 同上书,第169页。

人如果用心于一事，就不会受其他事情所干扰，如前面提到的司马光的例子正是如此。伊川接着说"事为之主，尚无思虑纷扰之患，若主于敬，又焉有此患乎？""尚无"一词表明这种日常中的心理活动尚且有如此的效果，而主敬则更不必多说了。此处要把握这种递进的语气，否则便会怀疑"主一"和"主于事"是相似的了。伊川在这里只是对两种工夫的功效加以对比，而两种工夫在本质上是不同的，一种是对象性工夫，一种是非对象性工夫，其区别上文已经做了清楚的讨论。伊川接着指出"所谓一者，无适之谓一"，这就更加清楚地表明了"一"不是对象，而是形容此心精纯的状态。"无适"王是此心不执着于事物、不指向对象的意思，这种情况就是"一"的状态。

联系到"闲邪存其诚"，伊川认为"敬"的工夫便是"闲邪"的工夫，并且通过"敬"，自然能够达到"诚"，他说："不是外面捉一个诚将来存着。今人外面役役于不善，于不善中寻个善来存着，如此则岂有入善之理？只是闲邪，则诚自存。"[①]他认为"闲邪"同样不是一种对象性的工夫，不是通过把捉的方式去抓一个"诚"来存着，为善也不是去找个"善"来放着。"闲邪"就是"敬"，就是此心保持专注醒觉精纯，由此便是"诚"。统观其上下文，这个"诚"也即是"一"，正如上文说的"一"是此心精纯，"诚"正是表达此意的最佳字眼，正如他说的：

> 闲邪则固（编者注：一有主字。）一矣，然（编者注：一作能。）主一
> 则不消言闲邪。有以一为难见，不可下工夫。如何（编者注：一作
> 行）一者，无他，只是整齐（编者注：一作庄整。）严肃，则心便一，一则
> 自是无非僻之奸。此意但涵养久之，则天理自然明。[②]

在此，之前的"闲邪则诚自存"被置换成了"闲邪则固一矣"，"诚"与"一"两者的关系便一目了然了。而伊川又提出"主一则不消言闲邪"，如果能够达到此心的精纯诚一，便无须"闲邪"了。

---

① 程颢、程颐：《程氏遗书》，《二程集》上册，第149页。
② 同上书，第150页。

然而光说这种"主一",毕竟也有些不易把握,于是伊川用更简单的方式表明了如何能"主一",也即他说的"一者,无他,只是整齐严肃,则心便一"。他还说:

> 惟是动容貌、整思(编者注:一作心。)虑,则自然生敬。①
>
> 俨然正其衣冠,尊其瞻视,其中自有个敬处。②

这些提法绝不是表明"敬"或者"主一"就是外在容貌衣冠的整齐严肃。伊川说:"严威俨恪,非敬之道,但致敬须自此入。"③表明这种方法只是能够引发内在的"敬"的一种外缘辅助性工夫。他甚至还说"视而不见,听而不闻,主于一也……敬其心,乃至不接视听,此学者之事也"④。这就是直接用行动上的不听不闻的方式来指导学者。事实上,这只是由于直接进行"主敬""主一"对初学者来说难以把握,于是伊川便以最简单、最直接的方式指点人,但我们不能将其理解为"主一"本身。伊川的这种指导表现出有规可循、有阶可历、平实具体、循序渐进、严肃笃实的特点。

还有值得注意的一点是,伊川在论"主一"时,常常运用水入瓶中的比喻,但有两种不同的说法:

> 盖中有主则实,实则外患不能入,自然无事。⑤
>
> 譬如以一壶水投于水中,壶中既实,虽江湖之水,不能入矣。⑥
>
> "敬以直内",有主于内则虚,自然无非僻之心。如是,则安得不虚?⑦
>
> 有主则虚,虚谓邪不能入。无主则实,实谓物来夺之。今夫瓶罍,有水实内,则虽江海之浸,无所能入,安得不虚? 无水于内,则停

---

① 程颢、程颐:《程氏遗书》,《二程集》上册,第149页。
② 同上书,第185页。
③ 同上书,第170页。
④ 同上书,第154页。
⑤ 同上书,第8页。
⑥ 同上书,第191页。
⑦ 同上书,第149页。

注之水,不可胜注,安得不实?①

到底能够主敬是"虚"还是"实"呢? 这些话看似相反,实际上只是伊川阐明的角度不同。"有主则实"是从水入壶的比喻来看的,壶中既实,则外来的水就不能进入,如同此心有所"主"而是"实"的,外来的思虑纷扰就不会进入其中。"有主则虚"是从心中有无思虑来说的,此心若能"无适",就没有各种思虑与其对象存于其中,因此是"虚"的;如果此心充满杂多的念虑,就是"实"的,就会产生思虑纷扰。因此这两种看似矛盾的说法,要分别从不同的角度理解才不会混乱,并且如此也才能知晓伊川的真义。

上文讨论了"主一"的内涵,但是,"敬"或"主一"为何在伊川工夫论中具有如此重要的地位呢? 为何由此能够达到"虚"("实")而能够"自是无非僻之奸""外患不能入,自然无事",能够不受思虑纷扰呢? 为何能够达到伊川反复提到的"存此,则自然天理明"呢? 这些问题,我们只有将其与前面提到的心性论综合起来探讨,才能够明白。

前面已经提出,伊川的"心"包含三个因素:性、形、外物。在生活中,思虑纷扰正是"形"与"外物"相交、相接触方才产生的,由于这些思虑并没有体现"性"(即"理"),甚至产生了严重的偏离,所以理学家才如此重视这些"不正"的念头,才要求克服这些杂乱的思虑。而他们所希求的,自然是意念能自然合于"理"。他们认识到了在对象性的工夫中,心是追随在外物上的,所以必然随着与外物的交接而不断产生纷扰的思虑。而要超脱出与外物相对的被动境地,就要采取非对象性的工夫。在伊川这里,就是"主敬""主一"。这种工夫要求此心不黏着于任何事物,不执着于任何对象,由此达到一种专注警觉的精纯心境。这种心境的特点,其实前文就已经讨论到了,也即"未发"的状态。"未发"是一种思虑未萌、不与物接的状态,这与"主一无适"是相近的。通过主敬的工夫,实际上正是能够达致一种"未发"的状态。伊川在与苏季明的讨论中谈道:

---

① 程颢、程颐:《程氏遗书》,《二程集》上册,第 169 页。

> 或曰:"先生于喜怒哀乐未发之前下动字,下静字?"曰:"谓之静则可,然静中须有物始得,这里便(编者注:一作最。)是难处。学者莫若且先理会得敬,能敬则自知此矣。"或曰:"敬何以用功?"曰:"莫若主一。"①

直接谈"未发"对于一般人来说是难以领会的,伊川认为可以先理会"敬",做"主敬"的工夫,通过涵养就能够自然明白此境界。也即,"主敬"是把握和领会"未发"的工夫。伊川甚至说过:

> 君子之学,在于意必固我既亡之后,而复于喜怒哀乐未发之前,则学之至也。②

主敬可以说正是一种克服"意必固我"的方式,而主敬所要达致的境界,则是一种"未发"的心境。由此,便能从对象交接而产生的纷扰之中超脱出来,达到心灵的安定。

但克服思虑纷扰尚不是"主敬"的最终目的,"自然天理明"才是"主敬"工夫最终将达致的。前文说,"主敬"的工夫在伊川的哲学体系中,是对治"形"的因素的("对治"并非是指"敬"以"形"为对象,只是说这个工夫是能够处理"形"的因素产生的弊害的)。"形"表明了一种有限性,人的现实存在是有限的,这种有限正是因为人由于具有形体而只能存在于具体的时空中。并且"形"的有限,是在与外物的对立中表现出来的,"我"之"形"之外的东西,自然不属于"我","形"正是"我"的观念产生的根源,"形"是区别"我"与"非我"的限隔。这样的"形",必然会导致"私",于是所谓的"私欲"也都建基于"形"之"我"的因素之上,这样的"形",便对"性"产生了蔽障的作用,限制了与天理相通的"性"对于人的意义。伊川说:

---

① 程颢、程颐:《程氏遗书》,《二程集》上册,第 201—202 页。
② 同上书,第 317 页。

　　　　敬则是不私之说也。才不敬，便私欲万端害于仁。①

"敬"在非对象性的活动中，摆脱了自我与外在对象的对立，把自我提升至更高的层面，这一活动在客观上便克服了"形"之因素所产生了"有限"的限制。如果不通过敬的工夫，自我始终处于与外物相对立之中，"形"的因素便会导向"私"。而通过敬的工夫，超越了"形"的限制，那么在心的三个因素中，由于"外物"总是借助与"形"的交互发生作用，自然在敬的过程中被消解了，而"性"的因素则获得了彰显。也即，通过"敬"的工夫，遮蔽"性"的因素得到克服，而"性"自然就会呈现出来，只有这样理解，我们才能明白伊川为什么认为通过"敬"便能够自然"无非僻之奸""自然天理明"。这种观点他几乎每次论及"主一"都要加以重申，可见其重视。这里的"明"，不能认为是认知意义上的"明白"，而应该是"彰明""昭明"之义，意即"天理自然会彰明、呈现出来"，"天理"亦即"性"。这样的解释，才是伊川语境口合理的解释。

　　然而，正如我们在讨论"未发"时曾指出，"未发"消解了"形"的作用，使得其"善"还未能在现实中完全真实地呈现出来，"主敬"亦然。现实的活动一定要通过"形"的作用，并与外物打交道，才能够真实地呈现出来。而"主敬"的工夫，虽然尚未把"性"完整地呈现在现实生活的行动中，但已经具备了最良好的主观条件。伊川倡导"主敬"工夫，正是为了将"性"真正呈现出来而在主体上做好最好的准备。伊川说：

　　　　敬只是涵养一事。必有事焉，须当集义。只知用敬，不知集义，却是都无事也……敬只是持己之道，义便知有是有非。顺理而行，是为义也。若只守一个敬，不知集义，却是都无事也。②

这就很清楚地表明了"敬"的工夫主要在于"持己"，仅仅靠"敬"的工夫对于完整的道德实践来说尚不完整，因此说"都无事"。要真正成就道德，

---

① 程颢、程颐：《程氏遗书》，《二程集》上册，第153页。
② 同上书，第206页。

还需要"集义"。而"集义"实际上基于"格物穷理"。"格物穷理"才是与"主敬涵养"并列的修身方式,其对治的正是心的第三个因素"外物"。因此以下就围绕着"格物穷理"进行讨论,并于其中讨论"集义"的问题。

二、格物穷理

伊川的名言"涵养须用敬,进学则在致知"①可谓人尽皆知,但是人们通常只是按照字面意思将"致知"视为"学习"知识,而把"格物"视为寻求外部知识的活动,这就根本误解了伊川的思想。不可否认"格物致知"的活动伴随着"知识"的增加,但是对于伊川来说,他"格物"工夫的目的并不在于增加客观的知识,作为修身工夫,"格物"指向的依然是成德成圣。

我们可以先考察伊川对"格物"的解释:

> 问:"如何是格物?"先生曰:"格,至也,言穷至物理也。"②
>
> 格,至也,如"祖考来格"之格。凡一物上有一理,须是穷致其理。③
>
> 格犹穷也,物犹理也,犹曰穷其理而已也。④

从以上三条可知,"格物"是一个接触事物的过程,由于事物上都有"理",因此"格物"的活动目的就在于穷致其"理",整个"格物"的过程也即"穷理"的过程。这样的解释十分简洁精当。但问题在于,什么是"理"? 只有弄清楚了"理"在伊川思想中究竟指什么,"格物穷理"这个工夫的内涵和意义才能够明确下来。

可以说,伊川所谓的"理"并非主要指作为事物存在之依据的"存在之理"或者事物的具体规律。伊川认为"理"是一种"所以然",虽然"存在之理"或具体规律也可以说是一种"所以然",但这种所以然和伊川注重

---

① 程颢、程颐:《程氏遗书》,《二程集》上册,第 188 页。
② 同上书,第 277 页。
③ 同上书,第 188 页。
④ 同上书,第 316 页。

的作为"所应然""所当然"的"所以然"仍有根本上的区别。伊川较少正面阐明此"理"之义,但我们可以通过他论述"格物穷理"的观点来考察他心中"理"的意义。

伊川认为"穷理"实际就是穷其"所以然",他说:

> 格物穷理,非是要尽穷天下之物,但于一事上穷尽,其他可以类推。至如言孝,其所以为孝者如何……①

> 且如欲为孝,不成只守着一个孝字? 须是知所以为孝之道,所以待奉当如何,温清当如何,然后能尽孝道也。②

> 亲亲本合在尊贤上,何故却在下? 须是知所以亲亲之道方得。未致知,便欲诚意,是躐等也。③

> 问:"格物是外物,是性分中物?"曰:"不拘。凡眼前无非是物,物物皆有理。如火之所以热,水之所以寒,至于君臣父子间皆是理。"④

> 物理须是要穷。若言天地之所以高深,鬼神之所以幽显。若只言天只是高,地只是深,只是已辞,更有甚?⑤

以上几条在论格物穷理或考致知时,都指出了要探究事物的"所以然",这种思想表明伊川并不拘泥于现象,因为现象是一般的感官便能够直观把握的。他要探寻现象背后的"所以然",这与其将"一阴一阳之谓道"解释成"道非阴阳也,所以一阴一阳道也"⑥的基本思路是一致的,"道"或"理"绝不是现象界中能被感官把握的对象。但仔细分析上面几条,会发现"所以然"在此其实有两种意义:一是处事的"所以然",包括某种事物中的道德义理与进行某种行为的方式,如"所以亲亲之道"便是"亲亲"之

---

① 程颢、程颐:《程氏遗书》,《二程集》上册,第157页。
② 同上书,第206页。
③ 同上书,第187页。
④ 同上书,第247页。
⑤ 同上书,第157页。
⑥ 同上书,第67页。

义理,"君臣父子间皆是理"是指君臣父子关系的义理;而如"所以为孝之道,所以侍奉当如何"便是孝亲的方式。二是事物的"所以然",指事物背后的原因,如"火之所以热""天地之所以高深"等等。

第一种"所以然",我们能够很清楚地理解其义即是"所应然""所当然",无论是道德义理还是行为的方式,都要求践行出来,他们不是为了解释实际的事物,而是要实现自身。道德的义理本身表明的就是一件事"应当"如何,行为的方式也是指导人在处事中"应当"如何,两者都统归于"所应然""所当然"。但第二种"所以然",好像就变成解释事物的"客观规律"了。对此,我们不能够简单地把两种所以然对立起来。事实上,人在处理各种事物时,必须了解事物本身的规律,以形成某种知识,但是这种知识并不是最终的目的,这种知识是被纳入人的活动之中的,其所指向的是人的实践活动。人们对于事物的知识有了了解之后,才能够在实践中以更好的方式对待它、处理它,理学家喜欢说的"物各付物"亦是建基于此。然而,由于一开始指向的就是实践活动,那么这种知识也就不是科学知识,毋宁说是伦理的知识,它是服务于道德实践的,因此最终还是归结到"所应然""所当然"之中。

值得说明的是,"格物"一词在后来人们的理解中之所以出现了巨大的偏差,实际上与哲学概念的变化情况有关。从语言学的角度来看,词语在历史发展中会出现词义演变的情况,包括"词义扩大""词义缩小"和"词义转移"。同样的,一个哲学概念在历史中也会有这些变化。一个哲学概念最初提出时,往往是有某种具体的含义的,而在后来的历史发展中,则由于该概念具有较强的解释性,加之解释者有意无意(甚至误解)地运用,便会出现含义变化。如"理"字,《说文》曰:"理,治玉也。"段玉裁注:"《战国策》:'郑人谓玉之未理者为璞。'是理为剖析也。玉虽至坚,而治之得其理以成器不难,谓之理。"①即"理"表示一种治玉的活动,治玉要顺着其固有的脉络进行,由此引申出有脉络的含义。到了韩非子时,他

---

① 段玉裁:《说文解字注》,第 15 页,上海,上海古籍出版社,1988。

对理进行了清楚的界定："凡理者，方圆、短长、粗靡、坚脆之分也。故理定而后物可得而道也。"[1]"理"成了事物自身的特性的指称。而到了宋明理学家这里，"理"又被赋予了宇宙万物的最高法则之义，具体又有许多不同的情况。以上的例子表明了哲学概念始终在不断变化之中。回到正题，"格物"的思想也处于这样的变化之中。由于伊川本人没有对"格物"一词进行足够清晰的界定，加上这个概念具有丰富的潜在内涵，于是自然也可以引申出对外寻求知识的意思。这使得伊川自己在使用此概念时，也自觉不自觉地使其含义发生了细微的变化。

那么我们要如何确定在伊川的思想中"格物"的本义（或主要意义）与其变化引申之义呢？这就要回到文本，追随伊川的问题意识，考察他到底以"格物穷理"来处理什么问题，到底更强调它的什么作用，由此便可以确定他格物思想的真实意旨，并容纳理解其变化引申义。如果执着于一定要把伊川所有涉及"格物"的地方全部用统一的标准去衡量，并由此得出伊川自己对于"格物"本就含糊不清、缺乏确定的说法的结论，那这就是一种平面化、片面化、缺乏历史眼光的研究了。

我们发现，伊川注重的确实是一种"所当然""所应然"，他说：

> 穷理亦多端，或读书，讲明义理，或论古今人物，别其是非，或应接事物而处其当，皆穷理也。[2]

> 凡读史，不徒要记事迹，须要识治乱安危兴废存亡之理。且如读高帝一纪，便须识得汉家四百年终始治乱当如何，是亦学也。[3]

在第一条中，伊川介绍了穷理的途径，一是通过读书讲明义理，这种义理其实就是经典中寄寓的道理，主要是圣贤所说的道德实践的行为准则；二是讨论古今人物以别是非，所谓"是非"，乃是道德领域的正义与否，依然关涉道德实践；三是探究处事时如何处其当、如何合理，这依然是有关

---

[1] 王先慎：《韩非子集解》，第 148 页，北京，中华书局，1998。
[2] 程颢、程颐：《程氏遗书》，《二程集》上册，第 188 页。
[3] 同上书，第 232 页。

道德的实践问题。这三点伊川认为都是"穷理",而我们发现其中没有一条讨论的是探究外部事物的客观知识,而全都是针对道德实践而言的,都是探究"所应然""所当然"的问题。第二条具体讨论了读史书的问题,伊川指出不能只是徒记事迹,①而是要探究"治乱安危兴废存亡之理",这种理也不是客观的知识,而是国家政治之兴衰的原因,本质上也是属于道德实践的领域(理学家都注重君主的道德品质与行为,认为这是国家治理的根本,君主无德,国家衰败),因此探究的依然是"所应然""所当然"。

关于读书穷理,我们可以通过两个例子来看伊川是如何实践"格物穷理"的。

第一个例子,《程氏遗书》记载了伊川读史书:

> 先生每读史到一半,便掩卷思量,料其成败,然后却看,有不合处,又更精思,其间多有幸而成,不幸而败。今人只见成者便以为是,败者便以为非,不知成者煞有不是,败者有是底。②

据此,伊川读史读到一半,便开始预想事情之成败,他绝不是根据历史的形势来揣测成败的,而是根据他所认定的"理"来预测。因此当有"不合"时,他便反复思考自己所理解的"理"是否有偏差,而依然发现不合时,他便用"幸"与"不幸"来解释,并认为历史上的成败与是非并没有绝对的关联,历史是存在偶然性的。而这里的道德层面的"是非"正与他思考的"理"相关联。由这个例子我们便可以看出他自己是如何践行"穷理"的,也能发现他所注重的"理"不是历史的客观知识或规律,而是人的"所应

---

① 明道亦然,胡安国说过:"谢先生初以记问为学,自负该博,对明道举史书,成篇不遗一字。明道曰:'贤记得许多,可谓玩物丧志。'谢闻此语,汗流浃背,面发赤。及看明道读史,又却逐行看过,不蹉一字,谢甚不服。后来省悟,却将此事做话头接引博学之士。"(见叶采:《近思录集解》,《近思录专辑》第1册,第39—40页,上海,华东师范大学出版社,2014。)明道反对记问之学,但是他自己看史书同样十分认真而引起上蔡的怀疑。事实上,他与伊川一样,注重的是史中之"理"而不是"事"。
② 程颢、程颐:《程氏遗书》,《二程集》上册,第258页。标点略有改动。

然""所当然",即便这种"应当"与现实的成败发生了背离,他也并不以成败论英雄。

第二个例子是他教弟子读《孟子》应当注意的重点:

> 学者不泥文义者,又全背却远去;理会文义者,又滞泥不通……又如万章问舜完廪浚井事,孟子只答佗大意,人须要理会浚井如何出得来,完廪又怎生下得来,若此之学,徒费心力。①

面对弟子怀疑孟子所说舜的故事的真实性时,伊川的回答十分值得注意。他认为,读书不应拘泥文义,在孟子的那一段中,真正应该注意的是关于人伦的"大意",而不是关心舜完廪浚井是否真实。对于一般人来说,怀疑舜完廪浚井的真实性的原因在于,人们通过日常中获得的生活经验,加以合理的推理,认为舜完廪浚井的故事中有许多情节是用日常经验无法解释的。而这种怀疑,正是一种科学怀疑精神,一种追求客观知识的精神。但是伊川反而不考虑这一点,他所关注的在于舜所体现的人伦之道,这正是一种"所应然""所当然"。可见,在"应当"与客观知识或科学知识两者发生矛盾时,伊川选择了前者,并且对弟子说过分地去考索后者的问题,是"徒费心力"的。到此我们可以明确发现,伊川"格物"思想的着眼点确实不在外物的客观知识,否则他也应当鼓励弟子用怀疑精神去分析这个故事。

以上我们通过对比伊川自己论述"格物"以及教弟子"格物"时所强调之处和轻忽之处,表明了"格物"在伊川思想中,确实关注的是"所应然""所当然"。以下,我们再从反面论证,指出伊川批评别人不能明理时的切入点,由此便能正反两面相结合,更完整地把握伊川的真实思想。

> 问:"前世所谓隐者,或守一节,或惇一行,然不知有知道否?"曰:"若知道,则不肯守一节一行也。如此等人,鲜明理,多取古人一节事专行之……如此等,则放效前人所为耳,于道鲜自得也。是以

---

① 程颢、程颐:《程氏遗书》,《二程集》上册,第205页。

东汉尚名节,有虽杀身不悔者,只为不知道也。"①

问:"恶外物,如何?"曰:"是不知道者也。物安可恶?释氏之学便如此。释氏要屏事不问。这事是合有邪?合无邪?若是合有,又安可屏?若是合无,自然无了,更屏什么?彼方外者苟且务静,乃远迹山林之间,盖非明理者也。世方以为高,惑矣。"②

在这两段话中,伊川分别对隐者、佛教徒进行了批评,指出他们是"鲜明理""不知道""非明理",而伊川并不是因为那些人不探求客观的知识而批评,乃是因为那些人的生活方式、行为实践不符合儒家的伦理道德规定。伊川批评的着眼点完全在于他们的行为,从这种批评反过来看,伊川思想中的"明理""知道"所指向的确实是人的行为实践,表现为"应当"。这一点其实伊川也是清楚地说明了的:

棣问:"学者见得这道理后,笃信力行时,亦有见否?"曰:"见亦不一,果有所见后,和信也不要矣。"又问:"莫是既见道理,皆是当然否?"曰:"然。凡理之所在,东便是东,西便是西,何待信?凡言信,只是为彼不信,故见此是信尔。孟子于四端不言信,亦可见矣。"③

弟子询问"道理"是否都是"当然",这确实体会到了伊川思想的实义,因此伊川毫不犹豫地认可了,并且还分析说"东便是东,西便是西",而这便是"止"之义:

释氏多言定,圣人便言止。且如物之好,须道是好;物之恶,须道是恶。物自好恶,关我这里甚事?若说道我只是定,更无所为,然物之好恶,亦自在里。故圣人只言止。所谓止,如人君止于仁,人臣止于敬之类是也。④

致知,但知止于至善,为人子止于孝、为人父止于慈之类,不须

---

① 程颢、程颐:《程氏遗书》,《二程集》上册,第 194 页。
② 同上书,第 195 页。
③ 同上书,第 296 页。
④ 同上书,第 201 页。

外面,只务观物理,泛然正如游骑无所归也。①

物之当好就须好,物之当恶就须恶,这与"东便是东,西便是西"是一致的。儒家强调的是"止"而不是"定","止"本身就是具有道德价值的活动,"止"就是要按照事物之"应当"而实践之的过程。他引《大学》"为人君止于仁,为人臣止于敬",表明做君主的就应当按君道而仁,臣子应当按臣道而敬,这就是一种道德实践。而要实践,则首先要求知此对象的"应当"即"理",这才是致知的"归"处。伊川反对泛观物理,也即泛滥地外求外部的知识,而以"知止"为"归",也表明了他所重的"理"乃是道德实践之理。伊川在《周易程氏传》中更系统而精练地总结道:

> 夫有物必有则,父止于慈,子止于孝,君止于仁,臣止于敬,万物庶事莫不各有其所,得其所则安,失其所则悖。圣人所以能使天下顺治,非能为物作则也,唯止之各于其所而已。②

有物必有则,"则"即是"理",他点明了"止"这种道德活动基于具有客观性、绝对性的"理"。圣人治理天下,正是要让天下之人各止其所,各自按其理而行。至此,伊川之"理"为"所应然""所当然"的思想已经十分清楚了,"格物穷理"正是要探究"所应然""所当然",这方为其真义。③

明确了这一点,我们便可以略引几条上面提过的内涵有所变化的"格物"的例子:

> 求之性情,固是切于身,然一草一木皆有理,须是察。④
> 医者不诣理,则处方论药不尽其性,只知逐物所治,不知合和之

---

① 程颢、程颐:《程氏遗书》,《二程集》上册,第100页。
② 程颐:《周易程氏传》,第299页。
③ 事实上,我们如果考察伊川思想中作为人格典范的圣人的情况,也可以明白其"格物"的真义。伊川说:"生知者,只是他生知义理,不待学而知。纵使孔子是生知,亦何害于学? 如问礼于老聃,访官名于郯子,何害于孔子? 礼文官名,既欲知旧物,又不可凿空撰得出,须是问他先知者始得。"(《二程集》上册,第152页)伊川的所有工夫本来就是为了达致圣人,而圣人并非对于客观知识无所不知,只是对义理无所不知,因此作为修身的"格物"工夫指向的必然是"义理",因为客观知识对他来说并不是成为圣人的必要条件。
④ 程颢、程颐:《程氏遗书》,《二程集》上册,第193页。

后,其性又如何？……古之人穷尽物理,则食其味,嗅其臭,辨其色,知其某物合某则成何性。①

这两条中,"穷理"似乎已经意在寻求事物的具体规律了,这也就是上文所说的伊川使用"格物"概念的引申变化之义,这是他自觉不自觉地衍生出去的,并不是他"格物思想"的核心意旨。然而这也只是看似而已,由于其言语模糊不清,如果要将其所谓的"理"解释成指向人的实践,也是完全可以的。此处不再赘言。

明白了伊川"格物穷理"思想的真正意旨之后,我们要探讨的是这种道德工夫在其体系中的地位与价值。

伊川主张"有物必有则,一物须有一理"②。而格物的工夫就是要去积极地面对外物,因此不能仅仅限于一事一物:

> 问:"只穷一物,见此一物,还便见得诸理否?"曰:"须是遍求。虽颜子亦只能闻一知十,若到后来达了理,虽亿万亦可通。③

> 若只格一物便通众理,虽颜子亦不敢如此道。须是今日格一件,明日又格一件,积习既多,然后脱然自有贯通处。④

> 所务于穷理者,非道须尽穷了天下万物之理,又不道是穷得一理便到,只是要积累多后,自然见去。⑤

伊川主张"穷理"要尽量多地去接触外物,去探究对象的"所应然""所当然"。这不是一通百通的,而是一个不断积累的过程,但是这也不意味着要穷遍天下之物而后止。伊川指出,通过一定积累,便能够有朝一日"脱然自有贯通处",这似乎可以说是一种"顿悟"了,但所谓的"贯通"是何种含义呢?

---

① 程颢、程颐:《程氏遗书》,《二程集》上册,第 162 页。
② 同上书,第 193 页。
③ 同上书,第 247 页。
④ 同上书,第 188 页。
⑤ 同上书,第 43 页。

> 问："观物察己,还因见物,反求诸身否?"曰："不必如此说。物
> 我一理,才明彼即晓此,合内外之道也。"①

这一条深刻地揭示出了所谓"贯通"的意涵。如果我们单单看伊川论"格
物"的文字,便会由于他强调要积累、要格众物、要今日格一件明日格一
件,就以为他所谓的"贯通"是指人通过"格"不同事物而获得的"理"之间
是相通的,即与自我相对的那些对象之"理"是相通的。这当然是正确
的,但是绝不仅仅止于此。这一条就深刻地点出了"贯通"更重要的层次
在于"物我"的"贯通",而不仅仅是"物"之"理"的相互贯通。伊川说"物
我一理,才明彼即晓此",此言初看难以理解,但是如果顺着上文的分析,
便可以迎刃而解了。

上文已经讨论了"格物"之"理"乃是"所应然""所当然",这种"理"指
向人的道德实践。人通过格物的工夫,能够明白事物在自我道德实践上
的"所应然""所当然",也即明白自己应当以何种方式去对待事物。明白
了这种道理,就是"才明彼";而"即晓此"的"此"正是人之"性",伊川早已
申明"性即理","性"作为心的本质规定,本身便体现为一种"应然""当
然",这种"性"是与道德必然相关的而不是生物意义上的人性。而通过
格物,人会深切地发现事物之"理"原本就与自我之"性"相通,这就是"才
明彼即晓此"。伊川说:

> "致知在格物",非由外铄我也,我固有之也。因物有迁,迷而不
> 知,则天理灭矣,故圣人欲格之。②

"理"作为"性"是人自身所固有的,然而人由于受到外物的引诱迷惑不能
明了此性,如此"天理"就湮灭于人欲中了。因此圣人提出"格物"的方
法,其实正是要帮助人返回到自己的内心,明白自己固有的"性",进而能
够把"性"彰显、实现出来,把"天理"落实。可以说这样的表达已经十分

---

① 程颢、程颐:《程氏遗书》,《二程集》上册,第 193 页。
② 同上书,第 316 页。

明确地说明了"格物穷理"与"性"的关系了。

前文我们已经提到，"格物"作为道德修身的工夫，针对的是"心"之"外物"因素。"格物"相比于"主敬"，其特点就在于积极地去直面事物。这种直面，一方面是使自己与外物相对，由此才能以之为对象而通晓其"理"；另一方面是通过积累而贯通明了事物之"理"与自我之"性"相通为一，此时自我之"性"超越物我对立，即超越了格物时的对待关系。可见这种修身的工夫比"主敬"在内在结构上更为复杂，它不像主敬仅仅以一种非对象性的工夫超脱出事物以保持主体的精纯不杂，而是反过来要求回到与对象相对立的状态中去把握对象，并通过贯通对象之理与自我之性在更高的层面上再次超越。由此工夫，"外物"就不再是原本与自我无关并且会干扰自我的外物了，而是成为受到了"性"（"理"）统摄的外物了，此时的对象可以说完全成为"我"（从"性"的角度说）之"物"，由此道德实践便能够充分地在现实世界中展开了。

伊川很清楚地说：

> 入道莫如敬，未有能致知而不在敬者。①

只有先通过"敬"的工夫，才能首先克服"形"的弊害而超脱出来，而后再次通过"致知"（格物）的工夫回到对立中，此时才能真正去进行真实的行动，而不是只停留在"敬"上而"都无事"。并且只有通过行动，才能真正在现实中落实道德实践。此时这种道德实践已经不再是偶然地符合道德的行动（行仁义）了。人能彻悟事"理"与"性"之贯通，使得所有道德活动因为根源于自己之"性"而获得了必然的道德价值（由仁义行）。由此我们才能真正明白伊川这句话：

> 穷理尽性至命，只是一事。才穷理便尽性，才尽性便至命。②

明道也有相同的表达，以至于有人怀疑伊川如此说只是顺着其兄来说而

---

① 程颢、程颐：《程氏遗书》，《二程集》上册，第 66 页。
② 同上书，第 193 页。

已。然而通过我们上文的分析,可以确知伊川此说虽高,但是依然符合其固有的义理脉络。通过"穷理"而彻悟"物我一理",由此"性"的因素自然就被凸显出来而自然呈现在现实生活之中。这是因为,一方面,人依所穷之理而实践,其理即性,这种实践即是"性"的呈现过程;另一方面,在"心"的三个因素中,通过"主敬""格物"的工夫,"形"的"私"之弊与"外物"的杂乱纷扰的问题得到克服,"性"的因素得到彰显便能自然呈现,并伴随着人的行动自然表现出来。这整个过程,就是"尽性",而由此便能够达致"天命",彻证"天命"。

在这个过程中,最后一个要解决的问题是,通过"格物"而"彻悟"后,为什么能够"自然"地把"性"呈现出来。而这个问题,便涉及伊川的"知行合一"与"真知"说了。

伊川曾反复举过一个关于真知的例子:

> 真知与常知异。尝见一田夫,曾被虎伤,有人说虎伤人,众莫不惊,独田夫色动异于众。若虎能伤人,虽三尺童子莫不知之,然未尝真知。真知须如田夫乃是。[1]

他认为田夫对虎之可怕的了解是"真知",而普通人对虎之可怕的了解只是"常知",区别在于"真知"是切身之知,并且这种知能够自然引起行动上的反应。这一点十分重要,是判别真知与否的关键。在故事中,"常知"的人对虎之可怕只有一种概念上的了解,明白虎是"可怕"的,却不会引发行动上自然的反应;相反,田夫当谈及虎时,"色动异于众",这种行为是基于其切身之知"自然"产生的,并不是他故意如此。因此在这里,"真知"与"行"有着必然的联系,即知即行,并且这种联系是以一种自然的方式表现出来的;相反,若不行,即非真知。当然,在这个例子中,这种对虎之"知"更多的是一种"感知"层面的"知",而不是伊川"格物"思想中

---

① 程颢、程颐:《程氏遗书》,《二程集》上册,第 16 页。

对"理"的"知"。然而伊川举这个例子,主要着眼点在论述"真知"的特点,而不是讨论"知"的内涵,我们不能拘泥其言。这种"真知"的特点,伊川屡次用坚决的口吻来说:

> 知之深,则行之必至,无有知之而不能行者。知而不能行,只是知得浅。①

> 人既能(编者注:一作有。)知见,岂有不能行?②

这明确地表明了真知必然且自然会引出行,知行之间是无间断的。而如果在某种情况中,这种必然且自然的知行活动被迫中断了,就会引起自我内心的强烈不安:

> 凡实理,得之于心自别。若耳闻口道者,心实不见。若见得,必不肯安于所不安。③

> 故人知不善而犹为不善,是亦未尝真知。若真知,决不为矣。④

如果能见实理(也即真知),必然"不肯安于所不安",即绝不能安于违背义理的行为。此处便从反面做了补充说明,不但"真知"一定会表现为道德实践,而且"真知"绝对不能容许违背道德实践。

伊川还用了另一个概念把这一必然的过程更生动地表现出来,即"乐"(与上文的"不安"相对,便更鲜明地体现伊川确实善于从正反两面来理解问题):

> 勉强乐不得,须是知得了,方能乐得。⑤

> 古人言乐循理之谓君子,若勉强,只是知循理,非是乐也。才到乐时,便是循理为乐,不循理为不乐,何苦而不循理,自不须勉

---

① 程颢、程颐:《程氏遗书》,《二程集》上册,第164页。
② 同上书,第181页。
③ 同上书,第147页。
④ 同上书,第16页。
⑤ 同上书,第187页。

强也。①

　　学者固当勉强，然不致知，怎生行得？勉强行者，安能持久？除非烛理明，自然乐循理。②

可以说，仅仅强调"真知必然行"，在表述上有一种过于客观化的倾向，从而忽略了人的主观感受，人在这个知行的过程中似乎是被动的了。而对"乐"这个概念的使用，恰恰是从人的主观感受层面上把"真知必然行"更加柔和地表达出来。"乐"是一种主观的感受，于是"真知必然行"的过程同时也成了主观感受上的必然。在此人又成为主动的了，人的主体性也得到张扬，人的主观意志的尊严也得以体现。

　　伊川在此还强调在进学的过程中也应当"勉强"，但是如果永远只靠"勉强"是不能长久的，也不是"真知"。因为在"勉强"的道德实践中，"知"与"行"是有间隔的，其中有一个主观的意志强制地把"知"作用于"行"，因此知行就不是必然且自然的了。而"乐"则是自然不勉强的，知行之间毫无间隔。

　　总之，不论是强调"真知必能行"还是"真知则乐循理"，其主旨都在于强调"真知"之"知行合一"的维度。而达到"真知"，正是要求"明理"，也即是上文讨论的"格物穷理"。因此，他在教导弟子时也反复谈及：

　　故人力行，先须要知。③
　　智识明，则力量自进。④

由此可知，伊川的确坚定地主张通过"格物穷理"以获得"真知"而引出必然的道德实践。

　　但是，未能达到"真知"之前，并非意味着不需要进行道德实践。对于学者来说，要达到豁然贯通的"真知"并非易事。因此在未达到之前，

---

① 程颢、程颐：《程氏遗书》，《二程集》上册，第186页。
② 同上书，第187—188页。
③ 同上书，第187页。
④ 同上书，第188页。

仍须自我勉强。这个过程也就是伊川提出的"集义"思想。"集义"出自孟子所说："是集义所生者，非义袭而取之也。行有不慊于心，则馁矣。我故曰，告子未尝知义，以其外之也。必有事焉而勿正，心勿忘，勿助长也。"（《孟子·公孙丑上》）伊川把"集义"和"主敬"对举：

> 敬只是涵养一事。必有事焉，须当集义。只知用敬，不知集义，却是都无事也。且如欲为孝，不成只守着一个孝字？须是知所以为孝之道，所以侍奉当如何，温凊当如何，然后能尽孝道也。①

他认为所谓的"必有事焉"，指的正是人要去努力践行道德，也即去"集义"，否则就是全然无事了。② "集义"的这种"行"，与"真知"必然引出的"行"的区别在于，"集义"尚不是必然且自然的，而是人须要刻意去努力才能做到的，并且是人们在生活中应该时时提醒自己要去进行的。但这种工夫也基于"格物致知"，伊川在这条中说的"须是知所以为孝之道……然后能尽孝道也"正体现此义，通过"格物致知"获得"理"，我们努力地去践行它，这个过程便是集义。虽然"格物穷理"了，但是还未至于"贯通"并获得"真知"，才需要这样的努力。

伊川接着提出"集义"可以生发"浩然之气"：

> 气须是养，集义所生。积集既久，方能生浩然气象。人但看所

---

① 程颢、程颐：《程氏遗书》，《二程集》上册，第206页。

② 伊川此观点前后有变化。《程氏遗书》卷一五中谈论到"必有事焉"的问题时，伊川认为："'必有事焉'，须把敬来做件事着。"（《二程集》，第149页）"'必有事焉'，谓必有所事，是敬也。"（《二程集》，第171页）这时是认为"必有事焉"意味要主动去做"敬"的工夫，因此"事"指的是"敬"。卷一五是《入关语录》，是伊川在关中讲学时弟子记录的，编者考证后注"先生元丰庚申、元祐辛未，皆尝至关中。但辛未年吕与叔已卒，此篇尚有与叔名字，疑庚申年也。"（《二程集》，第3页）庚申年是元丰三年（1080），此时伊川四十八岁。后在《程氏遗书》卷一八中谈到"集义"时内容则变了，如"问：'必有事焉，当用敬否？'曰：'敬只是涵养一事。必有事焉，须当集义。'"（《二程集》，第206页）"敬只是持己之道，义便知有是有非。顺理而行，是为义也。若只守一个敬，不知集义，却是都无事也。"（《二程集》，第206页）在这里"事"变成了与"敬"相对的"集义"了，而不再指"主敬"了。卷一八编者注："所记有元祐五年遭丧后、绍圣四年迁谪前事。"（《二程集》，第4页）也即是1090—1097年间，伊川五十八岁至六十五岁。虽然不能保证其中所有言论都在这段时间之中，但应当大体接近。因此本卷合理推定来说其内容是后于卷一五的。其中伊川讨论"必有事焉"思想的变化是值得留意的。

养如何，养得一分，便有一分；养得二分，便有二分。只将敬，安能便到充塞天地处，且气自是气体所充，自是一件事，敬自是敬，怎生便合得？①

浩然之气，所养各有渐，所以至于充塞天地，必积而后至。行不慊于心，止是防患之术，须是集义乃能生。②

这种养气的工夫也重在积累，人需要在日常生活中不断进行道德实践。而当道德实践既多既久，整个人的精神气质便会提升，拥有"浩然之气"这种刚强、宏大、正直的精神气象。他说："浩然之气，既言气，则已是大段有形体之物。"③"气"的范畴是形下的，是在现实生活中能够感知到的，也只有在现实中进行道德践履，才能够相应地生发此气貌。

前文说"格物"工夫时，指出通过"贯通"来体会"物我一理"，这偏重于知。在这里伊川实际给了另一条路径来达到这种境界。"浩然之气"乃是通过努力实践的"集义"而生，养成此气，也能够体会到"贯通"，而这偏重于行：

浩然之气是集义所生者，既生得此气，语其体则与道合，语其用则莫不是义。④

配义与道，谓以义理养成此气，合义与道。方其未养，则气自是气、义自是义。及其养成浩然之气，则气与义合矣。本不可言合，为未养时言也。如言道，则是一个道都了。⑤

伊川说"语其体则与道合""气与义合"都表明了"浩然之气"虽然是气，是现实中人的精神气貌，但其本身就是"道"的体现。这意味着通过养气，

① 程颢、程颐：《程氏遗书》，《二程集》上册，第 207 页。
② 同上书，第 158 页。
③ 同上书，第 148 页。
④ 同上书，第 148 页。
⑤ 同上书，第 206 页。

也可以达到与道为一的境界。

可见，通过"格物"而积累、"贯通"以及获得"真知"，是"知"的向度；通过"格物"而努力实践以培养"浩然之气"，是"行"的向度，这些都能达到"物我一理"、与道为一的境界，而两个向度都要基于"格物"。不过，虽然在此我们能够从学理上对两者进行区分，但在现实生活中，两者是密不可分的，是并行并用的，并非相互对立的。

最后，我们再回到伊川的心性论中来讨论这样的工夫论意味着什么。

前文说"心"包括三个因素"性""形""外物"，"格物"是基于"主敬"而来的，并且是对治"外物"的工夫。"格物"要求积极去面对外在事物，去穷理并进行实践。正如本节说的，如果通过"格物"而获得"真知"，就必然且自然能够引出道德实践；如果在"格物"基础上努力进行道德实践的"集义"从而养成"浩然之气"，也能达到一种至高的道德境界，由此也能引发自然而然的道德实践。这样的工夫实际上就是因为"格物穷理"本身克服了"外物"因素可能的问题后（先行的"主敬"工夫已经克服了"形"的因素可能的问题），"性"的因素被凸显、彰显出来了。也即，当遮蔽"性"的因素得到了克服，"性"本身就必然且自然能够彰显出来。伊川对此没有做清晰的正面讨论，但是从其工夫论的细致讨论中，我们会发现他的理论预设应即如此。"真知"之所以必然且自然能行，正是因为贯通"物我"，彻知"我"之"应当"（性）即是"物"之"应当"（理），所以人的行动必然就是道德的行动；而"集义"产生的"浩然之气"的境界也是贯通了自我与道，在行动中践行"物"之"应当"（理）而合于"我"之"应当"（性），因此人自然处于这种道德境界中。

由此我们也可以发现，"性"在伊川思想中绝不是一个空洞的、死寂的"理"，而是能够在现实中呈现自身的。只不过"性"的呈现不是它自身的主动作用，而是在人克服对其的蔽障后才自然显现出来。而伊川所有的工夫便是围绕着克服其蔽障以彰显此"性"。

三、圣人境界

前文我们主要讨论了伊川的心性论与基于心性论的工夫论。伊川的"心"在其思想体系中具有形下的内涵,指的是现实中具有意识活动的"心";但是这个"心"又不完全沦于现象界,因为它以"性"作为本质规定,"性"是与"天道""天理"相通又内在于人的。我们说伊川所谓的"心"包括"性""形""外物"三个因素,但并不是意味着这三个因素机械地组成"心",而是说伊川是由这三个层面来理解"心"的。在其中,"性"作为与"天理"相通者,是纯然善的,但这种形而上者并不能直接作用在现实中,直接使现实的意识完全合理,因此必然要通过"心"的活动方能使其在现实中呈现出来。然而"心"由于有"形"和"外物"的因素,不可避免地产生对"性"的遮蔽,于是所有修身工夫便要围绕着如何克服"形""外物"的遮蔽而进行。这种克服不是对两者的否定,因为"性"需要这些形下的因素才能在现实生活中呈现出来。而"主敬涵养"对治"形"的因素,通过非对象性的工夫,把自我从与对象的对立中超拔出来,达致"未发"之纯然心境以克服"形"之"私";而"格物穷理"对治"外物"的因素,通过积极接触外物,求其"所应然""所当然",并在积累中达到"贯通"而体会"物我一理",达到"真知"并引出必然的道德实践;或者通过基于"格物"之上的"集义"养成"浩然之气",在行动中达致道德境界以体道。由此,便能在更高的层面上以"性"统摄外物,而克服"外物"之干扰。通过两方面的工夫分别克服"形"与"外物"的消极影响而去除对"性"的遮蔽,"性"自然能够在心的活动中呈现出来。此时便是最高的道德境界,也即是圣人境界。

为何伊川采取上述这种思想进路,而不与明道相同呢?这取决于他个人质实的性格气质与其现实关怀。他个人的质实气质使他发觉修身成圣的过程是极其艰难的。明道的进路并不适合只具有普通才能的人。而伊川更能直面现实人生的种种恶与缺陷,能够深知修身成圣的困难,因此不好谈高远,而是注重切实的实践工夫,这便是伊川与明道思想存有差异的一个原因。从伊川的现实关怀来说,他作为宋明理学思潮的真正奠基者之一,面对从魏晋到宋初佛老的盛行以及儒学的衰败,不得不思考如何才能真正挺立和复兴儒家的思想。韦政通在论明道时指出:"从境界上发展儒学,不足以表现出儒学的真精神和它的特征,且不可避免地会与佛道沦为一气,前文提到的圆融无碍,此处所说的内外两忘,即其显例。如果说宋明心性之学中,有一种'三教合一'的趋势,形成这一趋势的思想基础,就是儒者们的境界说。"①明道确实喜欢谈境界,对于著名的《识仁篇》,牟宗三先生就指出:"'仁者浑然与物同体'……此句用佛家词语说,是以人表法,以'仁者'之境界表'仁体'之实义。目的本在说仁,惟借'仁者'之境界以示之耳。"②这就可以清楚地看出明道喜谈境界,具有一种以境界论工夫的倾向。对于伊川来说,这不但不适合初学者,也不能真正将儒学与佛老区别开来,而如果无法区别,就更谈不上建立起可以与佛老相抗衡的儒家理论了。这些都是伊川所关切的问题,而后朱子更是继承了这样的思路建立自己的体系。

但是,伊川虽然不好谈高远的境界,却也有所指点,这就体现在他论圣人境界之处。

> 问:"圣人与天道何异?"曰:"无异。"③
>
> 圣人与理为一,故无过,无不及,中而已矣。④
>
> 圣人之神,与天(编者注:一有地字。)为一,安得有二? 至于不勉而中,不思而得,莫不在此。此心即与天地无异,不可小了佗,不可(编者注:一作若或。)将心滞在知识上,故反以心为小。⑤
>
> 圣人之心,未尝有在,亦无不在,盖其道合内外,体万物。⑥

---

① 韦政通:《中国思想史》,第 800 页。
② 牟宗三:《心体与性体》中册,第 233 页。
③ 程颢、程颐:《程氏遗书》,《二程集》上册,第 209 页。
④ 同上书,第 307 页。
⑤ 同上书,第 22 页。
⑥ 同上书,第 66 页。

圣人是人，如何能与"天道"无异呢？正在于圣人一言一行无不体现"道"，其行为本身就是"天理"的直接体现，亦即"性"的体现。因此圣人自然无异于"天道"。作为最高的人格体现，圣人本身已经不再需要修身工夫了，因此其"心"乃完全以"性"为主导，"形""外物"没有产生丝毫负面的蔽障。在这种特殊的情况下，伊川才说"此心即与天地无异"，此心"未尝有在，亦无不在，盖其道合内外，体万物"。而对于常人来说，其工夫不到，境界不至于圣人，伊川就决不会如此说。伊川又说：

> "不勉而中，不思而得"，与勉而中，思而得，何止有差等，直是相去悬绝。"不勉而中"即常中，"不思而得"即常得，所谓从容中道者，指他人所见而言之。若不勉不思者，自在道上行，又何必言中？①

圣人之心所发全然与理同一，因此不需要任何刻意的"思虑"和"勉强"，就能自然且必然中节。这种圣人境界不是一般学者能够达到的，但是毕竟对于伊川来说，是真实的。伊川晚年弟子尹焞说：

> 一日，因读《易》至"敬以直内"处，因问先生，"不习无不利"时，则更无睹，当更无计较也耶？先生深以为然。且曰："不易见得如此，且更涵养，不要轻说。"②

所谓"不习无不利"，出自《周易·坤》之六二，伊川注解："不习谓其自然，在坤道则莫之为而为也，在圣人则从容中道也。"③这与"不勉而中，不思而得"的含义是一致的。这其实就是一种圣人之境界，伊川也认可了这是"更无睹，当更无计较"的。也即，在这种境界中，已经不需要任何的思虑勉强，此心所发自然同于理，因此"无不利"。由此可见，在达到的圣人境界时，此心全然以"性"为主导而发用，因此必然是"与理为一"的。这种"一"不是"心"本身与"理"为一，而是"性"本身与"理"为一，而"心"在

---

① 程颢、程颐：《程氏遗书》，《二程集》上册，第 158 页。
② 同上书，第 444 页。
③ 程颐：《周易程氏传》，第 15 页。

此时全然呈现"性",因此说"为一"的。这种境界十分高妙,伊川劝弟子不要轻易说,更重要的是自己做工夫,谢良佐曾回忆他拜访伊川时的对话:

> 伊川曰:"近日事如何?"某对曰:"天下何思何虑?"伊川曰:"是则是有此理,贤却发得太早在。"伊川直是会锻炼得人,说了又道,恰好着工夫也。①

达到圣人境界固然能够如此,但伊川却不主张用此来教弟子,而是要求注重切实的"工夫",反对高谈和空谈。

以上总结了伊川的心性论与工夫论,并简要分析了伊川的"圣人境界论"。由此,伊川的整个理学体系的基本结构已经得到了较为清楚的梳理。从心性论出发,通过修身工夫,达到最后的圣人境界,伊川的整个体系可谓体大思精。伊川的思想对后世影响巨大,其中仍有许多细节值得继续发掘和研究。

---

① 程颢、程颐:《程氏外书》,《二程集》上册,第 426 页。

第九章 司马光的哲学

司马光(1019—1086),初字公实,更字君实,号迂夫,晚号迂叟,生于光州光山县(今属河南),原籍陕州夏县涑水乡(今属山西),世称"涑水先生",是北宋著名的思想家、政治家、史学家。他历仕仁宗、英宗、神宗、哲宗四朝,于元丰八年(1085)入京主国政,次年任尚书左仆射,兼任门下侍郎,在数月间罢黜王安石新党、尽废新法,史称"元祐更化"。元祐元年(1086),司马光卒于京师,受哲宗追赠为太师、温国公,谥文正。

作为北宋"六先生"之一,司马光的著述颇多,据苏轼记载有:

> 《文集》八十卷,《资治通鉴》三百二十四卷,《考异》三十卷,《历年图》七卷,《通历》八十卷,《稽古录》二十卷,《本朝百官公卿表》六卷,《翰林词草》三卷,《注古文孝经》一卷,《易说》三卷,《注系辞》二卷,《注老子道德论》二卷,《集注太元经》八卷,《大学中庸义》一卷,《集注扬子》十三卷,《文中子传》一卷,《河外谘目》三卷,《书仪》八卷,《家范》四卷,《续诗话》一卷,《游山行记》十二卷,《医问》七篇。[①]

此外,还有《类篇》45卷、《涑水纪闻》17卷、《司马温公切韵》2卷,以及《潜

---

① 苏轼:《司马温公行状》,司马光撰,李文泽、雷绍晖校点:《司马光集》附录一,第1823—1824页,成都,四川大学出版社,2010。

虚》一卷等。在这七百余卷著作中,除《大学中庸义》佚失,其余俱存于世,构成了司马光广博幽賾的学术体系,其思想涉及本体论、心性论、认识论、实践论、历史观、伦理观、政治观等诸多方面。

第一节　司马光思想形成的时代背景与学术渊源

司马光作为其时重要的政治家和思想家,面临着双重挑战。在政治上,北宋政府冗兵冗费的传统导致了积贫积弱的社会危机,加之不断受到周边政权的武力威胁,统治阶级内部产生了日益尖锐的政治分歧。以范仲淹、王安石等为代表的改革派通过依附皇权开展了一系列改革运动,激化了新旧两党间围绕变法与反变法的政治斗争,进而在思想领域展开了关于"常变"关系问题的激烈论战。王安石通过"新故相除"的发展观抨击司马光"成不可更"的不变论,促使司马光迫切需要构建一套完整的思想体系来维护他倡导贯通天人、恒常不变的政治模式。所以,为自己的理想政治模式奠定形而上学的基础成为司马光学术开展的重要任务。

同时,唐代以来儒学复兴的思潮和北宋理学的崛起是此时思想发展的主脉络。面对以空无本体论为基础的佛道二家学说的挑战,北宋儒学家对佛道之学进行了强烈的批判和吸收,从而重新构建符合时代需求的儒学思想体系。此时儒者所需面对的主要问题有二:一是要彻底瓦解佛老空无本体论的冲击,必须将儒家传统的伦理道德提升到宇宙论、本体论的层面,重新建构儒家的天道本体;二是要在理论与实践层面达到天道本体与儒家伦理道德的高度统一,从而构建真正体现"天地人之道"的理想图景。所以,以纯儒、朴儒自居的司马光自觉地担当起正统儒学卫道士的责任,以儒家纲常伦理为核心,从时代的发展和政治统治的需要出发建立新的思想体系。

司马光思想的形成首先源于从儒家传统六经中所学习的先王之道。他多次提到自幼勤学儒籍圣道的经历:"世家相承、习尚儒素。故自免去

襁褓、初知语言、父兄提携、授以经籍"[1]，"臣自幼学先王之道"[2]。他的
文章乃至奏章中，都频频引用六经作为立论根据，《潜虚》中更提出"圣作
六经、万世典刑(型)"[3]。司马光从六经中吸收最多的是《周易》，相较
于其他只重伦理探讨、忽视形而上问题研究的典籍，《周易》更深层次
地探讨了宇宙本体论问题。司马光致力于为儒家伦理纲常寻找世界的
本原及宇宙运行之道，他不仅通过《易说》注解《周易》，继承并发挥其
关于宇宙形成、万物化生的思想，更准《周易》和《太玄》建立他的气本
论体系。

六经而外，《论语》是司马光思想的核心来源。在他看来，六经先王
之道与孔子圣人之道本质一致。司马光对孔子及其思想最为钦叹，言
"必欲求道之真，则莫若以孔子为的而已"[4]"学者苟志于道，则莫若本之
于天地、考之于先王、质之于孔子"[5]，并大赞孔子光大先王之道的没世
之功：

> 及周之衰，先王之道荡覆崩坏，几无余矣，其不绝者，纤若毫芒，
> 自非孔子起而振之、廓而引之，使宏大显融以迄于今，则生民之众几
> 何其不沦而为禽夷也。[6]

除了上述儒家经典，还有两部经典也是司马光思想的重要来源，即
《大学》《中庸》。唐代以前，儒家经典主要是传统的六经和《论语》，《中
庸》《大学》并不为人所重，直到唐代才有韩愈、李翱始重二书。这是因为
《大学》《中庸》中探讨了其他儒家经典所缺少的儒家性命之学。鉴于当
时佛道之学昌炽，为摆脱传统儒学不足以应对佛道的窘境，司马光除了
依据《周易》建立宇宙本体论，也重视从《大学》《中庸》中挖掘性命之学。

---

① 司马光：《谢校勘启》，《司马光集》卷五八，第 1218 页。
② 司马光：《陈三德上殿札子》，王云五主编：《司马文正公传家集》卷二〇，第 296 页，上海，商务
　　印书馆，1937。
③ 司马光：《潜虚·徒》，转引自全祖望：《涑水学案》，《宋元学案》第 1 册。
④⑤ 司马光：《答陈秘校充书》，王云五主编：《司马文正公传家集》卷五九，第 708 页。
⑥ 司马光：《乞印行荀子、扬子〈法言〉状》，王云五主编：《司马文正公传家集》卷一八，第 276 页。

他率先站在理学阵营作《大学中庸义》,开宋儒重视二书之先河。

此外,司马光还在北宋理学阵营中独树一帜,推荀扬而疑孟。对于孟子,司马光专作《疑孟》一文驳斥其观点,认为孟子虽宣称学习孔子,然所持论点在修身之道和为政之道等方面却与孔子思想不合。对于荀子,司马光给以高度评价,认为荀子挽救了战国礼崩乐坏环境下的圣人之道,赞荀子"排攘众说、张大正术,使后学者坦知去从"①。他广承荀子"隆礼明分""圣人立教""王霸并衡"等学说,是北宋唯一承袭荀子学说的哲学家。对于扬雄,司马光给予了仅次于孔子的尊崇,把他看作孔子后的第一大儒,是圣人之道的发扬光大者:"扬子云真大儒者耶! 孔子既殁,知圣人之道者,非子云而谁? 孟与荀殆不足拟,况其余乎?"②"使圣人复生视《玄》、必释然而笑,以为得己之心矣。"③司马光将扬雄与圣人相提并论,不仅为扬子的《太玄》《法言》作注,且又准《太玄》作《潜虚》,充分显示了他效法扬雄大破汉代神学经学权威、独创全新哲学体系之志,力图在北宋复兴圣人之道。

司马光主张"尊道德礼乐,黜老庄申韩"④,既抨击"老庄贵虚无而贱礼法"⑤,又批判申韩之学只尚刑名之术,不以礼义为本,乃是"奸"的邪佞之道。除了批判法道二家,司马光又重点批判佛学。他是北宋辟佛最得力者,故二程言"某接人多矣,不杂者三人,张子厚、邵尧夫、司马君实"⑥,又言"今日卓然不为此(佛学)者,惟范景仁与君实尔"⑦。苏轼也在《行状》中说司马光:"博学无所不通……不喜释、老,曰:'其微言不能出吾书、其诞吾不信也。'"⑧司马光大斥佛老之学"无益治世""害其财用""耗

---

① 司马光:《乞印行荀子、扬子〈法言〉状》,王云五主编:《司马文正公传家集》卷一八,第276页。
② 司马光:《说玄》,王云五主编:《司马文正公传家集》卷六七,第834页。
③ 同上书,第834—835页。
④ 司马光:《扬子法言集注》卷三,《景印文渊阁四库全书》第696册,第289页。
⑤ 司马光:《文中子补传》,王云五主编:《司马文正公传家集》卷七二,第889页。
⑥ 程颐、程颢:《河南程氏遗书》卷一八,《二程集》上册,第21页。
⑦ 同上书,第25页。
⑧ 苏轼:《司马温公行状》,《司马光集》附录一,第1823页。

蠹良民"的不良社会影响,复又从哲学本体论和认识论角度批判其因果轮回说、天堂地狱说及空无之论。

但司马光在捍卫圣人之道、斥批老释申韩的同时,又一定程度上肯定了后者的某些内容。如他对法家的刑名之学采取了肯定的态度,认为"若以刑名为非道,则何以能禁民使自然而止"①。对佛道之学,司马光虽然驳其"诞",但对部分学说亦加以吸收:

> 或问:"老释有取乎?"迂叟曰:"有。"或曰:"何取?"曰:"释取其空,老取其无为自然。余是无取也。"或曰:"空则人不为善、无为则人不可治,奈何?"曰:"非谓其然也。空取其无利欲之心,善则死而不朽,非空矣;无为取其因任,治则一日万机,有为矣。"②

在这里,司马光改造了佛道"空""无"思想:一方面,司马光将"空"释义为心无利欲,肯定佛学寡欲之人品与慈爱之性品,他还进一步赞扬《心经》中"照见五蕴皆空、度一切苦厄"的思想"似与扬子同指";另一方面,他对道家的自然无为的观点加以引申,形成了重视"无为"的生活态度和治国之策。

第二节　《潜虚》气本论体系的构建

司马光晚年作《潜虚》一书,以气本论为基础,综合图书、象数、义理之学,模仿《周易》《太玄》模式而自创一套反映宇宙万物及人间秩序生成变化的系统,在宋代可谓独创,具有重要意义。

一、虚气一体

《潜虚》首先提出了一个气本论的宇宙化生模式,即"虚(气)"聚而受五行之性化生万物,再散而复归于"虚(气)"。《潜虚》总论关于宇宙生成

---

① 司马光:《扬子法言集注》卷三,《景印文渊阁四库全书》第 696 册,第 295 页。
② 司马光:《迂书·释老》,《司马光集》卷七四,第 1516 页。

的构架：

> 万物皆祖于虚，生于气。气以成体，体以受性，性以辨名，名以立行，行以俟命。故虚者，物之府也；气者，生之户也；体者，质之具也；性者，神之赋也；名者，事之分也；行者，人之务也；命者，时之遇也。[1]

"万物皆祖于虚，生于气"，则"虚"为万物之祖，"气"为万物生成之原。而作为最高本体的"虚"和"气"实际上乃是同一的关系，即"虚""气"实为一体。因"虚"处于未成形之时，故以"气"作为万物生成的门户，而"虚"可谓是"无形之气"。这可以从以下四方面看出：

首先，《潜虚》仿拟《太玄》《周易》而作，"《玄》以准《易》、《虚》以拟《玄》"[2]，而在《易》《玄》二书中，宇宙化生模式的六十四卦和八十一首的最高本体"太极"和"玄"在司马光看来都是气。司马光认为太极和阴阳不过是阴阳二气混而为一和分而成二的状态："《易》有太极、一之谓也、分而为阴阳"，"太极者何？阴阳混一……两仪者何？阴阳判也"。[3] 他进一步阐明"太极"和"阴阳"的物性："太极者一也，物之合也"，"凡物之未分、混而为一者、皆为太极"。[4] 至于《太玄》，"罔""冥"即最高本体之"玄"，也是无形之气，而《潜虚》"元、衰、齐、散、余"的运行模式正是仿拟《太玄》"罔、直、蒙、酋、冥"的事物发展过程而来。所以《潜虚》的"元""余"即最高本体之"虚"，亦当指无形之气。故而在《潜虚》中，"虚""气"实为一体。

其次，《名图》的图序与图式亦集中反映了司马光"虚"即无形之气的思想。如总论中"万物皆祖于虚，生于气，气以成体"一句，与《名图》中"人之生，本于虚，虚然后形"[5]相应，可见先有无形之"虚（气）"，化而为有

---

① 司马光：《潜虚·总论》，转引自全祖望：《涑水学案》，《宋元学案》第 1 册，第 295 页。

② 张敦实：《潜虚·附录》，转引自全祖望：《涑水学案》，《宋元学案》第 1 册，第 343 页。

③④ 司马光撰：《易说》，第 103 页，北京，中华书局，1985。

⑤ 司马光：《潜虚·名图》，转引自全祖望：《涑水学案》，《宋元学案》第 1 册，第 299 页。

形之气。而在"万物治于元,著于衰,存于齐,消于散,讫于余"①的事物发生发展的模式中,"虚然后形"指"虚"是形之始,也即是"元"。而"业终则返于虚"在《名图》中,即指万物运变经历之业的五名"兴、庸、泯、造、隆"后,通过"消"名至于"余"名。在此,"虚"明显指的是"余"。返于"虚",即指的是返于"余"。因"余"与起初的"元"名性质是一样的,都指无形之气,故可用"返"字。在这里,"衰"为"聚"之意,司马光将"衰"名解为"气聚而物"。显然,"衰"是由无形之气过渡到有形之物的中介。因此,"衰"之前的"元"气即指的是无形混沌之气。而"消于散"之"散"即为消,"散"名指的是"气散而竭",即有形之物由于构成它的聚态之气的发散而消竭衰亡。"散"是使气由有形返回到无形的中介。"散"名后的"余"即是无形之气,从而"虚"也是指无形之气。

再者,"虚"即"气"还可从直接的证据中看出。如《行图》关于"蠢"名指出"阳气潜萌,品汇咸生,充牣乾坤"②之语。在这里,司马光虽以一年岁历为据,即以阳气始于冬至盛于夏至、万物随之以萌生成长之物象论之,但掀去其历象形式,其内在的实质当是揭示了自然界所有事物的产生都始源于阳气,都是在阳气的悄然无形的运动中产生的思想。这里将气明确为宇宙万物的本源,显然此"气"即是"虚"。在此还可看出"潜虚"之"潜"即"阳气潜萌"之"潜","潜虚"当为"无形本原之气"之意。另《变图》关于"造"名指出"太虚测冥、开乾辟坤"③,这里的"太虚"即是"潜虚"之"虚",而"测冥"则指出"太虚"幽冥混沌的状态,亦即"潜"。而这"测冥"之"太虚"最终"开辟"成阴阳二气、乾坤二象,并进而化生出宇宙万物,也阐明了"潜虚"之义以及"虚"乃指阴阳二气未分前的无形之气的事实。

最后,从司马光的其他论著看,除《易说》《太玄集注》外,司马光也在其他论著中体现了其气本论点的思想。其中最有力的证明便是他的诗

---

① 司马光:《潜虚·名图》,转引自全祖望:《涑水学案》,《宋元学案》第 1 册,第 299 页。
② 司马光:《潜虚·蠢》,转引自全祖望:《涑水学案》,《宋元学案》第 1 册,第 315 页。
③ 司马光:《潜虚·造》,转引自全祖望:《涑水学案》,《宋元学案》第 1 册,第 335 页。

文中"四岭中涵一气虚"①一句。"一气虚"三字直接阐明了"虚"与"气"的同一性,"气""虚"不但可以并而为"一","气"更可以置于"虚"之前。"虚"同于"气"的物质性,我们还可以通过司马光对《老子》和魏晋玄学中"贵无"的思想的批判进行反证。如他注"无名天地之始、有名万物之母"为:

> 天地,有形之大者也,其始必因于无,故名天地之始曰无,万物以形相生,其生必因于有,故名万物之母曰有。万物既有,则彼无者宜若无所用矣,然圣人常存无不去,欲以穷神化之微妙也,无既可贵,则彼有者宜若无所用矣,然圣人常存有不去,欲以立万事之边际也。苟专用无而弃有,则荡然流散,无复边际,所谓有之以为利,无之以为用也。②

这里,司马光虽言"有因于无",但已将"无"作与"有形"天地万物相对的"无形"阐释。他还曾高度评价裴頠的《崇有论》,以此对何晏、王衍"天地万物皆以无为本"进行抨击,指出"所谓虚者,非空洞无物之谓也"③。

综上所述,司马光《潜虚》中最高范畴之"虚"类似于同时代的张载《正蒙》之"太虚",指的都是形成有形万物的无形本然之气。张载的"虚者天地之祖"类似于司马光的"万物祖于虚"。但司马光气本论思想所成之年代应早于张载,故温公实为北宋气本论的开创者和奠基者。

二、气运行的内在法则:"中和"

司马光以气本论为基础的宇宙生成变化体系的独创性,在于"气"运行的"中和"之道学说的提出。司马光认为,气构成的宇宙万物要得到生长和发展、社会政治秩序要得到稳定和繁荣,其内在运行应遵循一定的法则而达到各方面矛盾的和谐统一。这种内在协调和谐的状态即为"中

---

① 司马光:《和范条江宿憩鹤寺》,王云五主编:《司马文正公传家集》卷一〇,第152页。
② 杜光庭、司马光等注:《道德经集释》上,第165页,北京,中国书店,2015。
③ 司马光:《答韩秉国书》,王云五主编:《司马文正公传家集》卷七二,第766页。

和"，是天地万物运行的通则。故《行图》"雍"名言："雍，和也，天地万物之性，不刚则柔，不晦则明，通而行之，其在和乎"，又言"天地融融，万物和也"[1]。

《潜虚》指出，只有保持"中和"的和谐关系，方能促进事物蓬勃发展：

> 天地相友，万汇以兴。日月相友，群伦以明。风雨相友，草木以荣。君子相友，道德以成。[2]

相反，若各方不能和谐持中，就难以稳定发展：

> 阴阳不中，则物不生。血气不中，则体不平。刚柔不中，则德不成。宽猛不中，则政不行。中之用，其至矣乎！[3]

万事万物皆不可须臾而离"中和"之道，任何事物的产生发展都须依循"中和"而行，这是"气"的内在运行规律，也是宇宙万物产生发展的根本规律。这种"中和"的运动法则，并不受到强大的心体、神体或至理驱动，属于内在于物的自然倾向，万物皆顺之则昌、逆之则亡。由此，司马光不仅架构了一个气本论的宇宙化生模式，而且以"中和"作为"虚（气）"运行、宇宙生化的内在准则。这一理想宇宙化生模式中把天道、自然和人伦联系为一个和谐有序的整体。这一包含"天地人之道"的系统在《潜虚》总论中即已得到了概括体现。《潜虚》前四图的"气""体""性""名"一方面揭示了天地自然万物形体的生成、受性的差异及其发展正名过程，另一方面也揭示了人间社会的相应的产生发展过程。尤其在"名者，事之分"的"名"范畴中，其事之分反映于《行图》《变图》《解图》中，更着重的是人事之分，重点已转移到了"人"的自身。

三、气本论体系下的内圣外王之道

《潜虚》之《行》一图三式的构架，代表司马光义理之学贯彻人间社会

---

① 司马光：《潜虚·雍》，转引自全祖望：《涑水学案》，《宋元学案》第1册，第304页。
② 司马光：《潜虚·醜》，转引自全祖望：《涑水学案》，《宋元学案》第1册，第324页。
③ 司马光：《潜虚·齐》，转引自全祖望：《涑水学案》，《宋元学案》第1册，第337页。

的内圣外王之道的开展。《潜虚》总论曰"名以立行"而成《行图》,以"言人之所行者"。《行变解图》是从"人之所行"的角度去阐述名图的天地人运化的内容和道理,由一图三式构成:一是《行图》,以十一个范畴("形""性""动""情""事""德""家""国""政""功""业")阐述五十五体受性定位所成之五十五名的含义;二是《变图》,展现了五十二名之"七变"(初、二、三、四、五、六、上)的内容;三是《解图》,对《变图》的内容进行进一步的解释。《行图》实质上是对《名图》的解释、补充和深化,《潜虚》之《行图》《变图》《解图》相当于《周易》之卦辞、彖辞和象辞,包含了重要的哲学的内容。这"一图三式"重点在于阐发司马光的义理之学,即其修身之学与为政之道。《潜虚》义理之学的核心在于为其所维护的理想王统政治提供理论基础,《行图》《变图》《解图》大量内容即围绕人间社会的三纲五常,以及修身、齐家、治国、平天下的理论而展开。

三纲者,即君为臣纲、夫为妻纲,父为子纲。《潜虚》中君为臣纲的君臣之道,主要表现于"柔""刚""隶"(臣)、"林"(君)四名中,其中包含了"君为刚矣""臣为柔矣"、君臣相和等内容;夫为妻纲的夫妻之道,主要体现于"特"(夫)、"偶"(妻)二名中,其中包含了"夫和而正,妇听以行""夫刚妇柔"等内容;父为子纲的父子之道,主要体现在"续"(子)、"考"(父)二名中,其中包含了"与其父智,宁若子贤""慈训曲全,尊亲斯备"等内容。五常者,即传统儒家所主张之仁、义、礼、智、信。《潜虚》对此集中阐发于"德之途"的"切、宜、忱、喆、夏"五名中。《行图》言"切,仁也","宜,义也","忱,信也","喆,智也","夏,礼也"。[①] 在仁,要求修"至德"、行"仁道";在义,要求"义以利事"、"循义"而反"利";在信,要求"人君信而号令行,人臣信而邦家荣";在智,要求循"理"而能"经纬天地""行其自然";在礼,要求"尊隆卑杀""男女贵辨",强调"人不知礼,进退无度,手足周措;国不用礼,纪纲不举,惟邻是侮"。[②]

---

① 司马光:《潜虚》,转引自全祖望:《涑水学案》,《宋元学案》第1册,第316—319页。
② 司马光:《潜虚·夏》,转引自全祖望:《涑水学案》,《宋元学案》第1册,第319页。

　　此外，关于齐家的内容，表现在"家之纲"的"特、偶、暱（亲）、续、考"①五名中；关于治国平天下的内容，表现在"范（师）、徒（众）、丑（友）、隶、林"的"国之纪"五名、"禋（祀）、准（法）、资（用）、宾（客）、戎（兵）"②的"政之务"五名、"教、理（治）、绩（功）、育（养）、声（名）"③的"功之具"五名以及"兴、痛（病）、泯（灭）、造（始）、隆（盛）"④的"业之著"五名中。《行图》通过对这二十名的阐释，从政治、军事、刑法、外交、经济、教育、宗教、文化等各方面深入探讨了儒家王治之道。司马光这一套关于儒家理想政治人伦的理论体系，在北宋理学中最为全面和系统。

　　《潜虚》通过三纲五常、齐家、治国、平天下之说揭示了外王之道，其所需的君子修行内圣之道也有广泛的内容。如关于人的治心之道，在"谥（喜）、悁（怒）、得、罹（忧）、耽（乐）"⑤的言"情之䛐"的五名中，论述了"喜怒所以兼爱恶""喜怒以律，爱恶不失分""以礼制心""弗循货色""圣人徇理""知命乐天""以道制欲""去欲从道""形苦心愉"等典型体现宋儒治心修身工夫的重要内容。而在"容"（貌）、"言"、"虑"（思）、"聆"（听）、"觊"（视）的言"动之官"⑥的五名中，论述了"修容有常""言由于德""从容中道""非礼不听"和"非礼不视"等内容。此外，还有如"元"名提出"好学，智之始也；力行，道德之始也"⑦，强调学习与实践的重要性；"范"名提出"圣作六经，万世典刑（型），如见其人"⑧，强调修习六经的重要性等。

　　至此，司马光通过《潜虚》一书构架出完整和谐的儒家理想"天地人之道"。这种以气本论为基础构建的体系，其系统性与合理性不仅反映在上述从多方面展开的修身治国平天下等内容上，更直接反映在以人自

---

① 司马光：《潜虚》，转引自全祖望：《涑水学案》，《宋元学案》第 1 册，第 319—322 页。
② 同上书，第 326—329 页。
③ 同上书，第 329—332 页。
④ 同上书，第 333—335 页。
⑤ 同上书，第 309—312 页。
⑥ 同上书，第 305—308 页。
⑦ 司马光：《潜虚·元》，转引自全祖望：《涑水学案》，《宋元学案》第 1 册，第 301 页。
⑧ 司马光：《潜虚·徒》，转引自全祖望：《涑水学案》，《宋元学案》第 1 册，第 323 页。

身的发展为线索而概括五十五名内容的十一个范畴,即"形""性""动""情""事""德""家""国""政""功""业"上。这十一个范畴具有前后内在的演化关系,即《名图》图序所云"人之生,本于虚,虚然后形,形然后性,性然后动,动然后情,情然后事,事然后德,德然后家,家然后国,国然后政,政然后功,功然后业,业终则返于虚矣"①,反映了从人的诞生到社会家国的发展等一系列的循环往复。

综上所述,《潜虚》气本论的构架和开展,显示了司马光的伟大创造。其核心在于虚气一元的本体论以及作为虚气运行内在法则的"中和之道",以此形成了一条从天道到人道,将自然、社会、人伦和思想文化结合起来,使天地人融为一体的"天地人之道"总系统,从而为人间统治秩序树立合法性和规范性。司马光所创造的这套以气本论为核心的哲学思想,是北宋理学的重要组成部分,也确立了司马光作为北宋理学的创始人和奠基者的重要地位。

第三节　司马光论性情

一、体先于性与体性不离

司马光在《潜虚》一书中致力于构造气本论的宇宙框架,没有对人的性情学说进行深入的探讨。但《潜虚》总论云"万物皆祖于虚,生于气。气以成体,体以受性,性以辨名"②,这一过程体现到人的形成上,则可理解为物质性的"虚(气)"形成出生时具有外在身体和身份地位的"体",再获得内在的"性"(《潜虚》中主要指五行之性),从而成为完整地作为个体的人,即由气成形体、体先于性,人作为完整的个体体性不离。

"体"与"性"的关系在司马光其他著作中表现为"形"与"神"的关系。在司马光这里,"神"并非天命之神,而主要是指人的思想意识、思维活动

① 司马光:《潜虚·名图》,转引自全祖望:《涑水学案》,《宋元学案》第1册,第299页。
② 司马光:《潜虚·总论》,转引自全祖望:《涑水学案》,《宋元学案》第1册,第295页。

以及情感意志等内在状态。他揭示了"天地"自然而不自为的本质,从而否定了传统的天命论思想:"天地者上下之象也"①"天地,有形之大者也"②"天地之功,不自为也"③。他还发扬了前代无神论学说中"形谢神灭"的思想:"死者形神相离。形则入于黄壤、腐朽消灭,与木石等。神则飘若风火,不知何之。"④"有生之终者也,灵已陨矣,则气形各反其本矣"⑤。

司马光指出,民间信仰中的"神"不过是"不知"的产物"心之疾":"(道)出外入内,无所不用,而百姓不知,故谓之神""妖不自兴,由人反德为愚也者,心之疾也。"⑥与"心之疾"对应的是"心之用",即"神"。司马光常以"心""神"并而言之,如"物之神者,莫如心"⑦,"神者,心之用也"⑧,"夫以天地之广大,而人心可以测知之,则心之为用也,神矣"⑨。

关于人的"性"("神")的自然性,司马光在《扬子法言集注》中进行了详细阐述:

> 天地之理,人物之性,皆生于自然,不可强变。智者能知其可以然,则因而导之尔。苟或恃其智巧,欲用所不可用,益所不可益。譬如人之形体,益之则赘,损之则亏矣。⑩

在这里,由自然之气而生的"人物之性"亦具有物质性、"不可强变",唯有由智者"知其可以然",因而能顺应"天地之理,人物之性"来"导之"。

---

① 司马光:《上两宫疏》,《司马温公文集》,第 80 页,北京,中华书局,1985。
② 杜光庭、司马光等注:《道德经集释》上,第 165 页。
③ 司马光:《潜虚·绩》,转引自全祖望:《涑水学案》,《宋元学案》第 1 册,第 331 页。
④ 司马光:《司马氏书仪》,第 54 页,北京,中华书局,1985。
⑤ 扬雄撰,司马光集注:《玄测序》,《太玄集注》卷一,第 7 页,北京,中华书局,1998。
⑥ 扬雄撰,司马光集注:《玄数》,《太玄集注》卷一,第 200 页。
⑦ 司马光:《扬子法言集注》卷三,《景印文渊阁四库全书》第 696 册,第 296 页。
⑧ 扬雄撰,司马光集注:《玄测序》,《太玄集注》卷一,第 5 页。
⑨ 同上书,第 4 页。
⑩ 汪荣宝:《法言义疏》六,第 123 页。

二、"善恶兼有"论与性三品说

司马光认为,人性的"不可强变",在于其善恶兼有。他批驳孟子的"性善"论和荀子的"性恶"论皆偏于一隅:

> 孟子以为人性善,其不善者,外物诱之也。荀子以为人性恶,其善者,圣人教之也。是皆得其偏而遗其大体也。①

> 孟子云人无有不善,此孟子之言失也。丹朱、商均自幼及长所日见者尧舜也,不能移其恶,岂人性无不善乎? 而虞舜自幼及长所日见瞽叟及象也,不能移其善,又岂如荀子言人性无不恶乎?②

对于人性的善恶问题,司马光继承扬雄的性"善恶混"说,将人从人性中善恶多少的角度区分成"圣人""中人""愚人"三个等级:

> 夫性者,人之所受于天以生者也,善与恶必兼而有之。是故虽圣人不能无恶,虽愚人不能无善。其所受多少之间则殊矣。善至多而恶至少,则为圣人;恶至多而善至少,则为愚人;善恶相半,则为中人。圣人之恶不能胜其善,愚人之善不能胜其恶。不胜,则从而亡矣。故曰:惟上智与下愚不移。③

在这里,司马光指出了人性的先天性和自然性,即其气本论的由"虚(气)"而成、"形然后性",人性随人的自然形体而来,故而善恶"兼而有之"。司马光否定纯善无恶和纯恶无善的存在,认为善恶在个人之"性"中的区别只在于"所受多少":"善至多而恶至少"则为"圣人","恶至多而善至少"则为"愚人","圣人"和"愚人"二者不可直接转换,两者间的过渡等级则为"中人"。中人之性"善恶相半",可以为善或为恶。

扬雄关于人性学说的讨论重点,在于"中人"之性,而司马光则注意

---

① 司马光:《性辩》,王云五主编:《司马文正公传家集》卷六六,第 815 页。
② 司马光:《性犹湍水》,王云五主编:《司马文正公传家集》卷七三,第 896 页。
③ 司马光:《性辩》,王云五主编:《司马文正公传家集》卷六六,第 815 页。

到了"圣人"的作用。如前文所述,他提出圣人能顺应"天地之理,人物之性"而"导之",这是他对扬子人性论的发展。

在对"情"的讨论上,司马光指出性情为一,情亦是自然而生、善恶兼有:"情,天性也,性,天命也。"①他继承前人的"七情"之说,认为"情"有"喜、怒、哀、乐、爱、恶、惧"。但是"人喜,斯爱之;怒,斯恶之,故喜怒所以兼爱恶也"②,故而司马光认为"情"主要有"喜""怒""哀""乐""惧"五种,都是"受天而生"。

值得注意的是,司马光除一般地将"情"理解为"七情",还将"情"具体为人的"常情",如"人之常情谁不爱富贵而畏刑祸"③"人之情谁肯弃福而取祸,去荣而就辱"④"人好生恶死,苦贫乐富,重贵轻贱,乃其常情"⑤等。在这里,"情"即是"性",是人与生俱来的本性。

三、"道情一体"说

在善恶兼有的性情学说中,司马光还提出"道情一体"的观点,指出:

> 密不可间,情也。戒不可更,性也……情则毅而不害,善亲亲也,性则割而不绝,能生生也。⑥

他认为情从本来意义上是表示人与人之间密不可分的"亲亲"之情,有"善亲亲"的积极作用,所以"情"与"道"在一定意义上相辅相成、不可变更。所以他提出:

> 夫情与道一体也,何尝相离哉? 始死而悲者,道当然也。久而寝衰者,亦道当然也。故始死而不悲,是豺狼也。悲而伤生,是忘亲

---

① 扬雄撰,司马光集注:《玄冲》,《太玄集注》卷七,第 181 页。
② 司马光撰,张敦实论述:《潜虚(及其他二种)》,王云五主编:《丛书集成初编》第 697 册,第 13 页,北京,中华书局,1985。
③ 司马光:《乞去新法之病民伤国者》,王云五主编:《司马文正公传家集》卷四六,第 588 页。
④ 司马光:《应诏言朝政阙失状》,三云五主编:《司马文正公传家集》卷四五,第 572 页。
⑤ 汪荣宝:《法言义疏》十八,第 514 页。
⑥ 扬雄撰,司马光集注:《玄冲》,《太玄集注》卷七,第 181 页。

也。豺狼不可,忘亲也不可。①

失去"情",圣道也就无从体现,得体之情正是表现圣道的必不可缺的正常手段和形式,情是"必不能无"的合理积极因素。当然,"情"的发挥必须得当,也就是说,它如何发挥,体现到什么程度,都须受"道"的制约,要符合"道"的要求。也就是说须以道统情:

> 情者,水也。道者,防也。情者,马也。道者,御也。水不可防则泛滥荡谲,无所不败也。马不御则腾走奔放,无所不之也。防之御之,然后洋洋乎注夫海,骎骎焉就夫道。由此观之,情与道何尝交胜哉!②

司马光主张道与情是统一关系,而非道灭情或情害道的"交胜"关系。尽管"道情一体"建立在以道统情的基础上,但司马光明确肯定了两者的统一性,肯定了人的适当情感的合理性和必要性。

第四节　司马光的史学思想

司马光是具有明显史家自觉的史学家。在其高度的儒家认同之下,史家司马光又将史学限定在儒学门庭之内,以求道作为治史的最高目标,并且高度认同史学的鉴戒价值,以史学实践自觉承担"经之常道落实在具体历史中帝王之一心"的任务。然而,其儒门史学一旦落入实践,便不得不处理理想世界、现实世界和历史世界三个层面的问题,实际蕴含了求道、求治、求真三重价值目标。理想世界、现实世界、历史世界在史学实践中的相互牵涉和彼此限制,也必然造成儒门史学三重价值目标的内在冲突,亦即求道与求治的冲突、求道与求真的冲突。

从司马光的著述领域看,经、史、子、集四部之学都有涉及,其中尤以经、史两类为主。司马光自认为在经、史上有其长处,在文辞上有所不

---

① ② 司马光:《情辩》,王云五主编:《司马文正公传家集》卷六六,第 822 页。

及;而在经、史之间,更为专擅的领域则是史学。他曾说:"光自幼读经书,虽不能钩探微蕴,比之佗人,差为勤苦尽心而已。又好史学,多编缉旧事,此其所长也。至于属文,则性分素薄,尤懒为之。"①又云:"凡百事为,皆出人下,独于前史,粗尝尽心。"②其言外之意,即史学为其所长,水平超出常人。这表明,司马光平生用功最深的是经学和史学两门学术,其中又尤以史学为长才。毋宁说,司马光还是颇以自身的史学长才自负的。

司马光的史学长才并不是偶然的,可以说,其一生志业和学术成就也以史学为主,有明显的史学名家的自我意识。司马光很早就有志于史学撰述,《进通志表》云:"臣少好史学,病其烦冗,常欲删取其要,为编年一书,力薄道悠,久而未就。"③从少年开始,编纂一部精粹的通史就成为司马光的志业,直到取得宋英宗、宋神宗两代皇帝的支持,配备充足人力、物资,耗费十九年时间才编成一部《资治通鉴》,偿其平生夙愿。《资治通鉴》积稿充栋,耗尽司马光一生心血,其所自言"平生精力,尽于此书",绝非虚语。正是以史学作为志业,欲以史学名家,司马光才把一生主要的精力献给了史学。

一、以史求道

《资治通鉴》卷一二三载,宋文帝于元嘉十五年(438)立玄学、史学、文学、儒学四学。司马光评论道:

> 《易》曰:'君子多识前言往行,以畜其德。'孔子曰:"辞达而已矣。"然则史者儒之一端,文者儒之余事;至于老、庄虚无,固非所以为教也。夫学者所以求道;天下无二道,安有四学哉。④

① 司马光:《上始平公述不受知制诰启》,《司马光集》卷五九,第1244页。
② 司马光:《进资治通鉴表》,《司马光集·补遗》卷二,第1646页。
③ 司马光:《进通志表》,《司马光集》卷五七,第1197页。
④ 司马光:《资治通鉴》卷一二三,宋文帝元嘉十五年,第3868—3869页,北京,中华书局,1956。

这清楚表明,司马光以求道为最高治学目的,以儒家为正统学术,具有强烈的儒家认同。"学者所以求道"之"道",为道德性范畴,特指儒家之道,非佛老之道。在司马光看来,佛老虽也不无所长,但儒家才是"可以为教"的正统学派,佛家、道家则为异端之学。

在儒家认同之下,司马光与宋代理学家具有一个共识,就是蕴藏道的载体是儒家的六经,道已尽在于儒家六经之中。"史者儒之一端",则表明史学同样为儒学一门,在求道明道这一目标上,与经学并无二致。司马光强调史学为儒学一门,等于说是重申传统观点,再度连接史学与儒家之道的关系。

对于经、史与儒家之道的关系,司马光还有更深入的理解。《文中子补传》云:

> 余窃谓先王之六经不可胜学也,而又奚续焉?续之庸能出其外乎?出则非经矣。苟无出而续之,则赘也,奚益哉?或曰:"彼商周以往,此汉魏以还也。"曰:汉魏以还,迁、固之徒记之详矣,奚待于续经然后人知之?必也好大而欺愚乎,则彼不愚者孰肯从之哉?[1]

在他看来,道已在儒家六经中充分表现,后代学者求道应该是潜心研究六经,而不是别出心裁,续写新经。至于如何解决因时代变迁而带来的经的适应性问题,司马光则认为这正是史学的功用所在。经之道为恒常的、普遍的,但要落实到具体的时空,则有其条件性。史学所记载的前言往行,都是具体时空中的实人实事,是道在历史世界中落实的具体经验。史学作为一门注重时间和变化的学问,绝对有助于解决经之道在具体时空中的适应性问题。在道的层面讲,经为恒常、普遍之道,而史则容纳千变万化的道的应用环境,体现了经之常道在不断变化的历史条件下的落实。从这个意义上讲,经为常道,史为变道(经

---

[1] 司马光:《文中子补传》,《司马光集·补遗》卷一一,第 1781 页。

之常道在具体历史中的应变之道）。经作为常道主要确立的是道德根本，而社会历史变化中的变道，则需要史学加以弥补。上文所引司马光"汉魏以还，迁、固之徒记之详矣，奚待于续经然后人知之"，正是表达这一含义。司马光能够重视经之常道适用的历史条件，自然也就能肯认史学在求道上面的作用。

二、三重价值目标：求道、求治、求真

尽管司马光声称史学以求道为最高目标，但这只是单纯就史学作为儒门一端的学术而言，儒门史学一旦落入实践层次，便不得不处理现实世界、历史世界、理想世界三个层面的问题。首先，作为现实中的人，史家编纂史书一般都有其现实指向，司马光也完全不能例外，其编纂《资治通鉴》的目的就是提供给皇帝作为治国参考的。因而，求治必然是司马光史学实践的价值目标之一。其次，从编纂的历史文本来看，儒门史学必须建立在充足证据的基础上，尽可能地符合历史世界，在真实性方面经得起严格的检验。求真是司马光史学实践的又一价值目标。再加上求道这一指向理想世界的最高价值目标，儒门史学实际上蕴含了求道（道德）、求治（秩序）、求真（真实）三重价值目标。①

求真是史家超越时代的共同追求，中国正统史家很早就以维护信史著称于世。同时，中国正统史家又无不接受史学的鉴戒价值，鉴戒实际上联接了儒门史学求道与求治两大价值目标，司马光对此有清晰的描述。《进通志表》云："臣闻治乱之原，古今同体，载在方册，不可不思。"②其中"治乱之原，古今同体"道出了司马光的历史观，即历史虽然永远变

---

① 关于史学的求真、求道、求治观念，可参看刘家和：《史学的求真与致用问题》，《学术月刊》1997 年第 1 期，第 112—118 页；瞿林东：《论读史明道》，《北京师范大学学报》1992 年第 5 期，第 75—81 页；汪高鑫：《中国古代史学的"求道"理念》，《史学史研究》2014 年第 1 期，第 9—12 页。需要说明的是，"致用"是史学对现实问题普遍广泛的观照，其核心精神就是"求治"。对于史学三重价值目标之间的关系，以上论文或多或少有所涉及，但总的来说，论述还较为宽泛，缺少以个案为基础的深入系统的研究。

② 司马光：《进通志表》，《司马光集》卷五七，第 1197 页。

化,但影响治乱的因素则为恒定的。这一恒定的因素即是经之常道在帝王之一心的落实。《进修心治国之要札子状》云:"夫治乱、安危、存亡之本源,皆在人君之心。"①《乞令校定资治通鉴所写稽古录札子》又云:"臣闻史者,今之所以知古,后之所以知先,是故人主不可以不观史。善者可以为法,不善者可以为戒,自生民以来,帝王之盛者,无如尧舜。《书》称其德,皆曰'稽古',然则治天下者,安可以不师古哉!"②恒常普遍之道能否在帝王之一心上落实,是决定天下治乱兴衰的核心问题。对司马光而言,史学的鉴戒意义即是在不断变化的历史条件下探究恒常普遍之道的落实,并揭示历史中的善恶供帝王鉴戒,以成就帝王之品德(内圣),进而达致天下大治(外王)。一言以蔽之,史学鉴戒的目的是成德致治,包含求道和求治两层意义。

史学鉴戒有求道与求治的价值目标,而实际上,这两种目标在不同的层面上存在着既相互冲突,又彼此融合的关系。③ 一方面,在对既往的历史人物进行评价时,史家常常要面对一个问题:能够实现善治的人,其用心和手段未必是符合道德的,对这种人应该如何评价?此种情况极为普遍,涉及求道与求治的冲突。另一方面,在历史编纂方面,求道与求治两种价值目标又融为一体,以鉴戒的名义指导着历史编纂,制约着儒门史学另一价值目标求真。也就是说,作为整体的求道和求治的价值目标,对求真的价值目标在层级上具有一定优先性。

史家常常也要面对另一个问题:历史中有善有恶,善迹固然可供效

---

① 司马光:《进修心治国之要札子状》,《司马光集》卷四五,第 985 页。
② 司马光:《乞令校定资治通鉴所写稽古录札子》,《司马光集》卷五一,第 1077 页。
③ 在儒家内圣外王的理论设定下,内圣与外王具有连续性、一体性,内圣是外王的依据,外王是内圣的归宿。关于求道与求治的关系,当史家在表达一种主观上的理想、愿望之时,即是默认内圣外王的理论前提,求道与求治的关系即相当于内圣与外王连续性、一体性的关系,并且也可以成德、致治二词换用;然而一旦涉及处理客观世界的问题,即进入一个不能自主的境域,求道与求治也不再是儒家内圣外王理论设定下的连续性、一体性关系,往往表现为相互冲突的关系。如在对既往的历史人物的评价上,历史人物已不能被内圣外王的理想所规范和修正,史家能做的只是在求道与求治之间取舍或权衡;而鉴戒则表达了史家对帝王由内圣达致外王的愿望,其中蕴含的求道与求治的意义之间是连续的、一体的关系。

法,恶迹是否也会被效法？史家在历史编纂过程中,可能担心恶迹被效法,而删除恶的内容,这就涉及求道、求治与求真的冲突。就其外在表现而言,史家删除恶迹的理由常常是"不足为法",是以求道的名义展开的批评,而在由求道达致求治(内圣外王)的实践程序下,求道的背后暗含求治的目标,所以这一冲突可简化为求道与求真的冲突。

三、求道与求治的冲突

求道是儒门史学的道德性的目标,是要求经之恒常普遍之道落实在客观世界之中,做到一切言语举动、凡百政事皆合于道,而求治则是追求合理秩序,实现客观世界的条理化、规整化、秩序化。然而,在具体某一事件中,求道和求治两种价值目标可能无法同时实现,甚至会相互排斥。尽管司马光是在历史语境中表达这两种价值关怀的,但其反映的不仅仅是理想世界与历史世界的关系,历史文本的言外之意还可能折射出理想世界与现实世界的关系;求道与求治的冲突,其实质就是理想世界与历史世界、现实世界的冲突。司马光以求道与求治作为治史目标,自然要面对这一尖锐问题。在这一问题上,司马光与同时代的程颐看法就有所不同。《河南程氏遗书》卷二上载:

> 君实修《资治通鉴》,至唐事。正叔问曰:"敢与太宗、肃宗正篡名乎?"曰:"然。"又曰:"敢辩魏徵之罪乎?"曰:"何罪?""魏徵事皇太子,太子死,遂忘戴天之雠而反事之,此王法所当诛。后世特以其后来立朝风节而掩其罪。有善有恶,安得相掩?"曰:"管仲不死子纠之难而事桓公,孔子称其能不死,曰:'岂若匹夫匹妇之为谅也,自经于沟渎而莫之知也。'与徵何异?"曰:"管仲之事与徵异。齐侯死,公子皆出。小白长而当立,子纠少亦欲立。管仲奉子纠奔鲁,小白入齐,既立,仲纳子纠以抗小白。以少犯长,又所不当立,义已不顺。既而小白杀子纠,管仲以所事言之则可死,以义言之则未可死,故《春秋》书'齐小白入于齐',以国系齐,明当立也;又书'公伐齐纳纠',纠去

子,明不当立也。至'齐人取子纠杀之',此复系子者,罪齐大夫既盟
而杀之也。与徵之事全异。"①

《河南程氏外书》卷一二载:

> 司马温公修《通鉴》。伊川一日问:"修至何代?"温公曰:"唐初
> 也。"伊川曰:"太宗、肃宗端的如何?"温公曰:"皆篡也。"伊川曰:"此
> 复何疑?"伊川曰:"魏徵如何?"温公曰:"管仲,孔子与之。某于魏徵
> 亦然。"伊川曰:"管仲知非而反正,忍死以成功业,此圣人所取其反
> 正也。魏徵只是事雠,何所取耶?"然温公竟如旧说。②

司马光修《资治通鉴》自有定见,程颐试图在历史人物评价上予以挑战,
结果却不为司马光所认可。唐太宗、肃宗同为篡位,两人之见并无不同,
分歧则主要在对魏徵的评价上。在司马光看来,魏徵的选择如同管仲,
都是在故主争位失败后投靠新主,后半生在政治上有杰出的表现,对管、
魏均予以肯定。程颐则以为不然,他认为魏徵和管仲两人之事完全不
同,不能盲目类比。

德国社会学家马克斯·韦伯提出的一组概念——信念伦理与责任
伦理——有助于我们理解程颐和司马光两人的主张。③ 信念伦理认为,
一个行为的道德价值完全取决于行为者的愿望,而与该行为可预见的后
果毫无关系。也就是说,信念伦理视道德价值为绝对的、无条件的,对于
现实中存在的政治与道德之间的紧张关系,持守信念伦理原则的人选择
无视。而责任伦理在评断政治行为的价值之时,除了考虑行为者的愿望
外,还将该行为可预见的后果纳入考量。韦伯认为,政治生活中无法避
免武力的使用,目的和手段、应然与实然之间存在着难以化解的紧张关

---

① 程颢、程颐:《河南程氏遗书》,《二程集》卷二上,第 19 页。
② 程颢、程颐:《河南程氏外书》,《二程集》卷一二,第 438 页。
③ Gesinnung sethik 有多种译法,如信念伦理、意图伦理、存心伦理、良知伦理、心志伦理等,
Ver-antwortung sethik 通常译为"责任伦理",较为统一。今采用冯克利先生的译法,将两词
分别译为信念伦理、责任伦理,参见马克斯·韦伯:《学术与政治》,冯克利译,第 107 页,北
京,生活·读书·新知三联书店,1998。

系，因而政治伦理也与个人伦理不同，对政治活动不能完全以道德评断其合理性。责任伦理的提出，其意正在积极调解道德与政治之间的紧张关系。

很明显，在对魏徵的评价上，程颐采取的是信念伦理原则，而司马光采取的是责任伦理原则。程颐追求的是道德的至上完满，执意于对魏徵进行道德判断，无视其后来良好的政治表现。而司马光则将魏徵的变节与其结果联系在一起进行综合评断，从而对魏徵给予肯定。司马光当然不会有责任伦理的概念，但也在评价管仲、魏徵之时，确实遵循的是责任伦理。韦伯说："谁也不能教导某个人，他是该按信念伦理行动呢，还是该按责任伦理行动，或者他何时该按此行动，何时该按彼行动。"[1]程颐作为理学家，坚持道德至上，基本遵循的是信念伦理，其理论主张具有高度一致性。而司马光在评价政治人物时，并没有统一的标准和原则，而是根据客观历史情况和求道、求治的双重价值目标，在道德价值和功效价值之间左右权衡。例如，在魏徵和唐太宗的问题上，尽管二人行迹相似，但司马光经过权衡，却给出了完全不同的评价。对于魏徵，司马光在权衡上以功效价值为重，以道德价值为轻，所以如同孔子宽恕管仲一样，宽恕魏徵背主反事之罪。从程颐信念伦理的立场考虑，司马光对魏徵的肯定，完全是对功业的工具价值的肯定，是道德对现实政治的妥协。这种只重功业不计道德的做法，有使现实政治堕入"权力政治"的深渊之虞。对于唐太宗，如同程颐的评价，司马光也是遵循信念伦理，进行道德判断。尽管唐太宗建立了不世功业，但司马光对其篡位之举并无丝毫宽贷，"皆篡也"已明白表示这种态度。司马光在评价唐太宗之时，是经过一番权衡的：虽然唐太宗对唐王朝有缔造之功，但玄武门之变产生了极其恶劣的长远影响，道德价值的重要性远胜过功效价值，故其对唐太宗的评价和程颐完全相同，皆认为是篡位。

魏徵和唐太宗，同样是在建立功业的同时伴随道德瑕疵，何以司马

---

[1] 马克斯·韦伯：《学术与政治》，冯克利译，第 115 页。

光分别采取责任伦理原则和信念伦理原则？司马光对帝王采取的是信念伦理原则，而对士大夫采取的是责任伦理原则。他对士大夫当然不是没有道德要求，但对帝王的道德要求则更高。对帝王不加宽假，而对普通士大夫的魏徵则有恕词，其缘故仍和他对帝王的看法有关。司马光认为天下治乱兴衰的枢机在于帝王之一心，对帝王的评价自然要比对普通士大夫的评价更为严苛。

四、求道与求真的冲突

维护历史的真实性是历史学者的职业道德准则，但若细加区分，真实性实有层级上的差别：言必有据，秉笔直书，是基本的真实；而对历史的重要环节，全面真实地记录，不以个人好恶加以删汰，则可视为高级的真实。作为专业史家，司马光绝对具有基本的史家操守，完全能做到言必有据，秉笔直书，但在历史编纂的高级真实上，却受到理学家朱熹的质疑。

在鉴戒的指导思想下，司马光似乎对依凭己意删汰史事之举视为理所当然，并不遮掩。《史剡序》云："愚观前世之史，有存之不如其亡者，故作《史剡》。"[①]这就是说，由于前史之事不足为法，司马光认为与其记录流传此种事，不如让它亡佚为好。如《史剡》"夏桀"条云："桀走鸣条，逐放而死。桀谓人曰：'吾悔不遂杀汤于夏台，使至此。'剡曰：是言也，存为后世之惩劝，其可乎？"[②]夏桀之语出自《史记·夏本纪二》，司马迁以实录精神加以记载，而司马光出于夏桀之语不足为法，有违其以史惩劝的目的，显然不主张在史书中将其记录下来。夏桀此语虽不足法，但却属于历史事实（起码在司马迁看来是史实，司马光也未怀疑其真实性），如若不载此语，对历史的完整性来说，无疑是一种损失。尽管司马光对删削重要史实并不讳言，而且视为理所当然，但就其史

---

① 司马光：《史剡序》，《司马光集》卷七四，第 1495 页。
② 司马光：《史剡·夏桀》，《司马光集》卷七四，第 1498 页。

学实践的实质情形而言，求道与求真两种价值目标之间的冲突已昭然无疑。在鉴戒的指导思想下，理想世界（也包括现实世界）制约着历史编纂所要表现的历史世界，亦即求道（也包括求治）的价值目标制约着求真的价值目标。史家一般不会伪造事实，但对一些不足为法的历史记载，他们面临求道与求真两种不同价值目标的选择：求真之心胜于求道之心，则史实被保存；求道之心胜于求真之心，则史实被删削。通过删削史实表达政治立场和道德倾向，是儒门史学内在价值目标冲突的必然结果，尤其是呈献给皇帝、用以"资治"的历史著作《资治通鉴》，司马光自然不得不常常面对求道与求真之间的选择，思考如何更好地发挥史学对皇帝的鉴戒作用。

朱熹如此批评司马光的《资治通鉴》："温公《通鉴》，凡涉智数险诈底事，往往不载，却不见得当时风俗。如陈平说高祖间楚事，亦不载上一段；不若全载了，可以见当时事情，却于其下论破，乃佳。又如亚夫得剧孟事，《通鉴》亦节去，意谓得剧孟不足道；不知当时风俗事势，剧孟辈亦系轻重。"[1]又说："温公《通鉴》不信'四皓'辅太子事，谓只是叔孙通谏得行。意谓子房如此，则是胁其父。曰：'子房平生之术，只是如此……高祖只是识事机，明利害。故见'四皓'者辅太子，便知是得人心，可以为之矣。叔孙通嫡庶之说如何动得他……如子房、剧孟，皆温公好恶所在。然著其事而立论以明之可也，岂可以有无其事为褒贬？温公此样处议论极纯。'"[2]又言："温公不喜权谋，至修书时颇删之，奈当时有此事何？只得与他存在。若每处删去数行，只读着都无血脉意思，何如存之，却别做论说以断之？"[3]朱熹由于编纂《资治通鉴纲目》，对《资治通鉴》极为熟悉，他指出了司马光《资治通鉴》不载之事：陈平说高祖间楚事、周亚夫得剧孟事都因为涉及智数险诈被司马光删去不载；张良致"四皓"，有助汉惠

---

① 黎靖德编：《朱子语类》卷八三，第 2152 页。
② 黎靖德编：《朱子语类》卷一三四，第 3206 页。
③ 同上书，第 3204 页。

帝以子胁父（汉高祖）之嫌，并也不载。① 然而前者不载，不足以知当时
"风俗事势"，后者不载，不足以知汉惠帝嗣位之曲折，二者并删去不载，
如何见当时社会、朝廷之真？ 对于删去张良致"四皓"一事，司马光《考
异》辩解道："若四叟实能制高祖使不敢废太子，是留侯（张良）为子立党
以制其父也，留侯岂为此哉！"②事实上张良正是战国秦汉间通达权谋的
一类人，司马光这种辩解是无力的。司马光显然是不希望"智数险诈"、
以子胁父之事为后人所效法，在此诸事上其求道之心又胜于求真之心，
故而淹没了历史真实。"却不见得当时风俗""不知当时风俗事势，剧孟
辈亦系轻重"等语，正道出了朱熹对司马光删削重要史实、损伤历史完整
性的不满，也明白揭示了以司马光为代表的儒门史学在实践中遭遇的求
道与求真两种价值目标之间的冲突。

　　朱熹的求道之心自然不亚于司马光，但何以理学家朱熹更能够注意
到历史编纂的真实性，而专业史家司马光反而于此暗昧不解呢？ 这是由
于二人对史学的功能定位不同：司马光之暗昧，是由于其囿于史学求道
明道的价值目标，故常常折中于求真与求道之间，在保证历史基本真实
的同时，又通过删汰历史的灰暗记载实现求道的价值目标。而朱熹之所
以能重视历史记载的真实性和在真实性上史学的独立性，则是因为他并
不将求道明道作为史学的主要功能。朱熹所期待的史家之史，是建立在
全面真实的基础上，以保存历史事实为主要目的，明道功能相对次要的
史学。从现代观念看，此种史家之史虽然在思想形态上还处在经的笼罩
下，但由于不因求道而淹没重要历史环节，在客观真实性上已经是较为
独立的。

---

① 今本《资治通鉴》确实不载周亚夫得剧孟、张良致四皓两事，但陈平说高祖间楚事有载，见《资
　治通鉴》卷一〇，汉高祖三年，第334—335页。
②《资治通鉴》卷一二，汉高祖十一年秋七月，第400页。

第十章 王安石的哲学思想

王安石（1021—1086），字介甫，号半山，死后被封为荆国公，故世人又称王荆公。北宋抚州临川（今江西临川）人，著名的政治家、思想家与文学家。他担任丞相期间，直接主导了一场著名的变法运动，史称"熙宁变法"。

王安石青年时期始立志于学，泛观博览，于"诸子百家之书，至于《难经》《素问》《本草》诸小说，无所不读，农夫、女工无所不问"[1]。正是通过这一番博文约礼的工夫，"然后于经为能知其大体而无疑"[2]，并且开始注解经典。宋神宗时，"先生提举修撰经义，训释《诗》《书》《周官》，既成，颁之学官，天下号曰'新义'"[3]。《三经新义》立为官学后，"累数十年而始废"，可见其影响之大。《三经新义》在一定程度上为王安石的变法运动提供了理论依据，使他可以大胆地借鉴儒家经典中的精神来治世，推进现实社会的制度改革。

王安石的哲学思想较为复杂，一方面，他以孔孟为归宗，极力尊崇正

---

[1] 王安石撰，李之亮笺注：《答曾子固书》，《王荆公文集笺注》卷三六，第 1264 页，成都，巴蜀书社，2005。

[2] 同上书，第 1264 页。

[3] 全祖望撰，陈金生、梁运华点校：《荆公新学略》，《宋元学案》第 4 册，第 3239 页。

统儒家思想,从《周礼》等经典中探寻现实社会变法的理论基础,这些集中体现在他的人性论、新经学思想上;另一方面,他又受道家、佛教影响,曾注解《老子》,品评庄子,批荀况,黜杨墨,于诸家之学无不考究。这又影响到他的宇宙论、天人观。故苏轼评价王安石曰:"网罗六艺之遗文,断以己意;秕糠百家之陈迹,作新斯人。"①这可以看作一个比较公允的评价,尤其突出了一个"新"字,彰显了"荆公新学"之旨。

第一节 宇宙论

王安石通过注解《老子》,撰写《洪范传》,阐述了他的宇宙生成论思想。但值得注意的是,他所探讨的并非纯粹的宇宙生成论,同时也是一种存在论。下面分别从本末论、元气论、五行论角度加以分析。

一、有无本末论

老子认为,道为天地万物之本源,源源不断地产生了天地万物,但老子并未确指道生天地万物的过程,这就给注释者很大的诠释空间。王安石注《老子》第一章曰:

> 无者,形之上者也。自太初至于太始,自太始至于太极。太始生天地,此名天地之始,有形之下者也。有天地然后生万物,此名万物母,母者生之谓也。《杂说》:无名者,太始也,故为天地之父;有名者,太极也,故为万物之母。天地,万物之合,万物,天地之离。于父言天地,则万物可知矣;于母言万物,则天地亦可知矣。②

---

① 苏轼:《王安石赠太傅制》,《苏轼文集》卷三八,第 1077 页,北京,中华书局,1986。
② 王安石的老子注,现存仅为辑佚本,主要有蒙文通:《王介甫〈老子注〉佚文》,《道书辑校十种》,《蒙文通文集》第 6 卷,成都,巴蜀书社,2001。容肇祖:《王安石老子注辑本》,北京,中华书局,1979。严灵峰:《辑王安石〈老子注〉》,《无求备斋老子集成初编》,台北,台湾艺文印书馆,1965。本文所引主要参考蒙本,但个别标点稍有改动。王安石:《王介甫〈老子注〉佚文》,蒙文通:《道书辑校十种》,《蒙文通文集》第 6 卷,第 675—676 页。

王安石借用了汉代宇宙生成论中常用的概念和模型,如《易纬·乾凿度》中的思想①,并进行了改造,重新设置了"太初—太始—太极"的宇宙生成阶段。学界通常认为王安石较早地将《老子》第一章中的有、无独立断句,并作为重要的哲学概念加以阐释,殊不知,王安石明显地兼顾了"无""有"与"无名""有名"两种理解。他首先辨析了"有""无",认为"无"是形而上者,超越感官经验。但"无"作为一个名,其实指代的是形而上的没有物的分化、名还未形成的阶段,因而"无"之所指亦即无名者,对应太始阶段,是天地之始。"有"是形而下者,有具体形态可被感知。从太始生天地,"名"产生了,如"天""地"之名,"物"亦开始形成,因而"有"这个形下的阶段就是指有名者,对应太极阶段。由此可知,王安石将"有"与"无"看作是宇宙生成过程中的不同阶段,从生成次序来说,是先后两个不同的阶段。他之所以强调以无名、有名来分别界定这两个阶段,意在表明无与有亦只是名,这实际上表明《老子》第一章中无论以无、有断句还是以无名、有名断句,经义都是融贯的。有了天地形态的出现,则万物已经孕育其中。天地与万物是一体的存在,是分化过程中合与离两种不同状态下的描述。那么"太初"到"太始"的阶段对应着什么呢? 显然,按照王安石的注释进行推测,这一阶段正是道的本体状态,是宇宙之本始,亦即"一"。

> 道,一也,而为说有二;所谓二者何也? 有无是也。无则道之本,而所谓妙者也;有则道之末,所谓徼者也。故道本出于冲虚杳渺之际,而其末也散于形名度数之间。是二者其为道一也。②

> 道有本有末。本者,万物之所以生也;末者,万物之所以成也。本者出之自然,故不假乎人之力而万物以生也;末者涉乎形器,故待

---

① 《易纬·乾凿度》:"夫有形生于无形,乾坤安从生? 故曰有太易,有太初,有太始,有太素也。太易者,未见气也。太初者,气之始也。太始者,形之始也。太素者,质之始也。气形质具而未离,故曰浑沦。""易始于太极,太极分而为二,故生天地。"《易纬·乾坤凿度》云:"太易始著太极成;太极成,乾坤行。"郑玄注曰:"太易,无也;太极,有也。"
② 王安石:《王介甫〈老子注〉佚文》,蒙文通:《道书辑校十种》,第 676 页。

人力而后万物以成也。①

道是一个不可分割的统一体，所谓的"二"是从道的本末角度分析出的"有"与"无"。"无"作为道之本，冲虚杳渺，超越感官经验，不假乎人力，天地万物自然而生，故曰妙。"有"作为道之末，体现为天地万物的现实存在状态，尤其体现在各种形名度数之中，是人力的创造与制作，具体事物之生死边界能被察知，故曰徼。由"无"到"有"即老子所谓的"朴散则为器"，"朴者，道之本而未散者也"②。但本末均源于道，故无与有一体相连。关于有与无的关系，他进一步解释：

> 有无不能以并存，此所以蔽而不能自全也。夫无者名天地之始，而有者名万物之母，此为名则异，而未尝不相为用也。盖有无者，若东西之相反而不可以相无。故非有则无以见无，而无无则无以出有。③

王安石认为有与无不能并存，这是从形上与形下之别的角度而言，如果将有与无完全放在同一层次考量，则混淆了形上与形下之别。但从"名"的角度来看，"有"与"无"之名虽异，却相以为用，两者不可或缺。"无"是对"有"进行形上推论的结果，故为"有"之本。我们正是通过"有"才能去追溯其形上之本，因而"有"是体察"无"的基础，故曰"非有则无以见无"。而"有"之所以成为"有"，其根据乃在于"无"，"有"不过是形上之"无"的作用与显现，故曰"无无则无以出有"。王安石认为古之圣人分别从本末角度来体察道：

> 有无之变，更出迭入，而未离乎道，此则圣人之所谓神者矣。《易》曰："无思也，无为也，寂然不动，感而遂通天下之故。"此之谓也。盖昔之圣人常以其无思无为以观其妙，常以感而遂通天下故以

---

① 王安石：《老子》，《王荆公文集笺注》卷三一，第 1082 页。
② 王安石：《王介甫〈老子注〉佚文》，蒙文通：《道书辑校十种》，第 694 页。
③ 同上书，第 676 页。

观其徼。徼妙并得，而无所偏取也，则非至神其孰能与于此哉？然则圣人之道，亦可见矣。观其妙所以穷神，观其徼所以知化，穷神知化，则天地之道有复加乎？[①]

王安石借用《易传》中的思想来诠释老子的"两观"。"无思无为"乃是圣人超越视听言动等经验感知作用，以一种纯粹的形上之思去体知，故能观天地万物本源于道，以无为本，是谓穷神。"感而遂通"则是借助具体的感觉器官，通过感觉经验察看天下万物之生灭变化，此便是有之用，是谓知化。

王安石批评学者们通常将有无对立或分割的错误做法，他说："两者，有无之道，而同出于道也。言有无之体用皆出于道。世之学者，常以无为精，有为粗，不知二者皆出于道，故云'同谓之玄'。"[②]不管是有还是无，都本源于道，或曰有与无作为名，其所指乃是道的不同存在状态而已，圣人能体察道的一体融贯，故能最终不拘于有与无之名，而穷神知化。但值得指出的是，王安石以"太初—太始—太极"构造了宇宙生成模式，其宇宙生成论带有明显的阶段论痕迹，而他同时又从形上、形下的角度阐述"有""无"的观念，以对应宇宙生成的阶段。这样"有"与"无"就不再是简单的宇宙生成论概念，而是存在论的概念，由此可知，王安石的宇宙论同时又糅合了存在论[③]。

二、元气论

王安石引入元气的观念，从体用角度分析了道生天地万物的思想。

---

① 王安石：《王介甫〈老子注〉佚文》，蒙文通：《道书辑校十种》，第 676 页。
② 同上书，第 677 页。
③ 有学者亦指出这一点，孔令宏认为："'有生于无'谈的是宇宙发生论，'形而上''形而下'这对范畴固然也可以用以阐释'有生于无'，但更多地是用在本体论中。"（孔令宏：《宋明理学与道家道教》，第 79 页，北京，中华书局，2006）刘成国认为，王安石以"本末""体用"等概念来解释"有""无"，明显是受到王弼注老的影响，讨论的是本体论问题，"形式上运用了王弼的'体''用'，内容上却依然属于宇宙的生成论。这样，安石的宇宙论往往与本体论的问题混为一谈"（刘成国：《荆公新学研究》，第 134 页，上海，上海古籍出版社，2006）。

> 道有体有用。体者，元气之不动，用者，冲气运行于天地之间……盖冲气为元气所生。①

> 一阴一阳之谓道，而阴阳之中有冲气。冲气生于道，道者，天也，万物之所自生，故"为天下母"。②

王安石借用汉代人的元气论来解析老子之道产生天地万物的过程。他认为道之本体状态为元气，而元气虽然不动，但已包含了一阴一阳两种性质不同的气，阴阳之中就蕴含着冲气，冲气流行于天地之间，此便是道之作用所在。因此王安石所说的"冲气为元气所生"与"冲气生于道"并不矛盾。但他同时指出道不同于具体事物的存在："道非物也，然谓之道则有物矣，恍惚是也。"③既然给这个"物"命名为"道"，则表明"物"确实由此而生。他进而将"道"诠释为"天"，"天与道合而为一"④。这里的"天"非宗教神学意义上的带有人格意志之天，亦非狭义的物理之天，而是指一种纯自然的存在，即天地万物未分化的混沌状态，本质上是道的元气存在状态。

三、五行论

五行是古代中国人用来解释天地万物生成演化的重要概念，最早出现在《尚书·洪范》中，王安石撰写了一篇《洪范传》，集中阐述了五行生成天地万物的思想。

> 五行，天所以命万物者也。⑤

> 道者，万物莫不由之者也。命者，万物莫不听之者也。⑥

王安石认为五行是天地万物得以形成的物质性元素，直接散布于天地万

---

① 王安石：《王介甫〈老子注〉佚文》，蒙文通：《道书辑校十种》，第 680 页。
② 同上书，第 700 页。
③ 同上书，第 691 页。
④ 同上书，第 690 页。
⑤ 王安石：《洪范传》，《王荆公文集笺注》卷二八，第 991 页。
⑥ 同上书，第 994 页。

物之间。这里的"天"亦即"道",万物源于道。这里的"命"不是宗教神学意义上的天命,而是指万物根源于道的生命。这一点我们可以从他注解《老子》看出来,他说:"命者,自无始以来未尝生、未尝死者也。"①五行是天地万物的构成要素,是万物生命的构成,这种生命自太始生天地以来,循环反复无穷,无所谓生与死,而这正是道运行的恒常规律。如果仅仅将"五行"置于道与万物之间来探讨,显然还只是一种构成论思想,然而王安石进一步阐述道:

> 五行也者,成变化而行鬼神,往来乎天地之间而不穷者也,是故谓之行。②
>
> 道立于两,成于三,变于五,而天地之数具。③

何谓五行? 王安石对五行之"行"的解释颇有新意,即"行"是"往来乎天地之间而不穷者",他认为五行变化不居,没有穷尽,这就为解释天地万物的运动变化提供了依据,并且也超越了简单的五行构成论。他进一步解释:"盖五行之为物,其时、其位、其材、其气、其性、其形、其事、其情、其色、其声、其臭、其味,皆各有耦,推而散之,无所不通,一柔一刚,一晦一明……耦之中又有耦焉,而万物之变,遂至于无穷。"④这里的"两""耦"强调了事物在对立运动中发展,在王安石看来,道生天地万物的过程其实是一个运动不息的过程,而五行在万物形成过程中,正是通过复杂的运动变化,才塑造了千姿百态的具体事物。

第二节　天人观

在宇宙论的基础上,王安石对自然与人为的关系亦进行了分辨,阐述了他的天人观。

---

① 王安石:《王介甫〈老子注〉佚文》,蒙文通:《道书辑校十种》,第 689 页。
②③④ 王安石:《洪范传》,《王荆公文集笺注》卷二八,第 993 页。

一、天与人之分

在以道为万物本根的宇宙论基础上，王安石要进一步解决的问题便是道生天地万物之后，天地万物的存在状态又如何呢？他说：

> 道有本有末。本者，万物之所以生也；末者，万物之所以成也。本者出之自然，故不假乎人之力而万物以生也；末者涉乎形器，故待人力而后万物以成也。[①]

万物之所以能够存在的终极依据是道，因此万物之本源于自然，这是从形而上的角度追溯万物之本。王安石多以"天"来诠释"道"，其实正好是对老子天道观念的准确理解，表明"道"生天地万物是一种纯自然的过程，而非人力所创设。至于在人类社会中呈现的各种具体事物，都是形器之属，即"器者，道之散"[②]。具体的器物乃是人力的产物，这是从形而下的角度阐述具体事物的形成与发展。对人类的存在状态进行分析，他亦得出相同的结论。他说："夫人莫不有视、听、思，目之能视，耳之能听，心之能思，皆天也。然视而使之明，听而使之聪，思而使之正，皆人也。"[③]人生而具有基本的感觉器官并且能够视听思，这种能力是一种天赋，即本之于"道"，自然而生。但运用并发挥这种能力从而达到更完美的状态则在于人为，即人能够通过正确地训练与运用感觉器官，从而达到"明""聪""正"的状态。

王安石从本末角度分析道的存在状态，实质上是区分了形上与形下的差异，其意图在于强调现实人事活动中人为的不可或缺。既然从天人相分角度区别了人为与自然，王安石接下来便要对老子的无为思想加以改造。

---

① 王安石：《老子》，《王荆公文集笺注》卷三一，第 1082 页。
② 王安石：《洪范传》，《王荆公文集笺注》卷二八，第 994 页。
③ 王安石：《王介甫〈老子注〉佚文》，蒙文通：《道书辑校十种》，第 703 页。

二、对无为的诠释

王安石批判了老子对人为作用的忽视,他说:

> 老子者独不然,以为涉乎形器者皆不足言也,不足为也,故抵去礼、乐、刑、政,而唯道之称焉,是不察于理而务高之过矣。夫道之自然者,又何预乎? 唯其涉乎形器,是以必待于人之言也,人之为也。[1]

道之自然则是万物得以存在的基础,这是本体层面的追问,因而我们无法去预测与作为。但万物能够以具体形器的方式存在于现实活动中,则必须依靠人的改造。王安石批评老子只看到道之自然,而忽视了形器之属、抵制礼乐刑政的做法。在他看来,这是"不察于理而务高之过矣"。那么人为究竟体现在哪些方面呢? 他认为:

> 夫其不假人之刀而万物以生,则是圣人可以无言也,无为也;至乎有待于人力而万物以成,则是圣人之所以不能无言也,无为也。故昔圣人之在上而以万物为己任者,必制四术焉。四术者,礼、乐、刑、政是也,所以成万物者也。故圣人唯务修其成万物者,不言其生万物者,盖生者尸之于自然,非人力之所得与矣。[2]

他区分了天地万物的"生"与"成"两个不同的状态。所谓"生"是言万物之本,乃是形上之域,出乎自然,非人力所及,故圣人不言不为。而万物之"成"乃是人为作用的结具,圣人必须参与天地万物的最终成形,主要是通过"四术",即礼、乐、刑、政。很显然,王安石主张积极的人为,而不是完全放任事物的发展。在《拟寒山拾得二十首》中,他也对庄子的天人观念提出了不同的看法:"牛若不穿鼻,岂肯推人磨,马若不络头,随宜而起卧。"[3]牛马若完全按照其本性发展,则必不能为人所用,穿牛鼻与络马

---

[1] 王安石:《老子》,《王荆公文集笺注》卷三一,第 1083 页。

[2] 同上书,第 1082—1083 页。

[3] 王安石撰,秦克、巩军点校:《王安石全集》,第 413 页,上海,上海古籍出版社,1999。

首,这些是人类生存发展的必要活动。同理,治理国家,也不能放弃人为。王安石进而对老子的无为思想进行了诠释:

> 爱民者,以不爱爱之乃长;治国者,以不治治之乃长。惟其不爱而爱、不治而治,故曰"无为"。夫无为者,用天下之有为;有余者,用天下之不足。①
>
> 然无为也,亦未尝不为,故曰无为而无不为。②

无为不是完全不作为,而是方式的选择问题。治理者之所以能够无为乃是因为其他人的各安其职,有所作为。那么如何才能达到老子声称的无为而治的现实效果呢? 王安石认为:"圣人无心,故无思无为。虽然,无思也未尝不思,无为也未尝不为,以'吉凶与民同患'故也。"③他主张治理者仍然需要思考和作为,但总的原则是能够顺应老百姓的生活方式,保持一种常态。

三、天道与人道

天人相分的背后,便是天道与人道的分野。天道对于人道有一种规制作用,可以为人事活动所效法,以天道说人道,是王安石天人观的一个重要方面。他说:"有阴有阳,新故相除者,天也。有处有辨,新故相除者,人也。"④道生天地万物是一个自然的过程,其间阴阳相合,新故相除,这是天道自然。而具体人事活动中的各种变化造作则是人为的作用,人为对天地万物的存在产生积极作用,人道应效法天道,而不是放弃人道,听任天道。由此他认为:"某以谓期于正己而不期于正物,而使万物自正焉,是无治人之道也。无治人之道者,是老、庄之为也。"⑤他认为老庄那种放弃人道顺从天道的做法不可取,人道的作用体现为:"物正焉者,使

---

① 王安石:《王介甫〈老子注〉佚文》,蒙文通:《道书辑校十种》,第 687 页。
②③ 同上书,第 699 页。
④ 王安石:《字说》,转引自杨时:《王氏字说辩》,《龟山集》卷七,第 325 页。
⑤ 王安石:《答王深甫书一》,《王荆公文集笺注》卷三五,第 1221 页。

物取正乎我而后能正,非使之自正也。"①但人的作为不是恣意妄为、违背天道,而是对天道的遵循与效法。基于此,他批判了荀子的"圣人化性起伪"说。他说:

> 故礼始于天而成于人,知天而不知人则野,知人而不知天则伪。圣人恶其野而疾其伪,以是礼兴焉。今荀卿以谓圣人之化性为起伪,则是不知天之过也。②

王安石明确提出"礼始于天而成于人"的命题,指出礼本是符合人之本性的制度设置,荀子只看到礼制的人为创设作用,却没看到礼本于人性,同时也本于自然。在具体的礼制创设中,他通过对天道与人道的分析阐述各种礼制上的差异。

> 天道升降于四时。其降也,与人道交;其升也,与人道辨。冬日,上天与人道辨之时也,先王于是乎以天道事之;秋则犹未辨乎人也,先王于是乎以人道事之。以天道事之,则宜远人,宜以自然,故于郊、于圆丘;以人道事之,则宜近人,宜以人为,故于国、于明堂。始而生之者,天道也;成而终之者,人道也……远而尊者,天道也;迩而亲者,人道也。祖远而尊,故以天道事之,则配以祖;祢迩而亲,故以人道事之,则配以祢。③

自然界有四时更替,人类的活动就在这种时节更替中进行。不同的时节,人类活动与天道之间关系的紧密程度不同。就祭祀而言,远祖已经逝去,融入自然,故礼制多徇以天道。现实生活中的人事较为亲近,故各种宗庙之礼多循人道。那么人道与天道是不是截然相分呢? 王安石认为:"所谓天者,果异于人邪? 所谓人者,果异于天邪? 故先王之于人鬼也,或以天道事之。'萧合稷黍,臭阳达于墙屋'者,以天道事之也。"④人

---

① 王安石:《答王深甫书一》,《王荆公文集笺注》卷三五,第1221页。
② 王安石:《礼论》,《王荆公文集笺注》卷二九,第1029页。
③ 王安石:《郊宗议》,《王荆公文集笺注》卷二五,第919页。
④ 同上书,第920页。

死为鬼,就融入了天道之中,但活着的人通过各种祭祀活动通达了天道与人道,因而各种人事活动其实也是在与天道相沟通。他进而提出"天人之不相异"①的命题。就现实治理者而言,理想的状态是由人道至于天道,他说:"王者,人道之极也。人道极,则至于天道矣。"②这样,王安石便在天人相分的逻辑起点最终导向了天人合一的终点。

第三节 人性论

王安石的人性论思想主要集中在《性情》《性说》《原性》《性论》《杨孟》等几篇文章中,但这几篇论文又充满着矛盾。

一、性情一也

王安石批判世儒将性情分说,却不知性情本一,他说:

> 世有论者曰"性善情恶",是徒识性情之名而不知性情之实也。喜、怒、哀、乐、好、恶、欲未发于外而存于心,性也;喜、怒、哀、乐、好、恶、欲发于外而见于行,情也。性者情之本,情者性之用,故吾曰性情一也。③

王安石认为喜怒哀乐好恶欲七者既是人之性,同时又是人之情,性情一体相通。既然性情相通,那么如何解释现实中的各种恶呢? 他进一步分析道:"故此七者,人生而有之,接于物而后动焉。动而当于理,则圣也、贤也;不当于理,则小人也。"④由此可知,王安石从经验层面分析性与情,认为情本于性,发之于外,既可能为物所累而入于恶,也可能为物所感而

---

① 王安石:《郊宗议》,《王荆公文集笺注》卷二五,第 920 页。
② 王安石:《王介甫〈老子注〉佚文》,蒙文通:《道书辑校十种》,第 690 页。
③ 王安石:《性情》,《王荆公文集笺注》卷三〇,第 1062 页。
④ 同上书,第 1063 页。

入于善①,判断善恶的标准便是"理":

> 万物莫不有至理焉,能精其理,则圣人也。精其理之道,在乎致其一而已。②

> 为学者穷理也,为道者尽性也。性在物谓之理,则天下之理无不得,故曰"日益"。③

"性在物谓之理","万物莫不有至理焉",对于这个宋明理学中的重要概念,王安石与后来程朱理学的界定有一致的地方,"理"大体上是指事物中客观存在的判断标准。但总的来看,王安石对"理"的解释还很粗浅,"理"还不是他思想中的一个重要概念,这也反映理学初创时期一些重要概念还缺乏明确的界定。

既然善恶是依据情在经验中的体现来判断,那么性之善恶则必须通过情之善恶加以通导。故王安石说:"是以知性情之相须,犹弓矢之相待而用,若夫善恶,则犹中与不中也。""如其废情,则性虽善,何以自明哉?"④性必须通过情来彰显,既然性可以通过情与外物相接,导向善,也可以导向恶,因此,善恶的走向关键还在于主体的修养。"盖君子养性之善,故情亦善;小人养性之恶,故情亦恶。"⑤君子小人是由道德主体自身来决定的,这就赋予主体以道德修养的自觉性与主动性。

从经验角度来看,由于主体的选择,情可以导向善或恶,因而性有善有恶,在这个意义上,王安石似乎赞同扬雄之性善恶混说,并且认为孟子已有类似的思想,如他说:"孟子曰:'养其大体为大人,养其小体为小人。'扬子曰:'人之性善恶混。'是知性可以恶也。"⑥显然,他在调和孟子与扬雄的人性论观点:"孟子之言性,曰'性善';扬子之言性,曰'善恶混'……孟扬之道未尝不同,二子之说,非有异也,其所以异者,其所指者

---

① 由此可知,王安石"并不认为情本身有善恶,而是认为情之所在有善恶"。张祥浩、魏福明:《王安石评传》,第353页,南京,南京大学出版社,2006。
② 王安石:《致一论》,《王荆公文集笺注》卷二九,第1043页。
③ 王安石:《王介甫〈老子注〉佚文》,蒙文通:《道书辑校十种》,第699页。
④⑤⑥ 王安石:《性情》,《王荆公文集笺注》卷三〇,第1063页。

异耳。"①那么所指的差异体现在哪里？王安石认为，"孟子之所谓性者，正性也；扬子之所谓性者，兼性之不正者言之也"②。他对正性与不正性的区分，既为进一步诠释"正性"留下了空间，同时又包含着"程伊川分别义理之性与气质之性的说法了"③。

二、性不可以善恶言

在《原性》一文中，王安石超越了经验之性，区分了性与情的不同，并通过辨析孟荀以及韩愈等人的观点来阐述他的性超善恶说。他说：

> 夫太极者，五行之所由生，而五行非太极也。性者，五常之太极也，而五常不可以谓之性。此吾所以异于韩子……孟子言人之性善，荀子言人之性恶。夫太极生五行，然后利害生焉，而太极不可以利害言也。性生乎情，有情然后善恶形焉，而性不可以善恶言也。此吾所以异于二子……扬子之言为似矣，犹未出乎以习而言性也。④

王安石认为孟子、荀子、韩愈、扬雄等在人性论上的主张都存在一定的问题。他以太极生五行来解析性与五常（仁义礼智信）之间的关系。太极生五行，五行生而有利害之别，然太极本身却不可言利害，因为太极是超验的形上本体。同理，未发为性，此性乃纯正至善，通过已发之情，即与外物相接后见于行的体现，才彰显出善恶，但性本身不能以经验中的善恶加以辨析。他认为诸子之所言，都还只是情与习，即后天经验生活中存在状态，而非性的先验的本真状态。如果仅从经验中去探讨性，则往往显得不足，如他就孟子的观点指出："孟子以恻隐之心人皆有之，因以谓人之性无不仁。就所谓性者如其说，必也怨毒忿戾之心人皆无之，然

---

①② 王安石：《杨孟》，《王荆公文集笺注》卷二七，第 979 页。
③ 贺麟：《王安石的哲学思想》，张学智编：《贺麟选集》，第 208 页，长春，吉林人民出版社，2005。
④ 王安石：《原性》，《王荆公文集笺注》卷三一，第 1089 页。

后可以言人之性无不善,而人果皆无之乎?"①很显然,王安石误读了孟子,将孟子的"四端之心"视为经验之心。

王安石在这里借用太极这一形上概念,将性之本原界定为先验的无善无恶状态。这一本原之性其实与《中庸》所谓的"天命之谓性"相通。他主张经验中的性因情或习而导向恶,既然论及"习",王安石自然有其理论支撑,那就是孔子的人性思想。归根到底,他是比较认同孔子的人性思想的:"吾所安者,孔子之言而已。"②"孔子曰:'性相近,习相远。'吾是以与孔子也。"③

总之,在"性情一也"命题的基础上,王安石从经验层面论性,认为情或习为善则性善,情或习为恶则性恶,主体在善恶导向上可以自决,因而现实经验中的性可善可恶。从形而上角度去追问,他以太极喻性,主张本源之性本无善恶,现实中的善恶都是情或习所致。这样他就将形而上之性与形而下之情割裂,从而导致性情关系的前后矛盾。

三、性才有分,人性本善

面对这些矛盾,王安石在人性论上究竟是什么观点呢?在《性论》一文中,王安石给出了他的主张:"古之善言性者,莫如仲尼,仲尼圣之粹者也。仲尼而下,莫如子思,子思学仲尼者也。其次莫如孟轲,孟轲学子思者也。"④在他看来,孔子所谓"性相近,习相远",区分了本源之性与经验之习,子思的"天命之谓性","率性之谓道"区分了根源之性和经验中的率性,孟子主张"人无有不善",亦区分了才与性,因而这三家论性是人性论中最正确的。

然而后世学者在人性问题上意见纷呈,原因何在?王安石认为主要是没有弄清楚孔子的"上智下愚"之说。因此,他仔细辨析了上智下愚和

①② 王安石:《原性》,《王荆公文集笺注》卷三一,第 1089 页。
③ 王安石:《性说》,《王荆公文集笺注》卷三一,第 1091 页。
④ 王安石:《性论》,《临川集拾遗》,罗振玉:《罗振玉学术论著集》第 5 集,第 282 页,上海,上海古籍出版社,2010。

人性之善恶的关系问题。但他的分析又明显充满了矛盾。一方面,他认为性之善恶与才之智愚属于不同层面的概念,不宜混用。他说:"此之谓智愚,吾所云者,性与善恶也。恶者之于善也,为之则是;愚者之于智也,或不可强而有也。"①并且他还指出,"其所谓愚智不移者,才也,非性也。性者,五常之谓也。才者,愚智昏明之品也。欲明其才品,则孔子所谓上智下愚不移之说是也。"②智愚是指人之才质而言,非谓性也,人之才质有智愚之别,很难一时改变。换言之,人之出生,其天赋各有不同,最有天赋的与资质最差的人不会发生改变。但实际上这种观点恰好又被他自己所写的一篇《伤仲永》所推翻,即上智之人亦可变得平庸而碌碌无为。

但另一方面,他又将这两类概念关联起来:

> 有人于此,未始为不善也,谓之上智可也;其卒也去而为不善,然后谓之中人可也。有人于此,未始为善也,谓之下愚可也;其卒也去而为善,然后谓之中人可也。惟其不移,然后谓之上智;惟其不移,然后谓之下愚,皆于其卒也命之,夫非生而不可移也。③

这里的上智下愚显然不是指才质上的概念,而是转移到了人性概念上。并且这种上智下愚以及中人都是以其最后的存在状态而命之,上智为恶则趋于中人,而下愚为善亦趋于中人。所谓不移乃是指上智与下愚两极不可互换,但不是说生而不可移。王安石显然对才性之分思考不足,总的来看,他还是主张将上智下愚看作才质上的划分,而将善恶看作人性上的划分,同时也尝试打通这两类概念。并且他也明确主张这两类概念确实有关联。如他说:"夫有性有才之分何也?曰性者,生之质也,五常是也。虽上智与下愚均有之矣。盖上智得之之全,而下愚得之之微也。夫人生之有五常也,犹水之趋乎下,而木之渐乎上也。谓上智者有

---

① 王安石:《原性》,《王荆公文集笺注》卷三一,第1089—1091页。
② 王安石:《性论》,《临川集拾遗》,罗振玉:《罗振玉学术论著集》第5集,第282页。
③ 王安石:《性说》,《王荆公文集笺注》卷三一,第1092页。

之,而下愚者无之,惑矣。"①

　　为何要区分为性与才呢？王安石认为,性是人之为人的根本,其本质是五常,不管上智还是下愚,人皆生来与俱。但上智下愚之别,除了纯粹才质上的高低之别外,在秉承本性上亦有差别,即上智之人禀赋完整,而下愚之人禀赋微小。他再次强调:"智而至于极上,愚而至于极下,其昏明虽异,然其于恻隐、羞恶、是非、辞逊之端,则同矣。"②而扬雄与韩愈的错误在于混淆了才与性。

第四节　新经学

　　王安石的新学,从颁于学官以及当时的影响力来说,一般指的是《诗》《书》《周礼义》和《字说》③,由此可知,荆公新学集中体现在"经学"上,故我们称之为"新经学"。熙宁六年(1073),朝廷命王安石提举经义局,主持训释《诗》《书》《周官》。熙宁八年(1075),《三经新义》成,进呈宋神宗,并正式颁行于太学,成为科举取士的依据。"自熙宁、元丰以来,士皆宗安石之学,沉溺其说。"④一直到北宋末年,新学作为官学一直占据着重要的位置。然而新经学的主要内容《三经新义》早佚,经历代学者的辑佚工作,现在可以看到的主要是《周官新义》、《诗义钩沉》及《字说》。

　　值得指出来的是,《三经新义》并非全部由王安石作,据《宋元学案》,"《三经新义》,尽出荆公子元泽所述,而荆公门人辈皆分纂之,独《周礼》则亲出于荆公之笔"⑤。而王安石也在《周礼序》中明确道出:"士弊于俗学久矣,圣上闵焉,以经术造之,乃集儒臣,训释厥旨,将播之学校,而臣

---

① 王安石:《性论》,《临川集拾遗》。罗振玉:《罗振玉学术论著集》第 5 集,第 282 页。
② 同上书,第 283 页。
③ 侯外庐主编:《中国思想通史》第 4 卷,第 441 页,北京,人民出版社,1959。
④ 刘一止:《知枢密院沈公行状》,《苕溪集》卷三○,《景印文渊阁四库全书》第 1132 册,第 158 页。
⑤ 谢山:《荆公周礼新义题词》,参见《荆公新学略》,《宋元学案》第 4 册,第 3252 页。

安石实董《周官》。"①为何王安石如此重视《周礼》并且亲自为之注解？
"盖荆公生平用功此书最深，所自负以为致尧舜者俱出于此，是固熙、丰
新法之渊源也，故郑重而为之。"②究其原因，《周礼》是王安石阐扬其变法
哲学的根据，他分析道：

> 惟道之在政事，其贵贱有位，其先后有序，其多寡有数，其迟数
> 有时。制而用之存乎法，推而行之存乎人。其人足以任官，其官足
> 以行法，莫盛乎成周之时；其法可施于后世，其文有见于载籍，莫具
> 乎《周官》之书。盖其因习以崇之，赓续以终之，至于后世，无以复
> 加，则岂特文、武、周公之力哉？③

显然，在王安石看来，形而上之"道"下落于政事中，体现为"位""序"
"数""时"的不同，通过制度来加以区分，通过人事活动来加以执行，这正
是《周礼》的意义所在。作为一套完整而又体系化的制度与规范的集结，
《周礼》是治理国家的重要经验的积累，也是王安石开展变法运动的理论
基础。同时也只有通过完善现实中的各项制度，确立一套规范，才能达
到宋神宗所希冀的"一道德""令学者定归一"④。

那么从总体特征来看，新经学新在何处？我们大致可以分析出以下
特征。

首先，解经方法上的创新。自唐代五经正义颁布学官，天下取士皆
以之为准则。然汉唐以来的注解，多尚辞章考证，于义理发掘不足。王
安石有意扭转这一注解经典的潮流，倡导阐发经典中的精神，而不再寻
章摘句，因循守旧。这一解经风格影响深远，在此基础上，"义理之学兴，
传注之学废，宋学就代替了汉学。宋明理学，应该于此寻源"⑤。"王安石
倡导的重义理、轻训诂的治经方法形成了一种不同于'古文经学'的'今

---

① 王安石：《〈周礼义〉序》，《王荆公文集笺注》，第 1610 页。
② 谢山：《荆公周礼新义题词》，参见《荆公新学略》，《宋元学案》第 4 册，第 3252 页。
③ 王安石：《〈周礼义〉序》，《王荆公文集笺注》，第 1610 页。
④ 李焘：《续资治通鉴长编》卷二二九，第 5570 页，北京，中华书局，2004。
⑤ 侯外庐主编：《中国思想通史》第 4 卷，第 436 页。

文经学'，它对于义理之学的发展起了开先河之作用。"①

其次，注释内容上的一致性与整体性。如果说"新法试图在现实中建立一个协调一致的体系"②，那么王安石则找到了可以建立这样一个体系的根据，他将儒家的经典看作完整的统一体，强调整体性观念，突出了"秩序的意义"③。《周南诗次解》体现了他的一致性观念。在《周礼》的注释中，他也"试图从《周礼》的结构出发解说各部分内容"④。

再次，据经以治世，推动现实变革。王安石常将《周礼》中的各项制度与规范的设置看作现实制度变革的基础，推动现实变革运动。如在《答曾公立书》中，他指出，"一部《周礼》，理财居其半"⑤，强调《周礼》对国家财政制度有积极作用。但传统的儒家义利观直接影响到很多制度与政策的执行，因而他不得不通过注释《周官》来阐发理财等具体涉及利益方面的变革，正如四库全书《〈周官新义〉提要》指出的："安石之本意以宋当积弱之后，而欲济之以富强，又惧富强之说必为儒者所排击，于是附会经义以钳儒者之口，实非真信周礼为可行。"王安石是否真信周礼可能并非如四库馆臣所说，但在熙宁变法中，他从《周礼》中找到了很多现实制度变革的根据，并以此来推动变革，则是不争的事实。

最后，注解经文亦有穿凿之处。解经首先要面临的就是字的理解问题，而在如何理解字的问题上，王安石显然没有遵循汉唐经学家们的词章考证的进路，而是独创了他的解字方法，这就是他晚年作《字说》的前期准备⑥，《字说》中至少有相当一部分内容已经在前期注解经文时呈现。就《字说》而言，王安石"既废其五法，而专以会意为言"⑦，认为"其声之抑

① 王明荪：《王安石》，第112页，台北，台湾东大图书公司，1994。
② 包弼德：《历史上的理学》，王昌伟译，第66页，杭州，浙江大学出版社，2010。
③ 郭齐勇主编：《宋明儒学与长江文化》，第42页，武汉，湖北教育出版社，2004。
④ 土田健次郎：《道学之形成》，朱刚译，第323页，上海，上海古籍出版社，2010。
⑤ 王安石：《答曾公立书》，《王荆文公集笺注》，第1240页。
⑥ 张宗祥认为，《周官新义》中"引用《字说》之处至多，则可证此书后虽或有增损，要亦熙宁时早已成书矣，故标其名曰《熙宁字说》，明非熙宁以后始著此书也"。参见张宗祥：《王安石〈字说〉辑》，曹锦炎点校，第162页，福州，福建人民出版社，2005。
⑦ 朱熹：《读两陈谏议遗墨》，《朱子全书》第24册，第3383页。

扬开塞,合散出入;其形之衡从曲直,邪正上下,内外左右,皆有义,皆本于自然,非人私智所能为也"①。王安石认为既然字的结构本于自然,则字形显然不可能脱离象形,这也表明王安石专以会意解字的不足。而以此解经,自然避免不了穿凿的问题,学界已有研究指出②,兹不赘述。

---

① 王安石:《熙宁字说序》,《王荆公文集笺注》,第 1615 页。
② 方笑一:《王安石〈周官新义〉探微》,邓小南主编:《宋史研究论文集(2008)》,第 541—559 页,昆明,云南大学出版社,2009。

第十一章　吕大临的哲学

　　吕大临（1046—1092），字与叔，号芸阁，其祖上是汲郡（今河南汲县）人，因祖父太常博士吕通葬于蓝田（今陕西蓝田县），遂为蓝田人。后人把吕大临与其兄吕大忠、吕大均合称为"蓝田三吕"，"蓝田三吕"是张载关学中的著名弟子，张载去世后，他们又问学于二程，在二程门下，吕大临与谢良佐、杨时、游酢并称为"四先生"。在宋明理学史上，因吕大临似乎并非理学大家，加之其寿不永，英年早逝，故其往往被人们所忽视，认为其不足道也。例如：元脱脱在修《宋史》时，特立《道学传》，并置于《儒林传》之前，有宋一代道学主要人物周、张、程、邵、朱及其门人等几乎全都在册，却没有吕大临；近代以来，学术界一般视吕大临为二流或三流的理学家，不值得研究，故也几乎没有专门探讨吕大临思想的著作。然而，作为张载关学弟子，吕大临不仅是张载关学弟子中的最为杰出者，而且还是张载关学弟子中唯一有著作传世者，通过吕大临这些传世的作品，则可以对张载著述中那些艰涩难懂令人见仁见智的文字有一恰当的把握；作为二程门人，吕大临不仅是程门举足轻重的"四先生"之一，而且他那些或撰或录于洛学阶段的《中庸解》《东见录》《识仁篇》《论中书》《克己铭》等亦不容轻忽，因为这些篇目既记录着"志于道者"的吕大临的所学、所思、所疑、所惑以及二程对他的"当机指点"，同时也记载着他躬身践履验之身心后的会心之得。故他的问题、他的困惑、他的省思与心得以及二程对他的指点,在长达六百年的宋明理学时期一直备受理学家们的关注,发生在宋明时期的许多重要的思想争论几乎都摆脱不了与这些篇目的牵连。因此,吕大临实际上肩负着兼传张程、关洛二学的使命,其思想在宋明理学史上有着极为特殊而又重要的地位。

第一节　吕大临与张载

吕大临父吕蕡,曾为比部郎中,教子六人,五子登科。吕大临兄弟中,今有史可考的有长兄吕大忠(进伯)、仲兄吕大防(微仲)、三兄吕大均(和叔),三人及第后皆任职为官,吕大防曾位居丞相,为一代名臣。因吕大临以门荫入官,故人们一般认为他"不应举",但其兄称他"登科者二十年而始改一官,居文学之职者七年而逝"①,其兄之说应更为可信。按"与叔年四十七"②推算,吕大临在二十岁时即登进士第,四十岁时以父荫入官,为太学博士、秘书省正字。正因为他既登进士第,却以门荫入官,所以他人问其故,吕大临答道:"不敢掩祖宗之德。"③

吕大临进士及第之后二十年没有任职为官,主要从张载和二程问学。吕大临师事张载的时间当在宋神宗熙宁三年至十年(1070—1077),因这一段时间张载辞官归居横渠故里,讲学关中,吕大临与其兄吕大均、吕大忠问学于张载,遂成为关学中的中坚人物。张载曾称赞道:"吕、范过人远矣,吕与叔资美。"④

吕大临在《横渠先生行状》中称:"学者有问,多告以知礼成性变化气质之道,学必如圣人而后已。"⑤知礼成性、变化气质、学必如圣人,简短的十几个字却勾勒了张载关学为学的工夫、目标、须克服和转化的消极因

---

① 《伊洛渊源录蓝田吕氏兄弟·祭文》,转引自《蓝田吕氏遗著辑校》,第617页。
② 黎靖德编:《朱子语类》卷一〇一,第2557页。
③ 《伊洛渊源录蓝田吕氏兄弟·遗事》,转引自《蓝田吕氏遗著辑校》附录一,第620页。
④ 张载:《张子语录》下,《张载集》,第329页。
⑤ 吕大临:《横渠先生行状》,张载:《张载集》,第383页。

素。显然,成性、成圣,乃目标;知礼即学,乃工夫;气质,即成性或成圣过程中须通过知礼或学的工夫来加以克制和转化的消极因素。

吕大临自己在为学问题上的观点又如何呢? 我们也先且看一段他在《礼记解·中庸第三十一》中的论述:

> 君子所贵乎学者,为能变化气质而已。德胜气质,则柔者可进于强,愚者可进于明;不能胜气质,则虽有志于善,而柔不能立,愚不能明。盖均善而无恶者,性也,人所同也;昏明强弱之禀不齐者才也,人所异也;诚之者,反其同而变其异也。思诚而求复,所以反其同也;人一己百,人十己千,所以变其异也。孟子曰:"居移气,养移体。"况学问之益乎? 故学至于尚志,以天下之士为未足,则尚论古之人,虽质之柔,而不立者寡矣;学至于致知格物,则天下之理斯得,虽质之愚,而不明者寡矣。夫愚柔之质,质之不美者也。以不美之质,求变而美,非百倍其功,不足以致之。今以卤莽灭裂之学,或作或辍,以求变不美之质,及不能变,则曰"天质不美",非学所能变,是果于自弃,其为不仁之甚矣。①

吕大临上述这种要求人们自觉为学以变化气质的主张,可以说是典型的张载式的论说,其语言、其词气皆何其相似! 这说明吕大临在为学问题上的问题意识、解决方式及主张基本上是承自张载关学之传统,甚至连语汇和思考方式都没有摆脱张载的影响。因此,他同张载一样把人所皆具的均善无恶之性作为人成性成圣的根据,把人之愚柔不美之质作为人须转化的消极因素,人之为学就在于变化此愚柔不美之质以成性成圣。对于张载在为学工夫上所主张的知之工夫、礼之工夫,吕大临也极为重视。在《易章句》《礼记解》中他反复强调:

> 知崇礼卑,至于成性,则道义皆从此出矣。②

---

① 吕大临:《礼记解·中庸第三十一》,《蓝田吕氏遗著辑校》,第 297 页。
② 吕大临:《易章句·系辞上》,《蓝田吕氏遗著辑校》,第 179 页。

> 知崇者，所以致吾知也；礼卑者，所以笃吾行也。[1]

既然如此，吕大临对经典的诠释中，他又是如何来对这种"知礼成性"的主张进行阐发和说明的呢？由于本节主要是讨论"知之工夫"，下一节才讨论"礼之工夫"，故对"礼之工夫"暂且搁置不论。

按人们的一般理解，知作为工夫，无非指人之认知或求知，而张载、吕大临却何以主张知以成性、知以成圣呢？这就让人费解，故人们很自然会质疑道：这当如何解释？显然，要理解张载、吕大临的这种主张，只有把他们的这种主张放在他们的整个思想系统中才能了解和把握。

在张载思想系统中，知之工夫属于"自明诚"之途径，而"自明诚"即"由穷理而尽性也"[2]。这就表明在张载看来，知之工夫是通过"穷理"来"尽性""成性"的。吕大临也同样如此认为，他称：

> 志学者，致知以穷天下之理，则天下之理皆得，卒亦至于实然不易之地，至简至易，行其所无事，此之谓"明则诚"。[3]
>
> 大学者，大人之学也，穷理尽性而已。[4]

由此可见，张载、吕大临所谓的知礼成性、学以成圣，是通过"穷理"之径来实现的。

准上所说，张载、吕大临的"理"又究竟何所指呢？何以能使人由"穷理"以"尽性""成性"？这就须对他们所说之"理"先有所交代。撇开张载所谓的"理"不谈，且看吕大临是如何来说"理"的：

> 诚者，理之实，致一而不可易者也。大而天下，远而万古，求之人情，参之物理，皆所同然，有一无二，虽前圣后圣，若合符节，理本如是，非人私知所能为，此之谓诚，诚即天道也。天道自然，何勉何思，莫非性命之理而已。故"诚者，天之道"，性之者也；"诚之者，人

---

① 吕大临：《礼记解·中庸第三十一》，《蓝田吕氏遗著辑校》，第 297 页。
② 张载：《正蒙·诚明篇》，《张载集》，第 21 页。
③ 吕大临：《礼记解·中庸第三十一》，《蓝田吕氏遗著辑校》，第 298 页。
④ 吕大临：《礼记解·大学第四十二》，《蓝田吕氏遗著辑校》，第 371 页。

之道",反之者也。①

　　至于实理之极,则吾生之所固有者,不越乎是。吾生所有,既一
于理,则理之所有,皆吾性也。人受天地之中,其生也,具有天地之
德,柔强昏明之质虽异,其心之所然者皆同。特蔽有浅深,故别而为
昏明;禀有多寡,故分而为强柔;至于理之所同然,虽圣愚有所不异。
尽己之性,则天下之性皆然,故能尽人之性。蔽有浅深,故为昏明;
蔽有开塞,故为人物。禀有多寡,故为强柔;禀有偏正,故为人物。
故物之性与人异者几希,唯塞而不开,故知不若人之明;偏而不正,
故才不若人之美。然人有近物之性者,物有近人之性者,亦系乎此。
于人之性,开塞偏正,无所不尽,则物之性,未有不能尽也。②

吕大临这两段说"理"的文字,显然是把"理"放在天道性命的构架下来定
位和论述的。在吕大临看来,诚即致一而不可易之理,此诚此理又即天
道、天德,人与万物皆禀天道、天德而具性,此理此性又称为性命之理,此
性命之理体现于人之心,为人心所同然之理,故诚、致一不可易之实理、
天道、性、性命之理、人心所同然之理是一致的,都是同一本体的不同方
面。尽管人与人之间因气禀之多寡而有柔强昏明之分,人与物因气禀之
偏正而有蔽之开塞之不同,但人与人、人与万物所具之性皆一于此天道,
一于此理。

　　在《大学解》中,吕大临在释"致知在格物"时称:

　　"致知在格物",格之为言至也,致知,穷理也。穷理者,必穷万
物之理,同至于一而已,所谓"格物"也。合内外之道,则天人物我为
一;通昼夜之道,则生死幽明为一;达哀乐好恶之情,则人与鸟兽鱼
鳖为一;求屈伸消长之变,则天地山川草木人物为一。孔子曰:"吾
道一以贯之。"又曰:"天下同归而殊途,一致而百虑。"又曰:"天下之
动,贞夫一者也。"故知天下通一气,万物通一理。此一也,出于天道

①　吕大临:《礼记解·中庸第三十一》,《蓝田吕氏遗著辑校》,第295页。
②　同上书,第298页。

之自然，人谋不与焉。故《大学》之序，必先致知，致知之本，必知万物同出于一理，然后为至。①

吕大临在此训"格"为"至"，释"致知"为"穷理"，在此基础上，他将"格物致知"规定为必"穷万物之理，同至于一而已""知万物同出于一理"，故吕大临在此所谓万物所同出的"一理"与万物所各具之"理"皆是同一"理"，此"理"显然指作为具有统一性、普遍性的万物之本体，这也表明在吕大临的思想中，事物所具之理并非指事物本身而言的理，也就是说并非事物本身的特殊原则和特殊规律，而是指具有统一性、普遍性的作为万物之本体之"理"的体现。故在此意义上，理都是普遍的，没有特殊的，万物所同出的"一理"和万物所各具之"理"的关系，乃具有统一性的、普遍性的本体之"理"与此"理"在万物上的用之间的关系，而不是一般的"理"和特殊的"理"的关系。② 正因为吕大临对"致知在格物"的诠释是以他的上述认识和看法为前提和基础的，故他不仅要求人"致知以穷天下之理"，而且要求人真正认识和懂得人与万物之性之理同出于作为具有统一性、普遍性的本体之"理"。由此可见，吕大临对"理"有他自己特定的理解和规定。

此外，在吕大临的思想中，此具有统一性、普遍性的本体意义的"理"还具有以下规定：首先，此本体意义的"理"具有客观性，因为他所谓的此"一理""出于天道之自然，人谋不与焉"；其次，此本体意义的"理"为万物存在的根据，因为在他看来，"实有此理，乃有此物"③，物不可离此理，否则"皆无是理，虽有物象接于耳目，耳目犹不可信，谓之非物可也"④。

对吕大临来说，尽管人与物皆禀天道天德而具性具理，此性此理统

---

① 吕大临：《礼记解·大学第四十二》，《蓝田吕氏遗著辑校》，第 373 页。
② 吕大临关于万物所同出的"一理"与万物所各具的"理"的关系与朱熹所讲的"一理"与"万理"的关系颇为类似，彭永捷在他的《朱陆之辩》一书中对与朱熹所讲的"一理"与"万理"的关系已有所辨明，参见彭永捷：《朱陆之辩——朱熹陆九渊哲学比较研究》，第 75—79 页，北京，人民出版社，2002。
③④ 吕大临：《礼记解·中庸第三十一》，《蓝田吕氏遗著辑校》，第 300 页。

人、物而言，并非专乎人而不兼乎物。物不可谓无性，但因其蔽塞而不开，偏而不正，故不能自觉其性；而人与物却有所不同，禀此性此理的人是有"心"的，故此性此理也就体现于人之"心"中，为人心所同然之"理"。他称：

> 君子之学必致一，不致一则二三，二三则异端之言，交入而无间，卒不能以自立也。一者何？理义而已。①

> 理义者，人心之所同然者也。吾信乎此，则吾德实矣，故曰"诚者自成也"；吾用于此，则吾道行矣，故曰"道自道也"。②

吕大临所谓君子之学所必致之"一"即"理义"，此"理义"为人心所同然。既为人心所同然，又何须要"致"呢？在吕大临看来，原因在于人不能"信乎此"，何谓"信"？吕大临在《中庸后解》中曾取孟子"有诸己之谓信"③释之。对吕大临而言，"有诸己""吾信乎此""诚者自成也"无非是要人觉悟与肯认人自身原本就具有此人心所同然之"理义"，否则，人不能自立。毫无疑问，当具有统一性、普遍性的万物之本体之"理"与人心所同然的"理义"联系起来并被视为一时，此万物本体之"理"显然只可能是一种价值、道德意义的理。正因为如此，故吕大临有时也就把"理"或"诚"解释为"至善"。他称：

> 所谓诚也，善之至者，无以加于此也。"为人君，止于仁；为人臣，止于敬；为人子，止于孝；为人父，止于慈；与国人交，止于信。"所止者，皆善之至者也。所居之位不同，则所止之善不一，其所以止于至善，则一也。盖学至于诚，则天之道也，非有我之得私也，故不勉而中，不思而得，从容中道。虽善不足以明之，然天下之善，何以加此？故所止者，止于是而已。④

---

① 吕大临：《礼记解·缁衣第三十三》，《蓝田吕氏遗著辑校》，第 350 页。
② 吕大临：《礼记解·中庸第三十一》，《蓝田吕氏遗著辑校》，第 301 页。
③ 吕大临：《中庸后解》，《蓝田吕氏遗著辑校》，第 487 页。
④ 吕大临：《礼记解·大学第四十二》，《蓝田吕氏遗著辑校》，第 371—372 页。

这就表明在吕大临看来,仁、敬、孝、慈、信等"善之至者",既出于人心所同然之"理义",又是"非有我之得私"之"天之道",而人心所同然之"理义""天之道"亦即具有统一性、普遍性的万物之本体之"理"。

> 盖明善则诚,诚则有物,不诚则无物矣。明善者,致知之所及也。及乎知至,则所谓善者,乃吾性之所同有,非思勉之所能及也。反求身而万物皆备,则斯善也知有诸己矣。善而不知有诸己,则虽父子之恩,犹疑出于非性,则所以事乎亲者,或几乎伪矣。如舜之事亲,好色、富贵不足以解忧,惟顺父母可以解忧,则其诚乎身者可知矣。不得乎亲,不可以为人;不顺乎亲,不可以为子,则人之所信于朋友者,岂可以声音笑貌为哉? 内诚尽乎父母,内行孚于家人,则朋友者不期信而信之矣。故曰不顺乎亲,不信乎朋友矣。上之所求乎下者,不察乎乡则不得;察乎乡者,不见乎家则不得;苟诚其身矣,则患行之不著,人之不知,未之有也。故曰不信乎朋友,不获乎上矣。①

人对亲人的道德责任和义务,人对朋友的道德责任和义务,人对上级的道德责任和义务,这些道德之善实际上是"吾性之所同有"者。当人通过致知穷理知晓了孝、悌、忠信之理,亦即明了了人自身之性,明了了在人之天道、天理,因为天道人事,皆为一具有统一性的、普遍性的本体之"理",此本体之"理"既不外于也不异于仁义忠孝、亲民爱物等人之所行事和所当行之则。由此可见,吕大临正是基于上述这种对作为本体的"理"与人伦、物理关系的特定理解和看法,来主张和强调"格物致知""穷理尽性"的。

从吕大临上述对"理"的讨论和观点来看,我们可以说:他所谓的万物所同出的"一理"亦即具有统一性、普遍性的万物之本体之"理",实际上是为了给儒家的伦理道德规范和准则提供一个本体论的依据。既然他所谓的"理"是以儒家伦理道德为内容,故他所说的天人物我之理,当

---

① 吕大临:《孟子解·离娄章句上》,《蓝田吕氏遗著辑校》,第 473 页。

然也就不外乎是儒家的伦理道德之理,他所谓的"格物""致知""穷理"也就是"格"儒家伦理道德之"事理"、"致"儒家伦理道德之"知"、"穷"儒家伦理道德之"理",以了解和知晓儒家伦理道德规范、准则以及与其相关的事物,懂得和明白应如何做才符合儒家的伦理道德规范和准则。

对于吕大临而言,尽管具有统一性的本体之"理"无所不在,既普遍地存在于万事万物之中,又存在于人之心中,为人心所同然之"理义",但只有作为"性之者"的圣人才能够对天下之理"如目睹耳闻,不虑而知,不言而喻"①,"由仁义行也,出于自然,从容不迫,不待乎思勉而后中也"②;而那些受气禀之质障蔽的"反之者",因其不能明自身本具之性之理,无法做到循性而行、无勉无思、无不中节,故吕大临也就主张和强调通过"格物""致知""穷理"来使其在日用常行的实践中了解和遵循儒家的伦理道德规范和准则,并使其觉悟和明了自身所本具之性之理以"复乎性"。

在《大学解》中,尽管吕大临把"大学"规定为"大人之学也,穷理尽性而已"③,把"格物致知"规定为"必穷万物之理,同至于一而已"④,然而,如何来格物致知,如何来穷理尽性,亦即如何知以成性?吕大临在《大学解》中却语焉不详。吕大临之所以在《大学解》中没有对如何来格物致知、穷理尽性的途径作出具体明确的说明,是因为"格物致知""穷理尽性"的途径与"自明诚"的途径具有一致性,而他在《中庸解》中依据《中庸》之意对由明至诚的途径作了详细的解释和阐明,故也就无须对格物致知、穷理尽性的途径详加解说。吕大临所谓的"自明诚"当然也就是由工夫以见本体之诚的"诚之者"或"反之者"。

> 反之者,求复乎性而未至,虽诚而犹杂之伪,虽行而未能无息,则善不可不思而择,德不可不勉而执,不如是,犹不足以至乎诚。故

---

① 吕大临:《礼记解·中庸第三十一》,《蓝田吕氏遗著辑校》,第 298 页。
② 同上书,第 296 页。
③ 吕大临:《礼记解·大学第四十二》,《蓝田吕氏遗著辑校》,第 371 页。
④ 同上书,第 373 页。

学问思辨,皆所以求之也;行,所以至之也。君子将以造其约,则不可不学;学而不能无疑,则不可不问;未至于精而通之,则不可不思。欲知是非邪正之别,本末先后之序,则不可不辨;欲至乎道,欲成乎德,则不可不行。①

吕大临在此依据《中庸》所论及的"学、问、思、辨"等知之工夫显然与他所谓"格物致知""穷理尽性"的主张是一致的,他对"学、问、思、辨"等知之工夫的解说和阐明实际上也就是对如何"格物致知"、如何"穷理尽性"的说明和规定。并且,由于他对"学、问、思、辨"等知之工夫的说明和规定指向的是"复乎性"这一目标,故"学、问、思、辨"等人之为学活动在"复乎性"这一目标的主导下也就被排除了变成纯粹知识活动的可能性。吕大临的这一说明和规定使得离开德性修养的独立的"为学"或"问学"不被承认,从而使"为学"或"问学"强烈伦理化了。

下面,先且看吕大临是如何对知之工夫中的"学""问"这两项具体工夫和环节作出规定和说明的:

> 学以聚之,聚不博则约不可得,博学而详说之,将以反说约也。为学之道,造约为功,约即诚也。不能至是,则多闻多见,徒足以饰口耳而已,语诚则未也。故曰:"有弗学,学之弗能弗措也。"学者不欲进则已,欲进则不可以有成心;有成心,则不可与进乎道矣。故成心存,则自处以不疑;成心亡,然后知所疑矣。小疑必小进,大疑必大进,盖疑,不安于故而进于新者也。颜渊学为孔子而未得者也,故疑之,"仰之弥高,钻之弥坚;瞻之在前,忽焉在后",皆疑辞也。孟子学为舜而未得也,故疑之,"舜为法于天下,可传于后世,我犹未免为乡人",亦疑辞也。所谓疑者,患乎未知也,如问之审,审而知,则进孰御焉?故曰:"有弗问,问之弗知弗措也。"②

---

① ② 吕大临:《礼记解·中庸第三十一》,《蓝田吕氏遗著辑校》,第 296 页。

吕大临在此所谓的"造约为功，约即诚"显然与他所谓的"复乎性""成性"有关，因为在吕大临的思想系统中，诚、人之性、人心所同然之理是一致的，故他所谓的"造其约"实际上就是"成其性"，明人心所同然之理。

吕大临在把人之为学规定为"造约为功"的同时，又要求在"造其约"之前必须有一个"博学而详说之""患乎未知也，如问之审，审而知"的为学阶段，否则约不可得，因为吕大临认为：

> 好学非知，然足以破愚。①

> 学至于致知格物，则天下之理斯得，虽质之愚，而不明者寡也。②

> 性一也，流行之分，有刚柔、昏明者，非性也。有三人焉，皆有目以别乎众色，一居乎密室，一居乎帷箔之下，一居乎广庭之中，三人所见昏明各异，岂目不同乎，随其所居，蔽有厚薄尔。凡学者，所以解蔽去惑，故生知、学知、困知，及其知之一也，安得不贵于学乎？③

人之刚柔昏明之质虽不同，但通过"学"亦即"穷理"则昏者、困知者同样也能解蔽去惑、破愚明怛。

尽管对吕大临来说，"万物通一理"④，人之性之理、天之道、万物所各具之理皆为同一理，即具有统一性、普遍性的万物之本体之"理"，但此普遍的本体之"理"体现在万事万物之上作为"用"又毕竟有所不同，故吕大临认为：

> 道之全体者，广大而已，不先充乎此，则所谓精微者，或偏或陋矣。⑤

> 征，谓验于民。尊，谓稽于古。上焉者，谓上达之事，如性命道德之本，不验之于民之行事，则徒言而近于荒唐；下焉者，谓下达之

---

① 吕大临：《礼记解·中庸第三十一》，《蓝田吕氏遗著辑校》，第291页。
② 同上书，第297页。
③ 同上书，第291—292页。
④ 吕大临：《礼记解·大学第四十二》，《蓝田吕氏遗著辑校》，第373页。
⑤ 吕大临：《礼记解·中庸第三十一》，《蓝田吕氏遗著辑校》，第304页。

事，如刑名度数之末，随时变易，无所稽考，则臆见而出于穿凿。二者皆无以取信于民，是以民无所适从。故君子之道必无所不合而后已，有所不合，伪也，非诚也。故于身、于民、于古、于天地、于鬼神、于后，无所不合，是所谓诚也，非伪也，物我、古今、天人之所同然者也。如是，则其动也，行也，言也，不为天下之法则者，未之有也。①

这表明在吕大临看来，此"道"此"理""精微"而又"广大"，人对此"道"此"理"的"学"和"问"，不可有"成心"，须验之于民之行事，稽考于古今，于天、人、物、我、古、今无所不合，这样才能使自己对此道此理的了解和体认致广大而尽精微，而不至于流于荒唐虚诞、穿凿附会、或偏或隘之弊，否则，人对此道此理的了解和体认乃伪非诚。

当然，吕大临要求人通过"验于民""稽于古"的所谓"道"或"理"不外乎是儒家的伦理道德之理，他认为：

> 言有成说，则使于四方，不忧乎不能专对也；事有成业，则千乘之国，摄乎大国之间，加之以师旅，因之以饥谨，不忧乎不能治也；行有成德，则富贵不忧乎能淫，贫贱不忧乎能移，威武不忧乎能屈也；道有成理，则征诸庶民，考诸三王，质诸鬼神，百世以俟圣人，不忧其不合也。②

> 尧、舜、禹、皋陶之书，皆曰"稽古"，孔子自道，亦曰"好古，敏以求之"。所谓古者，虽先王之陈迹，稽之好之者，必求其所以迹也。制度法象之所寓，圣人之精义存焉，有古今之所同然，百代所不得变者，岂刍狗轮扁之谓哉！③

在吕大临看来，由于"言有成说""事有成业""行有成德""道有成理"，当人通过"学、问、闻、见"等知之工夫认知到这些"成说""成业""成德""成理"，也就了解了人所应行的当然之则，明白和懂得了儒家的伦理道德的

---

① 吕大临：《礼记解·中庸第三十一》，《蓝田吕氏遗著辑校》，第 305 页。
② 同上书，第 294 页。
③ 吕大临：《文集佚存·考古图后记》，《蓝田吕氏遗著辑校》，第 591 页。

规范、准则以及相关事物。并且，以他之见，这些"成说""成业""成德"
"成理"乃作为"先知先觉"者的先王、圣人将自身之性命之理赋予其上、
寓于其中，而此性命之理，古今所同然，人之所同具，故人之求先王之陈
迹之所以迹、究制度法象中所寓之圣人之精义，当然也就能启迪人明自
身本具之性之理。

对于学、问、闻、见，吕大临亦认为："学也问也，求之外者也；闻也见
也，得之外者。"①这就是说，通过学、问、闻、见其所得之理，尽管能启迪人
明"性"成"性"，但学、问、闻、见所得之理毕竟是外在于人的，故他又主张
和强调须通过"思"的环节来使学、问、闻、见所得之理反诸身以"达乎
高明"：

> 知生乎思，思则得之，故尽致思之功，然后可以达乎高明。②

> 不致吾思以反诸身，则学问闻见，非吾事也。故知所以为性，知
> 所以为命，反之于我何物也；知所以名仁，知所以名义，反之于我何
> 事也。故曰："思则得之，不思则弗得也。"③

> 明善者，能明其善而已，如明仁义，则知凡在我者以何为仁、以
> 何为义；能明其情状而知所从来，则在我者非徒悦之而已。在吾身
> 诚有是善，所以能诚其身也。④

> 人伦、物理，皆吾分之所固有；居仁、由义，皆吾事之所必然。物
> 虽殊类，所以体之则一；事虽多变，所以用之则一。知此，然后谓之
> 明，明则穷理者也；至此，然后谓之诚，诚则尽性者也。⑤

在吕大临看来，人通过"思"的"反诸身"的工夫和环节明了了学、问、闻、
见之"人伦""物理"本于人自身之性命之理，懂得了人之居仁、由义无非
是循自身之性命之理而行，此即由明至诚、穷理尽性、知以成性。因此，

---

① 吕大临：《礼记解·中庸第三十一》，《蓝田吕氏遗著辑校》，第 296 页。
② 吕大临：《礼记解·冠义第四十三》，《蓝田吕氏遗著辑校》，第 383 页。
③ 吕大临：《礼记解·中庸第三十一》，《蓝田吕氏遗著辑校》，第 296 页。
④ 吕大临：《孟子解·离娄章句上》，《蓝田吕氏遗著辑校》，第 472—473 页。
⑤ 吕大临：《礼记解·大学第四十二》，《蓝田吕氏遗著辑校》，第 371 页。

对吕大临而言，如果说学、问、闻、见是要求人认识人之所行的所当然，那么，"思"作为知之工夫的一个环节则是要求人"达乎高明"，亦即明了人之所当行的所以然、所以迹；此所以然、所以迹即人之本具之性命之理，从而使人认识到其所行的当然之则本于自身之性命之理，以自觉遵循和践履之。可见，"思"之环节是知之工夫中一个极为重要的环节，此乃人明"性"成"性""达乎高明"之关键之所在。张载曾主张：

> 人谓己有知，由耳目有受也；人之有受，由内外之合也。知合内外于耳目之外，则其知也过人远矣。①
> 本立则不为闻见所转，其闻其见，须透彻所从来，乃不眩惑。②
> 岂惟耳目所闻见，必从一德见其大源，至于尽处，则可以不惑也。③

吕大临所强调的通过"思"以真正明了学、问、闻、见之理本出于人自身之性命之理的观点，显然与其师张载的"合内外于耳目之外""其闻其见须透彻所从来""必从一德见其大源"的主张是一致的。

按吕大临的看法，通过"思"之工夫和环节，诚已至，本已立，性已明，但仍须"辨"：

> 理有宜不宜，时有可不可，道虽美矣，胶于理则乱；诚虽至矣，失其时则乖，不可不辨也。辨之者，不别则不见，不讲则不明，非精义入神，不足以致用。故曰："有弗辨，辨之弗明弗措也。"④

就吕大临所谓"辨"的看法而言，在"诚至"亦即"明性"之后，之所以仍须"辨"，是因为人虽已明"人伦、物理，皆吾分之所固有；居仁、由义，皆吾事之所必然"，但在实践中，面对特定的情境，如何推致吾自身之性命之理于具体事为，以决定具体的义务，这就须通过"辨"来做到"理宜""时可"

---

① 张载：《正蒙·大心篇》，《张载集》，第 25 页。
②③ 张载：《横渠易说·系辞下》，《张载集》，第 210 页。
④ 吕大临：《礼记解·中庸第三十一》，《蓝田吕氏遗著辑校》，第 297 页。

"达乎时中"，此亦即由"精义入神"以"致用"。由此可见吕大临的所谓"辨"作为知之工夫的一个环节是与"时""宜""致用"相联系的，这也就表明在他看来，"辨"是为了体现和贯彻"时中"原则。

由于吕大临对学、问、思、辨等知之工夫的诠释和规定依循的是《中庸》的顺序，故其不得不采取上述那种顺序和方式来表达。显然，这种顺序和划分并不是唯一的，因为在人的整个为学实践中，学、问、思、辨等知之工夫的各个环节往往是交替进行的，致知与明性也是交相互发的，且致知且明性，且明性且致知。吕大临当然也清醒地意识到这一点，故他在经典的诠释中，经常采取各种不同的方式来努力揭示之、阐明之，下面且看吕大临在《孟子解·公孙章句上》中对知以成性的另一种说明方式：

> 守约必先博学，穷大必先执中，致一必先合两，用权必先反经。学不博而求守约，则识蔽于小，故言入于诐；中未执而欲穷大，则心陷于大，故言放于淫；两未合而求致一，则守固而道离，故言附于邪；经未正而欲用权，则失守而道穷，故言流于遁。

> 蔽者见小而不见大，故其辞诐。如申韩只见刑名，便谓可以治国，此目不见大道，如坐井观天，井蛙不可以语东海之乐。陷者务多不务约，故其辞淫。如司马迁之类，泛滥杂驳，不知统要，盖陷在众多之中不能自出，如人蹈入大水，杳无津涯，罔知所济。离者见左而不见右，如杨子为我，墨子兼爱，夷清惠和，皆只是一偏不能兼济，盖将道分离开，故其辞邪。穷者知所避而不知归，故其辞遁。如庄周、浮屠，务欲脱去形迹，殊无归著，故其言惟欲逃避所恶，而不知所向，如人逃难，不知其所，益以穷矣。

> 仁者，诚于此者也。智者，明于此者也。反身而诚，知未必尽，如仲弓是也。致知而明，未必能体，如子贡是也。惟以致知之明诚其意，以反身之诚充其知，则将至于不勉而中，不思而得，故曰"仁且智，夫子既圣矣"。①

---

① 吕大临：《孟子解·公孙章句上》，《蓝田吕氏遗著辑校》，第470页。

吕大临这里的"约""中""一""经",显然指他所常说的"万物同出于一理"中的"一理",亦即人自身本有的性命之理,而"博学""穷大""合两""用权"则与各种致知方式有关,吕大临在此把守约与博学、穷大与执中、致一与合两、用权与反经等彼此相对的二者结合起来,认为这些彼此相对的二者之间相互影响、相互作用、相互促进。正因为如此,他一方面要求人"以致知之明诚其意",另一方面要求人"以反身之诚充其知"。在他看来,孔子"仁且智",就在于他既能致知而明,又能反身而诚;而申、韩"只见刑名""不见大道",司马迁之类"泛滥杂驳,不知统要",杨、墨、夷、惠"只是一偏不能兼济",庄周、浮屠"欲脱去形迹,殊无归著",也在于他们或不知立本、不能明自身本有之性命之理,或不能致知穷理。

第二节　礼以成性

张载之学以"立礼为本""以礼为先"而著称,吕大临以"尤邃于礼""礼学甚精博"而名家,"礼"可以说是他们师生俩念兹在兹、心力所萃之处。由于礼的内容广泛,几乎无所不包,而他们对礼的许多方面都有所涉及,为免枝蔓,故现在所关怀的是:吕大临是如何将礼置于本体与工夫的关系中来进行探讨的。

在吕大临所主张的知、礼工夫中,如果说他知之工夫中的"学""问""闻""见"表现出一种认知性的特点,"学也问也,求之外者也;闻也见也,得之外者"①。那么,礼之工夫中的"礼",当其作为社会生活中具体的礼仪规定及节文准则时,则显然表现出一种规范性、人为性的特点。对于礼之工夫中"礼"的这种特点,吕大临是有着清醒的认识的,他屡称:

> 事豫则立,不豫则废,先王之制礼,以善养人于无事之际,多为升降之文,酬酢之节,宾主有司有不可胜行之忧,先王未之有改者,盖以养其德意,使之安于是而不惮也。故不安于偷惰,而安于行礼,

---

① 吕大临:《礼记解・中庸第三十一》,《蓝田吕氏遗著辑校》,第 296 页。

不耻于相下,而耻于无礼,则忿争之心,暴慢之气,无所从而作,此天下之乱所以止于未萌也。①

夫先王制礼,岂苟为繁文末节,使人难行哉? 亦曰"以善养人而已"。盖君子之于天下,必无所不中节,然后成德,必力行而后有功。其四肢欲安佚也,苟恭敬之心不胜,则怠惰傲慢之气生;怠惰傲慢之气生,则动容周旋不能中乎节,体虽佚而心亦为之不安;于其所不安,则手足不知其所措,故放辟邪侈,逾分犯上,将无所不至,天下之乱自此始矣。圣人忧之,故常谨于繁文末节,以养人于无所事之时,使其习之而不惮烦,则不逊之行,亦无自而作,至于久而安之,则非法不行,无所往而非义矣。君子敬以直内,义以方外,敬义立而德不孤,则不疑其所行矣。故发而不中节者,常生乎不敬,所存乎内者敬,则所以形乎外者庄矣,内外交修,则发乎事者中矣。②

"先王制礼""常谨于繁文末节"、止"天下之乱",吕大临这些论说可以说正是对礼的规范性、人为性特点的说明。

吕大临的这样一种论说,乍见之下,人们会不自觉地想:这不就是荀子的观点吗? 在《修身篇》中,荀子论道:

凡用血气、志意、知虑,由礼则治通,不由礼则勃乱提僈。食饮、衣服、居处、动静,由礼则和节,不由礼则触陷生疾;容貌、态度、进退、趋行,由礼则雅,不由礼则夷固僻违,庸众而野。故人无礼则不生,事无礼则不成,国家无礼则不宁。③

礼者,所以正身也。④

确实,把荀子的这种观点与吕大临上述那种论说相对照,二者之间简直没有多少差别。然而,他们的这种相同也只能到此为止,实际上,他们的

---

① 吕大临:《礼记解・聘义第四十八》,《蓝田吕氏遗著辑校》,第415页。
② 吕大临:《礼记解・射义第四十六》,《蓝田吕氏遗著辑校》,第400页。
③ 王先谦:《荀子集释・修身篇》,第22—23页,北京,中华书局,1997。
④ 同上书,第33页。

这种相同下面有着内在的、根本的不同,这种内在的、根本的不同即:荀子的所谓礼不是以内在的心性为根据,根据在人之外。他称:

> 今人之性,生而有好利焉,顺是,故争夺生而辞让亡焉;生而有疾恶焉,顺是,故残贼生而忠信亡焉;生而有耳目之欲,有好声色焉,顺是,故淫乱生而礼义文理亡焉。然则从人之性,顺人之情,必出于争夺,合于犯分乱礼而归于暴。故必将有师法之化,礼义之道,然后出于辞让,合于文理,而归于治。用此观之,然则人之性恶明矣,其善者伪也。①

> 若夫目好色,耳好声,口好味,心好利,骨体肤理好愉佚,是皆生于人之情性者也,感而自然,不待事而后生之者也。夫感而不能然,必且待事而后然者,谓之生于伪。是性、伪之所生,其不同之征也。故圣人化性而起伪,伪起而生礼义,礼义生而制法度。然则礼义法度者,是圣人之所生也。②

> 凡性者,天之就也,不可学,不可事;礼义者,圣人之所生也,人之所学而能,所事而成者也。不可学、不可事而在人者谓之性,可学而能、可事而成之在人者谓之伪。是性、伪之分也。③

荀子所说的"性"显然指人的自然属性和本能,人的这种自然本能、感性欲望在现实人生中则表现为恶,故荀子认为,圣人起礼义、制法度就是为了矫治教化人的本性;并且,在他看来,圣人能起礼义、制法度,也并不是因为礼义出自圣人的本性:

> 凡人之性者,尧、舜之与桀、跖,其性一也;君子之与小人,其性一也。④

---

① 王先谦:《荀子集释·性恶篇》,第434—435页。
② 同上书,第437—438页。
③ 同上书,第435—436页。
④ 同上书,第441页。

> 凡所贵尧、禹、君子者，能化性，能起伪，伪起而生礼义。①

圣人之本性与桀、跖并没有什么不同，而圣人之所以能起礼义、制法度，只是因为圣人能"化性起伪"而已。由此可见，荀子所谓的礼不是以人的内在之本性为根据，而是圣人"化性起伪"的产物。

吕大临对于礼的根据的看法与荀子不仅根本不同，而且刚好相反。他称：

> 人之血气、嗜欲、视听、食息，与禽兽异者几希，特禽兽之言，与人异耳，然猩猩、鹦鹉亦或能之。是则所以贵于万物者，盖有理义存焉，圣人因理义之同然，而制为之礼，然后父子有亲，君臣有义，男女有别，人道所以立，而与天地参也。②
>
> 人性均善，其以同然理义而已。③

吕大临认为，人性均善，此善之性体现于人之"心"中，为人心所同然之"理义"，圣人就是根据此人心所同然之"理义"来制礼的。既然人性均善，理义为人心所同然，那么，圣人制礼何为？又何以说圣人能根据此人心所同然之"理义"来制礼呢？吕大临认为：

> 天下之理义，无所不通，圣之谓也。无所不通，无所不敬，礼之所由制也。礼之行也，不在乎他，在长幼之分而已，性之德也。礼得于身之谓德，由学然后得于身，得于身则与先得人心之所同然者同之，故诚之而至诚，乃天之道，是亦圣人也。④
>
> 理义者，人心之所同然，唯大人为先得之，德之不明也，以民之未知乎此也；德之不行也，以民之未得乎此也。先知觉后知，先觉觉后觉，则易昏为明，易恶为善，变化气质，如螟蛉之肖蜾蠃，是岂不为

---

① 王先谦：《荀子集释·性恶篇》，第 442 页。
② 吕大临：《礼记解·曲礼上第一》，《蓝田吕氏遗著辑校》，第 192 页。
③ 吕大临：《礼记解·阳货第十七》，《蓝田吕氏遗著辑校》，第 463 页。
④ 吕大临：《礼记解·乡饮酒义第四十五》，《蓝田吕氏遗著辑校》，第 395 页。

> 新乎？虽然自明明德者亦日新也，合内外之道，故自新然后新
> 民也。①

在吕大临看来，尽管人之本性皆同，理义皆人心所同然，但在道德实践
中，却有先知与后知、先觉与后觉之不同，圣人是先自觉到此性此人心所
同然之理的先知先觉者，故能依据自身所本有之理义来制礼，使之落实
于生活世界中；而"反之者"或"诚之者"因气禀之障蔽却不能明自身本具
之性之理，当其通过学习和践行圣人所制之"礼"时，则能"易昏为明""易
恶为善""变化气质"，从而达到"礼得于身"，明人心所同然之"理义"亦即
"成性"的目的。

如上所说，由于荀子和吕大临在礼之根据上的看法不同，故荀子强
调礼注重的是礼的教化矫治功能，而吕大临强调礼注重的是礼对人之修
身进德、成性成圣的作用。

既然吕大临对礼的注重是为了发挥礼在人之修身进德、成性成圣过
程中的作用，那么礼作为为学工夫又是如何来发挥其"成性"的作用的
呢？要把握吕大临在此问题上的主张和观点，首先必须对吕大临在礼的
内容和形式上的认识和看法有所了解。

在《礼记》中，礼被区分为"礼义"与"礼数"。《郊特牲》中称："礼之所
尊，尊其义也。失其义，陈其数，祝史之事也。故其数可陈也，其义难知
也。知其义而敬守之，天子所以治天下也。"《礼运》中称："故礼也者，义
之实也。协诸义而协，则礼虽先王未之有，可以义起也。"吕大临在此基
础上也认为：

> 礼之所尊，尊其义也。失其义，陈其数，祝史之事也。知其义，
> 则虽先王未之有，可以义起也；不知其义，则陷于非礼之礼，非义之
> 义，大人弗为也。②
>
> 礼之所尊，尊其义也。其文是也，其义非也，君子不行也；其义

---

① 吕大临：《礼记解·大学第四十二》，《蓝田吕氏遗著辑校》，第376页。
② 吕大临：《礼记解·冠义第四十三》，《蓝田吕氏遗著辑校》，第382页。

> 是也,其文非也,君子行之。①

这里所谓的"礼数",指的是具体的礼仪条文、节目仪节;所谓"礼义",则指蕴含在礼仪形式中的价值原则和准则。"礼数"即礼之形式,"礼义"即礼之内容,内容决定形式,"礼义"决定"礼数","礼义"是"礼数"的根据。从表面上看,吕大临对礼之礼义、礼数之分以及两者间关系的看法与《礼记》中的说法没有什么不同,然而,当吕大临将此"礼义"置于性与天道通而为一的架构下来定位时,则此"礼义"不仅被视为本于人本具之性命之理、人心所同然之理义,同时亦具有天道、天理的意义,故吕大临称:

> 成象之谓"乾",效法之谓"坤",天立是理,地以效之,况于人乎?故人效法于天,不越顺性命之理而已。②

> 天道无私,莫非理义,君所以代天而治者,推天之理义,以治斯人而已。故曰"天叙有典,天秩有礼,天命有德,天讨有罪",莫非天也。③

> 书曰"天叙有典",体也,人伦之谓也;"天秩有礼",用也,冠、昏、丧、祭、射、乡、朝、聘之类也;二者皆本于天,此礼之所由生也。④

这些表明在吕大临看来,先王制礼既是依据人本具之性命之理、人心所同然之理义,又是依据天道、天理。对吕大临而言,如果说依据人本具之性命之理、人心所同然之理义制礼是强调道德自律,那么,依据天道、天理制礼则可以说是为了强调礼之神圣性。张载所谓的"不闻性与天道而能制礼作乐者末矣"⑤也即在此。

在吕大临思想系统中,人道之仁义即人之性命之理、人心所同然之理义,亦即在人之天道、天理。他称:

---

① 吕大临:《礼记解·曲礼上第一》,《蓝田吕氏遗著辑校》,第190页。
② 吕大临:《礼记解·中庸第三十一》,《蓝田吕氏遗著辑校》,第272页。
③ 吕大临:《礼记解·表记第三十二》,《蓝田吕氏遗著辑校》,第333页。
④ 吕大临:《礼记解·丧服四制第四十九》,《蓝田吕氏遗著辑校》,第419页。
⑤ 张载:《正蒙·神化篇》,《张载集》,第18页。

> 兼天下而体之之谓"仁",理之所当然之谓"义",由仁义而之焉
> 之谓"道",有仁义于己之谓"德",节文乎仁义之谓"礼"。仁、义、道、
> 德,皆其性之所固有,本于是而行之,虽不中不远矣。①

> 仁义礼知,人道具矣,人道具则天道具,其实一也。②

吕大临在此所谓的"节文乎仁义之谓'礼'"中的"礼"显然指"礼数",亦即
礼之形式;"仁义"则指"礼义",亦即礼之内容,故仁义即礼义,即人之性,
即天道、天理。并且,根据吕大临的思想,此仁义之性在现实社会层面则
体现为亲亲、长长、贵贵、尊贤之道,亦即君臣、父子、长幼、夫妇之伦。
他称:

> 大经,天理也,所谓庸也……是为庸,亲亲,长长,贵贵,尊贤
> 是已。③

> 亲亲之中,父子,首足也;夫妻,判合也;昆弟,四体也,其情不能
> 无杀也。尊贤之中,有师也,有友也,有事我者也,其待之不能无等
> 也。因是等杀之别,节文所由生,礼之谓也。故曰"亲亲之杀,尊贤
> 之等,礼所生也"。④

> 先王制礼,其本出于君臣、父子、尊卑、长幼之间,其详见于仪
> 章、度数、周旋、曲折之际,皆理之所当然。⑤

吕大临在此所谓大经、天理、亲亲尊尊之道、君臣父子兄弟夫妇之伦即
"礼义",所谓仪章、度数、节文、周旋、曲折之际等即"礼数",在吕大临看
来,一方面礼数离不开礼义,礼数是依据礼义制定的;另一方面礼义也离
不开礼数,礼数是礼义必不可少的载体和外在表现形式。礼是礼义和礼
数的合一,是内容和形式的统一。

---

① 吕大临:《礼记解·曲礼上第一》,《蓝田吕氏遗著辑校》,第191页。
② 吕大临:《礼记解·丧服四制第四十九》,《蓝田吕氏遗著辑校》,第419页。
③ 吕大临:《礼记解·中庸第三十一》,《蓝田吕氏遗著辑校》,第307页。
④ 同上书,第290页。
⑤ 吕大临:《礼记解·冠义第四十三》,《蓝田吕氏遗著辑校》,第382页。

如上所说,吕大临所说的礼既属天,又属人;既内在,又外在;乃天人贯通、内外合一之道。吕大临正是基于对礼的这种理解,来阐明礼在人修身进德、成性成圣过程中的作用的。

在吕大临对礼之工夫的讨论中,他的礼以成性的主张,是以他的这样一种看法为前提的:

> 无意而安行,性也;有意而利行,非性也;有意利行,蕲至于无意,复性者也。尧舜不失其性,汤武善反其性,及其成性则一也。故四圣人者,皆为盛德,由仁义行而周旋中礼也。为生而哀,非真哀也;干禄而不回,非真德也;正行而信,非真信也。仁义,德也;礼,德之法也;真哀、真德、真信,则德出于性矣。德出于性,则法行于己者安;法行于己者安,则得乎天者,尽如是,则天命之至,我何与哉?亦顺受之而已。法由此立,命由此出,圣人也;行法以俟命,君子也。圣人性之,君子所以复其性。[1]

> 仁、义、道、德,皆其性之所固有,本于是而行之,虽不中不远矣。然无节无文,则过与不及害之,以至于道之不明且不行,此所以"非礼不成"也。先王制礼,教民之中而已,教不本于礼,则设之不当,设之不当,则所以教者不备矣。[2]

按吕大临的看法,圣人作为"性之者",能够做到礼由性出,无意而安行。而其他人因气禀之蔽,或过或不及,无法达此理想之境,故须"复其性"。所以,要避免过与不及以"复其性",其途径或工夫当然莫过于遵循教人以中的先王之礼。并且,在他看来,尽管"有意而利行,非性也",但"行法以俟命","有意利行",臻于无意或"法行于己者安"时,亦即"复其性"。这说明吕大临既认为礼属于内,礼本于人之内在之性,又主张以礼为工夫来"复其性"。此即吕大临礼以成性主张的理论预设和前提。

如果对吕大临的这一理论预设和前提稍作分析,就可以发现:尽管

---

[1] 吕大临:《孟子解·尽心章句下》,《蓝田吕氏遗著辑校》,第480页。
[2] 吕大临:《礼记解·曲礼上第一》,《蓝田吕氏遗著辑校》,第191页。

吕大临强调礼属于内,礼本于性,但礼作为工夫,在人之礼以成性的过程中,实际上是以外在行为规范的方式和途径由外而内来发挥作用的,甚至是作为外在行为规范来防范人之过与不及的言行的。何以至此呢?因为吕大临所主张的礼之工夫,并非就"性之者"的圣人而言,而是针对"复性者"来说的。圣人作为"性之者",循性而行,礼由性出,从容中道,无须以礼之工夫来"复其性"。只有"复性者"因不能礼由性出,无法做到"法由此立,命由此出",才须礼之工夫,而此礼显然不是从"复性者"之内在之性中所出,只可能是先王所制避免人过与不及作为外在行为规范的礼。因此,我们有理由认定:吕大临所说的礼之工夫在整体上具有一种外向性、规范性的性格和特点,甚至有同荀子殊途同归之嫌。

然而,吕大临毕竟是把礼认定为人之本性、人心所同然之理义的外在化、具体化,视其为天理的表现形式,故他也就力图使这种具外向性、规范性的礼之工夫在人的"复其性"亦即"成性"的过程中发挥作用,从吕大临对德礼与政刑的关系的论述中即可见出这一点:

> 德以道其心,使知有理义存焉;礼以正其外,使知有所尊敬而已。知有理义,知所尊敬,则知所以为善为不善,然后其心知止于是,而不欲畔而之他也。不善之名,虽愚不肖者耻之,如使民心知所以为善不善,则畔而之他者,众人之所耻;众人之所耻,虽愚不肖者,亦将不欲为矣。此孔子所谓"有耻且格"。格者,正也。政者,所以禁民为非;刑者,所以惩民之为非。禁也者,非能使之知不善而不为,亦强制之而已;惩也者,非能使之知耻,使之知畏而已。故民非心悦而诚服,欲逃其上而不可得,此所以"有遁心",孔子所谓"免而无耻"者也。德礼所以正其本,本立则末不足治;政刑所以齐其末,苟无其本,则法不足以胜奸。[①]

在吕大临看来,尽管礼与政刑在形式上似乎都表现为一种外在的行为规

范，但礼与政刑有所不同的是：礼能使人"知有所尊敬""知所以为善为不善""有耻且格"，故礼能促进人之修身进德，启迪人明了自身本具之"性"之"理义"；而政刑只是纯粹通过强制性手段禁民之为非、惩民之为非，人之不为不善，乃迫于政令、惧于刑罚而已，故政刑仅能保证人之行为的"合法性"，却不能促进人之行为的"道德性"。

那么，吕大临所谓的这种具有外向性、规范性的礼之工夫是如何具体地在人之修身进德、"复其性"亦即"成德""成性"的过程中发挥作用的呢？在经典的阐释中，吕大临主要是通过对礼之"敬"的功能的阐发来说明这一点的，他称：

> 礼者，敬而已矣，君子恭敬，所以明礼之实也。[1]
>
> 礼者，敬而已矣，敬者，礼之常也。[2]
>
> 欲修其身先正其心者，敬之谓也，修身者，正言貌以礼者也。故"毋不敬"者，正其心也。[3]
>
> 礼卑则无不敬，能有诸己矣。[4]

吕大临在此所谓的"正其心""有诸己"显然与人自身本具之性之"理义"之心有关，对他而言，"敬"乃礼之实、礼之常，作为礼之实、礼之常的"敬"最能发挥"正其心""有诸己"的功能，故当人通过礼之敬来"正其心""有诸己"时，礼也就能起到促进人之修身进德、启迪人明了自身本具之"性"之"理义"的作用。

在《礼记解》中，吕大临对礼之"敬"的功能作了极为具体而详尽的阐发，力图说明其在人之"成德""成性"过程中的作用。

> 贵老，为其近于亲也。敬长，为其近于兄也。自二十而视四十，则与吾父之年相若，此所以父事也；长吾十年，则与吾兄之年相若，

---

① 吕大临：《礼记解·曲礼上第一》，《蓝田吕氏遗著辑校》，第 192 页。
② 同上书，第 189 页。
③ 同上书，第 187 页。
④ 吕大临：《礼记解·中庸第三十一》，《蓝田吕氏遗著辑校》，第 292 页。

此所以兄事也；长吾五年，则与吾年相若，此所以肩随之也，皆敬长之道也。阙党童子，与先生并行，孔子知其欲速成；疾行先长者，孟子知其为不弟，皆不知敬长之义而已。①

尊长近乎事兄，弟也；养老近乎养亲，孝也。入则顺乎父兄，出则顺乎长老，则民德归厚矣。强不犯弱，众不暴寡，人伦既正，教行俗美，薰沐涵濡，迁善而不自知，故曰"非家至而日见之也"。春秋合诸州长而射，冬行党正之正齿位，乡党习见仪容之盛，渐乎礼义之俗，孝弟之行，不肃而成，行礼之效也。②

人生于天地之间，其强足以凌弱，其众足以暴寡，然其群而不乱，或守死而不变者，畏礼而不敢犯也。人君居百姓之上，惟所令而莫之违者，恃礼以为治也。一人有礼，众思敬之，有不安乎；一人无礼，众思伐之，有不危乎，此所以系人之安危而不可不学者。富贵者，人之所共敬者也；贫贱者，人之所共慢者也；礼者自卑而尊人，虽负贩之至贱，犹不敢慢而必有所尊，况人之所共敬者乎？古之君子，不侮鳏寡，不畏强御，苟无礼以节于内，则外物之轻重，足以移其常心矣。故富贵者，知其所当敬，则不骄不淫；贫贱者，知其所自敬，则志不慑。③

吕大临所谓的礼之"敬"，不仅能使人"知所尊敬"，而且能使人懂得敬"让"敬"顺"。然而对他来说，更主要的是礼之"敬"中"有理义存焉"，因为礼之尊长敬长、贵老养老、顺乎父兄、顺乎长老、当敬自敬、自尊尊人所体现的正是亲亲尊尊之道、孝悌忠信之理。并且，此亲亲尊尊之道、孝悌忠信之理本是人自身本有之仁义之性，亦即人心所同然之理义的具体化、外在化，实际上也就是人之仁义之性、人心所同然之理义在道德实践中赋予行为和事物的，因此，吕大临有时也就直接将礼之敬阐释和规定

---

① 吕大临：《礼记解·曲礼上第一》，《蓝田吕氏遗著辑校》，第 197—198 页。
② 吕大临：《礼记解·乡饮酒义第四十五》，《蓝田吕氏遗著辑校》，第 396 页。
③ 吕大临：《礼记解·曲礼上第一》，《蓝田吕氏遗著辑校》，第 193 页。

为"明人伦""敬人之事"。

> 礼者敬而已矣。明则敬于人，礼仪三百，威仪三千，敬人之事也。①

> 君臣、父子、长幼之义，皆形见于节文之中。人之所难，我之所安，人之所惮，我之所敬。故能行之者君子也。②

> 君臣、父子、长幼、夫妇之伦，吾性之所固有也。君子之所以学，先王之所以教，一出于是而已。故舜明于庶物，察于人伦，三代之学，皆所以明人伦也。人伦之大分，谓之"经"，其屈伸、进退、周旋、曲折之变，谓之"纪"。大德敦化，经也；小德川流，纪也。礼仪三百，经也；威仪三千，纪也。③

既然吕大临的所谓礼乃人之本性的具体化，体现的是君臣、父子、长幼、夫妇之人伦，故当人依礼而行，通过礼之"知所尊敬""敬让""敬顺"体认到敬长贵老之义、孝悌忠信之理时，对吕大临而言，也就可以"明其性""成其性"。

通过以上对吕大临礼之工夫的讨论，可以说：吕大临力图通过礼之"敬"将"礼义"和"礼数"结合起来，以求达到贯天人、合内外、"礼以成性"的目的。

在吕大临对礼之敬在人之"成性"过程中所起作用的阐发中，最能反映和体现他这一思想的莫过于他对少儿"成人"之教的规定和说明。由于他的这种规定和说明是以他的一些基本预设为前提的，故先将其作一交代。

在《易章句》中，吕大临在释"蒙以养正，圣功也"时认为：

> 童蒙之质，德性未丧，特未发耳，由是而养之以正，不流于邪，虽

---

① 吕大临：《礼记解·表记第三十二》，《蓝田吕氏遗著辑校》，第336页。
② 吕大临：《礼记解·聘义第四十八》，《蓝田吕氏遗著辑校》，第417页。
③ 吕大临：《礼记解·燕义第四十二》，《蓝田吕氏遗著辑校》，第411页。

圣人之学，不越于是，故曰"圣功也"。"利贞"者，贞则不失其性也。①

这就是说少儿本具有人之为人的德性，但由于尚未自觉其本性，故有待于培养教育，养之以正，从而使其不失其性，不流于邪。在此基础上，吕大临进一步指出：

> 古者自二十而冠，自十九而下，皆为童子。凡为童子，以事长者为之事也。紒而不冠，衣而不裳，名而不字，皆所以别成人，教逊弟也。阙党童子将命，孔子曰："吾见其居于位也，见其与先生并行也。非求益者也，欲速成者也。"孟子曰："徐行后长者谓之弟，疾行先长者谓之不弟。夫尧舜之道，孝弟而已。"然弟不弟，在于徐行、疾行之间，皆所以养童子之道，不可不慎也。冠礼一废，童子与先生并行，耻弟于长者矣。盖逊弟之节，不谨于童稚之间，及其成人，则扞格不入，此所以人材之难成，教之所由废也。②

> 《书》曰"兹乃不义，习与性成"，则不义非性矣。然以不义成性，则习有以移之，故习不可不慎也。古之教子者，其始生也，择诸母之慈良恭敬，慎而寡言者，使为子师，其次为慈母，其次为保母，教之之慎如此，况可示之诳乎？裦裳与冠，皆成人之服，未成人者，服亦有所未备也。立必正所向之方，或东向西向，或南向北向，不使之偏有所向也。《士相见礼》云"凡燕见于君，必辨君之南面，若不得，正方，疑君"，"疑君"者，谓斜向之不正方也。不倾听者，头容直。③

这说明吕大临既肯定少儿本具人之为人之本性，同时又极为注重少儿成长阶段所处的环境、所受的教育、所养成的习惯对其"成人""成德"的作用和影响。在他看来，人一旦在这个阶段被不良之习所缠绕、污染，形成了坏的习性，一时将很难改变，"盖逊弟之节，不谨于童稚之间，及其成

---

① 吕大临：《易章句·蒙·象》，《蓝田吕氏遗著辑校》，第 69 页。
② 吕大临：《礼记解·冠义第四十三》，《蓝田吕氏遗著辑校》，第 383 页。
③ 吕大临：《礼记解·曲礼上第一》，《蓝田吕氏遗著辑校》，第 199 页。标点有改动，《仪礼》"正方，疑君"作"则正方，不疑君"，"不"字应据补。

人，则扞格不入"，故他反复强调少儿"成人"之教不可不慎，"虽圣人之学，不越于是"，此即"蒙以养正，圣功也"。

　　既然少儿阶段的"成人"之教对人的一生至关重要，那么，如何在这一阶段来对少儿进行培养和教育呢？在《礼记解》中，吕大临依据《礼记·曲礼》对少儿的言行举止、待人接物等各个方面的具体节目仪节作了详细的解释和说明：

　　　　事先生长者之礼，进退不敢必也。"将适舍"，将退也；"将上堂"，将进也。虽将退也，先生长者未之许，则退无固也；虽将进也，扬声而警之，不欲掩人之私也。户外有二屦，则并户内一屦为三人矣。以户内有三人，故乃可入，犹以言闻不闻为入不入之节。若户内有二人，则不可入，所谓"离坐离立，毋往参焉"者也。毋践屦踏席，敬其物，所以敬其人也。抠衣趋隅，必慎唯诺，不敢为宾，听役于先生长者。唯，所以应也；诺，所以许也。①

　　　　侍于君子，视听言动，无所不在于敬。头容欲直，故"毋侧听"；声容欲静，故"毋噭应"；目容欲端，故"毋淫视"；气容欲肃，故"毋怠荒"；足容欲重，故"游毋倨"；立如齐，故"毋跛"；坐如尸，故"毋箕"；正其衣冠，故"敛发毋髢，冠毋免，劳毋袒，暑毋褰裳"。②

　　　　粪除布席，役之至亵者也，然古之童子未冠，为长者役，而其心安焉。盖古教养之道，必本诸孝弟，入则事亲，出则事长；事亲孝也，事长弟也；孝弟之心，且生于恻隐恭敬之端，孝弟之行，常在于洒扫应对、执事趋走之际。盖人之有血气者，未有安于事人者也，今使知长者之可敬，甘为仆御之役而不辞，是所以存其良心，折其傲慢之气，然后可与进于德矣。加帚箕上，执之以从事也。以袂拘而退，其尘不及长者，虽粪除之际，不敢忘敬也。③

－－－－－－－－－－

① 吕大临：《礼记解·曲礼上第一》，《蓝田吕氏遗著辑校》，第200页。
② 同上书，第204页。
③ 同上书，第201—202页。

从吕大临这些对少儿如何事亲、事长者、事先生、侍君子等礼仪规定的阐述来看，他主要强调的是：如何让少儿把礼之敬贯注于所做的每一件具体之事中。但令人惊异的是：他对少儿所做的每一件具体之事的节目仪节的解释和说明竟是异乎寻常地细密细微、不厌其繁，真可谓"繁文缛节"。人们或许要问：既然少儿本具人所同有的人之本性，何不直接启迪其本性，使其自觉其孝悌之心，这岂不就自然能够选择对应具体情况的适宜的行为方式吗？何须如此多繁文缛节！但人们有所不知的是：吕大临的这些规定和说明实际上与他受这样一种理念的影响密不可分。他认为：

> 盖古之学者，有小学，有大学。小学之教，艺也，行也；大学之教，道也，德也。礼乐、射御、书数，艺也；孝友、睦姻、任恤，行也；自致知至于修身，德也；所以治天下国家，道也。古之教者，学不躐等，必由小学，然后进于大学。自学者言之，不至于大学所止则不进；自成德者言之，不尽乎小学之事则不成。子夏之门人，从事乎洒扫应对，在圣人亦莫不然，恂恂便便，曲尽于乡党朝廷之间，勃如躩如，襜如翼如，从容乎进退趋揖之际，盖不如是，不足谓之成德矣。①

古时有"小学"与"大学"之分，小学阶段是艺与行，大学阶段是道与德。吕大临也依据这种区分，认为这两个阶段对人之学礼行礼、进德修业缺一不可，但又须循序渐进、不可躐等。并且，他特别强调人欲成德，必然从小学之事入，从洒扫应对做起，即使圣人也是如此。小学阶段显然就是少儿"成人"阶段，故吕大临正是基于他的这种观念和看法，才对少儿事亲事长的具体礼仪节目作如此细密的规定和说明的。

对少儿之"成人"教育必须从"事"切入这一点，冯达文先生在《简论朱熹之"小学"教育理念》一文中分析指出：朱子强调少儿之"成人"教育必须从"事"切入，固然有认知心理学上的依据，即少儿的抽象思维能力尚低，从感性具体入手易于接受；少儿的模仿能力较强，借具体形象教育

---

① 吕大临：《礼记解·大学第四十二》，《蓝田吕氏遗著辑校》，第 370—371 页。

效果更佳,等等。但其原因主要是这种教育作为"成人"或"成德"教育的两个特点:一个是它的信仰性,因为"成人"或"成德"教育中成就的"人"或"德"是人——主体的一种应然性的认定,不具客观必然性的意义。一个是"成人"或"成德"教育的践行性。因为在"成德"意义上的个别与一般、特殊与普遍的关系,与在知识学意义上的个别与一般、殊相与共相的关系有着根本的差别。在知识学意义上,一般、共相常常被视为"本体",而在"成德"意义上,每一件该做的事(行)才具"本体"的意义。故对人之是否"成人"或"成德"的判定,就见于他所做的一件件具体的"事"上,而非只看他对"理"的认识。① 冯先生这种分析无疑同样适用于吕大临所强调的少儿"成人"或"成德"教育应从具体之事做起的理念。因为吕大临所主张的少儿"成人"教育显然是一种"成德"教育,而作为一种"成德"教育,当然不能采取"成智"教育中那种从个别中抽象出一般、从殊相中抽象出共相的抽象性解悟的方式,所采取的应当是一种具体性解悟的方式,故吕大临主张和强调少儿从容貌辞令、扫洒应对、执事趋走等具体细微的小事做起,并直接规定"应该如此去做""这样做才对"。这正是具体性解悟的表现,也是由"成德"教育中每一件该做的事本身所具有的圆足性、绝对性和本体性的特点所决定的。

在吕大临的思想系统中,尽管"礼数""人伦"是外在的"在彼者",礼义、人之本性、人心所同然之理内在于人,天理乃"非人私知所能为"者,但礼数、礼义、人伦、人之本性、人心所同然之理、天理又有着一致性,故他主张通过礼之敬来贯天人、合内外。他之所以强调少儿必须将"敬"贯注于其所做的每一件具体的事中,是因为在他看来,只有使少儿在其所做之事、所行之礼中真正保有笃实的道德意识和情感,才能使其达到贯天人、合内外、人伦明、礼义立的目的,而人伦明、礼义立亦即明性成性。

在《礼记解》中,吕大临对《冠义》中少儿成人之义的阐发体现的正是少儿"成德"的上述特点。

---

① 参见冯达文:《简论朱熹之"小学"教育理念》,《中国哲学史》1999 年第 4 期,第 52—54 页。

　　知崇礼卑，崇效天，卑法地，故知礼者，人之天地也，未有天地不具，而能有物者也。此人之所以为人，必在乎礼义也。知生乎思，思则得之，故尽致思之功，然后可以达乎高明；礼主乎行，行则致之，故尽躬行之实，然后可以极乎密察。此礼义之始，所以必在乎正容体、齐颜色、顺辞令也。容体者，动乎四体之容者也；颜色者，生色见乎面目者也；辞令者，发乎语言而有章者也。三者，修身之要，必学而后成，必成人而后备。童子，未成人者也，于斯三者，不可以不学。故古之教子，能食教以右手，能言教唯与俞；七年教之男女不同席，不共食；八年教之出入门户，即席饮食，必后长者；十年学幼仪；十三学舞射御，则养之有素矣；养之久则安，安则成，故至于二十，则三者备矣，然后可以冠而责成人之事矣。君子之容舒迟，见所尊者齐遫，足容重，手容恭，目容端，口容止，声容静，头容直，气容肃，立容德，此"容体正"欤！衰绖则有哀色，端冕则有敬色，介胄则有不可辱之色，根于心而生色，睟然见于面，此"颜色齐"欤！长者不及无儳言，毋勌说，毋雷同，必则古昔，称先王；与君言，言使臣；与大夫言，言事君；与老者言，言使子弟；与幼者言，言孝弟于父兄；与众言，言忠信慈祥；与居官者言，言忠信，此"辞令顺"欤！故唯备此三者，然后可以明人伦；人伦明，然后礼义立，而可以为成人；成人，然后可以有冠有裳而服备。故冠礼者，所以成人之礼。礼之成人，而行礼义自此始矣，故曰"冠者礼之始也"。[1]

　　国之所以为国，人道立也；人之所以为人，礼义立也。冠礼者，所以责成人，礼义所由始也。上帝降衷于下民，则所以为人，天命之，神明相之，筮日筮宾于庙门之外，成人之始，质之神而不敢专，敬之至也。敬至则礼重，礼重则人道立，此国之所以为国也，故曰"所以为国本也"。[2]

---

① 吕大临：《礼记解·冠义第四十三》，《蓝田吕氏遗著辑校》，第 383—384 页。
② 同上书，第 384 页。

所谓成人者,非谓四体肤革异于童稚也,必知人伦之备焉。亲亲、贵贵、长长,不失其序之谓备,此所以为人子、为人弟、为人臣、为人少者之礼行,孝弟忠顺之行立也,有诸己,然后可以责诸人。故人伦备,然后谓之成人,成人然后可以治人也。[①]

按吕大临的看法,少儿的"成人"教育必须以"正容体""齐颜色""顺辞令"作为初始入手处,必须从一件件具体而细微的小事做起,因为容貌辞令、具体细微之小事本身体现的就是孝、悌、忠、信等人伦之理。当少儿通过这些孝、悌、忠、信之事的不断重复、长期熏陶,养之有素,即能"养之久则安,安则成"。当然吕大临也主张发挥知之工夫在"成人"教育中的作用,强调通过其中的"致思之功"来"有诸己""达乎高明",这显然是就成人教育的后期阶段亦即大学阶段而言。如果说在"成人"教育的前期阶段亦即小学阶段是为了教育和训练少儿应当如何去做的具体规范,使其知人所当行的当然之则,那么,通过"成人"教育的后期阶段的"尽致思之功"来"有诸己",则可以说是为了使其知应当如此这般去做的当然之则的所以然。知其所当行的人伦之则可以使其行不谬,明了其所当行的人伦之则的所以然则可以使其体认到"人伦、物理,皆吾分之所固有;居仁、由义,皆吾事之所必然"[②],觉悟到此人道之人伦礼义乃"上帝降衷于下民""天命之,神明相之",从而发挥其道德自觉性、主动性来尽为人子、为人弟、为人臣、为人少者的责任和义务。

通过上述吕大临关于少儿"成人"或"成德"教育的分析和讨论,可以说:吕大临之所以如此注重在少儿的"成人"或"成德"教育中将"敬"贯注于少儿的容貌辞令和所行之事中,是因为在他看来,通过礼之敬的贯天人、合内外的作用能启迪其"明人伦""礼义立",亦即明性成性。当然,"明人伦""礼义立"、明性成性的目的又显然是为了激发人履行人伦之则的内在动力,真正自觉地、主动地去践行人伦之道。

---

① 吕大临:《礼记解·冠义第四十三》,《蓝田吕氏遗著辑校》,第 386 页。
② 吕大临:《礼记解·大学第四十二》,《蓝田吕氏遗著辑校》,第 371 页。

第三节 吕大临与程颢

宋神宗熙宁十年(1077),张载去世,吕大临时年三十一岁。宋神宗元丰二年(1079),吕大临前往扶沟从二程问学,《程氏遗书》中"既重要而分量又最多"①的卷二,就是这一年吕大临东见二程时所记录的二程之语。

据《宋元学案·吕范诸儒学案》述:"初学于横渠。横渠卒,乃东见二程先生,故深淳近道,而以防检穷索为学。明道语之以识仁,且以'不须防检,不须穷索'开之,先生默识心契,豁如也。"②《识仁篇》全文如下:

> 学者须先识仁。仁者,浑然与物同体。义、礼、知、信皆仁也。识得此理,以诚敬存之而已,不须防检,不须穷索。若心懈则有防,心苟不懈,何防之有?理有未得,故须穷索。存久自明,安待穷索?此道与物无对,大不足以名之,天地之用皆我之用。孟子言"万物皆备于我",须反身而诚,乃为大乐。若反身未诚,则犹是二物有对,以己合彼,终未有之,又安得乐?《订顽》意思,乃备言此体。以此意存之,更有何事?"必有事焉而勿正,心勿忘,勿助长",未尝致纤毫之力,此其存之之道。若存得,便合有得。盖良知良能元不丧失,以昔日习心未除,却须存习此心,久则可夺旧习。此理至约,惟患不能守。既能体之而乐,亦不患不能守也。③

大程的"识仁"之方要而言之,即自觉、自信人之自身所本有的"仁心",使此先天的道德"仁心"自发自决成为人之道德实践中的立法原则与践履原则。并且,此"识仁"之方,即本体即工夫,直截而简易,一扫工夫中那种时时防检、处处穷索之弊。然而,朱子却说:"明道言'学者须先

---

① 牟宗三语。参见牟宗三:《心体与性体》中册,第1页。
② 黄宗羲原本,全祖望修定:《吕范诸儒学案》,《宋元学案》第2册,第1105页。
③ 程颢,程颐:《二程遗书》卷二上,《二程集》上册,第16—17页。

识仁'一段，说话极好，只是说得太广，学者难入。"①撇开朱子的哲学倾向不论，朱子认为大程的"识仁"之方令学者难入，不能把握其主旨又确实并非无的放矢，这从刘宗周对学者误解此"识仁"之方所作的批评即可见出："学者极喜举程子识仁，但昔人是全提，后人只是半提。'仁者浑然与物同体，义礼知信皆仁也'，此全提也。后人只说得'浑然与物同体'，而遗却下句，此半提也。'识得此理，以诚敬存之，不须防检，不须穷索'，此全提也。后人只说得'不须'二句，却遗却上句，此半提也。"②何以学者对此"识仁"之方常生误解、偏离其宗旨？这无疑与"识仁"之方本身的难以把握有关。

在大程的"识仁"之方中，尽管"仁心"即吾人不安、不忍、愤悱、不容已之本心③，即四端之心，但"仁心"作为道德实践的先天根据又具有贯通天人、既超越又内在的特点，故对此"视之不见，听之不闻，无声形接乎耳目而可以道也"④的形上心体，如非确信不疑、真修实觉与实有诸己，仅靠悦来一悟、偶然兴会，显然不仅不能真切把握，而且在实践中也难以为继、易失其旨要，故"先识仁"此立体工夫虽最为根本、直截而又简易，却反而使初学者有无所依循、无从下手之感。并且，对此形上心体的把握绝非一种抽象的悬空把捉，而是必须使其在现实生活中体现与落实，尽管此"仁心"能自我觉醒、自有准则、自具力量、自作主宰，但在具体道德生活的现实层面上则是欲根习气缠绕，情识、意见、知解、感性知觉交杂。故如何避免情识欲心、习心与仁心相混，使"仁心"自然呈现、全然做主；如何消除认气作定、玩弄光景、虚见承担、知解意见搅和等弊病，使此"仁心"具体而真实地流行于日用之间，这是"识仁"之方，甚至是宋明理学中心学一派始终面临、无法回避而又亟待解决的问题。

因为"识仁"之方不易把握，为了使那些苦于不得入路的初学者工夫

---

① 黎靖德编：《朱子语类》卷九七，第 2484 页。
② 黄宗羲原本，全祖望修定：《明道学案》，《宋元学案》第 1 册，第 541 页。
③ 牟宗三语。参见牟宗三：《心体与性体》中册，第 183 页。
④ 吕大临：《礼记解·中庸第三十一》，《蓝田吕氏遗著辑校》，第 273 页。

有下手处,程颢曾教以静坐之法。静坐原本是佛道二教修行之法门,二程赋予其儒家心性修养的内涵后,将其作为一种正式的工夫教法以教学者。早吕大临一年(宋神宗元丰元年,即 1078 年)从学于程颢的谢良佐,程颢曾教其以静坐之法作为入处:"谢显道习举业,已知名,往扶沟见明道先生受学,志甚笃。明道一日谓之曰:'尔辈在此相从,只是学某言语,故其学心口不相应。盍若行之?'请问焉。曰:'且静坐。'伊川每见人静坐,便叹其善学。"①晚吕大临两年(宋神宗元丰四年,即 1081 年)从学于程颢的杨时,曾以强调"学者当于喜怒哀乐未发之际,以心体之,则中之意自见"而著称。据《程氏外书》卷一二《龟山语录》记载:"明道在颖昌,先生(龟山)寻医,调官京师,因往颖昌从学。明道甚喜,每言曰:'杨君最会得容易。'及归,送之出门,谓坐客曰:'吾道南矣。'"②杨时"道南一系"的罗从彦、李侗也都是以此"静中体验未发"为基本宗旨,称之为"道南指诀"。朱熹曾说:"李先生教人,大抵令于静中体认大本未发时气象分明,即处事应物自然中节,此乃龟山门下相传指诀。"③黄宗羲、全祖望也认为"罗豫章静坐看未发气象,此是明道以来下及延平一条血路也"④。吕大临在大程"识仁"之方的指点与引导下,将其曾在理论上探讨过的心性修养工夫真正付诸实践,在他实有所得后,吕大临将此实践工夫表述为"圣人之学,不使人过,不使人不及,立喜怒哀乐未发之中以为之本,使学者择善而固执之,其学固有序矣"⑤。吕大临这一"立喜怒哀乐未发之中以为之本"的说法与杨时一样,虽未提及静坐之法,但显然与杨时道南一系的"静中体验未发"有着一致之处。

"四先生"之一的谢良佐与吕大临、杨时一样,都曾直接受教于大程门下,他对静坐之法看法却与杨时道南一系"静中体验未发"的观点完全

① 程颢,程颐:《程氏外书》卷一二,《二程集》上册,第 432 页。
② 同上书,第 428—429 页。
③ 朱熹:《答何叔京》第二书,《朱子全书》第 22 册,第 1802 页。
④ 黄宗羲原本,全祖望修定:《豫章学案》,《宋元学案》第 2 册,第 1277 页。
⑤ 吕大临:《礼记解·中庸第三十一》,《蓝田吕氏遗著辑校》,第 270 页。

不同："问：'一日静坐，见一切事平等，皆在我和气中，此是仁否？'曰：'此只是静中之工夫，只是心虚气平也。'"①由此可见，谢良佐并不重视"静中体验未发"，故也就不以静中所体验到的未发之中为"仁心"或"本心"。吕大临、杨时以及"道南一系"的罗从彦、李侗将大程的"识仁"之方及其静坐之法与《中庸》中的"喜怒哀乐之未发谓之中"联系起来，不仅明确地确立了体认"未发之中"的本体工夫论，还将这一本体工夫真正付诸实践，在他们看来，喜怒哀乐未发之前因无人欲之私，故此"未发之中"即"大本"即"仁心""心体"，此体认"未发之中"的本体工夫无疑与"识仁"之方相通而又一致。这一直接立根于"大本""仁心"之上的立体工夫，不同于谢良佐所说的"静中之工夫"的是：先平复纷作的情感，克己去私以归向未发，其目的在于静复见体，亦即体认"仁心"，使此道德本心全然作主，以期立体以达用、承体以起用，而并非只是为了调摄身心、使心神内敛以达至一种非道德意义的实然的"心虚气平"状态。

　　尽管吕大临在关学阶段时即已形成与确立了"反求吾心"思想，并于洛学阶段实践此"反求吾心"实有所得后，亦明确地将其表述为"立喜怒哀乐未发之中以为之本"或'求之于喜怒哀乐未发之际而已'②，但因这种体认"仁心"的实践涉及个人内在心性的体认与存养，不仅极为深微，而且主观性亦颇大，故他在洛学阶段真正从事体认"仁心"的实践时亦屡生误解，其认识和看法也经历了一个前后不同阶段的变化过程。在其前期，由于受张载"养气"说的影响，他认为内在心性的体认与存养就是"养其气而成性"，他在《论语解》中释"子曰：'回也，其心三月至焉而矣'"时即表达了他的这种理解和看法：

　　　　君子之学，必致养其气。养之功有缓有速，则气之守有远近，及其成性，则不系所禀之盛衰。如颜子之所养，苟未成性，其于仁也，至于三月，久之犹不能无违。非欲违之，气有不能守也，则"日月至

① 黄宗羲原本，全祖望修定：《上蔡学案》，《宋元学案》第 2 册，第 924 页。
② 吕大临：《论中书》，《蓝田吕氏遗著辑较》，第 497 页。

焉"者，从何如矣？若夫从心所欲，不逾矩，则其义将与天始终，无有岁月之限。故可久，则贤人之德；如圣人，则不可以"久"言。大而化之，则气与天地一，故其为德，自强不息，至于悠久、博厚、高明，莫之能已也。其次则未至于化，必系所禀所养之盛衰，故其为德或久或不久，执使之然，非致养之功不能移也。如颜子所禀之厚，所养之勤，苟未至于化，虽与"日月至焉"者有间，然至于三月之久，其气亦不能无衰，虽欲勉而不违仁，不可得也。非仁之有所不足守，盖气有不能任也。犹有力者，其力足以负百钧而日行百里，力既竭矣，虽欲加以一钧之重，一里之远，而力不胜矣。故君子之学，必致养其气而成性，则不系所禀之盛衰，所谓"从心所欲，不逾矩""不勉而中，不思而得"者，安得违仁者哉？可久，贤人之德，颜子其几矣。①

吕大临的这种观点无疑是对张载"志久则气久、德性久，故曰'可久'，又曰'日新'"②以及"君子之道，成身成性以为功者也；未至于圣，皆行而未成之地尔"③之说的继承和发挥。故在他从学于二程之初，为了却除思虑纷扰，他仍认为，养气有助于虚静，养气有助于内在心性的体认与存养。大程对他的这种理解和观点批评道：

与叔所问，今日宜不在有疑。今尚差池者，盖为昔亦有杂学。故今日疑所进有相似处，则遂疑养气为有助。便休信此说。盖为前日思虑纷扰，今要虚静，故以为有助。前日思虑纷扰，又非义理，又非事故，如是则只是狂妄人耳。惩此以为病，故要得虚静。其极，欲得如槁木死灰，又却不是。盖人活物何也？闲邪则诚自存，诚存斯为忠信也。如何是闲邪？非礼而勿视听言动，邪斯闲矣。以此言之，又几时要身如枯木，心如死灰？又如绝四后，毕竟如何，又几时须如枯木死灰？敬以直内，则须君则是君，臣则是臣，凡事如此，大

① 吕大临：《论语解》，《蓝田吕氏遗著辑校》，第 438—439 页。标点有改动。
② 张载：《正蒙·至当篇》，《张载集》，第 35 页。
③ 张载：《正蒙·中正篇》，《张载集》，第 27 页。

小大直截也。①

在此,大程不仅批评了吕大临的养气说,而且还批评了他那种以期通过虚静来却除思虑纷扰的做法。尽管大程并不反对"静"修之法,但他担心吕大临将此内在心性的体认与存养误解为只是"要得虚静",从而导致喜静厌动、流入枯槁之弊。为了纠正吕大临之偏,大程指出,人是"活物",不可能不接触外物,对外物不可能没有反应,只需闲邪即可,闲邪并非要人如枯木死灰,闲邪则诚体自存,忠信即由此诚体出,此亦即敬以直内。因此之故,大程曾指出:"人心常要活,则周流无穷,而不滞于一隅。"②

在吕大临所记的《东见录》中,大程那些话语所表达的虽是他始终一贯的见解与主张,但其中的许多话语又显然是针对吕大临的为学之弊来教他如何恰当地体认与存养内在的心性而发,故对这些话语须具体分析与对待,不可笼统观之。

> 且省外事,但明乎善,惟进诚心,其文章虽不中不远矣。所守不约,泛滥无功。③

> 学者识得仁体,实有诸己,只要义理栽培。如求经义,皆栽培之义。④

吕大临"博极群书,能文章"⑤,有章句之好,大程恐其"所守不约,泛滥无功",故教他摒弃外事先识"仁体""诚心",亦即要求他把体认与存养此道德"本心"作为根本与"学问头脑",真正做到"实有诸己",在此前提下,求六经经义、诵孔孟嘉言也就是栽培、涵养此心。

> 学者全体此心,学虽未尽,若事物之来,不可不应,但随分限应

---

① 程颢:《东见录》,转引自《蓝田吕氏遗著辑较》,第512页,《宋元学案·明道学案》列有此条。
② 程颢、程颐:《二程遗书》卷五,《二程集》上册,第76页,《宋元学案·明道学案》列有此条。
③ 程颢:《东见录》,转引自《蓝田吕氏遗著辑较》,第506页,此条原注"明",为程颢语。
④ 同上书,第501页,《宋元学案·明道学案》列有此条。
⑤ 程颢、程颐:《关学篇·与叔吕先生》,转引自《蓝田吕氏遗著辑校》附录一,第624页。

之,虽不中,不远矣。①

> 学者须敬守此心,不可急迫,当栽培深厚,涵泳于其间,然后可以自得。但急迫求之,只是私己,终不足以达道。②

吕大临在体认、存养"仁心"时有急迫之毛病,故大程在教他"全体此心""敬守此心""涵泳"此心的同时也指出:体认、敬守此"仁心"不可"急迫","急迫求之"则是私。大程还告诫他:体认、存养此"仁心"并不是不接触事物,而是在事物来时依此"心"之"分限"以应物。这也说明大程所说的"且省外事",不是真要省却外事,而是针对吕大临为学中的用心不近里,教之以切身救病之言而已。

> 学者不必远求,近取诸身,只明人理,敬而已矣,便是约处。易之乾卦言圣人之学,坤卦言贤人之学,惟言"敬以直内,义以方外,敬义立而德不孤"。至于圣人,亦止如是,更无别途。穿凿系累,自非道理。故有道有理,天人一也,更不分别。浩然之气,乃吾气也,养而不害,则塞乎天地;一为私心所蔽,则欿然而馁,却甚小也。"思无邪","无不敬",只此二句,循而行之,安得有差? 有差者,皆由不敬不正也。③

大程曾在《识仁篇》中认为吕大临为学有防检、穷索之弊,在此大程所谓"远求""穿凿系累"所指的显然也是一种穷索之弊,对于吕大临为学中的这一穷索之弊,大程在此教他以"敬以直内,义以方外"之法,亦即"无不敬""思无邪",此"敬以直内""无不敬"所敬的即人所本有的道德"本心",因"天人一也",此道德"本心"即在人之天道,故只需敬守、存养此人自身所本有的"本心"并依之而行即可,不必穷索远求,穿凿附会。

大程的上述言语无非是教吕大临先自觉与体认此道德"本心"并以此作为"学问头脑",在此基础上,敬守此本心,存养此本心,用义理栽培

---

① 程颢:《东见录》,转引自《蓝田吕氏遗著辑校》,第 500 页,此条在《近思录》卷四作程颢语。
② 同上,《宋元学案·明道学案》列有此条。
③ 同上书,第 506 页,此条原注"明",为程颢语。

此本心,从而使此本心获得一个恰当处,体贴出一个天理来。由上可见,对于大程此"识仁之方",不仅理解上易生歧义、偏于一端,而且实践中也易发生偏差、失其宗旨。刘蕺山曾认为:"程子首言识仁,不是教人悬空参悟,正就学者随事精察力行之中,先与识个大头脑所在,便好容易下工夫也。"①诚如斯言,大程的"先识仁"不是把"仁体"对象化,以教人悬空参悟、虚空把捉,而是教人"先与识个大头脑所在",在此基础上续之以无间断的自我存养、自我操存的工夫,并于精察力行、实践入微中真正做到实有诸己。罗钦顺也曾指出:"明道尝言:'天理'二字,是自家体贴出来。此所以识仁之方也,然体贴工夫,须十分入细,一毫未尽,即失其真。"②因罗钦顺在其《困知记》中曾自称:"积数十年用心甚苦,年垂六十,始了然有见乎心性之真。"③故他说"体贴工夫,须十分入细,一毫未尽,即失其真"并非妄意如此、只是虚说,而是他"积数十年用心甚苦"的心得与体会。在体认、存养"仁体"上有着长年累月的实践并实有所得的罗念庵亦同样认为:"夫学有可以一言尽者,有不可以一言尽者。如收敛精神并归一处,常令凝聚能为万物万事主宰,此可一言而尽,亦可以一息测识而悟。惟夫出入于酬应,牵引于情思,转移于利害,缠固于计算,则微暧万变,孔窍百出,非坚心苦志,持之岁月,万死一生,莫能几及也。况得以言相度哉?"④现实生活中的"出入于酬应,牵引于情思,转移于利害,缠固于计算,则微暧万变,孔窍百出",道德实践中的"坚心苦志,持之岁月,万死一生",可见他在体认、存养"仁体"上的艰难以及他所付出的心血与艰辛。因此,对于"识仁之方"不仅在理解上要有全面、真切精微的把握,而且在实践中亦须投入全部的心力和长期不懈的努力。

朱熹在评论程门诸弟子时认为:"看道理不可不子细。程门高弟如谢上蔡游定夫杨龟山辈,下梢皆入禅学去。必是程先生当初说得高了,

---

① 黄宗羲原本,全祖望修定:《明道学案》,《宋元学案》第1册,第541页。
② 罗钦顺:《困知记》,第64页,北京,中华书局,1990。
③ 同上书,第34页。
④ 罗洪先:《与萧云皋》,《罗洪先集》卷七,第264页,南京,凤凰出版社,2007。

他们只瞥见一截,少下面着实工夫,故流弊至此。"①朱子认为,谢上蔡、游定夫、杨龟山下梢流入禅学,并把其因归结于大程当初说得太高。由此,朱子曾认为:

> 类聚孔孟言仁处,以求夫仁之说,程子为人之意,可谓深切。然专一如此用功,却恐不免长欲速好径之心、滋入耳出口之弊,亦不可不察也。大抵二先生之前,学者全不知有仁字,凡圣贤说仁处,不过只作爱字看了。自二先生以来,学者始知理会仁字,不敢只作爱说,然其流复不免有弊者。盖专务说仁,而于操存涵泳之功,不免有所忽略,故无复优柔厌饫之味、克己复礼之实,不但其蔽也愚而已;而又一向离了爱字,悬空揣摸,既无真实见处,故其为说恍惚惊怪,弊病百端,殆反不若全不知有仁字而只作爱字看却之为愈也。②

在朱熹看来,在大程之前,人们只是从现实伦理道德的层面来看待"仁",故"只作爱字看了";二程"类聚孔孟言仁处"以"天人一也"的视角来看待"仁",视"仁"为在人之天道,人们始知理会仁并求仁体仁;但又不免有其弊,那就是人们一味"专务说仁",既无操存涵泳之功,又无克己复礼之实,那么,这种"专务说仁"也就成了悬空揣摸、玩弄光景以至最后"恍惚惊怪,弊病百端"。朱子认为,与其如此"说仁",反而不如"只作爱字看"而显得平实、具体。朱子的上述看法显然与他注重仁说的工夫意义的立场分不开,但他的评论和看法也并非无的放矢、危言耸听,程门的许多弟子确实不无此嫌疑。谢上蔡因把"仁"字说得玄妙,吕大临长兄吕大忠(进伯)认为:"公说'仁'字,正与尊宿门说禅一般。"③游定夫"晚年嗜佛,在江湖居,多有尼出入其门"④。吕大临、杨时所主张的"求之于喜怒哀乐未发之际而已",也就是去体认喜怒哀乐未发之际的"仁心",这种静复见

---

① 黎靖德编:《朱子语类》卷一〇一,第 2556 页。
② 朱熹:《答张敬夫》十六,《朱子全书》第 21 册,第 1335 页。
③《附录一·遗事十一条》,转引自《蓝田吕氏遗著辑校》,第 618 页。
④ 黎靖德编:《朱子语类》卷一〇一,第 2557 页。

体的立体工夫如果不是为了"达用""起用""致用",那么,朱子所指出的那种求仁体仁的弊端极可能成为事实。

在《朱子语类》卷一〇一"程子门人"中,朱子对程门"四先生"的谢良佐、杨时、游酢的不满之意可谓溢于言表,贬抑斥责之处随处可见,但对吕大临却极加推重,不仅在此卷中将其列为程门之首,而且,他与门人在评程门弟子时,也最取吕大临。"蔡云:'上蔡老氏之学多,龟山佛氏之说多,游氏只杂佛,吕与叔高于诸公。'曰:'然。这大段有筋骨,惜其早死!若不早死,也须理会得到。'"①朱子在指责儒家内部一些学者的思想为禅或道时有排斥甚至打压异己之嫌,因为视其为禅或道就是视其为异端,而异端即非法无正当性,尽管如此,朱子在此对程门弟子的评论所关心与考量的重点是,他们在谈心论性、说仁求仁时有无操存涵泳之功与克己复礼之实,更确切地说,他们的谈心论性、说仁求仁是否已自觉地与佛老区别开来,体现出"儒家性格"。朱子之所以推重吕大临,亦正是基于他的这种考量,因为较之谢上蔡的爱说玄妙、游定夫的嗜佛求一己之安顿、杨龟山的专注于个人体验"晚年竟溺于佛氏"②,吕大临确实无论是谈心说性、讲生论仁,还是对一体之仁的言说、对精神生活的关注,都始终以凸显儒家的根本价值原则为鹄的,以坚持儒家的社会关怀和社会实践为前提,以礼法伦常、经世致用为价值取向。

《朱子语类》曾载:"游定夫编明道语,言释氏有'敬以直内',无'义以方外'。吕与叔编则曰:有'敬以直内',无'义以方外',则与直内底也不是。"③在吕大临看来,"内"亦即"本心"自有义理自有准则,"敬"是敬此"理义之心",此"理义之心"、此"本心"所发无非理义,人依此"本心"而行亦自能合乎义,显现为礼,否则所敬之"内"本身就有问题,这说明他所主张的心性修养是以义、以礼为归依的。

朱子在论及吕大临、杨时关于颜子的观点时认为:"吕与叔论颜子等

---

① 黎靖德编:《朱子语类》卷一〇一,第 2558 页。
② 黄震语。见黄宗羲原本,全祖望修定:《龟山学案》,《宋元学案》第 2 册,第 951 页。
③ 黎靖德编:《朱子语类》卷九六,第 2474 页。

407

处极好。龟山云云，未是。"①吕大临是如何来论颜子的呢？他在《中庸解》中称：

> 陷阱之可避，中庸之可守，人莫不知之，鲜能蹈之，乌在其为知也欤？惟颜子择中庸而守之，此所以为颜子也。众人之不能期月守，闻见之知，非心知也。颜子服膺而弗失，心知而已，此所以与众人异。②

历史上人们一般把颜渊作为儒家自我修养的典范，吕大临在此基础上进一步认为，颜子的"心知""默识""克己"，是为了"择中庸而守之"，使其弗失。由前述可知，吕大临所谓"中"即性即"本心"。何谓"庸"？"庸者，常道也。事父孝，事君忠，事兄弟，交朋友信，庸德也，必行而已。"③故在吕大临看来，中庸之道即人伦常道，人之心性修养须以躬行践履此人伦常道为目的。吕大临所谓的"独立孔门无一事，唯传颜氏得心斋"也显然是为了践行此中庸之道。

朱子曾认为吕大临的《克己铭》"只说得克己一边，却不说得复礼处。须先克己私，以复于礼，则为仁。且仁譬之水，公则譬之沟渠，要流通此水，须开浚沟渠，然后水方流行也"④。"《克己铭》不曾说著本意。"⑤朱子在此也只是就铭文的字面意思论之而已，实际上他有所不知的是：《克己铭》出自吕大临的《论语解》，原本就是吕大临对"克己复礼"一词的赞辞，作为"克己复礼"赞辞的《克己铭》无疑是为了"复礼"，并非如朱子所认为的"只说得克己一边，却不说得复礼处"。不仅如此，吕大临在对《论语》中"颜渊问仁。子曰：'克己复礼为仁。一日克己复礼，天下归仁焉。为仁由己，而由人乎哉？'颜渊曰：'请问其目。'子曰：'非礼勿视，非礼勿听，非礼勿言，非礼勿动。'颜渊曰：'回虽不敏，请事斯语矣'"进行阐释时，其

---

① 黎靖德编：《朱子语类》卷一〇一，第 2562 页。
② 吕大临：《中庸解》，《蓝田吕氏遗著辑校》，第 482—483 页。
③ 吕大临：《礼记解·中庸第三十一》，《蓝田吕氏遗著辑校》，第 282 页。
④ 黎靖德编：《朱子语类》卷四一，第 1067 页。
⑤ 同上书，第 1069 页。

《克己铭》前面一段文字更是对此"克己"作了清楚的说明：

> 仁者以天下为一本，无秩天叙，莫不具存。人之所以不仁，己自
> 己，物自物，不以为同体。胜一己之私，以反乎天秩天叙，则物我兼
> 体，虽天下之大，皆归于吾仁术之中。一日有是心，则一日有是德。
> 有己，则丧其为仁，天下非吾体；忘己，则反得吾仁，天下为一人。故
> 克己复礼，昔之所丧，今复得之，非天下归仁者与？安仁者，以天下
> 为一人而已。①

吕大临在这一段话中即清楚地表达了"克己复礼"之意，并且他还明确
地指出："仁"既"以天下为一体"，又本具"天秩天叙"；克己去私的"仁
者"不仅"以天下为一人"，而且能"反乎天秩天叙"。天秩天叙即礼，因
此礼此天秩天叙由"仁心"所出，故当人克己去私，"本心"朗现，自能
"复礼"。

　　程颐在其《雍行录》中回忆道，他曾与吕大临议论某事，最后吕大临
就此事发表自己的看法道："诚善矣。然观先生之言，则见其有体而无用
也。"②这说明吕大临主张有本须有用，立体、明体是为了致用、达用。当
然吕大临所主张与强调的"用"是指儒家那种直面生活和社会现实担待
的经世致用。例如，富弼致政于家，为佛氏之学，吕大临对此深为不满，
致信给他道：

> 古者三公无职事，惟有德者居之，内则论道于朝，外则主教于
> 乡。古之大人当是任者，必将以斯道觉斯民，成己以成物，岂以爵位
> 进退、体力盛衰为之变哉？今大道未明，人趋异学，不入于庄，则入
> 于释，疑圣人为未尽善，轻礼义为不足学，人伦不明，万物憔悴，此老
> 成大人恻隐存心之时。以道自任，振起坏俗，在公之力，宜无难矣。
> 若夫移精变气，务求长年，此山谷避世之士独善其身者之所好，岂世

---

① 吕大临：《论语解·颜渊第十二》，《蓝田吕氏遗著辑校》，第 454 页。
② 程颐：《雍行录》，转引自《蓝田吕氏遗著辑校》附录一，第 618 页。

之所以望于公者哉？①

以道自任、明伦察物、成己成物、振起坏俗、内则论道于朝、外则主教于乡、以斯道觉斯民，正是与佛老那种独善其身、移精变气、务求长生的价值取向判然有别的为学为人之道，这也是儒者之所以为儒者的根本标志。正因为如此，"以道自任""成己成物""振起坏俗"始终是吕大临为学为人的主要宗旨，早年他与其兄吕大钧、吕大忠、吕大防一道"率乡人，为《乡约》以敦俗，其略云：'德业相劝；过失相规；礼俗相交；患难相恤。'节文灿然可观。自是关中风俗为之一变"②。这就是后来广播天下、影响深远的《蓝田吕氏乡约》，其可谓是一融社会生活与伦理生活为一体、以伦理范世的典范。吕大临后来在《送刘户曹》诗中虽表示自己已弃章句词章之学，唯愿务养性情，并且"涵养益粹，言如不出口，粥粥若无能者"③，但一旦他任职为政，又积极参政议事，以求有用于世。故黄百家曾认为："先生论选举，欲'立士规，以养德励行；更学制，以量材进艺；定贡法，以取贤敛才；立试法，以区别能否；修辟法，以兴能备用；严举法，以核实得人；制考法，以责任考功'。其论甚悉，实可施行也。"④对此选举方案，朱子也认为："其论甚高，使其不死，必有可用。"⑤由此可见，吕大临对心性之学的讲求和注重，不仅仅在于安顿一己的身心性命，离用而言体，更在于明体以达用、合内外之道。

程颐曾认为："游酢、杨时先知学禅，已知向里没安泊处，故来此，却恐不变也。"⑥朱熹也认为："游杨谢三君子初皆学禅。后来余习犹在，故学之者多流于禅。游先生大是禅学。"⑦他们的这一看法不可谓只是他们的成见与一偏之见。对于心性之学而言，如果因"向里没安泊处"，仅只

①《宋史·吕大临传》，转引自《蓝田吕氏遗著辑校》附录一，第610页。
②《关学篇·与叔吕先生》，转引自《蓝田吕氏遗著辑校》附录一，第622页。
③ 黄宗羲原本，全祖望修定：《吕范诸儒学案》，《宋元学案》第二册，第1105页。
④《附录·宋元学案·吕范诸儒学案案语》，转引自《蓝田吕氏遗著辑校》，第648页。
⑤ 黎靖德编：《朱子语类》卷一〇一，第2561页。
⑥ 程颢、程颐：《二程遗书》卷二上，《二程集》上册，第38页。
⑦ 黎靖德编：《朱子语类》卷一〇一，第2556页。

是为了求一己之身心性命的安顿,而首先并没有确立起对儒家之价值原则的坚定信念和信仰,也不注重儒家的道德实践和现实社会关怀,那么,通过心性修养体验到的"道心"所达致的境界也就显然与佛老的"本体"以及"境界"难以分开、难以划清界线,故其学流于禅本是其题中应有之义。

吕大临与之不同的是,他在早年从学于张载时即已树立起了坚定的儒家信念和信仰,并且在他"通六经,尤邃于礼"①的过程中,对儒家之价值原则有着深入的了解与真切的把握,不仅如此,他更是言行一致,身体力行,人称其"曲礼三千目,躬行四十年"②。正因为如此,尽管他在谈心论性时主张"空""虚心""空空无知",在涵养深醇后又称自己"独立孔门无一事,惟传颜氏得心斋",似乎与佛老的"空""虚""心斋"没有什么两样,但实际上,他所谓的"空""虚心""心斋"只是工夫层面上的"空""虚心""心斋",故与佛老的相似只是工夫层面上的相似,而本体则与佛老绝不同,这在他的《礼记解》中有着极为明确而又清楚的说明:

> 大经,天理也,所谓庸也。大本,天心也,所谓中也。化育,天用也,所谓化也。反而求之,理之所固有而不可易者,是为庸,亲亲,长长,贵贵,尊贤是已,谓其所固有之义,广充于天下,则经纶至矣。理之所自出而不可易者,是为中,赤子之心是已,尊其所自出而不丧,则其立至矣。③

依吕大临之见,亲亲、长长、贵贵、尊贤等儒家价值原则是"大经""天理""理之所固有而不可易者",其源于作为"大本"的"中"亦即"天心"或"赤子之心",换言之,作为"大本"的"天心"或"赤子之心"的发动自能呈现亲亲、长长、贵贵、尊贤等儒家价值原则。由此可见,不仅儒家的"天理"与

---

① 《宋史·吕大临传》,转引自《蓝田吕氏遗著辑校》附录一,第610页。
② 黎靖德编:《朱子语类》卷一〇一,第2561页。
③ 吕大临:《礼记解·中庸第三十一》,《蓝田吕氏遗著辑校》,第307页。

佛老的空理、玄理不同,而且,作为儒家"大本"的"天心"亦即"仁心"亦与释氏的自性清静心、老氏的玄心有别。

> "中者,天下之大本"。自中而发,无不中节,莫非顺性命之理而已,莫非庸言庸行而已。人心之所同然,人道之所共行,不越乎合君臣、父子、昆弟、夫妇、朋友之交而已,故曰"和者,天下之达道"。致中和者,至诚尽性之谓。故与天地合德而通乎神明者,致中者也;察乎人伦,明乎庶物,体信以达顺者,致和者也。惟至诚,为能尽其性;能尽其性,则能尽人之性;能尽人之性,则能尽物之性;能尽物之性,则可以赞天地之化育,可以与天地参矣。人者与天地并立而为三,尽人之性,则人道立;人道立,则经纶天下之大经。①

按吕大临的看法,不仅作为"大本"的"中"之所发即"庸言庸行",亦即"君臣、父子、昆弟、夫妇、朋友"之间之"人道",而且那"与天地合德而通乎神明"的人之"至诚尽性"亦无非是"立人道",亦即"察乎人伦,明乎庶物"。可见,无论是对"大本"的阐发还是对"至诚尽性"的强调,吕大临都始终以儒家的人伦常道为归依。

> 人能弘道,非道弘人。故道虽本于天,行之者在人而已。妙道精义,常存乎君臣、父子、兄弟、朋友之间,不离乎交际、酬酢、应对之末,皆人心之所同然,未有不出于天者也。若绝乎人伦,外乎世务,穷其所不可知,议其所不可及,则有天人之分、内外之别,非所谓大而无外,一以贯之,安在其为道也与?②

在吕大临看来,人之履行"君臣、父子、昆弟、夫妇、朋友之间"之人道之责即为弘天道、体现天理,如果其道"绝乎人伦,外乎世务",不仅不可以"为道",而且已隔断天人与内外。因此,完全可以说,吕大临在以天道性命为终极实在与根据的同时,始终都未曾放弃与改变他对儒家人伦价值原

---

① 吕大临:《礼记解·中庸第三十一》,《蓝田吕氏遗著辑校》,第 274 页。
② 同上书,第 282 页。

则的承诺以及其在现实生活中体现与落实的注重。

朱子在与友人、门人讨论"仁"时，对大程以及受他影响的弟子的有关以"一体"与"知觉"为中心的仁说颇为不满，而大程的这种以"一体"与"知觉"来言仁的许多话语本来是他在指点、教导吕大临时所说。对于大程这些仁说话语，吕大临不仅极为相契，而且大加推阐、屡加发挥，那么，吕大临对大程"仁"说的这种推阐与发挥是否有朱子所警惕的那种只弄玄虚、空泛不实、流于佛老之弊？从吕大临这些言仁之语来看，无论是对"仁"的本体宇宙论意义、心性论向度的推阐，还是对一体之仁的标举与阐发，他都将其与现实生活中的落实和践行紧密结合起来，从而使作为普遍性原理和理想之境的仁与现实社会生活层面上儒家所倡导的价值原则连为一体，故并无朱子所说之流弊。

下面且看几例他有关这方面的论述：

> 仁者体天下之公，加之以中心恻怛之意，儒者之学，学此而已尔。孔子曰："何事于仁，必也圣乎！尧舜其犹病诸！"又曰："若圣与仁，则吾岂敢？"故君子之学，非仁无为，欲称其仁，虽圣人有所不敢，则为之难可知矣。质之温良者，可与为仁，故曰"仁之本"；行之敬慎者，可与行仁，故曰"仁之地"；其规摹宽裕，则称仁之动作，其与人逊接，则习仁之能事；威仪中节，敬于仁者也，故为"仁之貌"；出言有章，仁之见于外者也，故为"仁之文"；咏歌之不足，不知手之舞之，足之蹈之，则安于仁而至于和者也；货不为己，则利与人同，与人为善，则善与人同，凡以分散，与物共而不私，则仁术之施不吝也。八者，儒必兼而有之，然后可以尽儒行之实。犹且不敢言仁，则圣人之志存焉；有圣人之志存，则可与入圣人之域矣。[1]

在吕大临看来，儒者应将那种以恻怛之仁心来"体天下之公"的仁者境界作为为学的目标，然而，即使是"非仁无为"的圣人也不自许真正做到了

---

[1] 吕大临：《礼记解·儒行第四十一》，《蓝田吕氏遗著辑校》，第 369 页。

仁、真正达到了仁者的境界,故要真正实现这种目标达至仁者的境界,儒者既须存圣人之志,又须从平常的一言一行、待人接物做起,使其敬慎合礼,在生活中利与人同、与人为善,这些人伦日用之常无不与仁有关。

> 仁者人之体也,将有为也,将有行也,非仁不可也,故曰"仁者右也",又曰"仁者人也"。道者,天之理也。仁至于不可行,不可不节,则理有所不得已,以助人之所不及者义也,故曰"道者左也",又曰"道者义也"。仁莫隆于父子,父子之道,亲亲也;义莫重于君臣,君臣之道,尊尊也。厚于此则薄于彼,厚于彼则薄于此,唯知其所以为左右,则尊尊亲亲并行而不相悖,无厚薄之间矣。①

对吕大临而言,尽管"仁"即天道,"天之理"具有本体宇宙论的意义,表现为一种普遍性的爱,但在现实社会生活中仁与义又紧密相连、相互协调、相互补充、相互限制、表现为礼,故仁也就是具有义的仁、合乎礼的爱。而那些不合乎义、礼的爱由于不符合儒家的价值原则,当然也就不是仁。"曾子执亲之丧,水浆不入口者七日,高柴泣血三年,未尝见齿,虽本于厚,而灭性伤生,无义以节之也。"②"墨氏兼爱,杨氏为我,原其设心之初,以为道在乎是,天下之善无以易此,岂欲为无父无君之行哉? 然卒至于无父无君者,积靡其敝,不至于是则不止也。"③吕大临在此认为:仁、爱不以义节之,不合乎礼,可以说是不明道,曾子、高柴执亲之丧时的"灭性伤生"即是如此;墨氏的兼爱、杨氏的为我,由于其不明礼义,故兼爱、为我不仅不能算是仁,而且是危害仁。因此,仁中有义,义中有仁,不可分割。

> 仁者,以天下为度者也。天下之所共好者,仁也,吾所以好仁;天下之所同恶者,不仁也,吾所以恶不仁。此所以能爱人、能恶人也,此所以能举贤退不肖也,此所以能好人之好、恶人之恶、不拂人

---

① 吕大临:《礼记解·表记第三十二》,《蓝田吕氏遗著辑校》,第 316 页。
② 吕大临:《礼记解·中庸第三十一》,《蓝田吕氏遗著辑校》,第 277 页。
③ 吕大临:《礼记解·缁衣第三十三》,《蓝田吕氏遗著辑校》,第 344 页。

之性而远夫灾害者也。①

在吕大临看来，人人皆"好仁""恶不仁"，"以天下为度"的仁者深谙此"好""恶"之道并能真正做到既"爱人"又"恶人"。因此，仁者之仁爱正是那种具有义的仁、合乎礼的爱。这些都说明吕大临所说的那种"无一物非吾体，无一物忘吾爱"的仁者境界并不排斥社会现实生活中仁爱的具体性和差异性。实际上，他所说的这种仁者境界指向的就是社会现实生活中儒家的价值原则的贯彻和落实，因为在他看来，只有在儒家价值原则的贯彻和落实中才能真正达至仁者的境界。

正因为吕大临在心性问题的探讨中所理解和把握的"心""性""仁"在现实生活中体现为儒家的价值原则与人伦规范，故当他真正从事内在心性体认与涵养的实践时，他所体认到的"本心""中"和"仁者"之境界也就显然有别于佛老的"本体"和"境界"。他在悼程颢的《哀词》中称：

> 先生负特立之才，知《大学》之要；博闻强识，躬行力究；察伦明物，极其所止；涣然心释，洞见道体。其造于约也，虽事变之感不一，知应以是心而不穷；虽天下之理至众，知反之吾身而自足。其致于一也，异端并立而不能夺，圣人复起而不与易。②

这一段话尽管是吕大临对大程之学的概括和说明，但其中又同时蕴含着吕大临自己平生之所学和他践行大程"识仁"之教后的心得与体会，故吕大临也自认为："门人学者皆以所自得者名先生之德，先生之德未易名也，亦各伸其志尔。"③在此吕大临将大程之学主要概括为两点：一是"洞见道体"，一是"知《大学》之要"。所谓"洞见道体"，即觉悟与体认到"应以是心而不穷"之"心"；所谓"知《大学》之要"，则指"博闻强识，躬行力究；察伦明物，极其所止"。毫无疑问，当此"心"与《大学》之要"联系起来时，此"应以是心而不穷"之"心"，即儒家之"仁心"，而非释氏之自性清

---

① 吕大临：《礼记解·大学第四十二》，《蓝田吕氏遗著辑校》，第381页。
② 吕大临：《文集佚存·哀词》，《蓝田吕氏遗著辑校》，第585页。
③ 同上书，第586页。

静心,亦非老氏之玄心。依吕大临之见,大程所觉悟与体认到的此"仁心"不仅为人自身所具足,而且具天下之众理,能应万事万物之变,故"其致于一也,异端并立而不能移,圣人复起而不与易"。因此,按吕大临的理解,大程所明所传之道乃本末一贯、内外合一、体用兼赅、"洞见道体"与"察伦明物,极其所止"贯通一致之道,而非佛道那种遗人伦弃物事、仅求一己逍遥清静之成仙成佛之道。程颐在其《明道先生行状》中亦曾如此称赞其兄道:"明于庶物,察于人伦。知尽性至命,必本于孝悌;穷神知化,由通于礼乐。辨异端似是之非,开百代未明之惑,秦、汉而下,未有臻斯理也。"[1]小程与吕大临的看法可谓完全一致,他们都认为,大程之所以能"明于庶物,察于人伦",正是因为大程的"洞见道体"或"尽性至命""穷神知化"乃"本于孝悌""通于礼乐"。程颐晚年对门人张绎说:"我昔状明道先生之行,我之道盖与明道同。异时欲知我者,求之于此文可也。"[2]这是程颐为其兄弟二人的为学宗旨所作的晚年定论。由此可见,吕大临所理解的大程之道正是程门学术的根本精神之所在,当然也是他自己一生为学之力萃处。正因为如此,朱子才于程门最取吕大临,认为他"高于诸公",称赞他"大段有筋骨",而这一切又显然是吕大临关学阶段的为学经历与洛学阶段的为学经历所共同促成的。

第四节 理心之间

北宋理学的兴起,开创了一个整整影响七八百年的所谓"理学"的时代。在其理论初建、思想方兴之时,理学的开创者们以"为天地立心,为生民立命,为去圣继绝学,为万世开太平"[3]自期,可谓朝气蓬勃、规模宏大、才人涌现、大师辈出,而"北宋五子"无疑是儒学这一新风气的开拓者和奠基人。吕大临正好处于北宋理学兴起的时期,并先后从五子中的三

---

① 程颐:《明道先生行状》,《二程集》上册,第 638 页。
② 朱熹:《伊川先生年谱》,转引自《二程集》上册,第 346 页。
③ 张载:《近思录拾遗》,《张载集》,第 376 页。

人问学,成为关学、洛学中举足轻重的杰出弟子,在宋明理学史上有其极为特殊而又重要的地位,这从他所撰所录而为人熟知的《中庸解》《东见录》《识仁篇》《论中书》即可见出。对于吕大临一生的为学为人,其兄曾称:

> 子之学,博及群书,妙达义理,如不出诸口;子之行,以圣贤为法;其临政事,爱民利物,若无能者;子之文章,几及古人,薄而不为。四者皆有以过人,而其命乃不偶于世,登科者二十年而始改一官。①

确实,吕大临一生不以功名为务,潜心于"为己之学",曾精研礼学,博及六经,会通《论》《孟》,深造有得,而又非限于一家一门,从关学到洛学,唯善是从,精进不已,多能吸收融会两家之所长,并于师门义理有贞信、有体悟,行一善而拳拳服膺,身体力行。故后来朱子评价道:

> 吕与叔惜乎寿不永! 如天假之年,必所见又别。程子称其"深潜缜密",可见他资质好,又能涵养。某若只如吕年,亦不见得到此田地矣。"五福"说寿为先者,此也。②
>
> 吕与叔本是个刚底气质,涵养得到,所以如此。故圣人以刚之德为君子,柔为小人。若有其刚矣,须除去那刚之病,全其与刚之德,相次可以为学。若不刚,终是不能成。③

朱子是在间隔一段时间距离后所作出的评价,不可谓不公允。

由于吕大临一生先后从学于张载、程颢、程颐,其个人视域、学术承传复杂,当他与其师辈们面对着共同的思想资源,又几乎用同样的话语来讨论同样的问题之时,如果不对他的前后师承以及所撰所录的作品的大致时间有所分辨和厘清,不仅不能弄清其思想发展的阶段性和其思想自身的特点与整体面貌,而且也难以以他的思想为中心来探明和把握张载之关学与二程之洛学的特点、关学与洛学之间的真实关系、关学的洛

①《伊洛渊源录蓝田吕氏兄弟·祭文》,转引自《蓝田吕氏遗著辑校》附录一,第617页。
②③《附录三·朱子语类·程子门人·吕与叔》,转引自《蓝田吕氏遗著辑校》,第643页。

学化等问题,故本节也就首先从其生平和著作的考辨入手。

"天道性命相贯通"是宋明儒学学者普遍关注的主题和共同的意识,但首次如此自觉地提出的人为张载,而吕大临对"性与天道"问题的探讨则不仅深受其师张载的影响,甚至可以说是直接以张载这方面的思想为理所当然的前提和出发点。张载、吕大临之所以如此关注"性与天道"问题,显然跟他们与佛老计得失、较是非的问题意识有关。佛老通过一套精致的思辨哲学和系统完备的心性之学,否定世俗生活的价值和意义,严重地冲击了儒家的价值观念和人伦规范。面对佛老的挑战,他们意识到,必须在心性形上学领域有所建树,才能真正肯定和维护儒家的价值原则和人伦规范。因此,他们慨然以道自任,致力此儒家心性形上学领域的探讨。在探讨过程中,他们以儒家经典中对这一领域讨论最为深入集中的《中庸》《易传》《孟子》等为依据,重新发掘了先秦儒家的心性形上学的思想与资源,尤其重构和阐发了孟子性善论之旨,并以此性善之"性"为中介把天道、天理与儒家的道德原则和人伦规范联系起来,从天道性命的高度来重新定位和解释儒家的道德原则和人伦规范的价值、意义,使其获得了一种合理性、必然性、至上性的意义。

在西方哲学中,康德以强调道德的绝对性、普遍性、无条件性而著称,并且,他在说明道德的本质的过程中形成和建立了一套道德形而上学系统,故借康德的道德形而上学的论证策略来分析张载、吕大临在"性与天道"问题上的探讨,显然有助于我们理解和把握他们在此问题上的思考、看法和基本主张。在"性与天道"问题的探讨中,由于张载、吕大临是以性与天道通而为一的视域来看待儒家的价值原则和人伦规范的,故他们既视儒家的价值原则和人伦规范为天道、天理的体现,以维护儒家的人伦道德的绝对性、普遍性和恒常性,同时又视儒家的价值原则和人伦规范出于人自身本有之性命之理,从而使儒家的伦理学亦不失为康德所谓的自律伦理学。

在上述思想的基础上,张载、吕大临师生俩又皆致力于本体与工夫关系的探讨,提出了一套关学所特有的"为学工夫"。吕大临的本体工夫论尽管所依据的基本上是张载的"知礼成性变化气质"①的本体工夫论思想，但他亦作了颇能体现个人特色的阐发和说明。

就关学这种特有的"知礼成性变化气质"的本体工夫论而言，此本体工夫论原本是张载、吕大临针对"自明诚"②者或"反之者"提出的，因为在他们看来，"自明诚"者或"反之者"心中本具的"性"，亦即"理""理义"，为气禀之质所障蔽，无法像"性之者"③的圣人那样做到"理义皆由此出"④，故须"知以成性""礼以成性""变化气质"。并且，他们还认为，在"自明诚"者或"反之者"凭借知礼工夫来变化气质的过程中，即使礼法未能使人上达，未能使人实现"成性"的目标，但其中"性命之理具焉"⑤的礼法作为一种外在规范力量至少能检束人"弗畔道"⑥，能约束人尽人伦义务。因此可以说，张载、吕大临在这种"知礼成性变化气质"的本体工夫论中，针对"自明诚"者或"反之者"，亦即社会中的大多数，他们虽允诺其可以通过知礼工夫"成性"，亦即"复乎性"⑦，而获得一道德上的自由之境，但实际上他们所采取的仅是一种现实主义的路向。这种现实主义的路向既表现在他们所主张的"为学工夫"即知礼工夫上，又表现在他们所提供的"成性"的途径上。正因为他们所采取的为学工夫是一种具现实主义性格和理性主义特点的知礼工夫，故保证了"自明诚"者或"反之者"最初与最低的据守，亦正因为他们所提供的"成性"的途径是一种具现实主义性格和理性主义特点的途径，故不仅使"自明诚"者或"反之者"的道德修为立足于社会生活的规范性、普遍有效性上，同时还确认了"自明诚"者或"反之者"道德修为的阶段性、长期性、艰巨性。

---

① 吕大临：《横渠先生行状》，转引自《张载集》，第 383 页。
② 吕大临：《礼记解·中庸第三十一》，《蓝田吕氏遗著辑校》，第 297 页。
③ 同上书，第 296 页。
④ 吕大临：《礼记解·中庸第三十一》，《蓝田吕氏遗著辑校》，第 298 页。
⑤⑥ 吕大临：《礼记解·表记第三十二》，《蓝田吕氏遗著辑校》，第 315 页。
⑦ 吕大临：《礼记解·中庸第三十一》，《蓝田吕氏遗著辑校》，第 296 页。

　　尽管张载、吕大临所主张和强调的这种具明显的现实主义性格与理性主义特点的知礼工夫和"成性"的途径在认知和遵循儒家的道德原则、人伦规范方面的有效性显而易见,其成就道德人格亦无可怀疑,但要达至道德上的一种自在圆满之境又显然有其困难,故他们在凭借知、礼工夫来追求那种"一天人,合内外"的"成性"理想和目标时也就常常陷入困境。纵使如此,对张载、吕大临而言,"成性"即"成圣",圣人那种"纵心所欲,由仁义行也;出于自然,从容不迫,不待乎思勉而后中也"①的道德自由之境和"民胞物与"的宏大仁爱又可以说始终是他们追求的理想和目标,故在他们的有关论说和著述中,他们曾对此大加推崇、屡加阐发。不仅如此,在如何来达至这种道德的自由圆满之境上,张载在强调知、礼工夫的同时,亦曾试图通过对心性天为一之"仁心"或"大心"的说明来实现道德上的这种自由圆满之境。当然,张载的这种对心性天为一之"仁心"或"大心"的说明还只是一种理论上的探讨,且在他的整个思想体系中也不显豁,而吕大临却对此颇为注意与重视,故他不仅在"博极群书"②的过程中对儒家经典中有关"本心"的思想极为认同,而且还形成了一种比较完备和成熟的心性天为一、"反求吾心"③的思想。吕大临对"本心"的这种探讨、说明和推阐,可以说使理学早期从《孟子》《中庸》《易传》着眼和入手来探讨此心性天为一之"心"的思想深切著明、充实饱满、内蕴尽出,他的这种思想显然在北宋理学的发展史上有着极为独特而重要的地位。

　　吕大临之所以如此注重"反求吾心"或"求其本心",是因为在他看来,此"本心"作为心性天为一之"仁心",既是理,亦是情,既是未发,又是已发,既是本体,又是发用,既是立法原则,又是践履原则,故当人依此

---

① 吕大临:《礼记解·中庸第三十一》,《蓝田吕氏遗著辑校》,第 296 页。

② 冯从吾在其《关学编》中称吕大临在受教于二程前有一个"博极群书,能文章"的阶段。参见《蓝田吕氏遗著辑校》附录一,第 624 页。

③ 吕大临:《易章句·系辞上》,《蓝田吕氏遗著辑校》,第 181 页。

"本心"亦即"怵怛怵惕之心"而行，自能"无一物非吾体，则无一物忘吾爱"①，自能亲亲、仁民、爱物，爱有差等，敬有节文，无须勉强，自然而然。因此，对吕大临来说，"反求吾心"或"求其本心"正是实现他所追求的"无勉无思、从容中道"的道德自由之境以及万物一体之仁的最简易直截之途径。

吕大临这种心性天为一、"反求吾心"的思想可谓是促使关学洛学化的关键所在。当张载去世后，他东见二程，从其问学，他之所以能对程颢之"识仁"之语"默识心契"，就是因为他这种思想与大程的"识仁"之语相通而又一致。程颢的"一本"之道，以即心即性即天超越与取消了天与人、主与客、内与外、理与气之间的彼此对待和疏离分隔，并不依赖那种二元分立的前提来确立本体与工夫之间的关系，而是直接致力于本心的呈现与彰显，他的"识仁"之方正是呈现与彰显此本心的决定性原则和最直截的门径。吕大临就是在这种"识仁"之方的指点、引导下，开始从唯理的、对立的思考与探讨转向实践的、一体的思考，从对儒学义理的学问式、理论性的探讨真正转向内在心性的体认存养的实践。

正因为吕大临对此"本心"不仅从理论上作过深入的探讨，而且还拥有"独立孔门无一事，惟传颜氏得心斋"的亲身体验和实践，故他对此"本心"及其作用确信无疑。在关于"中"的问题的讨论中，当程颐基于其"圣人本天，释氏本心"②的立场反对他以"喜怒哀乐未发之际"的"赤子之心"亦即"本心"为大本时，他反复为自己分辩、辩护，并声称自己对此"本心""自信不疑，拳拳服膺，不敢失坠"③。诚然，依理而言，"反求吾心"的本体工夫论较之"知礼成性变化气质"的本体工夫论似乎简易而又省力，但实践中却也委实难以把握，不仅其体认上极易出现主观随意性，而且其所导致的现实的流弊亦甚多。例如：或只弄玄妙，虚泛不实，离却人伦物事，最终导致价值实在的虚无，流为禅者即是；或"意气承当""搀和己私"

---

① 吕大临：《礼记解·缁衣第三十三》，《蓝田吕氏遗著辑校》，第 342 页。
② 程颢、程颐：《二程遗书》卷二一下，《二程集》上册，第 274 页。
③ 吕大临：《论中书》，《蓝田吕氏遗著辑校》，第 497 页。

"情识而肆"，滑向意志主义，从而引发个人现实行为的失范，王学末流之失即是。就吕大临的为学历程来看，在关学阶段时，他在其师张载的影响与引导下即已树立坚定的儒家信念和信仰，不仅于"性""理""天道""知礼成性"的探讨中对儒家的价值原则和人伦规范有着全面的了解和深刻的把握，而且极为重视"本心"的观念并将对其的理论探讨与儒家的人伦规范融为一体，这使得他无论是谈心论性，还是对"以天地万物为一体"的仁者境界和"不思而得，不勉而中"的自由境界的阐发，都始终以儒家的价值原则、道德理念为归依，以坚持儒家的社会关怀和道德实践为前提，以礼法伦常、经世致用为价值取向。并且，在关学弟子中，他不仅以对儒家义理之"深潜缜密"①的探讨而著称，而且还以"曲礼三千目，躬行四十年"②长期而又切实的践履为人所称道。这一切为他在大程"识仁"之方的指点下所真正致力的体"仁"亦即体"心"实践提供了一种铺垫、一种贞定，同时也构成了一种限制、补充，保持一种内在的张力，从而使他为学中的内与外、体与用、高明与笃实两方面逐渐融合和统一起来。可见，正是关学和洛学共同形塑和造就了吕大临一生的为人为学。

如此所述，吕大临所撰所录的《中庸解》《东见录》《识仁篇》《论中书》在长达六百年的宋明理学时期一直备受理学家们的关注，发生在宋明时期的许多重要的思想争论几乎都摆脱不了与这些篇目的牵连，故下面就吕大临思想与宋明理学的几个主要派别的重要代表人物之间的关联略作讨论，以便在此基础上对其思想作一恰当的定位。

理学和心学是宋明理学中最主要和最有影响力的两个派别，朱熹和陆九渊是这两个派别的重要代表人物。先就朱熹来说，由于他私淑二程③，其思想不仅继承了二程的"理"，而且还大力强调并发展了小程"格

---

① 程颢、程颐：《二程遗书》卷二上，《二程集》上册，第 44 页。
② 黎靖德编：《朱子语类》卷一〇一，第 2561 页。
③ 朱熹在《大学章句序》中自称："宋德隆盛，治教休明。于是河南程氏两夫子出，而有以接乎孟氏之传……虽以熹之不敏，亦幸私淑而与有闻焉。"见朱熹：《四书章句集注》，第 2 页。

物穷理"的工夫论,故朱熹受二程特别是小程的影响自不待言。同时,朱子对吕大临的思想亦极为重视,如说:"与叔年四十七,他文字大纲立得脚来健,有多处说得好,又忔。"①"吕与叔《文集》煞有好处。他文字极是实,说得好处,如千兵万马,饱满优壮。"②在《朱子语类》中,朱子与其门人几乎对吕大临所撰所录的每一篇作品都作过详细的讨论,在《文集》六十七《已发未发说》中,也曾多次论及吕大临的思想,其中最为朱子所重视的是吕大临的《中庸解》,他不仅对《中庸解》是吕大临作品而非大程著作作过辨析,而且还对其大加称赞:"吕与叔《中庸》,皆说实话也。"③"吕与叔《中庸义》,典实好看。"④"吕《中庸》,文滂沛,意浃洽。"⑤"李先生说:'陈幾叟辈皆以杨氏《中庸》不如吕氏。'先生曰:'吕氏饱满充实。'"⑥"龟山门人自言龟山《中庸》枯燥,不如吕氏浃洽。先生曰:'与叔却似行到,他人如登高望远。'"⑦并且,朱子在他自己的《中庸章句》中,所引他人言语凡十五处,竟有五处为吕大临《中庸解》的内容,此五处即:"吕氏曰:所入之涂虽异,而所至之域则同,此所以为中庸。若乃企生知安行之资为不可几及,轻困知勉行谓不能有成,此道之所以不明不行也。"⑧"吕氏曰:愚者自是而不求,自私者徇人欲而忘反,懦者甘为人下而不辞。故好学非知,然足以破愚;力行非仁,然足以忘私;知耻非勇,然足以起懦。"⑨"吕氏曰:天下国家之本在身,故修身为九经之本。然必亲师取友,然后修身之道进,故尊贤次之。道之所进,莫先其家,故亲亲次之。由家以及朝廷,故敬大臣、体群臣次之。由朝廷以及其国,故子庶民、来百工次之。由其国以及天下,故柔远人、怀诸侯次之。此九经之序也。视群臣犹吾

①　黎靖德编:《朱子语类》卷一〇一,第 2557 页。
②　同上书,第 2556 页。
③　同上书,第 2560 页。
④　同上书,第 2561 页。
⑤　黎靖德编:《朱子语类》卷六二,第 1485 页。
⑥　同上书,第 1485 页。
⑦　同上书,第 1485 页。
⑧　朱熹:《四书章句集注》,第 29 页。
⑨　同上书,第 29 页。

四体,视百姓犹吾子,此视臣视民之别也。"①"吕氏曰:君子所以学者,为能变化气质而已。德胜气质,则愚者可进于明,柔者可进于强;不能胜之,则虽有志于学,亦愚不能明,柔不能立而已矣。盖均善而无恶者,性也,人所同也;昏明强弱之禀不齐者,才也,人所异也。诚之者所以反其同而变其异也。夫以不美之质,求变而美,非百倍其功,不足以致之。今以卤莽灭裂之学,或作或辍,以变其不美之质,及不能变,则曰天质不美,非学所能变。是果于自弃,其为不仁甚矣!"②"吕氏曰:三重,谓议礼、制度、考文。惟天子得以行之,则国不异政,家不殊俗,而人得寡过矣。"③

从上述朱子的《中庸章句》中所引吕大临《中庸解》的内容来看,朱子最为重视的是吕大临在《中庸解》中所提出的那些"好学""志于学""困知""力行""勉行""变化气质""修身""齐家""治国""平天下"等见解,朱子所谓"吕氏说'博学、审问、慎思、明辨、笃行'一段煞好,皆是他平日做工夫底"④及"某年十五六时,读《中庸》'人一己百,人十己千'一章,因见吕与叔解得此段痛快,读之未尝不竦然警厉奋发!人若有向学之志,须是如此做工夫方得"⑤之语也说明了这一点。从前文可知,吕大临的这些见解都属于他"知礼成性变化气质"的主张中所强调的内容。吕大临的这种"知礼成性变化气质"的主张是由他的"理"本论所开显出的,而朱子理学最主要的特征,也正在于本体论上的"理"本论以及由此"理"本论所开显出的所谓"格物穷理""变化气质"的工夫论,他们这种在本体论和工夫论上的一致性,使得朱子对吕大临的思想不仅极为关注和推重,而且还力图将吕大临的思想吸收和融入自己庞大的理学体系。

吕大临在本体论上主"理"本论,在工夫论上又强调一种具现实主义性格的知之工夫、礼之工夫,这显然与程朱理学并无二致,既然如此,将

---

① 朱熹:《四书章句集注》,第 29—30 页。
② 同上书,第 32 页。
③ 同上书,第 36—37 页。
④ 黎靖德编:《朱子语类》卷六四,第 1565 页。
⑤ 黎靖德编:《朱子语类》卷四,第 66 页。

吕大临的思想归属于理学学派应不为过。

我们再来看吕大临思想与心学学派的陆九渊之间的关联。由于陆九渊思想与程颢的思想有某种相似之处，人们一般将他的学术渊源追溯到程颢①，但又似乎缺乏确凿而充足的证据，主要是因为在象山所存文字中，虽有五条材料与程颢有关，但这五条材料都不能说明他们之间有什么学术传承关系，其中一条为论其兄陆九龄与二程之学术渊源："时方摈程氏学，先生独尊其说。"②其他四条则为："塞宇宙一理耳，学者之所以学，欲明此理耳。此理之大，岂有限量？程明道所谓有憾于天地，则大于天地者矣，谓此理也。"③"元晦似伊川，钦夫似明道。伊川蔽固深，明道却通疏。"④"二程见周茂叔，吟风弄月而归，有'吾与点也'之意。后来明道此意却存，伊川已失此意。"⑤"某旧日伊、洛文字不曾看，近日方看，见其间多有不是。"⑥并且，象山曾自称其学乃直承孟子："'先生之学亦有所受乎？'曰：'因读《孟子》而自得之。'"⑦"窃不自揆，区区之学，自谓孟子之后至是而始一明也。"⑧由此看来，在学术传承上确实难以说象山之学来源于程颢，他们思想之间的某种相似之处，应当是学理上的相似，而他们之

---

① 例如，全祖望在《宋元学案》卷五八《象山学案·序》中称："祖望谨案：象山之学'先立乎其大者'，本乎孟子，足以砭末俗口耳交骛之学……程门谢上蔡以后，王信伯、林竹轩、张无垢至于林艾轩，皆其前茅，及象山而大成。"现代宋明理学的研究者也有这种看法，例如冯友兰认为："新儒家接着分成两个主要的学派，真是喜人的巧合，这两个学派竟是兄弟二人开创的。他们号称'二程'。弟弟程颐（1033—1108）开创的学派，由朱熹（1130—1200）完成，称为程朱学派，或'理学'。哥哥程颢（1032—1085）开创另一个学派，由陆九渊继续，王守仁（1473—1529）完成，称为陆王学派，或'心学'。在二程的时代，还没有充分认识这两个学派不同的意义，但是到了朱熹和陆九渊，就开始了一场大论战，一直继续到今天。"（冯友兰：《中国哲学简史》，涂又光译，第 323 页，北京，北京大学出版，1985。）又如张立文认为："目前学术界流行的看法，以程颢被陆、王所继承和发展，程颐被朱熹所继承和发展。"（张立文：《走向心学之路——陆象山思想的足迹》，第 13 页，北京，中华书局，1992。）仅录以供参考。

② 陆九渊：《全州教授陆先生行状》，《陆九渊集》卷二七，第 313 页。

③ 陆九渊：《与赵咏道·四》，《陆九渊集》卷一二，第 161 页。

④ 陆九渊：《语录上》，《陆九渊集》卷三四，第 413 页。

⑤ 同上书，第 401 页。

⑥ 陆九渊：《语录下》，《陆九渊集》卷三五，第 441 页。

⑦ 同上书，第 471 页。

⑧ 陆九渊：《与路彦彬》，《陆九渊集》卷一〇，第 134 页。

间在学理上的这种关系，也与吕大临有关，更确切地说是与他的《中庸解》有关，因为有一条材料牵涉到象山之学与吕大临《中庸解》的某种关联，此即朱子在辨明《中庸解》为吕大临所作而非程颢所著时的材料：

> 问："《明道行状》谓未及著书，而今有了翁所跋《中庸》，何如？"曰："了翁初得此书，亦疑《行状》所未尝载，后乃谓非明道不能为此。了翁之侄幾叟，龟山之婿也。翁移书曰：'近得一异书，吾侄不可不见。'幾叟至。次日，翁冠带出此书。幾叟心知其书非是，未敢言。翁问曰：'何疑？'曰：'以某闻之龟山，乃与叔初年本也。'翁始觉，遂不复出。近日陆子静力主以为真明道之书。某云：'却不要与某争。某所闻甚的，自有源流，非强说也。'兼了翁所举知仁勇之类，却是道得著；至子静所举，没意味也。"①

在此所谓的"近日陆子静力主以为真明道之书"表明陆九渊将吕大临的《中庸解》误认为程颢所作，从上面陆九渊所存文字中有关程颢的五条材料来看，这些材料虽不能确切地证明陆九渊与程颢之间有学术传承关系，但完全可以说陆九渊对程颢的思想是赞赏和推崇的，当他力主《中庸解》为程颢之书时，显然也可以说他对此《中庸解》有推重之意。那么，陆九渊推重《中庸解》中的什么呢？从这条材料来看，朱子与陆九渊之间的分歧已见端倪，在此情况下，陆九渊所推重的《中庸解》中的内容显然与朱子所重视和推崇的《中庸解》中有关知礼工夫的内容不同，故陆九渊所推重的只可能是《中庸解》中与自己思想相通和一致的内容。陆九渊思想中最重要和最核心的是"本心"观念②，而吕大临在《中庸解》中也曾屡屡提及此"本心"观念，当陆九渊发现《中庸解》中竟有与自己如此相通相契的思想和观念时，他力主《中庸解》为明道之书并加以推重也就在情理之中了。

---

① 黎靖德编：《朱子语类》卷九七，第 2494—2495 页。
② 陆氏门人袁燮称："学问之要，得其本心而已。"（《袁燮序》，《陆九渊集》附录一，第 356 页。）另一门人傅季鲁说："先生之道，精一匪二，揭本心以示人，此学门之大致。"（《年谱》，《陆九渊集》卷三六，第 523 页。）

在陆九渊的心学系统中,作为与"理"完全同一的所谓"本心",既是先验的、超越的,又是完满自足而遍在的,具本体意义①。在此"心"本论的基础上,为了唤起人们"先立乎其大者"确立起道德主体性,为了使人在自觉自信自身本有之"本心"的同时真正依此"本心"践履实行,象山又以"发明本心"的"易简工夫"作为为学宗旨②。从前文可知,陆九渊心学学派的这些最显著的特征,在吕大临的"反求吾心"亦即"求其本心"的主张中也同样具备,还值得一提的是,吕大临在《中庸解》中常以孟子所谓"权,然后知轻重;度,然后知长短。物皆然,心为甚"(《孟子·梁惠王上》)来说明自己的"本心"观念,并在《论中书》中明确表示自己的这种"本心"观念是承孟子的"本心"观念而来,这表明吕大临的"本心"观念同陆九渊一样深受孟子的影响。

鉴于吕大临在《中庸解》中所提出的"求其本心"的主张与陆九渊心学学派"发明本心"的思想几乎没有什么两样,故将吕大临的思想冠以心学之名,也未尝不可。

众所周知,在宋明理学中,朱子为北宋以来理学的集大成者,象山则为心学学派的一代宗师,而这两位大家却都与吕大临思想特别是其《中

---

① 关于"心"与"理"的同一以及此"心"的先验性和绝对自足性,陆九渊称:"盖心,一心也,理,一理也,至当归一,精义无二,此心此理实不容有二。"(《与曾宅之》,《陆九渊集》卷一,第4—5页。)"人皆有是心,心皆具是理,心即理也。故曰'理义之悦我心,犹刍豢之悦我口'。所贵乎学者,为其欲穷此理,尽此心也。"(《与李宰》,《陆九渊集》卷一一,第149页。)"东海有圣人出焉,此心同也,此理同也;西海有圣人出焉,此心同也,此理同也;南海北海有圣人出焉,此心同也,此理同也;千百世之上、至千百世之下有圣人出焉,此心此理亦莫不同也。"(《年谱》,《陆九渊集》卷三六,第483页。)"心只是一个心,某之心,吾友之心,上而千百载圣贤之心,下而千百载复有一圣贤,其心亦只如此。心之体甚大,若能尽我之心,便与天同。"(《语录下》,《陆九渊集》卷三五,第444页。)"宇宙便是吾心,吾心便是宇宙。"(《年谱》,《陆九渊集》卷三六,第483页。)

② 关于"发明本心"之旨,陆九渊称:"人孰无心,道不外索,患在戕贼之耳,放失之耳。古人教人,不过存心、养心、求放心。"(《与舒西美》,《陆九渊集》卷五,第64页。)"既知自立,此心无事时,须要涵养,不可便去理会事。"(《语录下》,《陆九渊集》卷三五,第454页。)故全祖望认为:"陆子之学,近于上蔡,其教人以发明本心为始事,此心有主,然后可以应天地万物之变……故陆子教人以明其本心。在经则本于《孟子》扩充四端之教……心明则本立,而涵养省察之功,于是有施行之地。"(《宋元学案·象山学案·案语》,《陆九渊集》附录三,第567页。)

庸解》中的思想有着某种关联,且吕大临思想又竟然皆可以在这两大学派中得以定位,这不可不谓为宋明理学史上一个极为特殊而又复杂的现象。仅就朱、陆这两个学派的异同来说,朱子和象山在世时就已相争甚烈、相持不下,朱子指责象山一派"全然不曾略见天理仿佛,一味只将私意东作西捺,做出许多诐淫邪遁之说,又且空腹高心,妄自尊大,俯视圣贤,蔑弃礼法,只此一节尤为学者心术之害"①,象山则认为"朱元晦泰山乔岳,可惜学不见道,枉费精神,遂自担搁,奈何"②。朱陆后学争其门户、相互攻伐绵延百年,"宗朱者诋陆为狂禅,宗陆者以朱为俗学,两家之学各成门户,几如冰炭矣"③,以致后来的理学研究者认为"宋儒有朱陆,千古不可合之同异,亦千古不可无之同异也"④。由此看来,朱陆两学派这种绵延数百年,至今余波未已的争辩似无调和之可能。

然而,朱子学派的理学思想、象山学派的心学思想——这两种似乎相互水火的思想不仅都能在吕大临的思想中找到依据和出处,而且还在吕大临思想中"相安无事""和平共处",甚至竟能在他的一篇《中庸解》中和谐相处、和会为一,这委实有些不可思议。故藏书家晁公武在著录吕大临的著作时也不无惘惑:"与叔虽程正叔之徒,解经不尽用其师说。"⑤这表明在晁公武看来,吕大临虽为小程弟子,但其思想中却又有着与其师的理学思想不同的其他思想,这一切又当如何解释? 其实,只要对吕大临"知礼成性变化气质"和"反求吾心"这两种主张有所了解和把握,那么就不难发现:吕大临的"知礼成性变化气质"的主张和"求其本心"的主张实际上是顾及不同层面的人的成德问题而提出来的。前者主要讨论的是"自明诚"者或"反之者"亦即社会中的大多数如何成德的问题,而他之所以针对社会中的大多数主张这种"知礼成性变化气质"本体工夫论,

---

① 朱熹:《答赵几道》,《朱子全书》第 23 册,第 2574 页。
② 陆九渊:《语录上》,《陆九渊集》卷三四,第 414 页。
③ 《宋元学案·象山学案·案语》,转引自《陆九渊集》附录三,第 564 页。
④ 章学诚:《文史通义·朱陆》。参见叶瑛校注:《〈文史通义〉校注》,北京,中华书局,1994。
⑤ 参见《蓝田吕氏遗著辑校》附录二,第 629 页。

是因为吕大临清醒地认识到：“自明诚”者或“反之者”作为社会中的绝大多数，不仅难以做到像圣人那样“从心所欲”“由仁义行”，而且也难以一时即能改变其“气禀之杂”、克除其“形气之私”“物欲之累”。故他在讨论社会中的大多数人的成德问题时主要考虑的是：如何来保证他们最初与最低的据守，如何来使得他们的道德修为立足于社会生活的规范性、普遍有效性，如何来使他们于日用常行中真正知晓和践履儒家的道德原则和人伦规范。这就是他主张与强调这种具明显的理性主义特点和现实主义性格的本体工夫论的原因所在。至于后者，尽管吕大临并没有像他在主张“知礼成性变化气质”时那样明确指出是针对“自明诚”者或“反之者”亦即社会中的大多数来说的，但他这种“反求吾心”的主张显然并非是针对社会生活中所有人而言，因为“反求吾心”的本体工夫论是以对“本心”的自觉自信和矢志“圣学”为前提的。虽人人皆具此道德之“本心”，“人皆可以为尧舜”，但由于并非所有人都自觉自信此道德之“本心”并胸怀“成圣”的大志，故那些或不能自觉自信此道德之“本心”或无“成圣”之志者也就不可能真正将此“求其本心”作为其道德修养工夫。换言之，只有那些对其自身本有之道德“本心”有着高度自信自觉和立志“成圣”者才可能真正依此“求其本心”的本体工夫论而行。因此，吕大临“求其本心”的主张应是针对那些立志“成圣”的少数“上根之人”而言的，主要讨论他们是如何去体认与彰显自身本有之“本心”，如何去追求“无勉无思、从容中道”的自由之境，如何去成就“以天地万物为一体”的“仁者”境界。

程朱理学依持“理”本论所发展出的所谓“格物穷理”“变化气质”的工夫论，也显然同吕大临“知礼成性变化气质”的主张一样，在讨论人之成德时主要考虑的是如何来使社会中的绝大多数人于日用常行中真正知晓和践履儒家的道德原则和人伦规范，故其“为学工夫”亦立足于社会生活的规范性、普遍有效性上。陈来先生认为：与魏晋时代的贵族社会相比，中唐以后的总的趋势是向平民社会发展，中唐以后的“文化转向”即新禅宗的盛行、古文运动的开展、新儒家的兴起正是和这种“社会变迁"相表里的,由中唐开始而在北宋稳定确立的"近世化"的文化形态,其基本精神是突出世俗性、合理性、平民性。① 面对一个已发生了变迁的世俗性、平民性的社会,如何既正视社会中的绝大多数人作为"形气之私"的个人利欲追求的现实性,又强化社会所需要的价值系统? 程朱理学依持"理"本论所发展出的所谓"格物穷理""变化气质"的工夫论正好配合和适应了这一社会的"近世化"过程,故程朱理学的贡献特表现于它的社会功能上。朱子去世后不久,南宋理宗皇帝就已认识到程朱理学的这种"有补于治道"②的功能,元仁宗皇庆二年(1313),朝廷规定明经科《四书》用朱注,从此,程朱理学成了官方的意识形态。然而,对程朱理学来说,将这种本是针对社会中大多数人的成德标准加之于所有人时,不仅限制了人在道德追求上的主体性和自主自由性,而且也忽视了那些立志"成圣"追求道德的自由之境以及万物一体之仁的少数"上根之人"的成德问题。

象山心学学派对"本心"的确信、对"先立乎其大者"的强调、对道德主体性的高扬、对人之道德实践中的自由之境的肯定,可以说与吕大临的"求其本心"的主张一样,最适合那些立志"成圣"追求道德的自由之境以及万物一体之仁的少数"上根之人",且显然并非适合所有人。因为那种道德的自由之境以及万物一体之仁的追求对社会中大多数人来说毕竟太高,如果不能正视人之"形气之私"而过于乐观地相信"一是即皆是,一明即皆明"③,也就是说人皆专以"发明本心"为务而忽视社会生活的规范性,那么,如何保证"心"之所发不致流于私意? 如何杜绝有些人利用"心"所具有的多方面意义鼓吹"纯任自然""任心率性而行"等所导致的道德狂热? 这些问题正是宋明理学中心学一派长期以来一直面临的问题。

吕大临思想虽不出乎心学、理学思想,甚至亦可冠之以心学或理学

---

① 参见陈来:《宋明理学》,第 16—17 页。
② 《理宗宝庆三年正月赠太师追封信国公制》,道光《婺源县志》卷三一《艺文一·诰制》。
③ 陆九渊:《语录下》,《陆九渊集》卷三五,第 469 页。

之名，但又显然不能单纯地以心学或单纯地以理学来划定，因为其思想既主"理"本论，又认肯"心"的本体意义；既强调"知礼成性变化气质"，又主张"求其本心"；既注重规范性道德，又推重道德的自由之境以及万物一体之仁；既关切社会中大多数人的成德问题，又注意到那些立志"成圣"追求道德的自由之境以及万物一体之仁的少数"上根之人"的成德问题。这些使得其思想与程朱理学和象山心学有所不同，从而在宋明理学史上显示出独特而重要的意义。这也说明，不囿于理学与心学的二分模式，跳出理学心学之间宗主之争的藩篱，真正回到吕大临思想本身，直面其思想中的问题来作具体的分析以把握其思想的内在义蕴和整体面貌，是了解吕大临思想在宋明理学史上的地位且恰当为其定位的关键所在。

第十二章　谢良佐的哲学思想

　　谢良佐，字显道，寿春上蔡人（今河南上蔡县），生卒年史传不详，与游酢、吕大临、杨时号称程门四先生。上蔡于二程处问学，笃信恳切，重视实在之践履，故屡为二程兄弟称赞。明道对他诚笃向学的精神大加赞扬，说："谢子虽少鲁，直是诚笃，理会事有不透，其颡有泚。其悱愤如此。"[1]上蔡与伊川相别一年复见，伊川问他期间所作哪些工夫，上蔡回答只是去除了矜夸之病，伊川称赞他是切问近思的学者。在程门，切问近思是二程反复强调的为学的基本态度，称赞学者"切问近思"也非一种容易获得的肯定，而伊川数次这样形容上蔡。[2] 我们翻读《上蔡语录》，一种深入真切作践履工夫的气息越乎纸上。正是因为他刚毅英发的才气，沉潜涵泳的工夫，上蔡对于阐发、继承二程的学问功劳不小，提出了一些著名的学说，对后世影响良多，比如"以活训仁"等等。根据《伊洛渊源录》，上蔡有《论语说》《文集》《语录》行于世。今存的文献有朱子所编纂的《论语精义》中收录的上蔡《论语解》和《上蔡语录》三卷。

---

[1] 朱熹：《答汪尚书》，《朱子全书》第 21 册，第 1293 页。
[2] 一次二程弟子朱公掞过洛，见伊川，上蔡在坐。伊川指着上蔡，对朱公掞说"此人为切问近思之学"。程颢、程颐：《二程外书》卷一二，《二程集》上册，第 412 页。

第一节　性论

一、性即天理

上蔡为学注重切问近思、身体力行，因此比较而言，他与门人等的问答多讨论工夫修养，论本体的不多。

上蔡顺着孟子"尽心知性知天"的线索论性与天（理）为一。他说：

> （1）仁者，天之理，非杜撰也。故"哭死而哀非为生也，经德不回非干禄也，言语必信非正行也"，天理当然而已矣。当然而为之，是为天之所为也。圣门学者大要以克己为本。克己复礼，无私心焉，则天矣。孟子曰："仁，人心也。"；"尽其心者知其性也，知其性则知天矣"。（原注：语原本作行，人心原本作心人，今据《孟子》改正）①

这里所谓"天之理"是强调理的客观性与真实性，上蔡所谓天理多用此义。② 仁者，客观、真实、当然之理，所以即天之理。上蔡所谓"仁"是指（形上）本心之"活"，③所以"仁，人心也"之"心"是指本心。"尽其心者知其性也"，尽本心即能知其性，因此性也是形而上的，是"天之理"。"知其性则知天矣"，则至少说明性与天在本质上是一。显然，上蔡是顺孟子的体认线索而论性即天（理）的。

上蔡又以性为体，以本心为性之发用而可见者。作为性之用的本心是天理，是形而上，则性体当然也是天理。他论性体心用说：

> （2）性，本体也。目视耳听手举足运见于作用者，心也。④
>
> （3）问："孟子云知天事天，如何别？"曰："今人莫不知有君，能事

---

① 谢良佐：《上蔡语录》卷一，《景印文渊阁四库全书》第 698 册，第 568 页。
② 如下面引文（4）云"所谓天理者，自然底道理，无毫发杜撰"等，此用"天理"即是强调其客观性与真实性。二程亦多有此义。
③ 上蔡之论仁，参见下节。其（形上）本心观念，参见第三节。
④ 谢良佐：《上蔡语录》卷一，《景印文渊阁四库全书》第 698 册，第 567 页。

其君者少。存心养性便是事天处。"曰："心、性何别?"曰："心是发用
处,性是自性。"①

显然,这里所说的作为性之用的"心"是指良心或本心,而上蔡直接称本
心为天理:

> (4)所谓天理者,自然底道理,无毫发杜撰。今人乍见孺子将入
> 于井,皆有怵惕恻隐之心。方乍见时其心怵惕,所谓天理也。要誉
> 于乡党朋友,内交于孺子父母兄弟,恶其声而然,即人欲耳。②

既然怵惕之心或本心即天理,作为本心之体的性便也是天理。易言之,
性天为一。

总之,上蔡是按着"尽心知性知天"的线索,与以心明性的方式说明
性天为一的。其实,尽心知性知天的线索也是以心明性,所以上蔡论性
天为一的方式,可概言为即用见体。

二、气质与性

顺着前辈的讲法,上蔡也以气质与性来论现实之人。《语录》载:

> (5)"人有智愚之品,不同何也?"曰："无气禀异耳。圣人不忿
> 疾于顽者,悯其所遇气质偏驳,不足疾也。""然则可变欤?"曰："其
> 性本一,何不可变之有? 性,本体也。目视耳听手举足运见于作用

---

① 谢良佐:《上蔡语录》卷二,《景印文渊阁四库全书》第 698 册,第 583 页。案,此说有一暗含之
   义:性为不可见者。另,性体心用的说法当自二程发挥而来。对二程而言,性即天理,道,是
   形而上者,故仅就其体言之,则"无声无臭",不能见闻。心(无论四端之心、思虑之心、智识之
   心)显然是可觉知的。二程论心有多种取义,其兄弟之间也不同。牟宗三认为,明道对道体、
   性体的体认是"即存有即活动"者,心、性是一,如此则道体、性体不失其神用,亦可言体用不
   二。伊川对道体、性体的体认是"只存有不活动"者,心、性不是一(若说一也是认知的合一),
   如此则道体、性体丧失其神用。据此可以说,明道的义理系统涵着性体心用之义,但伊川不
   能以体用言心性关系。虽然性体心用涵于明道之义理系统,但二程子皆未直言"性体心用"
   之语。又,此段曾本云:"又问:'心与性是如何?'曰:'心是发用处,性是自然。'"
② 谢良佐:《上蔡语录》卷一,《景印文渊阁四库全书》第 698 册,第 569 页。

者,心也。"①

案:"无气禀异耳"之"无",疑当为"夫"字之误。现实之中,人与人的差别是显而易见的,比如智愚的程度便有明显的不同。但是,与前辈学者看法相同,上蔡认为这种差异是因为人生而气禀有异。人生而气禀如何,或清或浊,或偏驳或中正,是偶遇的事情。因其偶遇,故"圣人不忿疾于顽者,悯其所遇之偏驳"。然而气禀虽异,本性则一,乃先天完具、至善无恶之性。也正因此之故,气禀必然可以施以后天之功而改变。

综上所述,上蔡性论是以性、气结合为其大纲,这与前辈相同。不过就现存的文献看,上蔡论性也有自己的特色。性与天道的贯通,可由"天命之谓性"的方式加以说明。而上蔡是用以心明性或即用见体的方式说明性天为一的。这与前辈相比,突出了(形上)本心观念。

第二节　仁论

"仁"为五德之首。若从根本上来说,"义礼智信皆仁也"(明道语),故"求仁"即求道。仁不又是本体论的对象,也是工夫论的对象(当然,本体与工夫本不可分)。儒家历来就重视对"仁"的探讨,而宋明理学尤见其深刻与丰富,二程及其弟子更是突出之代表。仁论在当时是重要的、讨论得较多的问题,这些讨论对其后的影响异常之深远。在程门之中,上蔡的仁论具有鲜明的特色,引发了后世的层层波澜。他的仁论可以简单概括为:以"活"训仁,或仁是本心之活。本心之"活"包括两个方面,即"觉"与"生"。"觉"是指能觉认义理,或随事生发义理之心。"生"是指本心之无息的道德创生。"觉"偏重于言本心的具体内涵,"生"则偏重于说明本心的形而上性或必然性。上蔡论仁是继承二程,尤其是明道而来。

上蔡以"觉"训仁,云:

　　(1)心有所觉谓之仁,仁则心与事为一。草木五谷之实谓之仁,

---

① 谢良佐:《上蔡语录》卷一,《景印文渊阁四库全书》第698册,第567页。

取名于生也,生则有所觉矣。四肢之偏痹谓之不仁,取名于不知觉也,不知觉则死矣。事有感而随之以喜怒哀乐,应之以酬酢尽变者,非知觉不能也。身与事接,而心漠然不省者,与四体不仁无异也。然则不仁者,虽生,无以异于死;虽有心,亦邻于无心;虽有四体,亦弗为吾用也。故视而弗见,听而弗闻,食而不知其味,此善学者所以急急于求仁也。①

(2)仁是四肢不仁之仁。不仁是不识痛痒,仁是识痛痒。②

"心有所觉谓之仁",此"觉"非感觉之觉,而是指觉认义理。上蔡以四肢不识痛痒比喻不仁,这是取自明道,极为形象,但须知这是一个妙喻而已,不是说"仁"是有感觉(feeling)之谓。二程说:"医家以不认痛痒谓之不仁,人以不知觉不认义理为不仁,譬最近。"③这便是上蔡以觉训仁的义理背景,可见"觉"是义理之"觉"。觉认义理与否,可在接事应物中表现出来。若"与事为一",或"事有感,而随之以喜怒哀乐,应之以酬酢尽变",便说明能觉认义理。但这不是说遇事有反应即是所谓觉认义理。其真实意思显然是说,在接事应物中要肯认义理,要有义理之心。易言之,就是自己在接事之中能自然地生发义理之心,当恻隐则恻隐,当羞恶则羞恶等等。心能觉知义理,或者说能生发义理之心,便是"仁"。

孟子所谓"本心"是指吾人固有的、形而上的至善之心或义理之心。此心不失,则自然当机而发,莫非义理。上蔡既然认为"仁"是心能觉认义理,或有义理之心,则其实他所谓"仁"就是本心之德,或不失本心的境界。他说:

(3)问:"求仁如何下工夫?"谢曰:"如颜子视听言动上做亦得,如曾子颜色容貌辞气上做亦得。出辞气者,犹佛所谓从此心中流

---

① 谢良佐:《论语精义》卷六下,朱熹:《朱子全书》第7册,第419页。
② 谢良佐:《上蔡语录》卷二,《景印文渊阁四库全书》第698册,第578页。
③ 程颢、程颐:《二程遗书》卷二上,《二程集》上册,第33页。案,此句未标明为谁语,但当为明道所言。

出。今人唱一喏不从心中出，便是不识痛痒。古人曰：'心不在焉，视而不见，听而不闻，食而不知其味。'不见、不闻、不知味，便是不仁，死汉不识痛痒了。又如仲弓'出门如见大宾，使民如承大祭'，但存得如见大宾、如承大祭底心在，便是识痛痒。"①

（4）仁，操则存，舍则亡。故曾子曰："动容貌，正颜色，出辞气。"出辞气者，从此广大心中流出也，以私意发言岂出辞气之谓乎？②

（5）上章论为学之大体，此一节论求仁之方也。夫仁之为道，非惟举之莫能胜，而行之莫能至，而语之亦难。其语愈博，其去仁愈远。古人语此者多矣，然而终非仁也。如"恭宽信敏惠为仁"，若不知仁，则止知恭宽信敏惠而已。"克己复礼为仁"，若不知仁，则止知克己复礼而已。"出门如见大宾，使民如承大祭"，此特饬身而已，何以见其为仁？"仁者，其言也讱"，此特慎言而已，何以见其为仁？有子之论仁，盖亦如此尔。为孝弟者近仁，然而孝弟非仁也。可以论仁者莫如人心，人心之不伪者莫如事亲从兄。庄子曰："子之事亲，命也，不可解于心。"此可见其良心矣。至于从兄，则自有生以来良心之所未远者。以事亲从兄而充之，则何往而非仁也。夫事亲从兄之心，行之而不著，习矣而不察，终身由之而不知者，尚能不好犯上作乱，况于真积力久，扩而充之者乎？今夫出必告，反必面，冬温夏清，昏定晨省，亦可以为孝矣，间巷之人亦能之；长幼有序，徐行后长，亦可以为弟矣，间巷之人亦能之。然而以间巷之人为有道，不可也；以为终不可以入道，亦不可也。但孝弟可以为仁，可以入道，在念不念之间。盖仁之道，古人犹难言之，其可言者止此而已。若实欲知仁，则在力行、自省，察吾事亲从兄时此心如之何，知此心，则知仁矣。③

---

① 谢良佐：《上蔡语录》卷一，《景印文渊阁四库全书》第 698 册，第 575 页。
② 同上书，第 568 页。
③ 谢良佐：《论语精义》卷一上，朱熹：《朱子全书》第 7 册，第 31 页。案，此为《论语·学而》有子谓孝悌为人之本章解。

求仁的工夫,上蔡特别强调曾子的"动容貌,正颜色,出辞气"。这个工夫的实质则是"从此广大心中流出"。若能如此,便能如前面所说的"知痛痒"。若不能如此,即"心不在焉",便是不仁,不识痛痒。所以,仁的境界就是"从此广大心中流出"。而所谓"从此广大心中流出",就是指不失良心或不伪之心,并扩充良心。换言之,不失本心,顺本心而发,这便是"仁"。当然,此种意义上的"仁"是从境界上说的。但我们也可以说"仁"是本心之德,因为"仁"即说明了本心能觉认义理。既然不失本心便能达于"仁"的境界,或者说"仁"是本心之德,则相对于"仁"而言,本心便更为根本。因此,上蔡认为,虽然孔门弟子论"仁"的言语极多,但必须抓住"本心"这个根本,才能正确了解"仁",否则便会误认这些言论的表面意思为"仁"。总之,上蔡论仁最终将其归于本心,认为"仁"是本心之德。本心不失,能"从此广大心中流出"便是"仁"的境界。若不能存本心,就是"心不在焉",不见不闻,便是不仁,便是不识痛痒。

上蔡又以生训仁,他说:

> (6)心者何也?仁是已。仁者何也?活者为仁,死者为不仁。今人身体麻痹,不知痛痒,谓之不仁。桃杏之核可种而生者,谓之桃仁杏仁,言有生之意。推此,仁可见矣。
>
> 学佛者知此谓之见性,遂以为了,故终归妄诞。圣门学者见此消息,必加功焉,故曰:"回虽不敏,请事斯语矣";"雍虽不敏,请事斯语矣"。仁,操则存,舍则亡,故曾子曰:"动容貌,正颜色,出辞气。"出辞气者,从此广大心中流出也,以私意发言岂出辞气之谓乎?夫人一日间颜色容貌,试自点检何尝正、何尝动?怠慢而已。若夫大而化之,合于自然,则正动出不足言矣。①

前面引文(1)中其实已有"以生训仁",其中"以生论仁"实际上也就是"以觉论仁"。谓之仁,是因为"生",而生则有所觉。谓之不仁,则因为不知

---

① 谢良佐:《上蔡语录》卷一,《景印文渊阁四库全书》第 698 册,第 567—568 页。

觉,而不知觉即是死。所以,"以生论仁"就是"以觉论仁",两者本质相同,皆就不觉(义理)而言。引文(6)与此不同。虽然这里也以草木之实为喻(桃杏之核),但取义不同。引文(6)中的"生"就"桃杏之核可种而生"而说"有生之意"(生发,创生之义)。而引文(1)中"生"没有独立的含义,实质上就是"觉"。

以"生意"("有生之意")论仁也是直接源于二程,间接源于二程之前更早的传统。① 明道说:"'天地之大德曰生','天地纲缊,万物化醇','生之谓性',(告子此言是,而谓犬之性犹牛之性,牛之性犹人之性,则非也。)万物之生意最可观,此元者善之长也,斯所谓仁也。人与天地一物也,而人特自小之,何耶?"②这就是以"生意"训仁,以万物的生意见天地大德之生。天地大德之生,就是道体的生生不已。上蔡以生训仁的说法显然由此而来。但明道论道体、仁体之"生"有其深意,因为他所体悟的道体是"即存有即活动的"③。本体宇宙论地讲,道体的创生(神用)使万物流行,各正性命。因此,自万物的生生不已,正可见道体的神用。仅就人而言,人禀受此"活动的"(能发其神用的)道体以为性,则此性也是能发其神用的。这说明人具有先天的道德动力,比如舜闻善言、见善行,则沛然莫之能御。具体来说,性体的发用或人的先天的道德动力表现为本心的显露。本心必然当机而发,即是理。总而言之,明道的"生"为创生义,创生既就气化运动与成形而言,更就人的道德创造性而言。这是明道以生论仁的背景与真意。

与明道相同,上蔡"以生训仁"的"生"也是指道德的创生或"纯亦不已",不过他这里是专门就人而言的,没有涉及宇宙论。他说"桃杏之核可种而生者,谓之桃仁杏仁,言有生之意。推此,仁可见矣"等等,指出仁

---

① 汉代以来,仁义礼智信五常被配以卦气说中的四正四维的八卦方位,被配以五行。其中仁为震,为木,时为春,主生。参见萧汉明:《儒家伦常思想中的阴阳五行观》,《传统哲学的魅力》,第186—192页,北京,中华书局,2008。

② 程颢、程颐:《二程遗书》卷一一,《二程集》上册,第120页。

③ 此引用牟宗三的分析与论断。以下概述明道皆据牟氏。

有生意,显然是在道德意义上立论。另外,上蔡特别强调恻隐之心,言乍见孺子的心即是天理,释氏欲将其扫除,如何扫除得了?可见本心是固有的、必然随机显现的。这正说明了本心或本心之仁的"纯亦不已"。总之,虽然上蔡对"生"的论述很少,其所谓"生"之义应该与明道的比较接近。

上蔡既"以觉训仁",又"以生训仁",这两种说法并不相同,但他把这两者统一起来,归诸本心之"活",即本心的"纯亦不已"。引文(6)中,对"仁者何也"的设问,上蔡答道:"活者为仁,死者为不仁。"①随后,他分别从"觉"("今人身体麻痹,不知痛痒,谓之不仁")和"生"("桃杏之核可种而生者,谓之桃仁、杏仁,言有生之意")的角度训仁。显然,"活"能涵盖"觉"与"生"两个意义,另外,"活"也更耐人寻味,具有更深层的含义。因此,相对于"以觉训仁"与"以生训仁"而言,"活者为仁,死者为不仁"正是对仁的总说,是对仁的更深层的界定。或者换言之,上蔡用"以活训仁"来统括"以觉训仁"和"以生训仁"。这是上蔡仁论独具创造性的地方。比较而言,"活"虽然是更概括性的、更深层的,但所谓"活"最终仍然归于人之不伪之心或本心,也就是说,"活"即是不伪之心或本心的"活",是本心的道德的"纯亦不已"。本心的"活"的具体内涵,便是前面所说的"觉"与"生"。"觉"表示本心能觉知义理,"生"则专门说明其道德创造之不已。

上蔡既"以觉训仁",又"以生训仁",最后又将它们统诸"活",这实属义理上的必然。"觉"是能觉知义理,即随事而生发具体的义理之心,正如他说"事有感而随之以喜怒哀乐,应之以酬酢尽变者,非知觉不能也。身与事接而心漠然不省者,与四体不仁无异也"。所以,"觉"是指能当机而生发具体的义理之心,当恻隐则恻隐,当羞恶则羞恶等等。因此,"觉"重在说明本心的具体内容。"生"则指本心的"纯亦不已",即道德的生生不已。本心的"纯亦不已"是根源于性体的生生不已。所以,"生"重在说明本心的形而上性。一者说明具体内容,一者说明其形而上性,两者刚

---

① 谢良佐:《上蔡语录》卷一,《景印文渊阁四库全书》第 698 册,第 567—568 页。

好相辅相成。而"活"则能包含这两个含义,因此最后上蔡又将它们统诸本心之"活"。总之,上蔡这样论仁固然受到了传统话语与思想的影响,但从义理上说,这又属于他必然而不得已之推衍与创新。

有学者指出,上蔡不喜"以爱论仁"。① 上蔡云:

> (7)晋伯甚好学。初理会仁字不透。吾因曰:"世人说仁只管著爱上,怎生见得仁? 只如'力行近乎仁',力行关爱甚事? 何故却近乎仁? 推此类具言之。"晋伯因悟曰:"公说仁字,正与尊宿门说禅一般。"②

上蔡说:"世人说仁只管著爱上,怎生见得仁?"极易让人联想到伊川。伊川曾多次明确表示反对说仁即是爱。③ 他之所以反对"以爱训仁"大概有一整套的义理考虑。简言之,以仁是性,是形而上。爱是情,而非性,属气,是形而下者。因此,他明确反对说仁即是爱。④ 就现存的文献来看,上蔡反对只以爱说仁的原因与伊川不同,另外,上蔡之学的义理结构也不同于伊川。⑤ 上蔡为何反对"世人说仁只管著爱上"? 引文(7)所说较为简略,在引文(5)中,上蔡列举了多种说仁之语。他认为,若不知仁,便会误认为仁就是这些说法(恭宽信敏惠、克己复礼等)而已。若要知仁,莫如体察人之不伪之心(即本心)。本心存而不失,则自然能随事生发出"仁"来。上蔡说:"若实欲知仁则在力行,自省察吾事亲从兄时此心如之

① 陈来:《中国近世思想史研究》,第64页,北京,商务印书馆,2003。
② 谢良佐:《上蔡语录》卷一,《景印文渊阁四库全书》第698册,第570页。
③ 伊川反对以爱为仁之言较多,关于此参见牟宗三《心体与性体》第二册论程伊川之"性情篇"(牟宗三:《心体与性体》,第228—256页),又参见陈来《论宋代道学话语的形成和转变》(见陈氏著《中国近世思想史研究》第53—63页)。
④ 此为牟宗三的观点。
⑤ 上蔡学问的义理结构不同于伊川,多有学者指出。较有代表性的是牟宗三、蔡仁厚与陈来。牟宗三认为上蔡之学的大纲乃继承与发展明道,而非伊川。其工夫概言之属于"内在的逆觉体证"一路。(见牟氏著《心体与性体》第二册。其中最初提到"超越的体证"与"内在的体证"是在论程伊川之"中和篇"。具体说明明道之论格物是"逆觉体证"在论程伊川之"格物穷理篇"的附论。指明二程后学分"内在的逆觉体证"与"超越的逆觉体证"两路,在论胡五峰之引言。)蔡氏因之,但论述更详细。(见蔡仁厚:《宋明理学·北宋篇》第十八章,台北,学生书局,1977。)陈来之论见陈氏著《宋明理学》第144—145页。

何。知此心则知仁矣。"①事亲从兄之心可见人之本心,能在事亲从兄时体察到此本心,就能体认到仁。易言之,事亲从兄之事固然能见人之仁,但如果专门论仁之为仁,则应该看到事亲从兄之事背后最根本的,即人的本心。事亲从兄只是些表面上的事,养口体者亦能为之,真正可贵的、根源性的是其背后的爱亲、敬亲之心(本心)。因此,上蔡反对以孝悌为仁,因他认为孝悌之心(本心)才是仁。同理,若有人以恭宽信敏惠等为仁,上蔡也必然会表示反对。他反对"只管著爱上"说仁,应该也出于这个原因。他说:"只如力行近乎仁,力行关爱甚事?何故却近乎仁?推此类具言之。"②从表面上来看,力行与爱无关,但力行也可说近乎仁,所以"只管著爱上"说仁便是不对的。无论是爱,还是力行,与前面所谓"恭宽信敏惠""克己复礼"等等皆为描述仁心、仁德之外在表现之语,但不能便以此为仁,而是必须透过这些体会到"本心",才算真正了解了"仁"。论仁之语甚多,皆当如此看,所以说:"推此类具言之"。可见上蔡之反对的根据与伊川的根本不同。上蔡也没有性、情(就四端而言的情,即本心)的形上形下之分。本心是形而上的,伊川则没有形上本心观念,心性不是一。

综上所述,上蔡之论仁是将仁归于本心。或者说,仁就是本心之德。本心存而不失,自然能觉知义理(以觉训仁),其道德之创生自然不已(以生训仁)。前者是在本心的具体内容上说,后者是就形而上性而说的,两者可以统一为本心之"活","活"可以概括这两个方面。

第三节 本心论

一、论本心

程门的一些重要的、对后世有较大影响的弟子皆有形上本心观念,而且其中不乏极为鲜明的论述,形成了一个非常显著的现象或趋势。这

---

① 谢良佐:《论语精义》卷一上,朱熹:《朱子全书》第 7 册,第 31 页。
② 谢良佐:《上蔡语录》卷一,《景印文渊阁四库全书》第 698 册,第 570 页。

影响到了后来学派的发展，如湖湘学派等。所谓本心，即是指吾人生而有之的、先天的、形上的至善之心。上蔡论本心简易有力，他直接把恻隐之心称为天理。《语录》载：

（1）所谓有知识，须是穷物理。只如黄金天下至宝，先须辨认得他体性始得，不然被人将鍮石来唤作黄金，辨认不过便生疑惑，便执不定。故《经》曰："物格然后知至，知至然后意诚。"所谓格物穷理，须是识得天理始得。所谓天理者，自然底道理，无毫发杜撰。今人乍见孺子将入于井，皆有怵惕恻隐之心。方乍见时，其心怵惕，所谓天理也。要誉于乡党朋友，内交于孺子父母兄弟，恶其声而然，即人欲耳。①

（2）人须识其真心。见孺子将入于井时，是真心也。非思而得也，非勉而中也。②

（3）余问："佛说直下便是，动念即乖，如何？"谢子曰："此是乍见孺子已前底事。乍见孺子底，吾儒唤做心。他便唤做前尘妄想，当了。是见得大高。吾儒要就上面体认做工夫，他却一切扫除，却那里得地位进步？佛家说大乘顿教一闻便悟，将乍见孺子底心一切扫除。须是他颜雍已上底资质始得。颜子欲要请事斯语，今资质万倍不如他，却便要一切扫杂，怎生得？且如乍见孺子底心生出来便有，是自然底天理，怎生扫除得去？佛大概自是为私心。学佛者欲脱离生死，岂不是私？只如要度一切众生亦是为自己发此心愿。且看那一个不拈香礼佛？儒者直是放得下，无许多事。"③

恻隐之心是人必有的，或者说是必然呈现的，所以说"怎生扫除得去"。恻隐之心又是必然之理，是天理自然如此，无丝毫人伪之私。人必有恻隐之心，而此心"生出来便有自然底天理"，所以它便是固有的（inherent）、

---

① 谢良佐：《上蔡语录》卷一，《景印文渊阁四库全书》第 698 册，第 569 页。
② 谢良佐：《上蔡语录》卷二，《景印文渊阁四库全书》第 698 册，第 578 页。
③ 谢良佐：《上蔡语录》卷一，《景印文渊阁四库全书》第 698 册，第 572 页。

形而上的本心，①而非经验的心。此心上蔡又称之为"真心"。说"真心"便与"伪心"相对，包含着形上与形下的异层的区分（自然也包含着价值的区分）。人也有私心、私意，但这不是普遍必然的，不是人的"真心"或本心，所以说是"伪心"。②

理学中本体与工夫是紧密相关的。从过程上讲，工夫上的摸索，将影响对本体的体认。而对本体的体认反过来也会影响工夫。两者是互相渗透的。就义理而言，对本体的体认如何决定了根本工夫的性质，工夫的性质则能反映对本体的体认。谢上蔡所强调的工夫，正能反映他对本心（即天理）的体认。上蔡以"格物穷理"或为根本的工夫，但他所说的"穷理"指推扩其本心（"恕"），与伊川所说的在本质上不同。伊川所谓"格物穷理"是认知的外求，非反求本心而扩充之。他们的工夫论的不同，正说明了两者对本体体认的根本的不同。上蔡有固有的、形上的本心观念，伊川则无。具体而言，上蔡论"穷理"谓：

> （4）"学者且须是穷理。物物皆有理，穷理则能知天之所为，知天之所为则与天为一，与天为一无往而非理也。穷理则是寻个是处。有我不能穷理，人谁识真我？何者为我？理便是我。穷理之至，自然不勉而中，不思而得，从容中道。"曰："理必物物而穷之乎？"曰："必穷其大者。理一而已，一处理穷，触处皆通。恕，其穷理之本欤！"③

上蔡论"格物穷理"之重要者，除了上引文（4）外，还有前引文（1），两者须合而观之。《大学》所谓八条目之始是"格物"，伊川因而特别重视"格

---

① 这里所说的"固有"是本质上具有之义，也就是孟子所说"仁义礼智非由外铄我也，我固有之也"的"固有"。此"固有"是本质上的，所以与经验无关，不能以存在论上的有无言。为了防止误解，所以标以相应的英文"inherent"（inherent. adj. existing as an essential constituent or characteristic. ），本章后面使用该词，皆取此义。
② 除上述文献外，上蔡之论本心在他论仁的文献中也有反映。上蔡"以觉论仁"与"以生论仁"皆归之于本心。仁即是本心之仁。"觉"是本心能觉彼痛痒，能觉义理。"生"即是此心的道德创生之不已。关于此，请参看前节。
③ 谢良佐：《上蔡语录》卷二，《景印文渊阁四库全书》第 698 册，第 579 页。

物"。"格物"是穷极物理。上蔡受伊川的影响也有相同的表述,但上蔡所说的"格物穷理"与伊川所说完全不同。他所谓穷理之本却是"恕",而其所谓"理"或"天理"是可以通过"恻隐之心"见到的。物物皆有理,但理只是一个,所以,"一处理穷,触处皆通"。这些说法与伊川的皆相同。导致根本不同的是,伊川没有形上本心观念,而上蔡有之。所以,上蔡之穷理便从本心上来,而不是走伊川外求格物以集义的路子。① 引文(1)中上蔡举鍮石与黄金之喻只是为了说明必须先穷理,不是说穷理必须先求外物之理,求自然之理(the principles of the nature)。当然,外物之理也是此唯一之理。但穷理之本不在这里,而在"恕"。

"穷理之本"是"恕",而"恕"正是推扩本心之谓。上蔡云:

　　(5)问:"孟子言尽其心者知其性,如何是尽其心?"曰:"昔有人问明道先生何如斯可谓之恕心。先生曰:'充扩得去则为恕心。''如何是充扩得去底气象?'曰:'天地变化,草木蕃。''充扩不去时如何?'曰:'天地闭,贤人隐。'察此可以见尽不尽矣。"②

　　(6)问忠恕之别。曰:犹形影也,无忠做恕不出来。恕,如心而已。恕,天道也。③

　　(7)忠恕之论.不难以训诂解,特恐学者愈不识也。且当以天地之理观之,忠譬则沉而不息,恕譬则万物散殊,知此,则可以知一贯之理矣。④

① 伊川也讲反身,但皆不是反诸本心之意。参见牟宗三《心体与性体》第2册论伊川"格物穷理"的部分,第325—341页。
② 谢良佐:《上蔡语录》卷一,《景印文渊阁四库全书》第698册,第567页。
③ 谢良佐:《上蔡语录》卷二,《景印文渊阁四库全书》第698册,第582页。案,曾本云:问忠恕。曰:"犹形影也,无忠做恕不出来。如'己所不欲,勿施于人','施诸己而不愿,亦勿施诸人',说得自分明。恕,如心而已。恕,天道也。伯淳曰:'天地变化草木蕃,是天地之恕。天地闭,贤人隐,是天地之不恕。'"朱问:"天地何故亦有不恕?"曰:"天无意,天因人者也。若不因人,何故人能与天为一? 故有意必固我则与天地不相似。"
④ 谢良佐:《论语精义》卷二下,朱熹:《朱子全书》第7册,第154页。

(8) 举明道云：忠恕两字要除一个不得。①

上蔡赞同明道的解释，认为"恕"就是"尽心"，即充扩本心，也就是引文(6)所说"如心"。显然，"如心"之"心"也当为至善之本心。所谓"己所不欲，勿施于人"即是"如心"待人，即是推己至善之本心以待人，不以不善加诸人。二程以忠为体，恕为用。② 由引文(7)可见，上蔡也赞同这种说法。所谓自天地之理言之，"忠譬则流而不息，恕譬则万物散殊"，正说明上蔡以体用看待忠恕一贯的关系。这句话本身也与明道之语极相似。上蔡说"恕，天道也"，似与忠为体的观点相矛盾。这是从工夫论的角度说的，说"恕"的工夫是"天道"，相当于说其是天理，表示它是普遍的必须的工夫，不是又认为"恕"是"道"（体）。既然"恕"是扩充本心，"忠"是"恕"之体，则"忠"就应该理解为"本心"。忠恕二字自然缺一不可。③

"穷理"就是扩充本心，上蔡认为这就是为学的根本。他说：

(10) 横渠教人以礼为先，大要欲得正容谨节。其意谓世人汗漫无守，便当以礼为地，教他就上面做工夫。然其门人下稍头，溺于刑名度数之间行得来，困无所见处如吃木札相似，更没滋味，遂生厌倦，故其学无传之者。明道先生则不然，先使学者有知识，却从敬入。予问：横渠教人以礼为先，与明道使学者从敬入何故不同？谢曰：既有知识，穷得物理，却从敬上涵养出来，自然是别。正容谨节，

---

① 谢良佐：《上蔡语录》卷三，《景印文渊阁四库全书》第698册，第590页。

② 明道云："'维天之命，於穆不已。'不其忠乎？'天地变化，草木蕃。'不其恕乎？"又云："……忠恕一以贯之，忠者天道，恕者人道。忠者无妄，恕者所以行乎忠也。忠者体，恕者用，大本达道也。"伊川亦云："忠，体也；恕，用也。"谢良佐：《论语精义》卷二下，朱熹：《朱子全书》第7册，第151页。

③ 不过上蔡又说：(9)"诚是无亏欠，忠是实有之理，忠近于诚。"（谢良佐：《上蔡语录》卷二，《景印文渊阁四库全书》第698册，第587页。）忠若指体，指实有之理，则忠即诚体，而不能说"忠近于诚"。此似与前面所说相矛盾。此句记录得太简，不好理解。似应当从工夫论上理解，非言本体。"诚"指工夫上至诚之境界，自然无亏欠。"忠"指工夫论之"忠"。"忠"便能忠实于某理，因此可说是实有之理。此即"不诚无物"之意，若诚则实有物。但"忠"未必尽全体，故只说"忠近于诚"。

外面威仪,非礼之本。①

上蔡认为,为学之序当以明道的"先使学者有知识,却从敬入"为正,而横渠以礼为先则不当。所谓"先有知识",从后面看,就是"穷得物理"。既有知识,穷得物理之后,再从敬上涵养,这是他所赞同的为学之序。显然,上蔡之言的背景是明道的《识仁篇》。《识仁篇》说:"学者须先识仁。仁者,浑然与物同体。义、礼、知、信皆仁也。识得此理,以诚敬存之而已,不须防检,不须穷索……'必有事焉而勿正,心勿忘,勿助长',未尝致纤毫之力,此其存之之道。若存得,便合有得。盖良知良能元不丧失,以昔日习心未除,却须存习此心,久则可夺旧习。"②所谓"以诚敬存之"是指存仁,也就是存吾本有的良知良能,也就是存本心。而所谓"先识仁"也是识此本心的觉与生的特性。识得本心,而后以诚敬存之。上蔡所主张的为学之正道的具体内容便是这些,可见他认为"穷理"(识本心,扩充本心)或识体是为学之先,是工夫之根本。另外,前文曾指出,上蔡认为求仁"如颜子视听言动上做亦得,如曾子颜色容貌辞气上做亦得"③。这两种工夫的实质都是因任本心的流露。由此也可见上蔡以"穷理"(恕,扩充本心)为工夫之根本。

　　总之,上蔡以"穷理"(扩充本心)为根本工夫,但他论"格物穷理"与伊川有本质的不同。他主张的这种工夫,可反证他对本体的体认,说明他有固有的、形上的本心观念。

二、性、心与意

　　上面已说明上蔡有固有的、形上的本心观念,此心即是天理。除此以外,就心性关系而言,他又以"性"为不可见之体,"心"为可见之用。但这并不是说"心"相对"性"是形而下的。"心"虽然是可见的"用",但仍是

① 谢良佐:《上蔡语录》卷一,《景印文渊阁四库全书》第 698 册,第 569 页。
② 程颢、程颐:《二程遗书》卷二上,《二程集》上册,第 16—17 页。
③ 谢良佐:《上蔡语录》卷一,《景印文渊阁四库全书》第 698 册,第 575 页。

形上的（绝对的普遍的必然的）。另外，形而上的"心"是一，是至善无恶，通常吾人所说有善有恶的是"意"。上蔡云：

（11）见前引文（3）。

（12）血气之属有阴阳牝牡之性，而释氏绝之，何异也！释氏所谓性乃吾儒所谓天。释氏以性为日，以念为云，去念见性犹披云见日。释氏之所去正吾儒之当事者。①

（13）佛之论性如儒之论心，佛之论心如儒之论意。循天之理便是性，不可容些私意。才有意便不能与天为一。（曾本此下云：便非天性。）②

（14）心本一，支离而去者乃意尔。③

（15）"人有智愚之品，不同何也？"曰："无气禀异耳。圣人不恕疾于顽者，悯其所遇气质偏驳，不足疾也。""然则可变欤？"曰："其性本一，何不可变之有？性，本体也。目视耳听手举足运见于作用者，心也。自孟子没，天下学者向外驰求，不识自家宝藏，被他佛氏窥见一斑半点，遂将擎拳竖脚底事把持在手，敢自尊大，轻视中国学士大夫。而世人莫敢与之争，又从而信，向归依之。使圣学有传，岂至此乎？"④

上蔡认为，就儒者之论而言，性体"本一"，即永恒地是其自身，也即永恒地是至善无恶，而没有经验中多般的善恶。性体也是"无声无臭"的，因为它不是经验之物。相对于性体的"无声无臭"，"心"却是"可见"的，所以说："目视耳听手举足运见于作用者，心也。"但这并不是说"心"就是指目视耳听等感官、身体的活动。这只是设喻而已，以此来说明"心"之"可

---

① 谢良佐：《上蔡语录》卷一，《景印文渊阁四库全书》第 698 册，第 575 页。
② 谢良佐：《上蔡语录》卷二，《景印文渊阁四库全书》第 698 册，第 584 页。
③ 谢良佐：《上蔡语录》卷三，《景印文渊阁四库全书》第 698 册，第 588 页。
④ 谢良佐：《上蔡语录》卷一，《景印文渊阁四库全书》第 698 册，第 567 页。

见"。伊川以"志"为有"形象",以(心的)喜怒哀乐未发之中为"有个形象",①上蔡可能受到了伊川的影响。此与性对举的"可见的"心是性体之用。此"心"虽然是可见的,仍是形上的。所以他说:"且如乍见孺子底心生出来便有是自然底天理。"②此心也就是吾人固有的、形上的本心。本心虽然"可见",却是形而上的。本心是形而上的,又是性体之用,则这个"用"只能理解为性体的神用或发用,因此,性体也相应地成为能发用的。性体发用,主宰气化,凭借气化而呈现,这便是本心。反过来说,既然由此必然得出性体是能发用的结论,则可以说,正因为本心是性体之用,所以它必然是形而上的。经验之中,人或有不善的心,未必时时呈现本心,上蔡似不欲称"不善的心"为"心",而称之为"意"。所以他说:"心本一,支离而去者乃意尔。"③"心本一"的"本一"之义与"性本一"相同,是说本心是永恒地自如,永恒地是至善无恶,而无经验之中善恶之多般。而有此多般者(支离),他称为"意",而不称为"心"。

上蔡又认为,对儒者来说,性体无声无臭,不可见,似不易直接就上面作工夫。"心"(本心)是"可见的",正是做工夫的地方,所以他说:"乍见孺子底,吾儒唤做心……要就上面体认做工夫。"④若如释氏所说扫除此心,便没有办法做工夫进步了。但上蔡又同意释氏的看法,认为可以不由本心做工夫,而如释氏所说"直下便是",即直悟本体。但这非常人所能,须颜雍般资质。

根据上述对性、心与意的认定,上蔡与释氏作了比较,并对其有所批评。佛教中有的派别(如禅宗)以为一切众生皆有佛性。因为存在无明妄念,所以人不能识其自性。若能去无明妄念,识得本性,便能成佛。所

---

① 前者如伊川云:"浩然之气,既言气,则已是大段有形体之物。如言志,有甚迹,然亦尽有形象。"(程颢、程颐:《二程遗书》卷一五,《二程集》上册,第 148 页。)后者如伊川云:"……中有甚形体? 然既谓之中,也须有个形象。"(程颢、程颐:《二程遗书》卷一八,《二程集》上册,第 201 页。)
② 谢良佐:《上蔡语录》卷一,《景印文渊阁四库全书》第 698 册,第 572 页。
③ 谢良佐:《上蔡语录》卷三,《景印文渊阁四库全书》第 698 册,第 588 页。
④ 谢良佐:《上蔡语录》卷一,《景印文渊阁四库全书》第 698 册,第 572 页。

以,上蔡认为,释氏之论"性"犹儒者之论"天"与"心",其论"心"犹儒者之论"意"。因对儒者而言,"天"即指理或道,也是吾人至善之性。儒者所说的"心"也是固有的、形上的本心,所以在本质上与性或天相同。两相比较,可知上蔡说释氏之论"性"如吾儒之论"天"与"心",有其道理。其实,同样也可以说如吾儒之论"性"(天地之性)。至于上蔡说释氏论"心"如儒者论"意",则不完全正确。上蔡所谓"意"指经验中有善有恶的意,与固有的至善的本心相对。他认为,释氏所言"心"便指此经验之"意"。他又认为,儒者所说的恻隐之心等形上本心,释氏也皆认为是"前尘妄想"。总之,凡所谓"心",释氏皆认为是无明妄念。释氏主张扫除此"前尘妄想"(即"心"),才能觉悟。据此理解,他批评释氏的理论使人无法进步,因为恻隐之心等正是做工夫之处,若扫除便无处做工夫。但上蔡对释氏的理解未必正确。释氏所说"心"并非皆指无明妄念,也有所谓"自性清净心"。这便不是他所说的支离的经验之"意"了。必须去除的是无明,而不是要扫除"自性清净心"。

上蔡虽然不赞成释氏扫心的主张,但是他又认为,释氏扫除此心,直悟本体,也有合理的地方。然而这是"乍见孺子已前底事",没有颜雍的资质是不能做到的。显然,这是认为,若资质极佳,便也可像释氏所说的那样"直下便是",而不须由本心做工夫了。此一看法后多为人所诟病。[①]

总之,从上面的文献可知,上蔡对性、心与意的区分是非常清楚的。性是天理,就其自身说,是"无声无臭"不可见的。心是性体之用,是"可见的",虽然如此,它也是形上的,至善的。至于经验中有善恶多般的不同的"心",他称为"意",而不称为"心"。在此基础上,与释氏的比较进一步展现了他对性、心与意的看法。至于他对释氏学说的理解与批评,有正确之处,但也有不正确之处。

---

① 如慈溪黄氏曰:"此谓天资如孔子,方可学禅。予不晓其然否!"(黄宗羲原本,全祖望修定:《上蔡学案》,《宋元学案》第2册,第936页。)案,此是严重之误解。上蔡纯是就工夫的资质而言,非指学禅而言。

第十三章　杨时的哲学思想

　　杨时（1053—1135），字行可，改字中立，南剑州将乐县人，因曾居龟山下，学者称龟山先生。杨时自幼聪慧颖异，二十四岁登进士第，不汲汲于功名，一心向学，二十九岁在京师闻程颢之名，遂往颍昌拜见，执师弟子礼。及其南归，程颢目送，有"吾道南矣"之叹，因而后世称杨时在闽中所创学派为"道南学"。程颢死后，杨时又以师礼见程颐于洛，时年四十，有程门立雪之典故，其尊师重道，为学者称叹。后与程颐书信往来，反复辨明张载《西铭》之旨，得理一分殊之说。杨时一生绝大多数时间都沉浮下僚，历知浏阳、余杭、萧山三县，皆有惠政，为当地百姓景仰爱戴，凡事皆以亲民为先，为民争惠，甚至不惜得罪权贵。杨时为官清廉，功名利禄未尝系怀，进退只求合于义而已。常与学者讲学，自政和元年（1111）寓居毗陵，前后共留十八载，至建炎二年（1128）还将乐故居。此间有讲舍在锡邑城东隅，地名东林。后学者建书院为杨时立祠致祭。政和二年（1112），杨时知萧山，罗从彦自延平来学，杨时喜其才学，遂告以心传之秘。后罗从彦往伊川处问学，反复论辩后说："闻之龟山具是矣。"四方学者愈尊重杨时，道望日著。罗从彦再传得朱熹，道学益光。杨时晚年以七十三岁高龄被召①,任秘书郎,迁著作郎,又除迩英殿说书,侍讲经筵,兼国子监祭酒。向皇帝进言,以诚意为首,"虽未免少迂,而其他排和议、争三镇、请一统帅、罢奄寺守城以及茶务、盐法、籴卖、坑冶、盗贼、边防、军制诸议,皆于时势安危言之凿凿,亦尚非空谈性命,不达世变之论"(《四库提要》)。因上疏论罪王安石新学,请夺王爵、罢配享,而得罪士人,遭到排挤。致仕后,犹著《三经义辩》《日录辩》《字说辩》,详说王氏新学之失。当时学者胡安国在杨时墓志铭中论到,倘若能用杨时言,天下"须救得一半"。晚年居乡,编集《伊川语录》。绍兴五年(1135),终于正寝,享年八十三岁。杨时少时出入庄列,后致力儒经,于四书五经无不精晓义理,尤于《中庸》②《孟子》有所得,尝著有《庄子解》《礼记解义》《周易解义》《中庸解义》,已佚失。《四库全书》收录《龟山集》四十二卷。

第一节 理本论

"理"是中国古代哲学早已有之的概念,但以"理"为本体始自二程。杨时作为二程的高足,其本体论基本上承自二程的天理观,又融合了张载有关"气"的学说。从"本体—工夫"的理论架构来看,标举天理为本体,是为了确立道德伦常及道德修养的形上根据,因而,为了对杨时的修养工夫有一更为精准的把握,必须先厘清其理本论。

程颢曾表示:

> 吾学虽有所受,天理二字却是自家体贴出来。③

---

① 杨时被召一事,一直受质疑,认为杨时附庸奸相蔡京,《文渊阁四库全书·四库提要》:"时受蔡京之荐,虽朱子不能无疑。"
② 胡安国语,胡文定曰:"吾于谢、游、杨三公,义兼师友,实尊信之。若论其传授,却自有来历:据龟山所见在《中庸》,自明道先生所授;吾所闻在《春秋》,自伊川先生所发。"见黄宗羲原本,全祖望修定:《龟山学案》,《宋元学案》第2册,第956页。
③ 程颢、程颐:《河南程氏外书·传闻杂记》,《二程集》上册,第424页。

此言并不为过，"天理"可谓二程兄弟的理论基石，是二程理学思想的核心。[①] "道"与"理"在二程处实为同一概念，二人并未严加区分，之所以称二程为理学的真正开创者也正是因为他们对"天理"的标举。

要言之，二程认为"天理"即宇宙万物的本体，是第一性的，是有形世界的最终根据，"天理云者，百理具备，元无少欠，故'反身而诚'"。"'万物皆备于我'，不独人尔，物皆然。都自这里出去，只是物不能推，人则能推之。"[②]世界上的一切事物都出自"天理"，"天理"本身圆足，"元无少欠"，是最完满的存在，"天地万事万物包括人类在内，都是理派生出来的"[③]，人与物的区别在于只有人具备主观能动性可以认识"天理"。"天理"是独立于人的客观存在，"万物皆只是一个天理，己何与焉？"[④]在二程看来，"天理"绝不是人的思维的产物，不是人的观念，"天理"是独立于人的绝对的"在者"，是包括人在内的天地万物的最后根据，是物质世界的本原。"道之外无物，物之外无道，是天地之间无适而非道也。"[⑤]天地之间，道无处不在，离开道则无物，任何事物都体现着道。道即理，理遍在于天地万物，本体的理当然是无形无象的，是卓然超越于有形世界之上的。所谓"天理"，实乃二程对各种特殊理则的高度抽象，是最一般的因而也是最抽象的理，正因此，他们所谓"天理"也就无所不包同时又是最空洞的概念。二程的"天理"本体为杨时直接继承，杨时同样以"道"或"理"为最高本体。

"道"是中国哲学中一个极为重要的范畴，早在先秦之时，"道"就被赋予了丰富的内涵。"道"本义即道路，引申为规则、规范，老子首先将

---

① "天理"本体虽然是二程共同的理论归旨，但二人对"天理"各有规定，限于篇幅不作详论，可参考潘富恩、徐余庆：《程颢程颐理学思想研究》，第 207—208 页，上海，复旦大学出版社，1988。

② 程颢、程颐：《河南程氏遗书·元丰己未吕与叔东见二先生语录》，《二程集》上册，第 32、34 页。

③ 潘富恩、徐余庆：《程颢程颐理学思想研究》，第 210 页。

④ 程颢、程颐：《河南程氏遗书·元丰己未吕与叔东见二先生语录》，《二程集》上册，第 30 页。

⑤ 程颢、程颐：《河南程氏遗书·涪定夫所录》，《二程集》上册，第 73 页。

"道"抽象而成为天地的本根。① 自此以后,"道"具有了超越性。杨时也以"道"作为宇宙万物的本根,"道"是本体层面的范畴。从现存杨时的文献来看,杨时并没有明确对"道"作出本体意义的规定,但从程朱理学本身而言,以"道"为本体是很自然的。这个"道"也即是二程所谓的"天理"。

杨时在给胡安国的一封回信中说道:

> 夫盈天地之间,孰非道乎? 道而可离,则道有在矣。②

充盈天地之间的,无一不是道。杨时在此并未明言这个充盈天地的"道"究竟是什么,但加以分析,即可推测出,杨时所谓的"道"正是作为本体的"道"。

与释氏以心法起灭天地万物从而认为万有皆是幻相不同,儒家由始至终都坚持天地万物的实在性,张岱年先生在《中国哲学大纲》中指出:

> 中国哲人决不认为本根实而不现,事物现而不实,而以为事物亦实,本根亦实;于现象即见本根,于本根即含现象。③

除了由印度传入的佛教外,中国本土发展起来的一切哲学都将物的实在性作为一个不言而喻的前提。因而可知,"盈天地间皆物"④,应当可说是一个共识,并且杨时自己也曾说"夫盈天地之间皆物也"⑤。以此来理解杨时的这句话,则可得出如下结论:充盈天地之间的物无一不是道,即万物都是道的体现,道正是天地万物包括人在内背后的本原,亦即说道就是宇宙万物的本根。在杨时看来,作为宇宙本原的道并不是离开现实而

---

① 《老子·二十五章》:"有物混成,先天地生,寂兮寥兮,独立而不改,周行而不殆,可以为天下母,吾不知其名,字之曰道,强为之名曰大。"见陈鼓应:《老子注译及评介》,第163页,北京,中华书局,1984。
② 杨时:《书五·答胡康侯其一》,《龟山集》卷二〇,《景印文渊阁四库全书》第1125册,第299页。
③ 张岱年:《中国哲学大纲》,第77页。
④ "盈天地间皆物"只肯定物的实在性而不涉及本根问题。
⑤ 杨时:《经筵讲义·惟天惠民节》,《龟山集》卷五,《景印文渊阁四库全书》第1125册,第137页。

孤悬的本体，而是就在现世当中，他以"四方有定位"来譬喻道不离现实，最后又说，道即"百姓日用而不知"。由此可知，杨时所谓的"道"不仅是本体，更是人们所应当遵循的规范，即"尧舜之道"，因此"道"是本体与道德规范的统一。杨时之所以将"道"提升至本体层面，正是出于为道德规范提供绝对保障的需要，而这也正是整个宋明理学共同的理论目标。

以"道"为宇宙万物的本根，这一思想是继承二程而来，"道"即"天理"。由于杨时十分重视《中庸》，他借《中庸》的核心范畴之一——"中"来论述道。《中庸》之"中"，依程颐的解释"不偏之谓中"①，"中"即不偏不倚，无过无不及之意。从"中"的意思可以看出，"中"本身即包含着价值取向，而杨时以"中"言道，无疑地也使"道"具有了价值意涵。

> 道止于中而已矣。出乎中则过，未至则不及，故惟中为至。夫中也者，道之至极，故中又谓之极。屋极亦谓之极，盖中而高故也。②

杨时认为，中是"道之至极"，从前面的分析已知，"道"是宇宙万物的本原，是一个本体范畴，而在此，杨时又谓"道之至极"，如此则似乎"道"有"至极"，还有"非至极"，于意不通。考虑"中"本身所具有的价值含义，那么"道之至极"就成为一个价值命题，也就是最高的价值。所以说"道止于中"，凡离开"中"的，不是"过"就是"不及"，都是杨时所要否定的。另一方面，杨时以中为道之至极，实质上也赋予"中"以本体义。作为"道之至极"的中不再是一般的不偏不倚、无过不及，而是成为价值的源泉，一切价值都从"中"流出并且为"中"所规定，"中"是最高的价值，再没有什么可高出"中"而规定"中"的价值。从价值的角度来说，"中"就是"道"，就是本体。

杨时以"中"言道，从而中即道，这是从本体层面上看，而在人，"中"即喜怒哀乐之未发，同样也具有根源性，由此而提出"体中"的工夫，正是要学者直接体认本体，被后人称为"道南指诀"的工夫论正是基于此而提

---

① 朱熹：《中庸章句》，《四书章句集注》，第17页。
② 杨时：《答问·答胡德辉问》，《龟山集》卷一四，《景印文渊阁四库全书》第1125册，第253页。

出的。

二程特将"理"标举，与"天"合而言之，曰"天理"，"天者理也"①。"天理"或"理"是最高的本原，杨时继承二程关于"天理"的思想，也经常说"天理"，如言"事天者，循天理而已"②。杨时同样将"天理"看作天地万物的本原。杨时说：

> 盖天下只是一理，故其所为必同。③

这句话出现在《余杭语录》中，其语境大概是说朝廷作事应当要明道理，才能上下同心同德，而"天下只是一理"，如果作事全凭这"一理"，当然能上下同心，如果各人都蔽于一己之私，私则万殊，同心同德也就是不可能的了。尽管杨时在此论述似乎是就事论事，但很明显，"天下只是一理"被杨时看作一个不言自明的命题，因而他未费点墨对此加以证明，并且这一命题还是他这段论述的理论基础。"天下只是一理"究竟是何意？依龟山之意，似乎是说，总天下就只是一个理，这个"理"就是他常说的"天理"，天下只是这一"理"的流行发用，正因为这样，所以才"所为必同"。这个"理"是天下之"公"，是所有人都应当遵循的准则，但绝非日常的特殊的准则，它具有最大的普遍性。如此看来，杨时虽以具体事来论述，但他真正想要说明的并不限于劝人放弃私心，更重要的是揭示出他所标举的"天理"的普遍性和绝对性。不难推测，这个"天理"也就是万事万物的根据，就是"盈天地之间"的"道"。理与道同，都是根据、本体义。从这里还可以看出，"天理"是对一切理则或准则的高度抽象和概括。

"理"不仅具有普遍性，它又是万物之"所以然"。杨时解释《孟子》"形色，天性也"时曾说：

> 形色即天性也，则践形斯尽性矣，故惟圣人为能。④

---

① 程颢、程颐：《河南程氏遗书·师训》，《二程集》上册，第 132 页。
② 杨时：《语录三·余杭所闻》，《龟山集》卷一二，《景印文渊阁四库全书》第 1125 册，第 232 页。
③ 杨时：《语录四·余杭所闻》，《龟山集》卷一三，《景印文渊阁四库全书》第 1125 册，第 241 页。
④ 杨时：《经解·形色天性》，《龟山集》卷八，《景印文渊阁四库全书》第 1125 册，第 176 页。

此处说明比较简单,杨时另有一处解释,与此意同。"形色,天性也。有物必有则也。物即是形色,即是天性,惟圣人然后可以践形。践,履也,体性故也。盖形色必有所以为形色者,是圣人之所履也。"①杨时以《诗经》"天生烝民,有物有则"来解释《孟子》,"物"即"形色",即"天性"。"天性"在此并不指"天生",而当指"所以为形色者",也就是所谓的"则"。"有物必有则"意即有事物就必定有事物的所以然之则,"则"也就是"理"。圣人所践履的正是事物背后作为事物根据的理则。

程颐曾说:

> 天下物皆可以理照:有物必有则,一物须有一理。②

程颐肯定了一事一物背后皆有一理,理即事物之所以为该事物者。这一点,杨时也是赞同的。他在《答李杭》中说道:

> 《诗》曰:"天生烝民,有物有则。"凡形色具于吾身者,无非物也,而各有则焉。反而求之,则天下之理得矣。由是而通天下之志,类万物之情,参天地之化,其则不远矣。③

这是杨时指点学者做工夫之语,后文还将有详论,在此,将之与解《孟子》语结合来看,杨时明确肯定了物各有则,他教学者以"反而求之"的工夫则可得"天下之理",从而"通天下之志""类万物之情""参天地之化"。"反而求之"即前文所说的"圣人可以践形",都是要究物之则,这里言"反而求之",包含了理则"具于吾身"的意思。杨时所说的"践形"就是"体性",并非指一般的经验认识,通过这种工夫,当然也不是要获得一般的知识,而是得"天下之理",即"至理",也就是"天下只是一理"之"天理"。可以说,杨时的"理"是最高本体的普遍的天理与一般事物的各个特殊的"所以然之理"的统一,而杨时与程颐论辩的"理一分殊"命题也就蕴于其

---

① 杨时:《语录四・毗陵所闻》,《龟山集》卷一三,《景印文渊阁四库全书》第1125册,第245页。
② 程颢、程颐:《河南程氏遗书・刘元承手编》,《二程集》上册,第193页。
③ 杨时:《书三・答李杭》,《龟山集》卷一八,《景印文渊阁四库全书》第1125册,第283页。

中了。总之,在杨时那里,"道"或"理"或"天理"都是同一的,同体而异名,都是指宇宙万物的根源或本体,同时也是价值的源泉。

前文已明,杨时所谓"道"与"理"是同一范畴,杨时以"中"言"道",则"道"本身也具有了价值取向。事实上,杨时十分重视"道""理"的价值意涵,多次以"仁义""忠恕"等价值概念描述"道""理"。

杨时曾与学者说:

> 所谓道理之谈,孟子之仁义是也。①

杨时言此是为了教学者辨明义利。"道"与"理"在此连用,其意涵并非之前所论的宇宙本体义的"道""理",但非常接近"尧舜之道"的"道",即普适的道德规范,是"百姓日用而不知"。此"道理"即孟子所谓"仁义",亦即说,"仁义"是"道理"所具有的内涵。需指出的是,这里的"仁义"并不仅仅指"仁"与"义"两种德行,而是代指孟子所谓的"仁义礼智"等全体德目,或者说是全体德目的总称。

在《答吴仲敢》一信中,杨时曾说:

> 仁义,性所有也,则舍仁义而言道者,固非也。道固有仁义,而仁不足以尽道。②

又说:

> 仁知者,乃道之一隅,果不足以尽道也。③

杨时认为,"仁义"是性所本具的,《中庸》说"率性之谓道"④,"仁义"也是"道"应有之意。这里所谓"道"则是从本体上说的。"道固有仁义,而仁义不足以尽道","仁义"在此应当即指"仁"与"义"两种德目,与"仁知"同,仁、义、知虽然都是"道"所本有的,就包含在"道"中,但又各仅是"道"

---

① 杨时:《语录·荆州所闻》,《龟山集》卷一〇,《景印文渊阁四库全书》第 1125 册,第 197 页。
②③ 杨时:《书二·答吴仲敢》,《龟山集》卷一七,《景印文渊阁四库全书》第 1125 册,第 275 页。
④ 朱熹:《中庸章句》,《四书章句集注》,第 17 页。

之"一隅"，并不就是"道"全体，所以才有"仁者见之谓仁，知者见之谓知"①，仁者与知者都蔽于"道之一隅"而不见全体之为道。言下之意即要见道之全体，就应当不蔽于一隅，"一阴一阳之谓道。继之者善也，成之者性也"②。道即"一阴一阳"之"生生不已"，是"天地之大德"，也是人世一切价值的总根源。

> 忠恕固不足以尽道，然其违道不远，由是而求之，则于一以贯之其庶矣乎。③

杨时解释《论语》"一以贯之"之道，指出"忠恕不足以尽道"，亦即说忠恕也是道所固有的，和具体德目的"仁""义""智"一样，都是"道"所本具的内涵，但不直接等同于道。而曾子以"忠恕"为夫子之道，告之门人，按照杨时的理解，是因为各人资质不同，只能语以"忠恕"之浅近亲切。若"至道"之语则语之无益，因为资质有限不能理会体认。

> 道一而已矣，人心之所同然无二致也。圣人先得人心之所同然者。故伊尹曰："予天民之先觉者也。"众特梦而未始觉耳。而伊尹以斯道觉斯民，非外袭而取之以与民也，特觉之而已矣。④

道只是"一"，是人心之所同，所谓"人心之所同然"即"仁之于人无彼己之异"。仁是人所共有的，并无彼此之差别，仁即人心之所同者。道遍在于每个人心中，甚至，道遍在于天地万物，道即仁，无物我、人我之差。所谓圣人与凡人也无甚差别，各各皆禀具"道"，只不过凡人未能察觉吾心本有之道，故称"梦而未始觉"，而圣人则先觉"天民之未觉"，即体察到心中本有的"道"，因而"觉民"亦非取一个所谓"道"安放于民之心中，而是教民体察觉识心中本有的"道"。

---

① 朱熹：《中庸章句》，《四书章句集注》，第17页。
② 杨时：《书二·答吴仲敢》，《龟山集》卷一七，《景印文渊阁四库全书》第1125册，第275页。
③ 杨时：《答问·答胡德辉问》，《龟山集》卷一四，《景印文渊阁四库全书》第1125册，第253页。
④ 杨时：《经解·予天民之先觉者也》，《龟山集》卷一四，《景印文渊阁四库全书》第1125册，第173页。

可以说，杨时所谓"道"或"理"不仅是本体，最高的理则，更是价值本源。"道"或"理"不是孤悬于天外的玄之又玄的"物自体"，而是本体下贯于人世，作为人类社会的现实的规范，善恶价值的根据正在于"道"。有了"道"作为人伦规范的本体保障，那么，一切人伦道德就具有了先天合理性与必然性。

"气"这一概念起源很早，但对"气"进行详细分疏并以之为根本出发点从而建立起系统化气论哲学的哲学家应首推张载。

张载关学可称为气一元论，他吸收先秦道家以"气"为世界本原的思想，将气看作第一性的，是化生宇宙万物的本原。"气"是极精微的物质实体，"凡可状，皆有也；凡有，皆象也；凡象，皆气也"①。有形有象的客观实在无一不是气。张载提出"太虚"为气之本体，即太虚是气的本然状态，"太虚无形，气之本体；其聚其散，变化之客形尔"，"气之聚散于太虚，犹冰凝释于水，知太虚即气则无无"。② 气本身无形无象，不生不灭，有形体者的生灭变化是气的聚散运动，气聚为物，气散复归太虚，气是永恒的，因而没有所谓绝对的虚无，从而将世界统一于物质性的"气"。"气"始终处于运动变化之中，"由气化，有道之名"③，在张载看来，"道"并非主宰性的理则、规律，"所谓道就是气的运动变化的过程"④。聚散运动是气本身固有的性质，气的运动变化难以测度故称之为"神"。气涵阴阳，气的运动变化实即阴阳二气的交感作用。阴阳交感当然也遵循一定的规律，即"理"，但张载以为"理"不可离开气而单独存在，更不可谓之为万物的本体。

张载与二程关系颇近，双方时有论学，二程承认"气"为宇宙生成的一级，不可说非受张载的影响，但二程明确反对以"气"为本，反对太虚为气之本体："凡物之散，其气遂尽，无复归本原之理。天地间如洪炉，虽生

① 张载：《正蒙·乾称篇》，《张载集》，第 63 页。
② 张载：《正蒙·太和篇》，《张载集》，第 8—9 页。
③ 同上书，第 9 页。
④ 张岱年：《张载：十一世纪中国唯物主义哲学家》，第 20 页，武汉，湖北人民出版社，1956。

物销铄亦尽,况既散之气,岂有复在?"①他们认为气和有形之物一样,有生有灭,不是永恒存在的实体,既散之后便不复存,只有理才是形而上者。尽管二程与张载各依其理论兴趣分别以"理"与"气"为世界本原,但实际上双方的意图是一样的:都是在应对佛老的挑战下为伦理纲常确立不可动摇的形上基础,以此挽救世道人心。张载所说"为天地立心,为生民立命,为往圣继绝学,为万世开太平"②实为宋以来学者共同的担当。

在二程看来,张载所谓"气"与"太虚"毕竟只是形下之器,而唯有"天理"才是本体的形上之道。但既肯定"器"也就承认了"气"的实存性。二程对张载的批评主要在于道器之别,即孰为根本的问题。理与气的关系,至朱熹时方说得明白。二程及其门人更关注的是"天理"这一本体的建构。但是,"天理"固然可作为世界万物的最终根据,也可成为价值的根源,然而由理如何产生万形万象是横亘在程门学者面前亟待解决的问题。"天理"的本体性、实存性和普遍性并不等于说"天理"亦是一个实体,可以直接地产生出天地万物。杨时借张载的"太虚即气"来解释客观世界的物质性,有融合关洛的倾向。

> 通天下一气耳,合而生,尽而死,凡有心知血气之类无物不然也。知合之非来,尽之非往,则其生也沤浮,其死也冰释,如昼夜之常,无足悦戚者。③

"通天下一气"见于《庄子·知北游》,其目的在于说明"圣人故贵一",杨时在此同样表达了"达生死"的人生态度。生与死只是气之合与尽,合即气之聚,尽即气之散,有"心知血气"之类都是气之聚散,"合之非来,尽之非往",生与死就像沤浮于海,冰释于水,其浮与释并非产生和消灭。这正与张载所谓"气之聚散于太虚,犹冰凝释于水"相似,只不过杨时并不认为有所谓"太虚"为气之本然状态,而是认为"通天下一气",气

---

① 程颢、程颐:《河南程氏遗书·入关语录》,《二程集》上册,第163页。
② 黄宗羲原本,全祖望修定:《横渠学案》,《宋元学案》第1册,第664页。
③ 杨时:《记·踵息庵记》,《龟山集》卷二四,《景印文渊阁四库全书》第1125册,第332页。

是形下层面的生物之具,物之生灭变化实是气的聚散运动,气本身无生灭,是永恒存在的。杨时说"凡有心知血气之类无物不然",所谓"心知血气"主要指人与动物而言,然而杨时并不以为只有人与动物才是气之聚散的结果,只不过"悦戚"这种情感功能必为知觉者方能有之。在《归鸿阁记》中杨时明确说道:

> 天地之间,一气而万形,一息而成古今,达观之士会物于己,通昼夜而知,则虽死生之变无恒矣。[①]

息与气同,"一气万形""一息古今",可知杨时不仅认为客观事物是气化的结果,时间也是气之运动的过程,时间与空间是人的认知范式,是人把握经验世界的方式。当然,杨时不可能也像康德那样将时空作为先天的直观形式[②],对于杨时而言,时空毋宁说就是经验世界的代名,他借以想要说明的是经验世界的一致性,即"气"。从而,杨时以"气"为形下之器更为明显。

以人为天下最贵者是中国古代学者的共识。杨时以为,人与万物一样,都是气化所生,然而人毕竟不同于物。杨时在《孟子解》中论道:

> 通天下一气耳。天地其体也,气,体之充也。人受天地之中以生,均一气耳,故至大;集义所生,故至刚。气之刚大以直养而无害,则塞于天地之间,盖气之本体也。气无形声之可名,故难言也,而以道义配之,所以著名之也。[③]

天地就如橐籥,气充塞于天地之间,其聚散运动不已。人也是禀受气而生。气本身无形无象,有形有象的万物是无形之气的显象。与论物不同,杨时说"人受天地之中以生""故至大","集义所生,故至刚",至大至

---

① 杨时:《记·归鸿阁记》,《龟山集》卷二四,《景印文渊阁四库全书》第1125册,第338页。

② 参见伊曼努尔·康德:《纯粹理性批判》(第2版),李秋零主编:《康德著作全集》第3卷,第68页,北京,中国人民大学出版社,2004。

③ 杨时:《经解·其为气也至大至刚》,《龟山集》卷八,《景印文渊阁四库全书》第1125册,第172页。

刚原为孟子所论①，杨时以"至大至刚"言人所禀受之气，并且配以"道义"，则知此气与物之受气而生的纯物质性不同，而是具有了价值意味。在《答胡康侯其一》中杨时表达了同样的观点："通天下一气也，人受天地之中以生，其盈虚常与天地沆通，宁非刚大乎？"②很明显，"刚大"具有善的价值取向，气本身固然无善恶可言，"无形声之可名"，然而人禀受气而配以道义则可表现为善，人禀受气，而其盈虚可与天地流通，这是其他物所不具备而人所独有的特怔。《象传·剥卦》："君子尚消息盈虚，天行也。"③阴阳之气的消息盈虚是"天行"即"天道"，自然的规律，人可与天地流通盈虚，正是指人具备认知能力，可以体察把握天行，人受气而生，气即人之材质，而人发挥其认知能力把握天道并循之行事，自然若合符节，则可谓之"刚大"。

杨时接受了张载的"气"，但并不以"气"为本体，气虽然是构成物质世界包括人在内的条件，然而气终究是形下的器世界，在其上犹有所谓天理。以气为人之材质也就预示着杨时接受了"气质之性"，同样对人性做了"气质之性"与"天地之性"的区分。

在杨时看来，理并不直接地产生天地万物，而是通过气来成就客观的可感世界，故曰"通天下一气"，《系辞》有形上之道与形下之器的区分，显然气是形下之器。尽管杨时也认为气不生不灭，是永恒的存在，但气毕竟不是最终的根据，唯有天理（或道）才是有形世界的本体。在理与气二者中，理更为根本，理统摄气。

"气无形声之可名，故难言也，而以道义配之，所以著名之也。"④气本身无形无象，故难以言说，而必须配以道义，道、义即理。气不可单独为

---

① 《孟子集注·公孙丑上》："其为气也，至大至刚，以直养而无害，则塞于天地之间。"朱熹：《四书章句集注》，第231页。
② 杨时：《书五·答胡康侯其一》，《龟山集》卷二〇，《景印文渊阁四库全书》第1125册，第300页。
③ 唐明邦：《周易评注》（修订版），第70页，北京，中华书局，2009。
④ 杨时：《经解·其为气也至大至刚》，《龟山集》卷八，《景印文渊阁四库全书》第1125册，第172页。

言,必须以理来主宰统摄方可有名。从万物之化生来看,气之聚散运动可以形成天地万物,天即气之轻清者,地即气之重浊者,"在天成象,在地成形"①,然而"有物必有则",一物必有一物之为此物之所以然,这就是理,理主宰气之流行变化才能成就天地万物,气之聚散并非无序的,而是受到理的规范支配。气的价值意味也是理所赋予的。离开了理,气无法创生出万形万象。

曾有学者向杨时请教《易》,杨时认为乾坤并非学《易》之门径,"乾坤即易,易即乾坤",杨时所谓"易即乾坤"首先是指一阴一阳之变化的过程,而此过程必然遵循一定的秩序,可谓天下至深至赜的道理,亦即"一阴一阳之谓道"。《易传·系辞》有谓:"乾坤,其《易》之门邪?"②杨时以为这只是圣人之设譬,乾坤即辟阖,亦即一动一静,名之乾坤是为了说明健顺这两种性质。乾坤亦即气之辟阖,气之辟即乾,气之阖即坤,有辟有阖则生变化,有变化从而有万形万象之生灭。因阖辟故有变化而生生不已,生生不已之谓易。阖辟之象是即气而言,理与气相即不离,因而"无乾坤则不见易,非易则无乾坤"③。学者问乾坤是否就是阴阳之气,杨时表示肯定,阴阳与乾坤"体同名异",又天地即气,清者为天,浊者为地,所以杨时说"天地乾坤亦是异名同体,其本一物"。天地是进入感官知觉范围内的阴阳二气,即成形成象者,乾坤则是从阴阳二气的健顺两种性质加以命名,其本都是气,因而阴阳、乾坤、天地都是"异名同体"。乾坤阖辟,变由是生,变化是"神"的妙用,此妙用因成形成象而可被我们所感知,但变化亦有所以变化者,所以变化者非我们的感官所能把握,此即"易"。"易"作为变化不测的根据不可见,是隐藏着的,但其神妙总是通过气化运动得以显现,易不离阴阳,亦即说理气相即不离。

---

① 杨时:《语录四·南都所闻》,《龟山集》卷一三,《景印文渊阁四库全书》第1125册,第242页。
② "子曰:'乾坤,其《易》之门邪?'乾,阳物也;坤,阴物也……是故阖户谓之坤,辟户谓之乾,一阖一辟谓之变,往来不穷谓之通。见乃谓之象,形乃谓之器。制而用之谓之法;利用出入,民咸用之谓之神。"见唐明邦:《周易评注》(修订版),第253页。
③ 杨时:《语录四·南都所闻》,《龟山集》卷一三,《景印文渊阁四库全书》第1125册,第242页。

在另一段杨时与学者的对话中,杨时肯定了学者所论"易有太极,其便是道之所谓中否?""若是则本无定位,当处即是太极邪?"①由此可知,杨时确实以为易即道,而易与太极也非是两物,其实则一,参考杨时对"道"与"中"的论述,"易有太极"犹谓道之至极即中②,以"当处"言"太极"可知"太极"本身亦具有价值取向。

有学者认为杨时所谓易即易体,易同于道。③ 从杨时与学者的对话来看,特地标举出一个"易体"似无必要。诚然,易即杨时所谓道,是本体层面的范畴,易是阴阳二气运动变化的所以然者,由此而论,易确实有本体义,然而,杨时论"易即乾坤"实是针对学者疑问所作的发明,是与学者探讨《易》时道破的指点语,非是特地要说明有所谓"易体"。究其本,杨时以"道"(或天理)为最高本体无疑,与其说杨时确立了所谓"易体",毋宁说他是在即易而言道,易只是道的代名词,以"易"发明道之生生不已,变化不测。

总之,在杨时看来,有理本体尚不能直接地产生万形万象,还必须有气这一生物之具,以理主宰气、支配气,方有有形世界。理本体不可见,却可以通过气之变化的神用得以显现。杨时虽然未曾明言理与气孰者为先,但其论述中已然包含理比气更为根本之意。这在后来朱熹的论述中更进一步明确。杨时关于气的论述无疑较多地吸收了张载的气论观点,然而他的根本立足点还是在二程的"天理"处。既然杨时承认了人禀受气而生,因而所谓气质之性以及养气的修养工夫就是必然的了。

"理一分殊"可谓杨时对理学的一大贡献,而此哲学命题对于理解杨时的理本论尤其对于了解杨时的理论旨趣非常重要。

杨时从学于程颢时,程颢曾命其研读张载之《西铭》,杨时于此用功

---

① 杨时:《语录四·南都所闻》,《龟山集》卷一三,《景印文渊阁四库全书》第 1125 册,第 243 页。
② 参见本章第一节。
③ 参见梁巧燕:《杨龟山思想研究》,第 58 页,台湾政治大学 1994 年硕士论文。"龟山之所谓'易',一方面是指该周流不息,变动不居之全体宇宙。同时,'易'又具有主宰性、支配性,为一精神实体,此即为'易体'。"

甚多，虽终身佩服，却不能彻然无疑，在明道逝世后，杨时从学于程颐，宋哲宗绍圣三年（1096）杨时寄书程颐表达了其对《西铭》的质疑，杨时的质疑主要在于《西铭》所谓"尊高年，所以长其长；慈孤弱，所以幼其幼……凡天下疲癃残疾惸独鳏寡，皆吾兄弟之颠连而无告者也"①近于墨氏之兼爱，"《西铭》之书，发明圣人微意至深，然而言体而不及用，恐其流遂至于兼爱，则后世有圣贤者出，推本而论之，未免归罪于横渠也"②。杨时承认了张载的"民胞物与"而以为张载只言及体未发明用，故请求程颐"愿得一言推明其用，与之并行"③。程颐回书高度称赞张载之《西铭》："横渠立言，诚有过者，乃在《正蒙》。《西铭》之为书，推理以存义，扩前圣所未发，与孟子性善养气之论同功。（自注：二者亦前圣所未发。）岂墨氏之比哉？《西铭》明理一而分殊，墨氏则二本而无分。（自注：老幼及人，理一也。爱无差等，本二也。）分殊之蔽，私胜而失仁；无分之罪，兼爱而无义。分立而推理一，以止私胜之流，仁之方也。无别而迷兼爱，至于无父之极，义之贼也。子比而同之，过矣。且谓言体而不及用。彼欲使人推而行之，本为用也，反谓不及，不亦异乎？"④程颐以《西铭》直比孟子之论性善养气，其对《西铭》的推崇可见一斑。在程颐看来，墨氏兼爱之说罪在无分，是谓"义之贼"，而《西铭》表面上看来似乎同于兼爱，但实际上则"明理一而分殊"，"理一分殊"这一哲学命题由此而彰明。通观张载《西铭》一篇，实无"理一分殊"四字，此乃程颐对《西铭》的理解与阐发，但这并不表示《西铭》本身不具备"理一分殊"的含义，事实上，程颐以"理一分殊"为《西铭》之大旨，是相当精到的见解，王夫之在《张子正蒙注》中说道：

> 程子一本之说，诚得其立言之奥而释学者之疑。⑤

《西铭》一篇的核心即"民，吾同胞；物，吾与也。"程颐以为张载在此发明

---

① 张载：《正蒙·乾称篇》，《张载集》，第 62 页。
② 杨时：《书一·答伊川先生》，《龟山集》卷一六，《景印文渊阁四库全书》第 1125 册，第 267 页。
③ 同上书，第 266 页。
④ 程颢、程颐：《河南程氏文集·答杨时论西铭书》，《二程集》上册，第 609 页。
⑤ 张载著，王夫之注：《乾称上》，《张子正蒙注》，第 229 页，上海，上海古籍出版社，2000。

了"仁之体","民胞物与"即宇宙与我一体的"大仁",即"理一",是伦理的形上基础,墨氏的兼爱也是一种大爱,但爱无差等,以至于孟子批判为无父,于义不合。《西铭》则有分殊之别,推明理一而立分殊,是即体即用,体用不二。

杨时得程颐答书,信其"理一分殊"无疑,并回书详论之,以"称物平施"发明"理一分殊",其后又多与学者反复探讨。可见杨时对此命题的重视,尤其是他对"理一分殊"命题内涵的揭示贯通始终,足见其对此说之服膺拳拳。自杨时与程颐辨明"理一分殊"之后,这一命题更经历代学者阐发,其在有宋以来理学话语系统中的重要性诚不待言,而在程朱之学内部,理一分殊经由李侗传至朱熹而得以更为精深系统地分析,甚至朱熹以之为自己理论体系的架构。若非杨时之功,恐无此理论成就。而杨时之论"理一分殊"虽无朱熹之庞大系统,亦很有自己的特点。

上述已对"理一分殊"命题的缘起作出了说明,杨时与此命题的提出有莫大的关联,他对"理一分殊"的阐扬主要集中于伦理范围,这与朱熹从本体层面揭示"理一分殊"有很大不同。

杨时在给程颐的答书中论道:

> 古之人所以大过人者无他,善推其所为而已。"老吾老以及人之老,幼吾幼以及人之幼",所谓推之也。孔子曰:"老者安之,少者怀之。"则无事乎推矣。无事乎推者,理一故也。理一而分殊,故圣人称物而平施之,兹所以为仁之至、义之尽也。何谓称物?亲疏远近各当其分,所谓称也。何谓平施?所以施之,其心一焉,所谓平也。[①]

老幼及人即所谓"推",推己以及人,则是由近而至于远的推扩,这里面已天然地包含了亲疏远近的差等。"无事乎推"是说不以推为事,也就是不刻意用心于推,这是因为"理一"的缘故。"理一分殊"即"称物而平施",

---

① 杨时:《书一·答伊川先生》,《龟山集》卷一六,《景印文渊阁四库全书》第1125册,第267页。

"称物"即"分殊"义，要明亲疏远近之分，各得其宜；"平施"即"理一"，施用只是出于一心，即"大仁之心"，对待一切人一切事，心无有不同，只从"大仁之心"中发用出来，即"一视而同仁"①。"分"在此应读为"份"（fèn），亲疏远近各有差等之意。"称物平施"完全就现实人世而言，是对人伦秩序的规定。

杨时亦直接以"仁义"来阐发"理一分殊"："天下之物，理一而分殊。知其理一，所以为仁；知其分殊，所以为义。"②杨时指明了"理一分殊"的普遍性，天下之物莫不体现着理一分殊，理一即仁，分殊即义。更主要地，杨时是在人伦上言理一分殊，理一分殊可被视为社会人伦的大本大纲。《京师所闻》载杨时与学者的对话：

> 河南先生言"理一而分殊"。知其理一，所以为仁；知其分殊，所以为义。所谓分殊，犹谓孟子言"亲亲而仁民，仁民而爱物"。其分不同，故所施不能无差等。
>
> 或曰：如是则体用果离而为二矣。
>
> 曰：用未尝离体也。且以一身观之，四体百骸皆具，所谓体也。至其用处，则履不可加之于首，冠不可纳之于足，则即体而言分在其中矣。③

君子固然有仁爱之心，放之四海而皆准，由亲到民再到物的这种情感上的亲疏远近也是天然的、客观的，由己及人的推扩，亲疏的差等有别并非出自私心、偏心，相反，这正是义之所在。所谓义即"宜"，合宜，义与仁一样都是重要的德性，出于仁爱之心施以博爱，若无合义之差等就流于墨氏之兼爱，必以义配仁而行方合乎天理之自然。有学者认为以仁义分说"理一分殊"，则仁是一事，义是一事，析体用为二，杨时以为不然。老幼

---

① 杨时：《答问·答胡德辉问》，《龟山集》卷一四，《景印文渊阁四库全书》第 1125 册，第 255 页。
② 杨时：《书五·答胡康侯其一》，《龟山集》卷二〇，《景印文渊阁四库全书》第 1125 册，第 300 页。
③ 杨时：《语录二·京师所闻》，《龟山集》卷一一，《景印文渊阁四库全书》第 1125 册，第 214 页。

及人,爱人的心是同一的,只是从一个仁心出发,但体中本然有分,仁已然包含义于其中。正如一身具足四体百骸,人伦关系也天然地有亲疏远近的差别,各有其分,所以只要各得其宜。以仁为体,以义为用,用未尝离体,即仁体而言,义本然地具足,体与用相即不离。这也符合程颐所说的"本为用"。

另一方面,我们也可以看出杨时于"理一分殊"更注重"分殊"。杨时认为学者明"理一"易,而晓"分殊"较难。"非明者默识于言意之表,乌知所谓理一而分殊哉?"①《西铭》区别于墨氏兼爱之根本处即在于《西铭》推明分殊,有亲亲之杀。学者多知"仁"为大本,但在实际下手处常蔽于"无义"之罪,"义"之用不明则"仁"之体不立,不明"分殊"则"理一"无法在现实中被实践出来。杨时既是在伦理层面阐明"理一分殊",自然重视其在现世人生的践履,这正反映了他重视实践的理论旨趣。这一点也为李侗所继承:"理不患其不一,所难者分殊。"②并且开展出"理会分殊"的工夫,此工夫的肇端即在杨时。③

以杨时对"理一分殊"的多次论述来看,杨时并不注重阐发该命题的本体意涵,而主要从道德伦理的角度加以解释,基于其理本论思想,尤其是他为人伦道德规范寻找形上根据的意图,杨时对"理一分殊"的分析亦是为其工夫论奠定的理论基础。

第二节　心性论

在"本体—工夫"的理学框架中,心性论是形上与形下之间的中介环节。理学家们对本体的种种建构,对"天"的种种分析规定,最终都要回到现实的个人身上,知天是为了更好地知人,知人才能知天。关于人性

---

① 杨时:《书一·答伊川先生》,《龟山集》卷一六,《景印文渊阁四库全书》第 1125 册,第 267 页。
② 黄宗羲原本,全祖望修定:《豫章学案》,《宋元学案》第 2 册,第 1291 页。
③ 李侗"理会分殊"的工夫可参看侯洁之:《道南学脉观中工夫研究》,第 120—127 页,台北,花木兰文化出版社,2008。

的讨论在先秦时就已十分丰富,并已奠定此后中国哲学发展中人性问题的基本方向。宋代以后,对心性问题的讨论益发精深,心、性、情的关系也成为众学者的主要问题意识之一。杨时从"天命之谓性"出发,以心性为天理本体在人身上的坐实,详细论证了个体的本善之性,通过区分气质之性与天地之性,肯定了道德修养工夫的必要性。杨时的心性论是其独具特色的工夫论的直接依据。

杨时说:"形色,天性也。有物必有则也。物即是形色,即是天性,唯圣人然后可以践形。践,履也。体性故也。盖形色必有所以为形色者,是圣人之所履也。"形色即物,一物必有一物之为此物的根据,即"所以为形色者",圣人的践履就是体察"所以为形色者",亦即体性,所谓性就是物之则,就是形色"所以为形色者"。此意与程颐所谓"性即理也"同。再者,"形色天性"亦还有另一层含义,"天性"之"天"意即天然,天生如此,那么"形色天性"亦是在说物生而即有之资。这层含义与"性即理"并不矛盾,从杨时以理为世界本体来看,万事万物都是一理的派生,而理固有分殊,万物之性莫不是理,但万物禀得性而生又是各个分殊的。

正是基于这种对性的认识,杨时对告子"生之谓性"①给予了部分的肯定。《与杨仲远其一》:"生之谓性,未有过也。告子论生之所以谓之性,则失之矣。"《与杨仲远其四》:"告子知生之谓性而不知生之所以谓之性,故失之非。生之谓性有二说也,特告子未达耳。"②杨时认为告子言"生之谓性"并非一无是处,告子之蔽在于不知"生之所以谓之性"。孟子在与告子的辩论中并未直接否定"生之谓性",而是据以诘问告子"犬之性"与"牛之性""人之性"是否同一。对此,孟子当然持否定的态度,而告子并未作出回应。杨时承认"生之谓性"亦即说性就是天然就有的、与生俱来的东西。每一类事物乃至每一个体都是有所禀受而生,以生谓性并

---

① 《孟子集注·告子上》:"告子曰:'生之谓性。'孟子曰:'生之谓性也,犹白之谓白与?'曰:'然。''白羽之白也,犹白雪之白;白雪之白,犹白玉之白与?'曰:'然。''然则犬之性,犹牛之性;牛之性,犹人之性与?'"朱熹:《四书章句集注》,第326页。

② 杨时:《书一·其四》,《龟山集》卷一六,《景印文渊阁四库全书》第1125册,第269页。

无不可,万物包括人都生而有性。同时,每一事物又有其为此一事物而非彼物者,犹犬、牛、人各有性之不同。从本原上讲,犬之性、牛之性、人之性都源于一理,即生之谓性,但毕竟犬之性非牛之性,牛之性非人之性,三者各有其特殊性,尤其以人为最贵者,这一点是告子未予以注意的。依杨时之意,即理一而未尝离分殊,性之别具足于生之谓性之中。

性即理之在我者,于人身上言则可谓之心。心不是血肉之心,而是认知心,同时又是道德的主体,亦即本心。《余杭所闻》:

> 仲素问:"尽其心者知其性",如何是尽心底道理?
>
> 曰:未言尽心,须先理会心是何物。
>
> 又问。曰:心之为物,明白洞达,广大静一。若体会得了然分明,然后可以言尽,未理会得心,尽个甚? 能尽其心自然知性,不用问人。大抵须先理会仁之为道,知仁则知心,知心则知性,是三者初无异也。①

仲素即罗从彦,他以孟子"尽心知性"问于杨时,杨时回答他要先对心有所认识。罗从彦又问心,杨时以"明白洞达,广大静一"规定心。可见,杨时所谓心并非一般的血肉之心,"明白洞达"主要形容心的认知能力,并且不是一般的经验认知,而是对理的洞彻,对是非善恶的价值判断。杨时曾以镜喻心,镜本来空空如也,物以形来则妍媸自见。此心即"寂然不动""感而遂通"的本心,因其寂然不动故明,不为外物所迁;但又能"感而遂通"与外物相交接而萌生认识。所以杨时说:"正心到寂然不动处方是极致,以此感而遂通天下之故,其于平天下也何有!"②若能如此把握到本心,自然可以知性。而若想识得此本心,又须先体会"仁",知仁、知心、知性三者为一。"仁"非是仁义礼智之仁,在此应指"仁之体"。杨时认为仁是人的本心,亦即本性,因而理会了仁就对本心、本性有所把握。一方面,杨时不以心与性各为一物,而认为仁、心、性三者"初无异",

---

① 杨时:《语录三·余杭所闻》,《龟山集》卷一二,《景印文渊阁四库全书》第1125册,第233页。
② 同上书,第219页。

这与朱熹"心统性情"说绝不相同；另一方面，以仁言心与性，则本心本性之善自然可知。

中国古代哲学一根本的特点即"天人合一"，"命"这一概念即就天人关系而言。唐君毅分析总结中国古代哲人对命的论述，认为"以命之为物，既由天人之际，天人相与之事而见，故外不只在天，内不只在人，而在二者感应施受之交"①。若从人的主体性出发，则诸家所言之命大体不出于两种：命之在我者与命之外在于我者，并且此两种命总是交互在一起而非彼此隔绝。各人论命之不同更主要在于对待命的态度的差异，或顺、或继、或非、或制等等。杨时之论命亦不逃两端，一方面承认有外在于人的力量为主宰，另一方面更强调命之在我者，命即天理，是谓义理之命。

"孟子之遇不遇，治乱兴衰之所系，天实为之，非人所能也。夫何怨尤之有？"②杨时认为，孟子不遇鲁侯是"天"为之，而不是人力所能强勉的，孟子正是因为深知这一点，因而没有怨尤。"天"在此所指不是自然之天，而是命运之天，是一种外在于人的客观力量，这种力量超出人的控制范围，它对人世有支配性、主宰性，以列子的话来说即"不知吾所以然而然是也"③。但它又是盲目的，并非有意为之，它在人世中常表现为"势""时势"，是客观环境和条件对人的限制，是一种不可抗拒的必然性。圣人了解这种必然性就不会怨天尤人。

然而如果只承认这种必然性就容易走向庄子所谓"知其不可奈何而安之若命"④，放弃人的主观能动性。儒家所谓圣人非是如此。"孔子曰：'不知命无以为君子。'知命只是事事循天理而已。"⑤杨时认为孔子所言"知命"就是要事事遵循天理而行，天理是宇宙的大法则，是客观的，如果

① 唐君毅：《中国哲学原论·导论篇》，第 322 页，北京，中国社会科学出版社，2005。
② 杨时：《经解·不遇鲁侯天也》，《龟山集》卷八，《景印文渊阁四库全书》第 1125 册，第 172 页。
③ 杨时：《经解·天下之言性》，《龟山集》卷八，《景印文渊阁四库全书》第 1125 册，第 175 页。
④ 王叔岷：《庄子校诠》上册，第 138 页，北京，中华书局，2007。
⑤ 杨时：《语录三·余杭所闻》，《龟山集》卷一二，《景印文渊阁四库全书》第 1125 册，第 229 页。

能遵循天理，那么处理事务就不会有"意必固我"，也就可以做到公正无偏了。

《语录》载杨时与学者徐师川的一段对话，徐师川归洪州，意欲不复供职，以免遭人罗织陷于祸。杨时认为，为仕宦难免遇祸，但要自省自身所为，如果自己的行事都合于道理，无愧天地，虽然不能免于祸，这亦是富贵生死之命。如果考量自己的行事不依凭道理而仅仅出于避祸的目的，杨时称之为"无义之命"。孔子不免于桓魋，孟子之不遇鲁侯，这都是命合如此，而非桓魋、臧仓之力所致，或者说，是命借桓魋、臧仓之手显示自己，圣人不因此而有所怨尤，也不因此而放弃自己的坚守，依然尽力去做自己应当做的事情，这才是真正的知命。"圣人所谓知命，义常在其中矣。"①甚至，杨时直接说"天理即所谓命"②，可见，杨时所肯定的命更是义理之命。富贵死生固然不能由人决定，而取决于客观的命，不以人的意志为转移，在此天命面前人何其卑微渺小，但这并不意味着人应当毫无作为，听任命运的安排。以义、以天理言命，则命不再是玄奥不可知之物，而是可以为人的认知心所把握，知天理、循天理而行就是知命，从而在天命面前，人的能动性被高度张扬，人不再是卑微的不知死生的蝼蚁，而是可以顶天立地"与天地参"的大人！

"循天理而已，故曰天之命也。诗曰：'维天之命，於穆不已。'所谓命者，亦诚而已。"③天理之在我者或说我之禀受于天理者，即性，就天之赋予我而言，可称为天命，"於穆不已"的天命就是生生不息、真实无妄的诚，也就是天理。以义、以诚规定命，则"命"不仅是事实层面的实然，更是价值领域的应然，作为道德主体的人所要关注的不是富贵死生的结果，而是合当如此的"义""诚"或"理"，从而命是道德性的，是"天理"颁布在我而为我所谨遵者，所谓"知命"即仿于义而行，以义配命。据此，杨时以性、命、道为一也就不难理解了。

---

① 杨时：《语录三·余杭所闻》，《龟山集》卷一二，《景印文渊阁四库全书》第1125册，第230页。
② 同上书，第231页。
③《合订删补大易集义粹言》卷二九，第576页，《景印文渊阁四库全书》第45册。

《中庸》开篇"天命之谓性,率性之谓道,修道之谓教"①已然隐含着命、性、道的关系了,杨时之学本于《中庸》《孟子》,他立足于天理流行,将性、命、道直接同一。

"性、命、道三者一体而异名,初无二致也。故在天曰命,在人曰性,率性而行曰道,特所从言之异耳。所谓天道者,率性是也,岂远乎哉? 夫子之文章乃所以言性与天道非有二也,闻者自异耳。"②性、命、道三者本即一体,只不过名称相异,道亦即天理,因而可以说性即命,命即天理。《论语》中子贡说:"夫子之文章,可得而闻也;夫子之言性与天道,不可得而闻也!"③杨时对此的解释是:夫子的言语文章都在阐明性与天道为一,听者凭自己的资质去领会,所得各有不同。杨时的结论根于其对天理流行的察识。从第一章对"理"的分析中我们可以得知,杨时实以"天理"为宇宙生生之大本,由天理产生万物并非有如无生有或母子的以类相生,而是说宇宙万物都是天理的流行,天理贯于物质之气并主宰气的运动变化从而成就有形器的世界,尤其是天理赋予万物以各自的价值和意义,其中以人为最贵者。性即天理之在我者,性与天理不可分为二物,性更不是对天理的分有,性即天理。杨时并不以性为人所独有,人与其他万物一样都是天理的流行,是生生大德的体现,从本源上来说,人与万物都本于一理,言之以性则更要明确性是人物的本质规定,即人而言性是人之区别于他物者。而所谓命则是就天理赋予人以规定而言者,所以说"在天曰命,在人曰性"。人之所贵在于唯有人能对天理有所认识,能知是非善恶,若语默动静皆循天理就是"率性",就是"道"。可见天理、天道与人之亲近,道果不远人。需要注意的是,杨时虽然承认有外在于人的"时命",人不能参与"时命",但是他更强调的是"义理之命",人的能动性作为道德主体得以高扬,所谓"知命"不是消极地"知其不可奈何而安之若命",而是要循天理而行,也就是说要在实践中践履天道,天道在人世

---

① 朱熹:《中庸章句》,《四书章句集注》,第17页。
② 杨时:《答问·答胡德辉问》,《龟山集》卷一四,《景印文渊阁四库全书》第1125册,第250页。
③ 朱熹:《论语集注》,《四书章句集注》,第79页。

即体现为伦理纲常,因而"知命"可谓道德实践。

"天命之谓性,人欲非性也。率性之谓道,离性非道也。性,天命也,命,天理也,道则性命之理而已。"①所谓"性命之理"并非在性、命之外另立一个理,从本体层面来看,道、性、命只是一样物事,体同而名异,虽然有人不能操控的时命,但在理之外绝无其他主宰,性、命、道三者的同一既坚持了理一本论,同时也保证了价值的一贯性,而人在这种同一中获得了无上的殊荣,即可以作为道德主体"与天地参"。

在人性善恶的问题上,理学家们对孟子的人性论有所继承,普遍持性本善的观点。以善规定本性所面临的一个问题就是现实的恶应如何解释? 这是理学家必须克服的理论难题。此前种种人性论如"性无善无不善""性善恶混""性三品"等等都试图解释现实的善恶并存的原因。出于为道德伦常作形上论证的目的,性本善是理学家必然的选择,张载以"天地之性"与"气质之性"的区分在坚持性本善的基础上解决了善恶并存的问题,这是张载有功于理学心性论者。而此区分也为二程所肯定,与张载本于气不同,二程则是根于理来做出区分。杨时继承师说,同样吸收了张载对天地之性与气质之性的区分。

张载曾说:"合虚与气,有性之名。"②则其所为性是就气化而立言。"形而后有气质之性,善反之则天地之性存焉。"③张载将形器世界看作一气的大化流行,太虚即气之本体,亦是气之纯然粹然,整个宇宙就是一气化流行的过程。"天地之性"是指本于太虚的纯善之性,这是所有人共有的,但在气化万物的过程中,由于禀气有清浊昏明、通蔽开塞的不同,所以各人物亦有善恶混的各各不同的特殊之性,即"气质之性"。气质之性非是本性,是成形之后才有的,此性千差万别,并且是可以变化的,君子不以之为性,而以纯善无已的"天地之性"为本性,从而"天地之性"与"气质之性"分属于形上与形下界,现实的人总是被气质偏

---

① 卫湜:《中庸第三十一》,《礼记集说》卷一二三,《景印文渊阁四库全书》第 120 册,第 120 页。
② 张载:《正蒙·太和篇》,《张载集》,第 7 页。
③ 张载:《正蒙·诚明篇》,《张载集》,第 23 页。

昏所蔽障，不能体现出"天地之性"，因而有必要通过修养工夫变化气质，返于"天地之性"。"人之刚柔缓急，有才与不才，气之偏也。天本参和不偏。养其气，反之本而不偏，则尽性而天矣。"①天地之性是纯善无偏的，个人的材质、性格、欲求等等对人的本性有所遮蔽，这些都是气质之偏。尽管各人气质有偏，但从本性上看则是一致的，天地之性都可能被遮蔽，并且各人遮蔽的程度会有所不同，这也正是圣凡之别所在。但是天地之性终究存在于每个个体之上，所以张载才说要变化气质，返于天地之性，既言"返"，可知天地之性未尝有失，隐而不彰罢了。然而张载并未以天地之性与气质之性为一性，可以说张载仍持性二元论。杨时虽肯定张载对天地之性与气质之性的划分，但他却有将两者视为一性的倾向。

从前文的分析中我们可以得知，杨时认为性源于天理，是天理之在人物而赋予人物以规定，人和人之外的万物一样，都是天理派生出来的，人与万物其本为一，皆本于理而生，但如何解释现实中人与物、人与人的差异呢？杨时于此撷取张载对"天地之性"与"气质之性"的划分，并加以改造。

> 仲素问：横渠云气质之性如何？
>
> 曰：人所以禀固有不同者，若论其本，则无不善。盖一阴一阳之谓道，阴阳无不善，而人则受之以生故也。然而善者其常也，亦有时而恶矣。犹人之生也，气得其和则为安乐人，及其有疾也，以气不和则反常矣。其常者，性也。此孟子所以言性善也。横渠说气质之性，亦云人之性有刚柔、缓急、强弱、昏明而已，非谓天地之性然也。今夫水，清者其常然也，至于汩浊，则沙泥混之矣。沙泥既去，其清者自若也。是故君子于气质之性必有以变之其澄浊而求清之议欤。②

---

① 张载：《正蒙·诚明篇》，《张载集》，第 23 页。
② 杨时：《语录三·余杭所闻》，《龟山集》卷一二，《景印文渊阁四库全书》第 1125 册，第 230 页。

杨时的这段论述中,大致包含如下几层含义:(1)肯定有气质之性和天地之性,气质之性出于气禀的不同;(2)肯定人禀受气而生,是气化的产物,"一阴一阳之谓道",道是所以一阴一阳者,道(天理)纯善无恶,故阴阳二气也无不善,而人受阴阳二气以生,所以其本亦善,人之本即天地之性;(3)善是人性之本然,但有时人性也表现出恶。这并不意味着恶是人的本性中固有的,现实中的善恶都是后天的,就像人生而后,气和(协调)则平安和乐,气不和就表现出疾病,但气和是本然状态,不和属于反常态,也就是说能够被视为本性的只能是纯善的天地之性,因气禀差异表现出的有善有恶的气质之性不能作为本性;(4)由于有气质之性所表现出来的不善,君子必须通过道德修养工夫去其不善而返于善。其中,"其常者,性也"中的"常"不仅表示时间上的久和出现频率的经常,在此"常"还有"本"的意思,亦即以纯善之性为本性。另外我们也应当注意到杨时所使用的比喻:天地之性即澄澈之水,混入泥沙后看起来就浑浊了。浊水即气质之性,清水是水之常然,即水之本然,浊水只是在清水中掺入泥沙,并不是另有一水谓之浊水,也就是说天地之性与气质之性本为一性,如清水浊水同为一水,但有渣滓混于水中,故有清浊之分,气质之性即天地之性,因受外物迁引故不全善而表现出恶。君子的道德修养即于性上下工夫,去其浊使之澄清即可。

在《萧山所闻》中,杨时反对学者只就人而言善与性,认为性不独指人而言,万物都是气化的产物,都本源于一理,因而可以说人与万物的性是同一性,"人之性特贵于万物耳,何常与物是两般性?"[①]人与万物只是一性,都是天理之流行,所不同者在于气禀的差异,物的气禀较之人更为昏浊,故以人为最贵者。气禀虽然有偏,但遍在宇宙各处流行不已的天地之性则是无偏的,所以说"性则具足圆成,本无亏欠"[②]。

结合杨时论"生之谓性"或可以得出以下结论:"生之谓性"即就气质

①② 杨时:《语录四·萧山所闻》,《龟山集》卷一三,《景印文渊阁四库全书》第 1125 册,第 247 页。

之性而言,"生之谓性,气质之性也,君子不谓之性"①。是成形之后的性,亦是生而就有的东西,包括材质、性格、欲求等,是后天的,唯有天地之性才是先天的本性,天地之性的纯善是由"天理"保证的,体现的是理一。气质之性是天地之性被后天的气禀污染所表现出来的性,污染越多则偏离本性越远,其恶的程度也就越严重,气质之性的不全善揭示了道德修养的必要性,而天地之性的纯善以及遍在于人与万物则保障了道德实践的现实可能性。

程颢有一段论述与杨时对性的理解相近,或者可以这样认为,杨时的"生之谓性"、气禀差异、清水浊水之喻、"继之者善"等等都从程颢而来。"'生之谓性',性即气,气即性,生之谓也。人生气禀,理有善恶。然不是性中元有此两物相对而生也……善固性也,然恶亦不可不谓之性也……凡人说性,只是说'继之者善'也,孟子言人性善是也……犹水流而就下也。皆水也,有流而至海,终无所污,此何烦人力之为也? 有流而未远,固已渐浊;有出而甚远,方有所浊。有浊之多者,有浊之少者。清浊虽不同,然不可以浊者不为水也。如此,则人不可不加澄治之功。故用力敏勇则疾清,用力缓怠则迟清,及其清也,则却只是元初水也。亦不是将清来换却浊,亦不是取出浊来置在一隅也。水之清,则性善之谓也。"②杨时之论基本上蕴于此段论述之中。

"仁"是儒家最为核心的范畴,由孔子首倡又经孟子扩充,"仁"已成为儒家眼中人之所以立者,然而《论语》中亦有"子罕言利与命与仁"之语。对这句话可有不同理解,杨时则认为孔子每每针对论学者切近人身来说仁,"能近取譬",因而对仁本身未尝加以说明,这种观点恰恰体现出理学家们对形而上学的追求。

曾有学者问《论语》诸多言仁处,哪一句最为亲切? 杨时回答:"皆仁之方也。若正所谓仁,则未之尝言也。故曰:'子罕言利与命与仁。'

---

① 杨时:《经解·天下之言性》,《龟山集》卷八,《景印文渊阁四库全书》第 1125 册,第 175 页。
② 程颢、程颐:《河南程氏遗书·端伯传师说》,《二程集》上册,第 10—11 页。对这段话的详细分析可以参考张学智:《心学论集》,第 54—63 页,北京,中国社会科学出版社,2006。

要道得亲切,唯孟子言'仁,人心也'最为亲切。"在杨时看来,孔子说仁处都是对当时所与论学者的提点语,忠恕、爱人、刚毅木讷等等都不是仁本身,而只是从某一个或其几个方面对"仁"的阐释,因而是"仁之方",而不是"仁之体"。孟子所谓"仁,人心也"是诸多论仁之语中最为亲切者,即最接近"仁"又易为人所领会,但毕竟只是亲切,还不能直接以为仁即人心。

"忠恕者,仁之方也;宽裕温柔者,仁之质也;斋庄中正者,仁之守也;发强刚毅者,仁之用也。无迷其方,无毁其质,慎守之,力行之,则仁其庶几乎。"①既然是"仁之方""仁之质""仁之守""仁之用",那么这些就都不是仁本身,却又都涵摄于"仁"之中,依此践行就可以近于仁。杨时无法满足于《论语》《孟子》只在经验的层面对仁做出规定,因为如果只限于经验层面,仁便无法摆脱有限性而获得绝对性,也就是说"仁"缺乏形上本体的保障。那么杨时所谓"仁之体"又是什么呢?

> 李似祖、曹令德问何以知仁。
>
> 曰:孟子以恻隐之心为仁之端,平居但以此体究,久久自见……孺子将入于井,而人见之者,必有恻隐之心,疾痛非在己也,而为之疾痛何也?
>
> 似祖曰:出于自然不可已也。
>
> 曰:安得自然如此? 若体究此理,则仁之道不远矣。
>
> 二人退,余从容问曰:万物与我为一,其仁之体乎?
>
> 曰:然。②

李似祖、曹令德问仁于杨时,杨时先是令二人体究孟子的恻隐之心,而后又以疾痛来譬喻恻隐之心之在我而能发显为仁,最后得出万物与我为一即仁之体的结论。以孺子入井为例,"我"与孺子本来似乎是两个毫不相关的个体,但在见到孺子将入于井的一刹那,"我"自然而然地伸手

---

① 杨时:《序·杨仲远字序》,《龟山集》卷二五,《景印文渊阁四库全书》第 1125 册,第 350 页。
② 杨时:《语录二·京师所闻》,《龟山集》卷一一,《景印文渊阁四库全书》第 1125 册,第 209 页。

去救，此一瞬间"我"并没有做出任何的利害判断，仿佛完全是一种出于本能的行为，这是因为每个人都天生具有恻隐之心，正是这一恻隐之心使"我"似乎也感受到孺子的恐惧，从而自然地做出行为反应，此一恻隐之心的开显就是仁。但如此说，恻隐之心、疾痛都还只停留在情感的经验层，并不一定具有普遍必然性。再进一步探究则可知，"我"之所以能自然地发显恻隐之心，是因为"我"天然地知道万物与我为一，他人、他物在本性上与我是同一的，正如程颢所言：

> 仁者，浑然与物同体。①

"万物与我为一"才是杨时最终认肯的仁之本体。

为了更好地理解杨时所谓"万物与我为一"，我们不妨也参考张载的"民胞物与"。"民胞物与"是《西铭》的主旨，而杨时也多次表示《西铭》只是要学者求仁而已，所以，在杨时看来，张载的"民胞物与"亦是对"仁"的表述。② 民是指自我之外的一切他人，物是指人之外的一切自然界的存在，那么"民胞物与"即在说一切人和一切物都是"我"的同胞和同伴。这种言辞在很多人看来可能仅仅是闪耀着诗意的光辉的比喻，是诗性的语言。但是在张载哲学内部，这一命题与其他思想却是浑圆自洽的。据"性者，万物之一源"③，人与万物都禀受着同一个天性，这个天性内在于我也同样内在于我之外的一切人和物，并且不论人还是物都是一气的化生，气为世界万物提供了统一的物质基础，因而无论从性或从气的角度来看，我与他人、他物都具有本体的同一。但是，张载高扬"民胞物与"的目的不在于肯定宇宙万物形式上的同形同构，而在于突出一切存在都是和自我一样的价值主体。张载眼中的世界不是一个冰冷的物质世界，而是众多价值和意义的有机联合体，

---

① 程颢、程颐：《河南程氏遗书·元丰己未吕与叔东见二先生语录》，《二程集》上册，第16页。
② 程明道也对《西铭》推崇备至："《订顽》(即《西铭》)一篇，意极完备，乃仁之体也。"见于程颢、程颐：《河南程氏遗书·元丰己未吕与叔东见二先生语录》，《二程集》上册，第15页。
③ 张载：《正蒙·诚明篇》，《张载集》，第21页。

是洋溢着温情的价值世界，由此出发，则有可能构建出大同的理想社会。在张载看来，"民胞物与"不仅揭示着"我"与他人、他物的本然状态，同时也是一种向着一切人敞开的精神境界，所有人都应当通过自己的努力以期进入此境界成就伟大的人格。①

上述对张载"民胞物与"的理解同样适用于杨时所谓"万物与我为一"。"问：所解《论语》'犯而不校'处云'视天下无一物非仁，故虽犯而不校'。此如四海皆兄弟之义看否？曰：然。仁者与物无对，自不见其有犯我者，更与谁校？如孟子言'仁者无敌'亦是此理。"②在仁者眼中，宇宙间自我之外的一切存在与自我的关系是和同而非对立的。所谓对立是指价值的对立、价值的冲突，有对立有冲突，则有争胜之心，有争胜之心则对纯粹的本心有所障蔽。此中的自我与自我之外的存在处于隔绝、紧张的关系中。仁者可以体察到自我与自我之外的存在都源于同一个纯善不已的天地之性，都共享着同一个价值的根源即天理，自我与其他存在不是主体与对象的关系，更不是对立的关系，而是一体的关系，都是宇宙这个整体中的有机构成。仁者对天地万物的关系不是出于私利的目的，而是出于"万物与我为一"的本心。

必须指出的是，不论"民胞物与"还是"万物与我为一"都不同于墨氏兼爱之说。无疑，这种"仁之体"对包括人在内的万物的关切是最广泛的关切与爱护，尽管本体上人与万物都源于一性一理，但是杨时并没有抹杀所有的差别，即理一而分殊在其中，即体而不离乎用，因而"仁"的发用是由内向外的推扩："为仁与体仁者异矣。体仁则无本末之别矣。孔子曰：'老者安之，朋友信之，少者怀之。'此无待乎推之也。孟子曰：'老吾老以及人之老，幼吾幼以及人之幼。'此推之也。推之所谓为仁。"体仁是要体察本心的"仁之体"，知"万物与我为一"，从本体上看，自我与他人、

① 彭国翔在《儒家传统：宗教与人文主义之间》一书中对张载《西铭》作出了独到的解释，可供参考。参见彭国翔：《儒家传统：宗教与人文主义之间》，第31—43页，北京，北京大学出版社，2007。

② 杨时：《语录二·京师所闻》，《龟山集》卷一一，《景印文渊阁四库全书》第1125册，第219页。

他物当然不存在本末之别；而为仁则不同，要将仁的本心实现出来只能通过推己及人的方式，亲疏远近、人我物的差别是包含在性分之中的，由己及人及物是合乎理的秩序。

从"万物与我为一"来理解"万物皆备于我"①殊无困难。"万物皆备于我"亦是对自我与自我之外的存在的价值并存关系的说明，因而只要"反身而诚"就可使在我之仁之本心朗现，以此观照天地人物则可进于万物与我为一的形上道德境界。

谢良佐与杨时同为程门高第，其受学于程颢早于杨时三年。后世常以为二人最得程氏洛学之精要。在对"仁"的认识上，谢良佐直接以觉训仁，虽为朱熹所不喜，但实承程颢而来，此已有公论。

> 心者何也？仁是也。仁者何也？活者为仁，死者为不仁。今人身体麻痹，不知痛痒，谓之不仁。桃杏之核，可种而生者，谓之仁，言有生之意。推此，仁可见矣。②

谢良佐认为"仁"充满着生意，人的身体麻痹不能知觉到痛痒就是没有生意，与死者相类，亦即"不仁"。"仁"又是人的本心，如果一个人不能有此知觉，不谓之为人亦可。此处所谓知觉并非感官知觉，而是恻隐之心发动时以他人的痛痒为我自身的痛痒，以此可以察识体会到天地万物一体的大仁之本心。③ 谢良佐以觉训仁，以生意言仁，侧重于强调"生生之理"，即天理是一生生不息流行不已的大生命，人与万物都在此生命之中，都是此生命的流行。那么对天理的体认就不是以"天理"为一客观的认知对象，而是对天理本体、大仁之本心的体察领悟，并存养使之不昧，亦即"觉仁"。

谢良佐以觉训仁出自程颢的"识仁"，据程颢，"仁"是万物之生意，天

---

① 朱熹：《孟子集注·尽心上》，《四书章句集注》，第 350 页。"孟子曰：'万物皆备于我矣。反身而诚，乐莫大焉。强恕而行，求仁莫近焉。'"
② 黄宗羲原本，全祖望修定：《上蔡学案》，《宋元学案》第 2 册，第 917—918 页。
③ 有关谢良佐的以觉论仁及其与程颢"识仁"的关系可参看郭晓东：《识仁与定性：工夫论视域下的程明道哲学研究》，第 148—153 页，上海，复旦大学出版社，2005。

地之生生大德。"医术言手足痿痹为不仁,此言最善名状。仁者,以天地万物为一体,莫非己也。"①手足痿痹故不能知觉痛痒,也就是麻木不仁,这在医学上是一种病态。而人若不能感受到天地万物一体,不能体会到天地万物与自我休戚相关,岂非亦是病态?因而仁者视天地万物无不关乎己身。"仁者,浑然与物同体。"而"识仁"的工夫也由此展开。仁亦是天理,尤其是天理之生生。识仁工夫非是要撇开本体而立一种工夫,而是活泼泼的即本体即工夫。

杨时并未格外地突出"手足痿痹为不仁",虽然他也说"疾痛非在己,而为之疾痛",但其论述重心在于阐发"万物与我为一"的仁之体,以疾痛为言只是为了借助切身的经验事实方便学者理解仁之体。然而杨时与谢良佐对"仁"的理解都未超出程颢之范围,三人论仁德根本处都在于对"万物一体"的把握。杨时同样将仁之体视作即本体即工夫,从而其格物工夫又落在"反身而诚"上,这一点在对其工夫论的详细梳理中可以清楚地发现。

综合前述,在心性问题上,杨时基本上主张性即理,是最高本体天理落入人与物之中,因而性、命、道三者同体而异名,不可别为三物。通过区分气质之性与天地之性,以气质之性为生之谓性,而以天地之性为人与物的本性,从而既保证了人与万物的性之一源(理一),又突出了个体的差异(分殊),同时补充了孟子的性善论,将恶归于气禀对本性的污染,道德修养也就获得了现实可能性与必要性,尤其是在理一本论前提下也表现出性一元论倾向。而"仁之体"则是本性的真实内容,是天地之性纯善价值的体现,以"万物与我为一"的大仁之心为仁之体,即是人的本心本性,因而知仁、知心、知性亦只是一。由此所开展出的工夫自然是合于本体的。杨时所彰著于世的道南工夫可以说全在其本体心性学说的发展理路之中。

---

① 程颢、程颐:《河南程氏遗书·元丰己未吕与叔东见二先生语录》,《二程集》上册,第 15 页。

第三节　工夫论

从本体到心性，再到工夫，其实质即最高概念"理"的一步步落实。与汉儒乃至魏晋玄学不同，宋明理学不仅要建构一套宇宙本体的学说，更关注现实人生，理学家们真正试图解决的恰恰就是现实中的人如何成圣的问题，本体论与心性论的目的在于为成圣之可能提供最终极的保障。保障一旦确立，接下来就是工夫论的展开了。杨时从天理出发所构建的一套工夫，由于他自己对"理"的体会而极具特色。而之所以称他所传承的理学为"道南学"，除了明道的前谶，更主要也是因为其一脉相传的工夫。

在对杨时的工夫论进行具体分析之前，首先必须辨明所谓工夫是道德修养的工夫，是成就圣人境界的途径。学者的目标不在于仅仅获得广博的知识，更不是为了求得功名利禄，杨时认为，为学应以圣人为师，学圣人之事，晓圣人之道。"以圣人为师犹学射而立的然，的立于彼，然后射者可视之而求中。若其中不中，则在人而已，不立之的，以何为准？"①为学就像射箭，能否射中，固然要视乎技艺之高下，但首先要有一个箭靶立在彼处，没有箭靶，就没有瞄准的方向，也就无所谓"中与不中"。对于学者而言，圣人就是这个靶，就是目标，就是方向。必须先有了这个目标，才能谈进学。否则，即使才高八斗，也只能沦入旁道歧途，或许有一点雕虫小技，但终究不是真正的学问。而圣人是何样人？圣人作为一种理想的人格，其道德是完美的。杨时这里所谓"圣人"与自孔孟以来儒家的"圣人"并无不同，兼具仁、智、勇三达德，合内外之道。圣人举止行处，动静语默，无一不"从容中道，从心不逾矩"②。杨时要求学者学圣人，正是希望学者以圣人为个体成德的楷模。在杨时看来，为学即是一成德的过程。要完成这个过程，实现成德的目标，专注于口耳之学是行不通的，

---

① 杨时：《语录·荆州所闻》，《龟山集》卷一〇，《景印文渊阁四库全书》第 1125 册，第 190 页。
② 杨时：《语录四·萧山所闻》，《龟山集》卷一三，《景印文渊阁四库全书》第 1125 册，第 247 页。

"口耳之学难与进德矣"①。儒家的经典承载的是天下的至道,学习经典是最重要的掌握道的手段,也是进德的重要方法,因为德是道的体现。"六经之义,验之于心而然,施之于行事而顺,然后为得。""今之治经者为无用之文徼幸科第而已,果何益哉?"②在杨时看来,辞章口耳之学根本不足以达到道,而必须以六经之深义验于心,施于行事,以心契会言象之表所蕴含的道,光体会了还不行,还要施用出来,在举止动静中遵循着道,体现出道,这才是"得"。那么,究竟如何才能学至圣人③呢?为解决这一问题,实有待工夫论的展开。

自杨时倡道东南,一传罗从彦,二传李侗,三传而有朱熹,海滨圣学始盛。后世学者称杨时一脉为"道南学派"④。黄宗羲、全祖望在《宋元学案》中说道:

> 罗豫章静坐看未发气象,此是明道以来,下及延平,一条血路也。⑤

所谓"道南指诀",即此"血路",即"静坐看未发气象"。以杨时的话来说,即"于喜怒哀乐未发之际,以心体之"⑥"以身体之,以心验之,从容默会于幽闲静一之中"⑦。

"未发已发"原是《中庸》的范畴,"喜怒哀乐之未发,谓之中;发而皆中节,谓之和"⑧。在宋代以前,《中庸》并未得到足够的重视,因而这一对

---

① 杨时:《经筵讲义·吾日三省吾身》,《龟山集》卷五,《景印文渊阁四库全书》第 1125 册,第 138 页。

② 杨时:《语录·荆州所闻》,《龟山集》卷一〇,《景印文渊阁四库全书》第 1125 册,第 202 页。

③ 尽管孔子有"生而知之"之说,然而宋儒普遍认为圣人必经学习修养而成就。如伊川"生而知之固不待学,然圣人必须学"。见程颢、程颐:《河南程氏遗书》卷一九,《二程集》上册,第 253 页。

④ 有关道南学派的界定,史上有不同说法。本节暂不就此多作论议,而采取较通行之说,由杨时始,传播洛学于东南,传罗从彦、李侗,朱熹后集大成,开创闽学。杨时道南之传亦可视为由洛学至闽学的过渡。

⑤ 黄宗羲原本,全祖望修定:《豫章学案》,《宋元学案》第 2 册,第 1277 页。

⑥ 杨时:《书六·答学者其一》,《龟山集》卷二一,《景印文渊阁四库全书》第 1125 册,第 310 页。

⑦ 杨时:《语录三·余杭所闻》,《龟山集》卷一二,《景印文渊阁四库全书》第 1125 册,第 233 页。

⑧ 朱熹:《中庸章句》,《四书章句集注》,第 18 页。

范畴也隐而不彰,直至程颐与吕大临、苏季明反复辩明未发、求中,这一对范畴的哲学意涵才得以一时著明起来。"凡言心者,指已发而言,此固未当。心一也,有指体而言者(自注:寂然不动是也),有指用而言者(自注:感而遂通天下之故是也),惟观其所见如何耳。"①未发即心之寂然不动的本然状态。未发之中不可思不可求,才思才求即是已发,不可谓之中。主张存养,"若言存养于喜怒哀乐未发之时,则可;若言求中于喜怒哀乐未发之前,则不可"②。

杨时受二程影响,对《中庸》推崇备至,因而对"未发已发"也多有发明。"喜怒哀乐之未发"是指喜怒哀乐等情感隐而未发用出来,或者说情感思虑的活动尚未萌发。然而既言以"未发"则肯定了人心必有喜怒哀乐,而非无情感思虑。"已发"则指喜怒哀乐等情感一时发显出来,表现出来。如果"未发已发"的含义仅限于此,那么也就不足以引起众多学者的关注了。分别以"中"与"和"来标志"未发"与"已发",则"未发""已发"不仅是经验层面的实然,而且被赋予了道德价值。喜怒哀乐之未发即中,杨时依二程之意也以"中"为"不偏不倚,无过不及",可知在杨时看来,"中"本然地具涵于未发,人在情感思虑活动未萌时的那样一种状态是完全合乎道德价值取向的,如果人自未发之中自然地流露情感、发动思虑,那么这些情感思虑也必然地合乎中道,也就是"和"。实际上,未发就是心寂然不动之本体,已发即心感而遂通的发用。情感思虑都是由外物引起的、在与物交接之后,而心之本然状态是寂然不动的。"赤子之心,发而未离夫本。"③赤子之心纯然粹然、未被污染,近于本心,以之发显则喜怒哀乐无不中节,"未离夫本",故已发之和不离未发之中,即体而即用。"未发"与"已发"所代表的不是时间上的先后,考察人的心理活动可知,经验事实上人总是处于情感思虑活动之中,并且时常可以感受到自己受外物迁累不能发而中节。天地之性是没有偏失的,但总要落入气质

---

① 程颢、程颐:《河南程氏文集·答杨时论西铭书》,《二程集》上册,第 609 页。
② 程颢、程颐:《河南程氏遗书·刘元承手编》,《二程集》上册,第 200 页。
③ 杨时:《经解·不失赤子之心》,《龟山集》卷八,《景印文渊阁四库全书》第 1125 册,第 174 页。

之中，一旦落入气质，就有可能被污染，杨时以"体中"为工夫就是要学者直接契入本体，自见"中"之义，持此勿失就能无不中节。

在前文中已明，中即道之至极，是最高的道，也是天下之大本，一般的道或理都要本于中，失了中，便不能立。《书》云："惟精惟一，允执厥中。"如何才能执中呢？杨时认为执中不能无权。"执中不可以无权，执中无权犹执一也。圣人所谓权者犹权衡之权，量轻重而取中也。"①执一即杨墨之徒。杨氏为我，墨子兼爱都因不知权而未能执守中道，过而偏于一端，所以被孟子称为"贼道"，而禹稷思救天下饥渴，颜回在陋巷而不改其乐，若非知权，亦无异杨墨。只为知权，量轻重而取其中，无过无不及，所以"易地则皆然"。②有学者以"尽变"释权，中与权两立。杨时不同意："权以中行，中因权立。《中庸》之书，不言权，其曰'君子而时中'，盖所谓权也。"③权即时中。杨时分析道：一尺长之物，五寸处可为中，但这只是长短之中，物体还有厚薄小大之殊，轻重不等，若只以长短之中为中，即是"无权"。如果要去厚薄小大之中，就应当放开长短之中，从轻重上考量。权固然有变的意思，但更要紧处在于"当其可"，即是说该取长短之中就执五寸处为中，该取厚薄小大之中则量其轻重，凡事要在该当如此做的时候做去，才是权，才是时中。这比只言"变"含义要丰富得多。"夫所谓中者，岂执一之谓哉？亦贵乎时中也。时中者，当其可之谓也。"④所以尧舜禹三圣相传，汤放桀，武王伐纣，都不违至道，各当其可而已。落到人身上，中即"喜怒哀乐之未发"。这是思虑未萌的最纯然粹然的状态，完全没有私意私欲的遮蔽，这种状态最是契合"天道"。杨时在给胡安国的信中说道：

> 执中之道，精一是也。夫中者，不偏之谓也。一物不该焉则偏

---

① 杨时：《书五·答胡康侯其八》，《龟山集》卷二○，《景印文渊阁四库全书》第1125册，第306页。
② 杨时：《经解·若合符节》，《龟山集》卷八，《景印文渊阁四库全书》第1125册，第174页。
③ 杨时：《语录·荆州所闻》，《龟山集》卷一○，《景印文渊阁四库全书》第1125册，第191页。
④ 杨时：《序·书义序》，《龟山集》卷二五，《景印文渊阁四库全书》第1125册，第346页。

矣。《中庸》曰"喜怒哀乐之未发谓之中",但于喜怒哀乐未发之时以心验之,时中之义自见,非精一乌能执之?①

未发之中是人心的本然状态,是无所偏失的,在喜怒哀乐未发之时,即一切思虑活动之前,加以体验,体验心之本然中道的状态,自然可以明中道,人心与道心合一。又说:

> 学者当于喜怒哀乐未发之际,以心体之,即中之义自见。执而勿失,无人欲之私焉,发必中节矣。发而中节,中固未尝亡也。②

喜怒哀乐未发之际,心处于寂然不动的状态,思虑未起,故无私意无胜心,就像一面尚未接触物的镜子,没有任何影像,一片澄明。这正是契合天道的,所以要加以体验,保持这种澄明不失,遇事,思虑一起,由于没有主观性的前见的遮蔽,思虑发萌依然合于中道,镜子与物相接,映照出的影像只是事物本身的样子,虽有影像,但镜子之明照未尝改变。圣人的情感发动总是当其可,当喜则喜,当怒则怒,无不中节。

由于未发之中契合着精微的"道心",又岂是言语所能把握的?所以,杨时教学者只是体验,超言忘象。杨时曾授罗从彦以读书之法:"以身体之,以心验之,从容默会于幽闲静一之中,超然自得于书言意象之表。"③强调静的工夫,并非始于杨时,早在先秦,荀子就提出了"虚一而静",理学开山周敦颐也提倡"无欲主静"。"虚一而静"只是一种认识方式,荀子认为主思的器官——心容易受外物的蒙蔽而不能正确地认识客观世界,必须通过"虚一而静"解蔽以达到正确认识外界的目的。"心未尝不动也,然而有所谓静,不以梦剧乱知,谓之静。"④冯友兰解释:

---

① 杨时:《书五·答胡康侯其一》,《龟山集》卷二〇,《景印文渊阁四库全书》第 1125 册,第 299 页。
② 杨时:《书六·答学者其一》,《龟山集》卷二一,《景印文渊阁四库全书》第 1125 册,第 310 页。
③ 杨时:《语录三·余杭所闻》,《龟山集》卷一二,《景印文渊阁四库全书》第 1125 册,第 233 页。
④ 王先谦:《荀子集解·解蔽篇》,第 396 页,北京,中华书局,1997。

心是经常动的，但是不以胡思乱想扰乱正常的思想活动，就是静。①

周敦颐所说"主静"则是一种修养的方法，无欲是虚静的前提，必须心中纯一，没有私欲杂念，才能达至虚静的境界，从而"明通公簿"，使人的思想行动达到仁义中正，符合至人之道。② 另外，杨时之师二程，尤其程颢也谈及"静"。据《伊洛渊源录》："（杨）廉按：静坐之说明道举以告上蔡，而伊川每见人静坐亦叹其善学。但伊川又谓'才说静坐，便入于释氏之说，不用静字，只用敬字'，则已虑静之为有偏矣。惟明道他日复谓性静者可以为学，则夫朱子独言明道教人静坐者，岂非静在明道则屡言之，在伊川则虽言之而复不以为然乎？要之明道言静即敬字之义，伊川恐学者未悟，故加别白焉。其后如龟山、如豫章、如延平一派皆于静中观喜怒哀乐未发气象，而上蔡亦谓多著静不妨，此岂非明道之教乎？至和靖始终一个敬字做去，岂非伊川之教乎？"③

杨时所说"静中体验"自是继承程颢而来。他说："夫至道之归，固非笔舌能尽也，要以身体之，心验之，雍容自尽于燕闲静一之中，默而识之，兼忘于书言意象之表，则庶乎其至矣。反是皆口耳诵数之学也。"④至道高深精奥，超越于书言意象之上，而人心之寂然不动的本然状态，是与至道相契合的，由心之本然体验至道，自然可以有得。心有动有静，思虑一起则动，动则易被外物所累，故应保持着心之静一状态，于喜怒哀乐未发之际体贴天道，心领神会。着意于辞章文字的口耳诵数之学只能得道之末，而非至道。"幽闲静一"与"燕闲静一"都是对本心的描述。在杨时看来，"心之为物，明白洞达，广大静一"，即心之寂然不动。最高本体的

---

① 冯友兰：《三松堂全集》第8卷，第601页。
② 参见郭齐勇主编：《宋明儒学与长江文化》，第23—26页。
③ 杨廉：《伊洛渊源录新增》，转引自贾顺先：《退溪全书今注今译》第1册，第929页，成都，四川大学出版社，1992。
④ 杨时：《书二·寄翁好德其一》，《龟山集》卷一七，《景印文渊阁四库全书》第1125册，第277页。

"理"是恒常的存在，没有变化，此"天理"赋予人与万物之性，从根本上说，人性亦是静。杨时所谓性静或心静，并非一片死寂，心之本体即寂即感，燕闲静一是心之本然寂静状态，但静又涵摄动，一旦遇物，本寂之心立刻能感而遂通，明白洞达。"于喜怒哀乐未发之际能体所谓中，于喜怒哀乐之后能得所谓和。致中和，则天地可位，万物可育，其于平天下何有？"①于喜怒哀乐等情感未萌发之时体中亦即"雍容自尽于燕闲静一之中"。人生而落入经验现象界，肉体感官生而俱有，故本心时时面临私欲爱好的牵引蒙蔽，唯圣人始终不失本心，一般人则多有私心、胜心之蔽，故有恶的事实。杨时提倡的"体验未发"工夫不同于一般的在已发之后，私心邪念兴起然后一一对治的工夫，而是要人直接于本体上下手，全付心神专注于吾所本有的燕闲静一之本心，此本心亦是大仁之心，万物与我为一之仁之体，体认其不偏不倚、遍物不遗，而血肉之心中之暗浪自然平息，吾本有之不偏不倚、无过不及的与万物一体之仁之本心自然朗现无遗，以此观照天地万物，任其自然流行发用即已发得和，不会掺杂半点私欲。杨时说"静中体验未发之中"也类似于程颢的"识仁"。吕大临曾记程颢语：

> 学者须先识仁。仁者，浑然与物同体。义、礼、知、信皆仁也。识得此理，以诚敬存之而已，不须防检，不须穷索。②

程颢所说的"仁"，是"浑然与物同体"的大仁，是宇宙全体之仁，义、礼、智、信等都是"仁"内具足之义，这个"仁"与"天理"同。人心本然地知道"万物一体之仁"，"识仁"并非要在宇宙某处寻着一个"仁"，然后加以认知，所谓"识仁"，因"仁"已天然在人心中，只需"诚敬存之"即可，不必要有防检穷索的工夫，所以"识仁"实即"体仁"。杨时的"体验"工夫，也是对至道的直接体认，不须有防检穷索的繁杂工夫。

---

① 杨时：《语录三·余杭所闻》，《龟山集》卷一二，《景印文渊阁四库全书》第 1125 册，第 226 页。
② 程颢、程颐：《河南程氏遗书·元丰己未吕与叔东见二先生语录》，《二程集》上册，第 16—17 页。

杨时"静中体验未发"的工夫与程颢"识仁"工夫一样，是即本体即工夫的本体工夫，其特点即在于直接在本体着手，无任何曲折，让本心本性自然呈现于前，"要当以身体之，以心验之，则天地之心日陈露于目前，而古人之大体已在我矣"①。此种工夫的理论前提就是有所谓即寂即感、万物一体的本心本性内在于吾身，从而可以直接从心上体认，不须旁求。本心本性不是经验认知的对象，而是直觉体认的对象，一旦以直觉把握就可以朗现无遗、自然流行。陈来认为所谓体验未发的工夫实质就是一种神秘主义的心理体验②，具有偶发性、主观性，不能成为普遍有效的修养方式。其实对于体验者而言，他们已然确信如此本心具足于吾人，反而那些于已发之后的对治私欲邪念的工夫会因为人的万千私欲邪念此起彼伏而繁杂不堪，修养者常疲于一一对治，最终亦无所获益。而直觉体认工夫则不同，一旦体认得本体朗现无遗则动止语默无不中节，体验者对此本体总怀有无比的虔敬和信任，以此存存不使之消失，自然可省去对治工夫而不致令人疲烦。

杨时虽教人"从容默会于幽闲静一之中"，注重"静"的工夫，但并无明确的让人静坐之语。考查杨时的文集与年谱，都没有"静坐"之说，而他本人也未曾有静坐的经历。杨时自三十一岁赴徐州司法任至七十一岁历任地方小官，七十二岁被召入京，七十三岁任秘书郎，后又任著作郎兼侍经筵，因力排王学遭到排挤，在朝时间不过两年，未得大用。虽如此，杨时一生始终关心朝政，为官勤勉，不辞烦苦。即使偶有闲时，也是读书讲学不辍。倒是其高弟罗从彦，曾入罗浮山静坐，"建炎四年，特科授博罗主簿。官满，入罗浮山静坐"③。李侗也说：

---

① 杨时：《杂著·劝学》，《龟山集》卷二七，《景印文渊阁四库全书》第 1125 册，第 364 页。
② 陈来言："所谓体验未发……都是要求体验者超越一切思维和情感，最大程度地平静思想和情绪，使个体的意识活动转而成为一种直觉状态，在这种高度沉静的修养中，把注意力集中在内心，去感受无思无情无欲无念的纯粹心灵状态。成功的体验者常常会突发地获得一种与外部世界融为一体的浑然感受，或者纯粹意识的光明呈现。因而，道南宗旨在本质上看是直觉主义的，并包含着神秘主义。"见陈来：《有无之境：王阳明哲学的精神》附录，第 405 页。
③ 黄宗羲原本，全祖望修定：《豫章学案》，《宋元学案》第 2 册，第 1270 页。

> 某曩时从罗先生学问,终日相对静坐,只说文字,未尝及一杂
> 语。先生极好静坐,某时未有知,退入室中,亦只静坐而已。①

后李侗也教人静坐。朱熹对静坐的工夫存有怀疑,曾说:

> 罗先生说,终恐有病,如明道亦说静坐可以为学,上蔡亦言多著
> 静不妨,此说终是少偏,才偏便做病。②

朱熹担心静坐终沦入佛道,因此虽一定程度上接受静坐,但更强调"敬"。
黄宗羲、全祖望评价:

> 盖所谓静坐者,不是道理只在静处,以学者入手从喘汗未定之
> 中,非冥心至静,何处见此端倪? 久久成熟,而后动静为一,若一向
> 静中担阁,便为有病。故豫章为入手者指示头路,不得不然,朱子则
> 恐因药生病,其言各有攸当也。③

此说颇的当。要之,静坐仅是体验未发工夫的一种形式,在某些情况下
静坐可以帮助体验者更快更易于接近本体,但静坐并非唯一的手段,更
非修养的目的。杨时虽然因心之本体的即寂即感而重视"静"的工夫,但
他并不因此而对动有所偏废。在他看来,日用常行无一非道,在日常生
活中对道德践履同样重要。

　　杨时授人以"静中体验未发之中",此为其最根本的工夫,但此工夫
之直接难免不易于学者领会。学者一时难以直契本体,因而也需要有
方便之门。在直接体验的工夫而外,杨时也对二程的"格物致知"与
"诚敬"之说加以发挥改造,以此补充"静中体验",示以学者实际的进
德门路。

　　格物致知,是《大学》"三纲八条目"中的内容。程颐十分重视这一问
题,他视致知为进学门户。致知又在于格物,格物即穷理。学者通过格
物致知,不仅可以识物理进而知天理,还可以修身齐家至于治国平天下。

---

① 黄宗羲原本,全祖望修定:《豫章学案》,《宋元学案》第 2 册,第 1285—1286 页。
②③ 同上书,第 1277 页。

朱熹很好地继承了程颐这一思想,并将之发挥得更精细。格物致知在程朱处,不仅是修养的工夫,同时也是非常重要的认识论,而杨时所说的格物致知,其认识论味道则淡薄许多。

杨时也以"极尽物理"解释格物,尽管杨时也肯定经验认知,"古人多识鸟兽草木之名,岂徒识其名哉? 深探而力求之,皆格物之道也"①。鸟兽草木之名都属于一般性的经验认识,古人对此的认识并不仅限于表面,而是要"深探而力求之",要穷究名背后隐藏的理,并且古人将自己所获得的认知存于六经文字之中,学者通过对六经的研习就可获得认知。如杨时解释《诗经·关雎》一诗,全要学者于诗之言象体会其中深意,而不停留在言象之表。但杨时特标明"致知格物"的立足点仍在于道德修养,所以他才接着又赞同"蓄德而反约",也就是说,格物致知最终指向的是个体道德的精进。他说:

> 致知格物盖言致知当极尽物理也。理有不尽,则天下之物皆足以乱吾之知,欲其意诚心正远矣。②

所谓"物理",并非我们今时今日所理解的"自然规律",而是"伦常之理""道德之理"。极尽物理,即夸识道德伦常,如果不能尽识道德规范,一与物接,就不能守得心定,心不能定则易被物牵引,为物所累,自然无法诚意正心。所以,"学者以致知格物为先,知之未至,虽欲择善而固执之,未必当于道也"③。即是说,知有未到处,即使有心向善也会因为未能真正认识道而不能合于道。正如义利之辨,识义未精,极可能就滑入"为利"去了。

如何格物致知呢? 杨时主张的是向内的进路,即"反身格物"。

---

① 杨时:《书六·答吕居仁其三》,《龟山集》卷二一,《景印文渊阁四库全书》第 1125 册,第 314 页。
② 杨时:《书五·答胡康侯其一》,《龟山集》卷二〇,《景印文渊阁四库全书》第 1125 册,第 299 页。
③ 杨时:《书六·答胡处梅》,《龟山集》卷二一,《景印文渊阁四库全书》第 1125 册,第 315 页。

为是道者，必先乎明善，然后知所以为善也。明善在致知，致知在格物。号物之多至于万，则物盖有不可胜穷者。反身而诚，则举天下之物在我矣。《诗》曰："天生烝民，有物有则。"凡形色具于吾身者，无非物也，而各有则焉，反而求之，则天下之理得矣。由是而通天下之志，类万物之情，参天地之化，其则不远矣。①

"为是道"，即为尧舜之道，为圣人之道，必须先"明善"，然后才可"为善"。明善，即明达什么是善，要做到明善就必须致知，致知在于格物。举天下之物，多至于以万计，不可能一一穷尽。孟子说：

万物皆备于我矣。反身而诚，乐莫大焉。②

杨时继承这一思想，将格物指向了人自身。他认为格物不必外求，只需从自身着手，就可得天下之理（万事万理），从而"通天下之志""类万物之情""参天地之化"，那么，天理、至道也就不远了。但是反求诸身的可靠性由何保障？为了解决这一问题，我们应回到第一章对"理一分殊"的分析。杨时正是以"理一分殊"之说为反身格物提供了保障。从前文的分析中我们可以了解到杨时以仁义来解释"理一分殊"，以仁为"理一"，以义为"分殊"，将理一分殊坐实于人伦上，理一之体未尝离乎分殊之用，理一已具足分殊之义。天地万物虽各各不同，但无一不是"理一"的流行大用，人与万物之性都源于天理本体，虽有物种乃至个体之间的差别，但以本心观照，自然可知"万物与我为一"的仁之体。此亦为人之贵于物者。"万物与我为一"的"大仁之心"为每个人天然地具足，见到孺子将入井，虽然自己并不处在那种危险的境况当中，但我们会产生同感，这是天然的反应。"知仁"即要体究这个"大仁之心"。这种对本心本性的体究当然不是向外的知识性的追究，而是向内的体验，所谓"知仁"实即"体仁"。"要当遍观而熟味之，而后隐之于心而安，则庶乎有得，非言论所及也。"③

---

① 杨时：《书三·答李杭》，《龟山集》卷一八，《景印文渊阁四库全书》第 1125 册，第 283 页。
② 朱熹：《孟子集注》，《四书章句集注》，第 350 页。
③ 杨时：《问答·答胡德辉问》，《龟山集》卷一四，《景印文渊阁四库全书》第 1125 册，第 252 页。

由"体仁"而推之，即"为仁"。所以，反身格物说到底即是要先体"万物与我为一"的"大仁之心"，恰然体会得此心，尔后发用，于天下之理无不得，各随其分，一一做去，举止动静无不合于天道，成己成物，也就能达致圣人的境界了。

"诚"是《中庸》篇中非常重要的一个范畴。"诚者，天之道也；诚之者，人之道也。"①"诚"就是一个打通天人的通道，其本身不仅有宇宙论意义，亦是一种工夫。周敦颐对此范畴做了发挥，以"诚"为《通书》的宗旨。周敦颐明确以"乾元"为"诚之源"，赋予"诚"以宇宙本体的意义，同时，诚又是"圣人之本""五常之本""百行之源"，"诚"坐实于人性修养层面。"诚"即"寂然不动者"，是宇宙人心纯粹至善的本然状态。周子认为人生而后常为欲所蔽，受私情私意困扰，所以要通过一番功夫而回复到"诚"的本然状态。②

杨时也认为"诚"是个本道德修养的境界。"诚者，天之道，性之德也。"③直接点明"诚"既是天道又是人的德性，是天道在人身的直接显现。如果说《中庸》的"诚"与"诚之"还体现着从本体到工夫的路径，在杨时这里则即本体即工夫，也正如此，对杨时而言，所谓工夫就只是要体验本然之大心、善性。一旦体验到了，工夫也就完成了。

诚，本义即真实无妄，诚意就是要使个体之心、个体之意运到真实无妄的本然状态。人由于生而有气禀，纯善的天地之性被气禀污染而有气质之性，天地之性不能彰显而常为气质之性所主宰，因而要变化气质以复归天地之性。此一过程即可称为"诚之"。杨时说：

> 心不可无，性不假修。④

所以要操心正心、尽性养性。正心即是要"扩其善心而革其非"⑤，心之本

① 朱熹：《中庸章句》，《四书章句集注》，第 31 页。
② 参见郭齐勇主编：《宋明儒学与长江文化》，第 26—28 页。
③ 杨时：《书六·答吕秀才》，《龟山集》卷二一，《景印文渊阁四库全书》第 1125 册，第 313 页。
④ 杨时：《语录·荆州所闻》，《龟山集》卷一〇，《景印文渊阁四库全书》第 1125 册，第 190 页。
⑤ 同上书，第 196 页。

然是纯善无恶的，只因受外物牵累而生出邪心、邪念。如好货好色生于邪心，好即偏好、嗜好，是人欲之偏，故不可令之横行，而要格其非。然而不能强力遏止，应当因势利导，陈古之良善于目前，使人专以学古圣人为事，则邪心自闭，邪念自息，此非谓"有事"（着意为之），所谓"有事"即施以外力，以外力勉强遏止，如此则可能适得其反；若"无事"则自以圣人为师，不动妄念，暗浪自息，发而无不中矩。杨时反对"有事"的工夫，要去除私心、胜心对吾人良善本心本性的遮蔽和污染，应当要直养而无害。所谓直即"尽其诚心而无伪焉"，凡事皆一本于吾之真实无妄的本心，不加以机诈智巧。诚意非是至静无动，让心一片死寂，诚亦感物而动，不过由于内心的真实无妄，感物而动，有所发也必真实无妄，无偏无失，无过无不及。杨时说"反身而诚，则常体而足，无所克也"①。只于本心上体验，而无所谓"克"，克即胜己之私，胜私则终是待得与物交接后私意起动而后胜之，这样一来，意每起一次就须克一次，这种工夫未得根本，只能从本心上着手，先体验诚意，意诚心正，一切发用亦无不正。如伊尹放太甲之事，以臣放君而人不疑其志，只因伊尹凡事皆本于诚而无私心，行事出于诚意，自然合于道。诚意工夫与前文所论"静中体验"工夫其实是一致的，意诚，"大仁之心"自然显现，未发之中的本然状态也自然明晰，作为天道与道德修养统一的诚，实即一道德之本体，与"仁之体""中道"是相通的，只不过从不同角度来说，各有各的名罢了。

"诚者合内外之道，成己乃所以成物也。"②诚是贯通内外，打通天人的关键，所以《大学》的修齐治平以诚意为本。有学者问杨时，正心诚意如何能平天下？杨时回答：

> 后世自是无人正心，若正得心，其效自然如此。此心一念之间毫发有差便是不正。要得常正，除非圣人始得。且如吾辈还敢便道

---

① 杨时：《书一·与杨仲远其四》，《龟山集》卷一六，《景印文渊阁四库全书》第 1125 册，第 269 页。
② 杨时：《书四·与刘器之》，《龟山集》卷一九，《景印文渊阁四库全书》第 1125 册，第 291 页。

自己心得其正否？此须是于喜怒哀乐未发之际能体所谓中，于喜怒哀乐之后能得所谓和。致中和，则天地可位，万物可育，其于平天下何有？①

在此，正心和诚意可看作一般，未有严格区分。杨时以为正心诚意从而治国平天下是自然而然的，无须怀疑，只要能实现正心诚意，自然能有平天下的效验。学者应当着意的是如何正心诚意，方法即"致中和"，其实质亦即"体验未发"，直接从本体上体验吾心之真实无妄，一毫无差。如果能"致中和"，就能参赞天地之化育，与道之生生同伟，平天下也就是自然的了。由此可以看出，杨时对于本体的"诚"或"中道"有着近乎虔诚的信赖，这一超越的本体在杨时处成为先天的不证自明的前提，丝毫不容有疑。以禹稷颜渊为例，颜渊虽在陋巷并无禹稷之巍巍功业，但杨时确信颜渊与禹稷易地皆然，颜渊亦能做出禹稷之事业，也就是说禹稷之功在颜渊是一潜在的能，而不是已实现的实。能要转化为现实仍有待于一定的外在条件，杨时并不以此为言说重心，而是强调"能"，令学者多用意于本心，以期进德。

进学主于诚意，为学仍有次第顺序，劈头直接诚意，在杨时看来，犹未当。二程言《大学》示学者以入学之次第，其论"格物、致知、诚意、正心、修身、齐家、治国、平天下"有其定则，不可一步登天。杨时论诚意虽是直接的工夫，直指本心本性，但并非一种当下的工夫。在他看来，"惟圣人与天同德者为能诚"②，诚即天之道，性之德，宇宙本体与道德境界直接同一，而不再经由中间环节，所以"与天同德者"可以直接地当下体认到诚，而一般人由于本性已然昏昧，与天德有差，所以不能当下体认，还要经由其他路径。

> 致知必先于格物，物格而后知至，知至斯知止矣，此其序也。盖格物所以致知，格物而至于物格，则知之者至矣。所谓止者，乃其至

---

① 杨时：《语录三·余杭所闻》，《龟山集》卷一二，《景印文渊阁四库全书》第 1125 册，第 226 页。
② 杨时：《书六·答吕秀才》，《龟山集》卷二一，《景印文渊阁四库全书》第 1125 册，第 313 页。

处也。自修身推而至于平天下，莫不有道焉，而皆以诚意为主。苟无诚意，虽有其道不能行也。故《中庸》论天下国家有九经，而卒曰："所以行之者一"，一者何？诚而已。盖天下国家之大，未有不诚而能动者也。然而非格物致知乌足以知其道哉？《大学》所论诚意、正心、修身、治天下国家之道，其原乃在乎物格，推之而已。①

诚意是修身以至于平天下之本，不能诚意则道不能行，即使行，所行亦会偏离道。但没有格物致知的工夫，就无法体知道，更谈不上行道了。所以，虽以诚意为本，但诚意又必须以格物致知为始。所谓"其原乃在乎物格"之"原"，并非本原之意，而是本始，即是说要以格物致知为工夫的开端，由此而推之。格物致知乃进学入德之门户。物格而后知至，至于止。君子进学必至于其所当止，当止则止，无过不及之蔽。"止"即止于诚意。前文已论及，格物致知并非认知意义上的，而主要是一种修养工夫，杨时虽未直接说"止于诚意"，但诚意在他这里本身就是打通天人的关键，要通过体验由人而天，诚意是核心环节，他多次谈到"诚者合内外之道"，诚意也是由治身到治世的通衢。格物而至于知理、穷理，止于诚意，发而为用，则无不正，施于身家天下，则无不治。

杨时曾应学者之请，写了一篇题跋，《题萧欲仁〈大学篇〉后》，论格物致知诚意，很有总括性：

> 学始于致知，终于知止而止焉。致知在格物，物固不可胜穷也，反身而诚则举天下之物在我矣。诗曰："天生烝民，有物有则。"凡形色之具于吾身，无非物也，而各有则焉。目之于色，耳之于声，口鼻之于臭味，接乎外物而不得遁焉者，其必有以也。知其体物而不可遗，则天下之理得矣。天下之理得，则物与吾一也。无有能乱吾之知思，而意其有不诚乎？由是而通天下之志，类万物之情，赞天地之化，其则不远矣，则其知可不谓之至矣乎？知至矣，则宜有止也。譬

---

① 杨时：《书六·答学者其一》，《龟山集》卷二一，《景印文渊阁四库全书》第 1125 册，第 311 页。

之四方万里之远，苟无止焉，则将焉归乎？故见其进未见其止，孔子之所惜也。古之圣人自诚意正心至于平天下，其理一而已，所以合内外之道也。①

总之，杨时欲以"诚"糅合《大学》与《中庸》，"诚"可上达天，下至于人，合内外之道。格物致知是入德之门户，通过外向的学习可以明达什么是善，可以了解圣人之道，但成德或学圣人重在践履，以身体心验，因而关键工夫在于内向进路的反身格物和反身而诚，二者其实为一，实质亦是"体验未发"的直接的本体工夫。杨时并不完全否定外向的认知和已发之后的对治工夫，但他始终以直接的本体工夫为根本。

　　前文已经论及，杨时教学者"静中体验"并非就是叫人静坐，杨时本人并没有明确的"静坐"之说。所谓"静中体验"，只是要保持心之静一的本然状态不失，看未发气象，即使在日常的行止动静中，心之本然状态也不受到外物的影响。所以，杨时所说的"体验"，根本不需要某种特定的时间或境况，而是在行止疾徐之间就能直接体验本心，随处体认天理。不需要通过禅定的修持方式来直观自性，而是在日常洒扫应对中自然体贴、体证天道。尽管"仁体""中道"或"诚"都不易描述，但他们就体现在日用常行之中。圣人之道并没有什么高难之处，只要在寻常事上体认："夫圣人，人伦之至也，岂有异于人乎哉？尧舜之道曰孝弟，不过行止疾徐而已，皆人所日用而昧者不知也。"②所谓圣人，只不过是将人伦（道德）实践到极致的人，圣人之事即日用常行。圣人与常人并无什么不同，圣人所行之事亦不过日用常行，而圣人之有别于常人之处只在于圣人于日常事也能做到符合中道，无过无不及。所以学者学圣人，不是要于某处另寻得什么圣人之事，而是于日用常行中学习圣人之举止语默无一不合于道，只要在行止疾徐之间加以体验即可。"虽行止疾徐之间，有尧舜之

① 杨时：《题跋·题萧欲仁〈大学篇〉后》，《龟山集》卷二六，《景印文渊阁四库全书》第1125册，第355页。
② 杨时：《书三·答李杭》，《龟山集》卷一八，《景印文渊阁四库全书》第1125册，第283页。

道存焉。"①世之人多蔽于耳闻目见,不知日用常行即体现着至道,故不知探求,反而于深涩处说理,释氏老氏把话说得玄而又玄,学者一味追求,结果离道越来越远,而实际上,六经中自有妙理,圣人就平常事而论至道,言语平淡,义理却深远。若能详考之六经,深探其义理,再于日常中加以体证,何愁不能达于至道?"孟子所言皆精粗兼备,其言甚近而妙义在焉。如庞居士云:'神通并妙用,运水与搬柴。'此自得者之言,最为适理。若孟子之言则无适不然。如许大尧舜之道只于行止疾徐之间教人做了。"②孟子言仁心、性善,都切近人伦日常,义理精深而学者易得,后世儒者解经常学释老故作高论,反离了人伦日常,故杨时说:"说经义至不可践履处,便非经义。"③经指示学者行圣人之事,学圣人之道,若不能在践履中得以验证施用,则无异于空谈,于学于进德皆无益。"所谓时习者,如婴儿之习书点画,固求其似也。若习之而不似,亦何用习?学者学圣人亦当如此,大概必践履圣人之事,方名为学。"④学圣人亦当如孩童习字,必定要反复练习模拟,以求近似,圣人之事如不践履,而只做文字工夫,也就称不上学了。

黄梨洲、全祖望责备杨时"入佛",理由之一即"行止疾徐",认为杨时此说近禅。⑤ 其实,杨时强调"行止疾徐"正是要学者不执意于语言文字,而要在日用常行中践履圣人之道,以此指责杨时入佛,似乎不太恰当。儒家的精神由始至终都紧扣着现实人生,其实践意味很浓,杨时教学者于行止疾徐之间体证至道,正是儒家致实精神的体现。而他本人一生也一直践履着自己的学术坚持,不论做地方官还是入朝,他始终都尽着自己的本分,一本于正心诚意,不畏权势,惠泽下民,可以说,杨时自己就是践履工夫的典范。据年谱所载,杨时二十四岁中进士,不赴任,杜门读

---

① 杨时:《书六·答栋质夫》,《龟山集》卷二一,《景印文渊阁四库全书》第 1125 册,第 316 页。
② 杨时:《语录四·萧山所闻》,《龟山集》卷一三,《景印文渊阁四库全书》第 1125 册,第 249 页。
③④ 杨时:《语录二·京师所闻》,《龟山集》卷一一,《景印文渊阁四库全书》第 1125 册,第 213 页。
⑤ 见黄宗羲原本,全祖望修定:《龟山学案》,《宋元学案》第 2 册,第 951 页。

书,后一直出任地方小官,无及大用,沉浮下僚四十余年却从不自认屈
才。为政每以民为先念,勤致爱民。知余杭时,宰相蔡京为一己私利欲
浚潴西湖,托言欲以便民。杨时亲自询问当地百姓,人人以为不便,于是
上书直言其事,使之不得行。以蔡京当时权势,杨时乃敢直言其非,足见
杨时为人之正直不阿,不畏强权。① 凡杨时治理之所,政无烦苛,民常不
治而自化,在其教化下,民风淳朴,百姓皆感其恩德。至七十一岁乃以秘
书郎被召,与执政者言国之大要无一不中,上书罢王爵、排和议、诛奸臣、
争三镇及茶盐税法,无不本于诚心,不以私利为念。也正因此,杨时赢得
了当时以及后世诸多学者的尊崇。吕本中曾说:

> 本中尝闻于前辈长者,以为明道先生温然纯粹,终身无疾言遽
> 色,(龟山)先生实似之。②

可见杨时气质之温润醇和。清人王孙蕃总结杨时平生为人:

> 先生天资纯粹,襟度旷夷,海阔天空,浩然无际,而道必求诸师,
> 行必求诸礼。立朝则以社稷为重,为政则以亲民为先。当其安于州
> 县,不求闻达,力学不倦,守正不阿。及稍进用,则首排和议,专黜安
> 石。至若撤燕兵、振威望、一统帅、罢奄寺、争三镇、问肃王,卓然正
> 气,炳人耳目。③

通过以上对杨时工夫论的分析,我们可以发现,杨时极为重视对本
体的体验和日常的践履,这正是其工夫之特色。杨时教人以格物致知为
入德之门,而格物虽亦考之六经以期明善,但首要的是内向的反身格物,
通过对良善本心的自返而达于诚意,其实就是要人于喜怒哀乐未发之际
身体心验,令“万物与我为一”的仁之本心自然朗现于前,从而就可发而

---

① 事见年谱,张夏补编:《宋杨文靖公龟山先生年谱》“大观元年丁亥,五十五岁,三月十九日到
　余杭县任”条,转引自于浩辑:《宋明理学家年谱》第2册,第154页,北京,北京图书馆出版社,
　2005。
② 吕本中:《行状略》,转引自朱熹:《伊洛渊源录》,《朱子全书》第12册,第1061页。
③ 杨时:《杨龟山集·序》,正谊堂全书本,第1页,上海,商务印书馆,1936。

无不中节。杨时虽以"静中体验"为根本工夫，但不以静废动，天道即存于日用常行，因而对天道的体贴不离乎人伦日用，尤其当在日常中实践至道。

第四节　总结

杨时作为二程的高徒，一生严守师说，以弘扬洛学、纠正天下之偏为己任。南渡之后，杨时成为洛学大宗，以致三传而有朱熹之集理学大成，其传道之功不可不谓至伟。杨时的理学思想谨承二程，原创性则稍嫌不足。

在本体论上，杨时既吸收二程的"天理"本体，又兼采张载气化论。在杨时看来，理与道同义，是宇宙万物的本根，世界的本原，同时也是价值的最终源泉。道并不离开现象而处于彼岸世界，道就在现象界中，天地万物无一不是道的发用流行。道即仁义，是人伦道德的形上本体根据。人与万物一样都禀受气而生，气是不生不灭的永恒的实体，其聚散运动产生有形世界的生灭变化。但气只是产生万物的材料，理是更高于气的本体，理与气相即不离，理落入气中，予气以具体的规定性因而产生各各不同的万物。所谓"理一分殊"，杨时主要从伦理层面加以阐释，仁即理一，义即分殊，举仁而义在其中。理一为体，分殊为用，体用不二。而其所蕴含的重视分殊的倾向被二传弟子李侗加以阐扬，发展出"理会分殊"的工夫。

本体下落至人而有心性论，天理本体是人与万物的性之源。"天命之谓性，率性之谓道"，性、命、道三者初无异，只是从不同层面出发的命名。性是吾人生而即有的，因而可谓之为"生之谓性"，"生之谓性"亦是气质之性，气禀厚薄清浊的不同导致物种以及个体之间的差异，君子不以之为本性，人之为人的根据在于纯善无恶的天地之性，是天理本体所赋予在吾身者。以天地之性为本性，则吾人之性之良善获得了先天的保障。现实中的恶是由于气禀之偏，常人蔽于气质而不见良善之本心本性,故需要变化气质,以回复天地之性,此有赖于工夫的实现。从本善之性的内容来看,可谓吾人之本心本性实即"万物与我为一"之仁之体,既然天理本体是人与万物的根源,可知于本性上,人与万物都是一性,自我与他人、他物在价值上并无不同,都体现着天地之生生大德。因而整个宇宙就是一温情洋溢的有机的大生命,自我与他人、他物的关系如同手足,痛痒相关、休戚与共。故人应当推己及人,以博大宽厚包容天地万物(包括人在内),但言推就有本末之别,义本然地具足于仁之内,所以区别于墨氏之兼爱。万物一体之仁天然地包含着分殊之义。

为了将吾人之本性实现出来,必须有工夫论之考察。杨时以天理在我为性,性即命即道,以万物一体之仁为本心,开展出即本体即工夫的道南指诀,"于喜怒哀乐未发之际,以心体之,则中之义自见"[1]。体验未发的工夫直接从本体下手,而不待私心起念再一一对治,这种工夫直截了当,不须多做手脚。并且体验者自身对先天良善本心本性的虔敬使得此一工夫简便平易又行之有效。体验未发工夫类似于程颢"识仁"工夫,而杨时虽肯定"静"对于体认本体有用,却并不以静废动,全要学者静坐。"静坐"在杨时只是一种修养手段,关节点在于体认本体,让"万物与我为一"之本心本性自然呈露无蔽,从而其流行发用就可以若合符节,无任何差爽。格物致知与诚意是杨时为学者提出的方便工夫,体验未发工夫难免高远,恐学者一时难以契会,格物致知和诚意则更易于着手。杨时结合《大学》《中庸》,以格物致知为进学入德之门户,而一本于诚意。致知从而明善,如此方有用力处。然而杨时虽不否认外向的求知有益于进学,但道德修养的要旨乃在内向的工夫,以反身格物阐发格物可见杨时之不同于程颐。反身格物或反身而诚都是教学者于自身着手,其与体验未发的工夫并无二致,亦是直接简易工夫。杨时专以体验为事的工夫实际上高扬了吾人之道德主体性,通过内向体验本心本性,吾人便可达于至道,参赞天地之化育,成就圣人的高绝境界。体验未发工夫并无特定

---

[1] 杨时:《书六·答学者其一》,《龟山集》卷二一,《景印文渊阁四库全书》第1125册,第310页。

时空条件限制,既然圣人之道存于人伦日用之间,故吾人只需随处体认践履,事事循天理即可。

整体上看来,杨时于程颢处继承较多,其思想理趣与程颢更为接近。他沿袭着周程而下,以发明义理的方式解经,将先秦儒家的范畴赋予现实道德伦理的意涵,是对先秦原始儒家创造性的回归。这也正是出于批判汉学、反释老的需要。杨时正处于北宋党争严峻的时代,宋朝由盛转衰,内忧外患,他主要从学术思想角度,将国家积贫积弱的现象归罪于王安石新学,批之不遗余力,最终将新学从正统地位推了下来。杨时批判王安石主要着手处在于义利之辨,在他看来,王氏新学名为王道,实际上是霸业;明说为义,实质上是利字当头。"王氏心术之敝,观其所为,虽名为义,其实为利。"①王氏新学实质是挟管商之道而称孔孟,这对于谨克孔孟正学的杨时而言是绝不能姑息的。王学流弊不在杨墨之下,蔽人耳目,坏人心志,"王金陵力学而不知道,妄以私智曲说眩瞽学者耳目"②。杨时不仅在兼国子监后即上疏请罢王学,被罢免后仍著《三经义辩》等书,彻底批判王学。杨时对王氏新学的批判为发扬洛学以致程朱理学终成为正统官学肃清了道路。虽然有不少人(如朱熹、黄宗羲、全祖望等)指责杨时滑入佛道,但其思想立根于儒学无疑。有时亦有援佛老入儒、以佛老证儒之语,但他反对释老的立场是十分坚定的,一些话头常是有所指而发,因而考察其受释老影响时应别加注意。

---

① 杨时:《语录二·京师所闻》,《龟山集》卷一一,《景印文渊阁四库全书》第 1125 册,第 213 页。
② 杨时:《书二·与吴国华别纸》,《龟山集》卷一七,《景印文渊阁四库全书》第 1125 册,第 272 页。